Lösungen

zu dem von

Kammergerichtsrat **Dr. Richard Schück**

herausgegebenen

Zivilrechtspraktikum.

Auf der Grundlage des Bürgerlichen Gesetzbuchs für Studierende und Referendare

bearbeitet von

Heinrich von der Mosel,
Rechtsanwalt in Kötzschenbroda.

Dritte Auflage.

Neu bearbeitet und vermehrt in Verbindung mit

Dr. Albert Baer in Stettin.

Berlin 1913.
J. Guttentag, Verlagsbuchhandlung,
G. m. b. H.

Einleitung zur dritten Auflage.

In vorliegender dritter Auflage, die durch den zunehmenden Absatz der zweiten ermöglicht wurde, fügte ich zunächst 46 neue Lösungen der Fälle 1—100 den bisherigen hinzu. Lösungen 1—100 sind jetzt vollständig vorhanden.

Weiter gebe ich 24 neue Lösungen aus dem Zweiten Buch.

Sodann hatte Herr Dr. jur. Baer in Stettin die Güte, weitere 30 neue Lösungen aus Buch 3—5 hinzuzufügen. Er hat es in ausgezeichneter Weise verstanden, diese Arbeit zweckentsprechend zu gestalten und allenthalben das Wesentliche zu treffen. Für diese hervorragende Mitarbeit spreche ich Herrn Dr. Baer meinen aufrichtigen Dank aus.

Im ganzen kamen zu den vorhandenen 368 Lösungen 100 neue, so daß jetzt über drei Viertel der 600 Schückschen Fälle bearbeitet sind, darunter eine größere Anzahl auch eingehender. Unter den neuen Lösungen befinden sich solche aus den wichtigsten Rechtsgebieten, die auch zum Teil noch wenig berührt wurden, z. B. Lösungen von Fällen über das Vereinsrecht, Bestandteile, Zubehör, Früchte, die Geschäftsfähigkeit, die Lehre von der Willenserklärung, die Lehre von der Fahrlässigkeit und vom Schadensersatz, von der Unmöglichkeit der Leistung, von den Rechten an Grundstücken usw.

Weiter habe ich eine größere Anzahl von Lösungen aus Teil 1, 2 und 3 ergänzt und berichtigt.

Das Einführungsgesetz wurde vorläufig deshalb nicht weiter bearbeitet, weil es im schriftlichen Examen in Preußen wenig oder gar nicht in Frage kommt.

Schließlich wird noch die ganze Arbeit insofern geordnet, als die Lösungen jetzt durchgängig der Reihe nach in den zwei Bänden aufeinanderfolgen, während bisher keine ganz geordnete Reihenfolge vorhanden war, nachdem 1911 der Extraband erschien. Die Einteilung geschah in der Weise, daß Band 1 das Erste und Zweite Buch des BGB. enthält, Band 2 alles Weitere.

Der bisherige Grundsatz, nur ganz kurze Abhandlungen zu geben und die Ausführung dem Leser zu überlassen, ist nicht immer aufrecht erhalten worden. Das Bestreben der letzten Zeit, das ich anerkenne, geht dahin, schon dem Studenten möglichst eingehende praktische Anschauung zu geben und diese ist nur möglich, wenn man einen Fall bis ins einzelne behandelt, und auch die einschlagende Literatur mit durcharbeitet. Ich habe einstweilen mich nur auf Zitate beschränkt und hauptsächlich Staudingers Kommentar verwandt. Das Gegebene bedarf also noch eingehender Bearbeitung seitens des Lesers. Zum Teil habe ich auch schon den ebenso vorzüglichen Kommentar von Planck (neueste Auflage), bei Guttentag Verlag Berlin W. 35, benutzt und empfehle, den Band in schwierigen Fällen nachzulesen und mit Staudinger zu vergleichen.

Ausführlichere Bearbeitungen für Fortgeschrittene suche ich übrigens in meinen 1910 im Selbstverlag erschienenen Arbeiten „Examensfälle mit Lösungen" und zum Teil in „Zivilprozeßfälle mit Lösungen" zu geben, die überall gut aufgenommen wurden.

Soweit die Lösungen ergänzt und berichtigt wurden, erfolgte dies, indem das Bisherige genau in seiner bisherigen Fassung belassen wurde, während die Ergänzungen und Berichtigungen unter dem Titel „Zu Lösung 1" usw. angefügt wurden. Der Leser hat sich einmal an das Vorhandene gewöhnt und wird auf diese Weise schneller einen Überblick erlangen, als wenn neue Bearbeitungen gegeben würden.

Kötzschenbroda, Januar 1913.

Heinrich v. d. Mosel.

Abkürzungen.

BGB. = Bürgerliches Gesetzbuch.
EG. = Einführungsgesetz zum Bürgerlichen Gesetzbuch.
ZPO. = Zivilprozeßordnung.
HGB. = Handelsgesetzbuch.
WO. = Wechselordnung.
KO. = Konkursordnung.
FGG. = Reichsgesetz über die Angelegenheiten der freiwilligen Gerichtsbarkeit.
GrO. = Grundbuchordnung.
GewO. = Gewerbeordnung.
StrGB. = Strafgesetzbuch.
StrPO. = Strafprozeßordnung.
ZwVG. = Zwangsversteigerungsgesetz.

Anm. Die Paragraphen des Bürgerlichen Gesetzbuchs werden gewöhnlich ohne den Zusatz BGB. angeführt.

Erstes Buch. Allgemeiner Teil.

Lösung 1.

Die erste Behauptung des Professors betreffs der Zeit der Geburt der Kinder ist falsch, denn wie in allen öffentlich-rechtlichen Verhältnissen nach dem Reichsgesetz vom 12. März 1893, so gilt gewohnheitsrechtlich auch in privatrechtlichen Verhältnissen die mitteleuropäische Zeitrechnung, falls nicht besondere Bestimmungen vorliegen. Nach dieser Zeitrechnung sind die hier in Betracht kommenden Kinder des Professors und des Hauptmanns zu gleicher Zeit geboren, nämlich um 9 Uhr vormittags. Der Professor beruft sich weiter darauf, daß sein Kind während der Geburt geschrien, also bereits vor der völligen Ausstoßung aus dem Mutterleibe gelebt habe. Diese Behauptung wird ohne weiteres hinfällig durch die Vorschrift des § 1. Danach beginnt die Rechtsfähigkeit des Menschen erst mit der Vollendung der Geburt, also beginnt auch die Fähigkeit eine Erbschaft zu erwerben, die ja nur eine Seite der Rechtsfähigkeit ist, mit diesem Zeitpunkte. Die Feststellung, wann die Geburt erfolgt sei, ist Sache der medizinischen Wissenschaft. Die Frage ist aber hier ohne Bedeutung, denn die Parteien streiten ja nur darüber, wann die Rechtsfähigkeit beginnt.

Besser ist das Vorbringen des Hauptmanns, daß das Kind des Professors in das Sterberegister eingetragen, also jedenfalls in der Geburt verstorben sei. Die in § 18 des Personenstandsgesetzes von 1875 genannten Personen haben die Verpflichtung, jeden Geburtsfall dem Standesbeamten des zugehörigen Bezirks anzuzeigen. Der Standesbeamte hat weiter die Verpflichtung, jeden in seinem Bezirke vorkommenden Geburts- und Sterbefall, der ihm angezeigt wird, zu beurkunden. Hier ist nun nur der Sterbefall eingetragen worden. Also ist nach § 15 verb. mit § 23 Pers.Ges. zu vermuten, daß das Kind des Professors überhaupt nicht gelebt hat, sondern bereits in der Geburt — also vor völliger Ausstoßung aus dem Mutterleibe — gestorben ist. Bewiesen ist dies freilich nicht, wie der Hauptmann annimmt. Denn es ist nicht ausgeschlossen, daß bei der Anzeige ein Irrtum vorgekommen ist, oder daß der Standesbeamte die Beurkundung der Geburt vergessen hat. Der Gegenbeweis bleibt also immer offen. Im Text ist aber nicht davon die Rede, daß der Professor wirklich diesen Gegenbeweis geführt hat. Gelingt ihm dieser Beweis nicht, so muß der Hauptmann im Prozesse unter allen Umständen durchdringen, und seinem Kinde muß das Recht auf die Villa zugesprochen werden.

Nimmt man als bewiesen an, daß auch das Kind des Professors lebend geboren ist, so sind beide Kinder, da sie als zugleich geboren angesehen werden müssen, an dem Vermächtnis zu gleichen Teilen berechtigt, und das Testament ist insoweit zu interpretieren (Concursu partes fiunt, vgl. auch § 2073).

Übrigens fordert der Professor, selbst wenn ihm der Beweis, daß sein Kind ebenfalls Rechtsfähigkeit erlangt hat, gelingen sollte, wahrscheinlich noch zu viel, wenn er die Hälfte des Vermächtnisses beansprucht. Denn wenn man voraussetzt, daß seine Frau zur Zeit des Erbfalls noch lebt, so wird diese nach § 1925 Abs. 2 Miterbin ihres Kindes zu $^1/_2$, während die andere Hälfte — also ein Viertel des Ganzen — auf den Vater entfällt.

Lösung 2.

Die Frage ist die, inwieweit für die drei Fälle ein Schutz des Namensrechts auf Grund von § 12 einzugreifen hat.

a) Der Professor ist eine allgemein bekannte und geachtete Persönlichkeit. Seine Bedeutung besteht darin, daß er Philosophie vorträgt. Wenn er in einem Lustspiel mit vollem Namen auf die Bühne gebracht und als lächerliche Figur dargestellt wird, so ist nicht ausgeschlossen, daß ihm infolge dieser Darstellung das Verhalten, die Handlungen und Leistungen der im Lustspiel vorkommenden Person irrtümlicherweise zugerechnet werden, daß er dadurch an Achtung verliert und die Zahl seiner Zuhörer infolgedessen abnimmt. Er hat also nicht nur ein Interesse schlechthin, sondern vielleicht auch ein Vermögensinteresse, welches nach § 12 gar nicht vorausgesetzt wird, daran, daß er nicht in dieser Weise dargestellt wird. Der § 12 will nun zwar vor allem den häufigsten Fall treffen, daß jemand unbefugt sich selbst den Namen eines anderen beilegt. Doch kann man auf Grund extensiver Interpretation desselben auch das als unbefugten Gebrauch bezeichnen, wenn jemand einem anderen — das ist hier der Schauspieler im Lustspiel — den Namen eines Dritten unter Umständen beilegt, die dessen Interesse an seinem Namen verletzen. Somit ist hier meines Erachtens der Schutz des § 12 gegeben, und der Professor kann dem Autor des Lustspiels den Gebrauch seines Namens verbieten. Er kann also klagen auf Änderung der Bezeichnung der betreffenden Person des Lustspiels in der Weise, daß eine Verwechslung mit seiner Person ausgeschlossen ist, ferner, da weitere Beeinträchtigungen hier leicht zu besorgen sind, auf Unterlassung der Bezeichnung bei späteren Aufführungen. Handelt der Verurteilte seiner Verpflichtung zur Unterlassung nach Erlaß des Urteils auch fernerhin zuwider, so kann er an sich nur mit mittelbarer Gewalt hierzu gezwungen werden, der Schuldner kann nämlich gemäß § 890 ZPO. auf Antrag des Gläubigers wegen jeder Zuwiderhandlung vom Prozeßgericht erster Instanz zu einer Geldstrafe bis zu 1500 M. oder zur Strafe der Haft bis zu sechs Monaten verurteilt werden. Der Verurteilung muß nach § 890 Abs. 2 ZPO. eine Strafandrohung vorausgehen. Den Antrag auf Strafandrohung braucht der Gläubiger nicht erst im Zwangsvollstreckungsverfahren zu stellen, sondern kann ihn, wie dies in der Praxis meistens geschieht, schon als Kläger im Klageantrag stellen. Dann erreicht er die Strafandrohung schon früher, nämlich bereits im Urteil über die Hauptsache. Hierauf kann auf seinen Antrag die Verurteilung des Schuldners zu der nach § 890 Abs. 1 ZPO. festgesetzten Strafe durch Beschluß erfolgen. Sollte sich der Autor auch weigern, die Änderung der Bezeichnung der den Professor darstellenden Person vorzunehmen, so könnte dieser auch das durch mittelbaren Zwang nach § 888 ZPO. erwirken, da hier eine ausschließlich vom Willen des Schuldners abhängende Handlung in Betracht kommt. (Auch § 887 könnte man in Erwägung ziehen.)

b) Hier ist § 12 wieder auf Grund extensiver Interpretation anwendbar. Das fragliche Schreiben geht offenbar nicht von Bismarck aus, da es der Weinbergsbesitzer selbst ersonnen hat und Bismarck es nicht unterschrieben hat. Der Weinbergsbesitzer sucht aber bei dem Publikum den Glauben zu erwecken, als ab es von Bismarck ausginge, als ob dieser also seinen Wein belobigt hätte, damit sucht er das Publikum in seinem Interesse zu täuschen. Bismarck hat aber entschieden ein Interesse daran, daß ein Schreiben, das eine Ansicht enthält, die er möglicherweise gar nicht vertritt, nicht als von ihm unterschrieben verbreitet wird. Der Weinbergsbesitzer gebraucht also den Namen Bismarcks unbefugt und verletzt damit dessen Interesse an seinem Namen. Bismarck kann daher von demselben auf Grund von § 12 Beseitigung der vorhandenen Belobigungsschreiben verlangen. Da weitere Beeinträchtigungen leicht möglich sind, so kann er auch auf Unterlassung der Anfertigung weiterer mit seiner Unterschrift versehener Belobigungsschreiben klagen. Auch kann der Kläger wieder mit dem Klageantrage den Antrag nach § 890 der ZPO. verbinden oder denselben nach Erlaß des Urteils stellen. (Vgl. hierüber das unter a Gesagte.) Bismarck kann dagegen nicht darauf klagen, daß der Weinbergsbesitzer auch die Bezeichnung „Fürst Bismarck" unterläßt. Durch sie wird das Interesse Bismarcks nicht verletzt. Denn es ist in unserem Verkehrsleben allgemein üblich, Zigarren oder anderen Waren die Namen berühmter Männer beizulegen. Diese Bezeichnungen haben vorwiegend den Zweck, ein Unterscheidungsmerkmal zu bilden, nicht aber den Anschein zu erwecken, daß die betreffende Person in irgendeiner Beziehung zu der Sache steht. Derjenige, welcher daraufhin diesen Waren einen besonderen Wert beilegt, hat selbst die Schuld daran, denn es fehlt ihm die normalerweise bei einem Käufer vorauszusetzende Kenntnis vom Verkehrsleben.

c) Hier ist der Schutz des § 12 nicht gegeben. Offenbar stützt sich der Schustergeselle darauf, daß durch die Namensänderung des Referendars Cohn in Conrad der Anschein erweckt werden könnte, daß er selbst der früher Cohn genannten jüdischen Familie angehöre. Nach unseren modernen Rechtsanschauungen hat aber die Religion in rechtlicher Beziehung keinen Einfluß mehr. Das Interesse eines Mannes namens Conrad an seinem Namen wird somit nicht dadurch verletzt, daß ein Jude Cohn den Namen Conrad annimmt. Der Schustergeselle kann daher weder gegen den Referendar, noch gegen die zuständige Behörde irgendwie vorgehen.

Anm. Über das Namensrecht läßt sich vieles sagen, was aber dem Zwecke der vorliegenden Behandlung nicht entspräche, welcher nur dahin geht, die leitenden Gesichtspunkte zu eröffnen und im direkten Anschluß an den einzelnen Fall so kurz wie möglich zu entscheiden, ohne weiter auf theoretische Entwicklungen und die damit zusammenhängenden Streitfragen und die Literatur einzugehen. Bemerkt soll nur werden, daß das Namenrecht eins von den wenigen sog. Individualrechten des Menschen ist, welche durch BGB. geschützt werden. Ähnliche Rechte sind das von mir als vorhanden angenommene, jetzt viel besprochene Recht auf Verbieten des Reproduzierens von Photographien, wenn die Aufnahme wider Willen des Aufgenommenen erfolgt ist (sog. Recht am eigenen Bild, vgl. Fall 311), und das Recht der Verfügung über den Körper für die Zeit nach dem Tode (vgl. Fall 53).

Frühere Reichsgesetze enthielten übrigens einen Schutz des Namensrechts nur in einzelnen Beziehungen, so schützen z. B. das HGB. das Firmenrecht der Kaufleute, das Gesetz vom 12. Mai 1894 und das Gesetz vom 27. Mai 1896 über den unlauteren Wettbewerb die Warenbezeichnungen. Auch diese Vorschriften kann man bis zu einem gewissen Grade als hierher gehörig in Betracht ziehen.

Lösung 3.

1. Die Adoption beruht nach § 1741 auf einem Vertrag. Es fragt sich nun, was sie für Rechte und Pflichten in bezug auf den Namen erzeugt. Nach § 1758 erhält der Adoptierte den Familiennamen des Adoptierenden. Dieses Recht ist aber zugleich verbunden mit der Pflicht, den bisherigen Namen nicht mehr zu führen. (Vgl. Staudinger, Bem. 5 zu § 1758.)

Wäre der Adoptionsvertrag gültig, so würde also der Leutnant Ohnekummer diesen Namen nicht *unbefugt* tragen. Nun sind aber die Parteien, also der Adoptierende und der Adoptierte, übereingekommen, daß durch den Vertrag nicht ein Kindesverhältnis hergestellt, sondern nur die Übertragung des Namens herbeigeführt werden soll. Die Hauptfrage ist also: Was ist in dieser Vereinbarung zu erblicken? Der Oberförster gibt eine Willenserklärung gegenüber einem anderen unter einem Vorbehalt ab, den dieser kennt. Das wäre eine sog. Mentalreservation im Sinne des § 116. Da ein Vertrag vorliegt, ist sie nichtig. Etwas Besonderes gilt nur bei Erklärung des Eheschließungswillens — falls diese unter Mentalreservation oder scherzhaft erfolgt. Diese Ehen sind gültig. (Vgl. Staudinger, Bem. 6 zu § 116 und Lösung zu Fall 511.)

Oder kommt vielleicht § 117 in Betracht? Dieser sagt, daß eine Willenserklärung, die einem anderen gegenüber abzugeben ist, wenn sie mit dessen Einverständnis nur zum Schein abgegeben wird, nichtig ist. Wenn aber durch ein Scheingeschäft ein anderes Rechtsgeschäft verdeckt wird, so finden die für das verdeckte Rechtsgeschäft geltenden Vorschriften Anwendung. Könnte man sagen: Der Adoptionsvertrag wird zum Schein geschlossen, aber dadurch wird ein anderes Geschäft verdeckt, nämlich die Übertragung des Namens? Dieser Annahme dürften Bedenken kaum entgegenstehen. Man wird also wohl § 117 Abs. 2 anwenden und ein sog. dissimuliertes Geschäft annehmen können.

Aber trotzdem ist der Vertrag nichtig. Das verdeckte Geschäft kann ja aus anderen Gründen nichtig sein, z. B. weil es einem gesetzlichen Verbot oder den guten Sitten widerspricht (§§ 134, 138). Das möchte ich hier annehmen. Den Vorschriften des öffentlichen Rechts widerspricht es, daß jemand seinen Namen ohne jeden weiteren Anlaß auf einen anderen überträgt. Die Parteien sind sich ja einig, daß dies der einzige Zweck der Adoption sein soll. Dazu kommen die Adoptionsvorschriften, die zum Teil zwingender Natur sind und eine derartige Übertragung des Namens wohl ausschließen.

Allen diesen Fragen ist natürlich weiter nachzugehen.

Mein Resultat geht dahin, daß der Vertrag nichtig ist.

Folge der Nichtigkeit ist, daß der Leutnant den Namen des Forstmeisters unbefugt trägt. Der Bruder des Forstmeisters kann also gegen den Leutnant nach § 12 auf Unterlassung der Führung des Namens klagen, wobei aber noch das unter Nr. 2 Ausgeführte zu beachten ist.

Literatur.

Hierher gehören dürfte z. B. die Stelle Staudinger, Bem. III zu § 117: „Das dissimulierte Geschäft. Möglich ist, daß der das Scheingeschäft enthaltende Tatbestand ein anderes von den Parteien ernstlich gewolltes Rechtsgeschäft in sich schließt; die Parteien schließen z. B. zum Schein einen Kauf ab, sind sich aber in Wahrheit darüber einig, eine Schenkung zu wollen. Dieses verdeckte (dissimulierte) Rechtsgeschäft ist nicht schon darum ungültig, weil es verdeckt ist. Vielmehr ist es dann wirksam, wenn ein Verhalten der Parteien gegeben ist, welches (nach den oben in der Einl. vor § 116 unter II entwickelten Grundsätzen) zum Schluß auf eben diesen Geschäftswillen nötigt und wenn die sonstigen materiellen und formellen Voraussetzungen eben dieses Geschäfts vorliegen. Daran wird es allerdings häufig fehlen, weil eben häufig gerade deshalb das Scheingeschäft vorgenommen wird, weil es z. B. gegen ein gesetzliches Verbot oder gegen die guten Sitten verstößt oder einer von den Parteien wegen der Kosten gescheuten Form bedarf. Beispiele gültiger verdeckter Rechtsgeschäfte s. RGE. Bd. 15 S. 593, Bd. 22 S. 191 ff."

2. Zu erörtern ist dann vor allem noch, wie die Nichtigkeit geltend zu machen ist (s. oben Nr. 1 am Schluß). Auf das Wesen der Nichtigkeit ist einzugehen. Wird einfach eine Unterlassungsklage auf Grund von § 12 angestellt werden können oder wird in Frage kommen, ob nicht in erster Linie die Feststellung der Nichtigkeit zu beantragen ist? Das Gericht wird nach § 137 ZPO. bei Formulierung des Klageantrags mit helfen müssen. Staudinger, Bem. E 2 sagt hierzu:

> „Die Regel ist, daß es keines besonderen Rechtsaktes bedarf, um die Nichtigkeit geltend zu machen. Sowohl die am Geschäft Beteiligten selbst als auch Dritte können sich ohne weiteres auf die Nichtigkeit des Rechtsgeschäfts berufen und ihr Handeln so einrichten, als wäre das Geschäft nicht vorhanden. Eine besondere Nullitätsklage kennt das BGB. nicht. Natürlich kann, wenn ein besonderes Interesse besteht, die Nichtigkeit im Wege der Feststellungsklage (ZPO. § 256) klargestellt werden. Vgl. M. I, 217."

Danach dürften gegen den Antrag des Bruders des Forstmeisters Bedenken nicht bestehen.

Lösung 4.

1. Die Vorschriften über die Todeserklärung Verschollener enthalten die §§ 13 ff. Nach § 13 kann, wer verschollen ist, nach Maßgabe der §§ 14 bis 17 im Wege des Aufgebotsverfahrens für tot erklärt werden. Die Todeserklärung erfolgt auf Antrag der Interessenten nach den Vorschriften der §§ 946—960 ZPO. über das Aufgebotsverfahren. Solange aber die Todeserklärung **nicht** erfolgt ist, wird das Fortleben des Verschollenen bis zu dem Zeitpunkt vermutet, der nach § 18 Abs. 2 in Ermangelung eines anderen Ergebnisses der Ermittelungen als Zeitpunkt des Todes anzusehen ist. Die Todeserklärung begründet nach § 18 die Vermutung, daß der Verschollene in einem bestimmten Zeitpunkt gestorben ist, und daraus ergibt sich andererseits eine Vermutung des **Lebens** bis zu dem in der Todeserklärung festgestellten Zeitpunkt des Todes des Verschollenen (Staudinger, Bem. 1 zu § 19). Diese Lebensvermutung wird nun in § 19 **auch ohne Todeserklärung** bis zu dem Zeitpunkt festgestellt, in welchem nach § 18 Abs. 2 für den Fall der Todeserklärung die Todesvermutung bezüglich des Verschollenen eintreten soll. Ist dieser Zeitpunkt erreicht, so wird, wenn nicht Todeserklärung erfolgt, nun nicht die Lebensvermutung durch die Todesvermutung ersetzt. Vielmehr kann die Todesvermutung immer nur durch eine Todeserklärung begründet werden. Daher hört, wenn keine Todeserklärung erfolgt, in jenem Zeitpunkt lediglich die Lebensvermutung auf, so daß nunmehr weder für den Tod noch für das Leben des Verschollenen eine Vermutung besteht und daher, wer sich zur Geltendmachung von Rechten oder Entlastung von Verpflichtungen auf das Leben oder den Tod des Verschollenen beruft, **das Leben oder den Tod mit den gewöhnlichen Beweismitteln beweisen muß.** Erst die Todeserklärung enthebt ihn dieses Beweises. (Vgl. Staudinger, Bem. III, 2 zu § 18, S. 107 und Bem. 4, 5 zu § 19.)

2. Hieraus ergibt sich, daß § 18 zugunsten der Schwester des A. in Frage kommt. Ihr Fortleben bis zur Wiederverheiratung der Ehefrau A. ist zu vermuten. Es liegt offenbar eine sog. Abwesenheitsverschollenheit (§ 14, 1) vor. Der Pfleger könnte sich also in der Klage auf diese Vermutung des § 19 berufen. Dabei wird er aber nur durchdringen, wenn der Erbfall vor Ablauf der in § 14 näher bestimmten zehnjährigen Frist eingetreten ist (§ 14 Abs. 2 zu beachten), denn wenn er später eintrat, dann gilt die Vermutung des § 19 nicht mehr. (Staudinger, Bem. 1 zu § 19.)

3. Die Frau des A. kann den Gegenbeweis gegen die Rechtsvermutung des § 19 führen. Sie kann also auch durch die Klage im **gewöhnlichen** Verfahren nachweisen, daß der Tod der Schwester des A. in der zehnjährigen Frist schon **vor** dem Erbfall eingetreten ist. Denn die Vermutung des § 19 gilt nur „in Ermangelung eines anderen Ergebnisses der Ermittelungen".

4. Die Frau des A. kann aber nach § 13, was hier das Normale wäre, auch die Todeserklärung der Schwester des A. herbeiführen. Es geschieht im Wege des Aufgebotsverfahrens (§§ 46—60 ZPO.). Nach § 14 ist diese zulässig, wenn seit zehn Jahren keine Nachricht von dem Leben des Verschollenen eingegangen ist. Sie erfolgt durch Ausschlußurteil im Aufgebots-

verfahren. Zur Begründung des Antrags gehört auch der Ablauf der Verschollenheitsfrist. (Vgl. hierzu Staudinger, Bem. 3 zu § 14.)

5. Nach Erlaß des Ausschlußurteils gilt § 18, d. h. die Todeserklärung begründet die Vermutung, daß der Verschollene in dem Zeitpunkt gestorben ist, der in dem die Todeserklärung aussprechenden Urteil festgestellt ist. Dieser Zeitpunkt ist im regelmäßigen Falle des § 14 der Zeitpunkt, in dem die Todeserklärung zulässig ist, also kommt die zehnjährige Frist wieder in Betracht. Aber die Frau des A. will ja gerade nachweisen, daß diese hier nicht beim Zeitpunkt des Todes maßgebend ist. Diese ist nämlich nach § 18 Abs. 2 nur maßgebend, „sofern nicht die Ermittelungen ein anderes ergeben". Dies muß also die Frau des A. beweisen.

6. Ist dagegen der Erbfall nach der nach § 18 Abs. 2 als Zeitpunkt des Todes geltenden Zeit erfolgt, so ändert sich die Beweislast. Nunmehr muß der Pfleger, der sich auf das Leben der A. beruft, deren Leben beweisen. (Vgl. Staudinger, Bem. 5 zu § 19.)

Staudinger, Bem. 3 und 4 zu § 19 sagt hierzu das Nähere, er führt aus:

„Die Lebensvermutung, welche sich nicht auf eine Todeserklärung stützt, bedarf keines anderen Beweises, als daß der Verschollene überhaupt gelebt hat und daß er verschollen ist. Denn die Lebensvermutung des § 19 setzt einen „Verschollenen" voraus („das Fortleben des Verschollenen"). Die Behauptung, daß aus § 19 eine allgemeine Lebensvermutung auch in bezug auf einen nicht verschollenen Abwesenden zu folgern sei, welche Hermann Beckh, die Beweislast nach dem BGB. (München 1899) S. 101 aufstellt, ist unrichtig. Die Lebensvermutung ist, wie die Todesvermutung, positiven Rechts. An sich besteht keine Vermutung für die Dauer des menschlichen Lebens, so wenig wie für die Fortdauer vergänglicher Wesen überhaupt. Vgl. Cosack I, § 18, IV, S. 65, Dernburg I, § 54."

Sodann in Bem. 4:

„Kann eine bestimmte privilegierte Verschollenheitsart (§§ 15—17) nicht behauptet werden, so kann es sich nur um eine Verschollenheit nach § 14 gemäß den Aufstellungen der behauptenden Partei handeln. Auch in diesem Falle setzt der Verschollenheitsbegriff irgendwelche Zeitangaben über Abwesenheit und Vermißtheit des Verschollenen voraus. Da es sich auch im Falle des § 19 nur um eine Rechtsvermutung handelt, so steht der Gegenbeweis offen. Dieser Gegenbeweis kann sich nicht darauf richten, daß es überhaupt an Verschollenheit fehlt und daher die Lebensvermutung wegfällt. Er kann sich darauf richten, daß die Verschollenheit in anderer Weise begann als behauptet wurde und daher die Verschollenheitsfrist eine kürzere, sowie der nach § 18 Abs. 2 anzunehmende Zeitpunkt des Todes ein früherer ist."

Lösung 5.

1. Die Lösung ist nicht sehr verschieden von Nr. 4. Das dort unter 1 Gesagte gilt auch hier. Ich verweise deshalb auf Lösung 4.

Es handelt sich offenbar wieder um die sog. Abwesenheitsverschollenheit des § 14 Abs. 1. Die Lebensvermutung erstreckt sich also auf eine Zeit von zehn Jahren seit der letzten Nachricht und dieser Zeitraum beginnt nach § 14 Abs. 3 mit dem Schlusse des letzten Jahres, in welchem der Verschollene den vorhandenen Nachrichten zufolge noch gelebt hat.

2. Es fragt sich weiter, ob sich der Pfleger auf § 19 berufen und die Rente und Zinsen einklagen kann, die Rente wird A. nach dem Testament bis zu seinem Tode beanspruchen können und die Zinsen des Kapitals wird er nach § 1061 als Nießbraucher ebenfalls bis zu seinem Tode beanspruchen können. Es fragt sich also, ob der Pfleger beweisen muß, daß A. noch lebt oder ob die Lebensvermutung des § 19 von den Gegnern zu entkräften ist. Bei den Zinsen des Kapitals scheint mir zweifellos, daß § 19 dem A. bis zu der in § 19 verb. mit §§ 14, 1, 18 bestimmten Zeit (zehn Jahre nach der letzten Nachricht) zur Seite steht. Will er die Zinsen für längere Zeit haben, so wird ihm die Lebensvermutung des § 19 nicht mehr zur Seite stehen, er wird also das Leben des A. beweisen müssen. Voraussetzung ist hierbei, daß er und der Gläubiger darüber einig sind, daß A. verschollen ist, d. h. daß längere Nachrichtslosigkeit vorliegt. (Vgl. Staudinger, Bem. 3 zu § 19.)

3. Bis zum Ablauf der Frist dagegen wird der Pfleger die Zinsen beanspruchen können. Es genügt also, daß er beweist, daß A. gelebt hat und daß er verschollen ist. Dies Beides wird hier offenbar zugegeben. Nunmehr greift die Lebensvermutung zugunsten des A. Platz. (Vgl. Staudinger, Bem. 4 zu § 19.)

4. Eine frühere Beendigung der Zinszahlung kann der Erbe dadurch erreichen, daß er gemäß §§ 14 ff. die Todeserklärung im Wege des Aufgebotsverfahrens (§§ 946—960 ZPO.) beantragt. Nach § 19 kann dann die Zinszahlung auch schon vor Ablauf der Frist enden, wenn ein anderes Ergebnis der Ermittelungen vorliegt.

5. Ebenso kann der Erbe der Klage des Pflegers im gewöhnlichen Verfahren den Einwand entgegensetzen, daß A. zu einer bestimmten früheren Zeit gestorben sei. Dabei ist aber wesentlich, ob der Erbe die Verschollenheit zugibt. Sobald er sie zugibt, ist er nunmehr nach § 19 beweispflichtig für den früheren Tod des A. (Vgl. Staudinger, Bem. 4 zu § 19.)

6. Betreffs der Rente sagt nun die Aufgabe noch ausdrücklich, sie sei an den Beweis des Lebens geknüpft. Es ist fraglich, wie die Parteien dies meinen. Sie können z. B. damit etwas von der Vorschrift des § 19 Abweichendes vereinbaren wollen, das heißt sie können den A. damit ungünstiger stellen wollen, insofern sein Fortleben stets von ihm oder dem Pfleger bewiesen werden muß, sobald es verlangt wird. Da es sich um eine Gesellschaft handelt, ist das schon möglich. Der Geschäftsbetrieb soll durch solche Bestimmungen vereinfacht werden und zugleich wird dadurch die Gesellschaft günstiger gestellt. Die §§ 157, 242 werden bei Auslegung der Vereinbarung Anwendung finden können. Dann fragt sich aber noch, ob

die Gesellschaft vereinbaren darf, daß die Vermutung nicht gelten soll, ob das etwa den guten Sitten widerspricht. (§ 138, ev. auch § 134.)

Lösung 6.

Der Portier hat die Verpflichtung, die Straße vor dem Hause der Gesellschaft zu bestreuen. Wenn er dies unterläßt, so handelt er widerrechtlich, denn er verletzt die fragliche Polizeiverordnung, er handelt auch fahrlässig, da er die möglichen Folgen seiner Unterlassung kennt oder kennen muß, somit die im Verkehr erforderliche Sorgfalt außer acht läßt (§ 276). A. erleidet dadurch eine Körperverletzung. Der Portier hat also nach § 823 (vielleicht nach § 823 Abs. 2) dem A. Schadenersatz zu leisten. Daß sein Verstoß in einer Unterlassung besteht, ist gleichgültig, da die vorliegende Polizeiverordnung nur durch Unterlassung übertreten werden kann und daher eine Verpflichtung zur Handlung vorlag. (Vgl. Baron, Pandekten, § 313 II b S. 576.)

Weiter fragt sich, ob auch die Aktiengesellschaft dem A. für den Schaden haftet. Der Portier ist vom Vorstande der Gesellschaft angestellt und instruiert worden. Da dieser aber nur als direkter Stellvertreter der Gesellschaft — also einer juristischen Person — handelt, so gilt er als von der Gesellschaft selbst angestellt, nicht vom Vorstand. Bezüglich der Haftung der Gesellschaft sind also die Vorschriften über die Haftung für Verschulden Angestellter in Betracht zu ziehen. Das HGB., welches hier zunächst in Frage kommt, gibt hierüber im allgemeinen keine näheren Bestimmungen, sondern läßt das BGB. entscheiden. Dieses regelt die Frage vor allem in § 278 und § 831. § 278 kommt hier nicht in Betracht, da er nur für Verschulden aus Vertragsverhältnissen gilt, es bleibt also § 831. Zweifellos ist der Portier von der Gesellschaft zu einer Verrichtung bestellt, indem er den Bürgersteig vor dem Hause mit Sand zu bestreuen hat. Die Gesellschaft haftet daher für den Schaden, den er in Ausübung dieser Verrichtung einem Dritten widerrechtlich zufügt. Nun entsteht zwar der Schaden hier nicht bei Ausführung der Verrichtung, sondern gerade durch Unterlassung derselben. § 831 ist aber ebenso wie § 823 dahin zu interpretieren, daß er nicht nur die Schadenzufügung durch positive Handlung, sondern auch eine solche durch Unterlassung umfaßt, wenn eine Verpflichtung zum Handeln vorlag (s. o.). Somit muß die Gesellschaft für den vom Portier dem A. zugefügten Schaden nach § 831 Abs. 1 Satz 1 haften. Die Gesellschaft kann sich aber von dieser Haftung nach § 831 Abs. 1 Satz 2 befreien, indem sie nachweist, daß sie bei Anstellung des Portiers die im Verkehr erforderliche Sorgfalt beobachtet habe. Das würde in einem etwaigen Prozeß besonders durch die Aussage des Vorstandes, der den Portier angestellt und instruiert hat, sowie durch den Nachweis, daß der Portier im allgemeinen ein ordentlicher und tüchtiger Mensch ist, festgestellt werden können. Gelingt der Beweis, so würde der Schadenszufüger allein haften.

A. mußte also seine Klage, soweit sie sich gegen die Gesellschaft richtet, auf § 831 stützen. Er stützt sich dagegen auf § 31. Diese Vorschrift schlägt deshalb nicht ein, weil es sich darin nur um den Schaden handelt, den der Vorstand, ein Mitglied des Vorstandes oder ein anderer verfassungsmäßig berufener Vertreter des Vereins durch eine in Ausführung der ihm zustehenden Verrichtungen begangene zum Schadensersatze verpflichtende Handlung einem Dritten zufügt. § 31 will also eine verschärfte Haftung eines rechtsfähigen Vereins für außerkontraktliches Verschulden der genannten Personen feststellen, indem der Verein sich nicht auf die Einrede nach § 831 Abs. 1 Satz 2 stützen kann. Richtig ist zwar, daß § 31 in Ermangelung entgegengesetzter Vorschriften des HGB. auch für Gesellschaften gilt, die juristische Personen sind. Im vorliegenden Fall hat aber ein Dritter den Schaden zugefügt, der erst vom Vorstand in Vollmacht der Gesellschaft angestellt worden ist. Daß dieser kein verfassungsmäßiger berufener Vertreter des Vereins ist, ist ohne weiteres klar. Somit ist § 31 nicht anwendbar, und die Gesellschaft hat das Recht aus § 831 Abs. 1 Satz 2. Sie haftet, falls sie den fraglichen Nachweis nicht erbringt, nach § 840 mit ihrem Angestellten zusammen als Gesamtschuldner. Andererseits führt die falsche Rechtsausführung, auf die sich A. stützt, nicht zur Klagabweisung (nach dem Satze: jura novit curia).

Anm. Für das innere Verhältnis gilt hier, wie in allen derartigen in der Praxis sehr häufigen Fällen folgendes: Wenn der Vorstand bei Auswahl des Portiers nicht die erforderliche Sorgfalt anwendete, so handelte er fahrlässig und haftet daher der von ihm vertretenen Gesellschaft auf Schadensersatz. Diese Haftung gründet sich aber nicht auf Delikt, sondern auf Vertrag, nämlich auf mangelhafte Erfüllung des zwischen ihm und der Gesellschaft bestehenden Vertrags, der als Dienstvertrag anzusehen ist. Daraus haftet er gemäß § 241 HGB. verb. mit § 276 BGB. Der Verein würde also insofern ein Regreßrecht gegen seinen Vorstand haben.

Die Höhe und Art des Schadensersatzes regeln an und für sich die allgemeinen auch für Vertragsverhältnisse gegebenen Schadensersatzvorschriften der §§ 249 ff. Für den Fall der Verletzung des Körpers hat aber § 843 die spezielle Anordnung gegeben, die hier aller Wahrscheinlichkeit nach einschlägt.

Lösung 7.

Der Vorstand haftet in erster Linie aus dem Mietvertrag nach § 164, also als direkter Stellvertreter, für die nach § 276 erforderliche Sorgfalt. Er hat die Vorschriften der §§ 536 ff. verletzt. Er mußte die Wohnung in einem zum vertragsmäßigen Gebrauch geeigneten Zustand überlassen. (§ 536.) Es liegt ein Mangel vor, der den vertragsmäßigen Gebrauch der Wohnung aufhebt. (§§ 537, 538.) Nach § 538 hat der Mieter Schadensersatz beansprucht. (Vgl. § 544.)

Für die Erfüllung dieser Verbindlichkeit haftet der Verein nach § 164 verb. mit § 276 oder nach § 278, wenn der Vorstand als eine Person angesehen wird, deren sich der Verein zur Erfüllung einer Verbindlichkeit bedient. (Vgl. Staudinger, Bem. 2 zu § 31, sowie Bem. 1 zu § 278.)

2. Aber im vorliegenden Falle kommt auch § 31 in Frage. Der Verein ist eine juristische Person. Das wissentliche Vermieten einer mit Schwamm behafteten Wohnung kann eine unerlaubte Handlung in sich schließen. (Betrug, § 263 BGB.) Dabei handelt es sich um außerkontrakt-

liches Verschulden. Beim Portier kamen §§ 823 ff. insbesondere § 831 in Frage. Beim Vorstand dagegen schlägt die strengere Haftung des Geschäftsherrn, die Haftung nach § 31 ein. Hier kann sich der Verein also nicht durch den Nachweis des § 831 befreien. Die Frage ist: Inwieweit können Verschulden aus Vertrag und Delikt konkurrieren?

3. Die Einwendung des Vereins ist hinfällig. Er kann sowohl aus dem Vertrag nach § 164 verb. mit §§ 278, 538 haftbar gemacht werden. Er kann aber ebensogut aus § 31 haftbar gemacht werden für außerkontraktliches Verschulden, falls ein solches vorliegt.

4. Zu beachten ist der Unterschied zwischen Verschulden bei Abschluß eines Vertrages und Verschulden bei Erfüllung einer Verbindlichkeit. Das Nähere ist Staudinger Bem. 1 zu § 278 und Bem. 2 zu § 31 ausgeführt. Es ist also zu fragen: Ist der Vorstand gesetzlicher Vertreter? Bedient sich der Verein des Vorstands zur Erfüllung einer Verbindlichkeit? Liegt nicht schon bei Abschluß des Vertrags ein Verschulden vor, nämlich das wissentliche Vermieten einer mit Schwamm behafteten Wohnung? Soweit ein Delikt (Betrug) in Frage kommt, wird es nicht gleich bei Abschluß des Vertrags begangen. Dagegen, soweit Erfüllung einer Verbindlichkeit in Frage kommt, ist § 278 anzuwenden.

Lösung 8.

Es liegt eine zum Schadensersatz verpflichtende Handlung (Körperverletzung, §§ 223 ff. St. G. B.) vor, auch ist sie von einem Vorstandsmitglied begangen. Aber gleichwohl wird der Verein nicht nach § 31 haftbar gemacht werden können, weil das Vorstandsmitglied A. den Schaden nicht „durch eine in Ausführung der ihm zustehenden Verrichtungen begangene Handlung“ dem B. zugefügt hat. Ganz zweifellos erscheint es zwar nicht, denn man könnte so sagen: Die Beleidigung richtete sich gegen den Verein. Zu den Verrichtungen des A. gehört es auch, den Verein dagegen zu verteidigen. Folglich haftet der Verein nach § 31 auf Ersatz für die Ohrfeige. Eine solche Verrichtung dürfte nicht vorliegen. Vielmehr gab A. den Schlag nur bei Gelegenheit der Ausführung der Verrichtung. Auch dürfte sich noch fragen, ob die Handlung dem Bereiche des verfassungsmäßigen Wirkungskreises des A. angehört. Soweit sich A. selbst beleidigt fühlt, sicher nicht, aber auch soweit er den Verein verteidigen will, dürfte das zweifelhaft sein. Staudinger, Bem. 8, 9 zu § 31 S. 157 sagt hierzu:

> „Die schadenbringende Handlung oder Unterlassung muß dem Bereiche des verfassungsmäßigen Wirkungskreises des betreffenden Organs der juristischen Person angehören und als Handlung und Unterlassuug zur Ausführung derjenigen Verrichtungen gehören, die dem Organ überwiesen sind — als Unterlassung, indem eine dem Organe zukommende verfassungsmäßige Aufgabe nicht oder nicht gehörig erfüllt wird.
>
> Dagegen macht die juristische Person nicht haftbar eine schädigende Handlung, welche sich das Organ der juristischen Person nicht in Aus-

führung seiner Verrichtungen, sondern nur **bei Gelegenheit** der Ausführung von Verrichtungen zu Schulden kommen ließ durch eine Handlung oder Unterlassung, die überhaupt dem Bereiche der Aufgabe dieses Organs nicht angehört. Dies wurde in der II. Komm. P. VI 144 ausdrücklich festgestellt."

Zweifelhaft dürfte jedenfalls die Haftung sein. Daher ist den Kommentaren und Entscheidungen genau nachzugehen. (Vgl. auch Staudinger, Bem. 6 zu § 31.)

Lösung 9.

Der Gesangverein Harmonie ist ein Verein im Sinne des § 21, also ein solcher, der durch Eintragung in das Vereinsregister des zuständigen Amtsgerichts die Rechtsfähigkeit — also juristische Persönlichkeit — erlangt hat. Gemäß § 26 wird der Verein durch A. als Vorstand vertreten, und zwar ist dieser direkter Stellvertreter (§ 164). Der Mietvertrag zwischen A. und B., sowie der Dienstvertrag zwischen A. und C. sind daher als Rechtsgeschäfte des Vereins, also der juristischen Person, anzusehen. Wenn nun die Vereinsmitglieder bis auf A., X. und Y. austreten und A. stirbt, so hat der Verein nur noch zwei Mitglieder, nämlich X. und Y., da nach § 38 die Mitgliedschaft nicht übertragbar und nicht vererblich ist und die Erben des A. daher nicht Mitglieder des Vereins werden. Daher hat das Amtsgericht ganz mit Recht unter Berücksichtigung des § 73 dem Verein die Rechtsfähigkeit entzogen. Nach § 47 hat nunmehr die Liquidation zu erfolgen. Nach § 49 Abs. 2 gilt dabei der Verein als fortbestehend, soweit der Zweck der Liquidation es erfordert. Dies ist aber vor allem der Fall, wenn es sich um Abwicklung früher eingegangener Verträge und um Prozesse wegen derselben handelt. Die aus diesen Verträgen Berechtigten müssen also den Verein als juristische Person verklagen, und dieser haftet nur mit dem Vereinsvermögen. Im vorliegenden Falle ist nun gerade der Vorstand, der zur Vertretung des Vereins im Liquidationsverfahren gesetzlich berufen ist, nicht mehr vorhanden. Die Gesellschafter müssen daher analog § 27 (vgl. § 48) einen anderen Liquidator bestellen, als welcher einer von ihnen oder auch ein Dritter auftreten kann. Dieser hat in dem von B. und C. anzustellenden Prozesse den Verein zu vertreten (ev. muß nach § 29 die Bestellung erfolgen).

Die Frage, ob B. und C. wegen der Miete und des Lohns auch gegen die Erben des A. klagen können, ist nach dem Obigen zu verneinen. Denn da, wie oben gesagt, nach § 38 die Mitgliedschaft nicht übertragbar und nicht vererblich ist und die Erben des A. somit nicht Mitglieder der Vereins werden, so geht auch das Recht des A. an dem Vermögen des Vereins nicht auf seine Erben über. Diese sind daher bei einer Klage gegen die Vereinsmitglieder nicht passiv legitimiert. (Dagegen übernehmen die Erben des A. die sonstigen Verpflichtungen desselben. Zu diesen gehört aber möglicherweise die Verpflichtung zur Herausgabe des noch bei ihnen befindlichen Inventars [s. u.]. Im Falle der Nichtbefriedigung oder nicht völligen Befriedigung können daher die Gläubiger auf Grund vollstreckbaren Urteils die Forderung des Vereins gegen die Erben des A. auf Herausgabe der Inventargegenstände pfänden und sich überweisen lassen und treten nun als Gläubiger an Stelle des Vereins.)

Welche Rechte können die Beklagten wegen des Inventars geltend machen? Da das Inventar sich zum Teil bei dem Vermieter B., zum Teil bei den Erben des A. befindet, so kann es sich hier nur um Rechte gegen diese Personen handeln. Mit B. hat der Verein einen Mietvertrag abgeschlossen, seine Rechte bestimmen sich also nach den §§ 535 ff. bzw. nach dem Vertrage. Ist dieser z. B. sofort kündbar, so kann der Verein das Inventar herausverlangen und es so zur Bezahlung der Schulden mit verwenden, falls das sonstige Vermögen nicht zureicht. Was die Rechte und Pflichten des Vereins gegen die Erben des A. betrifft, so kommt es hier wieder auf das zwischen dem Verein und den Erben bestehende Vertragsverhältnis an, auf Grund dessen die Erben des A. die Möbel erlangt haben. Wahrscheinlich ist es ein Mietvertrag. Es kann aber auch ein Verwahrungsvertrag sein (§§ 688 ff.). Ist dieser Vertrag ohne Kündigungsfrist geschlossen, so kann der Verein das Inventar von den Erben des A. sofort herausverlangen, andernfalls unter Einhaltung der gesetzlichen oder vertragsmäßigen Kündigungsfrist.

Ungenau ist es, wenn hier von Rechten der Beklagten die Rede ist. Die fraglichen Rechte muß vielmehr, wie schon hervorgehoben, der Verein als juristische Person unter der Firma „Gesangverein Harmonie in Liquidation" geltend machen, denn offenbar erfordert das der Zweck der Liquidation. (Vgl. das zur ersten Frage hierüber Gesagte.) Es kann übrigens auch sein, daß der Verein noch zu Lebzeiten des A. diesem den fraglichen Teil des Inventars übergeben hat. Freilich entsteht dann die Frage, inwieweit A. als Vorstand zu diesem Rechtsgeschäft mit sich selbst berechtigt war (§ 181). Es soll aber hierauf nicht näher eingegangen werden, da dies zu weit führen würde.

Anm. Hätten X. und Y. nach Entziehung der Rechtsfähigkeit neue Schulden kontrahiert, so würden sie für diese nach § 54 im allgemeinen wie Gesellschafter haften, also persönlich (§§ 705 ff.). Erhebt der Gläubiger aus diesen Verträgen Klage, so würde § 50 Abs. 2 ZPO. in Betracht kommen, denn es ist zu beachten, daß der Verein als nicht rechtsfähiger in Ermangelung einer ausdrücklichen oder stillschweigenden Auflösung noch nicht aufgehört hat zu existieren.

Lösung 10.

1. Es kommt ein rechtsfähiger Verein im Sinne des § 21 in Betracht. Nach § 32 werden die Angelegenheiten des Vereins, soweit sie nicht vom Vorstand oder einem anderen Vereinsorgan zu besorgen sind, durch Beschlußfassung in einer Versammlung der Mitglieder geordnet. Zur Gültigkeit des Beschlusses ist erforderlich, daß der Gegenstand bei der Berufung bezeichnet wird. Nach § 32 Abs. 2 ist ein Beschluß auch ohne Versammlung der Mitglieder gültig, wenn alle Mitglieder ihre Zustimmung zu dem Beschlusse schriftlich erklären.

2. Schon eine solche Berufung ist im vorliegenden Falle nicht erfolgt. Berufung ist nach dem BGB. eine Aufforderung an die Vereinsmitglieder zur Vereinsversammlung unter Angabe des Versammlungszwecks. Hierbei ist selbstverständlich Angabe der Zeit und des Ortes der Versammlung erforderlich. Dieser Ort kann z. B. satzungsmäßig vorgeschrieben sein. Dann ist z. B. die Berufung an einen anderen Ort ohne vorgängige Satzungsänderung nicht zulässig. Die Berufung hat in der Regel durch den Vorstand (§ 26) zu erfolgen. (Vgl. Staudinger, Bem. IV zu § 32, S. 159.)

Alles dies ist hier nicht geschehen, denn die Mitglieder treffen sich „zufällig", übrigens auch an einem Orte, der vermutlich nicht zur Abhaltung von Versammlungen in der Satzung bestimmt sein wird. Nach § 32 Abs. 1 Satz 2 muß man also annehmen, daß der Beschluß der Vereinsmitglieder des „Eissport" ungültig ist, schon weil es an der Berufung fehlt. Nach § 32 Abs. 2 kann zwar die Versammlung der Mitglieder durch schriftliche Zustimmung ersetzt werden. Aber eine solche wird in der Aufgabe nicht behauptet, kann daher nicht angenommen werden.

3. § 40 sagt nun allerdings, daß verschiedene Vorschriften über das Vereinsrecht, darunter auch § 32 insoweit keine Anwendung finden, als die Satzung ein anderes bestimmt. Die Vorschriften sind also nicht zwingender, sondern dispositiver Art. Davon, daß die Satzung anders bestimmt, sagt die Aufgabe nichts. Es kann sich deshalb nur noch fragen, ob vielleicht in dem Beschluß der Mitglieder eine solche Satzungsänderung zu erblicken ist. Dies möchte ich trotz der §§ 157, 133, 242 verneinen. Der Beschluß der Mitglieder bezweckt eine Satzungsänderung nach § 39. Nach § 39 ist die Mitgliedschaft sofort kündbar, doch kann die Satzung anders bestimmen. Beim Verein „Eissport" bestimmt die Satzung nicht anders und deshalb soll seine Satzung geändert werden. Die nach § 33 erforderliche Stimmenzahl (drei Viertel der Mitglieder) ist zwar vorhanden, denn der Beschluß erfolgt einstimmig. Aber es fehlt eben an der ordnungsmäßigen Berufung nach § 32. Die Mitglieder hätten eben gemäß § 40 verbunden mit § 32 zugleich ihren Beschluß ausdrücklich dahin erweitern müssen, daß die Satzung dahin abgeändert wird, daß der Beschluß *ohne* besondere Berufung der Mitgliederversammlung gültig sein soll. Aber auch die Gültigkeit dieses Beschlusses scheint zweifelhaft, weil man *bis zu diesem* Beschluß wohl die *bisherigen* Formen wird verlangen müssen. Hinterher das Gegenteil zu beschließen, dürfte nicht angängig sein und haben die Mitglieder überhaupt nicht beabsichtigt.

Es erscheint mir also zu weitgehend, die Gültigkeit des Beschlusses anzunehmen.

3. Die Gültigkeit des Beschlusses ist aber nachträglich nach § 32 Abs. 2 zu erreichen. Die Mitglieder brauchen nur schriftlich ihre Zustimmung zu dem auf der Eisbahn gefaßten Beschluß zu erklären.

4. Zur Wirkung gegen Dritte würde übrigens der Beschluß nach § 71 der Eintragung im Vereinsregister bedürfen, weil er eine Satzungsänderung enthält.

5. An und für sich ist nach § 39 gegen die Gültigkeit des Beschlusses nichts einzuwenden, denn nach § 39 können durch die Satzung über die Kündigung beliebige Bestimmungen getroffen werden.

Lösung 11 (vgl. Lösung 19).

1. Die vom Turnverein „Alt-Berlin" beabsichtigte Satzungsänderung bezweckt eine Änderung des Zwecks des Vereins, denn aus dem Turnverein soll ein Gesangverein werden. Zu einem solchen Beschlusse ist nach § 33 Abs. 1 Satz 2 die Zustimmung aller Mitglieder erforderlich. Nach der Satzung des Vereins ist nun zu deren Abänderung erforderlich, daß drei Viertel der Mitglieder zustimmen. Dies ist nach § 33 Abs. 1 Satz 1 schon von Gesetzes wegen der Fall. Fraglich ist nun, ob die Vorschrift in § 33 Abs. 1 Satz 2 durch die Satzung des Vereins abgeändert ist, und ob sie überhaupt abgeändert werden kann. Nach § 40 ist die Bestimmung des § 33 kein absolutes Gesetz, sondern dispositiver Natur, sie unterliegt also der Disposition der Parteien. Es ist daher nicht unbedingt erforderlich, daß einer Änderung des Zwecks des Vereins alle Mitglieder zustimmen. Es kann in der Satzung z. B. vereinbart werden, daß nur drei Viertel der Mitglieder zuzustimmen brauchen. Der Turnverein hat nun im vorliegenden Falle in seinen Statuten nur bestimmt, daß zur Änderung der Satzung der Beschluß einer Mehrheit von drei Vierteln der Mitglieder erforderlich ist, nicht aber hat er bestimmt, daß zur Änderung des Zwecks des Vereins diese Zahl erforderlich ist. Man wird wohl nach §§ 157, 242 den Vertrag dahin auslegen müssen, daß eine so weitgehende Satzungsänderung nicht gemeint war. Man wollte nur die Vorschrift des § 33 Abs. 1 Satz 1 ausdrücklich in das Statut aufnehmen. Aber an eine Änderung des Zwecks des Vereins hat man dabei nicht gedacht. Der Beschluß ist daher ungültig. Die Mitglieder hätten eine besondere Bestimmung hierüber treffen müssen.

Nach § 71 bedürfen Satzungsänderungen der Eintragung. Fraglich ist nun, ob das Amtsgericht den Beschluß, trotzdem er ungültig ist, eintragen muß. Das scheint mir nicht leicht zu entscheiden. Nach § 71 Abs. 2 finden bei Satzungsänderungen die Vorschriften der §§ 60—64 und des § 66 Abs. 2 entsprechende Anwendung. Danach kommen die Grundsätze wie bei der Anmeldung zur Anwendung. Nach § 60 muß den Erfordernissen der §§ 56—59 genügt sein. Die Frage kann also dahin formuliert werden: Muß das Amtsgericht einen Beschluß des Vereins eintragen, den es für ungültig hält, weil er weder nach der Satzung noch nach der gesetzlichen Bestimmung des § 33 Abs. 1 Satz 2 gültig ist? Dies ist zu verneinen. Die Anmeldung kann auch aus anderen als den in § 60 genannten Gründen zurückgewiesen werden. So weil ein „Verein" nicht existiert, sondern nur eine Gesellschaft oder weil der Zweck des Vereins auf einen wirtschaftlichen Geschäftsbetrieb gerichtet ist. Ebenso ist die Zurückweisung erforderlich, wenn der Zweck des Vereins gegen ein gesetzliches Verbot oder gegen die guten Sitten verstößt und wenn der Verein nach dem öffentlichen Vereinsrecht unerlaubt ist. In diesen Fällen ist die Satzung nichtig. § 57 Abs. 1 setzt aber eine gültige Satzung voraus. (Vgl. Staudinger, Bem. 3 zu § 60, S. 202.)

Der § 60 ist also hier extensiv auszulegen. Es ergibt dies die bei Staudinger zitierte Literatur. (Vgl. auch Lösung 19.)

Ebenso wie nun die ungültige Satzung zur Zurückweisung der Anmeldung führt, so auch nach § 71 Abs. 2 im vorliegenden Falle der ungültige Beschluß.

2. Kann A. den Beschluß anfechten? Dies dürfte untunlich sein. Dagegen kann das Amtsgericht, falls es die Eintragung trotz des Mangels zugelassen hat, diese Eintragung, da sie ungültig ist, hinterher von Amts wegen gemäß § 142, 143 FG. wieder löschen. (Vgl. Staudinger, Bem. 5 zu § 60.)

Gegen die Zulassung der Anmeldung findet aber von seiten der übrigen Beteiligten, also einzelner Mitglieder des Vereins, kein Rechtsmittel statt. Insbesondere hat auch die Verwaltungsbehörde kein Beschwerderecht. Wohl aber kann diese, wenn die Zulassung unter Nichtbeobachtung solcher wesentlicher Mängel der Anmeldung erfolgte, die einen Einspruch gemäß § 61 nicht begründen, sofern nachträglich die Eintragung erfolgt, die Offiziallöschung der Eintragung beim Amtsgericht oder unmittelbar bei dem vorgesetzten Landgericht gemäß §§ 142, 143 FG. anregen. (Vgl. Staudinger, Bem. 7 zu § 60.)

Lösung 12.

1. Es handelt sich um das sog. Kontrahieren des Vertreters mit sich selbst. Ein Vertreter des eingetragenen Vereins kann zugleich dessen Gläubiger oder Schuldner sein, sei es auf Grund seiner Mitgliedschaft, sei es aus irgendeinem anderen Grunde. In solchen Fällen ist von § 181 auszugehen. Danach kann ein Vertreter, soweit nicht ein anderes ihm gestattet ist, im Namen des Vertretenen mit sich im eigenen Namen oder als Vertreter eines Dritten ein Rechtsgeschäft nicht abschließen, es sei denn, daß das Rechtsgeschäft ausschließlich in der Erfüllung einer Verbindlichkeit besteht. Daher kann z. B. ein Vormund nicht Geld seines Mündels für sich als Darlehen verwenden. Ein Verwalter mehrerer Vermögen kann ohne Gestatten der Eigentümer zwischen den mehreren Vermögen keine Geschäfte zustande bringen. Der Eigentümer zweier Grundstücke kann nicht an dem einen zugunsten des anderen eine Grunddienstbarkeit bestellen, eine solche Bestellung ist der Eintragung ins Grundbuch unfähig (RGE. Bd. 47 S. 202 ff.). Ebenso liegt z. B. ein Verstoß gegen § 181 vor, wenn ein Geschäftsführer einer G. m. b. H. zugleich sich selbst und seine Gesellschaft vertretend mit seinem Gläubiger die Verabredung trifft, daß dieser die Gesellschaft statt seiner als Schuldnerin annehme (s. RGE. Bd. 51 S. 422 ff.). Dagegen wird man andererseits nicht so weit gehen dürfen, in jedem Falle anzunehmen, ein Prokurist oder Handlungsbevollmächtigter dürfe ohne besondere Ermächtigung des Prinzipals kein Stück an sich selbst verkaufen. Es wird stets zu erwägen sein, ob nicht der Fall vorliegt, daß „ein anderes ihm gestattet ist“, was nicht ausdrücklich zu geschehen braucht, sondern sich aus den Umständen, insbesondere der Verkehrssitte ergeben kann. (Vgl. Staudinger, Bem. 4 zu § 181, S. 505.)

2. Die Unzulässigkeit der Doppelvertretung besteht auch im Prozeß. Niemand kann im Namen eines anderen mit sich selbst für seine eigene Person oder mit sich als Vertreter eines Dritten einen Rechtsstreit führen. (Vgl. Staudinger, Bem. 4 zu § 181 am Schluß.)

3. Nun ist weiter zu fragen, ob vielleicht die Vorschriften der §§ 21 ff. über das Vereinsrecht hierfür noch eine besondere Bestimmung für den Vorstand, der ja einem gesetzlichen Vertreter gleich geachtet wird, geben. Dies ist zu verneinen, nur § 34 gibt eine Vorschrift für „ein Mitglied" des Vereins, dahingehend, daß es nicht stimmberechtigt ist, wenn die Beschlußfassung die Vornahme eines Rechtsgeschäfts mit ihm oder die Einleitung oder Erledigung eines Rechtsstreits zwischen ihm und dem Verein betrifft. Diese Bestimmung war, wie Staudinger ausführt, deshalb erforderlich, weil ein Kontrahieren mit sich selbst nicht vorliegt, wenn sich ein Mitglied des Vereins an einer seine eigenen Angelegenheiten mitbetreffenden Beschlußfassung der Mitgliederversammlung beteiligt. Weil also in diesem Falle § 181 nicht anwendbar ist, hat das Vereinsrecht diese besondere Bestimmung geben müssen. (Vgl. Staudinger, Bem. 2 zu § 34, S. 161.)

Im vorliegenden Falle handelt es sich nicht um eine Abstimmung, sondern nur um eine Prozeßführung. Das Mitglied des Vorstandes nimmt im eigenen Namen eine Rechtshandlung mit sich selbst als Vertreter des Vereins vor, nämlich die Einleitung des Prozesses, bestehend in der Zustellung der Wechselklage. Nach § 34 würde das Mitglied nicht mit abstimmen dürfen, wenn es sich um diese Frage handelt. Hieraus kann man auch schließen, daß bei der Prozeßführung selbst ein unzulässiges Kontrahieren mit sich selbst vorliegt, so daß A. also die Klage nicht sich selbst zustellen kann. Nach § 28 Abs. 2 würde dies ja im normalen Falle genügen.

Mir scheint dies alles schon aus § 181 hervorzugehen. Der Fall, „sofern nicht ein anderes ihm gestattet ist", liegt eben nicht vor. § 34 und die Bemerkung Staudingers scheint mir hier überhaupt nicht verwendbar. Staudinger sagt, § 34 sei erforderlich gewesen, weil ein Kontrahieren mit sich selbst nicht vorliege, wenn ein Mitglied an einer seine eigenen Angelegenheiten mitbetreffenden Beschlußfassung der Mitgliederversammlung sich beteiligt, also § 181 nicht anwendbar sei. Bei der Prozeßführung gegen sich selbst dagegen handelt es sich um etwas anderes. Diese betrifft das Mitglied ganz allein. So sagt auch die schon zitierte Ausführung zu § 181, daß die Doppelvertretung auch im Prozeß unzulässig ist. Die Heranziehung des § 34 scheint daher nicht erforderlich. Das Wesentliche bleibt vielmehr die Frage, ob der Ausnahmefall vorliegt, „soweit nicht ein anderes ihm gestattet ist". Die Verkehrsübung ist z. B. wesentlich. Gerade diese dürfte aber hier gegen die Vertretung sprechen.

Nach alledem möchte ich die Zustellung als unwirksam ansehen, so daß die Einrede der Verjährung begründet erscheint.

Über Liquidation vgl. §§ 47 ff., insbesondere § 49.

Lösung 13.

1. Der Bauverein „Fortschritt“ ist ein solcher im Sinne des § 22, d. h. ein solcher, dessen Zweck auf einen wirtschaftlichen Geschäftsbetrieb gerichtet ist (im Gegensatz zu Gesang-Turnvereinen, § 21) und der daher durch staatliche Verleihung Rechtsfähigkeit erlangt.

Die Mitglieder des Vereins wollen im März die Satzung ändern. Hierzu ist nach § 33 eine Mehrheit von drei Vierteilen der Mitglieder erforderlich. Aber § 35 sagt, daß Sonderrechte eines Mitglieds nicht ohne dessen Zustimmung durch Beschluß der Mitgliederversammlung beeinträchtigt werden können. Was unter solchen Sonderrechten zu verstehen ist, kann manchmal zweifelhaft sein, nach Staudinger, Bem. II b zu § 35 gehören hierher satzungsmäßige Vorzugsrechte in bezug auf die Stimmberechtigung, Befreiung von Beitragspflichten, dauernde Zugehörigkeit zum Vorstand usw. Freilich, ob derartige besondere Rechtsstellungen wirklich in dem Sinne Sonderrechte sind, daß sie dem Berechtigten ohne seine Zustimmung nicht durch Beschluß der Mitgliederversammlung entzogen werden können, hängt davon ab, ob sie auf Grund „besonderen Titels“ und lediglich im individuellen Interesse des berechtigten Mitglieds demselben zustehen. Daß ein solches Sonderrecht hier vorliegt, ist unbedenklich zu bejahen. Es liegt sogar ein typisches Beispiel dafür vor. Die besonderen Verdienste des A. sollen durch das unentgeltliche lebenslängliche Wohnungsrecht im Vereinshause belohnt werden. Das Recht ist ihm ganz allein in seinem Interesse eingeräumt. Es ist also durch einen neuen Beschluß trotz § 33 nicht möglich, die Satzuug abzuändern, solange A. nicht zustimmt und mit dem Auszug einverstanden ist.

2. Der Erörterung bedarf hierbei, wie bald ersichtlich, noch die Frage, welches Rechtsverhältnis überhaupt vorliegt, wenn ein Verein in seiner Satzung einem Mitglied Rechte einräumt, und das hängt wieder von der rechtlichen Natur der Satzung überhaupt ab. Man könnte nämlich im vorliegenden Falle an einen Mietvertrag zwischen Verein und Mitglied denken. Nach § 564 endigt das Mietverhältnis mit Ablauf der Zeit, für die es eingegangen ist. Nach § 566 bedarf ein Mietvertrag über ein Grundstück, der für längere Zeit als ein Jahr eingegangen ist, der schriftlichen Form. Man könnte fragen: Ist der Vertrag vielleicht nach § 565 ungültig? Voraussetzung wäre dabei, daß die Satzung überhaupt als Vertrag angesehen werden kann und ferner, daß sie nicht schriftlich abgeschlossen wurde. Schriftlichkeit wird in § 25 nicht als besonderes Erfordernis bezeichnet. Sie ist daher nicht notwendig, weil im Zweifel Mündlichkeit genügt. In der Regel wird allerdings die Satzung schriftlich sein. Was nun die rechtliche Natur der Satzung betrifft, so ist sie bestritten. Staudinger erkennt die Vertragsnatur an, meines Erachtens mit Recht. Nach der anderen Meinung hat die Satzung die Bedeutung einer objektiven Rechtsnorm für den Bereich der Körperschaft, sie erscheint als Ausfluß einer Körperschaftsautonomie. Sie ist danach kein Vertrag und überhaupt kein Rechtsgeschäft im Sinne des BGB. (Vgl. Staudinger, Bem. 5, 6 zu § 25.)

Dies ist nach Staudiger unhaltbar. Er erklärt es so: Im Augenblick der Gründung existiert die Körperschaft noch gar nicht. Es besteht ein nicht rechtsfähiger Verein. Es wäre dann zweifelhaft, ob man auf diese Gründung die Bestimmungen über Verträge wird anwenden können.

Ebenso wie nun die Satzung als Vertrag der Gesellschafter untereinander angesehen werden kann, so auch die darin oder in einer späteren Satzungsänderung enthaltene Verleihung des Wohnrechts auf Lebenszeit. Wäre sie z. B. nicht auf Lebenszeit erfolgt, so wäre die Wohnung wie bei jedem Mietvertrag nach § 565 zu kündigen. Ebenso müssen aber die Bestimmungen über die Gültigkeit der Verträge überhaupt Anwendung finden. Dazu gehört also auch die Schriftlichkeit. Die Aufgabe sagt nichts darüber. Ist sie nicht vorhanden, so erscheint die Satzung insoweit ungültig, das heißt, das Wohnrecht gilt eben nur in der Weise, wie es § 566 bestimmt.

3. Nach alledem wird weder nach dem unter Nr. 1 Erörterten, noch nach dem unter Nr. 2 Ausgeführten eine Räumungsklage des Vereins „Fortschritt" gegen sein Mitglied A. von Erfolg begleitet sein. Höchstens mit § 226 ist unter Umständen vielleicht dem Verein zu helfen. Aber auch dies ist unwahrscheinlich. Man wird nicht sagen können, daß die Weigerung des A. nur den Zweck haben kann, dem Verein Schaden zuzufügen. Vielmehr soll A. ein Recht aufgeben, das von großer Bedeutung für ihn ist. Die Abfindungssumme kann ihm das schwerlich ersetzen, was er verliert.

4. Daß etwa § 138 (Verletzung der guten Sitten) in Frage kommt, ist wohl kaum anzunehmen.

Lösung 14.

1. Wenn die Mitglieder des Skatklubs „Kreuzbube" statutenmäßig verpflichtet sind, zeitlebens Mitglieder zu bleiben, so ist die Frage, ob diese Bestimmung des Statuts gültig ist. Über den Austritt sagt § 39, daß die Mitglieder zum Austritt aus dem Verein berechtigt sind, und nach § 39 Abs. 2 kann durch die Satzung bestimmt werden, daß der Austritt nur am Schluß des Geschäftsjahres oder erst nach dem Ablauf einer Kündigungsfrist zulässig ist, daß aber die Kündigungsfrist höchstens zwei Jahre betragen kann. Besonders aus diesem Schlußsatz ergibt sich, daß die Bestimmung über den freien Austritt ein zwingendes Gesetz enthält. Es geht übrigens auch aus § 40 hervor, der die sog. Dispositivvorschriften des Vereinsrechts besonders hervorhebt. Der freie Austritt nach § 39 Abs. 1 soll nur in der Art beschränkt werden können, wie es Abs. 2 anordnet. Keinesfalls kann danach eine Verpflichtung auf Lebenszeit erfolgen. Eine unbedingte Bindung der Person für unbegrenzte Zeit soll ausgeschlossen werden (s. auch §§ 134, 138). Das Rechtsgeschäft verstößt gegen ein zwingendes Gesetz und zugleich gegen die guten Sitten. (Vgl. Staudinger, Bem. 1 zu § 39.)

2. Die Folgen der Nichtigkeit sind nach § 139 zu beurteilen. Ist ein Teil eines Rechtsgeschäfts nichtig, so ist das ganze Rechtsgeschäft nichtig, wenn nicht anzunehmen ist, daß es auch ohne den nichtigen Teil vorgenommen sein würde. Darüber entscheidet der Parteiwille. Die §§ 157, 242 sind

heranzuziehen. Die Satzung wird danach Gültigkeit behalten, aber die Bestimmung betreffs der lebenslänglichen Mitgliedschaft wird ungültig sein.

3. Wird man aber nun einfach annehmen können, A. könne jederzeit austreten, (§ 39, Abs. 1) oder wird man nunmehr die Satzung so auslegen können, daß A. wenigstens die längste Kündigungsfrist nach § 39 Abs. 2 Satz 2 wahren muß? Nach §§ 157, 242 könnte man vielleicht darauf zukommen. A. scheint seine Kündigung nach § 39 Abs. 2 einrichten zu wollen, denn er erklärte im April, daß er mit Schluß des Jahres ausscheide. Hier dürfte in Ermangelung irgendeines weiteren rechtlichen Gesichtspunktes ganz allein die Billigkeit entscheiden. Man wird den Austritt des A. gestatten müssen. Die Annahme, daß A. noch zwei volle Jahre warten muß, dürfte zu weit gehen.

4. Der Verein klagt nun auch auf die Vertragsstrafe. Deren Vereinbarung ist ebenfalls nichtig. Das folgt schon aus der akzessorischen Natur der Vertragsstrafe. Aber § 344 gibt noch die besondere Bestimmung, daß, das Gesetz das Versprechen einer Leistung für unwirksam erklärt, auch die für den Fall der Nichterfüllung des Versprechens getroffene Vereinbarung einer Strafe unwirksam ist, selbst wenn die Parteien die Unwirksamkeit des Versprechens gekannt haben. Zu diesen Fällen, wo das Gesetz das Versprechen einer Leistung für unwirksam erklärt, gehört auch der, daß Vereinbarungen einer Vertragsstrafe getroffen werden, die eine Zuwiderhandlung gegen ein zwingendes Gesetz (§ 134) erzwingen soll oder Vereinbarungen getroffen werden, durch die eine den guten Sitten zuwiderlaufende Handlung erzwungen werden soll. (Vgl. Staudinger, Bem. 1 b, c zu § 344.)

Hiernach kann der Verein auch die Vertragsstrafe nicht beanspruchen.

5. Die Satzung ist unter 1—4 einfach nach den Grundsätzen über Verträge behandelt worden. Das ist nicht unbestritten. Staudinger erkennt meines Erachtens mit Recht die Vertragsnatur an. Nach der anderen Meinung hat die Satzung die Bedeutung einer objektiven Rechtsnorm für den Bereich der Körperschaft, sie erscheint als Ausfluß einer Körperschaftsautonomie. Sie ist danach kein Vertrag und überhaupt kein Rechtsgeschäft im Sinne des BGB. (Vgl. Staudinger, Bem. 5, 6 zu § 25.)

Das ist nach Staudinger unhaltbar und er begründet dies damit: Im Augenblick der Gründung existiert die Körperschaft noch gar nicht. Es besteht ein nicht rechtsfähiger Verein. Es wäre dann zweifelhaft, ob man auf diese Gründung die Bestimmungen über Verträge wird anwenden können. Man wird also die Satzung unbedenklich nach den Vertragsgrundsätzen beurteilen können, wie oben geschah.

Lösung 15.

Nach § 27 Abs. 2 ist die Bestellung des Vorstands jederzeit widerruflich unbeschadet des Anspruchs auf die vertragsmäßige Vergütung. Der Verein kann also den Vorstand jederzeit entlassen. Nach § 27 Abs. 2 Satz 2 kann aber die Widerruflichkeit durch die Satzung auf den Fall beschränkt werden, daß ein wichtiger Grund für den Widerruf vorliegt. Aus der

Fassung des Gesetzes („kann beschränkt werden“) ist ersichtlich, daß § 27 Abs. 2 Satz 1 als ein sog. zwingendes Gesetz anzusehen ist, das nur in § 27 Abs. 2 Satz 2 eine Einschränkung findet. Dasselbe geht aber aus § 40 hervor, denn dieser hebt die sog. Dispositivvorschriften des Vereinsrechts hervor. Nach § 40 kann in bestimmten Fällen die Satzung ein anderes bestimmen. Dazu gehört aber nur § 27 Abs. 1, nicht aber § 27 Abs. 2 Satz 1. Die Widerruflichkeit kann also in der Satzung nicht ausgeschlossen werden. Nur die Ausmachung ist zulässig, daß der Vorstand auf eine bestimmte Zeit unwiderruflich bestellt wird und im Falle eines wichtigen Grundes entlassen werden kann.

Der Schachklub „Matt“ hat nun den Zusatz nicht in die Satzung aufgenommen, daß eine Entlassung infolge wichtigen Grundes zulässig ist. Er wird daher jederzeit seinen Vorstand entlassen können. Der Vorstand wird nicht geltend machen können, daß er nach Statut lebenslänglich Vorstand ist. Er wird auch nicht einwenden können, daß ein wichtiger Grund zu seiner Entlassung vorliegen muß.

Lösung 16.

1. Nach § 42 kann über das Vermögen des eingetragenen Vereins der Konkurs eröffnet werden. Der Verein verliert damit die Rechtsfähigkeit. Wird das Konkursverfahren eingestellt (KO. § 202) oder nach Durchführung des Verfahrens durch Schlußverteilung (KO. § 163) oder durch Zwangsvergleich aufgehoben (KO. § 190), so lebt die durch die Konkurseröffnung dem Verein verlorene Rechtsfähigkeit nicht wieder auf. Der Verein muß daher, wenn nach Einstellung oder Aufhebung des Konkursverfahrens noch Vermögen vorhanden ist, in Liquidation treten oder die begonnene Liquidation zu Ende führen. (§§ 45 ff. BGB. Vgl. Staudinger, Bem. 8 zu § 42.)

§ 47 sagt noch ausdrücklich, daß die Liquidation stattfinden muß, wenn das Vereinsvermögen nicht an den Fiskus fällt.

Nach § 45 fällt das Vermögen des Vereins nach der Auflösung an die in der Satzung bestimmten Personen. Nach den Statuten des Kasinos „Zur Erholung“ sind die bei der Auflösung vorhandenen Mitglieder zu gleichen Teilen berechtigt. Die 50000 M. sind also an die bei der Auflösung vorhandenen Mitglieder zu verteilen. Nun ist aber die Frage schwierig, wer die Verteilung durchzuführen hat. Der Konkursverwalter nicht, denn sein Amt ist zu Ende. Nach § 48 erfolgt die Liquidation durch den Vorstand, dessen Mitglieder (§ 28) sind aber gestorben. Nach § 48 Abs. 1 Satz 2 können daher auch andere Personen zu Liquidatoren bestellt werden und sind für die Bestellung die für die Bestellung des Vorstands geltenden Vorschriften maßgebend. Nach § 27 wird der Vorstand durch den Beschluß der Mitgliederversammlung gewählt. Nach § 29 sind in dringenden Fällen, soweit die erforderlichen Mitglieder des Vorstands fehlen, diese für die Zeit bis zur Hebung des Mangels auf Antrag eines Beteiligten vom Amtsgericht zu bestellen, in dessen Bezirk der Verein seinen Sitz hat.

Hiernach haben die noch vorhandenen Mitglieder durch Beschluß einen oder mehrere Liquidatoren zu ernennen (§ 27) oder auf ihren Antrag tut es das Amtsgericht (§ 29). Dessen Tätigkeit bestimmt sich nach § 49. Von den dort erwähnten Geschäften bleibt aber hier für den Liquidator nur das eine übrig, das darin besteht, daß er den Überschuß des Vermögens an den Anfallsberechtigten auszuantworten muß.

2. Bis zur Beendigung der Liquidation gilt der Verein nach § 49 Abs. 2 als fortbestehend, obwohl er mit der Konkurseröffnung die Rechtsfähigkeit verloren hatte. Der Liquidator hat also z. B. gegen den Konkursverwalter Klage anzustellen, wenn dieser die Herausgabe der 50000 M. verweigern würde.

3. Vom Standpunkt der Praxis erscheint es ja viel einfacher, wenn der Konkursverwalter im vorliegenden Falle kurzerhand die 50000 M. an die Mitglieder verteilen würde. In der Praxis würde auch wohl hiergegen in der Regel niemand etwas einwenden. Sobald aber irgendwelche Schwierigkeiten entstehen, dürften die Beteiligten wohl in der Lage sein, eine solche Verteilung anzufechten, wobei sie eben besonders auf §§ 49 Abs. 2, 42, 47, 48, 45 Bezug nehmen könnten.

Lösung 17.

1. Nach § 21 erlangt ein Verein, dessen Zweck nicht auf einen wirtschaftlichen Geschäftsbetrieb gerichtet ist, Rechtsfähigkeit durch Eintragung in das Vereinsregister des zuständigen Amtsgerichts. Die Frage ist: Welche rechtlichen Gesichtspunkte kommen zur Anwendung, solange nur ein Gründungsvertrag vorliegt, der die Satzung feststellt (§ 25) solange aber die Eintragung noch nicht erfolgt ist. Die Antwort geht dahin: Im Augenblick des Gründungsaktes existiert die Körperschaft noch nicht und der Gründungsakt begründet zunächst nur einen nicht rechtsfähigen Verein. Der Gründungsakt wird also als ein Vertrag anerkannt. (Vgl. Staudinger, Bem. 6 zu § 25.)

§ 54 bestimmt nun, für die Wirkung dieses Vertrags gegenüber Dritten, daß auf Vereine, die nicht rechtskräftig sind, die Vorschriften über die Gesellschaft Anwendung finden. Nach Satz 2 haftet aus einem Rechtsgeschäft, das im Namen eines solchen Vereins einem Dritten gegenüber vorgenommen wird, der Handelnde persönlich; handeln mehrere, so haften sie als Gesamtschuldner. § 50 Abs. 2 ZPO. gibt aber dem nicht rechtsfähigen Vereine besondere Selbstständigkeit. Er kann als solcher verklagt werden. Im Prozeß hat er die Stellung eines rechtsfähigen Vereins. Der Vorstand hat die Stellung eines gesetzlichen Vertreters. Zur Zwangsvollstreckung ins Vermögen des Vereins genügt ein gegen den Verein ergangenes Urteil. (ZPO. § 735. Staudinger, Bem. 3, 4 zu § 54. Gaupp, Bem. IV, 1 zu § 50.)

Der nicht rechtsfähige Verein ist aber keine Gesellschaft. Es finden nur nach § 54 die Vorschriften über die Gesellschaft auf ihn Anwendung mit den obigen Ausnahmen. (Staudinger, Bem. 8 zu 54.)

2. Zu fragen ist nun: 1. Haftet der Verein dem B. mit dem Vereinsvermögen? 2. Haften auch die einzelnen Mitglieder des Vereins persönlich? Es steht bereits fest, daß der Gläubiger B. gegen den Verein jedenfalls vorgehen kann, denn sein Vorstand ist sein gesetzlicher Vertreter, A. hat ihn verpflichtet. Er kann aber um so mehr gegen den Verein vorgehen, als dieser inzwischen juristische Person geworden ist und der designierte Vorstand zum Vorstand der juristischen Person geworden ist.

3. Fraglich ist, ob die Mitglieder des Vereins persönlich haften, ob also auch hier die Vorschriften der Gesellschaft zur Anwendung kommen. Es liegt kein Anlaß vor, diese nicht anzuwenden, zumal § 54 Satz 2 dafür spricht. Nach § 709 steht die Geschäftsführung den Gesellschaftern gemeinschaftlich zu, für jedes Geschäft ist die Zustimmung der Gesellschafter erforderlich. Nach § 710 kann aber die Führung der Geschäfte auch einem oder mehreren Gesellschaftern übertragen werden. Dies ist hier der Vorstand des nicht rechtsfähigen Vereins. Hierdurch können die übrigen Gesellschafter von der Geschäftsführung ausgeschlossen werden. Nach § 714 ist der Geschäftsführer auch ermächtigt, die Gesellschaft Dritten gegenüber zu vertreten. Verpflichtungen, die aus Rechtsgeschäften der Gesellschaftsbevollmächtigten im Rahmen ihrer Vertretungsbefugnis entspringen, verhaften zunächst das Gesellschaftsvermögen. Zugleich sind sie aber wenigstens nach der Regel Privatschulden der einzelnen Gesellschafter, so daß also die einzelnen Gesellschafter mit ihrem Privatvermögen für sie haften. Dies ergibt sich aus dem Begriff des Gesamtschuldverhältnisses. (Staudinger, Bem. I zu § 714, Bem. 3, 2 zu § 718.)

4. Der Vorstand A. hat nun vermutlich im Rahmen seiner Vertretungsmacht gehandelt, wenigstens ist nichts Gegenteiliges ersichtlich. Da es sich um einen Spielverein handelt, ist anzunehmen, daß er Spieltische bestellen kann. Die Vereinsmitglieder müssen also dem Vereinsgläubiger B. auf Grund der vom Vorstand als ihrem bevollmächtigten Geschäftsführer für sie satzungsgemäß eingegangenen Verbindlichkeiten haften. Staudinger, Bem. VI, 1 zu § 54 sagt hierzu:

> „Da die Vertretungsmacht dem Vorstand, sofern derselbe nicht aus sämtlichen Mitgliedern besteht, überhaupt nur so weit zusteht, als sie ihm in der Satzung übertragen wird, kann der Vorstand die Vereinsmitglieder dritten Gläubigern gegenüber nicht weiter verpflichten, als die satzungsmäßige Vertretungsmacht reicht. Bestimmt die Satzung, daß die Mitglieder nur auf den Bereich des Vereinsvermögens haften, so ist diese Bestimmung für die Vertretungsmacht maßgebend und es kann der Vorstand die Mitglieder nicht weiter verpflichten, als auf den Betrag des Vereinsvermögens. Eine Bestimmung wie die des § 128 Satz 2 HGB. ist dem BGB. fremd. Enthält die Vollmacht des Vorstands keine Beschränkung, so kommt es darauf an, ob er dem Gegenkontrahenten gegenüber eine Verpflichtung der Vereinsmitglieder nur auf den Betrag des Vereinsvermögens übernommen hat oder nicht.“

Unter Bem. 2 wird dann ausgeführt, daß diese Beschränkung der Haftung auch stillschweigend erklärt werden kann und dann heißt es noch unter 3:

> „Haften die Vereinsmitglieder nicht limitiert auf das Vereinsvermögen, weil nicht eigens mit Beschränkung auf solche Haftung kontrahiert wurde, so ist ihre Haftung, soweit sie nicht das Vereinsvermögen betrifft, grundsätzlich eine gesamtschuldnerische gemäß § 427. Denn der durch den Vorstand für den Verein abgeschlossene Vertrag erscheint als ‚gemeinschaftliches' obligatorisches Rechtsgeschäft".

und unter 4:

> „Auf Grund eines Rechtsgeschäfts, das von einem nicht rechtsfähigen Verein mit einem Dritten eingegangen wird, kann hiernach eine reine Vereinsschuld entstehen oder eine Vereinsschuld, die zugleich eine Privatschuld der Vereinsmitglieder ist" usw.

5. Nach alledem möchte ich hier eine limitierte Haftung annehmen. Denn der Verein beabsichtigt ja, juristische Person zu werden. Deshalb ist anzunehmen, daß die Mitglieder durchaus nicht persönlich haften wollen, sondern nur mit dem Vereinsvermögen. Auch der Vorstand will sie nicht persönlich verpflichten. Die Satzung wird es ergeben. Der Gläubiger V. aber wird vermutlich Kenntnis davon haben, daß der Verein seine Eintragung beabsichtigt. Wenn er sie nicht hatte, so ist die Frage sehr bestritten. Man hat z. B. gesagt, der Vorstand müsse den Dritten darauf hinweisen, daß die Beschränkung vorliege. (Staudinger, Bem. VI, 1 zu § 54.)

Lösung 18.

Der Gerichtsvollzieher ist öffentlicher Beamter und zugleich Beauftragter der Partei im Sinne des § 675. Hier kommt nur seine erstere Eigenschaft in Betracht. Die Frage der Haftung des Staates für vorsätzliche oder fahrlässige Pflichtverletzung seines Beamten wird im allgemeinen in den §§ 89, 31 verb. mit §§ 839, 823 geregelt. Es liegt kein Grund vor, den Gerichtsvollzieher nicht nach diesen Vorschriften zu beurteilen. Hier hat nun X. offenbar eine zum Schadensersatz verpflichtende Handlung (Unterschlagung) begangen. Wenn daher der Kläger im Konkurse des Gerichtsvollziehers nur 200 M. Dividende erhält, so sollte man annehmen, daß der Fiskus für den Ausfall nach obigen Vorschriften als Gesamtschuldner mit seinem Beamten zu haften habe (§ 840). Die Frage kann aber zweifelhaft sein. Denn die durch § 89 festgesetzte Haftpflicht beschränkt sich nach Absicht des Gesetzgebers nur auf solche Handlungen, die die Beamten in ihrer privatrechtlichen Vertretungsmacht vorgenommen haben. Die Frage, ob und inwieweit der Staat auch für den Schaden haftet, den seine Beamten in Ausübung der ihnen anvertrauten öffentlichen Gewalt Dritten zufügen, unterliegt — weil dem öffentlichen Rechte angehörig — der Entscheidung durch die Landesgesetzgebung (Art. 77 EG.; vgl. Rosenthal, Anm. 56 zu § 89; Hatschek, Die rechtliche Stellung des Fiskus im BGB., Berlin 1899, S. 46, 47).

Zu untersuchen ist also: Welcher der beiden Fälle liegt hier vor?

Mir scheint unbedenklich, das BGB. anzuwenden. Dabei dürfte die Frage entstehen, ob der Fiskus vielleicht deshalb nicht haftet, weil es sich nicht um eine „in Ausführung der ihm zustehenden Verrichtungen“ begangene Handlung (§ 31), sondern nur um eine bei Gelegenheit dieser Ausführung begangene Handlung handelt. Man kann wohl ersteres annehmen. Somit haftet der Fiskus.

Anm. In Sachsen besteht ein Gewohnheitsrecht, wonach der Staat für den Schaden, den seine Beamten bei der Amtsführung stiften, haftet (Sächs. Archiv 9 S. 25, vgl. auch GrO. § 12). Übrigens haftet der Staat nicht nur subsidiär, sondern neben dem Beamten (vgl. Zentralblatt für freiw. Gerichtsbark. S. 38ff.).

In Sachsen bliebe also die Entscheidung, falls Landesrecht anzuwenden wäre, dieselbe.

Lösung 19.

1. Nach § 60 ist die Anmeldung des Vereins, wenn den Erfordernissen der §§ 56—59 nicht genügt ist, vom Amtsgericht unter Angabe der Gründe zurückzuweisen und findet gegen einen ablehnenden Beschluß die sofortige Beschwerde nach den Vorschriften der ZPO. statt.

In den §§ 56—59 ist nun allerdings der Fall nicht mit enthalten, daß ein Verein angemeldet wird, dessen Zweck auf einen wirtschaftlichen Geschäftsbetrieb gerichtet ist, der also in Ermangelung reichsgesetzlicher Vorschriften Rechtsfähigkeit durch staatliche Verleitung erlangt. Auch können ja noch andere Gründe für die Zurückweisung in Frage kommen, als die in §§ 56—59 genannten, z. B. der Verein existiert nach Ansicht des Gerichts gar nicht, sondern nur eine Gesellschaft, oder der Zweck des Vereins verstößt gegen ein gesetzliches Verbot oder gegen die guten Sitten. In der Reichstagskommission wurde daher in der 1. Lesung beschlossen, daß die Eintragung vom Amtsgericht abzulehnen sei, wenn der Zweck des Vereins gegen ein gesetzliches Verbot oder gegen die guten Sitten verstößt oder wenn den Erfordernissen der §§ 53—56 (= §§ 56—59 BGB.) nicht genügt ist. Gegen den ablehnenden Beschluß des Amtsgerichts sollte Klage beim Landgericht erhoben werden können. In der 2. Lesung wurde § 60 in der Fassung der Reichstagsvorlage angenommen und diese Fassung ist in das Gesetz übergegangen. Dem Amtsgericht steht aber — zu diesem Resultat ist man allgemein gelangt — trotzdem das Recht zu, die Anmeldung des Vereins, dessen Zweck gegen ein gesetzliches Verbot oder gegen die guten Sitten (§ 138) verstößt, zurückzuweisen, ebenso wenn sein Zweck auf einen wirtschaftlichen Geschäftsbetrieb gerichtet ist. Die Anmeldung kann auch zurückgewiesen werden, wenn der Verein nach öffentlichem Vereinsrecht unerlaubt ist. Wenn der Zweck des Vereins gegen die guten Sitten oder gegen ein gesetzliches Verbot verstößt oder der Verein nach öffentlichem Vereinsrecht unerlaubt ist, ist die Satzung nichtig und es muß daher die Anmeldung auch nach § 57 Abs. 1 zurückgewiesen werden, da hier eine gültige Satzung vorausgesetzt ist. Andererseits präjudiziert die Zulassung eines nach öffentlichem Vereinsrecht unerlaubten Vereins durch das Amtsgericht der Entscheidung der Verwaltungsbehörde über den Einspruch gemäß §§ 61, 62 nicht. (Vgl. Planck, Bem. 1 u. 3 zu § 60,

Gareis, Bem. 2 zu § 60, Bendix, DJurZ. 1901, S. 328, RGE. Bd. 47, S. 386 [1. November 1900]; OLG. München 30. Juli 1900 in Bl. f. RA. Bd. 65 S. 526; Kammergericht Berlin 23. April 1901 in Seuff. Arch. Bd. 56, S. 1; Staudinger, Bem. 3 zu § 60, S. 202.)

2. Hiernach wird allgemein angenommen, daß die Zurückweisung der Anmeldung wegen eines wirtschaftlichen Zwecks ebenfalls unter § 60 fällt und daraus ergibt sich, daß man auch für das Beschwerdeverfahren die Bestimmungen des § 60 für anwendbar erklärt hat. Gegen die Zurückweisung der Anmeldung aus anderen als den im § 60 genannten Gründen findet ebenfalls nur die in Abs. 2 genannte sofortige Beschwerde nach den Vorschriften der ZPO. (§ 577 ZPO.) statt und nicht die einfache unbefristete Beschwerde nach § 19 FG. (Vgl. die zu 1 a E. angeführten Entscheidungen, ferner Planck, Bem. 1 u. 3 zu § 60; Goldmann-Lilienthal I, S. 65 Note 31; Bendix, DJurZ. 1901, S. 329; Neumann, Bem. 3 zu § 60; Kuhlenbeck, Komm. Bem. 2 zu § 60; Nöldecke, Zentralbl. Bd. 1, S. 647; Gareis, Bem. 2 zu § 60. Dagegen OLG. Stuttgart 23. März 1900; Rspr. d. OLG. Bd. 1, S. 15; Heine im „Recht“ 1901, S. 118, 140; Magerhoff ebenda S. 170; Franz, Zentralbl. Bd. 1, S. 483; Staudinger, Bem. 4 zu § 60.)

3. Hiernach ist die Beschwerde im vorliegenden Fall nicht rechtzeitig eingelegt. Da der ablehnende Beschluß am 12. Januar zugestellt ist und die Notfrist von der Zustellung ab läuft (§ 577 Abs. 2), ist die Notfrist von zwei Wochen abgelaufen.

Lösung 20.

Die Stiftung im Sinne des § 80 BGB. wird von Staudinger definiert als eine rechtsfähige Verbandsperson, deren Daseinszweck die Durchführung des Willens ihres Gründers durch Verwendung eines hierzu gewidmeten Vermögens ist. Sie ist also vor allem eine juristische Person. In zweiter Linie versteht man unter Stiftung auch den Gründungsakt, d. h. denjenigen Teil des Tatbestandes, welcher in der Handlung des Stifters besteht. (Vgl. Staudinger, Bem. II vor § 80.)

Zur Entstehung einer rechtsfähigen Stiftung ist nach § 80 in erster Linie das Stiftungsgeschäft nötig. Hierbei sind nach § 86 allerhand Vorschriften über das Vereinsrecht zu beobachten. Ob für alles dies hier schon im Testament Vorsorge getroffen wurde, läßt die Aufgabe nicht erkennen.

Hier ist vielmehr die Frage, ob der Erbe die Erfüllung des Vermächtnisses, wozu er nach § 1967 Abs. 2 ja an und für sich verpflichtet ist, mit der Begründung verweigern kann, der Stiftung fehlt es an einem Organ. Eine juristische Person ist allerdings vorläufig nicht vorhanden. Um diese zu erlangen, ist nach § 80 die Genehmigung des Bundesstaats erforderlich, in dessen Gebiet die Stiftung ihren Sitz haben soll. Besteht nun das Stiftungsgeschäft in einer Verfügung von Todes wegen, so hat nach § 83 das Nachlaßgericht die Genehmigung einzuholen, sofern sie nicht von dem Erben oder dem Testamentsvollstrecker nachgesucht wird. Wird die Stiftung erst nach dem Tode des Stifters genehmigt — also eben gerade im Falle des Testaments — so gilt sie nach § 84 für die Zuwendungen des Stifters als schon vor dessen Tode entstanden. Nun hat die Stiftung allerdings in der Zwischenzeit tatsächlich kein bestimmtes Organ. Für diesen Fall will Schück den § 1913 angewendet haben. Dieser sagt, daß, wenn es ungewiß ist, wer bei einer Angelegenheit der Beteiligte ist, dem Beteiligten für diese Angelegenheit, soweit eine Fürsorge erforderlich ist, ein Pfleger bestellt werde. Als ein solcher Beteiligter kann nun auch eine noch nicht genehmigte Stiftung in Frage kommen. (Vgl. Staudinger, Bem. 2 zu § 1913 und die dort zitierten Stellen Planck, Bem. 4 usw.)

§ 1913 spricht nur von „kann". Notwendig ist es also nicht. Mit Rücksicht auf § 83 würde man hier vielleicht davon absehen können, denn das Gericht kann ja die Genehmigung baldigst herbeiführen. Aber der Erbe will das Vermächtnis nicht herausgeben. Er will also seine Verpflichtung nicht erfüllen, sondern bestreitet sie aus rechtlichen Gründen. Deshalb dürfte es schon vorteilhafter erscheinen, wenn ein solcher Pfleger hier bestellt wird, der einstweilen für die Rechte der späteren juristischen Person eintreten muß.

Der Erblasser A. hat nun die Stiftung im Testament in Form eines Vermächtnisses errichtet. Deshalb sind auch die erbrechtlichen Vorschriften zu beachten. § 1967 wurde schon erwähnt. Danach haftet der Erbe für die Nachlaßverbindlichkeiten, und hierzu gehört auch die Erfüllung der Vermächtnisse. Besonders wichtig ist hier aber der von Schück hervorgehobene § 2176. Danach kommt die Forderung des Vermächtnisnehmers — das ist hier also die juristische Person — unbeschadet des Rechts, das Vermächtnis auszuschlagen, zur Entstehung mit dem Erbfall (sog. Anfall des Vermächtnisses). Die §§ 2177 und 2178 ergeben, daß hier auch an die Fälle der §§ 1913, 1914 gedacht wird. § 2178 sagt z. B., daß, wenn der Bedachte zur Zeit des Erbfalls noch nicht erzeugt ist oder seine Persönlichkeit durch ein erst nach dem Erbfall eintretendes Ereignis bestimmt wird, der Anfall des Vermächtnisses im ersteren Falle mit der Geburt, im letzteren Falle mit dem Eintritte des Ereignisses erfolgt. § 2179 sagt dann, daß für die Zeit zwischen dem Erbfall und dem Anfall des Vermächtnisses in den Fällen der §§ 2177, 2178 die Vorschriften Anwendung finden, die für den Fall gelten, daß eine Leistung unter einer aufschiebenden Bedingung geschuldet wird.

Aus dem Kommentar von Staudinger hebe ich noch hervor: Bem. IV zu § 80, ferner Bem. zu § 84 und besonders Bem. 2 zu § 1913, die lautet:

> „Voraussetzung für die Anordnung einer Pflegschaft auf Grund des § 1913 ist a) Unbekanntheit oder Ungewißheit des bei einer Angelegenheit Beteiligten; als Beteiligter kann auch eine juristische Person, z. B. eine noch nicht genehmigte Stiftung in Frage kommen. (Planck, Bem. 4; Blume, Bem. 2 b; Dernburg, Familienrecht § 127, VI; Fuchs, S. 267; Hesse, Note 6; Schröder-Mugdan, S. 518.)"

Lösung 21.

Für den Fall, daß der Stifter während des Stiftungsgeschäfts stirbt, gibt § 81 Bestimmungen. § 81 Abs. 2 schreibt vor, daß der Stifter bis zur Erteilung der staatlichen Genehmigung zum Widerruf berechtigt sei. § 81 Abs. 2 Satz 3 sagt dann, daß der Erbe des Stifters zum Widerruf nicht berechtigt ist, wenn der Stifter das Gesuch bei der zuständigen Behörde eingereicht oder im Falle der gerichtlichen oder notariellen Beurkundung des Stiftungsgeschäfts das Gericht oder den Notar bei oder nach der Beurkundung mit der Einreichung betraut hat.

A. hat das Gesuch um Genehmigung der Stiftung zu Lebzeiten noch nicht eingereicht. Somit kann sein Erbe die Stiftung noch widerrufen. (Vgl. Staudinger, Bem. 6 zu § 81.)

Hat dagegen der Erblasser bereits den Antrag auf Genehmigung gestellt, so kann ihn der Erbe nicht mehr widerrufen.

Hat der Erbe selbst den Antrag gestellt, so kann er ihn widerrufen. (§ 81 Abs. 2 Satz 3 e contrario.)

Schück deutet noch an, daß noch in Frage kommt, ob man im vorliegenden Fall nicht eine Verfügung von Todes wegen annehmen kann, in welchem Falle § 83 in Frage kommt. Da von einer solchen nicht die Rede ist, sondern nur von einer Stiftungsurkunde (§ 81 Abs. 1), und da diese zu Lebzeiten des Stifters Wirksamkeit erlangen sollte, so habe ich allein § 81 berücksichtigt. Aber der Erbe kann dadurch, wenn er Pflichtteilsberechtigter ist, um seinen Pflichtteil kommen. Dies wird Schück andeuten wollen. Ich will diese Frage noch offen lassen.

Lösung 22.

Für den Fall, daß der Zweck einer Stiftung unmöglich und sie infolgedessen in eine andere umgewandelt wird, gibt § 87 Bestimmungen. Er sagt, daß, wenn der Zweck einer Stiftung unmöglich geworden ist, die zuständige Behörde der Stiftung eine andere Zweckbestimmung geben oder sie aufheben kann. Bei dieser Umwandlung des Zwecks ist die Absicht des Stifters tunlichst zu berücksichtigen, insbesondere dafür Sorge zu tragen, daß die Erträge des Stiftungsvermögens dem Personenkreise, dem sie zu statten kommen sollten, im Sinne des Stifters tunlichst erhalten bleiben. Die Behörde kann die Verfassung der Stiftung ändern, soweit die Umwandlung des Zwecks es erfordert.

Der Zweck der Vorschrift ist der, daß das Stiftungsvermögen bei der Umwandlung dem Personenkreise erhalten bleibt, dem es der Stifter zuwenden wollte. Daß dies hier erfolgt ist, nehme ich an. Die Umwandlung erfolgt in Preußen durch Königliche Verordnung, bei Familienstiftungen durch den Justizminister, vgl. AV. z. BGB. Art. 5 Abs. 2, Staudinger, Bem. 2 zu § 87. Der Landesherr bzw. die zuständige Behörde hat also bereits geprüft, ob die Voraussetzungen der Umwandlung vorhanden waren, und Rechtsmittel gegen die Umwandlung sind nicht gegeben. Bei der Umwandlung ist offenbar darauf Rücksicht genommen worden, daß die Motordroschkenbesitzer in der Hauptsache die früheren Droschkenkutscher geblieben sind und daß ihre Angestellten ebenfalls dieselben geblieben sind. Dabei ist die Regelung der Unterstützungsansprüche übersehen worden. Aber deshalb dürften die Berechtigten doch ein klagbares Recht auf diese Unterstützung haben. Denn die Absicht bei der Umwandlung ging zweifellos dahin, nur so viel zu ändern als nötig war. Nicht nur Verträge, sondern auch andere Rechtsgeschäfte sind aber nach Treu und Glauben auszulegen (§ 157). § 133 dürfte in Frage kommen, wonach bei Auslegung einer Willenserklärung der wirkliche Wille zu erforschen ist.

Lösung 23.

Die Frage der Haftung des Fiskus für Schadenszufügungen seiner Beamten wird in § 89 verb. mit § 31 geregelt. Danach haftet der Fiskus für den Schaden, den sein verfassungsmäßig berufener Vertreter durch eine in Ausführung der ihm zustehenden Verrichtungen begangene zum Schadensersatz verpflichtende Handlung einem Dritten zufügt. B. ist zweifellos ein solcher Vertreter. Nach dem Text soll auch als festgestellt gelten, daß er fahrlässig gehandelt hat. Daher ist eine Verpflichtung des B. zur Schadensersatzleistung nach § 839 unbedenklich anzunehmen. Wie steht es aber mit dem Fiskus? Fraglich ist, ob hier das BGB. überhaupt anzuwenden ist oder nicht vielmehr eine lex specialis, nämlich das Haftpflichtgesetz vom 7. 6. 1871. Nach § 1 desselben haftet der Fiskus, wenn man annimmt, daß der Unfall des Klägers „bei dem Betriebe" einer Eisenbahn sich ereignet. Daß die Prüfung der Feuerlöschgerätschaften und insbesondere das Forttragen des geladenen Extinkteurs hierunter fällt, ist wohl anzunehmen. (Die näheren Umstände sind nicht bekannt.) Nimmt man es an, so schlägt das Haftpflichtgesetz ein, nach dem der Fiskus zu haften hat.

Wendet man das Haftpflichtgesetz an, so ergibt sich in der weiteren Lösung ein erheblicher Unterschied. Nach § 5 cit. dürfte dann der Verzicht im voraus ungültig sein. Übrigens wäre dann auch die Fahrlässigkeit des B. nicht wesentlich (§ 1 cit.).

Ist A. nicht mit festem Gehalt und Pensionsberechtigung angestellt — was bei Beamten des Staats die Ausnahme bildet — so greift übrigens das Unfallversicherungsgesetz Platz (§ 1 Ziff. 3, insbes. § 128, s. auch §§ 135, 136).

Anm. Der preußische Eisenbahnfiskus wird nach § 6 der seit dem allerhöchsten Erlaß vom 15. Dezember 1894 geltenden Verwaltungsordnung jetzt durch die Eisenbahndirektion vertreten.

Lösung 24.

Der Fall bildet eines der lehrreichsten Beispiele aus der Besitz- und Eigentumslehre in Verbindung mit §§ 90 ff.

Der Zopf ist ein Bestandteil des Körpers, daher, solange er sich am Körper befindet, keine Sache im Rechtssinne (§ 93). Es fragt sich nun, inwiefern sich durch das Abschneiden der Zöpfe die Rechtslage verändert. Dadurch werden die Zöpfe Sachen im Rechtssinne, also körperliche Gegenstände im Sinne des § 90. Wie nun die B. vor dem Abschneiden das Recht hatte, über die Zöpfe ausschließlich zu verfügen, so behält sie dieses Recht und den Willen auch, nachdem die Zöpfe zu Sachen geworden sind.

Bei diesen ist aber das ausschließliche Verfügungsrecht Eigentum im Sinne des § 903. Die B. erwirbt also im Augenblick des Abschneidens der Zöpfe Eigentum an denselben. Den Besitz an denselben hat sie allerdings verloren, denn diesen hat ihr A. nach § 861 entzogen, indem er die Zöpfe — wenigstens für kurze Zeit — an sich nahm, so daß sie nicht mehr in der Lage ist, über sie zu verfügen, wie § 854 es verlangt. Man könnte wohl auch behaupten, den Besitz an den Zöpfen habe die B. gar nicht erlangt, sondern der A. habe ihn sofort mit dem Abschneiden erlangt.

Welche Bedeutung hat es weiter, wenn A. die Zöpfe in die Gosse wirft und C. sie findet und an sich nimmt? A. beweist durch das Wegwerfen, daß ihm an dem Besitz der Zöpfe als körperlichen Sachen nichts gelegen ist, und er ihn daher gleich, nachdem er ihn erlangt hat, wieder aufgeben will. C. nimmt an, die Zöpfe seien herrenlose (derelinquierte) Sachen im Sinne des § 959. Das ist nicht zu verwundern, denn beim Finden von natürlichen Zöpfen muß man jedenfalls annehmen, daß die Eigentümerin sie absichtlich weggeworfen hat. (Anders, falls die Zöpfe künstlich wären, da diese vermutlich niemand derelinquieren wird.) C. glaubt also, daß er durch Aneignung nach § 958 Eigentum an einer herrenlosen Sache erlangt hat. Dieses hat aber in Wahrheit noch die B. C. kann also nicht Eigentümer an den Zöpfen werden. Der gute Glaube nützt ihm nichts, er würde ihm auch im Falle des derivativen Erwerbs nach § 942 nur nützen, wenn ihm die Zöpfe übergeben worden wären, und selbst dann würde er hier kein Eigentum erlangen, da dann § 935 einschlagen würde, und die Zöpfe als „sonst abhanden gekommene" Sachen zu gelten hätten. Die Rechtsstellung des C. ist also nur die des sog. Eigenbesitzers (§ 872).

C. verkauft die Zöpfe weiter an D. und übergibt sie ihm, wie zu ergänzen ist. D. weiß nichts davon, daß C. nicht Eigentümer der Zöpfe ist, er ist also gutgläubiger Erwerber. Nach § 932 müßte D. durch Übergabe Eigentum an den Zöpfen erwerben, obgleich C. nicht Eigentümer war. Nach § 935 erwirbt D. aber kein Eigentum an den Zöpfen, sondern nur Besitz (vielleicht auch das nicht, vgl. § 856 Abs. 2). Denn die Zöpfe fallen ohne Zweifel unter die in § 935 als „sonst abhanden gekommen" bezeichneten Sachen, wenn sie auch nicht als verlorene Sachen im Sinne dieses Paragraphen angesehen werden dürfen. Die B. bleibt also auch jetzt noch Eigentümerin der Zöpfe.

Es fragt sich nun, in welcher Weise die B. gegen A., C. und D. vorgehen kann. Das ergibt sich nach Erledigung dieser Vorfragen mit Leichtigkeit.

A. hat das Eigentum der B. vorsätzlich und widerrechtlich verletzt, indem er die Zöpfe, die, wie erörtert, durch das Abschneiden Eigentum der B. werden, in die Gosse warf, wo sie schmutzig werden. Er hat also eine Sachbeschädigung, und somit auch eine unerlaubte Handlung nach § 823 — vgl. auch § 826 — begangen, und es fragt sich nun, ob er daraus auf Schadensersatz haftet. Das BGB. (§§ 249ff., insbes. § 253) versteht unter Schaden in dem hier in Betracht kommenden Sinne allein den Vermögensschaden. Einen solchen hat die B. voraussichtlich nicht erlitten (denn sie müßte dann nachweisen, daß sie die Absicht hatte, sich durch die Verwertung der Zöpfe eine Einnahme zu verschaffen). Trotzdem ist ein Anspruch der B. gegen A. denkbar auf Grund des § 847. Es fragt sich hierbei, ob das Abschneiden der Haare als eine Verletzung des Körpers im Sinne des § 847 aufzufassen ist. Der Begriff der Körperverletzung ist im Strafrecht genau festgestellt. Es liegt aber kein Grund vor, einen besonderen zivilrechtlichen zu konstruieren. Im Strafrecht ist nun die Frage, ob das Abschneiden des Zopfes eine Körperverletzung im Sinne des § 223 StrGB. ist, sehr bestritten. Zu bejahen ist sie nach Olshausen, wenn durch das Abschneiden eine Entstellung, wenn auch nur eine vorübergehende, herbeigeführt wird. Dies ist hier, da es sich um ein junges Mädchen handelt, der Fall (vgl. Kom. von Olshausen, Anm. 6 b zu § 223 StrGB.). Somit haftet A. nach § 847 und hat der B. eine billige Entschädigung in Geld zu zahlen. (S. hierzu auch Binding, Grundriß, II. Teil 1. Hälfte § 168 S. 132.)

Auch strafrechtlich kann die B. gegen A. vorgehen, indem sie Bestrafung desselben nach § 223 StrGB. beantragt. In diesem Falle kann auf Verlangen der B. gegen A. nach § 231 StrGB. neben der Strafe auf eine an die B. zu erlegende Buße bis zu 6000 M. erkannt werden. Die Zuerkennung der Buße schließt aber nach § 231 Abs. 2 StrGB. die Geltendmachung weiterer Entschädigungsansprüche aus. Dieser Weg wäre vielleicht der B. am meisten zu empfehlen, da auf diese Weise der A. für sein rohes und zugleich hinterlistiges Benehmen am empfindlichsten gestraft wird und andrerseits auch die B. eine Genugtuung erhält. Nimmt man dagegen Körperverletzung nicht an, so ist das Abschneiden der Zöpfe immer noch als eine Beleidigung nach § 185 StrGB., und zwar als sog. tätliche Beleidigung zu betrachten. Stellt nun die B. aus § 185 Strafantrag, so kann sie allerdings die Zuerkennung einer Buße nicht mehr herbeiführen, denn diese kommt nur in den Fällen der leichtfertig üblen Nachrede des § 186 StrGB. und der Verleumdung des § 187 StrGB. in Betracht. Diese Art des Vorgehens ist daher der B. weniger zu empfehlen.

Schwieriger ist es schon, wenn man die Handlung des A. als Erpressung oder Raub konstruieren will.

C. ist zwar nicht Eigentümer der Zöpfe geworden, er ist aber dadurch, daß er ihm nicht gehörige Sachen — wenn auch gutgläubig — an sich nahm und verkaufte, ohne rechtlichen Grund bereichert, denn er hat somit „in sonstiger Weise" auf Kosten der B. etwas erlangt (§ 812). Die B. kann daher von C. dessen Bereicherung, also den von D. gezahlten Kaufpreis, herausverlangen. C. kann hiervon nach § 818 Abs. 3 einen kleinen Abzug machen, da er die Zöpfe, wie der Text hervorhebt, gereinigt hat.

Gegen D. kann die B. die Eigentumsklage anstellen, denn sie ist nichtbesitzende Eigentümerin, D. aber besitzender Nichteigentümer. Die B. erlangt somit Herausgabe der Zöpfe. Da ihr diese wohl wenig Befriedigung gewähren wird, so ist auch dieses Vorgehen ihr nicht in erster Linie zu empfehlen.

Frage 2. Wenn die Zöpfe künstliche waren, so würde dies, wie schon erwähnt, gewiß einen Unterschied machen.

Anm. Es könnte vielleicht auffallen, daß die B. ihr Eigentumsrecht nicht sofort gegenüber dem A. geltend macht, indem sie den A. verfolgt. Man könnte dadurch auf den Einwand kommen, daß sie nach dem Abschneiden der Zöpfe gar nicht mehr den Willen gehabt habe, ein Eigentumsrecht daran auszuüben, sondern sie doch derelinquiert habe. Das Verhalten der B. erklärt sich aber sehr einfach aus dem Umstande, daß sie im Augenblick des Abschneidens erschrocken und eingeschüchtert ist, so daß der Gedanke an die sofortige Wiedererlangung der Zöpfe bei ihr gar nicht aufkommt.

Lösung 25.

Nach § 94 sind die mit dem Boden zusammenhängenden Erzeugnisse eines Grundstücks dessen wesentliche Bestandteile. Nach § 93 können solche nicht Gegenstand besonderer Rechte sein. Erst durch die Trennung werden sie zu Sachen im Rechtssinne. Wenn also A. dem B. Früchte auf dem Halme verkauft, ohne ihm zugleich das Grundstück zu verkaufen, so ist der Kaufvertrag unter der Voraussetzung (condicio tacita oder juris) zustande gekommen, daß die Früchte vorher vom Boden getrennt werden (vgl. auch § 956). Die Früchte sind vorläufig nur res futurae, das heißt solche, welche als Sachen im Rechtssinn (§ 90) noch nicht vorhanden sind, deren späteres Vorhandensein aber mit Sicherheit zu erwarten ist (vgl. Fälle 53, 54). Da die Früchte auf dem Halm noch keine Sachen sind, so können sie auch nicht zu Besitz oder Eigentum übergeben werden. Die Möglichkeit, daß A. dem B. die Früchte hier auf Grund des Kaufvertrags nach den §§ 930, 931 bereits übergeben hat, ist also völlig ausgeschlossen. B. erwirbt durch den Kaufvertrag weiter nichts als ein persönliches Recht gegen A. auf Übergabe der Früchte nach den §§ 929 ff. oder auf Gestattung der Aneignung nach § 956.

Wenn nun der Gläubiger C. die Früchte pfändet, so liegt die Annahme nahe, daß C., da die Früchte nach § 93 nicht Gegenstand besonderer Rechte, also nicht Sachen im Rechtssinne sein können, durch die Pfändung kein Recht erlangt (ebenso wie B., der zwar ein Recht *auf* die Früchte aber kein solches *an* den Früchten erlangt). Bezüglich der Früchte auf dem Halm besteht aber die ganz singuläre Vorschrift des § 810 ZPO., wonach Früchte, die vom Boden noch nicht getrennt sind, einen Monat vor der Reife gepfändet werden können, solange nicht ihre Beschlagnahme im Wege der Zwangsvollstreckung in das unbewegliche Vermögen erfolgt ist. Da von letzterem im Tatbestand nicht die Rede ist, so ist die von C. vorgenommene Pfändung gültig. C. erwirbt daher, wenn die Voraussetzungen des § 810 vorliegen, an den Früchten ein Pfändungspfandrecht, also ein dingliches Recht (§ 804 ZPO.).

Die Frage ist nun, welches Recht vorgeht, das von B. oder das von C. erlangte. Nach dem Obigen muß das Recht des C. als dingliches Recht an den Früchten dem nur persönlichen Rechte des B. *auf* dieselben vorgehn. B. kann daher weder als Eigentümer, noch als besser Berechtigter Freigabe der Pfänder verlangen. Denn sein Recht ist weder ein die Veräußerung hinderndes im Sinne des § 771 ZPO., noch ein solches im Sinne des § 805 ZPO.

Das Resultat ist also, daß B. der Pfändung der Früchte durch C. nicht widersprechen kann und C. sich auf Grund seines Pfändungspfandrechts aus denselben durch die Versteigerung (§ 824 ZPO.) befriedigen kann. Das Rechtsverhältnis zwischen A. und B. ist dann nach den Vorschriften über die nachträgliche Unmöglichkeit der Leistung bei gegenseitigen Verträgen zu beurteilen. (Vgl. z. B. Lösung 27.) Danach dürfte wohl § 325 anzuwenden und A. als schadensersatzpflichtig anzusehn sein.

B. behauptet zudem, daß C. um den Kauf gewußt habe. Daraus kann B. die Berechtigung zu seinem Verlangen auf Freigabe ebensowenig herleiten. Die Bösgläubigkeit des C. spielt hier keine Rolle. Sie würde erst in Betracht kommen, wenn die bereits vom Boden getrennten Früchte dem B. verkauft und dann von dem bösgläubigen C. gepfändet würden.

Lösung 26.

Wenn der Text von C. „als Eigentümer" einer Feldbahn spricht, so könnte man annehmen, daß es vorausgesetzt werden soll, daß C. Eigentümer ist. Dann hätte aber der Fall keinen Zweck, denn dann würde C. auch nach dem Verkauf des Grundstücks Eigentümer der Feldbahn bleiben, und es wäre zweifellos, daß er den Mietzins für deren Benutzung fordern könnte. Hier soll aber gerade die Frage die sein, ob C., der zunächst Eigentümer der Feldbahn war, dies auch geblieben ist, nachdem A. das Benutzungsrecht an derselben erlangt hat. Das hängt wieder davon ab, ob die Feldbahn als Bestandteil oder Zubehör des Grundstücks zu betrachten ist. Die Abgrenzung zwischen diesen Begriffen ist bisweilen schwierig; so auch hier. Zu erwägen ist folgendes: Die Feldbahn hat A. von C. gemietet. Ist ihre Verbindung mit dem Boden (Schienenwege, vielleicht wird sie durch eine feststehende Lokomobile getrieben) von vornherein nur „zu einem vorübergehenden Zwecke" (§ 95) erfolgt, oder nicht? Man wird die Frage hier wegen Mangels genauer Kenntnis der Umstände nicht leicht entscheiden können, also entscheide ich problematisch:

a) Sie ist Bestandteil nach § 95 geworden. Dann fragt sich weiter, ob sie wesentlicher Bestandteil im Sinne des § 93 ist, denn nur an den wesentlichen Bestandteilen kann der Grundstücksbesitzer durch Verbindung im Sinne des § 946 Eigentümer werden. Nach § 94 könnte man die Frage bejahen. Ist die Feldbahn wesentlicher Bestandteil im Sinne der §§ 93 ff., dann konnte A. zweifellos durch Verbindung der Feldbahn mit seinem Grundstück Eigentum erlangen, obgleich er als Mieter bloßer Besitzer ist. Ist sie nicht wesentlicher Bestandteil (§ 95), so hat A. durch die Verbindung mit dem Grundstück kein Eigentum erlangt und kann es daher auch nicht auf B. übertragen.

b) Sie ist Zubehör im Sinne der §§ 97 ff. Dann braucht sie durch die Verbindung mit dem Grundstück nicht Eigentum des Grundstückseigentümers zu werden (arg. § 1120 BGB., § 55 Abs. 2 ZwVG.). Wichtig ist hier nicht nur § 314 (der übrigens auch das dem Veräußerer nicht gehörige Zubehör mit umfaßt), sondern ganz besonders § 926. Nach diesem hat B. das dem A. gehörige Zubehör in dem Zeitpunkte der Auflassung, das dem A. nicht gehörige Zubehör in dem Zeitpunkte der Besitzerlangung (guten Glauben vorausgesetzt) zu Eigentum erworben (§ 926 Abs 2).

Der Wille der Parteien C. und A. ging nun beim Abschluß des Mietvertrags offenbar nicht dahin, daß A. Eigentum an der Feldbahn erwerben soll, denn sonst hätten sie keine Mietzinszahlung vereinbart. Wenn er es daher nach §§ 946, 93 ff. trotzdem erlangt, so kann C. nach § 951 von A. außer dem Mietziens Vergütung in Geld nach den Vorschriften über die Herausgabe einer ungerechtfertigten Bereicherung verlangen, ev. auch nach § 816 gegen ihn vorgehen. Von B., als dem Käufer des Grundstücks, wird er aber keinen Mietzins verlangen können, denn mit B. hat er keinen Mietvertrag abgeschlossen, und man wird auch nicht behaupten können, daß B. in den Mietvertrag an Stelle des A. eingetreten ist. Ist B. Eigentümer der Feldbahn durch Auflassung des A. geworden, so ist ein Anspruch des C. gegen ihn um so weniger begründet, da er gutgläubig war.

Das Petitum „Anerkennung des Eigentums" in der Widerklage ist eine altertümliche Formel des Klagbegehrens in Feststellungsklagen. Jetzt faßt man den Antrag „das Eigentum . . . festzustellen".

Lösung 27.

1. Zu erörtern scheint in erster Linie, ob man die Einbände als wesentliche Bestandteile der Bücher ansehen kann. Nach § 93 können Bestandteile einer Sache, die voneinander nicht getrennt werden können, ohne daß der eine oder der andere zerstört, oder in seinem Wesen verändert wird, (wesentliche Bestandteile) nicht Gegenstand besonderer Rechte sein. Im vorliegenden Falle liegen sog. zusammengesetzte Sachen vor. Bei diesen ist die Bestimmung der Bestandteile als wesentliche in der Regel schwieriger, als bei einfachen Sachen. Zweifelhaft wird sie z. B. bei Tisch und Platte, Goldreif und Edelstein, Bild und Rahmen usw. Es wird auf das gegenseitige Wertverhältnis und etwaige besondere Umstände des Einzelfalls ankommen. So z. B. möchte man Fahrrad und Lenkstange als wesentliche Bestandteile erachten, dagegen Fahrrad und Pneumatik als unwesentliche. Eine scharfe Abgrenzung ist nicht möglich. (Vgl. Staudinger, Bem. 1 zu § 93 Abs. 5.)

Auch die Definition von Tobias (im Archiv f. d. zivile Praxis Bd. 94 S. 378) kann nicht als genügend angesehen werden, die lautet:

> „Wesentlicher Bestandteil einer Sache ist jeder Teil, welchen der Benutzer oder Verbraucher nicht anders als zusammen mit der Hauptsache zu bekommen pflegt."

Denn, sagt Staudinger, fast sämtliche einzelnen Maschinenteile eines Fahrrads sind einzeln erhältlich, nicht nur mit dem Fahrrad zusammen und doch sind, wenn sie überhaupt einmal Bestandteile des Fahrrads geworden sind, fast sämtliche als *wesentliche* Bestandteile anzusehen. (Vgl. Staudinger, die zitierte Stelle.)

Beim Einband scheint es mir nach § 93 unbedenklich, einen wesentlichen Bestandteil anzunehmen, sowohl nach obigen Ausführungen unter Nr. 1 als auch nach der Definition von Tobias. Buch und Einband gehören im Verkehr zusammen. Durch ihre Trennung wird das Buch zerstört oder in seinem Wesen verändert.

2. Es fragt sich nun, ob solche Bestandteile verkauft werden können. § 93 scheint dem zu widersprechen, denn nach § 433 erlangt ja dadurch der Verkäufer ein Recht auf Herausgabe der verkauften Sache, also ein besonderes Recht auf die Sache. Man sollte also annehmen, der Vertrag sei nichtig. Staudinger hält indessen den Vertrag für gültig, er sagt Bem. 5 c zu § 93:

„Nur dingliche Rechte können an wesentlichen Bestandteilen für sich allein nicht begründet werden. Dagegen steht der Begründung von obligatorischen Rechten, welche sich lediglich auf wesentliche Bestandteile, nicht auf das Ganze beziehen, nichts im Wege. Dabei kann es sich um solche obligatorische Rechte handeln, deren Realisierung eine Trennung gar nicht voraussetzt, so das Vermieten eines Stockwerks, eines Zimmers usw.; oder auch um solche, bei denen der Fall einer künftigen Trennung ins Auge gefaßt wird; dahin gehört der Verkauf eines Hauses oder Haushalts zum Abbruch. Der Eigentümer kann sich verpflichten, die Trennung herbeizuführen und dann das Eigentum an dem getrennten Bestandteile einem anderen zu übertragen. Die Lieferung kann freilich nicht erzwungen werden; weil die Trennung nicht erzwungen werden kann. Wird diese dem Vertrag zuwider nicht vorgenommen, so bleibt dem Berechtigten nur ein Recht auf Schadensersatz." Vgl. hierher auch § 956 mit Bem.

3. Ein Sonderbesitz an wesentlichen Bestandteilen ist möglich, vgl. § 865.

Hiernach erscheint zwar der Kaufvertrag über die Einbände gültig, aber nicht klagbar. Es ist auf Schadensersatz (§§ 823 ff.) zu klagen. (Vgl. auch Staudinger, Bem. 2a zu § 956.)

Lösung 28 (vgl. Lösungen 26, 27).

1. § 946 sagt, daß, wenn eine bewegliche Sache mit einem Grundstück dergestalt verbunden wird, daß sie wesentlicher Bestandteil des Grundstücks wird, sich das Eigentum an dem Grundstück auf diese Sache erstreckt. Wann einer Sache letztere Eigenschaft zukommt, bestimmt sich nach § 94. Hiernach erhalten diese Eigenschaft die mit Grund und Boden fest verbundenen Sachen, insbesondere Gebäude einschließlich der zur Herstellung des Gebäudes eingefügten Sachen, außerdem Samen mit dem Aussäen, Pflanzen bereits mit dem Einpflanzen; (vgl. Staudinger, Bem. 1a zu § 946).

Wenn das Eigentum an der beweglichen Sache vorher zustand, wer die Verbindung vorgenommen hat und ob diese im guten oder bösen Glauben geschah, ist für das dingliche Rechtsschicksal der Sache völlig gleichgültig (vgl. Vorbem. II). Das Eigentum am Grundstück, das hier stets als Hauptsache gilt, beseitigt jedes vor der Verbindung bestandene Sondereigentum an der beweglichen Sache, also gleichviel, ob fremde Sachen mit dem eignen Grundstück oder eigne oder fremde Sachen mit fremdem Grund und Boden verbunden werden. (Vgl. Staudinger, Bem. 1b zu § 946.)

2. § 94 Abs. 1 Satz 2 sagt also ausdrücklich, daß Samen mit dem Aussäen Bestandteil des Grundstücks wird. Der Hafer des A. ist also wesentlicher Bestandteil des Grundstücks des B. geworden, das heißt A. hat seine Rechte daran verloren. A. hat aber einen Rechtsverlust erlitten. Nach § 951 kann er von B. Vergütung in Geld nach den Vorschriften der §§ 812 ff. fordern.

Lösung 29.

1. Über das sog. Agio handelt § 262 HGB. Es ist der Betrag, welcher bei der Errichtung der Gesellschaft oder bei einer Erhöhung des Grundkapitals durch Ausgabe der Aktien für einen höheren als den Nennbetrag über diesen und über den Betrag der durch die Ausgabe der Aktien entstehenden Kosten hinaus erzielt wird. Für diesen Betrag bestimmt § 262 HGB., daß er in den sog. Reservefonds der Aktiengesellschaft einzustellen ist, der dazu dient, einen aus der Bilanz sich ergebenden Verlust zu decken. Es erscheint also vor allem auch die juristische Natur des Reservefonds von Bedeutung. Staub, Anm. 1 ff. zu § 262 sagt hierüber:

„Die Natur des gesetzlichen Reservefonds. Während in § 261 Ziffer 5 für die Erhaltung bzw. Neuansammlung von der Grundkapitalsziffer gleichkommenden Werten dadurch gesorgt wird, daß ein der Grundkapitalsziffer gleichkommender Betrag in die Reservekonten oder Passiven eingestellt und dadurch der Verteilung entzogen wird, ist hier für die Erhaltung weiteren Vermögens gesorgt, indem angeordnet wird, daß ein bestimmter Prozentsatz der erzielten Gewinne und gewisse Kapitalsanlagen als gesetzliches Reservekonto κατ' ἐξοχήν unter die sog. Passiva eingestellt und dadurch ebenfalls der Verteilung entzogen werden. Verwendet soll dieses in guten Geschäftsjahren gebildete Reservekonto dazu werden, um in schlechten Jahren eine Unterbilanz auszugleichen. Alsdann soll dieses gesetzliche Reservekonto soweit gestrichen werden, als die Unterbilanz reicht. Dadurch wird die Unterbilanz beseitigt und die Aktionäre kommen dem Dividendenbezug näher, weil sich nunmehr im nächsten Jahre leichter ein Bilanzüberschuß ergibt, als wenn die Unterbilanz für das nächste Jahr vorgetragen würde.

Um den vom Gesetz intendierten Zweck zu erreichen, genügt die Bildung eines Reservekontos. Von der Bildung eines Reservefonds hätte besser nicht gesprochen werden sollen. Das Wort ‚Fonds' wird sonst nur von einem Komplex greifbarer und getrennt verwalteter Vermögensobjekte gebraucht. Daß aber ein dem Betrage des gesetzlichen Reservekontos entsprechender Teil der Gesellschaftsaktiva besonders angelegt und verwaltet werden solle, das ist vom Gesetz nicht gewollt. Es war erwogen worden, ob man dies anordnen solle, aber man hat hiervon abgesehen (K. B. Z. Akt.-Ges. v. 1884 S. 25). Nur hätte man alsdann das Wort Fonds vermeiden sollen, weil es dem Irrtum Raum gibt, als sei auch ein entsprechender Teil der Aktiva als besonderer Fonds zu verwalten. Daß ein Fonds ein Passivum ist, ist nicht jedem verständlich. Andererseits ist es auch nicht richtig, wenn gesagt wird, der Reservefonds bestehe in einer bloßen Buchoperation. Denn die Einstellung unter die Reservekonten oder die Passiva hat gleichzeitig den realen Erfolg, daß ein entsprechender Teil von im Betriebe gewonnenen Aktiven von der Verteilung unter die Aktionäre ausgeschlossen wird. Es wird also nicht bloß ein Reservefonds gebucht, sondern durch diese Buchung gleichzeitig bewirkt, daß in dem betreffenden Jahre oder später um soviel weniger verteilt wird" usw.

Besonders auf das Agio bezieht sich Staub, Anm. 14, zu § 262, Ziffer 1, wo gesagt wird:

„Der Ausdruck ‚Gewinn' ist jetzt vermieden, damit nicht fernerhin hieraus der Schluß gezogen werden könnte, daß das HGB. das Agioverhältnis an sich nicht als eine Kapitalsvermehrung auffasse (Denkschrift S. 148). Diese Bemerkung ist offensichtlich gegen die Rechtsprechung des preußischen Oberverwaltungsgerichts gerichtet, welches in dem Emissionsagio einen wirklichen steuerpflichtigen Geschäftsgewinn erblickt (Urt. vom 31. Mai und vom 14. Juni 1893 bei Holdheim 2, S. 251 und 316; vom 27. November 1894 bei Holdheim 4, S. 34 vom 6. Dezember 1895, bei Holdheim 5, S. 186; dagegen Neukamp bei Holdheim 4, S. 34 und 6, S. 145; dagegen ferner Simon, die Einkommensteuer der A.-G. S. 90 ff., Ring, Anm. 3 zu Art. 185 b; hessischer Oberverwaltungsgerichtshof bei Holdheim 7, S. 270, RG. 32, S. 247 und RG. vom 20. März 1897 bei Holdheim 6, S. 185). Das letzte Urteil des Oberverwaltungsgerichts vom 23. September 1898 bei Holdheim 8, S. 39, beharrt auf seinem Standpunkt, aber mit Unrecht. Nach § 76 des preußischen Einkommensteuergesetzes sind steuerpflichtig Überschüsse, welche als Aktienzinsen oder Dividenden verteilt werden, unter Hinzurechnung der zur Bildung von Reservefonds bestimmten Beträge. Das Agio ist indessen kein Überschuß. Es ist wohl ein Überschuß über den Nennbetrag (mit dieser farblosen Bezeichnung ist für die vorliegende Frage nichts gewonnen). Es ist aber kein Bilanzüberschuß und kann es niemals sein. In dem Augenblick, in welchem das Agio eingeht, muß es nicht bloß unter den Aktiven, sondern auch unter den Passiven gebucht werden. Dies schreibt § 262 Nr. 2 HGB. vor. Im scharfen Gegensatz zu § 262 Nr. 1, welcher vorschreibt, daß ein gewisser Prozentsatz ‚vom jährlichen Gewinn' dem Reservefonds zuzuführen ist, ist in Nr. 2 vorgeschrieben, daß derjenige Teil der Kapitaleinlage, der sich als Überschuß über den Nennbetrag als Agio darstellt, sofort in demselben Augenblick dem Reservefonds zuzuführen ist, in welchem er der Gesellschaft zufließt. Er ist sofort unter die Aktiva und unter die Passiva zu buchen. Ob das entgegengesetzte Verfahren nur als zweckwidrig oder als begriffswidrig betrachtet wird, ist dabei gleichgültig; kraft öffentlichen Rechts verbietet das neue Gesetz jedenfalls anders zu verfahren. Er muß also sofort dem Reservefonds zugeführt werden, ohne Rücksicht darauf, welches Ergebnis die Bilanz am Ende des Jahres im übrigen haben wird, ob sie viel oder wenig Gewinn bringt, ob sie im übrigen einen dem Betrag des Agios gleichkommenden Betrag als Überschuß erreicht oder nicht. Auch dann, wenn das nicht der Fall ist, muß doch das volle Agio dem Reservefonds zufließen. Man kann also nicht sagen, es sei ein Bilanzüberschuß, der ganz abstrakt, rein begrifflich betrachtet, auch verteilt werden könnte und nur aus Zweckmäßigkeitsgründen nicht verteilt wird, wie die 5 % der Nr. 1, sondern es ist ein Betrag, der, weil er schon bei Aufstellung der Bilanz und bei der Berechnung des Gewinns unter den Passiven figurieren muß, auch begrifflich einen Teil des Überschusses nicht bildet. Er wird nicht vom Überschuß, vom Reingewinn, dem Reservefonds zugeführt, sondern er wird sofort und ehe ein Überschuß berechnet wird, und ohne Rücksicht darauf, ob ein solcher vorhanden ist, dem Reservefonds zugeführt." (Näheres Staub, Deutsche Juristenzeitung Bd. 4 S. 39.)

2. § 99 BGB. bestimmt nun, daß Früchte einer Sache die Erzeugnisse der Sache und die sonstige Ausbeute sind, die aus der Sache ihrer Bestimmung gemäß gewonnen wird. Früchte eines Rechts sind die Erträge, welche das Recht seiner Bestimmung gemäß gewährt. Fraglich ist zunächst, worunter der Agiogewinn fällt. Da die Aktien eine Forderung verkörpern, so wird man ihn unter die Früchte eines Rechts bringen können. Betrachtet man nun die obigen Ausführungen Staubs über den Agiogewinn, so erscheint besonders deren Resultat von Wichtigkeit, wonach er auch begrifflich einen Teil des Überschusses nicht bildet. Das spricht dagegen, den Agiogewinn zu den Früchten des § 99 zu rechnen.

3. Hierbei ist die spezielle Bestimmung des § 237 HGB. zu beachten, welche sagt, daß, wenn den Mitgliedern des Vorstands ein Anteil am Jahresgewinn gewährt wird, der Reingewinn von dem nach Vornahme sämtlicher Abschreibungen und Rücklagen verbleibenden Reingewinn zu berechnen ist. Diese Bestimmung entscheidet schon allein den vorliegenden Fall. Denn sie ist zwingend. Sie kann also durch den Gesellschaftsvertrag nicht abgeändert werden. (Vgl. Staub, Bem. 3 zu § 237 HGB.)

Zu den Rücklagen gehört natürlich in erster Linie der Reservefonds und hierzu nach § 262 HGB. wiederum der Agiogewinn. Daß der „Direktor" einer juristischen Person zum Vorstand derselben gehört, ist ebenfalls außer Zweifel.

Lösung 30.

1. Die Frage der sog. Früchteverteilung beim Übergang der Berechtigung löst § 101. Danach erhält der bisherige Berechtigte die in § 99 Abs. 1

bezeichneten Erzeugnisse und Bestandteile, auch wenn er sie als Früchte eines Rechts zu beziehen hat, insoweit, als sie während der Dauer der Berechtigung von der Sache getrennt werden. Ziffer 2 sagt dann, daß der bisherige Berechtigte andere Früchte insoweit erwirbt, als sie während der Dauer der Berechtigung fällig werden. Bestehen jedoch die Früchte in der Überlassung des Gebrauchs oder des Fruchtgenusses, in Zinsen, Gewinnanteilen oder anderen regelmäßig wiederkehrenden Erträgnissen, so gebührt dem Berechtigten ein der Dauer seiner Berechtigung entsprechender Teil.

Es unterliegt keinem Zweifel, daß die Mietzinsen zu den Früchten des § 101 Ziffer 2 gehören, vgl. §§ 99, 100. Die Mietzinsen des A. von 12000 M. jährlich sind nun vierteljährlich im voraus zahlbar. Somit sind am 1. Januar 3000 M. fällig gewesen. A. hat am 1. Februar das Eigentum auf B. übertragen. Am 1. Februar endet also seine Berechtigung. Nach § 101 Ziffer 1 Satz 2 würde A. die 3000 M. behalten können. Nach § 101 Ziffer 2 Satz 2 dagegen muß A. 2000 M. an B. herauszahlen. Denn ihm gebühren die Mietzinsen für Februar und März, die 2000 M. betragen.

2. Für den Übergang der Lasten gilt § 103. Danach hat, wer verpflichtet ist, die Lasten einer Sache oder eines Rechts bis zu einer bestimmten Zeit oder von einer bestimmten Zeit an zu tragen, sofern nicht ein anderer bestimmt ist, die regelmäßig wiederkehrenden Lasten nach dem Verhältnis der Dauer seiner Verpflichtung, andere Lasten insoweit zu tragen, als sie während der Dauer seiner Verpflichtung zu entrichten sind. Die 1200 M. Hypothekenzinsen, die B. von A. ersetzt haben will, sind offenbar nachträglich fällig gewesene Hypothekenzinsen für das erste Quartal. Auf das Jahr kommen 4800 M., auf das Quartal 1200 M., auf den Monat somit 400 M. Die Monate Februar, März will B. selbst tragen, weil er seit 1. Februar Eigentümer ist. Er will nur die Hypothekenzinsen für Januar ersetzt haben. Nach § 103 wird er dies beanspruchen können.

3. Die 600 M., die der Käufer B. am 15. März an die Gemeinde zahlen mußte, sind eine e i n m a l i g e Abgabe, man wird sie also unter „andere Lasten" im Sinne des § 103 rechnen müssen. Diese sind nach § 103 anders zu behandeln als die wiederkehrenden. Diese 600 M. wird B. allein tragen müssen, weil sie im März fällig geworden sind.

Daß die Entrichtung der Abgabe von 600 M. schon im Januar beschlossen war, wird unerheblich sein. Nach dem klaren Wortlaut des § 103 entscheidet hier der Zeitpunkt der Verpflichtung zur Entrichtung der Abgabe, also der Zeitpunkt der Fälligkeit.

4. Zinsen sind vom Tage der Mahnung zu zahlen als sog. Verzugszinsen (§ 284), außer wenn für die Leistung eine Zeit nach dem Kalender bestimmt ist, § 284 Abs. 2. Letzteres kommt bei B. nicht in Betracht betreffs der Miet- und Hypothekenzinsen, weil B. davon nur Zinsen vom Tage der Mahnung an verlangt. Betreffs der 600 M. Kanalisationsabgabe wird man den § 284 Abs. 2 vielleicht anwenden können, wobei vielleicht wesentlich sein wird, daß die Abgabe schon im Januar für 15. März beschlossen war und A. dies jedenfalls wußte. Aber die Frage kann dahingestellt bleiben,

wenn man gemäß § 103 annimmt, A. brauche die 600 M. überhaupt nicht zu ersetzen.

Alles dies wird allerdings noch genauer zu erwägen sein.

5. Die Gegenforderungen betreffend. Die Steuern und Feuerversicherungsprämie sind als regelmäßig wiederkehrende Leistungen anzusehen. (Vgl. Staudinger, Bem. 4 zu § 103.) Sie sind also nach § 103 nur nach dem Verhältnis der Dauer der Verpflichtung von A. zu tragen, also zu ein Drittel. A. hat also nur $40 + 20 = 60$ M. zu tragen. Seine Gegenforderung beträgt demnach 120 M.

Die Reparaturkosten wird nach § 103 der Verkäufer A. tragen müssen. Woran denkt B., wenn er ev. die üblichen Erhaltungskosten anteilig zahlen will? Können die §§ 993, 994 herangezogen werden? Ich will diese letzte Frage dem Leser überlassen.

Lösung 31.

Nach § 104 Abs. 3 ist geschäftsunfähig, wer wegen Geisteskrankheit entmündigt ist, und nach § 105 ist die Willenserklärung eines Geschäftsunfähigen nichtig. Der wegen Geisteskrankheit Entmündigte ist (im Gegensatz zum gemeinen Recht) zweifellos geschäftsunfähig ohne Rücksicht auf seinen wirklichen Geisteszustand. Insbesondere kann er auch, wenn sog. lichte Zwischenräume (lucida intervalla) eintreten, kein gültiges Rechtsgeschäft vornehmen. Diese Möglichkeit wurde im BGB. ausgeschlossen im Interesse der Verkehrssicherheit. Die Tatsache der Entmündigung wegen Geisteskrankheit macht also geschäftsunfähig ohne Rücksicht darauf, ob diese wirklich besteht bzw. noch besteht. Die Geschäftsunfähigkeit dauert, solange der Zustand der Entmündigung dauert, auch während der lichten Zwischenräume. Für das Entmündigungsverfahren sind die §§ 645 ff. ZPO. maßgebend. (Vgl. Staudinger, Bem. 2, 5 zu § 104.)

Danach ist der Kauf des Pelzes, vorausgesetzt daß ein rechtskräftiger Entmündigungsbeschluß (§ 664 ZPO.) vorliegt, ungültig, und sind die Einwände des B. zurückzuweisen. A. kann Herausgabe des Geldes gegen Rückgabe des Pelzes verlangen, §§ 812 ff.

2. Anders liegt die Sache, wenn der Beschluß angefochten wird. Nach § 664 ZPO. kann dies binnen einer Woche nach Zustellung im Wege der Klage geschehen. Diese Klage kann sich darauf stützen, daß der Entmündigte zur Zeit des Entmündigungsbeschlusses nicht geisteskrank war. Darauf stützt sich B. vermutlich. Wird nun ein die Entmündigung aussprechender Beschluß infolge einer Anfechtungsklage aufgehoben, so kann nach § 115 die Wirksamkeit des von oder gegenüber dem Entmündigten vorgenommenen Rechtsgeschäfts nicht auf Grund des Beschlusses in Frage gestellt werden. Hier ist also der Kaufvertrag, der auf Grund des Beschlusses als ungültig anzusehen war, infolge der Aufhebung dieses Beschlusses als gültig anzusehen. Der Vormund A. kann von B. Rückgabe des Geldes nicht verlangen. (Vgl. Staudinger, Bem. 1 u. 2 zu § 115.)

3. Die Aufgabe unterscheidet ferner zwei Fälle, erstens den, daß der Prozeß in 2. Instanz schwebt und ferner den, daß er bereits rechtskräftig beendet ist. Im ersteren Fall gilt obiges. Ist dagegen der Prozeß rechtskräftig beendet, so ist also B. auf Grund des § 104 verb. mit §§ 812 ff. zur Rückzahlung der 500 M. gegen Herausgabe des Pelzes verurteilt. Nunmehr ergeht das Urteil, wonach der die Entmündigung anordnende Beschluß aufgehoben wird. B. hat vielleicht schon das Geld herausgezahlt und A. den Pelz zurückgegeben. Kann B. jetzt das Geld gegen Hingabe des Pelzes wieder zurückverlangen? Ist vielleicht Wiederaufnahme des früheren Prozesses möglich? Nach § 580 Ziffer 7a ZPO. ist es zu verneinen, denn das in derselben Sache erlassene Urteil muß früher rechtskräftig geworden sein. Oder kann man vielleicht nach § 115 BGB. dem B. die Klage zubilligen, trotzdem das Urteil rechtskräftig ist? Dies erscheint ebenfalls untunlich, denn gegen das rechtskräftige Urteil gibt es keine Einwendung. Es dürfte eine Lücke im Gesetz vorliegen, die darin zu erblicken ist, daß die Wiederaufnahme nicht weiter ausgedehnt ist. Es führt zu unbilligen Resultaten. Wie stellen sich die §§ 32, 61 FG. hierzu? Ist aus ihnen etwas dem B. Günstiges zu entnehmen? Sie dürften einfach einzelne Fälle des § 115 BGB. bedeuten. Sie gehen z. B. auf den besonderen Fall, daß die erste Verfügung den zu Entmündigenden für geschäftsfähig erklärte und dieser nunmehr Geschäfte abschließt. Diese sollen im Verkehrsinteresse Gültigkeit behalten, auch wenn später durch Anfechtungsklage die Entmündigung erreicht wird. Im vorliegenden Fall ist aber gerade das Gegenteil der Fall.

Dem B. wird nichts übrig bleiben, als auf Rückforderung der 500 M. zu verzichten.

4. Die spätere Wiederaufhebung der Entmündigung aus dem Grunde, weil die Geisteskrankheit nicht mehr besteht, ist von der Anfechtungsklage des § 664 zu unterscheiden. Sie beruht vielmehr auf § 675 und erfolgt durch Beschluß oder nach § 679 durch Urteil, falls der Antrag auf Wiederaufhebung abgelehnt wird. (Vgl. Gaupp, Bem. I zu § 664.)

Hier ist die Lösung einfacher. In diesem Falle hört die Wirkung der Entmündigung für die Zukunft auf. Bis dahin bestand Geschäftsunfähigkeit. Hier ist also der Kauf in jedem Falle nichtig und der Vormund daher zur Rückforderung der 500 M. berechtigt.

5. Der Bereicherungsanspruch beruht, wie schon erwähnt, auf §§ 812 ff. Schück hebt § 818 hervor, der besonders in Betracht kommt, wenn es sich wie hier, um ein Rechtsgeschäft handelt, das nichtig ist. Der wegen ungerechtfertigter Bereicherung gewährte Anspruch geht auf Herausgabe (§§ 812 Abs. 1 Satz 1, 816 Abs. 1 Satz 1, Abs. 2, 817 Satz 2). Nach dem, was der Bereicherte erlangt hat, bestimmt sich, in welcher Weise er diesem Anspruch zu genügen hat. Sind Sachen zu Eigentum übertragen worden, so kann Rückübertragung des Eigentums (§§ 873, 925, 929 ff.) gefordert werden; ist der Besitz übertragen worden (s. Vorbem. 5), so ist der Besitz wieder einzuräumen. Ist der Empfänger wegen der Beschaffenheit des Erlangten oder aus anderem Grunde, z. B. weil er die erlangte Sache verzehrt, verbraucht

oder veräußert hat (vgl. Urt. des Reichsger. vom 30. Januar 1894, RGE. Bd. 56 S. 383 ff.), zur Herausgabe nicht imstande, so hat er nach § 818 Abs. 2 (abweichend von der Regel der §§ 275, 280) den Wert (d. h. den gemeinen Verkehrswert) des Erlangten zu ersetzen.

Nach § 818 Abs. 3 andererseits ist die Verpflichtung zur Herausgabe ausgeschlossen, wenn und insoweit der Empfänger, gleichviel ob mit oder ohne Verschulden, nicht mehr bereichert ist. Der Empfänger ist hiernach haftfrei, soweit er das Empfangene bzw. den Wert desselben nicht mehr hat oder die durch den Empfang eingetretene Bereicherung, gleichviel aus welchem Grunde, wieder weggefallen ist. Seine Verpflichtung beschränkt sich dann auf die Herausgabe dessen, was er von dem Geleisteten oder dem Werte des Geleisteten noch hat und dessen, um was er hierdurch (z. B. durch Ersparung anderweiter Ausgaben) bereichert ist, wobei die gesamte Vermögenslage des Empfängers zu berücksichtigen ist. (M. II, 836 ff., FG. II, 426 ff., P. II, 702 f., Stiewe S. 58 ff., vgl. Urteil d. Reichsger. vom 14. März 1903 und vom 18. März 1905, RGE. Bd. 54, S. 137 ff., Bd. 60, S. 291 ff.; s. auch RGE. Bd. 29, S. 2, Bd. 44, S. 144.)

Aus dem Begriff der Bereicherung ergibt sich ferner, daß der Empfänger den Wert aller von ihm auf die herauszugebende Sache gemachten Verwendungen (vgl. E. I, 740 Abs. 3; M. II, 839 ff.; FG. II, 437, VI, 523; P. II, 710 ff.; Jacubezky, Bem. S. 178), sowie eine durch den erlangten Gegenstand herbeigeführte Beschädigung seines Vermögens in Abzug bringen darf (M. II, 837; and. Ans. in letzterer Beziehung Oertmann, Bem. 3 a).

Desgleichen wird die Bereicherung beseitigt bzw. gemindert durch diejenigen Ausgaben, welche der Empfänger vermieden haben würde, falls er die Leistung nicht erlangt hätte. (M. II, 838; P. II, 706 ff.; vgl. Dernburg, Pand. Bd. 2 § 141 Anm. 28. Vgl. hierzu Staudinger, Bem. 1—5 zu § 818.)

Nach alledem wird im vorliegenden Fall folgendes zu erwägen sein: Der Pelz im gebrauchten Zustand hat nicht mehr den Wert, den er zur Zeit des Verkaufs hatte, denn er ist schon abgenutzt. Daher wird aus § 818 Abs. 2 zu entnehmen sein, daß der Vormund nicht den ganzen Betrag von 500 M. wird von B. zurückfordern können. Vielmehr wird er sich den Minderwert anrechnen lassen müssen. Besitzt B. den Pelz nicht mehr, so hat er dessen Wert zur Zeit des Kaufs zu ersetzen. (Vgl. auch Staudinger, Bem. 4 b zu § 818.)

Lösung 32.

§ 104 sagt, daß geschäftsunfähig ist, wer noch nicht das siebente Lebensjahr vollendet hat und § 105 sagt weiter, daß die Willenserklärung eines Geschäftsunfähigen nichtig ist. Nichtig sind also nach § 105 alle Willenserklärungen eines Kindes unter sieben Jahren und somit sind, da die Willenserklärung wesentliches Tatbestandsmoment jedes Rechtsgeschäfts ist, alle Rechtsgeschäfte des Kindes nichtig. Die Anträge, die darauf ausgingen, wenigstens für die Annahme von Schenkungen durch den Geschäftsunfähigen eine Ausnahme zuzulassen, drangen nicht durch. Es bleibt also dabei, daß

z. B. die Annahme der üblichen kleinen Geschenke durch Kinder nichtig ist, selbst wenn das Kind nach seiner geistigen Entwicklung die Bedeutung dieses Willensakts wohl zu erfassen vermöchte. Die M. I, 130 sagen, es bestehe kein Bedürfnis, die Regel zugunsten von Schenkungen zu durchbrechen, weil die Annahme der einem Geschäftsunfähigen zugedachten Schenkung nicht bloß durch den gesetzlichen Vertreter, sondern auch durch einen Dritten im Wege der Geschäftsführung ohne Auftrag (s. E. I §§ 123, 124, jetzt BGB. §§ 177, 178) erfolgen könne. Letzteres Ersatzmittel ist aber bei seiner Schwerfälligkeit doch von fraglichem Wert. (Vgl. Staudinger, Bem. 1 zu § 105.)

Hiernach wird A. die Uhr dem Kinde des B. wieder wegnehmen können. B. ist mit der Klage auf Herausgabe abzuweisen.

2. Das entscheidende Gewicht ist also darauf zu legen, daß in der Annahme der Schenkung eine Willenserklärung liegt. Die Nichtigkeit bezieht sich daher grundsätzlich nicht

a) auf den Empfang empfangsbedürftiger Willenserklärungen; die dem Willensunfähigen gegenüber abgegebene Erklärung kann wirksam werden, wenn sie dem gesetzlichen Vertreter zugeht (§ 131);

b) auf solche Rechtshandlungen, bei denen eine Willenserklärung überhaupt nicht wesentliches Element des Talbestandes ist. Der Geschäftsunfähige kann daher eine auftragslose Geschäftsführung vornehmen, nur haftet er daraus lediglich nach Maßgabe des § 682. Rehbein (Komm. Bd. 1 S. 104) sagt zwar, die negotionum gestio sei „sicher ein Rechtsgeschäft". Das ist aber wohl nicht zutreffend (s. Staudinger, Einl. zum Abschnitt „Rechtsgeschäfte" unter IV, 2). Der Geschäftsunfähige kann ferner finden (§ 965; vgl. Bem. 2 zu § 965), einen Schatz entdecken (§ 984), durch Spezifikation Eigentum erwerben (§ 950, vgl. Bem. 5 zu § 950). Er kann unter Umständen auch eine bloße Besitzerwerbshandlung vornehmen, insofern er dadurch lediglich der Erlangung der tatsächlichen Gewalt über die Sache bedarf (§ 854) und die Erlangung der tatsächlichen Gewalt sehr wohl auch z. B. bei einem sechsjährigen Kinde oder bei einem Entmündigten — selbst gegen den Willen des gesetzlichen Vertreters — denkbar ist. (Vgl. hierzu Bem. 2c zu § 854.) Der geschäftsunfähige Besitzer ist auch gegen verbotene Eigenmacht geschützt. Aber der Geschäftsunfähige kann nicht derelinquieren (§ 959) und nach Ansicht Staudingers auch nicht okkupieren, was freilich sehr bestritten ist. Cosack z. B. (Lehrbuch § 203) lehrt, die Aneignung könne auch von einem Geschäftsunfähigen gültig vorgenommen werden. Dem ist aber entgegenzuhalten, daß das BGB. zur Aneignung eben nicht nur die Herstellung des natürlichen Gewaltverhältnisses erfordert, welches allerdings „facti, non juris" ist, sondern das „Nehmen in Eigenbesitz" (§ 958). Dieses Nehmen in Eigenbesitz ist doch wohl eine auf eine Veränderung in der Rechtswelt gerichtete Willensbetätigung, also eine Willenserklärung im technischen Sinne.

Die Begründung bzw. Aufhebung des Wohnsitzes durch den Geschäftsunfähigen ohne Willen des gesetzlichen Vertreters ist übrigens nach § 8 unmöglich, obwohl es sich dabei nicht um die Vornahme von Rechtsgeschäften handelt. (Vgl. Staudinger, Bem. 1 zu § 105.)

3. Dementsprechend erlangt auch im vorliegenden Falle das Kind des B. keinen Besitz an der Uhr. Nach § 854 wird der Besitz einer Sache erlangt durch Erlangung der tatsächlichen Gewalt über die Sache. Besitzwille ist zwar im allgemeinen nicht erforderlich. Aber trotzdem wird man einen Besitz des Kindes nicht annehmen können. Staudinger. Bem. 1 zu § 854 sagt hierüber:

a) „Ich besitze im Sinne des BGB. bereits den Brief, der noch ohne mein Wissen in meinen Kasten gesteckt wird oder das Wild, das sich noch ohne mein Wissen in der von mir gesteckten Falle gefangen hat. Ich besitze die Sache, die während meiner Abwesenheit in meiner Wohnung für mich abgegeben wurde, wenn auch unbestellt. Ich besitze, was man mir heimlich in die Tasche steckte usw. Auch der bloße Detentor des Gem. R., wie der Mieter und Pächter usw. (vgl. § 868) gilt hiernach ebenso als Besitzer, wie der, der die Sache zum Eigentum besitzen will."

b) „Man würde jedoch zu weit gehen, wenn man, dem bloßen Wortlaut des Abs. 1 folgend, zu dem Schlusse käme, der Wille des Erwerbers sei nunmehr beim Besitz völlig gleichgültig. Denn dies würde im einzelnen zu Resultaten führen, die geradezu widersinnig wären. Es würde z. B. im Einzelfall ein Besitz vom Gesetz aufgezwungen, den der Betreffende gar nicht haben will. Der Standpunkt des BGB. ist vielmehr folgender:

Wo eine tatsächliche Gewalt besteht, ist nach der Erfahrung des Lebens für die Regel auch ein Besitzwille vorhanden, von dem das tatsächliche Verhältnis getragen wird. Dies trifft z. B. auch beim Detentor des Gem. R. zu; jeder Mieter z. B. will für sich besitzen."

c) „Der vom Gesetz als selbstverständlich unterstellte Besitzwille wird in ganz natürlichem Sinne aufzufassen sein, d. h. ohne Rücksicht auf die rechtlichen Unterscheidungen der Willensfähigkeit. So z. B. wird ein Geisteskranker unter Umständen ganz gut diesen natürlichen Besitzwillen haben können, ebenso ein Kind unter sieben Jahren, ein völlig Willensunfähiger, wie z. B. ein Säugling aber nicht. Ob eine solche völlige Willensunfähigkeit vorliegt, muß jeweils Tatfrage sein."

„Soweit es sich freilich um rechtsgeschäftliche Besitzübertragung oder um ein Rechtsgeschäft, wie z. B. Schenkung, handelt, also um Willenserklärungen, müssen die allgemeinen Normen eintreten. Hier versagt das BGB. bei den Personen im Sinne der §§ 104, 105 jede rechtliche Wirkung, während jene (nämlich Minderjährige von 7—21 Jahren) im Rahmen des § 113 nicht bloß selbständig in eigener Person, ohne den gesetzlichen Vertreter Besitz erwerben können, sondern auch bei Willenserklärungen, durch die sie nicht lediglich einen rechtlichen Vorteil erlangen, z. B. bei einer Schenkung, der Einwilligung des gesetzlichen Vertreters gar nicht bedürfen."

4. Das Resultat geht also dahin: Das Kind unter sieben Jahren kann im allgemeinen nicht rechtswirksam handeln, z. B. nicht einmal eine Schenkung annehmen, es kann überhaupt nach § 105 keine Rechtsgeschäfte vornehmen, wohl aber gewisse Rechtshandlungen, z. B. kann es finden (§ 962), weil hierzu nicht ein Rechtsgeschäft, sondern nur eine Rechtshandlung, nämlich Besitzergreifung erforderlich ist und diese nach § 854 nur die Erlangung der tatsächlichen Gewalt voraussetzt. Handelt es sich aber um ein Rechtsgeschäft, was auch in Annahme einer Schenkung zu erblicken ist, so ist auch eine mit der Annahme verbundene Besitzergreifung nicht anzunehmen. Wenn also jemand einem Kinde etwas schenkt, so erlangt das Kind durch die Annahme weder Besitz noch Eigentum. Der Vertreter des Kindes kann sich auch nicht darauf berufen, daß er zu der Schenkung hinterher seine Genehmigung gegeben habe, sondern ihm bleibt nichts weiter übrig, als persönlich namens des Kindes mit dem Schenker das Rechtsgeschäft abzuschließen und die Annahme des Geschenks zu erklären und dieses in Besitz zu nehmen.

Lösung 33 (vgl. Lösungen 31, 32, 236, 251).

Die Übergabe der Wertpapiere zur Veräußerung enthält einen Auftrag (§§ 662 ff.). Dieses Rechtsgeschäft ist aber nach §§ 104, 105 nichtig, gleichgültig, ob B. von der Entmündigung Kenntnis hatte. (Vgl. die Ausführungen Lösung 31 unter Nr. 1.) Daher ist das Rechtsverhältnis der Parteien, wie in Lösung 31 unter Nr. 4 ausgeführt nach §§ 812 ff. insbes. § 818 zu beurteilen, das heißt, die Parteien haben sich das zurückzugewähren, was sie aus dem Rechtsgeschäft erlangt haben. Daher muß C. die 3000 M., die A. schon erhalten, sich anrechnen lassen und kann nur noch 8000 M. herausverlangen, vorausgesetzt, daß der Auftrag dahin ging, genau 11000 M. aus den Papieren zu erlösen.

Können nun auch Zinsen von 11000 M. verlangt werden? Meines Erachtens können nur Zinsen von 8000 M. in Frage kommen. Nach § 818 Abs. 1 erstreckt sich die Verpflichtung zur Herausgabe auch auf die gezogenen Nutzungen. Nach § 100 sind Nutzungen die Früchte einer Sache oder eines Rechts, sowie die Vorteile, welche der Gebrauch der Sache oder des Rechts gewährt. Früchte wiederum sind nach § 99 die Erzeugnisse einer Sache und die sonstige Ausbeute, die aus der Sache ihrer Bestimmung gemäß genommen wird und nach § 99 Abs. 2 sind Früchte eines Rechts die Erträge, die das Recht seiner Bestimmung gemäß gewährt. Auch Zinsen wird man nun hierzu rechnen können, wenn, wie beim Darlehn, die ursprüngliche Forderung auf Kapital und Zinsen zugleich gerichtet ist. Das Darlehnsforderungsrecht erzeugt hier unmittelbar auch den Zinsanspruch, anders liegt die Sache bei Verzugszinsen, da diese außer der Forderung noch ein anderweites Rechtsverhältnis (den Verzug) voraussetzen. (Vgl. Staudinger, Bem. 5 c zu § 99.) Staudinger meint, die Frage sei nicht von praktischer Bedeutung, was aber im Vorliegenden doch der Fall sein dürfte. Insbesondere fragt sich, was für Zinsen eigentlich in Frage kommen. Verzugszinsen (§ 288, 4 %) sind es meines Erachtens nicht, denn nach § 285 kommt der Schuldner, das ist in bezug auf die Herausgabe des Geldes der Bankier B., wenn die Leistung infolge eines Umstandes unterbleibt, den er nicht zu vertreten hat, nicht in Verzug. Ein solcher Umstand ist das Verschwinden des A. Erst vom Tage der Mahnung an sind nach § 284 Verzugszinsen zu zahlen. Was für Zinsen kommen also in Frage? Es können nur die Zinsen gemeint sein, die der Bankier B. nach dem Verkauf erhalten hat, indem er die 8000 M. zinsbar anlegte. Es ist sehr wahrscheinlich, das er dies getan hat. Aber sind dies Erträge, die die 8000 M. ihrer Bestimmung gemäß gewähren? Ich möchte es bejahen.

Danach dürften die Zinsen als Nutzungen im Sinne des § 818 anzusehen und daher der Zinsanspruch gerechtfertigt sein, falls die Anlegung erfolgte.

Lösung 34.

Es soll zunächst die Frage erörtert werden: Kann sich der Konditor an den Lehrer halten? Das ist erstens auf Grund eines Vertrags denkbar, es fragt sich also, ob der von den Knaben mit dem Konditor abgeschlossene Kaufvertrag dem Lehrer gegenüber wirksam ist und ihn demgemäß zur Gegenleistung verpflichtet. Es heißt im Text, daß die Knaben „für ihren Lehrer in dessen Namen“ den Kuchen bestellen. Sie haben sich also als dessen Stellvertreter ausgegeben. Nach § 105 ist die Willenserklärung des A. ohne weiteres nichtig. Für B. gilt § 165. Stellvertreter können danach beschränkt Geschäftsfähige, also auch Minderjährige zwischen 7 und 21 Jahren sein, denn die Beschränkung bezieht sich nur auf eigene Angelegenheiten des Minderjährigen. (Vgl. Kom. von Rosenthal, Anm. 4 zu § 165.) Der B. ist also zur Stellvertretung befähigt und seine Erklärung ist gültig. B. schließt nun namens des Lehrers einen Vertrag. Da er aber gar keine Vollmacht hat, so ist er als Vertreter ohne Vertretungsmacht im Sinne des § 177 zu betrachten. Die Wirksamkeit des von ihm mit dem Konditor abgeschlossenen Vertrags ist daher von der Genehmigung des Lehrers abhängig. Diese ist aber nicht erteilt, denn der Lehrer weigert sich, den Kuchen zu bezahlen, und wenn er ihn verzehrt, so geschieht dies offenbar nur in der Meinung, daß er ihm wirklich geschenkt sei. Es ist somit erwiesen, daß durch die Willenserklärungen des B. und die Lieferung des Konditors ein gegenüber dem Lehrer wirksamer Vertrag **nicht** zustande kommt. Mithin kann sich der Konditor auf Grund eines Vertrags nicht an den Lehrer halten. Dieses Resultat entspricht auch der Billigkeit. Denn es ist Sache desjenigen, welcher mit einem sich als Vertreter Ausgebenden Geschäfte abschließt, dessen Vertretungsmacht zu prüfen. Tut er dies nicht, so trifft ihn selbst die Gefahr dafür, daß der Vertretene den Vertrag nicht genehmigt. (Vgl. Kom. von Rosenthal, Anm. 2 zu § 164 am Schluß.)

Es soll nun weiter erörtert werden, ob der Lehrer, da er aus **Vertrag** nicht haftet, auf Grund einer **ungerechtfertigten Bereicherung** belangt werden kann. Der Lehrer hat den Kuchen verzehrt, ohne ihn zu bezahlen, er hat ihn aber in der Annahme verzehrt, daß er ihm geschenkt worden sei, daß er ihn also nicht zu bezahlen braucht, und das durfte er annehmen. Diese Gutgläubigkeit schützt ihn aber nur gegen eine Schadensersatzklage (Sachbeschädigung) auf Grund des § 823. Über die Frage aber, ob § 812 gegen den Lehrer anwendbar ist, kann man sehr zweifelhaft sein. Ich möchte sie bejahen. Allerdings wird man zugeben müssen, daß der Lehrer den Kuchen nur gegessen hat, weil er ihn für ein Geschenk hielt, aber nicht weil er ihn brauchte. Hätte er die Herkunft des Kuchens gekannt, so hätte er ihn sicherlich nicht verzehrt. Auch ist zuzugeben, daß der Lehrer bzw. seine Familie dadurch, daß sie den Kuchen verzehren, schwerlich eine größere Ersparnis haben, da Kuchen nicht zu den alltäglichen Lebensmitteln gehört. Trotzdem ist aber nicht abzuleugnen, daß der Lehrer infolge des Verzehrens des Kuchens eine gewisse, wenn auch geringe Ersparnis hat, denn auch der Kuchen hat einen gewissen Nährwert. Eine Bereicherung ist also vorhanden. Wie groß freilich diese ist, das hängt von den näheren Umständen ab.

Die weitere Frage ist nunmehr die, ob sich der Konditor an einen der beiden Knaben halten kann. In Betracht kommt besonders § 823. Die Knaben handeln in der Absicht, ihren Lehrer zur Erfüllung eines Vertrags zu verpflichten, obgleich sie wissen, daß dies vermutlich gegen dessen Willen geschieht. Dadurch täuschen sie den Konditor, denn dieser nimmt an, daß die Knaben beauftragt sind und liefert infolgedessen den Kuchen (§ 179 Abs. 3 liegt im Zweifel nicht vor). Ferner erleidet der Konditor infolge dieser Täuschung eine Vermögensschädigung, denn der Vertrag bleibt infolge der Nichtgenehmigung durch den Lehrer nach § 177 unwirksam. Die Knaben handeln somit auch widerrechtlich, denn sie begehen einen Betrug (§ 123). Die Knaben haben also vorsätzlich das Eigentum des Konditors widerrechtlich verletzt. Wären sie Erwachsene, so würden sie beide nach §§ 823, 848 auf Schadensersatz haften (vgl. Rosenthal, Anm. 14 zu § 179). Nach § 828 Abs. 1 haftet aber der A. überhaupt nicht (unter Umständen könnte er nach § 829 haften), dagegen ist B. vermutlich auf Grund von § 828 Abs. 2 e contrario zu belangen. Denn höchstwahrscheinlich hat er die zur Erkenntnis der Verantwortlichkeit seiner Handlung erforderliche Einsicht gehabt. B. muß also nach § 823 dem Konditor für den Kuchen Schadensersatz leisten. Dieser richtet sich nach Art und Umfang nach §§ 249 ff. Demnach hat B., da er den früheren Zustand nicht wiederherstellen kann, Geldersatz zu leisten. Zu ersetzen ist nicht nur der reine Schaden, sondern auch der entgangene Gewinn. Der Schadensersatz würde hier in dem für den Kuchen vom Käufer zu zahlenden Kaufpreis bestehen. B. haftet auf die ganze Schadensersatzsumme nach §§ 830, 840 allein.

Anm. 1. § 179 Abs. 3 Satz 2 kommt in Betracht. Denn wenn B. auch danach nicht haftet, so haftet er hier doch nach § 823. Bezüglich der Befriedigung des Gläubigers gegenüber dem B. gilt § 1659.

Anm. 2. Kann sich der Konditor an die Väter der beiden Knaben halten? Die Haftung der Väter könnte sich nach § 832 darauf begründen, daß sie ihre Erziehungspflicht nach § 1631 verletzt haben. Das wird von den Umständen abhängen.

Anm. 3. Im obigen ist von Betrug im Sinne des § 123 die Rede. Dieser braucht nicht unbedingt auch Betrug im Sinne des Strafrechts zu sein. Nach der herrschenden Meinung (z. B. der Bindings und des Reichsgerichts) müssen im Strafrecht Getäuschter und Geschädigter identisch sein, im Zivilrechte ist dies nicht erforderlich. Im Strafrecht muß ferner die Absicht vorliegen, sich oder einem andern einen Vermögensvorteil zu verschaffen. Auch dies ist im Zivilrecht nicht nötig. Hier genügt zum Betrugsbegriff bloße Täuschung, also Erregung eines Irrtums, verbunden mit Vermögensschädigung. Im vorliegenden Fall würde kein Betrug im strafrechtlichen Sinne in Frage kommen, da die Absicht einen Vermögensvorteil zu erlangen, nicht vorhanden ist. Auch wäre dieser hier nicht strafbar, da die in § 47 StrGB. vorausgesetzte Strafmündigkeit bei keinem der beiden Knaben vorhanden ist.

Lösung 35.

Nach § 108 genügt es für die Wirksamkeit des Vertrags, wenn der gesetzliche Vertreter seine Genehmigung zu dessen Abschluß dem Minderjährigen erklärt hat. Fordert aber der Gegner, um sich Gewißheit zu verschaffen, den Vertreter noch besonders zur Erklärung der Genehmigung auf, so hat das nach § 108 Abs. 2, die eigentümliche Wirkung, daß der Vertrag im Falle der Nichtgenehmigung unwirksam ist. (Vgl. Rosenthal, Anm. 12 zu § 108). Wenn also X. hier die Genehmigung verweigert, so wird dadurch die vorher dem A. gegenüber gegebene Genehmigung unwirksam. Ebenso wird die Übergabe unwirksam. Das Eigentum am Pferde fällt an B. zurück und dieser trägt den Zufall (casum sentit dominus). A. braucht daher den Kaufpreis nicht zu bezahlen.

Erklärt sich X. bis zum 21. April nicht, so gilt die Genehmigung nach § 108 Abs. 2 Satz 2 als verweigert. Das Resultat bleibt also dasselbe.

Wie steht es usw. Wie schon angedeutet, müßte A. in diesem Falle den Kaufpreis bezahlen.

Lösung 36.

Nach § 4 ist die Volljährigkeitserklärung nur zulässig, wenn der Minderjährige seine Einwilligung erteilt. Was geschieht, wenn dies versehentlich vergessen wurde? Wenn aus dem BGB. nicht ohne weiteres die Antwort zu entnehmen ist, ist oft das FG. zu beachten. Nach § 56 FG. soll die Volljährigkeitserklärung nur auf Antrag des Minderjährigen oder desjenigen gesetzlichen Vertreters des Minderjährigen erfolgen, welchem die Sorge für die Person zusteht. Nach § 18 FG. ist das Gericht berechtigt, eine von ihm erlassene Verfügung zu ändern, wenn es diese nachträglich für ungerechtfertigt erachtet; soweit aber eine Verfügung nur auf Antrag erlassen werden kann und der Antrag zurückgewiesen worden ist, darf die Aenderung nur auf Antrag erfolgen. Nach § 18 Abs. 2 FG. ist nun aber das Gericht zur Aenderung einer Verfügung, die der sofortigen Beschwerde unterliegt, nicht befugt. Nach § 56 Abs. 2 FG. tritt die Verfügung, durch die der Minderjährige für volljährig erklärt wird, erst mit der Rechtskraft in Wirksamkeit. Nach § 60 Ziff. 6 ist gegen solche Verfügungen die sofortige Beschwerde zulässig. Somit ist § 18 Abs. 2 FG. anwendbar, d. h. das Gericht ist zur Abänderung des Beschlusses, worin A. gemäß § 56 für volljährig erklärt wird, nicht befugt.

Das Resultat wäre hiernach, daß wenn A. die Verfügung des Gerichts nicht mit sofortiger Beschwerde nach § 60 Ziff. 6 anficht, das Gericht nicht in der Lage ist, seine versehentlich getroffene Verfügung nach § 18 abzuändern. Ist aber damit die Frage beantwortet, ob sich der Minderjährige, wenn er Geschäfte abschließt, gegenüber dem Dritten auf die Unrichtigkeit des Beschlusses berufen kann. Ich will es vorläufig dem Leser überlassen, das Schlußresultat zu finden.

Lösung 37.

Der Vater A. hat seinem Sohne B. gegenüber eine Willenserklärung doppelten Inhalts abgegeben. Erstens soll derselbe Schulbücher kaufen und zweitens soll er sie von dem ihm zu diesem Zwecke übergebenen Gelde bezahlen. Der Kaufvertrag ist also gültig nach den §§ 107 ff., denn er ist mit Einwilligung des Vaters abgeschlossen. B. hat aber nicht, wie ihm aufgetragen worden war, sofort bar bezahlt, sondern erst später von dem Gelde, welches er zum Ankauf von Schulbüchern erhalten hatte. Es fragt sich daher, ob das in dieser Zahlung liegende Rechtsgeschäft gültig ist. Ich möchte die Frage bejahen. § 110 liegt allerdings nicht vor, denn der B. hat die Leistung gerade mit Mitteln bewirkt, die ihm zu einem anderen Zwecke zur Verfügung gestellt sind. Man wird also die vorherige oder nachträgliche Zustimmung (Einwilligung — Genehmigung) des A. zur Bezahlung mit dem später gegebenen Gelde für erforderlich halten müssen. Von der Entscheidung der Frage, ob man diese Zustimmung als gegeben zu betrachten hat, hängt die Entscheidung des Ganzen ab. Ich bejahe die Frage. Wenn A. einmal seine Einwilligung zum Kauf gibt, so weiß er, daß der Kaufpreis unter allen Umständen bezahlt werden muß (§ 433). Er muß und will daher auch dafür einstehn, daß sein Sohn auch wirklich bezahlt. Andernfalls konnte er ja das Geschäft selbst erledigen. Daß die Zahlung mit dem speziell zu diesem Zwecke dem B. überlassenen Gelde und sofort geschieht, ist zwar der Wunsch des A., dies ist ihm vielleicht sogar im Interesse seines Rufs von Wichtigkeit, dasselbe Interesse erfordert aber andrerseits, daß die Zahlung, wenn sie nicht sofort geschehen ist, wenigstens nachträglich erfolgt. In diesem Sinne fasse ich die Willenserklärung des A. auf (§§ 133, 157). A. muß es also auf sich nehmen, daß aus dem Barkauf wider seinen Willen ein Kreditkauf geworden ist.

Die gegenteilige Meinung — also die, daß der Vater weder seine Einwilligung, noch seine Genehmigung zur späteren Zahlung gegeben hat, ist durchaus anzuerkennen. Aus den näheren Umständen, die hier nicht bezeichnet sind, würde sich vielleicht ergeben, daß sie empfehlenswert ist. Die Ansicht würde sich nach dem Gesagten eben vor allem darauf stützen, daß A. nur einen **Barkauf** zulassen will, nicht aber einen **Kreditkauf**.

Die Klage des A. ist die Bereicherungsklage nach den §§ 812 ff. Selbst wenn man ihm aber eine solche zuerkennen wollte, so wäre doch der Buchhändler nicht um 10 M. bereichert, sondern, da ja A. zu einer Rückgabe der Bücher nicht bereit zu sein scheint (wenigstens sagt der Text nichts davon), nur um die Differenz des Einkaufs- und Verkaufspreises. Die Bereicherungsklage könnte also höchstens auf diese Differenz gehn. Gibt A. die Bücher heraus, so geht sie natürlich auf den vollen Kaufpreis von 10 M.

Anm. Es sei noch darauf hingewiesen, daß nach dem Texte der Vater selbst zurückfordert, während man doch primo loco seinen Sohn vertreten durch seinen Vater als Kläger betrachten müßte. Es kann sein, daß der Text dies voraussetzt und, da die Frage hier nebensächlich sein soll, sich nur einer kurzen Ausdrucksweise bedient. Vielleicht klagt aber A. wirklich in eigenem Namen. Das wäre auch gar nicht unkorrekt. Denn das Geld, welches B. vom Vater erhält, bleibt meines Erachtens Eigentum des Vaters, und dieser ist daher auch zur Rückforderung berechtigt.

Lösung 38.

Das Taschengeld ist nach § 110 ein Beitrag zur Unterhaltung, den der gesetzliche Vertreter dem Minderjährigen zu freier Verfügung übergibt.

Der Sohn des A. hat nun vom Taschengeld das gekaufte Buch bezahlt. Wenn aus diesem Vertrage Rechte geltend gemacht werden sollen, so ist es das Normale, daß der Sohn des A. selbst — im Prozesse vertreten durch seinen Vater — dies tut. A. will aber nach dem Texte den Vertrag selbst rückgängig machen. Ein solches Recht wird sich nicht begründen lassen. Zunächst könnte A. vielleicht behaupten, er wolle die erteilte Genehmigung widerrufen. Nach § 108 sei daher das Geschäft zwischen dem Verkäufer und seinem Sohne mangels seiner Genehmigung nichtig, und er könne wie jeder interessierte Dritte diese Nichtigkeit geltend machen. Dagegen wird man sagen müssen, daß ein Interesse an der Nichtigkeit für den A. nicht vorliegt und daß, weil das Taschengeld dem Sohne zu freier Verfügung übergeben ist, der Vater auf irgendwelchen Einspruch gegen die Art seiner Verwendung verzichtet hat.

A. könnte seine Aktivlegitimation ferner mit der Behauptung begründen, daß er dem Sohne das Eigentum an dem Taschengeld von vornherein nur insoweit übertragen habe, als er damit nützliche Sachen anschaffe, woraus folge, daß andernfalls zu den Anschaffungen seine Genehmigung nötig sei, die er nun verweigere. Auch dies widerspricht dem Sinne des § 110, wonach das Taschengeld zu freier Verfügung überlassen ist. Wer seinem Sohne nicht insoweit vertrauen kann, daß er das Taschengeld nützlich verwendet, mag ihm keines geben, der Verkehr darf dadurch nicht geschädigt werden.

Endlich könnte A. die Klage so zu begründen suchen: In dem fraglichen Buch wird ein freisinniger Standpunkt vertreten. Dadurch werden die sittlichen Anschauungen des Minderjährigen ungünstig beeinflußt. Das Geschäft ist daher nach § 138 nichtig. A. als Vater hat nach §§ 1627 ff. die Pflicht, diese Nichtigkeit geltend zu machen. Aber auch dieser Standpunkt läßt sich nicht halten. Denn die Verschiedenheit der religiösen oder politischen Richtung hat im allgemeinen nicht eine Verschiedenheit der sittlichen Anschauung zur Folge. Die wahre Sittlichkeit erkennen diese Richtungen vielmehr trotz mancher Irrtümer alle an. Deshalb ist an § 138 hier nicht zu denken.

Somit ist A. mit seiner Klage abzuweisen.

Lösung 39.

Da das Taschengeld dem Minderjährigen nach § 110 zu freier Verfügung übergeben wird, so ist es für die Gültigkeit des Rechtsgeschäfts ohne Bedeutung, ob der Vater des A. seine Zustimmung zu dessen Abschluß gegeben hat. Das Geschäft bleibt gültig, auch wenn der Vater die Genehmigung verweigert. Auch im Falle der Ungültigkeit wäre aber zu erwägen, ob der Vater in eigenem Namen oder in dem seines Sohnes zu klagen hätte.

Im zweiten Fall wird die Lösung anders. Denn hier ist das Geld dem A. nicht zu freier Verfügung überlassen, sondern fällt in das dem väterlichen Verwaltungs- und Nutznießungsrecht unterliegende Kindervermögen (§ 1627). Zahlt A. mit diesem, so kann der Vater jederzeit seine Genehmigung versagen. Die Fragen, ob A. an den Schulbüchern das Eigentumsrecht hat, oder ob er an dem dafür gezahlten Gelde Eigentum erlangt, können also dahingestellt bleiben.

Da die Torte schon verzehrt ist und somit nicht mehr gegen Zahlung des Preises zurückgegeben werden kann, so entsteht die Frage, ob seitens des A. bzw. dessen Vaters die ganze Summe von 10 M. vom Konditor zurückgefordert werden kann oder nur die Differenz zwischen Einkaufs- und Verkaufspreis. Man könnte annehmen, daß A. insofern, als er die Torte umsonst erhalten hat und jetzt außerdem den Preis derselben erhält, bereichert sein würde. Diese Ansicht läßt sich jedoch nicht halten. Denn abgesehen davon, daß die Torte gar nicht in das Eigentum des A. übergegangen zu sein braucht, sondern unmittelbar in das der H. und daß A. die Torte ja nicht behält, hat der Konditor die Folgen der Nichtgenehmigung voll und ganz zu tragen, und der für ihn ungünstige Umstand, daß die Torte verzehrt ist, ändert nichts an seiner Verpflichtung zur Herausgabe des Geldes. Er trägt eben die Gefahr dafür, daß er einem Minderjährigen verkauft hat.

Bereichert könnte hier nur die S. sein. Vgl. hierüber Lösung 14.

Zu Lösung 39.

Das Recht des Vaters auf Nutznießung am Vermögen des Kindes beruht auf § 1649.

Bereichert könnte, wie ich in der Lösung sage, nur die S. sein. Zu vergleichen ist aber nicht Lösung 14, sondern unter anderen Lösung 34.

Lösung 40.

Richtig ist es, wenn B. behauptet, daß die Beschaffung des Lebensunterhalts mit dem Geschäftsbetrieb nichts zu tun habe. Auf Grund des § 112 kann also B. nicht belangt werden. Nach § 52 ZPO. wäre also B. betreffs der Beköstigung nicht prozeßfähig, denn er kann sich durch den Beköstigungsvertrag nicht selbständig verpflichten.

Es ist aber quaestio facti, ob nicht anzunehmen ist, daß der B. auf Grund der §§ 107 ff. belangt werden kann. Die Annahme ist gerechtfertigt, daß der Vormund im voraus eingewilligt habe, daß der Mündel sich seinen Verhältnissen entsprechend beköstige. Die bisherige Rechtsprechung hat z. B.

angenommen, daß ein Vater (Vormund) der seinen Sohn (Mündel) in eine entfernte Stadt in Stellung gehen ließ, stillschweigend zu den dort im natürlichen Verlauf der Dinge von jenem geschlossenen Geschäften seine Einwilligung erteilt habe. Danach sind die Speisekäufe vollgültig. Doch prozeßfähig ist das Mündel gegenüber der Klage des Wirts nicht. Letzterer mußte vielmehr die Klage zwar gegen den Mündel B. richten, sie aber dem Vormund, der darin als gesetzlicher Vertreter zu bezeichnen ist, zustellen lassen. Zur Klagebegründung ist auf §§ 107 ff. Bezug zu nehmen.

Selbst wenn man eine stillschweigende Einwilligung des Vormunds nach §§ 107 ff. nicht annehmen wollte, so könnte B. doch nicht die Bezahlung der Speisen verweigern. Denn B. hat die Speisen schon verzehrt. C. kann also damals noch den normalen Wert der Speisen gegen B. als Bereicherung einklagen. Dagegen darf er nicht den durch den Verkauf gemachten Gewinn einklagen.

Lösung 41.

Der Vertrag zwischen dem Intendanten und der Schauspielerin A. ist ein Dienstvertrag im Sinne der §§ 611 ff. Angenommen, der Vormund hätte der A. ausdrücklich die Erlaubnis erteilt, diesen Dienstvertrag einzugehen, so wäre diese Erlaubnis nicht genügend, denn nach § 1822 Ziff. 7 bedarf schon der Vormund selbst zum Abschluß des Vertrags der Genehmigung des Vormundschaftsgerichts. Dieser bedarf er nämlich zu einem auf die Eingehung eines Dienst- oder Arbeitsverhältnisses gerichteten Vertrages, wenn der Mündel zu persönlichen Leistungen für längere Zeit als ein Jahr verpflichtet wird. Letzteres ist nun hier der Fall, denn der Vertrag zwischen dem Intendanten und der A. ist auf drei Jahre abgeschlossen worden. Nach § 1829 wäre also der Vertrag mangels der Genehmigung des Vormundschaftsgerichts schon dann unwirksam, wenn ihn der Vormund *selbst* abgeschlossen hätte. Um so mehr ist er unwirksam, wenn ihn *das Mündel* abschließt. Die hier sehr naheliegende Frage, ob die vom Vormunde der A. erteilte Erlaubnis, sich dem Schauspielerberufe zu widmen, die Ermächtigung zum Abschluß des Dienstvertrags mit dem Intendanten mitumfaßt, also die Frage, ob § 113 anwendbar ist, kam somit nach den genannten Gesetzesstellen in Verbindung mit § 113 Abs. 1 Satz 2 zunächst nicht in Betracht, da diese Erlaubnis des Vormundes eben wegen der Vereinbarung dreijähriger Dauer des Vertrags bedeutungslos ist. Diese Frage wird aber doch von Wichtigkeit, weil zu erörtern ist, ob dem Intendanten der § 139 zustatten kommt. Nimmt man nämlich an, daß die A. schon vor Ablauf des ersten Vertragsjahres den Vertrag bricht, so liegt zugunsten des Intendanten der Schluß nahe, daß der Vertrag nach den genannten Gesetzesstellen verbunden mit § 139 doch wenigstens auf ein Jahr Gültigkeit hat, wenn er auch auf die die Dauer eines Jahres übersteigende Zeit nichtig ist, und daß daher die A. in diesem Falle die Konventionalstrafe zahlen müßte. Die Erörterung dieser Frage wird aber überflüssig, wenn man zu dem Resultat gelangt, daß § 113 Abs. 1 Satz 1 nicht anwendbar ist, denn dann würde doch auch zu dem einjährigen Vertrag eine ausdrückliche Ermächtigung des Vormunds nötig sein. Ich bin der Ansicht, daß die Erlaubnis, sich dem Schauspielerberufe zu widmen, durchaus noch nicht die Ermächtigung umfaßt, in Dienst zu treten. Wer sich dem Schauspielerberufe widmet, muß, bevor er öffentlich auftritt, lernen. Für die hierzu nötigen Verträge mag die A. unbeschränkt geschäftsfähig sein, soweit nicht wiederum § 113 Abs. 1 Satz 2 eingreift. Dagegen enthält ein Engagementsvertrag eine so weitgehende und von den bisherigen so sehr abweichende Verpflichtung, daß ich die ausdrückliche Ermächtigung des Vormunds hierfür unbedingt für notwendig halte. Das mußte auch der Intendant von selbst wissen. Zu bedenken ist dabei auch die ratio legis. Diese geht im § 113 auf Vereinfachung des Verkehrs und Entlastung des gesetzlichen Vertreters, z. B. bei dem häufigen Stellenwechsel der Dienstboten usw. Dieses Bedürfnis liegt hier nicht vor. Somit ist von der Anwendung des § 113 abzusehen. Ist aber § 113 Abs. 2 Satz 1 nicht anwendbar, so ist es auch § 139 nicht, und der Engagementsvertrag ist vollständig unwirksam.

Übrigens würde ich selbst in der Annahme, daß § 113 einschlägt, nicht der Meinung sein, daß dem Intendanten § 139 zustatten kommt.

Die Behauptungen des Klägers sind daher teils unrichtig, teils bedeutungslos, und er ist hiernach mit der Klage auf Zahlung der Konventionalstrafe abzuweisen.

Zu Lösung 41.

1. Daß es nicht so ganz einwandsfrei ist, daß der Engagementsvertrag der Schauspielerin unter § 113 fallen kann, ergibt folgende Ausführung Staudingers zu § 113 unter 4:

> „Voraussetzung für die erweiterte Geschäftsfähigkeit nach § 113 ist die Ermächtigung durch den gesetzlichen Vertreter, in Dienst oder Arbeit zu treten. Lehrlingsverträge fallen demnach nicht unter § 113, wohl aber z. B. das Engagement als Künstlerin, wenn es Dienstvertrag ist; es kann dies sein, denn zwischen Diensten höherer und niederer Art wird nicht unterschieden (§ 611). Es ist also Rehbein (Komm. Bd. 1, S. 113) nicht beizustimmen, wenn er, gestützt auf die RGE. Bd. 28, S. 278, im Engagement einer minderjährigen Schauspielerin „kein Dienst- oder Arbeitsverhältnis, sondern Erwerb durch künstlerische Tätigkeit" sieht (was keine juristischen Gegensätze sind) und demnach nicht § 113, sondern § 112 für anwendbar erklärt. Freilich ist, damit § 113 anwendbar sei, nicht notwendig, daß es sich gerade um einen den Regeln der §§ 611 ff. BGB. unterstehenden Dienstvertrag im technischen Sinne handelt. Der Minderjährige kann sich z. B. auch in Form von Werkverträgen zu Dienst und Arbeit verpflichten, oder in Form eines den besonderen Vorschriften der Landesgesetzgebung (EG. Art. 95) unterliegenden Gesindevertrags. Auch die Ermächtigung zum Eintritt als Handlungsgehilfe gehört hierher."

2. Ferner ist es nicht so ganz unbestritten, ob sich die erweiterte Geschäftsfähigkeit auf die Vereinbarung einer Konventionalstrafe erstreckt. Hierzu sagt Staudinger, Bem. 5 zu § 113:

„Ihrem Inhalt nach erstreckt sich die erweiterte Geschäftsfähigkeit a) auf Rechtsgeschäfte, welche die Eingehung oder Aufhebung eines Dienst- oder Arbeitsverhältnisses der gestatteten Art betreffen. Bestritten ist, ob sich die Geschäftsfähigkeit auch auf die Vereinbarung einer Konventionalstrafe bezieht. Die Frage wird mit Crome und Planck gegen M. I, 145 zu bejahen sein; vorbehalten bleibt natürlich das richterliche Ermäßigungsrecht des § 343 (eine Mittelmeinung vertritt Rehbein, Komm. Bd. 1, S. 114: der Minderjährige könne sich nicht solchen Vertragsstrafen unterwerfen, durch die er eine andere Leistung als Dienst oder Arbeit übernimmt)."

Lösung 42.

1. Die rechtliche Stellung der A. ist nach § 113 zu beurteilen. Sie ist infolge der Genehmigung des Vaters für solche Rechtsgeschäfte unbeschränkt geschäftsfähig, welche die Eingehung oder Aufhebung eines Dienst- oder Arbeitsverhältnisses der gestatteten Art oder die Erfüllung der sich aus einem solchen Verhältnis ergebenden Verpflichtungen betreffen. Ob sie dann nach zwei Jahren einer neuen Genehmigung bedarf, kann zweifelhaft sein. Sicher erscheint es ja, daß die Eingehung des neuen Vertrags ein Rechtsgeschäft ist, welches die Eingehung eines Dienstverhältnisses „der gestatteten Art" betrifft. § 113 Abs. 4 entscheidet. Danach gilt die für einen einzelnen Fall erklärte Ermächtigung im Zweifel als allgemeine Ermächtigung zur Eingehung von Verhältnissen derselben Art. Die Vermutung spricht also für die Ermächtigung, also für die A. Diese Vermutung ist zu widerlegen. Hierbei wird es auf die näheren Umstände ankommen, unter denen der Vater die Ermächtigung gab. Geben diese keine Anhaltspunkte gegen die Vermutung, so bleibt es bei dieser. Im Zweifel wollte eben der Vater beim „Gestatten" soweit gehen und muß auch den neuen Vertrag gelten lassen. Auch ist der Zweck des § 113 — Vereinfachung des Rechtsverkehrs — zu beachten.

Ich möchte also nach § 113 Abs. 4 annehmen, daß die Genehmigung, als Amme in den Dienst zu treten, im Zweifel auch den späteren Diensteintritt mit umfaßt. Es ist ja, wie gesagt, gerade der Zweck des § 113, den Vater in dieser Richtung zu entlasten. Man könnte vielleicht entgegenhalten, daß die zweite Entbindung doch ein so wichtiges Ereignis sei, daß man eine neue Genehmigung wird für notwendig halten müssen.

2. Nach § 113 Abs. 2 kann die Ermächtigung, wenn der gesetzliche Vertreter ein Vormund ist, auf Antrag des Minderjährigen durch das Vormundschaftsgericht ersetzt werden. Der Minderjährige muß also aufs Gericht gehen und dies beantragen. Das Vormundschaftsgericht hat die Ermächtigung zu ersetzen, wenn sie im Interesse des Mündels liegt. Hieraus ist (e contrario)

zu schließen, daß die vom Inhaber der elterlichen Gewalt (Vater, Mutter) als gesetzlichem Vertreter im Gegensatz zum Vormund verweigerte Ermächtigung nicht durch das Vormundschaftsgericht ersetzt werden kann. Die elterliche Gewalt unterliegt also nicht der Beschränkung des § 113 Abs. 3. (Vgl. Staudinger, Bem. 7 d zu § 113.)

3. Die Ermächtigung kann also im vorliegenden Fall nicht durch das Vormundschaftsgericht ersetzt werden. Nimmt man also einmal an, daß § 113 Abs. 4 nicht anwendbar ist, daß also die Ermächtigung sich nicht im voraus auch auf die Eingehung des späteren Vertrags bezieht, so wird die Zustimmung des Vaters nachträglich erforderlich sein, und da diese der Vater nicht gibt, wird sich auf Grund des § 113 nichts mehr tun lassen. Es bliebe hier nur übrig, nach §§ 1666 ff. vorzugehen. Sobald nämlich die Verweigerung der Genehmigung eine Gefährdung des geistigen und leiblichen Wohls des Kindes zur Folge hat und sich als Mißbrauch des Rechts der Sorge für die Person darstellt, hat das Vormundschaftsgericht nach § 1666 die zur Abwendung der Gefahr erforderlichen Maßregeln zu treffen. Nach § 1666 Abs. 1 Satz 2 kann es insbesondere anordnen, daß das Kind zum Zwecke der Erziehung in einer geeigneten Besserungsanstalt untergebracht wird. Hierher gehört z. B. auch ungeeignete Ausnützung der Arbeitskraft des Kindes (vgl. Staudinger, Bem. II, 1 zu § 1666 und Bem. 5 zu § 1617). Dieser Fall liegt hier vor, falls die A. für eine andere Beschäftigung nicht geeignet ist.

Diese Maßregeln würden also im vorliegenden Falle auf dasselbe hinauslaufen, wie wenn die Genehmigung nach § 113 Abs. 3 durch das Vormundschaftsgericht ersetzt werden könnte.

Das Vormundschaftsgericht hat zwar diese Erörterungen von Amts wegen anzustellen (§ 12 FG.) aber es wird natürlich ein Antrag der Minderjährigen in der Regel den Anstoß dazu geben müssen; da es sonst keine Kenntnis davon erlangen wird, daß Anlaß zum Einschreiten besteht.

4. Auf Bezahlung der Kleidungsstücke aus dem ersten Dienst kann die A. schon nach § 107 verklagt werden, denn wenn der Vater der A. einmal die Genehmigung zum Diensteintritt der A. als Amme gibt, so hat er damit auch seine Einwilligung zum Ankauf der nötigen Kleidungsstücke gegeben. Dies kann auch stillschweigend geschehen. Staudinger, Bem. 2 zu § 107. Die Verträge sind also nach §§ 107 ff. gültig und die A. kann daraus verklagt werden. Ich möchte sogar § 113 Abs. 1 anwenden und annehmen, daß das Verträge sind, die die Erfüllung der sich aus dem Dienstverhältnis ergebenden Verpflichtungen betreffen. Dann wäre die A. sogar unbeschränkt prozeßfähig. Die Klage würde dann nur ihr zugestellt zu werden brauchen, dagegen wenn man §§ 107 ff. anwendet, dem Vater.

5. Der Vater der A. kann, wenn man die §§ 107 ff. zugrunde legt, nach §§ 1627 ff. insbesondere § 1631 auf Grund seiner Erziehungspflicht belangt werden. Hierbei setze ich voraus, daß es sich um notwendige Kleidungsstücke handelt.

Lösung 43.

1. Die Worte des B. „Prächtiges Pferd, aber mir lassen Sie es für 500 M." bedeuten gegenüber dem A. eine Offerte zum Abschluß eines Kaufvertrags. Dem Ausdrucke nach könnte man annehmen, daß schon diese Offerte des B. nicht ernstlich gemeint ist. Aus den Umständen ergibt sich aber, daß B. dieselbe sehr wohl ernstlich gemeint hat, denn sonst würde er nicht klagen.

A. dagegen meint seine Annahmeerklärung offenbar nicht ernstlich, da er in seinem Innern denkt, er werde sich hüten, dem B. das zehnmal soviel werte Pferd für 500 M. zu verkaufen. Also gibt A. die Erklärung der Annahme in der Erwartung ab, der Mangel der Ernstlichkeit werde von B. nicht verkannt werden. Der zwischen A. und B. abgeschlossene Kaufvertag ist daher auf Grund des § 118 als nichtig anzusehen. B. kann also den A. nicht auf Übergabe des Pferdes belangen. Es fragt sich weiter, ob A. infolge der Nichtigkeit des Vertrags dem B. nach § 122 schadensersatzpflichtig wird. Dies ist er nach § 122 Abs. 2 nicht, wenn B. den Mangel der Ernstlichkeit kannte oder infolge von Fahrlässigkeit nicht kannte, ihn also kennen mußte. B. ist Sportsmann, er kennt also zweifellos den wahren Wert des Pferdes. Mindestens ist es daher fahrlässig, wenn er den Vertrag ohne weiteres für ernst hält. Unter diesen Umständen mußte er sich, wenn er überhaupt im Zweifel war, darüber vergewissern, wie A. zu dem außergewöhnlich billigen Angebote kam. B. kann also von A., falls er dadurch, daß er auf die Gültigkeit des Vertrags vertraute, einen Schaden erlitten haben sollte (was sehr unwahrscheinlich ist), keinen Schadensersatz verlangen.

2. Hier liegt die Sache anders. Die Offerte des Käufers ist auch hier ernst gemeint. A. gibt aber seine Erklärung nicht in der Erwartung ab, der Mangel der Ernstlichkeit werde nicht verkannt werden, denn D. ist vermutlich nicht, wie es von B. ausdrücklich hervorgehoben wird, ein Sportsmann. Daher brauchte D. den Scherz, falls ein solcher vorliegt, auch nicht zu erkennen. Die Erklärung des A. ist also hier keine im Sinne des § 118, sondern sie stellt sich als ein geheimer Vorbehalt (reservatio mentalis) im Sinne des § 116 dar. Die Willenserklärung wäre also gültig, wenn nicht § 116 Satz 2 vorläge. Denn D. kennt den Vorbehalt, da er ihm von C. mitgeteilt worden ist, wenigstens muß D. annehmen, daß A. gegen ihn in derselben Weise vorgehen wird wie gegen B. Die Annahmeerklärung des A. und somit der Kaufvertrag sind daher auch hier nichtig, aber nicht auf Grund von § 118, sondern auf Grund von § 116. Eine Schadensersatzpflicht tritt hier nach § 122 (e contrario) nicht ein.

Anm. Im Text befindet sich ein Druckfehler. Auf der 7. Zeile muß es B. anstatt A. heißen (denn B. ist der Käufer).

Lösung 44.

Nach § 117 ist eine Willenserklärung, die einem anderen gegenüber abgegeben ist, nichtig, wenn sie mit dessen Einverständnis nur zum Schein abgegeben wird. Die Willenserklärung der Parteien besteht hier im Abschluß des Kaufs. Dieser soll zwar nicht zum Schein geschlossen werden, aber die Bestimmung des Kaufpreises soll zum Schein um 200 M. niedriger erfolgen, als wirklich gewollt ist. Insoweit liegt also ein Scheingeschäft vor, und ist das Geschäft insoweit nichtig. Im übrigen ist es aber gültig. Das kann man einmal aus § 139 schließen. Das Rechtsgeschäft ist in bezug auf die 200 M. nichtig, aber es ist anzunehmen, daß die Parteien es auch ohne den nichtigen Teil vorgenommen hätten. Man kann aber auch, wie Schück vorschlägt, § 117 Abs. 2 anwenden. Durch das Scheingeschäft, worin der Kaufpreis auf 500 M. bestimmt wird, wird das andre Geschäft verdeckt, wonach der Preis 700 M. betragen soll. Daher finden die für das verdeckte Geschäft geltenden Vorschriften Anwendung.

A. hat also einen Anspruch auf 700 M.

Lösung 45.

Der Kaufvertrag über den Geldschrank wird im beiderseitigen Einverständnis nur zum Schein abgeschlossen. B. will den Schrank gar nicht verkaufen, A. will ihn nicht kaufen und die 1000 M. nicht zahlen, wenigstens nicht als Kaufpreis. Nach § 117 ist eine Willenserklärung, die einem anderen gegenüber abzugeben ist, wenn sie mit dessen Einverständnis nur zum Schein abgegeben wird, nichtig. Der Kaufvertrag ist daher nichtig. Aber die Parteien haben verabredet, daß B. die 1000 M. auf fünf Jahre unkündbar als Darlehn und A. den Schrank als Pfand erhalten solle. Die Übergabe ist zugleich erfolgt. Nach außen hin besteht also der Kaufvertrag, nach innen der Darlehnsvertrag. Man wird also wohl sagen können, daß die Parteien den Darlehnsvertrag durch den Kaufvertrag verdeckt haben. Nach § 117 Abs. 2 finden, wenn durch ein Scheingeschäft ein anderes Rechtsgeschäft verdeckt wird, die für das verdeckte Rechtsgeschäft geltenden Vorschriften Anwendung. Es gilt also das verdeckte Geschäft, das heißt der Darlehnsvertrag. Die Hingabe des Geldes ist erfolgt (§ 607). Also kann B. verlangen, daß der Darlehnsvertrag eingehalten wird, das heißt, daß ihm das Darlehn auf fünf Jahre unkündbar belassen wird. A. dagegen klagt offenbar auf Rückzahlung der 1000 M., indem er sich auf die Nichtigkeit des ganzen Vertrags beruft.

Lösung 46.

Es liegt nahe, die vorliegenden Willenserklärungen wegen Scheins (§ 117) als nichtig zu bezeichnen. Die Sachlage spricht aber dafür, daß die Parteien wirklich einen gültigen Vertrag abschließen wollen, und demgemäß auch A. das Eigentum an den Möbeln auf B. übertragen will. Diese Übertragung kommt auch durch formlose Vereinbarung im Sinne des § 930 gültig zustande. Wenn daher C., ein Gläubiger des A., die Möbel pfändet und B. die Interventionsklage des § 771 ZPO. anstellt, so kann sich C. dieser gegenüber nicht auf § 117 und überhaupt schwerlich auf BGB. berufen. Trotzdem schlägt die Klage aus § 771 ZPO. nicht durch. Denn der Vertrag ist nach § 3 Ziff. 1 des Anfechtungsgesetzes vom 21. Juli 1879 anfechtbar (§ 288 StrGB.). Diese Paulianische Anfechtung kann auch der Klage aus § 771 ZPO. gegenüber geltend gemacht werden (§ 7 AnfGes.). Die Vorschützung der Einrede führt hier mit Sicherheit zur Klagabweisung. Das Einverständnis des B. ist wichtig, weil § 3 Ziff. 1 des Anfechtungsgesetzes „die dem anderen Teile bekannte" Benachteiligungsabsicht verlangt.

Nimmt man an, daß die zwischen A. und B. abgeschlossenen Rechtsgeschäfte Scheingeschäfte im Sinne des § 117 und deshalb als nichtig anzusehen sind, so fragt sich dann weiter, ob auch bei der auf Grund des Kaufs erfolgten Eigentumsübertragung ein Scheingeschäft vorliegt. Bejaht man dies, so entsteht die Schwierigkeit, daß man diese nicht ohne weiteres als nichtig bezeichnen kann, weil § 117 nur von Willenserklärungen spricht, diese Übertragung aber keine solche, sondern eine Handlung ist. Die Übertragung des Eigentums hat aber zwei Bestandteile, nämlich die Einigung der Parteien darüber, daß Eigentum übergehen soll und die Besitzübergabe. (Hier handelt es sich nur um den mittelbaren Besitz.) Diese Einigung enthält Willenserklärungen, die nach der herrschenden Meinung zu einem Vertrag führen. Diese können aber nach § 117 nichtig sein, und so ist es auch hier der Fall. Man wird also, wenn man genau gehen will, nicht sagen dürfen, daß die Eigentumsübertragung nichtig sei, sondern die in derselben enthaltene Einigung. (Vgl. Lösung 28).

Lösung 47.

Zwischen A. und B. liegt ein rechtsgültiger Kauf vor, denn die Parteien sind einig über Ware und Preis. Sie sind nämlich einig darüber, daß der Kaufpreis 200 M. betragen soll. Soweit mehr verabredet wird, geschieht dies nur zum Schein. Insoweit sind also die Erklärungen der Parteien nach § 117 Abs. 1 nichtig. Wenn daher A. die Kaufpreisforderung an C. abtritt, so ist diese Abtretung gegenstandslos, soweit die abgetretene Forderung die Summe von 200 M. übersteigt, also in Höhe von 300 M., denn insoweit wird nichts abgetreten. C. würde danach, obwohl er glaubt, eine Forderung von 500 M. zu erwerben, nur eine solche von 200 M. erlangen. C. ist nun aber ein gutgläubiger Dritter, der geschützt werden muß. Es geschieht dies nach den allgemeinen Vorschriften zugunsten redlicher Dritter, die im Vertrauen auf die Gültigkeit eines Rechtsgeschäfts ein Recht eingeräumt erhalten haben (vgl. Rosenthal, Anm. 4 zu § 117, drittletzter Satz). Demnach wäre der Erwerb des C. nach Analogie der Vorschriften der §§ 932 ff. zu beurteilen. C. hat von einem Nichtberechtigten, dem A., eine Forderung von 500 M. erworben und kann sie daher auch gegen B. einklagen. B. kann nicht einwenden, daß er nur 200 M. schulde. Diese Entscheidung ist naheliegend, aber falsch. Denn bezüglich der Abtretung gelten, obwohl sie ebenfalls eine Veräußerung ist, besondere Grundsätze (vgl. Rosenthal, Anm. 4 zu § 117 am Schluß). Aus § 405 folgt nämlich, daß der Einwand des Scheins gegenüber dem gutgläubigen Zessionar nur dann ausgeschlossen ist, wenn über die Forderung eine Urkunde ausgestellt worden ist und die

Forderung unter Vorlegung derselben abgetreten worden ist. Ob dies hier der Fall ist, sagt der Text nicht. Wenn es der Fall ist, so dringt C. allerdings mit seiner Klage gegen B. auf Zahlung der 500 M. durch, denn B. kann dann bezüglich der 300 M. nicht den Einwand des Scheins erheben. Dagegen wird C. mit der Klage, soweit mehr als 200 M. gefordert werden, abgewiesen, falls der Vertrag zwischen A. und B. nur mündlich geschlossen war.

Lösung 48.

Der Fall behandelt den simulierten Prozeß. § 117 ist auf Prozeßhandlungen nicht anzuwenden. Er betrifft zunächst nur Privatrechtsgeschäfte. (S. hierzu Sintenis, Der simulierte Prozeß in Buschs Zeitschrift für deutschen Zivilprozeß, Bd. 30, S. 358 ff.) Schück will hier zeigen, wo § 117 versagt. Der von C. geltend gemachte Einwand des Scheins schlägt also auch hier nicht durch.

Nach der Rechtsprechung des Reichsgerichts können aber auch solche Rechtshandlungen angefochten werden, die nicht Rechtsgeschäfte sind, aber nicht auf Grund des § 117 BGB., sondern nach § 3 Ziff. 1 des Anfechtungsgesetzes von 1879 verb. mit § 6 u. 7 (vgl. auch § 35 KO., § 288 StrGB.). Nach § 6 AnfGes. wird die Anfechtung dadurch nicht ausgeschlossen, daß für die anzufechtende Rechtshandlung ein vollstreckbarer Schuldtitel erlangt, oder daß dieselbe durch Zwangsvollstreckung oder durch Vollziehung eines Arrests erwirkt worden ist. Die anfechtbare Handlung liegt im vorliegenden Falle in der Übereinkunft, daß ein Darlehnsgeschäft fingiert werden soll. Die Voraussetzungen des AnfGes. sind im übrigen vorhanden. Ein vollstreckbarer Titel liegt vor, die Vermögensverhältnisse des Schuldners sind offenbar ungünstig, und die Rechtshandlung wird in der dem anderen Teile bekannten Absicht, die Gläubiger zu benachteiligen, vorgenommen. Endlich hat auch A. einen vollstreckbaren Schuldtitel, nämlich ein Versäumnisurteil, erlangt. Die Absicht des Gesetzgebers geht aber dahin, daß der Gläubiger das ihm aus einem solchen Schuldtitel zustehende Recht infolge der Anfechtung des dem Schuldtitel zugrunde liegenden Rechtsgeschäfts verlieren soll, daß also die Geltendmachung wirkungslos sein soll. Aus demselben Grunde wird dann auch das in der Zwangsversteigerung enthaltene Kaufgeschäft nichtig und ebenso die nach § 930 erfolgende Einigung der Parteien über die Eigentumsübertragung.

Lösung 49.

Der zwischen A. und B. über das Pferd des A. abgeschlossene Kaufvertrag ist nach § 118 nichtig. Denn A. hat seinen Antrag nicht ernstlich gemeint, sondern ihn nur zum Scherz gestellt, und zwar in der Erwartung, der Mangel der Ernstlichkeit werde nicht verkannt werden.

Zwischen B. und C. ist noch vor Übergabe des Pferdes seitens des A. an B. ein weiterer Kaufvertrag über das Pferd des A. abgeschlossen worden. Dieser ist gültig, denn man kann eine fremde Sache verkaufen.

Die zu unterscheidenden Fälle sind nun folgende:

1. C. klagt gegen B. oder A. auf Übergabe des Pferdes. Die Klage des C. gegen A. ist erfolglos, denn A. steht mit C. in keinem Rechtsverhältnis. C. ist also nicht aktiv legitimiert. A. kann daher gegenüber C. die Übergabe des Pferdes verweigern.

Die Klage des C. gegen B. ist ebenfalls erfolglos. Zwar ist der Kaufvertrag zwischen B. und C., wie gesagt, gültig und der Käufer gemäß § 433 berechtigt, die Übergabe zu fordern, der Kaufvertrag zwischen A. und B. ist aber nichtig und dem B. ist daher die Leistung an C. unmöglich. C. kann somit von B. höchstens Schadensersatz verlangen. (§ 325, s. u.)

2. B. klagt gegen A. auf Übergabe des Pferdes. Daß dies erfolglos ist, ist schon aus dem Obigen ersichtlich, denn wenn der Vertrag zwischen A. und B. nichtig ist, so entsteht keine Leistungspflicht des A. Ebensowenig wie an sich selbst kann natürlich B. die Übergabe an C. verlangen.

Ist A. schadensersatzpflichtig?

1. Ist A. dem B. schadensersatzpflichtig? Nach § 122 Abs. 2 ist dies zu bejahen. Denn da B. kein Sportsmann ist, so braucht er nicht den wahren Wert des Pferdes zu kennen. Natürlich tritt die Schadensersatzpflicht des A. nur ein, wenn dem B. ein Schaden entstanden ist.

2. Ist A. dem C. schadensersatzpflichtig? Dies ist zu verneinen, denn A. steht mit C., wie schon gesagt, in keiner Verbindung. (S. auch § 122 Abs. 1.)

Die Frage, ob dem B. wirklich ein Schaden entstanden ist, wird von der weiteren Frage abhängen, ob dem C. ein solcher entstanden ist und ob C. diesen Schadensersatzanspruch gegen B. geltend macht, wofür dann B. gegen A. Regreß nehmen könnte. Dem B. ist, wie erwähnt, die Leistung an C. unmöglich. Die Theorie unterscheidet auf Grund des BGB. objektive und subjektive, und unter diesen wieder ursprüngliche und nachträgliche Unmöglichkeit der Leistung. Die objektive nachträgliche Unmöglichkeit behandeln die §§ 275 Abs. 1, 323, 324, die subjektive nachträgliche die §§ 275 Abs. 2, 279, 325, die objektive ursprüngliche die §§ 306, 307, 308. Dabei ist zu bemerken, daß das BGB. nur die objektive Unmöglichkeit mit dem Ausdruck „Unmöglichkeit" bezeichnet, die subjektive nennt es Unvermögen des Schuldners zur Leistung. Meines Erachtens liegt hier ein Fall der nachträglich eingetretenen subjektiven Unmöglichkeit vor. B. hat daher nach § 325 dem C. Schadensersatz zu leisten. (Siehe hierzu die hierher gehörigen Lösungen im II. Teil.) Die theoretische Einteilung ist übrigens in späteren Lösungen nicht weiter berücksichtigt worden.

Lösung 50.

A. und B. wollen einen Werkvertrag (§§ 631 ff.) schließen. Gegenstand desselben ist die Herstellung der Röhrenanlage. Über die Vergütung kommt keine Einigung zustande. Den Stoff soll zunächst der Unternehmer A. liefern. Er will aber für das Bleirohr mehr berechnen als B., der Besteller, zugeben will. Ursprünglich ist also ein sog. Werklieferungsvertrag im Sinne des § 651 beabsichtigt, auf den die Regeln des Kaufs Anwendung finden, falls eine vertretbare Sache geliefert wird, bei nicht vertretbaren Sachen aber an Stelle der Kaufvorschriften eine Anzahl von solchen über den Werkvertrag treten.

B., der Besteller, erklärt nun, er wolle dem A. soviele Bleiröhren von denselben Dimensionen, wie die von letzterem verwendeten zu einem Viertel des von dem A. berechneten Preises liefern, und beide einigen sich schließlich, daß B. dem A. sogar eine Million Pfund liefern solle.

Hierdurch wird zunächst aus dem Werklieferungsvertrag ein sog. reiner Werkvertrag, d. h. ein solcher, bei dem der Besteller den Stoff liefert. Weiter aber enthält die Frage des A.: „Auch eine Million Pfund?" ein Angebot zum Abschluß eines Kaufsvertrags. B. soll dem A. eine Million Pfund Bleirohr liefern, und nebenbei soll davon der A. die Röhrenanlage anfertigen.

Auch zum Kaufe gehört aber nach § 433 die Einigung über einen bestimmten Preis und ob diese stattfindet, ist die Frage. Wie feststeht, hat A. zwar das Bleirohr hoch berechnet, aber auf der anderen Seite hat B. ihn dreimal unter den Durchschnittspreis berechnet, so daß B. im Falle eines ernstlich gemeinten Geschäfts 120000 M. verloren hätte.

Nun ist aber für die Röhrenanlage nur ein geringer Teil der verkauften Bleiröhren erforderlich. Insoweit also der Werkvertrag in Frage kommt, kann der Verlust des B. kein so großer sein. Deshalb dürfte dessen Gültigkeit nichts entgegenstehen.

Fraglich ist aber nun, ob auch der Kaufvertrag trotz des enormen Verlusts, den B. erleidet, gültig ist.

A. nimmt das Angebot: „Auch eine Million Pfund?" offenbar nicht ernst, denn er ist darüber aufgebracht. Aber B. erklärt ihm, es sei kein Spott, den er mit ihm treibe. Dies wiederum geschieht allerdings in einer Form, die scherzhaft klingt (wegen der Worte „dem Meister werde nicht wohl werden", usw.) während auch der Handschlag wiederum für die Ernstlichkeit spricht.

B. ficht nun den Vertrag nach § 118 an, indem er meint, das Ganze sei ein Scherz. Nach § 118 ist eine nicht ernstlich gemeinte Willenserklärung, die in der Erwartung abgegeben wird, der Mangel der Ernstlichkeit werde nicht verkannt werden, nichtig. Nach § 122 hat der Erklärende, also B., dem anderen, dem A. den Schaden zu ersetzen, den er dadurch erleidet, daß er auf die Gültigkeit der Erklärung vertraut. Nach § 122 Abs. 2 tritt allerdings diese Schadensersatzpflicht nicht ein, wenn der Beschädigte den Grund der Nichtigkeit kannte oder infolge von Fahrlässigeit nicht kannte.

Es ist nun die Frage, ob nach § 122 A. von B. Schadensersatz verlangen kann. Wenn auch der vereinbarte Preis außerordentlich gering ist, so kann man dies allein noch nicht für einen Umstand ansehen, der gegen die ernste Absicht des B. spricht. Auch der Umstand, daß A. nur einen kleinen Betrieb hat, dürfte kaum genügen. Er kann deshalb sehr wohl einen so günstigen Kauf abschließen.

Für den Scherz spricht zwar die Bemerkung, dem Meister werde nicht wohl werden usw. Aber diese wird ja wieder durch den Handschlag ausgeglichen. Doch dürfte § 138 noch beachtlich sein.

Nach alledem durfte B. meines Erachtens durchaus nicht die Erwartung haben, der Mangel der Ernstlichkeit werde von A. nicht verkannt werden. A. konnte sehr wohl auf die Ernstlichkeit der Erklärung vertrauen. Es konnte doch immerhin sein, daß B. die Bleiröhren geschenkt oder aus irgendeinem anderen Grunde so gut wie umsonst erhielt.

Nach alledem kann man also nicht sagen, daß A. den Grund der Nichtigkeit des Kaufvertrags kannte oder infolge von Fahrlässigkeit nicht kannte. § 122 Abs. 2 findet also keine Anwendung, wohl aber § 122 Abs. 1.

Lösung 51.

1. Es liegt ein Scheingeschäft, also ein nach § 118 nichtiges Geschäft vor. Die Nichtigkeit begründet die Schadensersatzpflicht. Diese ergibt § 122. Danach hat der Erklärende, **wenn die Erklärung einem anderen gegenüber abzugeben war, diesem,** anderenfalls jedem Dritten den Schaden zu ersetzen, den der andere oder der Dritte dadurch erleidet, daß er auf die Gültigkeit der Erklärung vertraut, jedoch nicht über den Betrag des Interesses hinaus, welches der andere oder der Dritte an der Gültigkeit der Erklärung hat. Zweifellos ist hiernach, daß B. von A. (nicht A. von B., wie die Aufgabe versehentlich sagt) nach § 122 Schadensersatz fordern kann, wenn ihm Schaden entstand. Für die Höhe des Ersatzanspruchs gibt Staudinger, Bem. 5 zu § 122 folgende Ausführungen:

„Dem Umfang der Schadensersatzpflicht sind zwei Grenzen gesteckt. Keine von beiden darf überschritten werden. Je nach den Umständen des Einzelfalls kann die eine oder die andere von ihnen die weitere sein."

a) „Der Anspruch ist zunächst begrenzt durch das sog. **negative Interesse** des Beschädigten. Es soll ihm nicht mehr ersetzt werden, als der Schaden, den er dadurch erleidet, daß er auf die Gültigkeit der Erklärung vertraut hat, also diejenigen Nachteile, die ohne Abgabe der Willenserklärung nicht eingetreten sein würden. Diese Nachteile können wiederum in positivem Schaden bestehen (aufgewendete Kosten) oder auch in entgangenem Gewinn. (**Der Empfänger der Willenserkärung hat z. B., weil er infolge der scheinbar gültigen Erklärung das Geschäft schon als perfekt erachtete, den Abschluß eines anderen für ihn günstigen Vertrags versäumt.**) Soweit es sich um entgangenen Gewinn handelt, werden sich oft Beweisschwierigkeiten ergeben; dabei ist bezüglich der Beweislast zu bemerken, daß das Maß des Schadens nachzuweisen hat, wer den Schadensersatzanspruch erhebt."

„Das negative Interesse wird meistens geringer sein als das sog. Erfüllungsinteresse. Es kann aber auch höher sein als dieses. Ist es höher, so kann es nicht ganz zum Ersatze kommen, sondern nur, soweit es das Erfüllungsinteresse nicht übersteigt. Denn

b) der Anspruch ist weiter begrenzt durch das Maß des sog. Erfüllungsinteresses, d. h. des Vermögensinteresses, welches der Anspruchsberechtigte an der Gültigkeit der Willenserklärung hat. Es umfaßt also den Gewinn, den der Beschädigte gemacht hätte, wenn die mangelhafte Willenserklärung wirksam gewesen bzw. geblieben wäre. Nur wenn das Erfüllungsinteresse niedriger ist als das negative Interesse, ist es zu ersetzen; dann ist aber auch nur das Erfüllungsinteresse zu ersetzen."

„Wie steht es, wenn andere als vermögensrechtliche Interessen in Frage stehen? Auf diese Frage gibt das Gesetz keine Antwort. Es muß angenommen werden, daß solche Interessen überhaupt nicht zum Ersatz kommen sollen. Auf sie paßt die ganze Art der in § 122 vorgeschriebenen Abmessung des negativen Interesses gegenüber dem Erfüllungsinteresse nicht; ein vermögensrechtliches negatives Interesse und ein nichtvermögensrechtliches Erfüllungsinteresse sind inkomparable Größen."

2. In dieser Ausführung Staudingers wird also der vorliegende Fall gerade als typischer Fall hervorgehoben. B. hat, weil er infolge der scheinbar gültigen Erklärung das Geschäft mit A. schon als perfekt erachtete, den Abschluß eines anderen für ihn günstigen Vertrags versäumt, nämlich des Vertrags mit C. Dieser ist zwar nicht so günstig, wie der mit A., denn C. bietet nur 500 M., nicht 700 M. Aber der Wert des Hundes beträgt 400 M., dem B. sind also immerhin 100 M. entgangen. Mehr wird dem B. auch nicht Schadensersatz zuzubilligen sein, weil ja der Hund 400 M. wert ist. Es ist daher anzunehmen, daß B. den Hund jederzeit wieder für 400 M. verkaufen kann, nicht aber für 500 M. Danach würde A. dem B. die 100 M. als Ersatz zu zahlen haben.

3. Hat C. ernstlich 800 M. geboten, würde B. hiernach 400 M. Schadensersatz zahlen müssen.

4. Dem C. steht kein Anspruch an A. zu. Das ergibt der Wortlaut des § 122. A. hat eine Erklärung abgegeben, die einem anderen, dem B. gegenüber, abzugeben war. A. hat daher diesem, also dem B., den Schaden zu ersetzen, den B. dadurch erleidet, daß er auf die Gültigkeit der Erklärung vertraut hat.

Der Dritte, C., kann sich hiernach nur an B. halten. Ähnliches wurde zu Lösung 49 ausgeführt. Zu entnehmen dürfte dies auch sein aus der Erläuterung von Staudinger, Bem. 3 zu § 122:

„Schadensersatzpflichtig ist derjenige, welcher die mangelhafte Willenserklärung abgegeben hat; ob dieser seinerseits sich wieder an andere Personen halten kann, welche den Irrtum in ihm veranlaßt oder seine Erklärung unrichtig übermittelt haben, kommt hier nicht in Betracht. Anspruchsberechtigt ist, wenn es sich um eine Willenserklärung handelt, die „einem anderen gegenüber abzugeben ist", also bei sog. empfangsbedürftigen Willenserklärungen (s. Bem. III in der Einl. vor § 116, ferner die §§ 130 ff.) **ausschließlich der Erklärungsempfänger, bei nicht empfangsbedürftigen Willenserklärungen jeder, der durch sein Vertrauen auf die Gültigkeit der Willenserklärung geschädigt ist.** Fälle letzterer Art sind z. B. möglich bei einer auf Willensmangel beruhenden dem Grundbuchamt gegenüber erklärten Zustimmung des Eigentümers zu einer Änderung im Rangverhältnisse der Hypotheken (§ 880); ferner z. B. bei einer mit einem wesentlichen Druckfehler veröffentlichten Auslobung (§ 657) jedoch wohl **nicht** im Falle des § 151, wonach der Vertrag durch die Annahme unter gewissen Voraussetzungen zustande kommt, ohne daß die Annahmeerklärung dem Antragenden gegenüber erklärt zu werden braucht. (Ist hier die Schädigung eines anderen als des Antragenden überhaupt denkbar? Es wird wohl regelmäßig an dem erforderlichen ursächlichen Zusammenhang fehlen. Vgl. auch Planck, Bem. 3 zu § 122)."

Lösung 52.

Der Fall behandelt die Irrtumsgrundsätze. Der zwischen A. und B. abgeschossene Kaufvertrag ist vollendet, denn die Parteien haben sich über Ware und Preis geeinigt. (§ 433). Dagegen irrt sich A., indem er das Pferd auf Grund des Vertrags dem B. übergeben will und übergibt es dem C. C. erwirbt zwar an dem Pferde Eigentum, denn die wesentlichen Erfordernisse der Eigentumsübertragung, nämlich der Wille zur Übertragung und zur Annahme verbunden mit Besitzübergabe liegen vor. Indessen hätte A. bei Kenntnis der Sachlage die Übertragung nicht vorgenommen. A. kann also die Eigentumsübertragung wegen Irrtums im Sinne des § 119 anfechten. Hierbei entsteht aber das Bedenken, daß es sich in § 119 nur um die Anfechtung von Willenserklärungen handelt, die Übertragung des Eigentums aber keine Willenserklärung ist. Demgegenüber kommt hier das in Lösung 46 Gesagte zur Anwendung. Man wird also richtiger sagen, daß A. die in der Übertragung enthaltene Einigung anfechten kann. Dadurch fällt das Eigentum an dem Pferde nach § 142 wieder an A. zurück, und er kann es sodann nach Wiedererlangung des Besitzes dem B. als dem wirklich Berechtigten übergeben. Falls C. das Pferd auf Grund der Anfechtung nicht herausgibt, so gewinnt also die Klage des A. den Charakter der Eigentumsklage.

Außerdem ist C., wie ohne weiteres einleuchtet, durch die irrtümliche Übergabe des Pferdes bereichert. A. kann daher gegen ihn auf Grund des § 812 vorgehen.

Die Anfechtung der in der Eigentumsübertragung enthaltenen Einigung ist der bloßen condictio in mancher Hinsicht vorzuziehen. Der Konditionsgläubiger ist im Konkurse Konkursgläubiger (KO. § 61 Z. 6), ist also nur berechtigt auf dividendenmäßige Berechtigung (§ 26 KO.). Hat A. dagegen angefochten — es muß dies allerdings vor der Konkurseröffnung geschehen sein — so ist A. als Eigentümer des Pferdes aussonderungsberechtigt

(§ 43 KO.), erhält also sein Pferd, nicht nur einen vielleicht geringen Teil des Wertes desselben.

Zu Lösung 52.

Daß A. gegen C. vorgehen kann, beruht auf § 143. Dabei wird vorausgesetzt, daß die Eigentumsübertragung einen Vertrag enthält. Betreffs der abstrakten Natur der Eigentumsübertragung kommen die schon in früheren Lösungen, z. B. Lösungen 35, 46 entwickelten Grundsätze in Betracht. Die abstrakte Natur bewirkt hier zwar zunächst Übergang des Eigentums, aber die Anfechtung, die nach § 142 ex tunc wirkt, hat die Folge, daß nun das Eigentum infolge der Anfechtung wieder an A. zurückfällt.

Lösung 53.

1. Der Fall betrifft offenbar den sog. Irrtum im Motiv. Was den A. bestimmte, von B. das Grundstück zurückzukaufen, ist gleichgültig, weil A. sich dabei nur in einem Irrtum im Beweggrunde befand. Es ist manchmal schwer zu unterscheiden, ob Irrtum im Motiv oder im Geschäftswillen vorliegt. Staudinger, Bem. 6 zu § 119, sagt hierüber folgendes:

„Unerheblich ist der Irrtum im Beweggrunde, der sog. Motivirrtum. Ein allgemein gelehrter aber mit größter Vorsicht aufzunehmender Satz. E. I sagte in seinem § 102 ausdrücklich: ‚Ein Irrtum in den Beweggründen ist, sofern nicht das Gesetz ein anderes bestimmt, auf die Gültigkeit eines Rechtsgeschäfts ohne Einfluß.' Diese Bestimmung wurde jedoch wieder gestrichen, weil sie ohne nähere Erläuterung des Begriffs des Motivirrtums für die Praxis von geringem Werte sei, da die Grenzlinie zwischen Irrtum im Motiv und im Geschäftswillen meist schwer zu ziehen sei und weil die Bestimmung auch theoretisch bedenklich sei, indem sie eine Gefahr der Verdunkelung des Begriffs des Irrtums nahelege.

Beim Mangel einer besonderen Bestimmung kann nun für die Frage, ob der Irrtum im Beweggrund erheblich sei, abgesehen von den unten erwähnten Sondervorschriften, lediglich der vorliegende § 119 entscheidend sein, welcher diesen Begriff nicht kennt. Eine nähere Betrachtung führt aber zu der Erkenntnis, daß trotzdem in Wahrheit durchaus nicht jeder Motivirrtum unerheblich ist, sondern daß man, um den beliebten Satz von der Unerheblichkeit des Motivirrtums aufrecht zu erhalten, den Begriff des Motivirrtums in einem ganz bestimmten eigentlich zu eng begrenzten Sinne nehmen muß; man darf nämlich unter Motivirrtum nur solche Vorstellungen verstehen, welche nicht den Inhalt der Willenserklärung zum Gegenstande haben (vgl. Dernburg, Pand. Bd. 1 § 94; Jacubetzky, Bem. S. 28, RGE. in Jur. Wschr. 1900, Beil. S. 40), wobei nun nach Abs. 2 des § 119 auch die im Verkehr als wesentlich geltenden Eigenschaften der Person oder der Sache als zum Inhalte der Erklärung gehörig anzusehen sind. Wer also, um ein bekanntes Beispiel anzuführen, beim Buchhändler Albrechts „Gewere“ bestellt, weil er meint, das Buch handle von Schießwaffen, kann anfechten. Wer es bestellt, weil er es seinem Rechtswissenschaft studierenden Neffen schenken will, kann die Bestellung nicht anfechten, wenn er gleich darauf hört, der Neffe sei zur Medizin übergegangen. Sehr häufig taucht in der Praxis der Irrtum über die wirtschaftliche Ertragsfähigkeit des Vertragsgegenstandes auf. Man wird hier unterscheiden müssen. Kaufe ich ein Haus, weil ich glaube, es habe sechs vermietbare Wohnungen, so kann ich anfechten, wenn es deren nur drei hat. Kaufe ich Aktien, weil ich erwarte, daß sie steigen oder 8 % tragen werden, so kann ich nicht anfechten, wenn sie fallen oder künftig nur 5 % Dividende tragen. Kaufe ich einen Weinberg, weil ich ein vorzügliches Weinjahr erwarte, so kann ich nicht anfechten, wenn das Weinjahr schlecht wird; pachte ich aber eine Bierwirtschaft in der Meinung, sie habe bisher einen durchschnittlichen Jahresverbrauch von 800 hl, so kann ich unter Umständen anfechten, wenn sie nur einen solchen von 500 hl hat. Wer Grundstücke kauft, weil er erwartet, eine projektierte Bahnlinie werde an ihnen vorübergeführt werden, kann nicht anfechten, wenn er sich hierin geirrt hat, selbst wenn die Linie bereits traciert war. Verfehlte Spekulationen, wie überhaupt Irrtum über Tatsachen, die in der Zukunft eintreten, können überhaupt keinen Grund zur Anfechtung aus § 119 abgeben. Solche sind unbeachtlicher Irrtum im Beweggrunde. Vgl. auch Seuff. Arch. Bd. 44 Nr. 171 und die anderen zahlreichen Beispiele, welche Rehbein (Komm. S. 134 ff.) aus der bisherigen Judikatur anführt. Zu beachten ist aber, daß natürlich auch von in der Zukunft liegenden Ereignissen die Forterxistenz des Geschäfts insofern abhängig gemacht werden kann, als im Rechtsgeschäft selbst, z. B. in Form einer Bedingung oder eines Rücktrittsvorbehalts, auf diese Ereignisse ausdrücklich Bezug genommen sein kann; ferner, daß eine Haftung des Gegenkontrahenten und ev. eine Rücktrittsbefugnis wegen künftig eintretender oder nicht eintretender Ereignisse in der Übernahme einer besonderen Gewähr ihren Grund haben kann; endlich, daß auch in diesen Fällen eine Anfechtung wegen arglistiger Täuschung gegeben sein kann; aber das alles liegt auf anderem Gebiet als die Frage, ob erheblicher Irrtum vorliegt.“

„Um einen nicht zur Anfechtung berechtigenden bloßen Irrtum im Beweggrund handelt es sich auch dann, wenn jemand eine Preisofferte abgibt, welcher ein Rechenfehler zugrunde liegt; hier liegt kein Versehen im Gebrauch der Ausdrucksmittel für die Erklärung vor, auch keine unrichtige Übermittelung, sondern ein Versehen, welches der Erklärung vorangegangen ist, s. Rspr. d. OLG. Bd. 3 S. 40 und Seuff. Arch. Bd. 56 Nr. 242.

„In einzelnen besonderen Fällen kommt dem bloßen Irrtum im Beweggrund infolge besonderer gesetzlicher Vorschriften eine erhöhte **Bedeutung** zu. Vgl. die §§ 779 Abs. 1 2078 Abs. 2, 2079, 2308; über die verschiedenartigen Rechtsfolgen in diesen Fällen s. die Bem. zu den genannten Paragraphen. Darüber, daß die Beweggründe auch bei der sog. **clausula rebus sic stantibus** von Bedeutung sein können, s. Endemann I, §§ 71, Anm. 3 und 13 Anm. 19."

„Handelt es sich, abgesehen von diesen Sondervorschriften, wirklich um Irrtum im Beweggrunde in dem dargelegten Sinne, so ist es, wenn der Beweggrund nicht etwa selbst zum Vertragselement erhoben wurde, gleichgültig, ob der Beweggrund **dem anderen Teil bekannt war**. Der Irrtum bleibt ohne Rücksicht darauf unerheblich. Die Windscheidsche ‚Voraussetzung', die in der Praxis nie zu rechtem Leben gediehen war, hat im BGB. keine Stätte gefunden; die Irrtumslehre braucht sich also mit ihr nicht weiter auseinanderzusetzen. S. auch Crome, System, Bd. 1 S. 339."

2. Vergleicht man die am Eingang zitierten praktischen Fälle mit dem vorliegenden, so wird man zur Annahme des reinen Motivirrtums gelangen müssen. Die irrtümliche Annahme, daß der Fiskus ein Grundstück für 5000 M. kaufen wolle, betrifft eine Tatsache, die in der **Zukunft** liegt. Die Spekulation soll nicht belohnt werden. Die Tatsache bildet ebensowenig einen Anfechtungsgrund, wie die oben erwähnte Annahme, eine projektierte Bahnlinie werde an einem bestimmten Grundstück vorübergehen. Schwierig bleiben diese Fälle stets aus den angeführten Gründen. So läge auch hier im Hinblick auf § 119 Abs. 2 nahe, den Umstand, daß der Fiskus das Grundstück kaufen will, als „Eigenschaft" aufzufassen, die im Verkehr als wesentlich gilt.

Lösung 54.

Reisende sind nach § 55 Abs. 1 HGB. Handlungsbevollmächtigte. Nach dem ergänzend eingreifenden § 164 BGB. wirkt daher die Erklärung des Reisenden B. unmittelbar für seinen Vollmachtgeber Y. Die Rechtslage ist also genau dieselbe, wie wenn Y. den Vertrag persönlich abgeschlossen hätte.

Die Hauptfrage ist nun die, ob dadurch, daß A. bei B. in der Meinung, er sei der Vertreter des X., den Wein bestellt und dieser die Bestellung annimmt, überhaupt ein gültiger Vertrag zustande kommt. Hier kommt der Unterschied zwischen Willens- und Erklärungstheorie in Betracht. A. will den Vertrag mit X. schließen, nicht mit Y. Nach der Willenstheorie ist daher kein gültiger Vertrag zustande gekommen. Das BGB. steht aber in diesem Falle mehr auf der Seite der Erklärungstheorie. Danach würde man zu dem Resultat kommen, daß der Vertrag zwar gültig ist (also Y. nicht von Amts wegen infolge von Nichtigkeit desselben abzuweisen ist), wohl aber bei A. ein Irrtum über den Inhalt seiner Erklärung vorliegt (vgl. Matthias, Bd. I S. 183 ff.). Es würde sich nun weiter fragen, ob dieser Irrtum ein wesentlicher im Sinne des § 119 ist. Dies ist zu vermuten. Es ist in Ermangelung weiterer Angaben anzunehmen, daß A. ein Interesse daran hat, gerade bei X. zu bestellen, denn gerade bei der Bestellung von Wein wird ein besonderes Vertrauen in die Person des Verkäufers gesetzt. Natürlich ist auch die Möglichkeit nicht ausgeschlossen, daß dem A. die Person seines Kontrahenten gleichgültig war. Das muß aber vom Gegner bewiesen werden. (Ich nehme jetzt an, daß A. anficht und den Wein zur Verfügung stellt, worauf Y. klagt.) Im Zweifel irrt also A. über den Inhalt seiner Willenserklärung oder man kann sagen, er wollte eine Erklärung dieses Inhalts überhaupt nicht abgeben. Sein Irrtum ist daher ein wesentlicher im Sinne des § 119. Nach § 142 kann er somit das Geschäft anfechten. Das kann er entweder vor dem Prozeß, indem er die Klage des Y. auf Kaufpreiszahlung abwartet, oder im Prozeß. Dadurch erreicht er nach § 142, daß Y. mit der Klage abgewiesen und zur Abnahme des Weines verurteilt wird.

Wie, wenn B. usw.? Hier ist es ohne weiteres klar, das A. den Vertrag anfechten kann. Denn hier ist der Wille des A., mit B. als Vertreter des X. zu kontrahieren, noch viel ausgeprägter, als im ersten Falle, wo A. durch irgendwelche anderen Umstände zu seiner falschen Ansicht gelangt ist. Ein Unterschied besteht aber zwischen den beiden Fällen möglicherweise bezüglich der Folgen des Irrtums, nach denen allerdings nicht gefragt ist, denn im letzten Falle entsteht die Frage, ob nicht B. den Irrtum des A. erkennen mußte und deshalb § 122 anwendbar ist. B. mußte dem A. von dem erfolgten Wechsel in seiner Stellung Kenntnis geben, denn er konnte sich denken, daß A. gerade im Hinblick darauf bestellte, daß er ihn als Vertreter des X. kannte. Man kann also sagen, daß B. den Grund der Anfechtbarkeit kannte oder infolge von Fahrlässigkeit nicht kannte. Das wirkt aber nach § 166 auch gegen Y. Nach § 122 hat daher A., falls Y. dadurch, daß er auf die Gültigkeit der Erklärung des A. vertraute, einen Schaden erlitten haben sollte, dem Y. den Schaden nicht zu ersetzen, während er dies im ersten Falle zu tun hätte.

Fragen:

1. Wie verhält sich der vorliegende Irrtum zum sog. Irrtum im Motiv?

2. Wie stände es in dem Fall, daß B. durch sein Benehmen absichtlich die Annahme bei A. erregt hätte, er reise für X. und A. später von Y. die Rechnung erhielte? Wie, wenn er es getan hätte, um sich Provision zu verschaffen oder seiner Firma einen Käufer?

3. Wie stände es, wenn der Reisende den Anschein erweckt hätte, als ob er in eignem Namen handle und X. dann die Rechnung schickte? Könnte A. einwenden, daß er nur an B. zu zahlen habe?

Für beide Fälle kommen die später zu erörternden Grundsätze über die Stellvertretung zur Anwendung.

Zu Lösung 54.

1. Es empfiehlt sich, nicht zu weit auszuholen. Der Unterschied zwischen Willens- und Erklärungstheorie ist hier nicht in erster Linie von Erheblichkeit, sondern es ist wie in Lösung 57, zunächst zu fragen, ob beim Vertragsschluß der sog. echte Irrtum oder Dissens vorliegt. In dieser Hinsicht

finden sich hierher gehörige Ausführungen an folgenden Stellen: Matthias, (2. Aufl.) Bd. 1 S. 185 ff. S. 193.

Wie nahe sich die beiden Fälle kommen können, ergeben auch die Ausführungen von Staudinger, Bem. 2 zu § 155 Bem. VI. zu § 116.

2. Der Unterschied von Willens- und Erklärungstheorie gilt für Rechtsgeschäfte im allgemeinen, kann deshalb hier nur in zweiter Linie in Betracht gezogen werden.

Lösung 55.

Der vorliegende Kaufvertrag ist ohne Zweifel perfekt, denn die Parteien sind über Ware und Preis einig. Die Frage ist, ob § 119 anwendbar ist. Ohne Zweifel sind die Parteien über eine wesentliche Eigenschaft des verkauften Loses im Irrtum, und zwar beide, sowohl der A. wie der B. Denn die Haupteigenschaft des zu verkaufenden Loses ist ja gerade die, daß es nur eine Hoffnung auf Gewinn gewährt, nicht aber diesen selbst. § 119 liegt also vor. Wenn nun B. von A. den auf das Los entfallenen Gewinn verlangt und das Rechtsgeschäft anficht, was nach § 121 ausdrücklich geschehen muß, so erreicht er nach § 142, daß es als von Anfang an nichtig zu betrachten ist. Das Eigentum an dem Lose fällt daher an den B. zurück, und B. ist als Eigentümer desselben von Anfang an anzusehen und somit auch als Gewinner. A. hat nun bereits den Gewinn von 1000 M. für sich eingezogen. Er muß ihn daher dem B. unter Abzug des von ihm für das Los gezahlten Preises von 5 M., also in Höhe von 995 M. herausgeben.

Zu Lösung 55.

1. Es empfiehlt sich, noch etwas mehr hervorzuheben, daß gerade die Gewinnhoffnung eine wesentliche Eigenschaft des Loses im Sinne des § 119 ist. Sie besteht gerade darin, daß der mögliche Gewinn in der Zukunft liegt. Diese Eigenschaft ist hier nicht mehr vorhanden.

2. Zu untersuchen ist, wie bei vielen Irrtumsfällen, auch, ob etwa der sog. versteckte Dissens vorliegt, in welchem Falle das Geschäft von vornherein nichtig ist. Ich verweise auf Lösung 57.

3. Der Anspruch des B. auf Herausgabe der 995 M. wird sich auf §§ 812 ff. stützen können. B. ist zwar nicht durch die Leistung des A. bereichert, aber er dürfte „in sonstiger Weise auf dessen Kosten" bereichert sein. Nach § 143 ist das angefochtene Rechtsgeschäft infolge der Anfechtung als von Anfang an nichtig anzusehen.

Lösung 56.

Es handelt sich um die Frage, ob bei dem vorliegenden Kaufvertrag ein wesentlicher Irrtum im Sinne des § 119 vorliegt, der den A. berechtigt, den Vertrag anzufechten. Das ist sehr zweifelhaft, da der Text über die Verhandlungen der Parteien nichts Näheres angibt. Es wird darauf ankommen, ob für den A. die Höhe der Straßenanlagekosten bereits zur Zeit des Vertragsschlusses eine wesentliche Eigenschaft des Grundstücks war, ob er z. B. damals schon die Absicht der Bebauung hatte, oder ob er diesen Plan erst später gefaßt und das Grundstück zunächst nur zu anderen Zwecken, z. B. zu Spekulationszwecken, gekauft hat. Ist letzteres der Fall, so war die Festsetzung der Straßenanlagekosten beim Vertragsschlusse nur nebensächlich. Es ist nicht gesagt, daß A. bei Kenntnis der Sachlage den Vertrag keinesfalls geschlossen hätte. Wenn er dann seinen Plan ändert und dabei mehr zahlen muß, als er angenommen hatte, hat er das zu tragen. Hatte er aber von vornherein die Absicht der Bebauung, so ist die Bebaubarkeit für ihn eine wesentliche Eigenschaft der Sache, über die er im Irrtum ist. Allerdings hätte er das dem B. gegenüber zum Ausdruck bringen sollen, worüber der Text nichts sagt. Ein Verschulden ist aber bei der Anfechtung wegen Irrtums unwesentlich (bei der Schadensersatzfrage dagegen wesentlich), und letzteres daher hier ohne Bedeutung. Es werden also die Vertragsverhandlungen zu erörtern sein, und von ihnen wird es abhängen, ob der Vertrag wegen Irrtums seitens des A. anfechtbar ist oder nicht. Liegt keine so wesentliche Eigenschaft vor, dann könnte man es vielleicht als eine nach dem Vertrag vorausgesetzte Eigenschaft des Grundstücks ansehen, daß die Straßenanlagekosten eben 530 M. betragen. Die §§ 433ff. kommen zur Anwendung. Danach hat der Verkäufer dem Käufer das Grundstück frei von Rechten Dritter zu verschaffen. Insoweit nun hier die Rechte Dritter größer sind als vorausgesetzt wurde, hat der Verkäufer mangelhaft geleistet. Es kommen daher nach § 440 die §§ 320ff. zur Anwendung. Auch hier käme man vielleicht zu einem Resultat.

Schließlich ist hervorzuheben, daß § 436 eine Anfechtung wegen Irrtums nicht ausschließen würde. Denn die dort erwähnten Lasten und Abgaben sind solche, die jeder Besitzer zu zahlen hat; sie sind wiederkehrende, nicht einmalige Leistungen, z. B. Grundsteuer, Landrenten, Landeskulturrenten, Wegebaulast i. S. der Unterhaltung bestehender Wege, Quartierlast. Die hier in Frage stehenden 3680 M. sind zur ersten Anlage der Straße zu zahlen, die nach den Baugesetzen in der Regel den Anliegern obliegt. Im Gegensatz zu der in der Vereinbarung erwähnten ist die geforderte Summe zur Straßenherstellung sehr hoch, ebenso im Verhältnis zum Preis des Bauplatzes.

Die Belastung mit so hohen Straßenherstellungskosten kann man schon als wesentliche Eigenschaft der Sache bezeichnen. Daher dürfte Anfechtung zulässig sein. Sie geschieht nach § 143.

Lösung 57.

Der Fall behandelt den sog. unechten Irrtum des § 155.

Zunächst ist festzustellen, daß das telephonische Gespräch ohne Zweifel für den A. die Grundlage seiner Bestellung bildet, auch wenn er nicht nochmals auf dasselbe hinweist oder einen Preis angibt. Wenn daher A. bei dem telephonischen Gespräch statt 200 M. 100 M. versteht, so hat das dieselbe Bedeutung, wie wenn dies beim nachfolgenden Vertragsschluß der

Fall gewesen wäre. (Ich nehme ohne weiteres an, daß das telephonische Gespräch nur eine Erkundigung, nicht aber einen Vertragsschluß im Sinne der §§ 145ff. enthält.) Es liegt nun bei dem am 25. Juni erfolgenden Vertragsschlusse ein Mißverständnis der Parteien bezüglich des Preises vor. B. glaubt, er habe 200 M. gesagt und verabredet, A. glaubt 100 M. gehört und verabredet zu haben. Welche Partei bewiesen hat, wird nicht gesagt. Es fragt sich, welche rechtlichen Grundsätze bezüglich der Gültigkeit dieses Vertrags Anwendung finden. Es liegt sehr nahe, hier die Irrtumsgrundsätze anzuwenden. Es liegt aber hier der Fall vor, daß Wille und Erklärung auf seiten eines jeden der Vertragschließenden übereinstimmen, die beiderseitigen Willenserklärungen aber sich infolge eines Mißverständnisses nicht decken, ohne daß die Vertragschließenden sich dessen bewußt werden. (Savigny sprach in diesem Falle von einem unechten Irrtum. Dieser ist in Wahrheit Dissens. Vgl. Kuhlenbeck, Anm. zu § 155). Die Parteien haben sich also über einen Punkt des Vertrags — über den Preis — nur zu einigen gesucht, sich aber in Wahrheit nicht geeinigt. Hierauf findet § 155 Anwendung. Danach gilt in diesem Falle das Vereinbarte, sofern anzunehmen ist, daß der Vertrag auch ohne eine Bestimmung über den fraglichen Punkt geschlossen sein würde. Das ist hier anzunehmen. Die Parteien beweisen diese Absicht, indem sie jetzt nicht Auflösung des Vertrags, sondern Erfüllung herbeiführen wollen. Daher gilt hier insbesondere das über Umfang und Beschaffenheit der Ware Vereinbarte. Die weitere Frage ist aber, wieviel dem Verkäufer als Kaufpreis zuzuerkennen ist, ob der Preis von 100 M., 200 M. oder das Angemessene. Man hat hier den für Verträge insbesondere geltenden § 316 anzuwenden. Die Parteien haben zwar versucht, den Umfang der für Lieferung der Schieferplatten versprochenen Gegenleistung zu bestimmen, es ist aber keine Einigung erfolgt, und es ist daher dieser Umfang in Wahrheit unbestimmt. (§ 316 geht wohl in erster Linie auf den Fall, daß diese Bestimmung durch Vertrag dem Verpflichteten überlassen wird, ohne daß ein Mißverständnis in Frage kommt.) Es steht somit die Bestimmung im Zweifel dem zu, der die Gegenleistung zu fordern hat, also dem B. B. hat bei dieser Bestimmung den angemessenen Preis festzusetzen. Tut er dies nicht, so hat der Richter denselben festzusetzen (§ 315). Was hier angemessen ist, würde natürlich der Richter schwerlich aus eigner Wissenschaft feststellen können, sondern nur auf Grund von Sachverständigengutachten. A. wird sich sonach nicht darauf stützen können, daß er 100 M. verstanden habe, sondern nur darauf, daß 100 M. angemessen sind. B. wird andrerseits den Preis von 200 M. nur dann fordern können, falls er beweist, daß derselbe angemessen ist. Der Beweis, daß er 200 M. angegeben habe, dürfte also dem B. nichts nützen, denn ein Mißverständnis bleibt bestehen.

Lösung 58.

Wenn der Wirt in seinem Restaurant eine Speisekarte auslegt, auf welcher die Preise der einzelnen Speisen angegeben sind, so ist das gegen=

über dem Gaste noch kein Antrag zum Abschluß eines Vertrags im Sinne der §§ 145 ff., sondern nur eine Aufforderung zur Stellung eines solchen, d. h., wenn der Gast nunmehr nach der Karte bestellt, so ist der Vertrag noch nicht abgeschlossen, sondern erst dadurch, daß sich der Wirt — bzw. der Kellner als Bevollmächtigter des Wirts — bereit erklären, das Bestellte zu liefern.

Hier hat nun der Gast bestellt, und der Kellner hat sich in Stellvertretung des Wirts für diesen zur Lieferung des Schnitzels bereit erklärt und dasselbe auch geliefert. Darüber sind die Parteien also einig, daß ein Schnitzel geliefert werden soll. Dagegen glaubt der Wirt, daß er bezüglich des Preises 1 M. 75 Pf. festgesetzt hat, während es in Wahrheit, wie er zugibt, nur 1 M. 25 Pf. sind. Der Gast andererserts glaubt, der Wirt wolle wirklich mit ihm den Preis von 1 M. 25 Pf. vereinbaren, da es ja auf der Speisekarte steht, und bestellt in dieser Meinung. Es fragt sich, welche rechtlichen Grundsätze in diesem Falle zur Geltung kommen. Es liegt hier nahe, die Irrtumsgrundsätze anzuwenden und zu sagen, daß die Parteien über den Inhalt ihrer Erklärungen im Irrtum sind und der Vertrag daher nach § 119 anfechtbar ist. Dies ist aber nicht richtig. Es liegt nich Irrtum, sondern Dissens vor. (Eine Anfechtung wegen Irrtums hätte schon deshalb keinen Zweck, weil dadurch der Vertrag rückgängig gemacht wird, was hier, nachdem das Schnitzel bereits gegessen und bezahlt ist, für die Parteien kein Interesse hätte.) Man hat vielmehr den Fall unter § 155 zu bringen. Die Parteien haben sich bei einem Vertrag, den sie als geschlossen ansehen, über einen Punkt, über den nach der Vereinbarung derselben eine Verabredung getroffen werden sollte — nämlich über den Preis — in Wahrheit nicht geeinigt. Der Wille der Parteien geht aber dahin, daß der Vertrag auch ohne eine Bestimmung über diesen Punkt geschlossen sein soll. Dieser Wille geht deutlich daraus hervor, daß der Gast den Teil des Preises, den er für vereinbart hält, freiwillig zahlt und der Wirt diese Zahlung annimmt. Demnach ist der Vertrag perfekt, und es besteht nur Dissens über den Preis. Es fragt sich nun, ob der Wirt zu seiner Mehrforderung von 50 Pf. berechtigt ist. Hier ist § 316 anwendbar. Der Umfang der für das Schnitzel versprochenen Gegenleistung ist nicht bestimmt. Die Bestimmung steht daher nach § 316 im Zweifel dem zu, der die Gegenleistung zu fordern hat, also dem Wirt. Dieser hat den Preis, da er nicht vereinbart ist, nach beliebigem Ermessen festzusetzen. In einem mittleren Restaurant Deutschlands, welches hier vorauszusetzen ist, ist aber der Preis von 1 M. 25 Pf. für ein Schnitzel bereits ein angemessener, vielleicht sogar schon über das Durchschnittsmaß hinausgehender (75 Pf., 1 M.); demgemäß ist der Wirt nicht berechtigt, in Ermangelung einer Vereinbarung 1 M. 75 Pf. für das Schnitzel zu fordern, sondern höchstens die schon gezahlten 1 M. 25 Pf. Natürlich ist bezüglich der Größe, Zutaten usw. des Schnitzels auch wieder das Normale anzunehmen, und müßte sich die Entscheidung andernfalls ändern. Der Wirt ist also mit seiner Klage auf die 50 Pf. kostenpflichtig abzuweisen. (Vgl. Lösung 275 und einen ähnlichen Fall in Iherings Zivilrechtsfällen, Lösung 76 am Schluß.)

Lösung 59.

Auch hier ist die Frage die, ob nur ein nach § 119 wegen Irrtums anfechtbares Rechtsgeschäft vorliegt, oder ein infolge mangelnder Einigung nach § 155 nichtiges Geschäft. Im letzteren Falle hätte der Richter die Klage des B. von Amts wegen abzuweisen. A. will das Grundstück Müllerstraße 23 wirklich verkaufen. B. will auch Nr. 23 kaufen. A. will aber Nr. 23 nur verkaufen, weil er glaubt, es gehöre ihm. Die Parteien haben sich also darüber geeinigt, daß Nr. 23 verkauft werden soll, A. irrt aber über den Inhalt seiner Willenserklärung, denn er will in Wahrheit Nr. 32 verkaufen. Es dürfte daher Irrtum (§ 119) vorliegen, nicht der sog. Dissens (§ 155). Der Fall würde also hiernach mit Lösung 54 übereinstimmen, wo ich ebenfalls Irrtum annehme. Zum Vergleich verweise ich auf Lösung 54, wo Irrtum und Lösung 57, wo Dissens angenommen wurde, insbesondere auf die dort erwähnten Beispiele von Matthias und das von Staudinger, Bem. VI vor § 116:

„A. erklärt im Wirtshaus dem B., er wolle dessen „Flora“ um 300 M. kaufen. B. erklärt sich darauf bereit, seine Flora um 300 M. an A. zu verkaufen; hinterher stellt sich heraus, daß A. mit der Flora ein Pferd des B., B. seinen Jagdhund gleichen Namens gemeint hat. Hier liegt kein „Irrtum“ vor, keine Anfechtbarkeit des Vertrags, sondern ein Vertrag ist überhaupt nicht zustande gekommen, weil es am Parteikonsens fehlt; also nicht § 119, sondern § 155. (S. auch Bem. 2 b zu § 155, Grueber a. a. O. S. 446; Planck, Vorbem. II, 2 vor § 116; Endemann, Bd. I, § 70, 5, insbesondere die Beispiele Anm. 16; Dernburg, Bürg. R. Bd. 1, § 144, II, vgl. auch C. 18, D. 12, I und RGE. Bd. 48 S. 220.)“

Hiernach würde ich zu dem Resultat kommen, daß der Vertrag nicht von Amts wegen als nichtig anzusehen ist, sondern von A. angefochten werden muß. Tut er es nicht rechtzeitig (§ 121), und ist er nicht in der Lage, die Auflassung vorzunehmen, so gelten für ihn die §§ 323 ff. über die Unmöglichkeit der Leistung. Er hat sie zu vertreten und muß Schadensersatz leisten. (§§ 249 ff.)

Lösung 60.

Wenn B. dem A. für 5000 Stück Zigarren 500 M. bietet, so ist das ein Angebot zum Abschluß eines Kaufvertrages. A. liest versehentlich 3000 Stück statt 5000 Stück und erklärt kurzweg die Annahme (ohne also die Zahl 3000 besonders hervorzuheben, wodurch sich das Versehen herausgestellt hätte). A. befindet sich dabei offenbar im Irrtum über den Inhalt seiner Willenserklärung, denn das Angebot des B. lautet auf 5000 Stück, A. dagegen nimmt versehentlich an, daß es auf 3000 Stück laute. Es herrscht also Einverständnis über Ware und Preis, es liegt aber bei A. ein Irrtum vor, nämlich ein Irrtum über die Menge der Zigarren. A. befindet sich nun zwar über den Inhalt seiner Erklärung im Irrtum, es ist aber anzunehmen, daß er bei Kenntnis der Sachlage und bei verständiger Würdigung des

Falls die Erklärung der Annahme auch dann abgegeben haben würde, wenn er richtig 5000 Stück gelesen hätte, denn, wie der Text sagt, will A. die 5000 Stück Zigarren um jeden Preis verkaufen, also hätte er ein Angebot über 5000 Stück sogar viel lieber als ein solches über 3000 Stück angenommen. Ob er jetzt noch diesen Willen hat, ist gleichgültig. Die Erklärung des A. ist daher nach § 119 nicht anfechtbar.

Anm. 1. Eck entscheidet anders. Er erklärt den Kaufvertrag bezüglich der 2000 Stück für anfechtbar. (Vgl. die im Text zitierten Stellen.)

Anm. 2. Rosenthal gibt in seinem Kommentar, Anmerkung 7 H zu § 119 unter c das gleiche Beispiel. Die Bemerkung daselbst: „obgleich eine verständige Würdigung des Falles dazu hätte führen müssen, die 2000 Stück Zigarren nicht für 200 M. zu verschleudern", ist meines Erachtens bei der Begründung überflüssig und auch nicht richtig. Denn eine verständige Würdigung des Falles liegt bei A. gerade vor. Er weiß, daß der Preis, den er für die Zigarren verlangt, zu gering ist. Demnach genügt der Hinweis auf den Wortlaut des § 119.

Lösung 61.

Die Anfechtung des A. ist aus folgenden Gründen vollständig unberechtigt.

Wenn A. den Umtausch des Loses anficht, so kann dies nur auf Grund eines Irrtums geschehen. Ein wesentlicher Irrtum im Sinne des § 119 liegt aber auf keiner Seite vor, denn die Voraussetzung beim Kauf bzw. Umtausch eines Loses ist gerade die, daß die Parteien darüber, ob das Los gewinnen wird oder schon gewonnen hat, keine Kenntnis haben. Wenn daher A. nicht weiß, daß Nr. 11 noch mehr gewinnen wird als Nr. 12, so darf er dies auch nicht wissen. Man kann deshalb keinesfalls sagen, daß A. den Umtausch bei Kenntnis der Sachlage nicht vorgenommen hätte. Somit kommt Irrtum nicht in Frage. B. war andrerseits berechtigt, den Umtausch anzufechten, denn ihm fehlte die Kenntnis davon, daß das Los Nr. 12 schon mit Gewinn gezogen war. Der Mangel dieser Kenntnis stellt zweifellos einen wesentlichen Irrtum im Sinne des § 119 dar. B. selbst scheint allerdings, indem er von Benutzung seiner Unkenntnis spricht, mehr an die Möglichkeit einer Anfechtung wegen Betrugs nach §§ 123, 823 zu denken, die ebenfalls nicht ausgeschlossen war, denn A. täuscht den B. und schädigt ihn, indem er ihn dazu bestimmt, daß er einen Gewinn gegen die bloße Gewinnchance hingibt. Natürlich nimmt B. diese Anfechtung jetzt nicht mehr vor, da er durch die egoistische Handlungsweise des A. zufällig einen großen Vorteil erlangt hat, indem das ihm von A. beim Umtausch zurückgegebene Los Nr. 11 20000 M. gewinnt, also das Doppelte des dem A. zurückgegebenen Loses Nr. 12.

Wenn A. einwendet, daß er keine Verpflichtung gehabt habe, den Grund, aus dem er den Tausch begehrte, anzugeben, so richtet sich das anscheinend gegen eine Anfechtung wegen Betrugs seitens des B., hat aber keine Bedeutung für die Begründung einer Rückgängigmachung des Vertrags. Da dolus nicht vermutet wird, so brauchte auch der B. nicht danach zu fragen, ob das Los schon gezogen sei. Ganz haltlos ist endlich die Bemerkung des A., daß B. mit dem Lose Nr. 11 die Chance auf einige noch nicht gezogene Gewinne von größerem Betrage als 10000 M. erhalten habe. Denn die Gewinnchance auf so hohe Summen ist so gering, daß man normalerweise den wirklich gemachten Gewinn einer solchen Gewinnchance bedeutend vorziehen muß.

Somit ist A. mit seiner Klage abzuweisen.

Anm. Auch hier ist zwischen Betrug im Sinne des Zivilrechts und des Strafrechts zu unterscheiden. Wie bereits ausgeführt, genügt zum ersteren bloße Täuschung im Sinne des § 123 verbunden mit Vermögensschädigung. Dadurch sind die Voraussetzungen der Schadensersatzpflicht nach § 823 gegeben. Hier, wie meistens, liegt aber auch ein Betrug im Sinne des Strafrechts vor, denn A. nimmt den Tausch in der Absicht vor, sich einen Vermögensvorteil zu verschaffen.

Lösung 62.

Die Drohung im Sinne des § 123, die hier in Frage kommt, hat verschiedene Voraussetzungen. Wichtig ist vor allem das Mittel, mit dem gedroht wird. § 123 sagt nichts darüber, mit welchem Mittel die Drohung erfolgen muß, damit sie eine Anfechtbarkeit erzeugt, darüber hat daher die Wissenschaft bzw. Rechtsprechung zu entscheiden. Hiernach ist stets dann eine Drohung im Sinne des § 123 anzunehmen, wenn mit einem Übel im Rechtssinne gedroht wird. (Binding.)

Nach obigem fragt sich also: Droht A. dem B. mit einem Übel im Rechtssinne? Das ist zweifellos der Fall. Für einen Kaufmann ist die Bekanntmachung seiner schlechten Vermögenslage sogar eines der größten Übel im Rechtssinne, die es geben kann, denn es wird dadurch sein Kredit gefährdet, und er wird so unter Umständen gänzlich erwerbsunfähig.

Weitere Voraussetzungen der Drohung des § 123 bestehen darin, daß dieselbe ernst gemeint und ernst aufzufassen ist, sowie daß der Drohende zu ihrer Ausführung imstande ist. Das ist hier zweifellos der Fall.

Durch die Drohung wird ferner der B., wie ohne weiteres klar ist, zur Abgabe einer Willenserklärung bestimmt, nämlich zu der, ein Zahlungsversprechen im Sinne des § 780 abzugeben, wonach er dem A. 1000 M. zu zahlen verspricht.

Somit ist die Drohung des A. eine Drohung im Sinne des § 123. Wenn also A. einige Monate später die 1000 M. einklagt und B. nach § 123 das bezeichnete Rechtsgeschäft anficht, so wird die Klage abgewiesen, weil es nach § 142 als von Anfang an nichtig zu betrachten ist.

Wenn A. die 1000 M. erst einige Monate später einklagt, so fragt sich, ob das noch rechtzeitig ist. Nach § 124 ist dies zu bejahen. Denn die Ausschlußfrist für das Recht des B., die Einrede des Zwangs geltend zu machen, beträgt ein Jahr. (Man hüte sich, hier von Verjährung zu sprechen.)

Somit können sowohl die Klage als auch die Einrede auf Grund erfolgter Anfechtung auch jetzt noch geltend gemacht werden.

Daß bezüglich des vorliegenden Schuldversprechens die Formvorschriften der §§ 780, 781 erfüllt sind, ist hier in Ermangelung besonderer Bestimmungen des Textes einfach angenommen worden, da es offenbar nicht der Zweck der Aufgabe sein soll, diese Frage zu erörtern. Übrigens würde § 350 HGB. im Falle eines Formmangels außer Betracht bleiben.

Zu Lösung 62.

Klagt A. erst einige Jahre später die 1000 M. ein, so gilt dasselbe, wie in Lösung 63 ausgeführt. Dann kann B. nach § 124 zwar nicht mehr wegen Zwangs anfechten, der Vertrag kann also nicht mehr nach § 142 rückgängig werden, aber es liegt eine unerlaubte Handlung (Erpressung, § 253 StrGB.) vor und A. kann nach §§ 828 ff. Schadensersatz verlangen. Dieser besteht vermutlich in den versprochenen 1000 M.

Lösung 63.

Unbedenklich ist anzunehmen, daß eine Drohung im Sinne des § 123 vorliegt. Es ist anzunehmen, daß der Handlung des A. eine ernsthafte Absicht des Zwangs zugrunde liegt, daß ferner A. in der Lage ist, das Angedrohte auszuführen, daß es sich um ein Übel im Rechtssinne für den B. handelt und daß B. durch die Drohung zur Unterschrift bestimmt wird. (Vgl. Binding, Grundriß II. S. 35 unter b.) A. klagt aus dem Wechsel. Nach § 82 WO. (e contrario) könnte nun B., falls er gemäß § 124 binnen Jahresfrist seine Annahmeerklärung angefochten hätte, den Einwand des Zwangs erheben und würde damit erreichen, daß das anfechtbare Rechtsgeschäft — nämlich die durch Annahme des Wechsels eingegangene Verpflichtung — als nichtig anzusehen ist. Davon, daß B. diese Anfechtung vorgenommen hat, ist aber nichts gesagt. Vielmehr will B. die Anfechtung erst zwei Jahre nach Beginn der Zwangslage im Prozesse geltend machen. Nun beginnt zwar die einjährige Ausschlußfrist nach § 124 im Falle der Drohung mit dem Zeitpunkte, in welchem die Zwangslage aufhört. Es ist aber praktisch kaum denkbar, daß A. die Zwangslage des B. ein Jahr lang aufrecht erhalten kann. Es ist vielmehr anzunehmen, daß diese bald nach der ersten Zwangshandlung aufhört. Somit wird die Anfechtung des B. vermutlich verspätet sein.

Im Text ist nur von dem Einwande des Zwangs die Rede. Eine andere hier aber nicht gestellte Frage ist die, ob nicht B. aus einem anderen Grunde die Zahlung verweigern kann. Die Handlung des A. ist zweifellos eine unerlaubte, sogar eine strafbare (Erpressung, § 253 StGB.). Ebenso wie daher B. eine Deliktsklage im Sinne des § 823 gegen A. hat, hat er auch eine Deliktseinrede. Diese verjährt aber nach § 852 erst in drei Jahren, also frühestens drei Jahre nach Hingabe des Akzepts. Sie kann also hier noch geltend gemacht werden und Kläger ist daraufhin abzuweisen.

Anm. Nach dem Satze: „jura novit curia" kann übrigens das Gericht in dem Einwand des Zwangs die Vorschützung der Einrede des § 823 oder vielleicht auch des § 821 erblicken und ohne Rücksicht auf die mangelhafte Verteidigung des Beklagten die Klage abweisen.

Über das Wesen und Wechselverpflichtung — insbesondere des Akzepts —, welches hier für das Verständnis nicht ohne Bedeutung ist, vgl. die vorzügliche Abhandlung in Staubs Kom. z. WO., 4. Aufl. S. 3ff.

Zu Lösung 63.

Über die einjährige Frist des § 123 vgl. Näheres Staudinger, Bem. 4 zu § 123.

Über die Schadensersatzpflicht nach §§ 823ff. sagt Näheres Staudinger, Bem. VIII zu § 123.

Lösung 64.

Der Einwand des Zwangs ist unwirksam aus folgenden Gründen:

Wenn B. dem A. damit droht, er werde ihn wegen Beiseiteschaffung eines gepfändeten Klaviers in das Zuchthaus bringen, wenn er nicht die Bürgschaft seiner Frau für die Rückzahlung des Darlehns beschaffe, so ist das für den A. zweifellos eine Drohung im Rechtssinne. Denn B. meint die Drohung ernst, er ist auch, wie zu vermuten ist, imstande, das Angedrohte zu verwirklichen, auch handelt es sich für den A. um ein Übel im Rechtssinne, da eine Strafanzeige in Aussicht gestellt wird. Aber alles dies ist nur dem A. gegenüber geschehen, nicht seiner Frau gegenüber, wenigstens entnehme ich das dem Texte. Wenn deshalb die Frau des A. auch wirklich — sei es aus eignem Entschluß, sei es auf die Aufforderung ihres Ehemanns, des A. hin — die Bürgschaft übernimmt, so tut sie dies zwar unter dem Eindrucke der Drohung, wird aber nicht unmittelbar durch diese bestimmt.

Es liegt daher für sie zwar eine Drohung im Rechtssinne, nicht aber eine solche im Sinne des § 123 vor, da der Kausalzusammenhang fehlt. Die Frau des A. ist in keiner wirklichen Zwangslage. Sie muß daher ihren Verpflichtungen aus der Bürgschaft nachkommen. (Zweifelhaft.)

Aber selbst wenn man die Anfechtbarkeit des Bürgschaftsvertrags verneint, ist die Frage noch nicht endgültig gelöst. Dann fragt sich, in welchem Güterrechtssystem die Ehegatten leben. Leben sie in dem gesetzlichen — also der sog. Verwaltungsgemeinschaft —, so ist zur Verpflichtung der Ehefrau nach § 1412 die Zustimmung des Ehemannes notwendig. Diese ist nun zwar hier gegeben, sie kann aber ebenfalls wegen Zwangs angefochten werden, und zwar von jedem interessierten Dritten, also auch von der Ehefrau. Diese muß also die stillschweigende Zustimmung des Mannes zur Bürgschaftleistung anfechten. Das Endresultat wird hiernach vermutlich doch dahin gehen, daß die Frau des A. die Zahlung verweigern kann.

Zu beachten sind die Zeitangaben in der Aufgabe. Das Jahr des § 124 wäre im Falle der Anfechtbarkeit noch nicht vorüber.

Lösung 65.

Die Drohung mit Schlägen ist hier, wie ohne weiteres klar ist, eine Drohung mit einem Übel im Rechtssinne. Auch hat A., wenn der ihm feindlich gesinnte B. ihm schon längst eine Gewalttätigkeit angekündigt hatte, in dem Augenblick, in welchem B. mit erhobenem Stocke und drohender Gebärde auf ihn zukommt, allen Grund zu glauben, daß A. diese Drohung verwirklichen wolle und auch verwirklichen könne. Es fragt sich daher nur noch, ob A. durch die Drohung des B. zur Abgabe einer Willenserklärung bestimmt worden ist. Indem A. den C. herbeiruft, ihn bittet, ihn von B. zu befreien und ihm dafür 100 M. verspricht, macht er dem C. das Angebot zum Abschluß eines Werkvertrags. Indem C. den B. daraufhin wirklich fortjagt, nimmt er durch konkludente Handlung das Angebot an.

Das Vertragsangebot des A. ist nun aber freiwillig gemacht worden. Es geschieht zwar aus Anlaß der Drohung des B., man kann aber nicht sagen, daß A. zur Abgabe seiner Willenserklärung unmittelbar durch die Drohung des B. bestimmt worden ist, sondern sie ist, wie er ganz richtig, aber zu seinen Ungunsten anführt, nur unter dem Eindrucke der Drohung des B. geschehen. Demgemäß liegt diese Voraussetzung des § 123 nicht vor. Der zwischen A. und C. abgeschlossene Werkvertrag kann demnach von A. auf die Klage des C. hin nicht angefochten werden. A. ist also zur Zahlung der 100 M. zu verurteilen.

Der Umstand, daß hier nicht der eine der Vertragsschließenden, sondern ein Dritter, der B., die Drohung ausspricht, ist für die Wirksamkeit derselben gleichgültig, da für die Drohung nicht die Beschränkung des § 123 Abs. 2 gilt.

Lösung 66.

B. kann die 100 M. nicht zurückfordern, und zwar aus folgenden Gründen:

Die öffentliche Bekanntmachung, daß A. jeden anborge und seine Schulden nicht bezahle, ist für den A., trotzdem sie auf Wahrheit beruht, ein Übel im Rechtssinne (ebenso wie eine Strafanzeige, auch wenn sie begründet ist). Für dessen Onkel B. hat sie aber meines Erachtens nicht viel zu bedeuten, denn dessen guter Name wird durch die Handlungsweise eines leichtlebigen jungen Mannes, des A., der noch dazu Student ist, nicht berührt, selbst wenn er sein Verwandter ist. Nun will C. der Kritik des A. noch die Bemerkung hinzufügen, daß sein Onkel B., auf den er sich beim Anborgen stets berufe, nicht viel mehr wert sei. Das ist meines Erachtens für den Onkel ebensowenig ein Übel im Rechtssinne. Denn diese Bemerkung ist so wenig bestimmt gehalten, daß B. daraufhin schwerlich in der Achtung dritter Personen sinken wird. B. ist also meines Erachtens zur nochmaligen Berichtigung der Schuld des A. nicht unmittelbar durch die Drohung des C. bestimmt worden, sondern er handelt nur unter dem Eindruck der Drohung. Er kann also die 100 M. nicht zurückfordern. (Zweifelhaft.)

Lösung 67.

Indem A. dem C. vorspiegelt, das Pferd des B. Cäsar habe verschiedene Rennen gewonnen, täuscht er den C. Indem er den C. bestimmt, dem B. sein Pferd zu einem unverhältnismäßig hohen Preise abzukaufen, schädigt er das Vermögen des C., er handelt somit widerrechtlich. A. begeht also dem C. gegenüber eine Täuschung im Sinne des § 123. Die Frage ist: Welche Ansprüche hat C.? Es handelt sich dabei um Ansprüche gegen A. und gegen B.

Welche Ansprüche hat C. zunächst gegen A.? A. hat eine unerlaubte Handlung im Sinne des § 823 begangen. Er haftet daher dem C. auf Grund des § 823 auf Schadensersatz. Dieser regelt sich nach Art und Umfang der nach §§ 249 ff. Er besteht in der offenbar sehr großen Differenz zwischen dem wahren Werte des Pferdes und dem von C. gezahlten Kaufpreis.

Eine Anfechtung gegen A. auf Grund des § 123 Abs. 2 Satz 2 ist nicht möglich, weil A. aus der Erklärung des C. nicht unmittelbar ein Recht erlangt hat.

Welche Ansprüche hat C. gegen B.? Hierfür kommt § 123 Abs. 2 in Betracht. Der Tatbestand des ersten Teils von § 123 Abs. 2 ist zwar erfüllt, denn es hat ein Dritter — der A. — die Täuschung verübt, und die Erklärung war einem andern, dem B. gegenüber, abzugeben. B. hat aber vermutlich die Täuschung nicht gekannt, er hat sie auch nicht kennen müssen, denn den Umstand, daß ihm ein unverhältnismäßig hoher Preis von C. geboten wurde, braucht B. noch nicht in dem Sinne auszulegen, daß C. getäuscht worden sei. Es war für B. z. B. auch leicht denkbar, daß C. als Gutsbesitzer ein Pferdeliebhaber sei und als solcher für sein Pferd ein besonderes Interesse habe, das ihn veranlasse, einen den wahren Wert des Pferdes weit übersteigenden Preis für dasselbe zu zahlen. Gegenüber B. wird also der C. mit seiner Anfechtung keinen Erfolg haben.

Welche Ansprüche hat C., wenn A. usw.? Zunächst steht fest, daß die vorliegende Drohung eine Drohung mit einem Übel im Rechtssinne ist, daß sie ernstlich aufgefaßt werden mußte, daß A. die Drohung zu verwirklichen imstande ist und daß C. durch dieselbe zum Abschluß des Kaufvertrags unmittelbar bestimmt wird, daß sie somit eine Drohung im Sinne des § 123 ist. C. kauft infolge der Drohung das Pferd des B., erhält es, wie zu ergänzen ist, übergeben, nimmt es an und zahlt den Kaufpreis dafür. Durch diese Übergabe wird C. Eigentümer des Pferdes, denn die Erfordernisse des § 929 verb. mit § 433 liegen vor. Ebenso wird B. durch Übergabe Eigentümer des Kaufpreises. Diese Erklärung, mit welcher er den Kaufvertrag abschließt, die in der Übertragung enthaltene Einigung und die Zahlung des Kaufpreises kann aber C. nach § 123 Abs. 1 anfechten, trotzdem ein Dritter, beim Vertragsschlusse Unbeteiligter — nämlich der A. — die Drohung ausgesprochen hat. Denn bei der Drohung gelten nicht die Beschränkungen, die nach § 123 Abs. 2 bei der Täuschung für den Fall gelten, daß ein Dritter die Täuschung verübt hat. Nach § 142 erreicht C. mit dieser Anfechtung, daß der Kaufvertrag und die Übergabe als von Anfang an nichtig anzusehen sind. B. muß daher gegen Rückgabe des Pferdes den von C. dafür gezahlten Kaufpreis an C. zurückzahlen.

Lösung 68.

1. Die Drohung des A. ist offenbar eine Drohung im Rechtssinne. Sie ist auch eine solche im Sinne des § 123, denn sie führt zu einer Willenserklärung des B., nämlich zu einem Schuldanerkenntnis. (Vgl. hierzu das bereits früher über Drohung Gesagte.) Die Forderung hieraus tritt

A. an C. ab. C. klagt nun gegen B. aus dem Schuldanerkenntnis, indem er sich zugleich auf die Abtretung stützt. Kann B. das Rechtsgeschäft wegen Zwangs nach § 123 Abs. 1 gegenüber C. anfechten? Daß er das gegenüber dem A. tun kann, ist ohne weiteres klar, er kann es aber auch gegenüber C. Denn schon aus dem Wesen der Abtretung, insbesondere aus § 404 ergibt sich, daß der Schuldner B. dem neuen Gläubiger C. dieselben Einwendungen entgegensetzen kann, die zur Zeit der Abtretung der Forderung gegen den bisherigen Gläubiger A. begründet waren. Eine derselben ist aber hier die des § 123. Dasselbe ergibt sich aus § 142, der nichts darüber sagt, gegen wen angefochten wird. Also kann B. auch gegenüber C. auf dessen Klage aus dem Schuldanerkenntnis die Einrede des Zwangs nach § 123 geltend machen. Es treten nunmehr die Folgen des § 142 ein, d. h. der zwischen A. und B. abgeschlossene Vertrag ist als von Anfang an nichtig anzusehen. Da somit das Schuldanerkenntnis nichtig wird, so ist C. mit der Klage gegen B. abzuweisen.

2. Kann B. im zweiten Falle das Pferd von C. wegen des von A. verübten Zwangs herausverlangen? A. wird durch die Verkaufsübergabe Eigentümer des Pferdes des B., da beide Teile über den Eigentumsübergang einig sind. B. verlangt es von C. auf Grund der Anfechtung der zur Übergabe führenden Einigung gemäß § 123 heraus. (Vgl. hierzu frühere Fälle.) Hat er damit Erfolg? Nach § 142 wird durch die Anfechtung seitens des B. der frühere Rechtszustand wiederhergestellt. Die Folgen der Übergabe des Pferdes durch B. an den A. werden daher aufgehoben, ebenso der Eigentumserwerb des A. Der Eigentumserwerb des C. wird aber durch die Anfechtung nicht aufgehoben, denn die Anfechtung wirkt zwar auch gegen Dritte, aber die Vorschriften zugunsten derjenigen gutgläubigen Dritten, die Rechte von einem Nichtberechtigten herleiten, können durch die Anfechtung nicht berührt werden. Ein solcher Dritter ist aber C. zweifellos, denn er erlangt das Eigentum an dem Pferde gutgläubig. Obgleich nun C. infolge der Anfechtung als ein Erwerber vom Nichteigentümer anzusehen ist, so kann doch nach § 932 sein Eigentumsrecht nicht beeinträchtigt werden. Die Ausnahme des § 935 liegt auch nicht vor, da die Sache keine „sonst abhanden gekommene" ist. C. behält also das Eigentum an dem Pferde, und B. kann in diesem Falle nichts gegen ihn erreichen (vgl. Komm. von Rosenthal, Anm. 60 zu § 142). Dagegen würde C., wenn er bösgläubig wäre, das Pferd an B. herausgeben müssen.

Dem B. bleibt also im zweiten Falle nur die Möglichkeit, sich gegen A. zu wenden und gegen diesen die Schadensersatzklage nach § 823 anzustellen. A. hat durch Drohung — also widerrechtlich — das Eigentum des B. geschädigt, er hat also den dadurch verursachten Schaden zu ersetzen. Die Art und Höhe desselben regelt sich wieder nach §§ 249 ff. Man muß dabei im Zweifel annehmen, daß der Kaufpreis von 500 M., den A. von C. für das Pferd erhalten hat, dem Werte des Pferdes entspricht. Demnach würde der Schadensersatz 500 M. betragen. Ist dagegen der Wert des Pferdes, objektiv betrachtet, ein höherer, so hat A. auch diesen als entgangenen Gewinn zu ersetzen.

Übrigens hat B., wie ohne weiteres klar ist, gegen A. auch die Bereicherungsklage, denn A. ist durch eine Leistung seitens des B. bereichert. Diese ist aber, wenn sie mit der Schadensersatzklage konkurriert, nicht zu empfehlen, da mit ihr möglicherweise weniger erlangt wird.

Lösung 69.

1. Wer zur Abgabe einer Willenserklärung durch arglistige Täuschung oder widerrechtlich durch Drohung bestimmt worden ist, kann nach § 123 die Erklärung anfechten. Im vorliegenden Falle erscheint nun zweifelhaft, ob Widerrechtlichkeit vorliegt. Denn was A. von B. verlangt, ist ja sein gutes Recht. Er hat die 100000 M. von B. zu beanspruchen. Wenn er seine Kenntnis von dem Verbrechen des B. dazu benutzt, um zu seinem Gelde zu kommen, dürfte das nichts Widerrechtliches sein. Staudinger, Bem. III zu § 123 sagt hierzu u. a.:

„Es wäre widersinnig und mit dem Grundsatz der Herrschaft von Treu und Glauben im Verkehr nicht in Einklang zu bringen, wenn der Schuldner die Erfüllung seiner fälligen Schuld unter Berufung auf die Unfreiheit seines Zahlungswillens anfechten könnte; auch wäre es regelmäßig unpraktisch; denn hat der Schuldner bereits geleistet, so hätte die Anfechtung der Leistung doch nicht den Erfolg, daß der Gläubiger das wieder herausgeben müßte, was er durch die ihm gebührende Leistung erlangt hat."

2. Hiernach spricht also Staudinger klar aus, daß Anfechtung wegen Drohung ausgeschlossen ist, wenn der Erklärende für Abgabe seiner Erklärung ohnehin rechtlich verpflichtet war. Hierunter rechnet er auch den Fall der Drohung mit Strafanzeige. Aber in Fall 69 liegt sogar noch ein besonders dringlicher Fall vor. Ohne die Drohung wäre B. nach Amerika gegangen und das Geld für A. vermutlich verloren gewesen. Sie ist also Mittel berechtigter Selbsthilfe, wird daher nicht widerrechtlich sein. Das von Staudinger am Anfang des Obigen angeführte Beispiel, daß jemand durch Androhung eines Verbrechens etwas an sich Berechtigtes erzwingt, kommt nicht in Frage, weil zur Strafanzeige jeder berechtigt ist.

Hiernach bestreitet A. mit Recht, daß er zur Rückerstattung der 1000 M. an B. verpflichtet sei, weil keine widerrechtliche Handlung vorliegt. Ob die Aufrechnung zulässig ist, ist hiernach nicht zu untersuchen.

3. War das Darlehn erst nach Jahresfrist fällig, so hat A. auf die Rückzahlung noch kein Recht. Dann ist also die Drohung widerrechtlich. Indessen wird schon im oben Ausgeführten angedeutet, daß hier erlaubte Selbsthilfe vorliegen könnte. Das würde ich hier annehmen. A. hat keine andere Möglichkeit, sein Recht zu verwirklichen. Daher würde ich die Anfechtung auch jetzt nicht für zulässig halten. Freilich hat A. noch kein Recht auf den Besitz des Geldes. Wenn ihn B. auf andere Weise sichert, wird er es unter Umständen zurückgeben müssen.

4. Auf diesem Standpunkt steht die Praxis allgemein. Der Anwalt z. B. kommt häufig in die Lage, nicht nur mit Zivilklage, sondern auch mit Strafklage zu drohen. Gerade diese hilft seinem Klienten oft am meisten, z. B. wenn die Vollstreckung gegen den Schuldner Schwierigkeiten macht, wird dieser sich oft zur Leistung bequemen, wenn er weiß, daß der Gläubiger Strafanzeige machen will, vorausgesetzt, daß diese voraussichtlich zur Verurteilung führt. Im Leben ist am häufigsten die Drohung mit der Betrugsanzeige. Natürlich darf der Gläubiger keinen rechtswidrigen Vermögensvorteil beabsichtigen, dann liegt sofort Erpressung vor (§ 253 StGB.). Er muß also Grund zu der Annahme haben, daß er mit der Zivilklage durchkommen wird. Dementsprechend sagt Olshausen, 5. Aufl. Bem. 5 zu § 253:

„Abweichend vom § 240 genügen Drohungen aller Art (vgl. jedoch §§ 254 Nr. 2, 255 Nr. 3); neben die Drohungen mit strafbaren Handlungen (vgl. z. B. RG. III, 3. Juli 1884, R. 6, 508, Drohung eines Droschkenkutschers, einen Fahrgast nicht weiterfahren zu wollen) treten diejenigen mit rechtmäßigen (minae juris) oder rechtlich irrelevanten Handlungen; so die GM. insbesondere RG. I, 12. Februar 1880, III, 11. Juni, II, 22. November 1881, III, 6. Oktober 1890, E. 1, 205, 4, 279, 5, 171, 21, 114 (Drohung durch sofortige Geltendmachung seiner liquiden Forderung im Wege der Hilfsvollstreckung den finanziellen Ruin des anderen zu bewirken; bzw. mit einer erlaubten oder an sich nicht unberechtigten Handlung; bzw. mit Verhängung einer Platzsperre IV), 29. April 1892, 22. Januar 1897, G. 40, 54, 45, 39 (Drohung einen gestellten Strafantrag nicht zurückzunehmen, selbst bei Unstatthaftigkeit der Zurücknahme; bzw. in Aussichtstellung des Boykotts der Fabrikate eines Fabrikanten), Berlin, 13. November 1873, 9. Februar 1877, St. 3, 211, 7, 140 (Drohung mit Anzeige bei der Staatsanwaltschaft, auch falls der Drohende die anzuzeigende Tat für strafbar hielt.) 27. Juni 1876 O. 17, 459 (Drohung mit Veröffentlichung einer Tatsache durch die Presse)" usw.

„Unter obiger Voraussetzung genügt insbesondere auch Drohung mit Anstellung einer Zivilklage, sei es einer an sich begründeten aber nicht die Durchsetzung des begründeten Anspruchs, sondern eines anderen rechtswidrigen Vermögensvorteils bezweckenden (so zit. RG. 12. Februar 1880) sei es eines entweder überhaupt (RG. II, 7. April 1893, G. 41, 39, 3. April 1894 — s. o. —) oder wenigstens der Höhe nach (RG. III, 17. März 1890, E. 20, 326) unbegründeten; desgl. die Androhung einer Zwangsvollstreckung (auf Grund eines erschlichenen Vollstreckungstitels nach der dem Drohenden bekannten Tilgung des Anspruchs RG. II, 11. Dezember 1894, E. 26, 305.)"

5. Schließlich ist noch zu untersuchen, ob die Aufrechnung zulässig ist, wobei natürlich die Annahme vorausgesetzt wird, daß B. überhaupt die 10000 M. zurückfordern kann. Dies überlasse ich einstweilen dem Leser.

6. Zu beachten sind noch die §§ 812ff. insbesondere § 814.

Lösung 70.

Die Bestrafung des Sohnes ist für den Vater ein Übel im Rechtssinne, die Drohung ist auch ernst gemeint und wohl ausführbar. Die Bürgschaft des Vaters ist also anfechtbar. Der Einwand des Zwangs scheint begründet. Durch die Anfechtung wird die Bürgschaft hinfällig (§§ 123, 142).

Für die zweite Drohung gelten dieselben Gesichtspunkte.

Anm. Strafrechtlich käme außerdem Erpressung (§ 253 StrGB.) in Frage. Das Reichsgericht (Olshausen, Bem. 5 zu § 253 StrGB.) straft bei Drohung mit Strafanzeige, wenn sie in der Absicht geschieht, sich einen rechtswidrigen Vermögensvorteil zu verschaffen, wegen Erpressung. Fraglich kann hier nur die Rechtswidrigkeit des Vermögensvorteils sein. Gegenüber dem B. hatte A. nur dann ein Recht auf Schadensersatz, wenn die Voraussetzungen des § 828 Abs. 2 vorliegen, was wohl anzunehmen ist. Gegenüber dem Vater ist eine Klage zulässig, wenn dieser als aufsichtspflichtiger Dritter in Frage kommt, was wohl nicht der Fall ist, da es sich um einen Lehrling handelt (§§ 832, 829). Danach wäre objektiv vielleicht eine Erpressung festzustellen, schwerlich aber subjektiv, da man dem Kaufmann A. eine genauere Kenntnis dieser rechtlichen Fragen bei Beachtung des Satzes: „Im Zweifel für den Angeklagten“ wohl nicht zumuten wird.

Zu Lösung 70.

Ich möchte auch die gegenteilige Ansicht für möglich halten. Zu der Strafanzeige ist A. berechtigt. Auch hat er gegen B. eine Forderung auf Ersatz des Unterschlagenen. Wenn er nun dem Vater mit Strafanzeige droht, so ist fraglich, ob er damit „widerrechtlich“ droht, wie es § 123 verlangt. Dem B. kann er zweifellos drohen. Dem Vater kann er nur drohen, wenn er zu der Annahme berechtigt ist, der Vater sei zum Ersatz verpflichtet. Da das selbst für den Juristen zweifelhaft sein kann, wird man die Drohung als subjektiv rechtswidrig im Sinne des § 253 StrGB. nicht ansehen können, aber als objektiv rechtswidrig, falls der Vater nach § 832 nicht haftet. Wie schon in Lösung 69 hervorgehoben wird, ist wohl zu unterscheiden zwischen Widerrechtlichkeit im Zivilrecht und im Strafrecht.

Lösung 71.

Wenn die Parteien A. und B. nach langen Verhandlungen übereinkommen, den Kaufvertrag über das Gemälde schriftlich aufzusetzen, so bekunden sie damit die Absicht, daß das bisher mündlich Verhandelte durch die schriftlichen Erklärungen ersetzt werden soll, daß also, soweit zwischen dem bisher mündlich Verhandelten und dem nunmehr schriftlich Erklärten Differenzen bestehen, nur das schriftlich Erklärte gelten soll. Dadurch wird aber nicht die Möglichkeit ausgeschlossen, den schriftlichen Vertrag durch spätere mündliche Bestimmungen abzuändern oder zu ergänzen, falls die Parteien dies übereinstimmend beabsichtigen. Denn nach § 125 Satz 2 ist ein solcher Zusatz nur im Zweifel nichtig. Wenn daher A. und B. wie hier verabreden, daß die Vereinbarung wegen der Ablieferung, die sie versehentlich nicht in den schriftlichen Vertrag aufgenommen haben, gerade so gut gelten solle, wie wenn sie niedergeschrieben wäre, so ergänzen sie insofern den früheren Vertrag, und diese Vereinbarung ist zweifellos gültig. (Vgl. Rosenthal, Anm. 25 zu § 125.)

B. stützt sich anscheinend in seiner Verteidigung auf § 154. Nach § 154 ist ein Vertrag im Zweifel noch nicht geschlossen, solange nicht die Parteien sich über alle Punkte geeinigt haben, über die nach der Erklärung auch nur einer Partei eine Vereinbarung getroffen werden sollte. Diese Vorschrift kommt hier nicht in Frage, weil ja hier gerade über alle Punkte eine Einigung vorliegt, sobald man annimmt, daß die mündliche Vereinbarung gültig ist. A. hat das Bedenken, daß ev. die mündliche Verabredung als nichtig anzusehen und daher § 139 anwendbar sein könnte, wonach, wenn ein Teil eines Rechtsgeschäfts nichtig ist, das ganze Rechtsgeschäft nichtig ist, wenn nicht anzunehmen ist, daß es auch ohne den nichtigen Teil vorgenommen worden wäre. Dieses Bedenken ist aber nach dem Obigen unbegründet, denn der fragliche Teil des Rechtsgeschäfts — nämlich die Ablieferungsvereinbarung — ist gültig, weshalb die Voraussetzung des § 139 verbunden mit § 154 gar nicht vorliegt.

B. ist somit nicht nur zur Übergabe, sondern auch zur Ablieferung des Gemäldes an A. zu verurteilen.

Anm. In dem Mietvertragsformular der Hausbesitzer steht, daß nur schriftliche Nebenabreden gelten, mündliche dagegen ungültig sein sollen. Sogar in diesem Falle steht die Praxis meist auf dem Standpunkte, daß jene Schriftklausel durch mündliche Vereinbarung aufgehoben werden kann.

Zu Lösung 71.

Die Lösung wird, wie viele andere, noch genauerer Ausführung bedürfen, es ist gerade beabsichtigt, dies dem Leser zu überlassen. Er findet das hierher Gehörige, Staudinger, Bem. 4, 5 zu § 125. Zu beachten ist noch, daß in Fall 71 nicht einmal vereinbart ist, daß mündliche Abreden ungültig sein sollen.

Lösung 72.

Wenn A. dem B. den Mietvertrag zur Unterschrift vorlegt, so ist das eine Vertragsofferte. Indem B. unterschreibt, nimmt er die Offerte an. B. genehmigt damit den Vertragsinhalt. Wenn er den Vertrag nicht durchliest und sich übersetzen läßt, so erklärt er sich im Zweifel mit dem Vertrage trotzdem einverstanden, selbst für den Fall, daß er anderes bestimmen sollte als er annimmt. Er unterwirft sich also der fünfjährigen Vertragsdauer und kann später nicht mehr zum Schluß des ersten Jahres kündigen.

Dagegen ist B. nicht wie ein Analphabet zu behandeln — ein besonderes Recht für diese gibt es überhaupt nicht — denn er war in der Lage, sich den Vertrag übersetzen zu lassen und ihn dann durchzulesen. Indem er dies nicht tat, handelte er unvorsichtig. Die Haftung dafür kann keinesfalls dem A. aufgebürdet werden. Es kann also bei B. ein Irrtum vorliegen.

Dem B. bleibt unbenommen, den Vertrag nach § 119 anzufechten. Das muß er aber zum Ausdruck bringen. Sein Vorbringen enthält meines Erachtens noch keine Anfechtung. Dasselbe ist mindestens unklar. Nach § 139 ZPO. hat daher der Vorsitzende das Fragerecht auszuüben. Das Vorliegen des

Irrtums muß V. natürlich beweisen. Tut er es, so ergeben sich die Folgen der §§ 119, 142, 122 Abs. 1. Der Vertrag wird also zwar rückgängig, aber V. hat dem A. Schadensersatz zu leisten.

Zu Lösung 72.

Die Schadensersatzpflicht wegen des Kennenmüssens beruht auf § 123.

Lösung 73.

1. Nach § 130 wird eine Willenserklärung, die einem anderen gegenüber abzugeben ist — eine solche liegt hier vor — wenn sie in dessen Abwesenheit abgegeben wird — ob eine solche vorliegt ist zu untersuchen — in dem Zeitpunkte wirksam, in welchem sie ihm zugeht. Nach § 130 Abs. 2 ist es ohne Einfluß auf die Wirksamkeit der Erklärung, wenn der Erklärende nach deren Abgabe stirbt oder geschäftsunfähig wird. Das BGB. nimmt somit in § 130 die sog. Empfangstheorie an, verwirft dagegen die Äußerungstheorie und die Vernehmungstheorie. Hierüber sagt Staudinger, Bem. III vor § 116 Näheres. Betreffs des Begriffs „Zugehen" findet sich folgendes:

> „Dagegen wird Isay zuzustimmen sein, wenn er (S. 93) gegen Planck, Endemann, Enneccerus und Rehbein die vom Gesetz absichtlich (s. M. I 156) unentschieden gelassene Frage, ob für Willenserklärungen unter Anwesenden ebenso wie für solche unter Abwesenden das bloße Zugehen genüge, oder hier Kenntnisnahme zu verlangen sei, im ersteren Sinne beantwortet; ‚sicherlich ist eine einem Anwesenden übergebene schriftliche Erklärung schon mit Übergabe wirksam, auch ohne daß der Empfänger sie gelesen hätte'. Bei mündlichen Erklärungen unter Anwesenden (über telephonische Erklärungen s. die Bem. zu § 147) ist natürlich zu beachten, was für alle empfangsbedürftigen Willenserklärungen gilt, daß von einem Zugehen keine Rede sein kann, wenn der Erklärende weiß oder wissen muß, daß dem Adressaten — z. B. wegen Taubheit — die Möglichkeit der Wahrnehmung fehlt."

Staudinger führt nun weiter die genannten Unterschiede der verschiedenen Theorien aus und sagt dann unter 3.

> „Die Frage, ob eine Erklärung ihrem Adressaten zugegangen ist, ist zwar an sich verschieden von der Zulässigkeit des gewählten Erklärungsmittels; beide Fragen stehen aber doch, wie sich aus folgendem ergibt, in engem Zusammenhang. Der Zweck des Zugehens ist die Kenntnisnahme von der Willenserklärung durch den Empfänger. Nun erfordert ja der Begriff des Zugehens keineswegs, daß dieser Zweck sich im Einzelfalle tatsächlich verwirkliche. Immerhin darf dem Zugehen die ihm eigentümliche Rechtswirkung dann nicht zugeschrieben werden, wenn von vornherein die Möglichkeit der Zweckerfüllung ausgeschlossen ist. Das ist der Fall, wenn das gewählte Erklärungsmittel ein solches ist, daß es dem Erklärungszwecke gegenüber diesen Adressaten gar nicht

dienen kann. Das Erklärungsmittel muß ein zulässiges sein; was zulässig ist, läßt sich dabei nicht absolut bestimmen, sondern muß nach der Verkehrsübung und Lebenserfahrung bemessen werden. Wenn ein Diplomat dem anderen in einem französischen Briefe eine Willenserklärung abgibt, so ist das etwas anderes, wenn ein Gutsbesitzer seinem Knecht einen französischen Brief schreibt. Im ersten Fall ist die Möglichkeit der Kenntnisnahme durch den Empfänger empirisch begründet, im zweiten nicht. Es wird also beim Adressaten Erkenntnisfähigkeit in bezug auf das Erklärungsmittel erfordert. Aber sie ist nur zu fordern ohne Rücksicht darauf, ob sie ihm gerade im konkreten Falle infolge besonderer Umstände vielleicht mangelt. Erklärt demnach der Gutsbesitzer seinem Knecht, der des Lesens kundig ist, seinen Willen in einem deutsch geschriebenen Brief, kann aber der Knecht infolge einer Augenentzündung tatsächlich nicht lesen, so tritt die rechtliche Wirkung des Zugehens trotz dieses besonderen Umstandes ein. Anders wiederum, wenn der Gutsbesitzer selbst weiß, daß der Knecht wegen Augenentzündung nicht lesen kann, denn dann ist das Verhalten des Erklärenden gegenüber dem Erklärungsempfänger kein derartiges, daß es mit Sicherheit zum Schlusse auf den Geschäftswillen des Erklärenden nötigt; dieser Schluß wird eben dadurch vereitelt, daß der Erklärende sich mit Bewußtsein eines untauglichen Mittels bedient hat. Das alles gilt für Willenserklärungen unter Anwesenden in gleicher Weise, wie für solche unter Abwesenden; ein durchschlagender Grund für eine Verschiedenheit in der rechtlichen Behandlung beider Fälle ist nicht ersichtlich. Ich kann daher dem gegenüber, den ich als taub kenne, mündlich keine Willenserklärung abgeben. (S. oben, Vorbem. II, 1 vor § 116). Ergibt sich für die Wirksamkeit der Willenserklärung gegenüber Abwesenden und gegenüber Anwesenden ein Unterschied, so hat dieser seinen Grund in der Verschiedenheit der tatsächlichen Verhältnisse, nicht der Rechtsregeln. Einem Abwesenden geht eine Willenserklärung mit Rechtswirksamkeit zu, auch wenn er im Augenblick des Zugehens ein Mittagsschläfchen macht oder in der Narkose ist; einem anwesenden Schlafenden oder Narkotisierten kann sie nicht zugehen nach der Regel, daß der Erklärende sich nicht bewußt eines untauglichen Erklärungsmittels bedienen darf, einer Regel, die ebenso für Erklärungen unter Abwesenden gilt; ist der Schlafende anwesend, so weiß der Erklärende, daß jedes Erklärungsmittel ihm gegenüber jetzt untauglich ist; ist er abwesend, so weiß der Erklärende von dieser Besonderheit seines Zustandes nichts, es fehlt also an der tatsächlichen Voraussetzung für die Anwendung der Regel."

„Gegen diese Auffassung läßt sich nicht etwa einwenden, daß § 130 schlechthin das Zugehen als entscheidend erkläre und von

Tauglichkeit oder Untauglichkeit des Erklärungsmittels sowie vom Wissen des Erklärenden hierum keine Rede sei. Dieser Einwand würde einer petitio principii gleichkommen. Die Frage ist eben: „Was heißt zugehen?“ Diese Frage muß in erster Linie aus dem Zwecke der Vorschrift beantwortet werden. Nun lehnt aber das BGB. die Vernehmungstheorie sicher nicht deshalb ab, weil ihm eine Aufnahme der Willenserklärung in das Bewußtsein des Erklärungsempfängers überhaupt als überflüssig erscheint, sondern darum, weil dem Erklärungsempfänger nicht die Möglichkeit gewährt werden soll, sich dieser Entgegennahme der Erklärung eigenwillig zu verschließen und weil dem Erklärenden nicht der schwierige Beweis der tatsächlichen Kenntnisnahme durch den Erklärungsempfänger zugemutet werden soll. Daher kann der Anwesende nicht das Zugehen der mündlichen Erklärung dadurch verhindern, daß er sich die Ohren zuhält, der Abwesende das Zugehen des Briefs nicht dadurch, daß er ihn ungelesen ins Feuer wirft; dem Anwesenden ist die Erklärung auch dann zugegangen, wenn er so wenig aufmerkt, daß er sie gar nicht versteht. Hier ist die Fiktion der Kenntnisnahme gerechtfertigt. Aber sie ist es nicht, wo nach der allgemeinen Lebenserfahrung oder der besonderen Kenntnis des Erklärenden gar nicht die Möglichkeit einer Kenntnisnahme gegeben ist.“

Weiter sagt Staudinger sodann unter 4:

„Bei unserer im vorstehenden dargelegten Auffassung, welche die Vollendung der Willenserklärung unter Abwesenden und unter Anwesenden grundsätzlich den gleichen Regeln unterstellt, verliert die Frage, ob eine Willenserklärung eine solche unter Anwesenden oder eine solche unter Abwesenden sei, an praktischer Bedeutung. Zweifelhaft kann diese Frage namentlich bei telephonischen Willenserklärungen erscheinen, sofern diese von Person zu Person, also ohne Dazwischentreten von Mittelspersonen, gemacht werden. § 147 stellt für den dort geregelten Fall den telephonischen Vertragsantrag dem einen Anwesenden gemachten Vertragsantrag gleich. Das nötigt aber noch keineswegs zu dem Schlusse, daß der Verkehr mittels Fernsprechers rechtlich überhaupt Verkehr unter Anwesenden sei. Die generelle Entscheidung dieser allgemeinen Frage wurde, da sich für sie ‚schwerlich eine passende Fassung finden lassen würde‘ von der II. Komm. (P. I. 78 ff.) mit Absicht vermieden mit dem Hinweis ‚man könne es der Wissenschaft und Praxis überlassen, den dem § 83 Satz 2 (jetzt § 147) zugrunde liegenden Gedanken in sonstigen Fällen, soweit derselbe zutreffe, gleichfalls zu verwerten‘. Vgl. auch E. Jung in der Gießener Festgabe für Dernburg S. 140 ff.“

2. Betrachtet man an der Hand dieser Äußerungen Staudingers den vorliegenden Fall, so scheinen sie dafür zu sprechen, daß ein „Zugehen“ der Annahmeerklärung in vorliegenden Falle nicht vorliegt. Insbesondere weise ich dabei auf die Worte hin: „Ist der Schlafende anwesend, so weiß er,

daß jedes Erklärungsmittel ihm gegenüber untauglich ist.“ Trotzdem möchte ich den Vertrag als abgeschlossen betrachten. Es liegt ein Vertrag nach § 148 vor, denn der Antragende hat für die Annahme des Antrags eine Frist bestimmt, nämlich nachmittags 3 Uhr. B. kommt aber 10 Minuten vor 3 Uhr. Bei einem so kurzfristigen Geschäft kann B. immer noch annehmen, daß A. zur rechten Zeit, also vor 3 Uhr erwacht oder, wenn er erst nach 3 Uhr erwacht, daß er sich nach jeder Richtung vergewissert, daß keine Antwort eingegangen ist. Auch wollte B. den A. nur deshalb nicht aufwecken, um ihn nicht zu stören. Man kann meines Erachtens nicht sagen, daß die Möglichkeit der Wahrnehmung nicht „empirisch begründet“ war. Dazu kommt aber, daß die Willenserklärung doch durch das Fortgehen des B. eine solche unter Abwesenden wird, § 130.

Hiernach möchte ich annehmen, daß die Annahme dem Antragenden gemäß § 148 noch innerhalb der Frist zugegangen ist.

Mindestens aber liegt eine Fahrlässigkeit des A. darin, daß er nach seinem Erwachen den Brief des B. nicht wenigstens durchliest oder Ermittelungen darüber anstellt, ob Nachrichten eingingen. Bei einem so kurzfristigen Geschäft durfte er sich überhaupt zu dieser Zeit nicht in einen Zustand versetzen, in dem er die Annahmeerklärung nicht vernehmen konnte. Er durfte zu der Zeit nicht schlafen, sondern mußte gespannt den Eingang der Antwort erwarten. Oder wenn er schlief, mußte er nach dem Erwachen doppelt eingehende Ermittelungen anstellen, ob eine Antwort einging.

Hat also A. den Brief gar nicht gelesen, so war seine Handlungsweise um so fahrlässiger. Hiernach hat meines Erachtens A. gemäß §§ 749 ff. dem B. Schadensersatz zu leisten. Hierbei aber ist nicht zu übersehen, daß ein konkurrierendes Verschulden des B. in Frage kommen kann, insofern er den A. nicht geweckt hat. Die Rücksichtnahme war eben in diesem Falle nicht am Platze. § 254 ist also zu beachten.

Hat A. den Brief gelesen, so würde ich um so mehr ein „Zugehen“ annehmen. Es wäre mindestens dolos, wenn A. nunmehr aus dem Umstande, daß er beim Zugehen schlief, Nutzen ziehen und den Vertrag einseitig ablehnen könnte. (Schikaneverbot, § 226.) Jedenfalls wäre die Schadensersatzpflicht gegeben.

Wenn B. dem schlafenden A. allerdings die Annahmeerklärung zugerufen hat, so kann er sich nicht auf den Vertrag berufen. Denn dann hat er ein untaugliches Erklärungsmittel gewählt. Es war anzunehmen, daß A. auf diese Weise keinesfalls Kenntnis von der Annahme erhielt, während beim Schreiben des Briefes diese Möglichkeit nicht ausgeschlossen war und weil dann eben eine Mitteilung unter Abwesenden in Frage kam.

3. Wer den Fall als Examenfall, wozu er sehr geeignet ist, bearbeitet, muß die einzelnen Fragen noch genauer hervorheben, etwa so: Liegt eine Willenserklärung unter Anwesenden oder unter Abwesenden vor? Antwort: Zunächst unter Anwesenden, später wird sie zu einer unter Abwesenden. Wann wird eine solche wirksam? Ist insbesondere aus § 130 die Antwort zu finden, obwohl dieser von Willenserklärungen unter Abwesenden spricht?

Aus § 130 ist auch für Willenserklärungen unter Anwesenden eine Regel zu entnehmen. Unter Anwesenden gilt erst recht die Regel, daß die Willenserklärung mit dem Zugehen wirksam wird. Aber die Schwierigkeit liegt darin, was unter dem „Zugehen“ zu verstehen ist. Der Anwesende muß sich dem anderen Anwesenden gegenüber so benehmen, daß die Möglichkeit vorhanden ist, daß er vom Zugehen Kenntnis erhält. Ob das A. tat, ist zweifelhaft, aber da er wieder weggeht, ist § 130 anwendbar. Ferner: Kommt eine Schadensersatzpflicht des A. oder B. in Frage? Liegt etwa ein konkurrierendes Verschulden vor? usw.

Lösung 74.

Der Fall ist nach § 133 verb. mit § 157 zu entscheiden. Es liegt Mäklervertrag vor, §§ 652 ff. Es ist die Absicht der Parteien, daß B. für die besonders schwierige Aufgabe, dem A. 100000 M. zu verschaffen, auch eine besonders hohe Gegenleistung erhalten soll. Wenn A. dem B. als Gegenleistung ein Fünfmarkstück gibt, indem er sich auf die Verabredung beruft, daß „ein Stück Goldes“ versprochen war, so beruft er sich damit auf den buchstäblichen Sinn des Ausdrucks, nicht aber auf den wirklichen Willen der Parteien. Wenn also B. die ortsübliche und angemessene Provision von $^1/_2\,^0/_0$ einklagt (§§ 316, 315), so ist er damit noch sehr bescheiden. Er könnte eine viel höhere Summe fordern, die, falls er es beantragt, auch vom Gericht festzusetzen wäre. Das hat er aber nicht getan. Da ultra petita nicht zu erkennen ist, so ist A. zur Zahlung von 495 M. zu verurteilen. Oder geht § 653, 2 hier den §§ 316, 315 vor? Ist überhaupt die Gegenleistung unbestimmt?

Lösung 75.

Der Fall dürfte analog Fall 76 zu behandeln sein, deshalb wird nur auf diesen Bezug genommen. Hiernach kommt § 134 nicht zur Anwendung. Der Vertrag zwischen A. und B. ist gültig. A. hat dem B. die Hälfte des Gewinns herauszugeben. A. und B. sind dabei als Gesellschafter (§§ 705 ff.) anzusehen.

§ 762 kommt nicht in Betracht, weil es sich um eine staatlich konzessionierte Lotterie handelt.

Lösung 76.

Der Satz: A. kauft unter Verstoß usw. bedarf der Berichtigung. A. kann nicht gegen das fragliche Gesetz verstoßen, denn dasselbe verbietet den Geschäftsbetrieb den Inhabern der Läden, d. h. sie dürfen zu den vom Gesetz bestimmten Zeiten keine Waren feilbieten. Es kann also nur B. gegen das Gesetz verstoßen. (Diese Undeutlichkeit des Ausdrucks erklärt sich aus dem Bestreben möglichster Kürze bei Angabe des Tatbestandes.)

Der zwischen A. und B. abgeschlossene Kaufvertrag verstößt nun, wie feststeht, gegen ein im Gesetz über die Sonntagsruhe enthaltenes Verbot, also gegen ein gesetzliches Verbot. Nach § 134 muß daher der Kaufvertrag nichtig sein, wenn nicht aus dem Gesetz ein anderes hervorgeht. Das letztere ist aber hier der Fall. Denn die Motive des fraglichen Gesetzes und dessen

Charakter im allgemeinen ergeben, daß seine Verbote nur polizeilicher Natur sein sollen, daß daher auch ein Zuwiderhandeln gegen dasselbe die Nichtigkeit eines abgeschlossenen Kaufgeschäfts nicht herbeiführen soll. Der über die Kiste Zigarren abgeschlossene Kaufvertrag ist daher giltig. Wenn also B. auf seine Vorleistung hin auf Grund von § 433 gegen A. die Kaufklage anstellt, so wird A. daraufhin zur Zahlung des Kaufpreises verurteilt.

Anm. Diese Grundsätze gelten bei allen Gesetzen, deren Vorschriften polizeilicher Natur sind.

Zu Lösung 76.

Die Bestimmungen über die Sonntagsruhe, die hier genau durchzuarbeiten sind, finden sich in der Gewerbeordnung und in den Landesgesetzen. Die Bestimmungen über die Sonn- und Festtagsruhe der gewerblichen Arbeiter einschließlich der im Handelsgewerbe und Bergbau beschäftigten enthält GewO. §§ 41a, 41b, 55a, 105a—105i, 146a, 154, 1, 154a. Das sächsische Sonntagsgesetz ist vom 10. September 1870. Feiertage im Sinne des Gesetzes sind in Sachsen außer den drei hohen Festen die Bußtage, Karfreitag, Reformationsfest, Neujahr, Hohneujahr und Himmelfahrt, in gewissen Gegenden auch die großen katholischen Feiertage, z. B. Mariä Himmelfahrt.

Zuwiderhandlungen werden nach GewO. §§ 146a, 149, 1 Ziffer 7, StrGB. § 366, 1 und Ges. vom 10. September 1870 § 11 bestraft. Über das Verhältnis der landesrechtlichen und reichsrechtlichen Strafbestimmungen s. OLG. Dresden 18. Oktober 1906, Fischers Zeitschrift XXII, 273.

Kommt Landesrecht in Frage, so findet man die verwaltungsrechtliche Literatur immer am besten in den Handwörterbüchern des Verwaltungsrechts, in Sachsen in v. d. Mosel, Handwörterbuch des sächs. Verwaltungsrechts, in Preußen gibt es ebenfalls ein solches Handwörterbuch, herausgegeben von Mitgliedern des Oberverwaltungsgerichts. Im vorliegenden Falle wäre unter „Sonntagsruhe" usw. zu suchen.

Meine Lösung bestätigt Staudinger, Bem. 5c zu § 134.

Lösung 77.

Entmündigungsgründe sind nach § 6 lediglich Geisteskrankheit, Geistesschwäche, Verschwendung, Trunksucht. Andere Entmündigungsgründe gibt es nicht. Auch kann die Entmündigung nach den §§ 645—680 ZPO. lediglich durch Gerichtsbeschluß erfolgen. Daraus folgt, daß es eine vertragsmäßige Entmündigung nicht gibt. Der vorliegende Vertrag zwischen A. und seiner Ehefrau ist daher nichtig. Daran ändert auch der Umstand nichts, daß derselbe gerichtlich beurkundet ist. (Das würde in der Praxis auch schwerlich möglich sein, denn nach den Landesgesetzen, z. B. nach dem § 49 Abs. 3 des sächs. Ges. vom 15. Juni 1900, kann es zu einer solchen Beurkundung überhaupt wohl nicht kommen.)

Der Vertrag ist aber hier möglicherweise noch aus einem anderen Grunde nichtig, nämlich deshalb, weil er eine unzulässige Freiheitsbeschränkung enthält (§ 138).

Unter allen Umständen ist also der Vertrag der Eheleute nichtig, daher ist der Dahrlehnsvertrag gültig und A. auf die Dahrlehnsklage hin zu verurteilen.

Lösung 78.

Es handelt sich um die Anwendbarkeit des § 134.

Nach dem Reichsgesetz vom 15. Juni 1897 soll die Margarine in viereckigen Stücken mit der Aufschrift „Margarine" in den Handel gebracht werden oder in Fässern mit einer entsprechenden großen Aufschrift. In Ermangelung einer Bestimmung hierüber nehme ich an, daß die Lieferung des B. an A. diesen Voraussetzungen entspricht. A. kauft nun bei B. nur deshalb, weil er dessen Margarine als Kunstbutter weiter veräußern kann. Das Motiv hat aber auf die Gültigeit eines Vertrags — also privatrechtlich — im allgemeinen keinen Einfluß. Man kann nicht behaupten, daß der vorliegende Vertrag „gegen ein gesetzliches Verbot verstößt". Ich würde also den § 134 nicht anwenden, sondern den Vertrag für gültig halten.

Zu einem anderen Resultat kommt man ev. vom Gesichtspunkte des Strafrechts. Danach macht sich A. zwar nicht dadurch, daß er die Margarine kauft, wohl aber dadurch, daß er sie als Naturbutter verkauft, einer Verletzung des Reichsgesetzes und zugleich eines Betrugs schuldig. B. kannte die Absicht des A. Der Verkauf des B. an A. könnte daher als vorbereitende Handlung oder Beihilfe hierzu in Frage kommen und B. als Teilnehmer zu belangen sein. Bejaht man dies, so verstößt der Vertrag gegen das gesetzliche Verbot, verneint man es, so bleibt der Vertrag gültig, und die bloße Absicht des A. bleibt außer Betracht.

Lösung 79.

Einleitung. Der Fall enthält den sog. Anatomievertrag. Der Mensch kann zu seinen Lebzeiten, trotzdem sein Körper und dessen Glieder noch nicht Sachen im Rechtssinne sind, bereits bis zu einem gewissen Grade darüber verfügen, er kann sich z. B. verletzen oder von anderen verletzen lassen, und so kann er auch seinen Körper bereits zu seinen Lebzeiten veräußern. (Es ist das ein sog. Individualrecht des Menschen.) Derartige Rechte hebt BGB. abgesehen vom Namenrecht des § 12, welches in Lösung 3 besprochen wurde, nicht weiter hervor, wogegen die Wissenschaft diese Rechte näher bestimmt, (vgl. Lösung 3.) Der Anatomievertrag ist nun ein Kaufvertrag über eine res futura, bei dem die Kaufsache der Körper eines noch lebenden Menschen ist. Dieser Vertrag wird unter der Voraussetzung abgeschlossen, daß der Mensch gestorben ist, und daher sein Körper zur Sache im Rechtssinne (§ 90) geworden ist. (Vgl. Lehrb. von Matthiaß, Band I, S. 237 unter B und Anm. 2.)

Es fragt sich nun, bis zu welcher Grenze die bezeichnete Verfügungsgewalt des Menschen geht. Wie bei allen Rechten geht sie bis zur Grenze der guten Sitten (§ 138). Gegen diese verstößt aber nicht ein Vertrag, durch den jemand seinen Körper nach seinem Tode der Wissenschaft überläßt, das kann man im Gegenteil als etwas Lobenswertes ansehen. Die Anatomieverträge sind daher im allgemeinen gültig. Der Kaufvertrag über den Körper ist — wie jeder andere Kaufvertrag — mit der Willenseinigung abgeschlossen.

α) Geht man auf Fall 79 ein, so ergibt sich aus dem Gesagten, daß der Vertrag zwischen A. und dem Arzte B. über den Leichnam des A. — richtiger über seinen Körper — gültig ist. Der B. erwirbt also die Forderung auf Übergabe des Körpers des A. bei dessen Tode. Die Erben des A. müssen daher den Körper des A. nach dessen Tode an den Arzt B. herausgeben.

β) Dieser Vertrag verstößt allerdings gegen die guten Sitten und ist daher nach § 138 nichtig. Jeder Mensch hat, wie oben ausgeführt, das Recht, über seinen Körper für den Fall seines Todes zu verfügen, dagegen hat niemand das Recht, über den Körper eines anderen für den Fall des Todes desselben zu verfügen, wenigstens nicht ohne dessen Wissen und ohne oder gegen seinen Willen. Vermutlich ist aber der Vater des A. mit der Verfügung seines Sohnes über seinen Körper nicht einverstanden, sondern hat die Absicht, beerdigt zu werden. Somit ist der Kaufvertrag des A. mit dem Arzte B. über den Körper seines Vaters nach § 138 nichtig. Kann B. Erstattung des Kaufpreises verlangen? Ja, denn A. ist durch die Vorausleistung des Arztes B. nach § 812 ohne Grund bereichert. B. kann daher gegen A. die Bereicherungsklage auf Herauszahlung des Kaufpreises anstellen.

γ) Dieser Vertrag verstößt vermutlich ebenfalls gegen die guten Sitten. Nach den Vorschriften des Familienrechts (§§ 1627ff.) hat der Vater die Pflicht, für die Person und das Vermögen des Kindes zu sorgen. Die Frage ist also hier die, ob der Vater diese Pflicht verletzt, indem er den Körper seines unmündigen Kindes dem Arzte B. verkauft. Daß der Vater diese Pflicht verletzt, ist zu vermuten, da A. sich den Kaufpreis im voraus zahlen läßt. Als Grund des Verkaufs ist also, wenn auch immer nur bis zum Beweise des Gegenteils, nicht das Interesse des Kindes anzusehen, sondern das des Vaters, indem dieser durch die Vorauszahlung des Kaufpreises Geld für sich zu bekommen sucht. Sollte sich also nicht herausstellen, daß der Vater aus irgendeinem Grunde erwerbsunfähig geworden ist und daher die Vorschriften über die Unterhaltspflicht von Verwandten in gerader Linie der §§ 1601—1615 eingreifen, oder daß der Vater die Absicht hat, das Geld für das Kind zu verwenden und ähnliches, so muß man den Kaufvertrag über den Körper des Kindes nach § 138 als nichtig betrachten, und der Arzt kann daher nicht auf Grund von § 433 auf Übergabe des Leichnams gegen A. klagen. Auch hier hat aber der A. auf Kosten des Arztes durch dessen Leistung den Kaufpreis ohne rechtlichen Grund erhalten. Er hat also denselben auf Grund von § 812 dem B. herauszugeben.

Lösung 80.

Es liegen wieder Kaufverträge über res futurae, und zwar zum Teil wieder sog. Anatomieverträge vor. Im Unterschied von Fall 79 wird hier das Kaufobjekt nicht durch den Körper als Ganzes, sondern durch dessen

Teile gebildet. Ferner wird hier der Körperteil nicht der Wissenschaft, sondern einem beliebigen Dritten überlassen. Auch kommt die im Fall 53 angeführte Voraussetzung, daß der Mensch gestorben ist, nicht jedesmal in Betracht, obgleich auch hier für gewöhnlich diese Voraussetzung vorliegen wird. Auch derartige Verträge sind im allgemeinen gültig, soweit nicht § 138 einschlägt. Vor der Trennung sind die Körperteile noch keine Sachen im Rechtssinne (§ 90), sondern Bestandteile (§§ 93ff.) Im übrigen gilt das in Lösung 53 Gesagte.

a) Der Kaufvertrag über einen Zopf verstößt in keiner Weise gegen die guten Sitten. Es ist sogar vielfach üblich, daß Zöpfe von den Inhaberinnen abgeschnitten und verkauft werden. Der Vertrag des Mädchens mit dem A. über seinen Zopf ist daher gültig und klagbar. Ein Vertrag über die linke Hand widerspricht dagegen — wenn ohne weiteren Zusatz abgeschlossen — den guten Sitten, und zwar aus folgenden Gründen: Der Kaufvertrag ist abgeschlossen mit der Willenseinigung. Mit dieser erhält nach § 433 mangels einer besonderen Bestimmung der Käufer das Recht, die Leistung zu verlangen, und zwar ist diese mangels einer Vertragsbestimmung sofort fällig. Dadurch wird die eine Partei — das ist hier der B. —, falls sie den Kaufpreis bezahlt, berechtigt, den Kaufpreis — also die linke Hand des Mädchens — zu einer Zeit von diesem zu verlangen, zu welcher dasselbe noch lebt und die Hand unbedingt für sich selbst braucht. Durch ihre Trennung würde sich ihre Arbeitskraft vermindern. Solche weitgehende Verpflichtungen sollen durch § 138 vermieden werden, und es ist demnach ein solcher Vertrag nichtig. Hier tritt nun der Fall wirklich ein, daß B. Erfüllung verlangt, während die Hand noch Bestandteil des Körpers ist. Nach dem eben Ausgeführten hat das Mädchen keine Verpflichtung, sich die linke Hand vom Körper zu trennen und dem B. zu übergeben, sondern kann die Nichtigkeit des Vertrags vorschützen, soweit sie nicht schon von Amts wegen berücksichtigt wird. Ebenso bleibt die Lösung, wenn A. klagt, während Zopf und Hand nicht mehr Bestandteile des Körpers sind, weil nämlich die Verkäuferin sich den Zopf abgeschnitten hat und den linken Arm sich zufolge einer Blutvergiftung hat abnehmen lassen müssen. Bezüglich des Zopfes ist das selbstverständlich. Bezüglich der linken Hand ist zu beachten, daß ein Vertrag, der nichtig war, nicht gültig wird, weil der Grund der Nichtigkeit später wegfällt. Das ergibt sich daraus, daß § 138 ein zwingendes Gesetz ist (sog. lex absoluta). Es nützt also dem B. nichts, daß die Hand des Mädchens infolge der Blutvergiftung, also durch einen Zufall, der allerdings mit dem Vertrage in keiner Verbindung steht, vom Körper getrennt worden ist, sondern der Vertrag bleibt nichtig.

b) Wenn der Verkauf für den Fall geschieht, daß Zopf und Hand nicht mehr Bestandteile des Körpers sind, ändert sich die Sache. Nach den unter a entwickelten Grundsätzen ist dieser Vertrag auch bezüglich der Hand gültig, da er nicht gegen die guten Sitten verstößt, weil die Hand nach der Trennung für den früheren Träger derselben unbrauchbar wird. Der Inhalt der Worte: „für den Fall, daß Zopf und Hand nicht mehr Bestandteile des

Körpers sind", muß allerdings bezüglich der Hand dahin ausgelegt werden, daß der Fall gemeint ist, daß sie durch irgendeinen Zufall, nicht aber infolge Verwirklichung der Verkaufsabsicht, nicht mehr Bestandteil des Körpers ist. Dies ist die Absicht der Parteien bei dem Vertragsschlusse. Dieser Vertrag kann also auch schon zu Lebzeiten des Mädchens erfüllt werden, wenn durch einen Zufall die Trennung der Hand erfolgt. Er ist auch für diesen Fall gültig und klagbar. Wenn nun A. auf Erfüllung klagt, nachdem dem Mädchen sein eifersüchtiger Bräutigam den Zopf abgeschnitten hat, so ist sie zur Herausgabe des Zopfes nach § 433 ohne weiteres verpflichtet. Wenn ferner das Mädchen sich die linke Hand abgehauen hat und man voraussetzt, daß dies aus Verdruß über das vorherige Abschneiden des Zopfes durch den Bräutigam oder wenigstens aus Anlaß desselben geschehen ist, so kann nach dem soeben Entwickelten der B. auf Grund des gültigen Kaufvertrags nach § 433 von dem Mädchen die Herausgabe der Hand verlangen.

Lösung 81.

Der Fall behandelt die Frage nach der Bedeutung des Beweggrundes (Matthiaß S. 194ff.).

Der vorliegende Hauskauf ist zweifellos gültig. Wenn es auch den guten Sitten zuwider sein mag, daß A. mit dem Gelde auswandern und seine ihm verhaßte Frau mittellos zurücklassen will, so hat doch diese Absicht des A. auf den Vertrag keinen Einfluß. Auch daß A. dem B. seinen Zweck vorher mitteilt, ist bedeutungslos. Dann wäre auch der Kauf einer Pistole nichtig, wenn sich später herausstellt, daß er mit Wissen des Verkäufers zum Zwecke der Verübung einer Gewalttätigkeit geschehen ist. § 134 ist also in diesen Fällen nicht anwendbar, solange das Motiv nicht auf Begehung einer strafbaren Handlung gerichtet ist und der andere Teil hieran beteiligt ist. Das Haus bleibt sonach dem B. und der Kaufpreis dem A. (Vgl. hierzu Lösung 78.)

Lösung 82.

Es handelt sich um die Bedeutung des Beweggrundes (Matthiaß Band I S. 194ff.). Das Darlehnsgeschäft verstößt nicht gegen die guten Sitten. Denn dem B. ist bei der Hingabe nicht wesentlich, daß A. das Geld wirklich zum Schmuggel verwendet. Er gibt dem A. nur ein Darlehen, weil A. ihn darum gebeten hat oder weil er 4% Zinsen dafür erhält. Dagegen wäre gegen die guten Sitten die Vereinbarung: „Wenn du mit mir gemeinsam Schmuggel treibst, leihe ich dir 1000 M.", oder: „Wenn du zum Katholizismus übertrittst, schenke ich dir 1000 M." Das sind die Fälle, die hier getroffen werden sollen. Dagegen will A. dem § 138 eine zu weitgehende Anwendbarkeit verleihen. Diese ist mit dem Interesse des Verkehrs nicht vereinbar. Ich würde also Verstoß gegen die guten Sitten im Sinne des § 138 nicht annehmen. A. hat somit die 1000 M. nebst Zinsen zurückzuzahlen. Selbst wenn er dazu nicht auf Grund des Vertrages verpflichtet wäre, so wäre er es doch auf Grund ungerechtfertigter Bereicherung im Sinne des § 812.

Auch strafrechtlich ist B. demgemäß nicht zu belangen. In Betracht käme er als Teilnehmer, und zwar liegt dann in der Hingabe des Darlehens entweder eine Beihilfe oder eine vorbereitende Handlung. Hierzu ist aber der Vorsatz unbedingt erforderlich, den Vertragsgegner zu unterstützen und dessen Plan mit zu verwirklichen. Eine solche Absicht hat B. nicht. Es ist ihm Nebensache, wozu A. das Geld verwendet; sein Hauptmotiv besteht vermutlich in der Zusicherung, daß er 4 % Zinsen erhält (vgl. Lösungen 81, 78).

Lösung 83.

Der zwischen A. und B. abgeschlossene Vertrag ist ein Dienstvertrag nach §§ 611 ff. Die zu leistenden Dienste bestehen darin, daß B. dem A. an jeden Ort folgen muß, wo A. es für gut findet, seinen Wohnsitz zu nehmen. Als Vergütung ist das Jahrgeld von 6000 M. verabredet. Die Frage ist nun die, ob der Vertrag gültig ist. Ein Vertrag, durch den man sich verpflichtet, einen anderen zu begleiten, kann gültig sein, wenn nicht die näheren Vertragsbestimmungen den guten Sitten widersprechen. Das letztere ist hier der Fall, denn B. hat sich seinem Bruder A. gegenüber verpflichtet, demselben an jeden Ort zu folgen, wo A. es für gut halten sollte, seinen Wohnsitz zu nehmen. Wenn A. dann einen Ort aufsuchte, an welchem der Aufenthalt in irgendwelcher Weise lebensgefährlich ist, so müßte ihm B. nach dem Vertrage auch dahin folgen. B. wäre also der Willkür des A. völlig preisgegeben, seine persönliche und sittliche Freiheit wäre völlig aufgehoben. So weitgehende Verpflichtungen will aber das Gesetz durch § 138 mit Recht unmöglich machen, indem es derartige Verträge als gegen die guten Sitten verstoßend für nichtig erklärt. So ist auch der hier vorliegende Vertrag, weil er dem A. zu weitgehende Rechte gewährt, nichtig. Alexandrien ist bereits ein Ort, der vermutlich nicht für jeden normalen Europäer gesund ist, denn das Klima und demgemäß die Lebensbedingungen sind dort bereits ganz anderer Art als in den Städten Europas. B. weigert sich daher unter Hinweis auf die Nichtigkeit des Vertrags mit Recht, dem A. auch nach Alexandrien zu folgen. A. klagt, und zwar nicht, wie es auch denkbar wäre, auf Erfüllung des Werkvertrags, sondern auf Zahlung der Konventionalstrafe von 10000 M. wegen Nichterfüllung des Vertrags und Rückzahlung der letzten im voraus entrichteten Jahresrente von 6000 M. Die Konventionalstrafe kann A. nach dem Gesagten wegen Nichtigkeit des Vertrags nicht fordern. Dagegen kann A. Rückzahlung der Rente verlangen, und zwar der ganzen Rente von 6000 M., falls B., was der Text nicht ergibt, für das letzte Jahr noch nichts geleistet hat, falls dieses also erst begonnen hat. Soweit B. bereits teilweise geleistet hat, muß sich A. von den 6000 M. einen entsprechenden Abzug gefallen lassen.

Die Klage des A. auf Rückzahlung der Rente oder eines Teils derselben ist die Bereicherungsklage des § 812, denn B. hat infolge seiner Nichtleistung oder nur teilweisen Leistung ohne rechtlichen Grund auf Kosten des A. durch dessen Zahlung etwas erlangt.

Nicht ganz zu demselben Resultat gelangt man auf Grund des § 157. Man könnte die Meinung verteidigen, daß der Vertrag den guten Sitten nicht widerspricht, daß er also ein gültiger ist, daß man ihn aber gemäß § 157 so auszulegen hat, wie Treu und Glauben mit Rücksicht auf die Verkehrssitte es erfordern. Wenn daher verabredet wird, wie im vorliegenden Falle, so ist es gegen Treu und Glauben, wenn A. so weitgehende Rechte aus dem Vertrage herleitet. Daher braucht B. nicht zu erfüllen, dagegen muß er es, solange A. sein Recht maßvoll ausübt, tun. Ich halte es doch für schärfer, wenn man auf Grund des § 138 entscheidet, denn der Wortlaut des Vertrags hebt bereits die zu weitgehende Verpflichtung deutlich hervor. Das Recht, welches A. ausüben will, steht ihm nach dem Vertrage wirklich zu. Dagegen hilft keine Auslegung. § 157 spricht aber nur von der Auslegung. Solche Verträge sollen also nach Absicht des Gesetzgebers vollständig nichtig sein.

Lösung 84.

Da eine Verpflichtung zur Anzeige strafbarer Handlungen — abgesehen von den wenigen im StrGB. genannten Fällen — nicht besteht, so ist es auch kein den guten Sitten widersprechendes Geschäft, wenn C. die Anzeige dadurch verhindert, daß er dem Geschädigten — dem B. — für Ersatz eines Teils des Unterschlagenen Bürgschaft leistet. § 138 liegt also nicht vor. B. dringt daher mit der Klage gegen C. auf Grund der Bürgschaftsleistung durch, vorausgesetzt natürlich, daß die sonstigen Erfordernisse der §§ 765 ff. vorliegen (insbesondere § 771).

Anm. Die Gerichte haben sogar schon öfter Verträge auf Unterlassung von Strafanzeigen für klagbar erklärt. Auch der Vertrag, durch den sich jemand zur Rücknahme einer Privatklage verpflichtet, ist nach Ansicht des Reichsgerichts zivilrechtlich klagbar. Meines Erachtens ist hiergegen nichts einzuwenden.

Lösung 85.

Wenn es heißt, A. hat sich für sein Schweigen einen von B. akzeptierten Wechsel von 100 M. geben lassen, so muß aus dieser Ausdrucksweise der Sinn entnommen werden, daß die Veranlassung zum Akzeptieren des Wechsels vom Akzeptanten B. selbst ausgeht, denn sonst läge Drohung im Sinne des § 123 vor. B. hat also freiwillig einen Wechsel gegeben. Da eine Verpflichtung zur Anzeige strafbarer Handlungen, abgesehen von den im StrGB. bezeichneten Fällen, für den Privatmann nicht besteht, so handelt andrerseits A. nicht unrecht, wenn er schweigt und das ihm dafür von B. durch Wechselakzekt Angebotene annimmt. A. dringt also mit seiner Klage aus dem Wechsel durch (vgl. Lösungen 84). Oder ist hier das Motiv ein unlauteres?

Lösung 86.

1. B. begeht eine Täuschung, indem er dem A. verschweigt, daß die Hypothek von 10000 M. eine wertlose ist. Er begeht eine arglistige Täuschung im Sinne des § 123, denn er weiß ja, daß die Hypothek wertlos ist. Er tut dies in der Absicht, sich das Haus des A. auf diese Weise

billiger zu verschaffen, als dieser es verkaufen will. Dadurch schädigt er den A. um 10000 M.

A. hätte aller Wahrscheinlichkeit nach den Kauf nicht abgeschlossen, wenn er gewußt hätte, daß die Hypothek von 10000 M. wertlos sei. A. ist also zur Abgabe der Willenserklärung, die zum Kaufe führt, durch arglistige Täuschung bestimmt worden und kann nach § 123 den Vertrag anfechten.

§ 142 sagt, daß, wenn ein anfechtbares Rechtsgeschäft angefochten wird, es als von Anfang an nichtig anzusehen ist. A. kann verlangen, daß B. ihm das Eigentum am Grundstück zurücküberträgt, was durch Auflassung geschehen muß (§ 925). Die Hypotheken werden zu Eigentümerhypotheken.

§ 139 wird nicht anwendbar sein. Man wird den Kaufvertrag nicht in verschiedene selbständige Teile zerlegen können.

Abgesehen von der Anfechtung aus § 123 stehen dem A. Rechte aus §§ 823 ff. insbesondere § 826 zu. Er kann also Schadensersatz verlangen. In der Praxis werden in solchen Fällen meistens die Kaufkosten als Schadensersatz eingeklagt. (Gerichts-Stempelkosten, Besitzwechselabgaben.)

Erfolgt Anfechtung, so muß dies nach § 124 binnen Jahresfrist geschehen.

2. Wenn 90000 M. Hypotheken in Anrechnung auf den Kaufpreis übernommen sind und B. außer der beschriebenen Hypothek von 10000 M. nichts besitzt, so kann ich keinen großen Unterschied darin erblicken. A. hätte dann bei Kenntnis der Sachlage den Kauf erst recht nicht geschlossen, weder ganz noch zum Teil. Die Schadensersatzklage dagegen wäre zwecklos für A., weil von B., auch nachdem er verurteilt ist, nichts zu erlangen sein würde. Vielleicht ist aus Frage 2 zu schließen, daß Schück doch ein genaueres Eingehen auf § 139 wünscht.

3. Über die Folgen der Täuschung gibt Staudinger, Bem. VIII zu § 123 genauere Ausführungen.

Lösung 87.

Das Stift stützt sich mit der Klage auf § 140. Es gibt zu, daß der Vertrag nach 124 verb. mit § 2276 nichtig ist, behauptet aber, daß das von der A. vorgenommene Rechtsgeschäft den Erfordernissen eines anderen entspricht, nämlich denen der Errichtung eines Testaments. Das ist zweifellos richtig (§ 2231). Ferner ist anzunehmen, daß die Parteien die Geltung der Erbeinsetzung bei Kenntnis der Nichtigkeit gewollt haben würden, denn der Zweck der Erbeinsetzung ist hier die Entschädigung des Stifts für die Verpflegung der A. Somit liegt der normale Fall des § 140 (sog. Konversion) vor. Der Vertrag ist als Testament aufrecht zu erhalten. Das Stift wird Erbe der A., und die Nichte derselben ist mit der Klage abzuweisen.

Zu Lösung 87.

Die Nichtigkeit beruht nicht auf § 124, sondern auf § 134. Ersterer ist versehentlich angeführt.

Lösung 88.

Der Vertrag kommt nach §§ 145ff. zustande durch zwei Willenserklärungen, durch Antrag und Annahme. Bei Verträgen unter Abwesenden, zu denen der vorliegende gehört, ist nach § 130 ein weiteres Erfordernis, daß der Antrag und die Annahme dem Gegner zugegangen sind. Der Antrag ist nun hier erfolgt und der Feuerversicherungsgesellschaft B. in Y. zugegangen, denn diese hat das von A. unterschriebene Formular erhalten. (In der Zusendung bzw. der Übergabe dieses Formulars an A. liegt nur eine Aufforderung zur Stellung eines Antrags, sie ist aber nicht selbst Antrag, sog. Offerte zur Offerte.) Auch die Annahme seitens der B. ist erfolgt, aber nach der Empfangstheorie (§ 130) gilt sie als noch nicht erfolgt, denn sie ist dem A. noch nicht zugegangen. (Der Ausnahmefall des § 151, daß der Vertrag ohne ausdrückliche Annahmeerklärung zustande kommt, liegt nicht vor.) Nach § 130 ist der Vertrag zwischen A. und der B. also erst am 12. April zustande gekommen, nicht schon am 10. April. A. kann daher am 11. April noch keine Rechte aus dem Vertrage herleiten und somit keine Entschädigung fordern.

Anm. In der Regel enthält der Versicherungsvertrag vorsorglich die Klausel, daß Schäden, die zwischen der Vertragsannahme und dem Zugehen derselben entstehen, von der Gesellschaft nicht zu ersetzen sind. Denkbar ist aber auch andererseits eine Policeklausel, die den Zeitpunkt des Versicherungsbeginnes auf den Zeitpunkt der Antragsannahme oder gar auf den der Antragstellung zurückdatiert.

Lösung 89.

Wenn B. den Abdruck ablehnt, das Manuskript aber nicht zurückschickt, so war es Sache des A., den B. um Rückgabe des Manuskripts zu ersuchen, wenn ihm daran lag. Das verlangt die nach § 276 im Verkehr erforderliche Sorgfalt. Nach § 146 ist der Antrag durch die Ablehnung erloschen. B. mußte sogar mehr tun, er mußte das Manuskript, wenn es A. nicht auf die Aufforderung übersandte, abholen. Die Rücksendung ist nicht einmal zu verlangen, wenn er Porto und Kuvert zusenden würde (dies dürfte bestritten sein, Entscheidungen sind nachzulesen). Wenn Zeitungen solche Manuskripte zurücksenden, ist es also als eine Gefälligkeit anzusehen. Dem A. ist aber noch viel weniger zuzumuten, daß er Portoauslagen macht, da er die Offerte ablehnt. Er hat keine Verpflichtung zur Rückgabe, die Abholung allerdings muß er geschehen lassen. A. handelt sogar besonders sorgfältig, da er ausdrücklich ablehnt. Denn im Verkehr ist es garnicht allgemein üblich, auf solche Offerten der Schriftsteller zu antworten. Diese lassen von den Manuskripten vielfach zahlreiche Abschriften anfertigen und versenden sie an die verschiedensten Zeitungen und Zeitschriften. Es verlangt sogar die Sorgfalt des § 276, solche Zeitschriften anzufertigen, wenn man nicht des Manuskripts verlustig gehen will. Antwort ist in der Regel nicht zu verlangen, wird auch gar nicht bestimmt erwartet. Bei großen Zeitungen ist ein Eingehen auf diese Angebote vielfach gar nicht möglich. Trotzdem sind diese Zeitungen vielfach so entgegenkommend, dem Offerierenden, obwohl Stillschweigen als

Ablehnung gilt, ausdrücklich zu antworten, oder gar die Manuskripte zurückzusenden.

Unter Umständen kann natürlich das Nichtzurücksenden des Manuskripts auf ausdrücklichen Wunsch und trotz Portoersatz eine Schikane (§ 226) bedeuten. Bei Zeitungen, die Manuskripte erhalten, wird das aber in der Regel nicht der Fall sein.

In dem Stillschweigen des A. auf die Ablehnung des B. hin, ist das Einverständnis damit zu erblicken, daß B. ihm das Manuskript nicht zurücksendet. Aber auch später kann er es nicht verlangen. Er hat also den Schaden selbst veranlaßt.

Ähnlich wie die Rücksendung des Manuskripts ist die im Leben äußerst häufige Frage der Rücksendung unbestellter Waren in der Praxis bestritten. Staudinger, Bem. 4 zu § 146 führt unter anderem aus:

> „Der Empfänger kann die Sache dem Absender auf dessen Kosten zurücksenden, ist aber hierzu nicht verpflichtet, auch wenn sich der Absender zur Kostenübernahme erbietet. Das Resultat ist also: Der Empfänger hat gegenüber der Sache keinerlei Verpflichtung positiven Inhalts, muß sich aber jeder Verfügungshandlung ohne Willen des Absenders enthalten“ usw.

Ich empfehle, die Ausführungen genau nachzulesen.

Lösung 90.

1. Nach § 873 ist zur Übertragung des Eigentums an einem Grundstück, zur Belastung eines Grundstücks mit einem Recht, sowie zur Übertragung oder Belastung eines solchen Rechts die Einigung des Berechtigten und des anderen Teils über den Eintritt der Rechtsänderung und die Eintragung der Rechtsänderung ins Grundbuch erforderlich, soweit nicht das Gesetz ein anderes vorschreibt. Nach § 873 Abs. 2 sind die Beteiligten an die Einigung vor der Eintragung nur gebunden, wenn die Erklärungen gerichtlich oder notariell beurkundet oder vor dem Grundbuchamt abgegeben oder bei diesem eingereicht sind, oder wenn der Berechtigte dem anderen Teil eine den Vorschriften der Grundbuchordnung entsprechende Eintragungsbewilligung ausgehändigt hat.

Es fragt sich also: Liegt eine Übertragung des Eigentums usw. im Sinne des § 873, vor? Dies ist zu verneinen. Der Vertrag enthält noch gar keine Einigung über den Übergang des Eigentums, sondern nur einen Vorvertrag dahingehend, daß A. dem B. das Grundstück ein Jahr lang zum Kaufe bereithalten muß. Darin liegt ein Vorvertrag. Dieser Vorvertrag ist ein gewöhnlicher obligatorischer Vertrag, der unzweifelhaft gültig sein könnte, soweit nicht § 313 entgegensteht. Nur der Kauf *selbst* bedarf ja der Form. Aus diesem Vorvertrag kann auf Bestellung einer dinglichen Rechtsänderung im Sinne des § 873 geklagt werden. Ungültig ist aber der Vorvertrag im vorliegenden Falle, weil das *Eigentum* am *Grundstück* übertragen werden soll, § 313. Staudinger, Bem. IV, 2c zu § 873 führt hierüber aus:

„Ein dinglicher Vorvertrag zu einer Einigung im Sinne des § 873 ist rechtlich unmöglich. Aus einem solchen als obligatorischen Vertrag kann aber auf Bestellung einer dinglichen Rechtsänderung im Sinne des § 873 geklagt werden. (Bei dem Vertrag auf Übertragung des Eigentums ist aber immer § 313 bezüglich der Form zu beachten!) Ein obligatorischer Vertrag, der zu einer dinglichen Rechtsänderung verpflichtet, bedarf regelmäßig auch nicht der in § 873 Abs. 2 vorgeschriebenen Form. (Vgl. Jur. Wschr. 1901, S. 382 und 701 ff.; RGE. Bd. 48 S. 133 ff., Bd. 50 S. 83 und unten Bem. IIIa A, sowie Recht 1901, S. 579 und 1902, S. 200 und 350)."

2. Da der Vertrag ungültig ist, so kann dahingestellt bleiben, ob die Vorschriften der §§ 145 ff. über Antrag und Annahme beobachtet wurden. Nähme man an, der Vorvertrag wäre gültig, so wäre § 145 von Erheblichkeit. A. hat dem B. den Antrag gemacht, das Grundstück für 10000 M. zu kaufen und will an seinen Antrag ein Jahr lang gebunden sein. Solange ist er verpflichtet, es dem B. zum Kaufe bereit zu halten. B. dagegen hat noch freie Wahl, ob er kaufen will. Kauft er, so muß er es innerhalb der Frist erklären (§§ 146, 148), sonst erlischt der Antrag des A. Da B. fristgemäß den Antrag annahm, ist A. verpflichtet, das Grundstück dem B. für 10000 M. zu verkaufen, immer vorausgesetzt, daß im übrigen ein gültiger Vertrag vorliegt.

Lösung 91 (vgl. Lösung 73).

1. Die telephonische Anfrage des A. ist ein Antrag im Sinne der §§ 145 ff. Hierbei kommt zunächst in Frage, ob das ein Antrag unter Anwesenden ist, in welchem Falle § 147 Abs. 1 einschlagen würde, oder ein Antrag unter Abwesenden, in welchem Falle § 147 Abs. 2 einschlagen würde. Ich möchte einen solchen unter Abwesenden annehmen, weil B. nicht zugegen ist, sondern nur eine Mittelsperson, der Gehilfe des B. Andernfalls wäre § 147 Abs. 1 Satz 2 zu beachten.

Staudinger, Bem. 3 zu § 147 sagt hierüber:

„Unter Anwesenden wird dann gehandelt, wenn die Möglichkeit besteht, daß die Abgabe der Willenserklärung mit ihrer Kenntnisnahme unmittelbar zusammenfällt. Das ist stets dann der Fall, wenn bei körperlicher Anwesenheit die Mitteilung durch Auge oder Ohr sofort aufgenommen werden kann, aber auch dann, wenn trotz räumlicher Trennung der Verhandelnden eine unmittelbare sinnliche Wahrnehmung stattfindet, wenn also die Mitteilung durch den Fernsprecher oder ohne Dazwischentreten einer Mittelsperson in Rede und Gegenrede von Person zu Person erfolgen kann. Die zweite Kommission wollte vorsichtigerweise die Frage, ob der Fernsprechverkehr überhaupt Verkehr unter Anwesenden ist, oder unter Abwesenden sei, nicht allgemein entscheiden, sondern eben nur für den hier gegebenen Fall des Vertragsantrags. Hier wurde es für nötig befunden, die Gleichstellung des

Fernsprechverkehrs mit dem Verkehr unter Anwesenden ausdrücklich auszusprechen, da immerhin erst eine Vermittlung der Laute durch den Mechanismus stattfinde. (P. I, 78 ff.) Näheres über die Frage in Bem. 4 zu § 130. Wird die telephonische Mitteilung vom Telephon weg erst durch einen Boten überbracht, so ist nicht unter Anwesenden verhandelt."

„Unter Anwesenden wird auch dann verhandelt, wenn mit einem Vertreter im Willen des einen Kontrahenten verhandelt wird, nicht aber, wenn mit seinem Vertreter in der Erklärung verhandelt wird. Die Gleichstellung des Willensvertreters mit dem Beteiligten selbst rechtfertigt sich daraus, daß Letzterer den Willensentschluß des Stellvertreters prinzipiell als den seinigen anerkennen muß. Ob auch dann unter Anwesenden verhandelt ist, wenn einem Stellvertreter oder von einem solchen durch den Fernsprecher ein Antrag gemacht wird, ist fraglich. Für die Verneinung scheint der Wortlaut des § 147 zu sprechen (von Person zu Person). Aber zwingend ist dieser Wortlaut, nachdem einmal der Grundsatz der direkten Stellvertretung angenommen ist, doch nicht; erwägt man ferner, daß der Fernsprechverkehr auch ohne Satz 2 des § 147 wohl als Verkehr unter Anwesenden aufgefaßt werden müßte, so wird man entschieden zur Bejahung der erhobenen Frage kommen."

Im vorliegenden Fall liegt meines Erachtens — das kann zweifelhaft sein — nur eine Überbringung der Mitteilung durch Boten vor, somit ein Antrag unter Abwesenden. Nach § 147 Abs. 2 kann dieser nur bis zu dem Zeitpunkt angenommen werden, in welchem der Antragende den Eingang der Antwort unter regelmäßigen Umständen erwarten kann. Dieser Zeitpunkt tritt im vorliegenden Falle „nach einigen Stunden" ein, was vermutlich als rechtzeitig anzusehen ist. Diese letzte Erklärung ist eine solche, unter Anwesenden, da beide Parteien zugegen sind, § 147, 1.

A. ist zwar am Telephon, antwortet aber nicht auf die Annahmeerklärung des B. Dies ist unerheblich, weil der Vertrag nach § 130 mit dem „Zugehen" zustande kommt. Hier ist nun die Frage aufzuwerfen, wann dieses „Zugehen" erfolgt ist. Hierüber sagt Staudinger, Bem. 3 zu § 130 unter anderem:

„Die herrschende Meinung behandelt nun die telephonische Erklärung, wenigstens was den Zeitpunkt ihrer Vollendung betrifft, als eine Erklärung unter Anwesenden, weil sie unmittelbar erfolgt und ‚nicht vermittelt wird durch einen ihrer Abgabe nachfolgenden Vorgang' (Hölder, Komm. Bem. 2 zu § 130; s. auch Fischer-Henle, 6. Aufl. Bem. 2 zu § 130; Crome, System Bd. 1 S. 392, Anm. 10; vgl. Endemann Bd. 1 § 66 Anm. 26; Enneccerus, Bd. I S. 170; gegen eine Verallgemeinerung der Regel Isay; die Willenserklärung im Tatbestand des Rechtsgeschäfts, S. 9). Bei der telephonischen Erklärung fällt der Zeitpunkt des Zugehens wie bei der unter Anwesenden mit dem der Kenntnisnahme zusammen. Nimmt der eine Teil von der Erklärung deshalb tatsächlich keine Kenntnis, weil er sie nicht hören will, also z. B. im entscheidenden Moment absichtlich das Höhrrohr absetzt, so handelt er ebenso wie der Anwesende der sich bei der Erklärung die Ohren zuhält, kann sich also nicht darauf berufen, die Erklärung sei ihm nicht zugegangen" usw.

Aus diesen Ausführungen Staudingers geht alles hier Wesentliche hervor, wobei ich hervorhebe, daß natürlich in einer Examensarbeit (als welche dieser Fall wie viele Schückschen Fälle leicht vorkommen kann) ein derartiges längeres Zitat von Staudinger nicht möglich und nicht am Platze ist, sondern die einzelnen Punkte der Reihe nach entwickelt werden müssen und dies Zitat oder höchstens kurze Stellen des Kommentars nur beiläufig anzuführen sind.

Wesentlich ist besonders der Schlußsatz. A. muß die Annahme gegen sich gelten lassen, auch wenn er nicht antwortet. Aber um so mehr muß B. die Annahme gegen sich gelten lassen. Hierbei ist wesentlich, daß eine solche Antwort des A. nicht mehr erforderlich ist, sondern mit dem „Zugehen" der Annahme des B. ist der Vertrag nach §§ 145 ff. geschlossen, weil die Annahme erfolgt ist.

§ 150 kommt bei meiner Annahme nicht in Betracht, da ich Vertrag unter Abwesenden annehme.

2. Schück scheint hier, wie ich aus den zitierten Paragraphen schließe, auch betreffs des Antrags eine Erklärung unter Anwesenden anzunehmen. Das ändert das Resultat vollständig. Mein Annahme stützt sich auf die eingangs erwähnte Stelle Staudingers, wo von dem Boten die Rede ist, der die telephonische Mitteilung überbringt. Ich habe den Gehilfen hier nur als Boten angesehen. Der Gehilfe ist im Geschäft des B. vermutlich als Handlungsgehilfe angestellt. Nach § 59 HGB. hat er kaufmännische Dienste zu leisten. Als solcher muß er auch als vertretungsberechtigt innerhalb des Kreises der ihm zugewiesenen Geschäfte angesehen werden. Ob ein solches Geschäft hier vorliegt, kann fraglich sein, ist aber gleichgültig, weil ja der Gehilfe es gar nicht abschließt, sondern es dem Prinzipal überläßt und mitteilt, er werde dem B. vom Antrage Mitteilung machen. Dies scheint mir also immerhin eine Willenserklärung unter Abwesenden.

Nimmt man eine Erklärung unter Anwesenden an, so kann der Antrag nach § 147 Abs. 1 nur sofort angenommen werden. Da dies nicht geschieht, liegt kein Antrag vor, er hat seine Annahmefähigkeit verloren (§ 146). Dann ist § 150 anwendbar, wonach die verspätete Annahme als neuer Antrag gilt. Dieser bedarf allerdings der Annahme seitens des früheren Vertragsschließenden, aber sehr oft ist diese Erklärung nach der Verkehrssitte nicht zu erwarten.

Staudinger, Anm. 1 zu § 150 führt aus:

> „Die verspätete Annahme. Bei nicht rechtzeitiger Annahme verliert der Antrag seine Annahmefähigkeit (§ 146). Eine verspätete d. h. nach Ablauf der gewillkürten (§ 148) oder gesetzlichen (§ 147) Annahmefrist erklärte Annahme kann daher, abgesehen von dem Aus-

nahmefall des § 149 als solche keine Wirkung mehr äußern; sie ist nicht wirksam. Immerhin enthält die verspätete Annahme die Erklärung des Willens, den beantragt gewesenen Vertrag schließen zu wollen; in dieser Erklärung liegt ein neuer Vertragsantrag. Der neue Antrag bindet den jetzigen Antragenden nach Maßgabe der §§ 145 ff. Zur Vertragsschließung führt der neue Antrag nur im Falle der (rechtzeitigen) Annahme seitens des früheren Antragenden; aber diese Annahme bedarf häufig nicht der besonderen Erklärung gegenüber dem Gegner, da eine solche Erklärung gerade in diesem Falle sehr oft nach der Verkehrssitte gar nicht erwartet wird. Vgl. oben Bem. 1 zu § 146.

Trägt der Antragende selbst die Schuld daran, daß die Annahmeerklärung nicht rechtzeitig bei ihm eintrifft, z. B. wenn er den Annahmebrief nicht annimmt, so wird er ebenso gebunden, als wenn ihm die Annahmeerklärung rechtzeitig zugegangen wäre."

Ich würde das Stillschweigen des A. als Annahme nicht ansehen (§ 151). Danach ändert sich die Lösung.

Lösung 92.

1. Nach § 147 Abs. 2 kann der Antrag des A. nur bis zu dem Zeitpunkt aufgenommen werden, in welchem A., der Antragende, den Eingang der Antwort unter regelmäßigen Umständen erwarten darf. Im kaufmännischen Verkehr antwortet man in der Regel in drei bis vier Tagen, dagegen beim Verkauf der Kuh kann man wohl einige Tage länger rechnen. Ob daher die Annahmeerklärung des B. überhaupt im Sinne des § 147 verspätet ist, erscheint zweifelhaft. Nimmt man an, sie sei nicht verspätet, so war A. noch an den Antrag gebunden, er durfte nicht weiter verkaufen (§ 145). War die Annahme verspätet, so ist weder A. noch B. daran schuld, sondern die Post. Bei regelmäßiger Beförderung wäre die Annahmeerklärung des B. rechtzeitig zugegangen. Schlägt nun § 149 ein? A. ist der Antragende. Er konnte aber nicht wissen, daß seine Offerte zu spät ankam und deshalb kann er auch nicht wissen, warum die Antwort verspätet erfolgt. Vielmehr liegt ein Versehen der Post vor. Nach § 149 mußte A., wenn er die Verspätung erkennen konnte, dies dem B. sofort mitteilen, widrigenfalls die Annahme des B. als nicht verspätet gilt. Da aber A. davon nichts wissen kann, gilt die Annahme eben als verspätet, d. h. es kam kein Vertrag zustande und A. braucht nicht zu liefern. § 149 ist also nicht anzuwenden.

2. Frage 2. Schreibt B. ausdrücklich, daß das Angebot erst nach einer Woche an ihn gelangte, so weiß A., daß seine Offerte verspätet eintraf — immer vorausgesetzt, daß eine Woche als Verspätung im Sinne des § 147 Abs. 2 angesehen wird — B. weiß aber ebenfalls von der Verspätung. Nach § 149 braucht also A. auch hier dem B. nichts mitzuteilen. Die Annahme ist eben verspätet und A. braucht nicht zu erfüllen.

Vgl. übrigens hierzu Staudinger, Bem. 3 zu § 130:

„Eine Willenserklärung durch abzuholende Postsendung ist zugegangen, wenn die Zeit der Abholung nach den Regeln eines ordnungsmäßigen Geschäftsbetriebs eingetreten ist. S. Rathausen in Deutsche Juristen-Zeitung 1902, S. 147 ff."

Lösung 93.

1. Schück hat auch hier die Lösung schon treffend vorgezeichnet. Der Antrag des A. vom 15. September, worin er dem B. die 1000 Säcke zu $22^1/_2$ M. pro Sack anbietet, erlischt wieder, weil die Annahme unter Änderung des Preises erfolgt. Nach § 146 erlischt der Antrag, wenn er dem Antragenden gegenüber abgelehnt wird oder wenn er nicht diesem gegenüber nach den §§ 147—149 rechtzeitig angenommen wird. Eine glatte Ablehnung liegt zwar hier nicht vor, aber auch keine glatte Annahme, vielmehr eine Annahme unter Abänderung des Preises. Nach § 150 Abs. 2 gilt eine Annahme unter Erweiterungen, Einschränkungen oder sonstigen Änderungen als Ablehnung verbunden mit einem neuen Antrag. Der Antrag des A. vom 15. September erlischt also. Dagegen gilt der Antrag des B. vom 15. September. Dieser Antrag mittels Telegraphs ist eine Willenserklärung nach § 147 Abs. 2, also eine solche, die unter Abwesenden geschieht, weil sie durch Vermittelung des Telegraphenamts, nicht unmittelbar erfolgt (im Gegensatz zum Telephon, Lösung 91). Nach § 147 Abs. 2 kann nun B. erwarten, daß A. auf den telegraphischen Antrag sofort anwortet, zumal B. das telegraphisch ausdrücklich verlangt hat. A. antwortete nicht sofort, also nicht am 15. September, sondern telegraphierte erst am 16. September. „Genehmigte tausend $22^1/_4$", indem er brieflich um Drahtantwort bittet. Diese Annahme des A. ist also nach § 147 Abs. 2 verspätet, denn B. konnte sie noch am 15. September erwarten. Nach § 150 Abs. 1 gilt sie aber als neuer Antrag. Nach § 147 Abs. 2 muß diesen B. wiederum bis zu dem Zeitpunkt annehmen, bis zu welchen A. den Eingang der Antwort unter regelmäßigen Umständen erwarten darf. Dies ist hier der Augenblick, wo B. den Brief des A. erhielt, worin er um Drahtantwort bittet, was offenbar noch am 16. September, also am Tage des Telegramms geschah. B. mußte also telegraphieren. Er mußte es vielleicht schon ohne den Brief des A., aber er mußte es bestimmt, weil A. es ausdrücklich erbat. Seine Annahme per Brief ist also verspätet. Nach § 150 Abs. 1 gilt sie wiederum als neuer Antrag. Dieser Antrag ist von A. nicht angenommen, denn er telegraphiert am 17. September dem B.: „Da gestern ohne verlangte Depesche, anderweit begeben." Hierzu war also A. berechtigt. Der Antrag des B. war nach § 146 erloschen, weil er nicht gegenüber dem A. nach den §§ 147—149 rechtzeitig angenommen wurde.

2. Über die telegraphische Drahtantwort sagt Staudinger, Bem. 5 zu § 147 Näheres.

Lösung 94.

Der Vertrag über das Los Nr. 10 ist bereits abgeschlossen, doch ist dabei ein Versehen vorgekommen, insofern B. dem A. ein Los gesandt hat, das er gar nicht besitzt. Der Verkauf einer fremden Sache ist ja an sich gültig, B. konnte sich ja mit dem Besitzer des Loses Nr. 10 darüber auseinandersetzen und den Preis an ihn abführen, als er den Irrtum bemerkte. Dies will er aber offenbar nicht tun, er will vielmehr das Los Nr. 10 zurück haben. Er will den Kauf insofern offenbar wegen Irrtums (§§ 119ff.) anfechten. Ein wesentlicher Irrtum im Sinne des § 119 wird allerdings vorliegen. Nach § 142 ist das Geschäft als von Anfang an nichtig anzusehen. Nun verbindet aber A. mit seiner Anfechtung einen weiteren Antrag an B., anstatt Nr. 10 das in seine Kollekte gehörige Los Nr. 20 anzunehmen. Diesen Antrag nimmt B. an, aber unter einer Erweiterung. Er will beide Lose haben. § 150 Abs. 2 ist entscheidend. Die Annahme unter Erweiterungen gilt als Ablehnung verbunden mit einem neuen Antrag. Dieser neue Antrag wird von A. angenommen. Es geschieht nicht ausdrücklich, aber stillschweigend. § 151 ist entscheidend. Nach der Verkehrssitte war es nicht unbedingt erforderlich, daß A. antwortete. Denn A. hatte ja das Geld für das Los Nr. 20, also für beide Lose. Durch sein Stillschweigen nimmt A. an. Wenigstens ist sein Stillschweigen so aufzufassen. Wollte er ablehnen, so mußte er sofort antworten. Der Vertrag ist zustande gekommen. Er kann nicht hinterher, nachdem er den Kauf annahm, den Tausch verlangen.

Lösung 95.

Die Frage, ob eine Offerte an das Publikum als ein Antrag an eine persona incerta als Vertragsantrag im Sinne der §§ 145ff. aufgefaßt werden kann, ist viel erörtert worden und das Resultat geht dahin, daß die Frage, wie vielfach, nicht allgemein beantwortet werden kann, sondern daß es auf den einzelnen Fall ankommt. Staudinger, Bem. 2ff. zu § 145 führt das hier Wissenswerte aus.

Aus diesen trefflichen Ausführungen Staudingers geht das Wesentliche für die vorliegende Lösung hervor. Allerdings ist bei Staudinger immer der Fall vorausgesetzt, daß der Empfänger des Antrags unbestimmt ist, während im vorliegenden Fall der Antragende nach Ansicht des A. unbestimmt sein soll. Aber dies scheint mir unerheblich. Auch hier gelten diese Ausführungen. Erstens einmal ist die Person des Antragenden von vornherein bestimmt. Denn wer mit der „Expedition des Erzählers“ abschließt, muß ohne weiteres wissen, daß er eben dann mit den Inhabern dieses Blatts abschließt, sei es nun, daß diese eine Einzelperson oder eine Gesellschaft ist. Das Nähere, wer der Inhaber ist, sein Name usw. ist dem A. beim Abschluß ganz gleichgültig, es handelt sich nicht um ein Geschäft, bei dem, wie Staudinger sagt, die Persönlichkeit des einen Kontrahenten in ihrer Individualität für den anderen Kontrahenten in Betracht kommt, wie z. B. beim Dienstvertrag. Es genügt also hier, daß das Unternehmen, mit dem er abschließt, dem A. bekannt ist.

Meint aber A. mit der ungenügenden Bezeichnung des Antragstellers sich selbst, so ist dem entgegenzuhalten, daß eben er sebst nach den obigen

Ausführungen nicht als Antragsteller, sondern als Antragsempfänger anzusehen ist, insofern eine Offerte an das Publikum zwar zunächst an eine persona incerta gerichtet ist, aber durch seine Annahme zur Offerte an eine persona certa wird. Die Offerte an das Publikum ist also im vorliegenden Fall als wirksamer Vertragsantrag nach § 145 anzusehen aus deren Annahme A. haftet. § 181 ist wohl ein Druckfehler. Auch heißt es öfter B. statt A.

Lösung 96.

Nach § 146 erlischt der Antrag, wenn er dem Antragenden gegenüber abgelehnt oder wenn er nicht diesem gegenüber nach den §§ 147—149 rechtzeitig angenommen wird. Der Antrag des A. geht auf „ein Los". B. kann ihn infolge ungenauer Angabe der Adresse nicht rechtzeitig im Sinne des § 147 annehmen, denn der Zeitpunkt in dem A. den Eingang der Antwort unter regelmäßigen Umständen erwarten darf, ist vorbei. Die Ziehung hat schon begonnen, A. erinnert den B. und B. schickt Nr. 50. Darin liegt ein Antrag im Sinne des § 150, d. h. eine verspätete Annahme des Antrags, die als neuer Antrag gilt. Da aber A. ein anderes Los schickt, die frühere Annahme also ändert, so könnte man darin auch eine Ablehnung verbunden mit einem neuen Antrag (§ 151, 2) erblicken. Aber die Abänderung ist dem B. gar nicht zum Bewußtsein gekommen und dies ist auch unerheblich, weil sie ihm gleichgültig ist. Die Abänderung hat keine rechtliche Bedeutung. B. wollte ja nur „ein Los". B. behält das Los und nimmt damit den verspäteten Antrag an. Lag dem B. wirklich daran, dasselbe Los zu erhalten, wie vorher, so mußte er den A. darum ersuchen. Durch die Annahme gibt er stillschweigend sein Einverständnis damit, daß die Nummer des Loses für ihn gleichgültig sein soll. Nach der Verkehrssitte war hier eine Erklärung nicht zu erwarten. B. wußte die Nummer ja auch vorher nicht. Er erfährt erst hinterher von dem ursprünglich ihm zugesandten Los und kann nun nicht sein Einverständnis widerrufen. Nach der Verkehrssitte ist es auch sonst dem Adressaten gleichgültig, welche Nummer er erhält. Dasselbe gilt auch im vorliegenden Fall.

Der Schücksche Hinweis auf § 151 gibt also die entscheidende Vorschrift an.

Lösung 97.

Die Annahme des Antrags, eine Ware zu liefern, pflegt im Verkehr nicht ausdrücklich zu geschehen, der Verkäufer liefert die Ware und nimmt damit den Antrag des Käufers stillschweigend an. Schück deutet dies an durch Hinweis auf § 151. Danach kommt der Vertrag durch die Annahme des Antrags zustande, ohne daß die Annahme dem Antragenden gegenüber erklärt zu werden braucht, also stillschweigend, wenn eine solche Erklärung nach der Verkehrssitte nicht zu erwarten ist oder der Antragende auf sie verzichtet hat. Hierher gehören wie gesagt, die im Leben häufigsten Fälle des Kaufs. B. nimmt also den Antrag des A., dem C. zehn Faß Moselwein zu senden, stillschweigend dadurch an, daß er dem C. diese zehn Faß zusendet, diese Annahme erfolgt also eigentlich nicht durch sein Stillschweigen, sondern durch konkludente Haltung. Zwischen A. und B. ist also ein Kaufvertrag zustande gekommen, §§ 145 ff., §§ 433 ff. Dieser Vertrag ist verbunden mit einem Vertrag zugunsten eines Dritten, des C. (§§ 328 ff.). Die Gefahr geht nach § 446 über mit Übergabe der Sache. Aber es ist ein sog. Versendungskauf, für den § 447 gilt, d. h. die Gefahr geht über mit der Auslieferung an das Transportmittel. Da A. die Rechnung bezahlt und überhaupt der Besteller ist, wird er also auch die Gefahr tragen, genau wie wenn die Ware an ihn gesandt würde, d. h. er wird den Kaufpreis bezahlen müssen.

Ob C. dem B. für die Zahlung des Kaufpreises haftet, ist eine Frage, die hier nicht gestellt wird. Es wird sich aus den Vorschriften der §§ 328 ff. ergeben. C. wird nicht haften, weil er gegenüber B. nur Rechte erlangen soll. Aber C. wird nochmalige Lieferung von A. verlangen können.

Die Ausführung Staudingers, Bem. 5 zu § 328 ist instruktiv für alle hier gestellten Fragen, die wie folgt lautet:

> „Umfang der Haftung des Versprechenden gegenüber dem Dritten: Dieselbe bestimmt sich nach der Causa des Vertrags, nicht nach der allein für das Verhalten zwischen dem Versprechenempfänger und dem Dritten maßgebende Causa der Zuwendung, vgl. Vorbem. S. 164.
>
> Handelt es sich um einen entgeltlichen Veräußerungsvertrag, so finden nach § 445 die Vorschriften der §§ 433—444 entsprechende Anwendung. Der Versprechende haftet dem Dritten gegenüber ebenso, wie er dem Versprechensempfänger gegenüber haften würde, wenn dieser den geleisteten Gegenstand selbst empfangen hätte, auch dann, wenn die zwischen dem Dritten und dem Versprechensempfänger bestehende Causa keine entgeltliche, sondern etwa eine Causa donandi ist. Das etwaige selbständige Recht des Versprechensempfängers nach § 335 bleibt unberührt."

Der zitierte § 335 sagt nun, daß der Versprechensempfänger, sofern nicht ein anderer Wille der Vertragschließenden anzunehmen ist, die Leistung an den Dritten auch dann fordern kann, wenn diesem das Recht auf die Leistung zusteht. Über den Sinn dieser Vorschrift sagt Staudinger, Bem. 1 zu § 335:

> „In der Regel hat derjenige, welcher sich durch Vertrag eine Leistung an einen Dritten hat versprechen lassen, auch ein Interesse daran, daß die Leistung an den Dritten erfolgt, sei es, daß er durch den Vertrag eine Fürsorge durch den Dritten bestätige, sei es, daß er sich von einer eignen Verbindlichkeit gegen den Dritten befreien will.
>
> In § 335 wird deshalb die Auslegungsregel aufgestellt, daß der Versprechensempfänger, sofern nicht ein anderer Wille der Vertragsschließenden anzunehmen ist, die Leistung an den Dritten auch dann fordern kann, wenn dem Dritten das Recht auf die Leistung zusteht. Dies entspricht auch der bisherigen gemeinschaftlichen Doktrin und Praxis. (Windscheid, Pand. Bd. 2 § 316, Note; 1 RGE. Bd. 21 S. 190, 191.)"

Staudinger stellt also zunächst fest, daß ein Recht auf die Leistung an den Dritten, vorausgesetzt, daß der Dritte überhaupt unmittelbar ein Recht erwerben soll (§ 323), nicht nur der Dritte erlangt, sondern auch der Versprechensempfänger, das ist hier A. Über die Haftung bei einem solchen Vertrag sagt nun Staudinger, Bem. 4 und 5 zu § 335:

„Solange der Dritte das Recht noch nicht erworben hat, kann nur der Versprechensempfänger die Gläubigerrechte ausüben. Dies ist von Wichtigkeit im Falle des Konkurses über das Vermögen des Versprechenden.

Wird die dem Versprechenden obliegende Leistung durch einen von ihm zu vertretenden Umstand unmöglich, so kann jedenfalls der Dritte, welcher das Recht erworben hat, als Gläubiger den durch die Nichterfüllung entstehenden Schaden ersetzt verlangen (§ 280) aber auch dem Versprechensempfänger wird in diesem Falle ein Ersatzanspruch zugebilligt werden müssen, jedoch nur auf Ersatz seines eignen Schadens."

Im vorliegenden Fall ist die Leistung dem B. allerdings nach § 447 nicht infolge eines Umstandes unmöglich geworden, den er zu vertreten hat, denn die Ware war schon übergeben.

Lösung 98.

Ich verweise auf Lösung 88. Der Agent ist nach § 164 unmittelbarer Stellvertreter. Das Zugehen des Antrags im Sinne des § 130 dürfte also schon mit dem Zugehen an B. erfolgen. Am 10. Februar unterzeichnet nun die Gesellschaft die Police, d. h. sie nimmt den Antrag an (§ 145). Aber die Annahme muß dem A. nach § 130 zugehen, ehe sie wirksam wird. Dies ist zur Zeit des Brandes am 11. Februar noch nicht erfolgt, also liegt da noch kein Vertrag vor. A. ist mit der Klage abzuweisen:

Wie Schück aber andeutet, ist in solchen Fällen unter Umständen § 151 anwendbar. Nach § 151 kommt der Vertrag ohne Erklärung zustande, wenn eine Erklärung nach der Verkehrssitte nicht zu erwarten ist oder der Antragende auf sie verzichtet hat. Man könnte nun hier sagen: Die Aushändigung der Police ist nach der Verkehrssitte nur eine Formalität, nicht erst die Erklärung der Annahme. Nach dem Willen beider Parteien, also auch der Versicherungsgesellschaft, ist die Annahme erfolgt mit der Unterschrift der Police durch das verantwortliche Organ der Gesellschaft, nicht erst mit dem Zugehen an den Versicherten. Ähnliches dürfte in Lösung 88 in Frage kommen, nur daß dort keine Police gesandt wird, sondern die Gesellschaft teilt vor dem Brande nur die Annahme mit.

Nimmt man an, der Vertrag sei durch die Unterschrift zustande gekommen, so haftet die Gesellschaft dem A. für den Brand vom 11. Februar.

Lösung 99.

Nach § 151 kommt der Vertrag durch die Annahme des Auftrages zustande, ohne daß die Annahme dem Antragenden gegenüber erklärt zu werden braucht, wenn eine solche Annahme nach der Verkehrssitte nicht zu erwarten ist. Letzteres ist hier meines Erachtens der Fall. Wenn ein Nichtkaufmann bei einem Kaufmann bestellt, so ist es nach der Verkehrsanschauung zum Zustandekommen des Vertrags nicht notwendig, daß der Kaufmann die Annahme des Antrags ausdrücklich bestätigt, wenn es auch im Verkehr geschehen mag. Vielmehr pflegt der Kaufmann die Ware ohne weiteres zu senden. Eine Antwort ist also seitens des A. nach der Verkehrssitte nicht zu erwarten. Stillschweigen gilt daher als Annahme. Der Kauf ist perfekt und B. zur Bezahlung des Adreßbuches verpflichtet.

Lösung 100.

Nach § 148 kann die Annahme eines Antrags, wenn der Antragende für die Annahme des Antrags eine Frist bestimmt hat, nur innerhalb der Frist erfolgen. Am 14. Tage erklärt B. die Annahme, also noch innerhalb der Frist. (Über die Berechnung s. §§ 186 ff.)

Fraglich ist nur, ob die Annahmeerklärung als zugegangen anzusehen ist, ob also dem Erfordernis des § 130 genügt ist.

Über den Begriff des Zugehens ist in den vorigen Lösungen (besonders Lösung 73) Genaueres ausgeführt worden. Nach Staudinger (Bem. III vor § 116) ist die Willenserklärung zugegangen, wenn alle Umstände verwirklicht sind, welche die empirisch begründete Möglichkeit einer Wahrnehmung durch den Adressaten herstellen. Staudinger gibt folgende Beispiele:

> „Wenn der Postbote in meiner Wohnung einen Brief abgibt, ist mir die im Briefe enthaltene Erklärung damit zugegangen, auch wenn ich zufällig an diesem Tage einen Ausflug gemacht habe und tatsächlich nicht in der Lage bin, von der Erklärung Kenntnis zu nehmen. RGE. Bd. 50 S. 194 sagt: Wählt jemand für Mitteilung eines Vertragsantrags das Mittel eines verschlossenen Briefes, so ist richtiger Ansicht nach das Angebot dem Adressaten schon ‚zugegangen' im Sinne des § 130, sobald der Brief in verkehrsüblicher Art in die tatsächliche Verfügungsgewalt des Adressaten oder eines anderen, der ihn in der Empfangnahme von Briefen vertreten konnte, gelangt und ihm in dieser Weise die Möglichkeit der Kenntnisnahme verschafft ist. Kommt der Brief, bis der zur Zeit des Zugangs zufällig abwesende Adressat nach Hause zurückkehrt, abhanden, so kann dadurch die einmal gegebene Tatsache, daß die Erklärung ihm zugegangen ist, nicht ungeschehen gemacht werden. Über den Zugang abzuholender Postsendungen s. Bem. 3 zu § 130. Ist die Willenserklärung dem Adressaten einmal zugegangen, so vermögen normalerweise auch der Tod oder die etwa eintretende Geschäftsunfähigkeit des Adressaten an ihrer Wirksamkeit nichts mehr zu ändern, (über den Tod und die Geschäftsunfähigkeit des Erklärenden s. § 130 Abs. 2 und Bem. hierzu)."

Hieraus ergibt sich jedenfalls, daß die Mitteilung der Annahme in der Regel dem Empfänger in die Wohnung zugestellt werden muß, um wirksam zu werden. B. mußte also dem A. nach Berlin schreiben. Er nimmt aber erst am letzten Tage an, nur da es sich um ein Grundstück handelt, geht er zum Notar und erklärt dort die Annahme (§§ 313, 873). Nach dem Obigen mußte er dies schon vorher tun, um dem A. die Annahmeerklärung noch rechtzeitig zusenden zu können. Höchstens § 151 könnte in Frage kommen, um dem B. zu helfen. Man müßte dann sagen, daß hier die Annahme Dritten gegenüber, nämlich gegenüber dem Notar, nach der Verkehrssitte als genügend anzusehen ist, daß also eine ausdrückliche Annahme nicht zu erwarten ist. Aber das scheint mir zu weitgehend. A. hat recht, wenn er den § 130 anführt. Der Vertrag ist nicht fristgemäß zustande gekommen. Gerade, weil eine Frist im Sinne des § 148 gesetzt ist, mußte B. sich beeilen.

Ob überhaupt in der Erklärung gegenüber dem Notar eine Erklärung der Annahme liegt, kann schon zweifelhaft sein. Staudinger, Bem. 3 zu § 151 sagt hierüber:

> „Kann in den Fällen des § 151 die Annahme auch durch Worte Dritten gegenüber geschehen? Planck, Bem. 4 zu § 151 will die vom Antragsempfänger einem Dritten gegenüber gemachte Äußerung, er werde oder er wolle den Antrag annehmen, nicht als Annahme selbst gelten lassen, sondern nur als Erklärung der Absicht, annehmen zu wollen, läßt es aber andrerseits genügen, wenn die Erklärung der Absicht, annehmen zu wollen, vor dem Notar oder Zeugen abgegeben wird. Diese Unterscheidung ist schwerlich gerechtfertigt. Zuzugeben ist ja, daß die Solennität der gewählten Erklärungsform als ein gewisses Symptom der Ernstlichkeit des Willens aufgefaßt werden kann; aber weder ist dieses Symptom ein sicheres, noch läßt sich bestreiten, daß der Wille, anzunehmen, auch in nicht solenner Weise ernstlich kundgetan werden kann. Sofern nur der Annahmewille unzweideutigen Ausdruck findet, unterscheidet das Gesetz nicht nach der Art, in welcher das geschieht. Es ist im einzelnen Falle Auslegungsfrage, ob die gewählte Erklärungsart zum Schlusse auf den Annahmewillen nötigt."

Lösung 104.

Nach § 766 ZPO. hat der Ersteher des Pferdes meines Erachtens die Befugnis, das Vollstreckungsgericht anzugehen, daß es den Gerichtsvollzieher anweise, ihm das Pferd auszuliefern. Sollte aber das Vollstreckungsgericht — was sehr unwahrscheinlich ist — eine solche Anweisung unbegründeterweise nicht ergehen lassen, so fragt sich weiter, ob und gegen wen A. eine Klage hat. Aus § 156 BGB. verb. mit § 817 ZPO. ergibt sich, daß in dem Zuschlag die Annahme eines Antrags liegt, bei welchem das Bieten die Offerte bildet. Der Ersteher erlangt mit der Übergabe das Eigentum an dem Gekauften. Wer ist aber der Verkäufer? Beim Pfandverkauf nach den §§ 1233 ff. BGB. ist es der Gläubiger. Ich möchte auch hier eine solche Konstruktion nicht von der Hand weisen. Nun wird dem Käufer die gekaufte Ware dadurch, daß sie der Gerichtsvollzieher behält, evinziert. Die Evirtionshaftung (§ 440) wird durch § 935 Abs. 2 (vgl. § 1244) erheblich eingeschränkt (ebenso wie die Mängelhaftung durch § 806 ZPO. vgl. § 461 BGB.). Da der Gläubiger als Verkäufer anzusehen ist, kann sich eine Klage wegen Entwährung nur gegen diesen richten. Ich möchte also eine solche Klage für möglich halten. Was aber macht der Gläubiger, nachdem er verurteilt ist, wenn der Gerichtsvollzieher das Pferd trotzdem nicht herausgibt? Er beschwert sich zur Herbeiführung der Herausgabe ebenfalls nach § 766 ZPO. Da er die Sache nicht besitzt, kann das Urteil nach § 883 ZPO. nicht vollstreckt werden (vgl. § 897 ZPO.). Das Urteil ist daher zu vollstrecken wie ein solches, welches auf Verurteilung zu einer nicht vertretbaren Handlung geht (§ 888 ZPO.).

Eine Klage gegen den Gerichtsvollzieher begegnet meines Erachtens manchen Bedenken. Aus dem durch die Versteigerung erworbenen Rechte kann ihn der Ersteher nicht belangen, weil dies nur ein obligatorischer Anspruch ist. Es könnte sich fragen, ob der Gläubiger nicht nach § 931 BGB. das Eigentum verschaffen könne. Doch dem steht entgegen, daß der Gläubiger hier gegen den Gerichtsvollzieher keinen Herausgabeanspruch hat, wenn auch der Gerichtsvollzieher sein Beauftragter ist.

Anm. Die Aufgabe ist übrigens mehr instruktiv als praktisch. In der Praxis wird das Vollstreckungsgericht auf Grund des § 766 ZPO. die Sache endgültig entscheiden, ohne daß es zu einer Klageanstellung kommt.

Lösung 105.

Über den Auszug trifft das BGB. keine Bestimmungen. Hierüber entscheiden nach Art. 96 EG. die Landesgesetze (für Sachsen § 31 sächs. Ausführungsgesetz zum BGB. vom 18. Juni 1898). Es dürfte wesentlich sein, ob B. nur dinglich oder auch persönlich verpflichtet ist.

B. ist Schuldner, A. Gläubiger. Der Brand ist, wenn der Auszug ein persönliches Recht ist, ein nicht zu vertretender Umstand. Somit ist meines Erachtens § 275 anwendbar. Daher wird der Schuldner B. von der Verpflichtung zur Leistung frei. § 280 ist somit nicht anwendbar. Ist der Auszug ein dingliches Recht, so greift meines Erachtens § 280 ein, weil dann B. die Giebelstuben auch in dem neu aufgebauten Hause hätte einrichten müssen.

Der Fall gehört meines Erachtens in das zweite Buch, da er die sog. objektive nachträgliche Unmöglichkeit der Leistung behandelt.

Lösung 106.

Bei einer Gegenseitigkeitsgesellschaft ist mit der Zahlung der Prämie der Versicherungspflicht noch nicht genügt. Der Nachschuß mußte also gezahlt werden, es fragt sich nur von wem. B. war hierzu auf Grund des zwischen ihm und A. abgeschlossenen Vertrags nicht verpflichtet, sondern A. Denn danach hat sich A. verpflichtet, das Rad auf ein Jahr gegen Diebstahl und Feuersgefahr zu versichern. Indem B. die Erstattung des Geldes von A. verlangt, gibt er diesem zu erkennen, daß er sich auf den Vertrag berufen will. Damit deutet er an, daß er mit der Zahlung nur eine Verpflichtung des A. habe erfüllen, nicht aber diesem die Verpflichtung habe erlassen wollen. Er hat also als Geschäftsführer des A. ohne Auftrag gehandelt. Auf Grund dessen kann er aber von A. die 15 M. nicht ersetzt verlangen, denn dieser hat die Geschäftsführung nicht genehmigt. Wohl aber kann B. gegen A. auf Grund des Vertrags vorgehen, denn dieser hat den Vertrag nicht erfüllt. Daß er also die 15 M. von A. herausverlangen kann, erscheint zweifellos, es fragt sich nur als was. Mir scheint die Annahme unbedenklich, daß sich A. in Verzug befindet. Demgemäß ist die Forderung eine solche auf Schadensersatz wegen Verzugs (§ 286). Aber auch eine Bereicherungsklage wäre denkbar. Sie stützt sich darauf, daß B. dem A. eine Leistung, zu der er durch Vertrag verpflichtet war, erspart hat, so daß A. einen rechtlichen Vorteil erlangt hat. (§ 812, in sonstiger Weise auf dessen Kosten.)

Lösung 107.

A. behauptet, indem er die Kaufklage gegen B. anstellt, offenbar, daß ein Kauf über die Maschine zwischen ihm und B. bereits zustande gekommen sei, daß die Vorleistung seinerseits erfolgt sei und er nun nach § 433 die Gegenleistung, also den Kaufpreis, beanspruchen könne.

α) B. entgegnet, daß ein Kaufvertrag zwischen ihm und A. noch gar nicht zustande gekommen sei. Die Absicht des B. ergibt sich meines Erachtens aus dem Wortlaut und aus der ganzen Formulierung des Textes, wonach B. einwendet, es sei vereinbart, daß er nach einjähriger noch nicht abgelaufener Probezeit soll erklären dürfen, ob er die Maschine „kaufen wolle“ oder nicht. Ist der Vertrag mit dieser Bestimmung abgeschlossen, so ist vom Standpunkt des B. aus allerdings meines Erachtens nicht — was naheliegt — ein Kauf auf Probe im Sinne des § 495 anzunehmen. Das wird durch die hervorgehobenen Worte: „kaufen wolle“ ausgeschlossen. Denn danach soll das in demselben Satze vorkommende Wort „Probezeit“ hier nicht im technischen Sinne gebraucht sein, sondern es ist die Absicht des B., den Vertrag von seinem Widerruf innerhalb einer bestimmten Frist abhängig zu machen. Er behauptet damit, daß kein vollendeter Kauf vorliege. Somit muß Kläger, also A., beweisen. Daher kommt B. zum Eid.

Da die Entscheidung allein von der Frage abhängt, ob die Behauptung des B. über die Vereinbarung richtig ist, weitere Beweismittel als der Eid aber nicht vorhanden sind, so ist die Sache zur Endentscheidung reif, und es liegt der normale Fall des § 460 ZPO. vor. Demgemäß ist auf die Leistung des Eides durch bedingtes Endurteil zu erkennen. Dieses hat im Tenor die Normierung des Eides zu enthalten und sowohl für den Fall der Leistung wie für den der Nichtleistung die Entscheidung zu treffen. Dieses bedingte Endurteil hat hier etwa zu lauten: B. hat folgenden Eid zu leisten: „Ich schwöre bei Gott, dem Allmächtigen und Allwissenden: Es ist wahr, daß zwischen mir und dem A. verabredet worden ist, daß ich nach einjähriger, noch nicht abgelaufener Probezeit solle erklären dürfen, ob ich die Maschine kaufen wolle oder nicht, so wahr mir Gott helfe!“ Leistet B. diesen Eid (in Gemäßheit des § 460 Abs. 2 ZPO. nach Rechtskraft des bedingten Endurteils), so wird A. mit der Klage (durch Endurteil) abgewiesen, leistet er ihn nicht, so wird er (durch Endurteil) zur Zahlung des Kaufpreises für die Maschine verurteilt.

β) Das Vorgehen des A. ist hier dasselbe wie unter α. Hier gibt aber B. zu, daß ein vollendeter Kaufvertrag vorliegt. Er wendet nur meines Erachtens ein, daß mit dem Kaufvertrag ein Reuvertrag nach § 346 verbunden gewesen sei, d. h. ein Vertrag, durch den dem B. ein vertragsmäßiges Rücktrittsrecht von dem schon vollendeten Vertrage für den Fall gewährt wird, daß die Maschine seine Billigung nicht finden sollte. Damit gibt B. zu, daß die allgemeinen Voraussetzungen eines Kaufvertrags, wie er vom Kläger behauptet wird, vorliegen. Die Behauptung, daß ein Reuvertrag vorliege, ist somit als Einrede, nicht als Leugnen des Klaggrunds zu betrachten. B. hat daher die Beweislast. Nach § 447 ZPO. ist also hier die Eideszuschiebung des B. an A. wirksam, dagegen diejenige des A. an B. unwirksam. Wie ist zu erkennen? Die unter α bestehenden Voraussetzungen der ZPO. sind auch hier vorhanden. Nach § 460 ZPO. hat daher wiederum ein bedingtes Endurteil zu ergehen. Dieses ist natürlich entsprechend abzuändern. Das Nähere wird sich der Leser selbst konstruieren können.

Lösung 109.

Zwischen A. und B. ist ein Kaufvertrag unter einer Suspensivbedingung (§ 158 Abs. 1) abgeschlossen worden. Diese ist hier zugleich eine sog. gemischte Bedingung. Der Begriff derselben wird im BGB. nicht festgestellt, wohl aber in der Wissenschaft. Nach dieser ist sie eine solche, bei der die Erfüllung abhängig ist von dem Willensentschluß des einen Vertragschließenden und zugleich von einem davon unabhängigen Umstand, der hier in dem Willensentschluß eines Dritten, nämlich der C., besteht. (Vgl. Lehrbuch von Matthiaß, Bd. I S. 231, II A unter 2.) Der Willensentschluß des A. ist nun erfolgt, der der C. — die Annahme — ist nicht erfolgt, denn die C. gibt dem A., wie es im Text heißt, einen Korb und verheiratet sich bald darauf mit dem D. B. tröstet sich schnell und heiratet noch vor Ablauf der einjährigen Frist die E. Die Frage ist, ob die Bedingung als eingetreten zu gelten hat und ob die B. infolgedessen von A. die Erfüllung des Kaufvertrags, also die Auflassung des Grundstücks, verlangen kann. Nach den von der Wissenschaft aufgestellten Grundsätzen genügt es zum Zustandekommen des durch die gemischte Bedingung bedingten Vertrags, daß der Verpflichtete seinerseits alles getan hat, um diese zu erfüllen. Sein Anspruch bleibt also bestehen, wenn der Eintritt der Bedingung durch das Verhalten des Dritten — also hier der C. — verhindert wird. Hätte also B. nicht vor Ablauf der Frist die E. geheiratet, so hätte er ohne Zweifel gegen B. den Anspruch auf Erfüllung des Kaufvertrags erlangt. Schwierig wird der Fall erst dadurch, daß B., anstatt den Ablauf der Frist abzuwarten, vor Ablauf der Frist die E. heiratet. Es fragt sich, ob er dadurch den Anspruch auf Übergabe der Villa verloren hat. Eine Verehelichung des A. mit der C. wäre in der Frist zwischen der Verehelichung des A. mit der E.

und dem Ablauf der einjährigen Frist vermutlich noch möglich gewesen, denn die C. konnte sich scheiden lassen, sich sodann von der Vorschrift des § 1313 Abs. 1 nach § 1313 Abs. 2 dispensieren lassen und schleunigst den A. noch innerhalb der Frist heiraten, wenn es auch sehr unwahrscheinlich ist, daß sie es getan hätte. A. mußte also die Frist abwarten. Die gemischte Bedingung ist danach nicht eingetreten, denn man kann nicht sagen, daß B. alles getan habe, um sie zu erfüllen. Somit ist B. mit seiner Klage gegen A. auf Erfüllung des Kaufvertrags abzuweisen.

Lösung 110.

Wenn A. dem B. unter der bezeichneten Bedingung 1000 M. verspricht, um ihn zu verhöhnen, so fragt sich, was für ein Rechtsgeschäft hierin zu erblicken ist. Schenkung kann wegen des Hinzufügens der Bedingung nicht vorliegen, da dieser nach § 516 wesentlich ist, daß die Zuwendung unentgeltlich geschieht, während A. als Gegenleistung die Erfüllung der Bedingung fordert. Auch ist die Schenkung eine ganz freiwillige Zuwendung, während die hier vorliegende Zuwendung nur aus der Verhöhnungsabsicht hervorgeht. Auch Scherz im Sinne des § 118 kann nicht vorliegen, denn dazu gehört bei dem Erklärenden die Erwartung, der Mangel der Ernstlichkeit werde nicht verkannt werden. Es liegt vielmehr ein gewöhnliches Zahlungsversprechen nach § 780 vor. Dieses muß schriftlich abgegeben werden. Das Vorliegen dieses Formerfordernisses soll aber auch hier, wie in den früheren Fällen, als vorhanden angesehen werden, da sonst das Rechtsgeschäft ohne weiteres nichtig wäre. Dieses Zahlungsversprechen ist nun mit einer Bedingung verknüpft. Die Bedingung besteht darin, daß B. eine Handlung vornehmen soll, durch die er sich lächerlich macht. Es fragt sich, welche Wirkung das Hinzufügen dieser Bedingung hat. Im BGB. ist die lächerliche Bedingung (wie die gemischte Bedingung, vgl. Lösung 67), nicht erwähnt, wohl aber kennt diese die Wissenschaft. Nach dieser wird die lächerliche Bedingung wie eine unsittliche behandelt. Diese aber wird nach den Vorschriften über unsittliche Rechtsgeschäfte überhaupt beurteilt, demnach macht sie das Rechtsgeschäft, dem sie hinzugefügt ist, wenn es ein Rechtsgeschäft unter Lebenden ist, entweder nach § 138 gänzlich nichtig oder nach § 139 teilweise nichtig, bei Geschäften von Todes wegen wird sie gestrichen. (Vgl. Lehrbuch von Matthiaß, Bd. I S. 238 unter B.)

Das vorliegende Rechtsgeschäft ist nach dem Gesagten nichtig. (§ 139 kommt, wie ohne weitres klar ist, nicht in Betracht, denn die Erfüllung der Bedingung ist dem A. wesentlich.) Welche Rechtsfolgen treten ein, je nachdem B. die Bedingung erfüllt oder nicht? Diese Folgen ergeben sich aus dem oben Gesagten von selbst. Erfüllt B. die lächerliche Bedingung, tut er also den fraglichen Gang, so entsteht dadurch für A. nicht die Verpflichtung, die versprochenen 1000 M. zu zahlen, da ein nichtiges Rechtsgeschäft keine Verpflichtungen erzeugen kann. Erfüllt B. die lächerliche Bedingung nicht, so braucht A. die versprochenen 1000 M. vielleicht ebensowenig zu zahlen, aber nicht wegen Nichterfüllung der Bedingung, sondern wegen Nichtigkeit des Rechtsgeschäfts.

Wie stände es um ein unter der angegebenen Bedingung hinterlassenes Vermächtnis? Die Motive zum BGB. deuten an, daß die Frage, wie die unsittliche Bedingung bei Geschäften von Todes wegen zu behandeln sei, der Wissenschaft überlassen bleiben soll. Diese steht aber jetzt ebenso, wie früher, auf dem Standpunkte, daß die unsittliche Bedingung bei Geschäften von Todes wegen, wie schon angegeben, einfach zu streichen, d. h. also, als nicht vorhanden zu betrachten ist. Die Folge ist im vorliegenden Fall eine sehr unerwartete, der Billigkeit, wenn auch nicht dem Willen des Erblassers entsprechende. B. kann nämlich die Zahlung der 1000 M. von den Erben des A. unter allen Umständen verlangen, gleichgültig, ob er dessen Bedingung erfüllt oder nicht.

Lösung 111.

Der Kaufvertrag zwischen A. und B. ist unter der Bedingung abgeschlossen, daß B. binnen Jahresfrist das Assessorexamen besteht. Zugleich ist die Übergabe des Hundes unter dieser Bedingung erfolgt. Der Text läßt nun meines Erachtens nicht genügend erkennen, ob der Kauf unter aufschiebender oder auflösender Bedingung gemeint sein soll (§ 158 Abs. 1 u. 2). Im ersteren Fall wäre auch die Eigentumsübertragung aufschiebend bedingt, im zweiten Falle auflösend. Hiervon wird abhängen, ob C. Eigentümer des Hundes wird.

Die weitere Lösung überlasse ich einstweilen dem Leser.

Lösung 112.

Hauptfrage ist die: Wenn der Vertrag zwischen B. und A. die Bestimmung enthält, daß die Räumlichkeiten „zum Restaurationsbetrieb" gemietet werden, ist dann diese Zweckbestimmung Vertragsinhalt oder bloßes Motiv? Meines Erachtens ist sie das erstere. Der Mietvertrag zwischen B. und A. ist also unter der Bedingung, richtiger Voraussetzung abgeschlossen, daß A. die polizeiliche Konzession für den Restaurationsbetrieb erlangt. Die Voraussetzung (condicio tacita) ist keine echte Bedingung (Matthiaß, Bd. I S. 237 B), denn sie erzeugt für gewöhnlich keinen Schwebezustand. Es ist aber unbedenklich, die hier vorliegende Voraussetzung den Vorschriften über Bedingungen analog zu behandeln. Wenn nun A. die Erteilung der Konzession hintertreibt, so ist gegen ihn auf Grund des § 162 vorzugehen. Da A. eine andere Gelegenheit zu einer sicheren Lebensstellung findet, so ist jetzt der Eintritt der Voraussetzung für ihn ein Nachteil. Die Voraussetzung der Erteilung der Konzession hat daher als eingetreten zu gelten. A. ist somit an den Mietvertrag gebunden.

Übrigens hindert nichts daran, den Fall aus dem Gesichtspunkte der Haftung für Mängel der Mietsache (§§ 537 ff.) zu betrachten. Die beiden Gesichtspunkte treffen zusammen. Die Brauchbarkeit des Geschäftslokals für den Restaurationsbetrieb ist eine von den Parteien vorausgesetzte Eigenschaft desselben. Ist diese nicht vorhanden, so ist die Mietsache zur Zeit der Überlassung — also am 1. Januar 1901 — mit einem Fehler behaftet, der ihren vertragsmäßigen Gebrauch aufhebt. Indessen hat A., der Mieter, diesen Fehler selbst herbeigeführt, so daß ihm natürlich der Vermieter hierfür nicht haftet.

Anm. Unter der Hintertreibung der Erlaubniserteilung läßt sich allerdings schwer etwas Bestimmtes denken. § 33 GewO. zählt die Versagungsgründe auf: 1. Bedenken gegen die Person des Nachsuchenden, 2. gegen die Räume, 3. Bedürfnisfrage. Da nun bei den Verwaltungsbehörden bei Erforschung des die Entscheidungsgrundlage bildenden Sachverhalts die Offizialmaxime besteht, so ist eigentlich geringer Raum für eine Tätigkeit des A. zur Vereitelung des Eintritts der Bedingung wider Treu und Glauben. Immerhin ist möglich, daß er seine Person der Wahrheit zuwider in ein schlechtes Licht stellt und schlechten Leumund über sich an den Stellen verbreitet, wo sich die Polizei zu erkundigen pflegt usw.

Lösung 113.

Zwischen dem Dienstherrn und dem A. besteht ein Dienstvertrag (§§ 611ff.). Nach § 624 kann nur der Dienstverpflichtete das auf Lebenszeit eingegangene Dienstverhältnis ohne Grund kündigen, nämlich nach Ablauf von fünf Jahren. Für den Dienstberechtigten dagegen gilt § 626. Dieser muß also einen „wichtigen Grund" zur Kündigung haben.

Wenn Schück hier von einer Klage „auf Dienstentlassung" spricht, so kann damit zweierlei gemeint sein: 1. daß die Dienstentlassung schon erfolgt ist und nunmehr infolge Bestreitens ihre Rechtmäßigkeit, d. h. das Vorliegen eines wichtigen Grundes festgestellt werden soll (dagegen spricht aber die Suspension noch während des Prozesses; 2. daß der Dienstberechtige die Absicht hat, nach § 626 zu kündigen, vorerst aber durch Klage das Vorliegen eines wichtigen Grundes feststellen lassen will. Eine solche Klage ist durch die Rechtsprechung für zulässig erachtet worden (insbesondere in Ansehung der Handlungsgehilfen HGB. §§ 70ff.). Doch nun zur Hauptfrage.

Wenn die Parteien vereinbaren, daß der Gehalt des A. nach zehnjähriger nützlicher Dienstzeit um 600 M. steigen solle, so liegt darin eine aufschiebende Bedingung. Da nun A. — sei es vor, sei es nach Ablauf der zehn Jahre — suspendiert wird, so kann er natürlich keine nützlichen Dienste mehr leisten. Es fragt sich aber, ob der Dienstherr ihn mit Recht suspendiert hat. Da der Prozeß, in welchem A. auf Dienstentlassung verklagt ist, für ihn günstig ausläuft, so ist anzunehmen, daß die nachherige Entlassung grundlos erfolgte. Somit hat der Dienstherr während der Schwebezeit der Bedingung das von der Bedingung abhängige Recht des A. durch sein Verschulden vereitelt. Es liegt also der Tatbestand des § 160 vor. Vielleicht ist auch § 162 anwendbar. A. kann daher vom Dienstherrn Schadenersatz verlangen. Dieser besteht in der Zulage. Wie lange wird er die Zulage zahlen müssen? So lange, als der Gehalt des A. nicht auf andre Weise — insbesondere durch den Dienst in einer neuen Stellung — die durch die Zulage herbeigeführte Höhe erreicht. Ist er niedriger als bisher, so muß der Dienstherr auch dies ersetzen. A. ist aber nicht *verpflichtet*, in eine andere Stellung zu gehen. Nimmt ihn der Dienstherr nicht wieder an, so muß er dem A. den Gehalt und die Zulage zahlen, auch ohne daß dieser es versucht, diesen auf andere Weise zu erlangen.

Lösung 114.

Die Aktiengesellschaft hat in ihrer Eigenschaft als juristische Person mit den Inhabern der Prioritätsaktien einen Vertrag geschlossen, der an eine Bedingung geknüpft ist. Die Inhaber der Aktien haben die Bedingung erfüllt. Es fragt sich nun, ob der Staat, der in seiner Eigenschaft als Eisenbahnfiskus Nachfolger der juristischen Person geworden ist, auch die Dividende im voraus zu zahlen hat. Wenn der Staat die Bahn (also wohl das gesamte Vermögen der Aktiengesellschaft § 304 HGB.) übernimmt, so können die Gläubiger unbeschadet der Fortdauer der Haftung des bisherigen Schuldners (die Gesellschaft kann weiterbestehen) nach § 419 von dem Abschluß des Vertrags an ihre zu dieser Zeit bestehenden Ansprüche auch gegen den Übernehmer geltend machen. Führt der Staat die bisherige Firma fort, wie es im Verkehr vielfach üblich ist (ev. mit dem Zusatze „vormals" xx), so gilt insbesondere § 25 HGB. Der Staat haftet also für alle im Betriebe des Geschäfts begründeten Verbindlichkeiten des früheren Inhabers. Hier handelt es sich nun um noch nicht festgestellte Dividendenansprüche. Diese sind aber keine reinen Gläubigerrechte (bestritten, s. auch Kosack, Handelsrecht S. 642). Deshalb liegen Bedenken gegen Zulassung der Klage vor. Dazu kommt, daß die Ansicht nicht von der Hand zu weisen ist, daß der Eintritt der Bedingung der fünfjährigen Karenzzeit für die fünfprozentige Vorzugsdividende in ihrem Eintritt von den Aktionären (wenigstens von der in § 303 HGB. bezeichneten Mehrheit) vereitelt worden ist. Sie haben in der Generalversammlung der Veräußerung des Vermögens im ganzen zugestimmt und können sich nun nicht darüber beschweren. Sie hätten nicht zustimmen sollen oder hätten nach § 271 HGB. (die Voraussetzungen dazu angenommen) den Veräußerungsbeschluß anfechten müssen (binnen Jahresfrist). Somit käme § 160 in Betracht. Der Staat hat aber diese Frage bei seiner Verteidigung nicht berücksichtigt, sondern stützt sich darauf, daß die bisherige Nichtzahlung der Dividende von ihm nicht verschuldet sei. Was er damit will, ist unklar. Die Entscheidung wird also von der obigen Streitfrage abhängen.

Lösung 115.

a) Wenn beim Kaufvertrage ein Ziel für Zahlung des Kaufpreises verabredet wird, so wird damit für die Wirkung des in der Zahlung liegenden Rechtsgeschäfts insofern ein Anfangstermin gesetzt. Nach § 163 finden darauf die über die aufschiebende Bedingung geltenden Vorschriften Anwendung. Die Beweislast ist also dieselbe, wie wenn eine aufschiebende Bedingung geltend gemacht würde. Die Frage, wer bei Geltendmachung einer aufschiebenden Bedingung die Beweislast trägt, ist aber sehr bestritten. Ich folge hierin der Ansicht von Staub und lege sie demjenigen auf, der die

Bedingung behauptet, somit hier dem B., der die Befristung behauptet, weil er etwas vom Normalen Abweichendes behauptet (§ 271). Es ist also nur der dem A. zugeschobene Eid in Betracht zu ziehen und der Eid für diesen zu normieren (so auch Staub, Kom. z. HGB. Einl. Anm. 57 S. 23 und Anm. 54 S. 21, ebenso Fitting, dagegen für die herrschende Ansicht z. B. Kuhlenbeck, Anm. 1 zu § 158).

β) Hier ist für die Wirkung des Rechtsgeschäfts ein Endtermin bestimmt. Darauf finden nach § 163 die Vorschriften über auflösende Bedingungen Anwendung. Auch hier ist die Frage der Beweislast wie in vielen wichtigen Punkten (vgl. Lösung 66) bestritten. Kuhlenbeck (Anm. 4 zu § 158), dem ich hierin folge, legt sie dem auf, der die Beifügung der Bedingung geltend macht. Danach würde hier der B. beweispflichtig sein, und der Eid wäre wieder für A. zu normieren (vorausgesetzt, daß dies nach § 445 ZPO. überhaupt angängig ist).

Die Beweislast bei der Stundungseinrede hat von einem anderen Gesichtspunkte aus Stölzel (4. Aufl. S. 138ff.) sehr eingehend behandelt. Dieser unterscheidet den Fall der ursprünglich verabredeten Stundung von dem der nachträglich verabredeten. Im ersteren Falle legt er die Beweislast dem Kläger auf mit der Begründung, daß das Vorbringen der Stundung dann ein teilweises Bestreiten des Klagegrundes bedeute. Das gleiche wie für die Stundung gilt für den ursprünglich beigefügten dies ad quem (Fall β). Im Falle α würde, wenn die Stundung bewiesen wird, nach Stölzel eine betagte Verurteilung einzutreten haben. (Stölzel, S. 15ff. ZPO. § 751, vgl. ZPO. §§ 257, 259.)

Lösung 116.

Den ersten Teil der Bedingung hat C., der Erbe des B., erfüllt, denn er hat innerhalb einer Woche nach dem Unfall den A. benachrichtigt. Den zweiten Teil der Bedingung dagegen — prozessuale Geltendmachung des Anspruchs binnen vier Wochen im Falle des Bestreitens — hat C. nicht erfüllt. Er hat aber alles getan, um die Bedingung zu erfüllen. Es trifft ihn also kein Verschulden. Ist das für die Geltendmachung seines Rechts von Einfluß? Ich möchte es bejahen. Die Bedingung wegen der Anmeldung und wegen Versäumung der Klagefrist erscheint meines Erachtens zunächst als resolutive Protestativbedingung. Als solche ist sie von den Parteien gewollt. Daraus, daß ein Umstand eintritt, der die Erfüllung der Bedingung nicht nur von dem Willen des Berechtigten — also des C. —, sondern zugleich von einem davon unabhängigen Umstande abhängig macht, ergibt sich, daß die Bedingung in Wahrheit eine sog. gemischte (vgl. Matthiaß, Bd. I S. 231 u. 237, V A, 1) ist. Die gemischte Bedingung ist aber nach den von der Wissenschaft aufgestellten Grundsätzen dann als eingetreten zu erachten, wenn der Berechtigte alles getan hat, um sie zu erfüllen (vgl. Lösung 67). Diesen Grundsatz würde ich hier für anwendbar halten. Das BGB. gibt jedenfalls keinen Anhalt dafür; insbesondere ist aus den §§ 160, 162 nichts zu entnehmen. Hiernach würde also A. zu verurteilen sein.

Lösung 117.

Die A. ist Stellvertreterin, genauer Bevollmächtigte des B. im Sinne der §§ 164 ff. Ihre Erklärungen wirken daher unmittelbar für und gegen B. Die A. will auch den Kauf nur für B. abschließen. Sie hat aber die Vollmacht dem Verkäufer nicht zu erkennen gegeben, sondern im eigenen Namen gehandelt. Auch stillschweigend gibt sich ihr Vertretungswille nicht kund, etwa äußerlich durch die Kleidung, da eine Wirtschafterin keine besondere Tracht zu haben pflegt, wie es z. B. bei Dienstboten der Fall ist, weshalb der Dritte diese als Vertreter behandeln darf. Der Verkäufer kann also die A. nicht als Stellvertreterin ansehen, oder wenigstens braucht er es nicht. Das erfordert das Verkehrsinteresse. Für ihn gilt sie, obgleich, wie gesagt ihre Erklärung unmittelbar gegen B. wirkt, als Selbstkontrahentin. (§ 164 Abs. 2, vgl. hierzu Matthiaß Bd. I S. 213 unter 1.). Das gilt auch bezüglich der Klage. Erhebt also B. gegen den Verkäufer eine Klage aus dem Vertrag, so wird dieser mit Recht den Einwand der mangelnden Aktivlegitimation des Klägers geltend machen. Diese muß also B. in diesem Fall erst dadurch herbeiführen, daß er sich die Ansprüche aus dem Kauf von der A. abtreten läßt.

Indessen ist die hier zu entscheidende Frage, ob bei stiller Stellvertretung der Vertretene ohne weiteres klagen kann, wie die ganze Lehre von der stillen Stellvertretung bestritten. Kuhlenbeck, Anm. 3 zu § 164 gewährt dem Vertretenen dann eine actio utilis aus dem Vertrage, wenn der Dritte kein erhebliches gegenteiliges Interesse geltend machen kann, nicht mit ihm kontrahiert zu haben. Ob das hier der Fall ist, ist unbestimmt. Im Zweifel wird ein solches Interesse nicht vorliegen, und man läßt daher in der Praxis die Klage des Vertretenen meistens zu.

Nahe liegt hier die Frage, ob die A. zur Abtretung verpflichtet ist. Das ist zu bejahen. Es ergibt sich dies aus dem inneren Verhältnis zwischen der A. und B. Zwischen beiden besteht ein Dienstvertrag im Sinne der §§ 611 ff. (auf welchen, da die A. zum Gesinde gehört, die betreffende landesgesetzliche Gesindeordnung als lex specialis anzuwenden ist). Aus den allgemeinen Grundsätzen über Dienstvertrag erklärt es sich schon, daß die Dienende, die A., alles tun muß, was zur gehörigen Erfüllung des Vertrags erforderlich ist. Dazu gehört aber auch, daß sie ihren Dienstherrn in die Lage versetzt, die Rechte aus den von ihr abgeschlossenen Verträgen selbst geltend zu machen und ihm die Ansprüche aus diesen Verträgen abzutreten. Man kann übrigens hierfür auch § 667 anwenden und sagen: Der Dienstvertrag äußert sich gerade hier in einer Geschäftsbesorgung. Nach § 675 finden daher auf denselben die dort bezeichneten Vorschriften der §§ 662 ff. über den Auftrag Anwendung. Dazu gehört auch § 667. Nach diesem hat die B. dem A. dasjenige herauszugeben, was sie aus der Geschäftsbesorgung erlangt hat. Dazu ist auch ihr Recht auf Anfechtung zu rechnen. Dieses kann aber nicht wie eine Sache herausgegeben, sondern nur abgetreten werden. B. hat also auf diese Abtretung einen Anspruch aus dem Auftrag gegen die A.

Auch die hier weniger wichtige Frage, welche Klage die A. anstellen könnte, soll nicht unbeantwortet bleiben. Die A. kauft einen „ihr als echt bezeichneten" Becher. Dieses Bezeichnen kann sowohl seitens des Verkäufers als auch seitens eines Dritten geschehen sein. Der Text läßt dies offen. Es soll hier offenbar kein Gewicht darauf gelegt werden. Liegt das erstere vor, so stützt sich die Klage auf den Mangel einer zugesicherten Eigenschaft (§§ 459 ff.). Liegt das letztere vor, so liegt darin, daß die A. einen ihr von irgendeinem Dritten als echt bezeichneten goldenen Becher kauft, in der Meinung, er sei wirklich echt, ein Irrtum über eine Eigenschaft der Kaufsache, der im Verkehr als wesentlich gilt. Dieser regelt sich nach § 119. Die A. kann daher den Vertrag anfechten. Dadurch erreicht sie nach § 145 dessen Nichtigkeit. In der Wirkung bleibt es sich also ganz gleich, ob sie sich auf die §§ 459 ff. oder auf § 119 stützt. Im technischen Sinne ist der Ausdruck „rückgängig machen" allerdings nur in den §§ 462 ff. gebraucht. (Wandelung.)

Lösung 120.

Es handelt sich um die sog. stille Stellvertretung. Wenn A. für seinen kranken Neffen eine Vereinbarung trifft, ohne dabei zu erklären, daß sie in dessen Namen erfolgt, so folgt dies letztere auch meines Erachtens noch nicht aus den Umständen. Die Krankheit des Neffen dürfte zu dieser Folgerung keinen genügenden Anlaß geben. Bei A. ist also der Mangel des Willens, in eigenem Namen zu handeln, nicht erkennbar hervorgetreten. Hier greift § 162 Abs. 2 ein. Nach den Grundsätzen der Irrtumslehre könnte A. den Vertrag wegen Irrtums (§ 119) anfechten, da er etwas anderes erklärt hat als er wollte. Aber gerade hierfür will § 164 Abs. 2 eine Ausnahme schaffen. A. soll mit dem Einwand, daß er in fremden Namen gehandelt habe, dann nicht gehört werden, wenn er dies nicht oder nicht deutlich zu erkennen gegeben, somit nach außen hin als stiller Stellvertreter gehandelt hat. (Vgl. Matthiaß Bd. I § 56, II B 1 S. 213 und Kuhlenbeck, Anm. 3 zu § 164.) Daß das letztere hier der Fall ist, kann der Kläger B. ev. auf die Verteidigung des A. hin behaupten. Der Beklagte muß dann auch dies als zu seiner Einrede gehörig beweisen. Der Beweis ist dann darüber zu erheben, daß Beklagter in fremdem Namen gehandelt und dies auch dem Kläger zu erkennen gegeben habe.

Aus dem Gesagten ergibt sich, daß der Eid in der gewählten Fassung zwecklos ist. Wenn A. durchdringen will, muß er behaupten, er habe in fremdem Namen gehandelt **und habe dies dem B. auch zu erkennen gegeben.** Das erste allein genügt nicht. Insoweit ist also die Eidesformel zu ergänzen, falls A. überhaupt hierfür Beweis antreten will. B. wird also, wenn er den Eid leistet, mit seiner Klage gegen A. durchdringen.

Lösung 121.

Es liegt der Tatbestand des § 164 Abs. 2 vor. Der Wille, in fremdem Namen zu handeln, ist bei A. nicht erkennbar hervorgetreten. Folglich kommt der Mangel des Willens, in eigenem Namen zu handeln, nicht in Betracht. Wenn nun die Vertretene klagt, so macht B. mit Recht den Einwand der mangelnden Aktivlegitimation geltend. Trotzdem wird aber die Vertretene — also die Ehefrau — nach § 164 Abs. 1 Berechtigte, wenn auch A. selbst dem Dritten gegenüber als Berechtigter gilt. Deshalb gewähren Wissenschaft und Rechtsprechung dem Vertretenen in diesen Fällen dann eine sog. actio utilis aus dem stillschweigend für ihn geschlossenen Vertrage, wenn der Dritte kein gegenteiliges erhebliches Interesse geltend machen kann, nicht mit ihm kontrahiert zu haben. (Vgl. Kuhlenbeck, Anm. 3 zu § 164.) Da ein solches Interesse, weil nur selten vorliegend, nicht zu vermuten ist, so muß der den Einwand geltend Machende dessen Vorliegen beweisen. B. macht aber nur geltend, er habe nicht mit der Ehefrau des A. kontrahieren wollen. Das ist kein Beweis. Somit ist es das Wahrscheinliche, daß die A. mit der Klage durchdringen wird.

Insoweit entspricht der Fall ganz dem Fall 117.

Vielleicht will der Fall noch auf etwas anderes hinweisen. Falls nämlich die Frau des A. ein besonderes Geschäftslokal hat — was im Verkehr doch nicht allgemein üblich ist —, so wird die Entscheidung eine andere. Denn wer in einem Geschäfte einen Vertrag schließt, will mit dem Geschäftsinhaber kontrahieren, auch wenn er sich nicht genau über dessen Person unterrichtet. Ihm ist das wesentlich. Das ist Verkehrssitte. Der spätere Einwand, man habe nicht mit dem Inhaber, sondern mit dem Geschäftsführer kontrahieren wollen, schlägt nicht durch. Deshalb ist die A. Anspruchsberechtigte. Die utilis actio braucht man hier also nicht. Würde es sich hier um ein Zigarrengeschäft u. dgl. handeln, so wäre der Einwand des B. zweifellos zu verwerfen.

Lösung 122.

A. handelt nach außen hin als Handlungsbevollmächtiger, er ist also direkter Stellvertreter des Prinzipals und seine Erklärung wirkt nach § 164 unmittelbar gegen denselben. Der vorliegende Kaufvertrag ist also zwischen Dieb und Prinzipal zustande gekommen. Es fragt sich nun, ob die Wirkung darin besteht, daß der Prinzipal durch die Übergabe der fraglichen Aktien an seinen Kommis seitens des Diebes Eigentümer an denselben wird. Dies ist nach § 935 Abs. 2 zu bejahen. Denn die Aktien sind zwar dem Eigentümer gestohlen, der Dieb ist nur Besitzer derselben geworden, sie könnten somit nach § 935 Abs. 1 nicht in das Eigentum des gutgläubigen Erwerbers übergehen. Die Aktien sind aber Inhaberpapiere (wenigstens ist das aus dem Verbot des Prinzipals zu schließen), und für diese gilt nach § 935 Abs. 2 im Interesse des Verkehrs die Ausnahmebestimmung, daß sie, auch wenn sie gestohlen sind, in das Eigentum des Käufers übergehen. Natürlich ist auch hierfür Gutgläubigkeit des Erwerbers vorausgesetzt, die zunächst bei dem Kommis angenommen werden soll. Der Prinzipal wird also unmittelbar mit der Übergabe der Aktien an seinen Kommis Eigentümer derselben. Wenn ihn daher der Eigentümer auf Herausgabe der Aktien verklagt, so ist die Klage abzuweisen, denn dem Kläger fehlt die Aktivlegitimation (§ 985). (Ich nehme zunächst an, der Eigentümer sei zugleich der Bestohlene. Denkbar wäre ja auch, daß die Aktien bei dem bloßen Besitzer gestohlen wurden. Dann würde die Klage des Bestohlenen natürlich nicht die aus § 985 sein. Im übrigen ändert sich aber nichts.)

Der Text deutet nun an, daß der Kommis möglicherweise geahnt hat, daß die von ihm gekauften Aktien nicht auf rechtmäßige Weise in den Besitz des Verkäufers gelangt waren, daß er also nicht gutgläubiger Erwerber war. Es fragt sich also, ob A. dies annehmen konnte oder mußte. Dies wird vorwiegend Tatfrage sein. Auf Grund des Textes wird man noch nicht zur Bejahung der Frage kommen dürfen, besonders da die Menschenkenntnis eines Kommis noch keine derartige ist, um auf Grund gewisser äußerer Anzeichen ohne weiteres Verdacht schöpfen zu können, selbst wenn ihm das Benehmen des Fremden auffällig ist. Bejaht man die Frage, so liegt der Fall des § 166 Abs. 1 vor. Es kommt sodann nur die Person des Vertreters in Betracht, und der Prinzipal erwirbt kein Eigentum an den Aktien.

Der Prinzipal verteidigt sich nun auf die Eigentumsklage des Bestohlenen mit dem Vorbringen, er habe seinen Angestellten verboten, größere Posten von Inhaberpapieren von unbekannten Personen zu kaufen. Er will damit zwar ganz richtig behaupten, daß er Eigentum daran erworben habe, bestreitet also die Aktivlegitimation des Klägers, begründet aber diesen Eigentumserwerb falsch, nämlich mit dem genannten Verbot. Das schadet ihm aber hier nichts nach dem Satze jura novit curia. Es genügt danach, wenn er die richtige Einwenduug geltend macht; zu entscheiden, ob sie richtig begründet ist, ist Sache des Gerichts. Der Prinzipal dringt somit mit dem Einwand der mangelnden Aktivlegitimation durch, und die Klage des Bestohlenen ist abzuweisen.

Es soll aber nicht unbeachtet bleiben, worauf sich der Prinzipal mit der Begründung seines Einwands eigentlich stützen will. Wahrscheinlich beruft sich der Prinzipal damit, wenn er sich überhaupt etwas dabei gedacht hat, auf den Grundsatz, daß der Vollmachtgeber für das Überschreiten der Vollmacht durch den Bevollmächtigten nicht haftet, der Dritte vielmehr die Pflicht hat, sich nach dem Maße der Vollmacht zu erkundigen, falls diese nicht aus den Umständen hervorgeht (vgl. Rosenthal, Anm. 2 zu § 164 a. E.), und ihm, wenn er infolge einer Verletzung dieser Pflicht einen Schaden erleidet, nicht der Vollmachtgeber, sondern nur der Bevollmächtigte selbst haftet (§ 179). Dieser Grundsatz ist hier nicht in Betracht zu ziehen. Nach § 54 HGB. erstreckt sich die Vollmacht des A. auf alle Geschäfte und Rechtshandlungen, die der Betrieb eines derartigen Handelsgewerbes, wie hier vorliegt, oder derartiger Geschäfte, wie hier vorliegen, mit sich bringt. Ein solches Geschäft ist es nun hier ohne Zweifel, wenn der Kommis die Aktien kauft. Der Dritte, der mit dem A. derartige Geschäfte abschließt, braucht also die Vollmacht des A. nicht zu prüfen, es genügt, wenn er sich als Handlungsbevollmächtigter geriert. Der Dritte darf ihn, ebenso wie z. B. einen Dienstboten, innerhab des Kreises der ihm vermutlich zugewiesenen

Geschäfte für vertretungsberechtigt halten. Wollte der Prinzipal die Vollmacht bezüglich des Einkaufs größerer Posten von Inhaberpapieren beschränken, so mußte er dies, um sich der Haftung zu entziehen, dem Publikum bekannt geben. Tat er das nicht, so haftet er dafür, falls der Bevollmächtigte die Beschränkung außer acht läßt. Für die Sicherheit des Verkehrs ist diese Regelung der Frage unbedingt notwendig. Für das innere Verhältnis ist der Einwand allerdings von Bedeutung.

Wie wenn der Veräußerer usw.? Hier liegt der Fall so, daß die Aktien aus der Hand des Diebes oder eines Dritten an den Herrn gelangt sind. Hier ist zu unterscheiden, ob der Herr die Aktien bereits gutgläubig erworben und daher Eigentum daran erlangt hat, oder ob er dies infolge von Bösgläubigkeit nicht erlangt hat. Im ersten Falle kann er natürlich auch auf den Bankier Eigentum übertragen, selbst wenn dieser bösgläubig ist. Anders wird es im zweiten Fall. Wenn hier der Prinzipal bösgläubig und der Kommis gutgläubig war, so erwirbt der Prinzipal nach § 166 Abs. 2 durch seinen Vertreter kein Eigentum an den Aktien. In diesem Fall hat der Kommis nach bestimmten Weisungen des Prinzipals, also des Vollmachtgebers, gehandelt. Es kommt daher nicht darauf an, ob sein Vertreter gut- oder bösgläubig war, sondern nur darauf, daß er selbst bösgläubig war. Diese Vorschrift des § 166 Abs. 2 widerspricht auch nicht der des § 935 Abs. 2. Denn auch für die Anwendbarkeit des letzteren ist nach § 932 guter Glaube unter allen Umständen erforderlich. Mithin bleibt der Bestohlene hier Eigentümer der Aktien, und der Prinzipal wird auf dessen Klage hin nach § 985 zur Herausgabe derselben verurteilt.

Ein hier naheliegender Fall soll nicht unbeachtet bleiben, nämlich der, daß der Prinzipal bösgläubig ist und von dem Ankauf durch den gutgläubigen Kommis Kenntnis hat, ohne ihm hierzu besondere Weisung erteilt zu haben. Dann muß man nach § 166 Abs. 1 annehmen, daß er trotzdem Eigentum erlangt.

Anm. 1. Nimmt man im ersten Falle, in dem also der Prinzipal nicht bösgläubig ist, an, dieser habe dem Kommis verboten, größere Posten von Namenpapieren nicht von Inhaberpapieren, zu kaufen, dies aber wiederum dem Dritten nicht bekannt gegeben, so daß er auf die Klage des Eigentümers hin nach § 935 Abs. 1 die Aktien herausgeben müßte, so hat der Prinzipal natürlich ein Regreßrecht gegen A. Er kann gegen ihn auf Grund des Vertrags (Dienstvertrags) auf Schadensersatz wegen ungehöriger Erfüllung klagen, denn er ist um die gezahlte Summe geschädigt. Diese Schadensersatzpflicht würde sich im einzelnen nach §§ 248 ff. regeln.

Anm. 2. Vgl. übrigens zum Vorliegenden § 367 HGB.

Lösung 123.

Es handelt sich um die Frage der Anwendbarkeit des § 181. Der Wechsel ist eine Zahlungsanweisung. Der Aussteller weist den Trassaten an, an ihn oder einen andern zu zahlen. Das Akzept ist nun zwar von Natur eine einseitige Willenserklärung. Wenn aber der Trassat die Anweisung gegenüber dem Aussteller akzeptiert — wenn also Trassat und Akzeptant identisch sind —, kommt ein Vertrag zustande. Der Aussteller ist nun hier der Ehemann, die Bezogene die Ehefrau. Die Annahme ist durch den Ehemann in Generalvollmacht seiner Frau geschehen. Damit hat der Ehemann ein Rechtsgeschäft im Namen der Vertretenen — nämlich seiner Ehefrau — mit sich selbst abgeschlossen. Dieses Rechtsgeschäft ist nach § 181 nichtig, soweit nicht ein anderes gestattet ist, es sei denn, daß das Rechtsgeschäft ausschließlich in der Erfüllung einer Verbindlichkeit besteht. Ob ein solcher Ausnahmefall vorliegt, ist hier die Frage. Es dürfte ein praktisches Bedürfnis vorliegen, solche Geschäfte als gültig anzusehen (vgl. Rosenthal, Anm. 19 zu § 181).

Die beiden Einwendungen der Ehefrau sind zu verwerfen. Zu 1: Der Vertreter kann sich namens seines Machtgebers in diesem Falle dem letzteren doch verbindlich machen. Zu 2: Für den Dritten ist das kollidierende Interesse gerade nicht deutlich erkennbar. Er muß sogar im Zweifel annehmen, daß der Mann wirklich mit Willen der Frau für diese akzeptiert.

Lösung 124.

Zur Gültigkeit der Bürgschaft des A. ist nach § 1822 Ziffer 10 vormundschaftsgerichtliche Genehmigung erforderlich. Angenommen, dieselbe würde nachträglich noch erteilt werden, so muß doch in erster Linie der Vormund selbst genehmigen. Es gilt folgendes:

Daß der Vormund des A. die Bürgschaft desselben für die von seinem Freunde C. eingegangenen Zechschulden erst nach Ablauf des Wintersemesters genehmigt, ist nach § 184 gleichgültig. Denn dort wird bestimmt, daß die nachträgliche Zustimmung (Genehmigung) des Vertreters auf den Zeitpunkt des Rechtsgeschäfts zurückwirkt, soweit nicht ein anderes bestimmt ist, ohne daß diese Genehmigung an eine zeitliche Grenze gebunden ist. Die Genehmigung zur Bürgschaft kann also der Vormund auch noch im nächstfolgenden Semester geben. Daher ist es auch gleichgültig, ob der Vormund vor Schluß des Wintersemesters zur Erklärung wegen der Genehmigung von dem Wirt B. aufgefordert worden ist. Diese Aufforderung hat eine andere Bedeutung, die aber hier gleichgültig ist, nämlich die, daß nunmehr nach § 108 Abs. 2 die Genehmigung nur noch dem B. gegenüber erfolgen kann, und dies ist nach dem Text erfolgt. A. muß also dem B. die Zechschuld auf Grund rechtsgültiger Bürgschaft bezahlen. (Darüber, daß es Fälle gibt, in denen es für eine Rückwirkung der Genehmigung ev. zu spät ist, vgl. Kuhlenbeck, Anm. 3 zu § 184.)

Lösung 128.

Der Wechsel ist eine Zahlungsanweisung. Durch die Annahme der Anweisung, die in diesem Falle Akzept heißt, entsteht ein Vertrag, der Wechselvertrag, in welchem sich der Akzeptant dem Aussteller und allen späteren Inhabern des Wechsels gegenüber verpflichtet, die Wechselsumme zu zahlen. Wenn also Kläger Wechsel ausstellt, in denen die Gesellschaft Bezogene und er selbst Aussteller und zugleich Vertreter der Bezogenen als Akzeptantin ist, so kontrahiert er zweifellos im Namen der Vertretenen, der Gesellschaft, mit sich selbst. Nach § 181 ist daher der Wechsel ungültig, wenn nicht die Ausnahmefälle dieses Paragraphen vorliegen. Daß hier etwas anderes gestattet ist, kann man nicht behaupten. Daß das Rechtsgeschäft des Klägers ausschließlich in Erfüllung einer Verbindlichkeit bestand, ist ebensowenig anzunehmen, denn diese Ausnahmebestimmung ist streng und wörtlich zu verstehen. Kläger hat nun zwar im Interesse der Gesellschaft zu handeln, hat aber keine spezielle Verpflichtung, ihr Wechsel auszustellen, die er dann als ihr Vertreter akzeptiert. Einer der Ausnahmefälle des § 181 dürfte daher nicht vorliegen. Somit ist der Wechselvertrag, weil nur von einem der Liquidatoren abgeschlossen, unwirksam. Also kann auch Kläger mit der Wechselklage nicht durchdringen.

Lösung 129.

Für die Lösung der Frage, wann die Geschäftsfähigkeit beginnt, haben wir keine bestimmte Gesetzesstelle. Aus § 104 Ziffer 1 verb. mit § 106 e contrario kann man aber schließen, daß die Geschäftsfähigkeit mit der Volljährigkeit beginnt, diese aber beginnt nach § 2 mit Vollendung des 21. Lebensjahres.

Wenn die A. am 1. Januar 1890 geboren ist, so wird sie also jedenfalls um die Wende des Jahres 1911 geschäftsfähig. Bezüglich der genauen Berechnung des Zeitpunktes kommen die Vorschriften der §§ 186—193 über Fristen und Termine zur Anwendung. Die Geburt ist nun entschieden ein in den Lauf eines Tages fallender Zeitpunkt, es läge also nahe, auf diesen § 187 Abs. 1 anzuwenden. Nach § 187 Abs. 2 wird aber die Berechnung des Lebensalters ausnahmsweise so behandelt, wie wenn der Beginn eines Tages der für den Anfang der Frist maßgebende Zeitpunkt wäre. Somit wird der Tag der Geburt bei Berechnung der Frist mitgerechnet. Also wird die A. geschäftsfähig in der Nacht vom 31. Dezember 1911 zum 1. Januar 1912, gleich nach 12 Uhr. (Vgl. ein ähnliches Beispiel Kom. von Rosenthal, Anm. 4 zu § 187.)

Die Fähigkeit, letztwillig zu verfügen, tritt nach § 2229 mit Vollendung des 16. Lebensjahres ein. Die Berechnung der Frist ist wieder die des § 187 Abs. 2, da es sich um das Lebensalter handelt. Die A. wird also testierfähig mit Beginn des 1. Januar 1906, oder in der Nacht vom 31. Dezember 1905 zum 1. Januar 1906, gleich nach 12 Uhr.

Die Fähigkeit, eine Ehe einzugehen (sog. Ehemündigkeit), erlangt die Frau nach § 1303 mit dem vollendeten 16. Lebensjahre. Die Frist berechnet sich wieder nach § 187 Abs. 2, da es sich um die Berechnung des Lebensalters handelt. Also wird die A. ehemündig in der Nacht vom 31. Dezember 1905 zum 1. Januar 1906, gleich nach 12 Uhr.

Die Volljährigkeitsfrage ist genau wie die der Geschäftsfähigkeit zu entscheiden. (S. am Anfang.)

Die letzte Frage: Wann müssen die Eltern usw.? ist eine sehr geschickt angebrachte Vexierfrage, die dazu verleiten soll, auf die Frage zu antworten: Wann müssen die Eltern nach § 1591 spätestens den Beischlaf vollzogen haben usw.? Das ist aber hier ganz unwesentlich, da bei dem hier in Frage kommenden Kinde vorausgesetzt sein soll, daß es von dem Manne abstammt, der die Mutter desselben nachher heiratet. Die Eltern der A. müssen also nach § 1591 die Ehe spätestens am 1. Januar 1890, unmittelbar vor 10 Uhr, abgeschlossen haben. Schließen sie dieselbe später, so ist das Kind unehelich. Dem widerspricht nicht die Vorschrift des § 1719, wonach ein uneheliches Kind durch nachfolgende Ehe der Eltern die rechtliche Stellung eines ehelichen Kindes ohne weiteres erlangt, denn im vorliegenden Fall soll eben das Kind nicht erst ehelich werden, sondern ehelich sein. Praktisch zeigt sich der Unterschied darin, daß das Kind, falls es vor dem Eheschluß geboren wird, immerhin nach dem Geburtsregister als unehelich gilt und der Vater des Kindes nicht früher die Abänderung des Geburtsregisters für dasselbe beanspruchen kann, als bis er das Kind als von sich erzeugt anerkannt hat.

Zu Lösung 129.

Die Bestimmungen der §§ 187 ff. sind ohne Kommentar schwer verständlich. Staudinger, Bem. 2 zu § 187 führt aus:

„Die Regel der Nichteinrechnung des Anfangstages hat ihren Grund darin, daß es vermieden werden soll, Bruchteile von Tagen berücksichtigen zu müssen. Dieser Grund fällt weg, wenn der Beginn eines Tages der für den Anfang der Frist maßgebende Zeitpunkt ist, wenn also z. B. eine Wohnung am 20. März vom 1. April an auf ein halbes Jahr gemietet wird. Für solche Fälle bestimmt daher § 187 Abs. 2, daß der Anfangstag bei der Fristberechnung mitzurechnen ist; in dem genannten Falle endigt also die Miete mit dem Ablauf des 30. September; vgl. §§ 188 Abs. 2, 189."

Zu lösen ist weiter die Frage, wann die A. volljährig wird, wenn sie 1890 geboren ist. Es fragt sich: Kommt das alte Recht betreffs der Volljährigkeit zur Anwendung? Und weiter: Kommt die alte Fristberechnung betreffs der Volljährigkeit zur Anwendung? Darauf muß das EG. Antwort geben.

Schließlich ist noch die Frage zu beantworten, wann die A. für tot erklärt werden kann, wenn sie seit ihrem 15. (63.) Lebensjahre verschollen ist. Nach § 14 ist ein Minderjähriger anders zu behandeln als ein Volljähriger. Die Todeserklärung darf nicht vor dem Schlusse des Jahres erfolgen, in welchem der Verschollene das 31. Lebensjahr vollendet haben würde. Die zehnjährige Verschollenheitsfrist beginnt also hier nicht vor dem Schluße desjenigen Jahres zu laufen, in welchem der Verschollene das 21. Lebensjahr vollendet und hiermit volljährig wird. (Vgl. Staudinger, Bem. II zu § 14.)

Die Frist endet infolgedessen mit dem Schluße desjenigen Jahres, in welchem der Verschollene das 31. Lebensjahr vollendet haben würde, wenn er noch lebte. Da die Verschollenheitsfrist erst mit dem Schlusse dieses Jahres endigt, und die Todeserklärung nicht vor Ablauf der Verschollenheitsfrist zulässig ist, so kann die Todeserklärung in diesem Falle frühestens bei Beginn des nächsten Jahres erfolgen. (Vgl. Staudinger cit.)

Ist die A. am 1. Januar 1900 geboren, und seit ihrem 15. Lebensjahre verschollen, so wird sie am 1. Januar 1931 31 Jahre alt. Somit kann sie nicht vor dem Schluße des Jahres 1931, also erst Anfang 1932 für tot erklärt werden. Voraussetzung ist nach § 14, daß zehn Jahre keine Nachricht von ihr einging. Ist die A. 1900 geboren und seit ihrem 63. Lebensjahr verschollen, so findet meines Erachtens § 14 Abs. 1 Anwendung. Es ist seit zehn Jahren keine Nachricht vom Leben der A. eingegangen.

Ist die A. am 1. Januar 1890 geboren, so gelten die Übergangsbestimmungen. Vgl. EG. Art. 158—162. Diese Bestimmungen haben allerdings in erster Linie ein schwebendes Verfahren auf Todeserklärung oder die Wirkungen einer vor dem Inkrafttreten des BGB. erfolgten Todeserklärung im Auge. Aber gerade daraus folgert Staudinger, daß nach 1900 das neue Recht Anwendung findet mit den Worten in Bem. 2 zu § 158.

„Für ein erst nach dem Inkrafttreten des BGB. einzuleitendes Verfahren, welches eine Todeserklärung zum Gegenstande hat, greifen die Vorschriften des BGB. Platz, mag nun die Verschollenheit oder Abwesenheit vor oder nach dem Inkrafttreten des BGB. begonnen haben. (Mot. z. EG. 239 Nr. 4.)"

Lösung 132.

Das römische Recht unterschied zwischen Aquisitiv- und Extinktivverjährung, es kannte auch die Verjährung von anderen Rechten als Ansprüchen. Das BGB. kennt — und darauf will der Fall hinaus — nur die Anspruchsverjährung (§ 194) und eine Reihe weiterer davon verschiedener Rechtsinstitute, wie Verschweigung, Präklusion usw. (Matthiaß, Bd. I S. 263.) Indem die Stadtkirchengemeinde einwendet, daß die Klage der Domkirchengemeinde durch Nichtgebrauch erloschen sei, gibt sie zu, daß dieser ein dem ihrigen vorgehender Anspruch zugestanden habe. Dies kann als feststehend betrachtet werden. Hier kommen nun die speziellen Vorschriften für Grundstücke in Betracht. Die Domkirchengemeinde scheint einen Berichtigungsanspruch im Sinne des § 894 zu haben. Dieser kann nach §. 898 nicht verjähren. Der Einwand, die Klage sei durch Nichtgebrauch erloschen, ist daher hinfällig. Die Stadtgemeinde hat andererseits auf Grund der sog. Tabularersitzung nach § 900 noch kein Eigentum erworben, da sie erst zehn Jahre eingetragen ist. Also kann die Domkirchengemeinde, wie es mir scheint, wieder in das Grundbuch kommen. Sie kann es auch ohne Klage nach § 22 GrO. in Verb. mit § 29 GrO. (§ 902 kommt nicht in Betracht.) Sie muß aber ihre Rechte beweisen. Denn nach § 892 gilt der Inhalt des Grundbuchs bis zum Beweise des Gegenteils als richtig.

Anm. Der Fall ist nicht so unpraktisch, wie er vielleicht aussieht. In Sachsen z. B. sind ähnliche Irrungen tatsächlich vorgekommen.

Lösung 133.

Nach § 196 Ziff. 4 verjähren Forderungen der Gastwirte für Gewährung von Wohnung und Beköstigung, sowie für andere den Gästen zur Befriedigung ihrer Bedürfnisse gewährten Leistungen mit Einschluß der Auslagen in zwei Jahren. Damit sind also Leistungen gemeint, die normalerweise von einem Gastwirt zu erwarten sind. Wenn aber der Gastwirt dem Reisenden ein Darlehen zur Reparatur seiner Koffer gibt, so liegt eine solche Leistung nicht vor. Die Reparatur der Koffer gehört meines Erachtens nicht unter die „Bedürfnisse" des § 196 Ziff. 4. Die Hingabe des Darlehens steht außerdem mit der Gastwirtseigenschaft des A. in keiner Verbindung. Für die Forderung aus dem Darlehen gilt daher nicht die zweijährige Verjährungsfrist des § 196 Ziff. 4, sondern die dreißigjährige des § 195. Der Einwand der Verjährung ist also zu verwerfen.

Lösung 135.

Der Fall ist auf Grund des § 196 zu entscheiden. Es fragt sich, zu welcher von den in § 196 genannten Personenklassen der Tierbändiger gehört. Da der Beklagte sich auf § 196 Ziff. 9 stützt, so betrachtet er ihn offenbar als gewerblichen Arbeiter. Das Geschäft des Menageriebesitzers ist unbedenklich als Gewerbebetrieb anzusehen. Ein Tierbändiger ist vom Menageriebesitzer dauernd angestellt zur Zähmung, Abrichtung und Vorführung von Tieren. Er steht also zu ihm in einem Dienstvertragsverhältnis im Sinne der §§ 611 ff., vielleicht könnte man auch Werkvertrag annehmen. Daher würde ich den Tierbändiger unter die gewerblichen Arbeiter im Sinne des § 196 (GewO. §§ 105 ff.) zählen.

Der Menageriebesitzer kann also mit seiner Verjährungseinrede nach § 196 Ziff. 9, wenn die sonstigen Voraussetzungen dieser Vorschrift vorliegen, gegenüber dem Tierbändiger durchdringen, und dieser muß dann mit seiner Klage auf rückständige Gage abgewiesen werden.

Abgesehen von § 196 Ziff. 9 würde sich der Menageriebesitzer auch auf § 196 Ziff. 8 stützen können, dies aber nur, wenn man sein Verhältnis zum Tierbändiger als Dienstvertrag ansieht. (Siehe darüber die Lösungen des II. Teils.)

Lösung 144.

Der von der Witwe und den Kindern des A. geltend gemachte Anspruch beruht auf § 844.

Nachdem durch die Beweisaufnahme festgestellt ist, daß der Beklagte vorsätzlich den Schuß abgefeuert hat, ist nur dann noch eine Abweisung der Klage zu erreichen, wenn einer der in den §§ 226—31 bezeichneten Gründe vorliegt, welche die Widerrechtlichkeit der Handlung ausschließen. Einen solchen — nämlich Notwehr — scheint der Beklagte geltend machen zu wollen. Er hat aber das Vorliegen einer Notwehrhandlung nicht bewiesen. Der rechtswidrige Angriff des § 227 ist zwar nach dem Ergebnis der Beweisaufnahme vorhanden gewesen, denn A. hat den Beklagten mißhandelt. Dagegen hat dieser Angriff offenbar bedeutend vor der Handlung des A.

stattgefunden, er ist also kein gegenwärtiger. Es fehlt daher der Kausalzusammenhang. Selbst wenn aber dieser vorhanden wäre, so läge doch wahrscheinlich ein Notwehrexzeß vor. Denn vermutlich konnte sich Beklagter auch auf andere Weise schützen.

Auf Notwehr kann sich Beklagter somit nicht stützen. Wenn er behauptet, er sei über die von A. erlittenen Mißhandlungen bestürzt gewesen und habe von ihm und seinen Begleitern weitere Angriffe befürchtet, so stützt er sich vielleicht auch auf die §§ 827, 829. Nach § 827 ist derjenige, welcher im Zustande der Bewußtlosigkeit oder in einem die freie Willensbestimmung ausschließenden Zustande krankhafter Störung der Geistestätigkeit einem anderen Schaden zufügt, für den Schaden nicht verantwortlich. Der Text gibt keinen Anhalt dafür, ob die Bestürzung des Beklagten so weit gegangen ist, daß der Tatbestand des § 827 erfüllt ist, es ist aber nicht wahrscheinlich. Ist es der Fall, so kann das natürlich die Schadensersatzpflicht ausschließen (vgl. § 51 StrGB.). Auch dann ist aber unter den in § 829 bezeichneten Umständen eine Schadensersatzpflicht denkbar.

Lösung 146.

Zwischen dem Reeder und dem Kapitän des Schiffes besteht ein Dienstvertragsverhältnis nach §§ 611 ff., nach außen hin hat der Kapitän vom Reeder Vertretungsmacht nach §§ 164 ff. zu allen Geschäften, die zur Führung eines Schiffes nötig sind.

Die Hauptfrage des Falls ist die, ob den Kapitän bei der Führung des Schiffes ein Verschulden trifft. Bis zu dem Morgen, an welchem er den Anker lichten will, um die Reise fortzusetzen, hat der Kapitän X. das Schiff gut geführt, insbesondere hat er zur Einfahrt in den Hafen einen Lotsen bestellt. Auch ist es anzuerkennen, daß X., als sich zeigt, daß sich um den Anker ein Drahtseil gewunden hat, dieses nicht ohne weiteres abschneidet, sondern erst versuchen läßt, ob man den Anker von dem Seile befreien könne. Wenn aber der Kapitän das Seil schließlich doch abschneiden läßt, so ist das auch noch fahrlässig. Dem Kapitän mußte schon auffallen, daß das Seil ein Drahtseil war. Schiffe haben dagegen, wie er wissen konnte, gewöhnlich nur Bastseile. Ferner spricht aber dafür, daß er die Möglichkeit, durch das Zerschneiden des Seiles eine fremde Sache zu beschädigen, voraussah oder voraussehen mußte, der Umstand, daß der Lotse vorher darauf hingewiesen hatte, daß in der Gegend, wo sich das Schiff zurzeit befand, ein Telegraphenkabel liegt. Der X. darf also nicht ohne weiteres vermuten, daß das fragliche Seil zu einem Schiffswrack gehört. (Ein Schiffswrack ist eine herrenlose Sache, darüber durfte X. verfügen.) X. hat also die im Verkehr erforderliche Sorgfalt, indem er das Seil durchschneiden ließ, außer acht gelassen. Somit handelte er fahrlässig (§ 276).

Es fragt sich weiter, auf Grund welcher Bestimmungen für diesen Schaden der Gesellschaft zu haften ist. Das fragliche Kabel ist eine fremde Sache, und diese hat X. fahrlässigerweise beschädigt. Hierfür kann gehaftet werden auf Grund eines Vertrags oder einer unerlaubten Handlung. Ein Vertrag liegt nun offenbar nicht vor, wohl aber eine unerlaubte Handlung im Sinne des § 823. Dazu gehört noch, daß die Beschädigung widerrechtlich geschah. Ein Recht zum Abschneiden des Seils hat X. offenbar nicht. Nun wußte zwar X. nach seiner Aussage nichts hiervon, sondern hielt das Seil für eine res nullius. Er hätte aber wissen müssen, daß er das Seil nicht als solche behandeln durfte. Er handelt also widerrechtlich. Somit liegen die Voraussetzungen des § 823 vor, und der Kapitän haftet demgemäß der Gesellschaft für Schadensersatz.

Wenn X. seine Haftpflicht bestreitet, so kann er sich vor allem darauf stützen, daß er die Widerrechtlichkeit seiner Handlung in Abrede stellt. Diese wird durch das Vorliegen einer Notlage im Sinne des § 228 ausgeschlossen. X. kann behaupten, er habe das Schiff ohne das Durchschneiden des Kabels nicht fortbringen können, er habe also das Kabel selbst auf die Gefahr hin, eine fremde Sache zu beschädigen, durchschneiden müssen. Eine Notlage ist aber hier nicht vorhanden, weil die Beschädigung zur Abwendung der Gefahr nicht unbedingt notwendig war, wie es § 228 verlangt. X. konnte z. B., um sein Schiff wieder flott zu machen, sein eigenes Ankerseil durchschneiden und späterhin dafür von der Gesellschaft Ersatz fordern. Der Schaden, den X. dadurch erleidet, steht auch nicht außer Verhältnis zu der Gefahr. Fraglich dürfte auch sein, ob überhaupt darin, daß sich die Seile verwickeln, eine Gefahr im Sinne des § 228 zu erblicken ist. Somit wird man das Vorliegen des § 228 jedenfalls verneinen müssen. Infolgedessen ist die Widerrechtlichkeit der Handlung und die Anwendbarkeit des § 823 zu bejahen.

Weiter ist die, wenn auch hier weniger wichtige Stellvertretungsfrage zu erörtern. Die Klägerin wendet sich mit der Klage nicht gegen den Kapitän, sondern gegen den Reeder des Schiffes. Es ist also festzustellen, ob dieser für das Verschulden des Kapitäns zu haften hat. Der Kapitän hat, wie schon bemerkt, nach außen hin vom Reeder Vollmacht zur Führung des Schiffs erhalten. Man kann ferner sagen, daß er zu den in § 831 genannten zu einer Verrichtung Bestellten gehört. Nach § 831 Abs. 1 Satz 1 haftet daher der Reeder für den Schaden, den H. bei Ausführung der Verrichtung dem Dritten widerrechtlich zufügt. Der Reeder kann sich aber auf die Klage der Gesellschaft hin mit der Einrede des § 831 Abs. 1 Satz 2 verteidigen, indem er nämlich behauptet, daß er bei Auswahl des Kapitäns die im Verkehr erforderliche Sorgfalt beobachtet habe. Diese Einrede muß er aber natürlich beweisen. Gelingt ihm der Beweis nicht, so haftet er nach § 840 neben dem Kapitän der Gesellschaft als Gesamtschuldner.

Anm. 1. Kann die Schadensersatzklage der §§ 823 ff. auch gegen die Matrosen gerichtet werden? Auch sie würden nach §§ 831, 840 verb. mit § 823 als eigentliche Schadenszufüger haften müssen. Man wird nicht sagen können, daß sie einfach Werkzeuge des Kapitäns sind. Sie dürfen vielmehr Befehle, die fremde Rechte verletzen, nicht ausführen, obgleich sie im übrigen dem Kapitän zum Gehorsam verpflichtet sind. Sie würden sogar, wenn sie den Schaden nicht auf Anordnung des Kapitäns zugefügt hätten, möglicherweise ganz allein haften. Denn dann haftet der Reeder des Schiffes überhaupt nicht, und der Kapitän haftet gemäß § 831 als Geschäftsherr, kann sich aber durch den Gegenbeweis des § 831 Abs. 1 Satz 2 befreien. Läge dieser Fall vor, so wäre dies natürlich für die Gesellschaft nachteilig, denn von den Matrosen wird die Entschädigung im Zweifel nicht leicht zu erlangen sein.

Anm. 2. Angenommen, der Eigentümer des Schiffs wäre ein Reeder im Sinne des Art. 450 HGB. (alter Fassung), der auch jetzt noch gilt, so würde man nach §§ 451, 452 Ziff. 3 HGB. zu dem Resultat kommen, daß den Reeder nicht ganz dieselbe Haftung trifft wie nach BGB. Vielmehr haftet danach der Reeder für den Anspruch des Dritten nicht persönlich, sondern nur mit Schiff und Fracht, falls der Anspruch auf das Verschulden einer Person der Schiffsbesatzung gegründet wird.

Lösung 147.

Der Fall bildet ein lehrreiches Beispiel für die Frage der Anwendbarkeit der §§ 226 ff. verbunden mit §§ 823 ff. Der Löwe in der Menagerie ist ein gefangenes wildes Tier im Sinne von § 960. Durch den Ausbruch wird er zu einem solchen, welches nach § 960 Abs. 2 die natürliche Freiheit wiedererlangt hat. Trotz des Ausbruchs wird aber hier der Löwe nicht herrenlos, denn die Leute des Eigentümers verfolgen ihn sofort. Die Frage ist nun zunächst: Haftet der Leutnant A., wenn er den Löwen erschießt, dem Eigentümer desselben, also dem Menageriebesitzer, auf Schadensersatz? Da ein Vertragsverhältnis, aus dem gehaftet werden könnte, ausgeschlossen ist, so handelt es sich nur darum, ob eine Schadensersatzpflicht auf Grund von § 823 in Betracht kommt. Daß eine vorsätzliche Verletzung fremden Eigentums vorliegt, ist zweifellos, diese ist aber auch widerrechtlich, weil sie wider Willen — jedenfalls wider den vermutlichen Willen — des Eigentümers erfolgt. Diese Widerrechtlichkeit würde wegfallen, wenn A. nachwiese, daß er auf Grund der Vorschriften der §§ 226—231 gehandelt habe. Hier käme insbesondere der Selbstschutz des § 228 in Betracht. Darauf kann sich A. aber nicht stützen, denn die Tötung hatte er nicht nötig, um eine drohende Gefahr von sich oder anderen abzuwenden. Für andere ist eine Gefahr deshalb nicht vorhanden, weil, wie besonders hervorgehoben wird, der Marktplatz um die fragliche Zeit völlig menschenleer ist, weil ferner der Löwe sich am Brunnen niedergelegt hat, um sich zu sonnen, sich also offenbar nicht in gereiztem Zustande befindet und endlich, weil der Löwe von den Leuten des Eigentümers, die doch vermutlich im Wiedereinfangen des Löwen nicht ungeübt sind, verfolgt wird. Für den A. selbst ist natürlich noch weniger eine Gefahr vorhanden, da er sich in seiner eine Treppe hoch gelegenen Wohnung befindet. Daß das Motiv des A. ein ganz anderes war, zeigen auch die Worte „erfreut einen Löwen schießen zu können". Es reizt ihn also nur die Jagdfreude.

α) A. hat also zunächst dem Eigentümer des Löwen nach §§ 823 ff. Schadensersatz zu leisten. Art und Umfang desselben regeln sich nach §§ 249 ff. Danach ist hier nur noch Geldentschädigung nach §§ 249 Abs. 2, 251 möglich. Nach § 252 beträgt diese das volle Interesse, das ist, falls der Eigentümer den Körper behalten will, die Differenz zwischen dem Wert des lebendigen und toten Löwen. Bei Berechnung des Wertes des ersteren ist der Wert anzunehmen, den der Löwe für einen Menageriebesitzer hat, dabei ist auch der durch die Tötung ihm ev. entgangene Gewinn zu ersetzen. Der Wert des toten Löwen liegt hauptsächlich in seinem wertvollen Fell.

β) Gegenüber der Stadtgemeinde hat A. durch Beschädigung des Brunnens ebenfalls eine Eigentumsverletzung begangen. Diese ist aber keine vorsätzliche, sondern eine fahrlässige. Fahrlässig handelt nach § 276, wer die im Verkehr erforderliche Sorgfalt außer acht läßt. A. wußte nun, wie ausgeführt, sehr wohl, daß er auf den Löwen nicht schießen durfte, er kannte aber auch die Wirkung eines modernen Gewehrs und konnte daher voraussehen, daß eine Beschädigung des Brunnens sehr leicht eintreten konnte. Wenn er trotzdem schießt, so muß er das verantworten. Somit liegt auch hier der Tatbestand des § 823 vor. Art und Umfang des Schadensersatzes regeln sich wiederum nach §§ 249 ff. Auf Verlangen der Stadtgemeinde hat also A. nach § 249 den Brunnen wieder herzustellen, mit deren Einverständnis kann er sich nach § 249 Satz 2 durch Geldentschädigung abfinden.

Der Brunnen war der Stadt usw. Bezüglich der Schadensersatzpflicht für das Relief gilt zunächst dasselbe wie unter β. Es wäre aber hier bezüglich der Art und des Umfangs des Schadensersatzes zu erwägen, ob nicht, falls der Gläubiger — also die Stadtgemeinde — nach § 249 auf Wiederherstellung des früheren Zustandes bestehen sollte, die Anwendung des § 251 Abs. 2 am Platze wäre. Dies möchte ich bejahen. Diese Vorschrift soll die Strenge der Schadensersatzpflicht ausnahmsweise in dem Falle mildern, wenn die Herstellung des Beschädigten nur mit unverhältnismäßigen Aufwendungen möglich ist. Das Marmorrelief ist ferner der Stadt von einem reichen Mitbürger geschenkt worden. Das Interesse der Stadt an der Wiederherstellung gerade dieses Reliefs ist nicht so groß, wie wenn dasselbe von ihr selbst zu einem ganz bestimmten Zweck hergestellt worden wäre. Es mag also hier genügen, wenn A. einen Gelderssatz leistet, der zur Herstellung eines einfachen, weniger kostbaren Reliefs hinreicht.

Lösung 148.

1. Wenn A. dem B. das Sparkassenbuch wegnimmt, so liegt darin ein Diebstahl, also eine unerlaubte Handlung im Sinne des § 823, falls nicht die Widerrechtlichkeit der Handlung auf Grund der §§ 226 ff. ausgeschlossen wird. A. handelt offenbar in der Absicht, durch Selbsthilfe (§ 229) sich zu befriedigen. Nach § 229 ist diese nur erlaubt, wenn obrigkeitliche Hilfe nicht rechtzeitig zu erlangen ist und ohne sofortiges Eingreifen die Gefahr besteht, daß die Verwirklichung des Anspruchs vereitelt oder wesentlich erschwert werde. Das ist nun hier durchaus nicht der Fall, denn es gab für A. noch andere Wege, auf denen er vermutlich zu seinem Gelde gekommen wäre, insbesondere den Klageweg. § 229 ist also nicht anwendbar.

2. Wenn nun B. sich auf den A. stürzt, ihm das Geld gewaltsam entreißt und diesem dabei vollständig das Beinkleid beschädigt, so fragt sich wieder, ob ihn diese Handlung zum Schadensersatz verpflichtet oder ob hierin

eine erlaubte Selbsthilfe im Sinne des § 229 liegt. Auch diese Selbsthilfe ist unerlaubt, da B. auf dem Wege einer Strafanzeige oder im zivilrechtlichen Wege die Herausgabe des Buches hätte erlangen können. Die obrigkeitliche Hilfe kam also auch hier nicht zu spät. Die Beschädigung des Beinkleides seitens des B. ist daher ebenso widerrechtlich (fahrlässige oder vorsätzliche Sachbeschädigung) und daher eine unerlaubte Handlung im Sinne des § 823, wie die Wegnahme des Sparkassenbuchs seitens des A. B. hat somit das beschädigte Beinkleid zu bezahlen.

3. A. wehrt sich gegen den Angriff des B. und begeht dabei wiederum eine im gewöhnlichen Falle zum Schadensersatz verpflichtende Handlung, denn der B. verunglückt infolge seiner Abwehr (Körperverletzung). A. beruft sich darauf, daß er hierfür nicht hafte, weil er in Notwehr (§ 27) gehandelt habe. Der Angriff des B. ist nun zwar, wie bemerkt, rechtswidrig, indessen ist die Verteidigung des A. nicht notwendig, um diesen Angriff von sich abzuhalten, da er ja das Geld herausgeben konnte und sogar dazu verpflichtet war. A. hat also dadurch, daß er sich dem Angriff des B. widersetzte und dadurch dessen Verletzung veranlaßte, eine zum Schadensersatze verpflichtende Handlung im Sinne des § 823 begangen (vgl. § 843).

Das Resultat geht also dahin, daß beide Parteien schadensersatzpflichtig sind.

Lösung 149.

Auf den vorliegenden Fall ist keiner der §§ 227—229 anwendbar. Notwehr (§ 227) ist ausgeschlossen, weil ein rechtswidriger Angriff nicht vorliegt. Notstand (§ 228) ist ebenfalls ausgeschlossen, weil durch die Blumenbeete keine Gefahr droht. Erlaubte Selbsthilfe (§ 229) anzunehmen, läge schon näher, doch handelt es sich hier wohl schwerlich um die „Verwirklichung eines Anspruchs". Für diese Fälle greift ergänzend § 904 ein (sog. Notstandsrecht). Danach ist der Eigentümer einer Sache nicht berechtigt, die Einwirkung eines anderen auf die Sache zu verbieten, wenn die Einwirkung zur Abwendung einer gegenwärtigen Gefahr notwendig und der drohende Schaden gegenüber dem aus der Einwirkung dem Eigentümer entstehenden Schaden unverhältnismäßig groß ist. Die Zerstörung der seltenen Pflanzen ist nun zur Abwendung der Gefahr seitens des A. erforderlich. Wenn sich auch später herausstellen mag, daß es noch andere Wege zur Abwendung der Gefahr gab, so ist doch den Umständen nach zu vermuten, daß A. im Augenblick der Gefahr hiervon nichts wußte. (Vorsatz und Fahrlässigkeit können nicht vermutet werden.) Zweifellos ist es auch, daß der drohende Schaden — Vernichtung eines Hauses durch Feuer — mögen auch die Pflanzen noch so selten sein — nicht außer Verhältnis zur Gefahr steht. Somit hat B. korrekt gehandelt. Er war zwar nicht berechtigt, die Einwirkung des A. auf sein Pflanzenbeet zu verbieten — und er hat es auch nicht getan — wohl aber kann B. jetzt nach § 904 Satz 2 Ersatz des ihm entstandenen Schadens verlangen. (Vgl. über den hier besprochenen Unterschied Rosenthal, Anm. 6 zu § 228.)

Zweites Buch.
Recht der Schuldverhältnisse.

Lösung 150.

Der zwischen dem Amtsrichter und dem Musiklehrer abgeschlossene Vertrag ist ein gewöhnlicher gegenseitiger Vertrag nach § 320. Der Inhalt des Vertrags besteht darin, daß sich der Musiklehrer verpflichtet, in den Monaten Oktober bis März nach 7 Uhr abends keinen Musikunterricht in seiner Wohnung zu erteilen, der Amtsrichter dagegen dazu, hierfür alsbald eine Entschädigung von 100 M. zu zahlen. Die Leistung des Musiklehrers besteht also in einer Unterlassung, was nach § 241 dem Gesetze nicht widerspricht. Der Amtsrichter hat nun seine Leistung durch Zahlung der 100 M. schon bewirkt, er hat also vorgeleistet und kann nach § 320 die Gegenleistung — also Unterlassen des Spiels — verlangen. Für diese ist, wie ohne weiteres klar ist, eine Zeit nach dem Kalender im Sinne des § 284 Abs. 2 bestimmt, es ist dies die Zeit vom 1. Oktober bis 31. März nach 7 Uhr abends. Wenn nun der Musiklehrer trotzdem in der fraglichen Zeit wieder spielt, so erfüllt er den Vertrag nicht. Nach § 284 Abs. 2 kommt der Schuldner — und der Musiklehrer ist hier Schuldner in bezug auf das Nichtspielen — dadurch ohne Mahnung in Verzug. Daher trifft ihn die für den Verzug geltende strenge Haftpflicht. Der Amtsrichter kann daher folgendermaßen gegen den Musiklehrer vorgehen:

1. Der Amtsrichter kann nach § 286 den durch den Verzug ihm entstandenen Schaden ersetzt verlangen. Art und Umfang des Schadensersatzes. sowohl aus Vertrag, wie aus Delikt, richten sich nach den §§ 249 ff. Bei Anstellung dieser Klage muß aber der Kläger nach § 253 einen Vermögensschaden erlitten haben, das ist bei dem Amtsrichter vermutlich nicht der Fall, er erleidet vielmehr nur einen sog. Affektionsschaden. Dessen Ersatz kann nach § 253 nicht erlangt werden. Die Anstellung dieser Klage ist also dem Amtsrichter nicht zu empfehlen.

2. Nach den speziellen Bestimmungen über den Verzugsfall bei gegenseitigen Verträgen in § 326 kann der Gläubiger dem Schuldner eine angemessene Frist zur Bewirkung der Gegenleistung setzen mit der Erklärung, daß er die Annahme der Leistung nach Ablauf der Frist ablehne. Als angemessene Frist würde ich hier eine solche von drei Tagen erachten. Nach erfolglosem Ablauf der Frist kann der Gläubiger nach § 326 Satz 2 Schadensersatz wegen Nichterfüllung verlangen oder von dem Vertrage zurücktreten, der Anspruch auf Erfüllung ist dagegen ausgeschlossen. Da aber die Forderung auf Schadensersatz wiederum nach den §§ 249 ff. zu beurteilen ist, die einen Vermögensschaden voraussetzen, der Amtsrichter aber einen solchen vermutlich nicht erleidet, so ist auch von diesem Vorgehen abzusehen. Es bleibt also nach § 326 noch das gesetzliche Rücktrittsrecht. Auf dieses finden nach § 327 die Regeln des vertragsmäßigen Rücktrittsrechts Anwendung

(§§ 346—56). Danach würde der Amtsrichter die gezahlten 100 M. zurückerhalten, der Musiklehrer könnte aber, da er an einen Vertrag nicht mehr gebunden wäre, weiterspielen. Damit ist also dem Amtsrichter auch nicht zu helfen, denn seine Absicht geht ja gerade dahin, den Lehrer zum Unterlassen des Spiels zu bestimmen. § 326 Abs. 2 kommt auch nicht in Betracht, da die Leistung für den Amtsrichter gerade ein sehr großes Interesse hat.

3. Der Amtsrichter kann endlich nach § 241 die gewöhnliche Vertragsklage auf Erfüllung ohne damit verbundenen Schadensersatz gegen den Lehrer anstellen. Diese allein führt ihn zum Ziel. Daraufhin wird der Lehrer verurteilt, in der fraglichen Zeit keinen Musikunterricht mehr in seiner Wohnung zu erteilen. Das Urteil würde etwa lauten: Beklagter hat von Oktober bis März nach 7 Uhr abends den Musikunterricht zu unterlassen. Außerdem ist dem Amtsrichter zu empfehlen, nach § 890 ZPO. zu beantragen, den Musiklehrer für jeden Fall der Zuwiderhandlung zur Zahlung einer Geldstrafe zu verurteilen. Demgemäß kann das Gericht erster Instanz auf Antrag des Amtsrichters erkennen, daß der Lehrer zur Unterlassung des Spiels durch Geldstrafen oder Haft anzuhalten ist. Diese Geldstrafen können einen Gesamtbetrag bis 1500 M. erreichen, die Haft kann einen solchen von zwei Jahren erreichen. Diese Androhung kann sowohl im Urteil als auch nach Erlaß des Urteils im Zwangsvollstreckungsverfahren geschehen, der Zweck wird aber natürlich am schnellsten erreicht, wenn sie gleich in der Klageschrift beantragt wird und im Urteil erfolgt. Allerdings ist zur Verurteilung noch ein besonderer Antrag nötig.

Kann der Musiklehrer einwenden usw.? Dieser Einwand ist unerheblich nach § 242 verb. mit §§ 157, 133. Nach § 242 hat der Schuldner — also der Musiklehrer — so zu erfüllen, wie es Treu und Glauben mit Rücksicht auf die Verkehrssitte erfordern. Nach § 157 ist der Vertrag demgemäß auszulegen und nach § 133 ist bei dieser Auslegung der Willenserklärung der wirkliche Wille des Erklärenden zu erforschen und nicht an dem buchstäblichen Sinne des Ausdrucks zu haften. Der Wille des Amtsrichters wie des Musiklehrers ist aber kurz zusammengefaßt der: Es soll in der fraglichen Zeit überhaupt kein Anfängerspiel geduldet werden, da dieses einen geistig arbeitenden Mann, wie den Amtsrichter, in der Arbeit stört. Auf das im Vertrag gebrauchte Wort „unterrichten", an dessen buchstäblichen Sinn sich der Musiklehrer klammert, kommt es dagegen nicht an. Auch Künstler, die schon vollendet gut spielen, lassen sich unterrichten, und deren Spiel würde wahrscheinlich nicht als Unterricht im Sinne dieses Vertrags in Betracht kommen. Dagegen liegt bei einem Turnlehrer, der noch nicht weit vorgeschritten ist, ohne Zweifel ein solches vor, und dieses fällt unter das im Vertrag genannte Unterrichten, auch wenn der Musiklehrer den Turnlehrer nicht unterrichtet, sondern mit ihm vierhändig spielt. Der Einwand des Musiklehrers ist also unwirksam.

Anm. Nicht unbeachtet soll hier die Frage des sog. schutzwürdigen Interesses bleiben. Wie im Fall öfter erwähnt, hat der Amtsrichter an der Leistung des Lehrers vermutlich kein Vermögensinteresse. Es sind daraus bereits oben wichtige Konsequenzen gezogen worden. Zu erwägen ist aber in derartigen Fällen auch, ob überhaut ein klagbarer Vertrag vorliegt. Aus § 241 ergibt sich, daß für die Klagbarkeit das Vorliegen eines Vermögensinteresses nicht erforderlich ist, sondern daß ein sog. „schutzwürdiges Interesse" genügt. Da ein solches hier zweifellos vorliegt, habe ich die Frage oben nicht erörtert und ohne weiteres Klagbarkeit nach § 320 angenommen. (Vgl. Matthiaß, Bd. I S. 297; Stammler, Recht der Schuldverhältnisse, f. 2. Auflage). Übrigens ist auch ein Vermögensinteresse des Amtsrichters denkbar, z. B. wenn die Belästigung Krankheiten usw. zur Folge hat.

Lösung 151.

§ 267 spricht von dem Fall, daß der Schuldner nicht in Person zu leisten hat, sagt aber nicht, in welchem Falle dies zu geschehen hat. Es ist daher in jedem einzelnen Falle nach den allgemeinen Grundsätzen über die Auslegung der Verträge und Willenserklärungen (§§ 157, 133) und nach Treu und Glauben (§ 242) zu entscheiden (vgl. auch Lösung 92). Das Malen einer Wanddekoration ist nun Freskomalerei, also kein einfaches mechanisches Malen, sondern ein solches, welches künstlerische Eigenschaften voraussetzt. Dem A. ist also vermutlich beim Vertrage wesentlich, daß gerade der von ihm beauftragte Maler, den er noch dazu als den berühmten Landschaftsmaler B. kennt, diese Leistung bewirkt. So erfordert es Treu und Glauben mit Rücksicht auf die Verkehrssitte. B. darf also die Arbeit nicht durch C. ausführen lassen.

Man kann nach obigem nur auf Grund der Vorschriften des allgemeinen Teils zur Entscheidung gelangen. Für das vorliegende Vertragsverhältnis — es ist ein Werkvertrag im Sinne der §§ 631 ff. — sind keine besonderen Vorschriften für die Frage der persönlichen Leistung gegeben.

Lösung 152.

1. Es fragt sich, ob eine bindende Vereinbarung nach § 241 zustande kommt, ob also aus der Vereinbarung auf Unterlassen des Rauchens geklagt werden kann. Wie schon in Lösung 150 ausgeführt, braucht ein Vermögensinteresse nicht vorhanden zu sein, doch ist wenigstens ein sog. schutzwürdiges Interesse erforderlich. Im ersten Fall ist ein schutzwürdiges Interesse sicherlich gegeben. Denn wenn A. den B. auf mehrere Jahre engagiert, hat er auch ein Interesse daran, daß er gesund bleibt und daher die vereinbarten Verpflichtungen erfüllen kann. Das Rauchen aber ist geeignet, die Einhaltung des Vertrags zu stören. Somit kann A. gegen B. auf Unterlassung klagen. Er hat aber ebenso alle anderen in Lösung 150 unter 1 u. 2 angeführten Möglichkeiten (§§ 286, 253, 326, 1, 326, 2, 327, 346—356).

Auch ein Vermögensschaden ist hier übrigens nicht undenkbar.

2. Verpflichtet sich B. seinem Onkel gegenüber, nicht zu rauchen, so liegt der Fall anders. Der Onkel des B. hat kein schutzwürdiges Interesse, dem B. das Rauchen zu verbieten. Er kann also nicht auf Unterlassung klagen.

Rosenthals Anmerkung S. 101 lautet:

„Wenn auf Drängen eines wohlmeinenden Onkels ein lungenschwacher Kandidat sich verpflichtet, nicht mehr zu rauchen, so wird man dies nicht als Schuldverhältnis ansehen, wohl aber, wenn derselbe Kandidat auf Verlangen des Herrn, der ihn für mehrere Jahre als Hauslehrer engagiert, sich verpflichtet, das Rauchen fortan zu unterlassen."

Lösung 153.

In Frage kommt Darlehn (§§ 607 ff.). Die Zinsen sollen offenbar darin bestehen, daß A. dem B. auf fünf Jahre jährlich die 20 Fuhren zu 6 M. leistet, also jährlich dem Werte nach 120 M. und im ganzen 600 M. erstattet. Dieser Prozentsatz ist ein auffällig hoher, deshalb kommt in erster Linie § 138 Abs. 2 in Frage. Ob eine Ausbeutung der Notlage, des Leichtsinns oder der Unerfahrenheit des A. im Sinne des § 138 Abs. 2 vorliegt, ist nur durch Erörterung der näheren Umstände festzustellen. Es kann ja sein, daß A. die Fuhren auf sehr leichte Weise auszuführen imstande ist, so daß für ihn die scheinbar hohe Gegenleistung keine so besonders erhebliche ist und nicht im auffälligen Mißverhältnis zur Gegenleistung steht.

Kommt § 138 nicht zur Anwendung, so zweifellos § 247. Wenn auch nicht Baargeld als Zins vereinbart wurde, so doch eine Gegenleistung, die dem Werte nach 6% Verzinsung überschreitet.

Danach wird A. die 1000 M. nach Ablauf von sechs Monaten unter Einhaltung einer Kündigungsfrist von sechs Monaten kündigen können.

Die Zeit, von der ab die sechs Monate laufen, ist unter Umständen zweifelhaft, vgl. hierüber Staudinger, Bem. 4 zu § 247.

§ 39 EG. sagt, daß das Gesetz betreffend die vertragsmäßigen Zinsen vom 14. November 1867 (Bundesgesetzblatt S. 159) aufgehoben wird. Damit wird gesagt, daß nunmehr die Höhe der vertragsmäßigen Zinsen an eine ziffernmäßige Beschränkung nicht mehr gebunden ist, während aber an Stelle der bisherigen Beschränkungen diejenigen des BGB. treten.

§ 247 gilt übrigens auch im Handelsrecht, selbst wenn beide Teile Kaufleute sind.

Lösung 154.

Daß eine Schadensersatzpflicht vorliegt, wird hier vorausgesetzt. Zu erörtern ist nur die Art des Schadensersatzes. Nach § 249 Abs. 1 ist der frühere Zustand wieder herzustellen. Im Falle des § 249 Satz 2 kann der Gläubiger Geldersatz fordern. Hier ist nun die Sache nicht nur beschädigt, sondern verloren. Hierauf würde vielleicht § 249 Satz 2 analog anwendbar sein. B. hätte sich erst nach den Wünschen des A. erkundigen sollen. Er muß die Gardinen zurücknehmen und Schadenersatz in Geld leisten.

Auch die §§ 323 ff. dürften in Frage kommen.

Denkbar wäre auch die Ansicht, daß B. nur noch ein Fenster Gardinen nachzuliefern braucht (§ 226 BGB.).

Ob B. übrigens 200 M. zu zahlen hätte, ist fraglich. Denn bekanntlich geben Lotterien vielfach für ihre Gewinne Werte an, die viel zu hoch sind. Der wahre Wert der Gardinen wird durch Anfrage bei der liefernden Fabrik leicht zu ermitteln sein (ZPO. § 287).

Außer der Klage auf Ersatz hat A. die Klage auf Grund seines Eigentums. Denn aus dem Lotterieloſe (Schuldverschreibung auf den Inhaber § 793) hat A. einen Anspruch auf Tradition der Gardinen. B. nimmt sie für ihn in Empfang. Es liegt ein Eigentumserwerb durch stillen Stellvertreter vor (§ 164 Abs. 2). Dem Dritten (der Lotterie) gegenüber ist nur B. Eigentümer. Trotzdem muß man annehmen, daß A. (dem B. gegenüber) Eigentümer wird (Regelsberger in Jherings Jahrb. Bd. 44 S. 422 ff.). Er kann hiernach auf Grund von § 985 (zu vgl. 280, 281) gegen B. klagen.

Schließlich wäre die Klage auch auf den Speditionsvertrag zu stützen (§ 407, 340, 347 HGB., § 280 BGB.). Dazu kommt die Deliktsklage wegen fahrlässiger Sachbeschädigung (§ 823).

Anm. Die Eigentumserwerbsfrage ist im Strafrecht wichtig. Behält ein stiller Stellvertreter eine Sache, die er dem Vertretenen auszuliefern hat, so wird es zweifelhaft sein, ob Diebstahl oder Unterschlagung vorliegt (ev. Untreue, § 266 StrGB.).

Lösung 155.

Die Lösung des Falls beruht auf § 253. Danach ist, wenn Schadensersatz zu leisten ist, nur der Vermögensschaden zu ersetzen, ein anderer nur in bestimmten Fällen. Insbesondere ist der sog. Affektionsschaden nicht zu ersetzen, d. h. ein Schaden, der für den einzelnen nur infolge einer besonderen Liebhaberei in Betracht kommt. Nach § 833 hat nun zwar der Eigentümer des Hundes ohne Zweifel für die Beschädigung, die dieser veranlaßt, auch ohne ein etwaiges Verschulden seinerseits zu haften. Der Schaden ist aber hier sehr gering, denn die Katze ist so gut wie wertlos, sie ist nur einige Pfennige wert. Außer diesen kann also die Frau nach § 253 vom Eigentümer keinen Schadensersatz verlangen. Insbesondere kann sie nicht 100 M. verlangen, denn diesen Wert hat die Katze vielleicht für die Frau als Katzenliebhaberin, nicht aber für den Verkehr.

Wenn der Herr den Hund auf die Katze hetzt, so bleibt die Lösung dieselbe. Denn nach § 833 ist es gleich, ob bloßes Halten oder vorsätzliches oder fahrlässiges Hervorrufen des Schadens vorliegt. In diesem Falle soll also das bloße Halten des Tieres schon so angesehen werden, als wenn der Eigentümer desselben den Schaden verschuldet hätte. (Anders früher im römischen Recht, wo im Falle des dolus ausnahmsweise sogar für das Affektionsinteresse gehaftet wurde.) Es ist das, wie die Motive des BGB. ergeben, eine im Interesse des Verkehrs gegebene Vorschrift (eine sog. gesetzliche Fiktion).

Lösung 156.

a) Zwischen A. und B. besteht ein Mietvertrag, §§ 535 ff. Nach § 550 darf der Vermieter, wenn der Mieter von der Sache einen vertragswidrigen Gebrauch macht, auf Unterlassung klagen. Das kommt hier nicht mehr in Betracht. Nach § 556 ist aber Mieter verpflichtet, die Mietsache nach Beendigung der Miete zurückzugeben. Die Gefahr des Unterganges und der Verschlechterung der Sache trägt nun zwar an und für sich der Vermieter als Eigentümer. Aber sobald dem Mieter ein Verschulden zur Last fällt, liegt die Sache anders. Die §§ 276, 280 schlagen dann ein. (Vgl. auch Staudinger, Bem. I, 1b zu § 556.)

Nach § 276 hat der Schuldner die im Verkehr erforderliche Sorgfalt anzuwenden. Nach § 280 hat der Schuldner, soweit die Leistung infolge eines von ihm zu vertretenden Umstandes unmöglich wird, dem Gläubiger den durch die Nichterfüllung entstehenden Schaden zu ersetzen. Dem A. wird die Rückgabe des Pferdes unmöglich. Ist dieser Umstand von ihm zu vertreten? Das Abtreiben des Pferdes enthält zweifellos eine Fahrlässigkeit. Für das Abbrennen der Schenke aber kann A. nichts. Aber A. hat doch durch seine Fahrlässigkeit veranlaßt, daß er das Pferd überhaupt in der Schenke einstellen mußte, sonst würde es sich längst im Stalle des B. oder dem des A. befinden. Hat nun A. den Untergang des Pferdes verschuldet? Ist, dies ist die Hauptfrage, der Kausalzusammenhang zwischen dem Abtreiben des Pferdes und dessen Verlust vorhanden. Die Frage des Kausalzusammenhangs ist äußerst bestritten. Staudinger, Bem. 300 § 249 führt aus:

„Die rechtserhebliche Tatsache, welche zur Ursache im juristischen Sinne gestempelt werden soll, braucht nicht die einzige Bedingung des Schadens zu sein, sie muß aber eine wirkliche Bedingung, eine condicio sine qua non des Schadens bilden. Sobald die notwendige Verkettung aufgehoben erscheint, ist der Kausalzusammenhang zu verneinen; ein Schaden kann nicht als Folge einer Tatsache betrachtet werden, wenn diese ihrer Natur nach für den Erfolg ganz indifferent war."

„Schärfer ausgedrückt bedeutet dieses Erfordernis der condicio sine qua non: Die Bedingung muß tatsächlich zum Erfolge mitgewirkt haben, d. h. der Erfolg wäre ausgeblieben, wenn diese Bedingung nicht eingetreten wäre. Es bedeutet aber nicht, daß nicht auch andere Bedingungen zum Erfolge mitgewirkt haben, und zwar können diese anderen Bedingungen auch solche sein, welche für sich allein geeignet waren, den Erfolg zu begründen" usw. ferner

„‚Unterbrochen' wird der Kausalzusammenhang nur, wenn eine neue Bedingung jede Beziehung zwischen der in Frage stehenden und dem Erfolge abgeschnitten hat, so daß letzterer seine zureichende Erklärung in der unterbrechenden Bedingung, sei es auch unter Mitberücksichtigung anderer, aber jedenfalls unter Ausschluß der in Frage stehenden findet. Genau genommen ist ‚Unterbrechung' ein falscher Ausdruck, der sich nur aus der teleologischen (zweckbeziehenden) Auffassung der übrigen Bedingungen erklärt; im rein philosophischen Sinne findet eben in den gedachten Fällen ein Kausalzusammenhang überhaupt nicht statt."

Legt man diese Ausführungen zugrunde, so wird man im vorliegenden Falle sagen müssen: das Pferd des B. konnte im Stalle des A. oder B. ebensogut verbrennen wie in der Dorfschenke. Der Brand ist ein Zufall, der mit dem Abtreiben des Pferdes nichts zu tun hat. Das Abtreiben geschieht zwar fahrlässig, aber diese Fahrlässigkeit hat nicht mitgewirkt als Ursache zum Verlust des Pferdes, sondern diesen führte allein ein Zufall herbei.

Freilich wird auch die gegenteilige Ansicht denkbar sein. Man wird vielleicht sagen können, daß eine Dorfschenke dem Brande leichter ausgesetzt ist als z. B. ein städtisches Gebäude usw. B. mußte diese Möglichkeit auch voraussehen. Seine Fahrlässigkeit hat also den Erfolg verursacht. Näheres s. Staudinger, Bem. 3c vor § 249 unter B.

b) Zwischen B. und A. besteht ein Leihvertrag §§ 598ff. Auch hier ist, wie unter a, auszuführen, daß die Gefahr des Untergangs und der Verschlechterung der Sache im Zweifel der Eigentümer trägt, außer wenn ein Verschulden des Entleihers in Frage steht. Wenn nun A. die Uhr beschädigt, so ist es ja noch fraglich, ob deshalb eine Fahrlässigkeit vorliegt. Es kann ein unglücklicher Zufall vorliegen, dann haftet er überhaupt nicht. Hat er die Uhr fahrlässig beschädigt, so haftet er — für die Beschädigung — zunächst nach § 276 verb. mit §§ 606, 604 auf Schadensersatz §§ 249ff., also aus dem Vertrag, indem er seiner Verpflichtung zur Rückgabe der unbeschädigten Sache nicht nachkommen kann.

Schwieriger aber ist nun die Frage, ob A. auch für den Verlust der Uhr — also nicht nur für die Beschädigung — haftet. Auch hier sind die Ausführungen unter a betreffs des Kausalzusammenhanges von Erheblichkeit. Auch hier wird man diesen verneinen und sagen müssen: Die ungeschickte Behandlung der Uhr durch den Uhrmacher B. hat allein den Verlust herbeigeführt. Sie steht in keinem Zusammenhang mit der an sich fahrlässigen Beschädigung der Uhr durch den A. Daher wird man dem A. den Verlust der Uhr nicht als Verschulden anrechnen können, wenigstens nicht aus dem Gesichtspunkt des § 278.

Trotzdem aber wird man im Falle C. zur Bejahung der Ersatzpflicht kommen müssen. Hier kommt der in der Praxis so wichtige § 278 in Betracht. Danach hat der Schuldner ein Verschulden seines gesetzlichen Vertreters und der Personen, deren er sich zur Erfüllung seiner Verbindlichkeit bedient, in gleichem Umfang zu vertreten, wie eignes Verschulden. Bei streng grammatischer Auslegung des § 278 erscheinen der Mieter, Entleiher, Verwahrer zwar nicht als solche Personen, weil sich der Schuldner ihrer nicht unmittelbar zur Erfüllung seiner Verbindlichkeit bedient. Aber die Praxis rechnet sie mit Recht hierher. (Vgl. Staudinger, Bem. I, 2b zu § 278.)

Dem Uhrmacher B. hat nun A. die Uhr zum Zwecke der Erfüllung seiner Verbindlichkeit übergeben. Die Verbindlichkeit des A. besteht darin, die geliehene Uhr unbeschädigt zurückzugeben. Er bedient sich zu deren Erfüllung des B. Dieser begeht hierbei eine Fahrlässigkeit im Sinne des § 276. Den B. trifft also ein Verschulden, wodurch dem A. die Erfüllung seiner Verbindlichkeit unmöglich wird.

Somit haftet A. nach § 278, wenn man der herrschenden Ansicht folgt, für das Verschulden des Uhrmachers B.

Lösung 157.

Indem B. die Grube nicht zudeckt, verletzt er die im Verkehr erforderliche Sorgfalt, § 276. Der Umstand, daß die Grube 100 m vom Wege abliegt, ist unerheblich, weil eben mit einer Abirrung der Fußgänger gerechnet werden muß. Dies ergibt sich auch daraus, daß die Polizei das Bedecken der Grube vorgeschrieben hat. Der Kausalzusammenhang ist hier also vorhanden, weil A. die mögliche Folge seiner Handlung voraussehen mußte. (Staudinger, Bem. 3 vor § 249.) B. hat nach §§ 823 ff., 249 ff. zu haften.

Nun fragt sich, ob ein Ausnahmefall vorliegt, vielleicht der des § 254. Dort heißt es, daß wenn bei Entstehung des Schadens ein Verschulden des Beschädigten mitgewirkt hat, die Verpflichtung zum Ersatz, sowie der Umfang des zu leistenden Ersatzes von den Umständen, insbesondere davon abhängt, inwieweit der Schaden vorwiegend von dem einen oder dem anderen Teile verursacht worden ist. Das kommt auf den Fall an. A. kann ja betrunken gewesen sein. Aber ein Mitverschulden des B. liegt auch dann vor. Denn auch dann wäre der Schaden nicht eingetreten, wenn die Grube bedeckt gewesen wäre. Das vorwiegende Verschulden behält B. Der Richter kann im zweiten Falle den Schaden verteilen, er kann aber auch den B. allein als ersatzpflichtig erklären, wenn sein Verschulden derartig vorwiegt, daß dies angemessen scheint. Das hängt von den Umständen ab. (Vgl. Staudinger, Bem. 3 zu § 254.)

Die Frage des Kausalzusammenhanges ist also auch bei Anwendung des § 254 von großer Erheblichkeit. Staudinger, Bem. 1 zu § 254 sagt hierzu:

„Der § 254 beruht nicht auf dem Gesichtspunkt der Schadensaufrechnung, sondern ist ebenfalls ein Ausfluß des im BGB. zum mindesten latent enthaltenen Prinzips der adäquaten Verursachung (vgl. Vorbem. 3e). Angedeutet war dies bereits von mir in Rspr. d. RG. 2 S. 44, von den Pand. z. BGB. II S. 124 ff., während allerdings in meinem Handkommentar Nr. 1 zu § 254 dieser Standpunkt noch nicht klar betont ist. Ein adäquater Schaden ist nur derjenige, der nach dem gewöhnlichen Lauf der Dinge, der Regel des Lebens, auf der Basis der Umstände zur Zeit des schädigenden Ereignisses sich bei objektiver (nachträglicher) Prognose voraussehen läßt. Nun aber darf nach der Regel des Lebens erwartet werden, daß auch der Beschädigte selber nicht nur nicht positiv mitwirkt zur Herbeiführung des ihn schädigenden Erfolgs, sondern daß er auch alles unterläßt, was diesen Erfolg fördern kann, ja daß er nach Treu und Glauben alle Vorkehrungen trifft, die geeignet sind, den Schaden noch nach Möglichkeit abzuwenden bzw. dessen Umfang zu begrenzen.

Es handelt sich daher nach § 254 weniger um die Aufrechnung gegenseitiger Schuld, als vielmehr um ein Abwägen der mitwirkenden Ursachen. Es gibt nach der Auffassung des BGB. ein Mitverursachen, d. h. es können zwei oder mehr Ursachen einen Erfolg herbeiführen, ohne daß die eine Ursachenreihe die andere aufhebt (Gottschalk, Das mitwirkende Verschulden, S. 97). Vgl. Vorbem. 3b."

Lösung 158.

a) Der Droschkenkutscher handelt fahrlässig, indem er unpünktlich kommt. Er haftet daher nach § 276 verb. mit §§ 249 ff. auf Ersatz des durch mangelhafte Vertragserfüllung (Werkvertrag) entstandenen Schadens. Aber A. hätte ihn darauf hinweisen sollen, daß ein so hoher Schaden entstehen würde, daher kommt § 254 zur Anwendung. Dieser sagt, daß, wenn bei der Entstehung eines Schadens ein Verschulden des Beschädigten mitwirke, die Verpflichtung zum Schadensersatz, sowie der Umfang des zu leistenden Ersatzes von den Umständen, insbesondere davon abhängt, inwieweit der Schaden vorwiegend von dem einen oder dem anderen Teile verursacht worden ist. Nach § 254 Abs. 2 gilt dies auch dann, wenn sich das Verschulden des Beschädigten darauf beschränkt, daß er unterlassen hat, den Schuldner auf die Gefahr eines ungewöhnlich hohen Schadens aufmerksam zu machen, die der Schuldner weder kannte, noch kennen mußte, oder daß er unterlassen hat, den Schaden abzuwenden oder zu mindern. Als A. den Droschkenkutscher zu einer bestimmten Stunde bestellt, hat er ihn nicht darauf aufmerksam gemacht, daß er durch Unpünktlichkeit einen Schaden von 10000 M. erleiden und außerdem auch noch die Aussicht auf einen Orden verlieren würde. Das ist etwas Außergewöhnliches. Das konnte auch der B. nicht erraten. Daß der Droschkenkutscher zu einer bestimmten Stunde bestellt wird, ist noch nichts Besonderes, das geschieht sogar in der Regel.

Der B. hat zwar den Schaden mitveranlaßt, indem er unpünktlich kam, somit bei Erfüllung des Vertrags fahrlässig handelte. Aber vorwiegend ist er doch durch A. veranlaßt, der darauf Rücksicht nehmen mußte, daß B. zu spät kommen könnte. Ich würde also den B. überhaupt nicht haftbar machen, trotzdem ohne sein Verschulden der Schaden nicht entstanden wäre. Die von ihm gegebene Veranlassuug scheint mir im Vergleich mit der des A. zu gering.

Wenn A. den B. auf die Taxen hingewiesen hätte, würde B. jedenfalls mithaften, vielleicht auch ganz allein.

b) Hier würde ich den Musiker nach § 254 überhaupt nicht haften lassen. Der Schaden ist überhaupt nicht durch den Musiker mitveranlaßt, weil er den Inhalt des Briefes nicht kannte und nicht annehmen konnte, daß der Wert so hoch sei. Der Musiker hat die nach § 276 erforderliche Sorgfalt angewandt, indem er den Brief in das Notizbuch legte, das in der Brusttasche steckt. Selbst wenn er den Inhalt kannte, war fraglich, ob er ihn anders unterbringen konnte. Der Diebstahl war für ihn jedenfalls, solange er den Inhalt nicht kannte, ein Zufall, für den er nicht haftet. Eine Fahrlässigkeit kann nur in Frage kommen, wenn er den Inhalt kannte und ist auch dann noch zweifelhaft. A. mußte also den Musiker über den Inhalt des Briefes aufklären. Selbst dann ist es noch die Frage, ob nicht ein reiner Zufall vorliegt.

Lösung 159.

Die Handlungsweise des A. ist keine fahrlässige. Er verletzt nicht die nach § 276 anzuwendende Sorgfalt. Im Gegenteil, er versucht auf dem gegebenen Wege seinen Bruder vor Schaden zu bewahren, indem er die Zügel der Pferde ergreift, um sie zu bändigen. Das gelingt ihm nicht, und er selbst wird verletzt. Diesen Schaden kann er aber nicht ersetzt verlangen. B. hat ihn ja nicht veranlaßt, sondern der freie Entschluß des A. hat dazu geführt, daß er seinem Bruder half. Es fehlt daher der Kausalzusammenhang. Dem B. ist also beizustimmen.

Der Kausalzusammenhang wird auch dadurch nicht hergestellt, daß A., wie er richtig sagt, moralisch verpflichtet war, dem B. zu helfen. Gerade dies ist ja ein Anlaß, die Haftung des B. abzulehnen.

§ 254 kommt also im vorliegenden Fall gar nicht zur Anwendung, weil der Kausalzusammenhang fehlt.

A. kann also nicht gegen seinen Bruder B. vorgehen. Eine andere Frage ist die, ob er gegen C. vorgehen kann (vgl. Staudinger, Bem. 1, 2 a—c zu § 254).

Lösung 160.

A. haftet meines Erachtens nach § 276 verb. mit §§ 249 ff. Sein Nichtstreuen ist fahrlässig, es verletzt eine Polizeivorschrift. Er wendet ein, es fehle der Kausalzusammenhang, dieser ist aber vorhanden. Denn B. wäre vermutlich auf dem Bürgersteig ebenso oder noch schneller gestürzt wie auf der Straße. Der unmittelbare Zusammenhang zwischen dem Nichtstreuen des A. und dem Vorfall ist also vorhanden. Ein konkurrierendes Verschulden (§ 254) kommt nicht in Betracht. B. hat nicht fahrlässig gehandelt, denn er hat versucht, den Fehler des A. auf eine nicht von der Hand zu weisende Art wieder gut zu machen.

Lösung 161.

Fraglich ist zunächst, ob das BGB. oder das Haftpflichtgesetz vom 7. Juni 1871 anzuwenden ist. Meines Erachtens das letztere als lex specialis, weil zweifellos erscheint, daß der Unfall „beim Betriebe einer Eisenbahn" sich ereignete.

Eine zweite Frage ist die auch nach dem Haftpflichtgesetz wichtige Frage, ob ein eigenes Verschulden des Geschädigten vorliegt.

Die Aufgabe hebt — wohl absichtlich — nicht klar hervor, ob der Vater im eigenen Namen oder in dem des Sohnes klagt. Es sind daher, vorausgesetzt, daß die Bahn überhaupt haftbar gemacht werden kann, beide Fälle zu unterscheiden.

a) Er klagt im Namen des Sohnes. Die Ansprüche gegen den Bahnunternehmer aus der Verletzung stehen nach dem Haftpflichtgesetz dem Sohne zu. Der Vater macht sie nur als gesetzlicher Vertreter geltend. Den Umfang der Haftung regelt § 3a des Haftpflichtgesetzes (neue Fassung im Art. 42 EG. z. BGB.). Der Klage des Sohnes gegenüber kann sich der Bahnunternehmer nicht auf die mangelnde Beaufsichtigung durch den Vater berufen. Die Klage dringt selbst dann durch, falls der Sohn den Unfall verschuldet hat. Dagegen hat vielleicht die Bahn nach der Verurteilung ein Regreßrecht gegen den Vater wegen Nichterfüllung seiner Aufsichtspflicht nach den §§ 823 ff. (Dagegen spricht aber der Ausdruck „widerrechtliche Schadenszufügung" in § 832.)

b) Der Vater klagt im eignen Namen. Er hatte als Unterhaltspflichtiger (§ 1606 Abs. 2 Satz 2) in erster Linie die Heilungskosten zu bezahlen; er hat doch offenbar im eignen Namen mit Arzt, Apotheker usw. kontrahiert und nicht im Namen des Sohnes. Ihm ist also mittelbar ein Schaden zugefügt worden. „Verletzter" im Sinne des Haftpflichtgesetzes ist er dagegen nicht. Aus diesem Gesetz hat er daher nicht ohne weiteres einen Anspruch gegen die Bahn. Es käme höchstens in Frage, ob er als ein „beauftragter Geschäftsführer" der Bahn anzusehen sei. Bei den Heilungskosten könnte man das annehmen. Der Vater hat also, wenn man von letzterer Möglichkeit absieht, nur einen Anspruch auf Grund des ergänzend anwendbaren BGB., und zwar als Geschädigter im Sinne des § 823. Die Bahn kann dann den Einwand erheben, daß bei ihr kein Verschulden vorliege oder daß ein sog. konkurrierendes Verschulden des Vaters, bestehend in mangelnder Beaufsichtigung, vorliege, also den Einwand des § 254.

Lösung 163.

Das Posteinlieferungsbuch ist eine Beweisurkunde, in der die Post die Einzahlung des Geldes seitens des Absenders, Zeit und Ort derselben sowie den Empfänger bezeichnet. Händigt die Postverwaltung ein solches Buch aus, so ist sie auch verpflichtet, zu prüfen, ob die in dem Buche enthaltenen Eintragungen mit dem Inhalt der Postanweisungen, die ihr vorgelegt werden, übereinstimmen, damit der Inhaber des Buchs dem Dritten gegenüber ein Beweismittel in den Händen hat. Hier stimmt nun, wie vorausgesetzt wird, das Buch nicht mit den vorgelegten Anweisungen überein, die Beamten X., Y. und Z. haben aber dem Einzahlenden, dem B., insoweit vertraut, als sie die beiden Urkunden nicht verglichen haben. Dadurch gelangt B. in den Besitz des Geldes der Firma. Sie haben also fahrlässig und widerrechtlich das Eigentum der Klägerin verletzt. Dafür haften sie nach § 823 jeder zu seinem Anteil. Nach § 31 verb. mit § 89 haften aber die Beamten nicht allein, sondern auch der Postfiskus, und zwar haften sie nach § 840 als Gesamtschuldner.

Der Einwand, es liege Mitverschulden der Klägerin vor, ist unbegründet. Der Buchhalter B. hat allerdings eine Täuschung begangen. Trotzdem findet aber § 278 verb. mit § 254, auf die sich die Beklagten anscheinend stützen, keine Anwendung. Denn § 254 setzt ein Mitverschulden voraus, § 278 aber betrifft nur eine Haftung für fremde Schuld. Die bloße Tatsache, daß die Klägerin nach § 278 für das Verschulden ihres Vertreters haftet, ist aber noch kein Verschulden der Beklagten. (Es liegt eine Art Begriffsverwirrung bei der Beklagten vor.)

Daß die Postbeamten getäuscht wurden, ist richtig; bei pflichtgemäßer Handlungsweise war das aber nicht zu erwarten.

Eine Bezugnahme auf das Postgesetz ist nach diesen Deduktionen überflüssig.

Nach Art. 77 EG. zum BGB. könnten übrigens für die Haftung des Postfiskus auch die Landesgesetze in Frage kommen, wenn man annähme, daß der Schaden von den Beamten „in Ausübung der ihnen anvertrauten öffentlichen Gewalt“ zugefügt ist. Letzterer Begriff ist kein feststehender. Hier ist Art. 77 EG. meines Erachtens anwendbar. Somit kommt Landesrecht zur Anwendung, nach dem das Nähere zu ermitteln ist.

Lösung 164.

Die Frage ist, ob ein Wahlschuldverhältnis (§ 262) vorliegt. Die A. bestreitet das offenbar, indem sie die Sache ungefähr so darstellt, als ob es sich bei Zusendung der beiden Paar Stiefel nur um eine Zusendung zur Probe gehandelt habe. Nach § 262 liegt eine Wahlschuld dann vor, wenn mehrere Leistungen in der Weise geschuldet werden, daß nur die eine oder die andere zu bewirken ist. Ob das die Absicht der Parteien ist, muß aus den Umständen hervorgehen. Da die A. die Schuhe „zur endgültigen Auswahl“ zugesandt erhält, scheint mir der Wille der Parteien zweifellos dahin zu gehen, daß die A. unbedingt eines von den beiden Paaren auswählen soll. Sie muß also gemäß § 263 durch Erklärung gegenüber dem B. die Wahl vornehmen. Anstatt dessen schickt sie die Schuhe zurück. B. konnte nun nach § 264 klagen auf Abnahme des einen der beiden Paare. Er tut dies nicht, weil die A. erklärt hat, sie werde sich demnächst ein anderes Paar aussuchen. Hierin muß man ein rechtsverbindliches Versprechen der A. (§§ 145 ff.) erblicken, dessen Inhalt dahin geht, daß die A. den Vertrag einseitig auflösen will und dem B. anbietet, ihre Verpflichtung aus dem Wahlschuldverhältnis umzuwandeln in die Verpflichtung zur Abnahme eines anderen Paars Stiefel im Preise von 15 M. Dieses Angebot nimmt B. durch konkludente Handlung an, indem er die 15 M. zurückschickt und die zur Wahl gestellten beiden Paare Stiefel verkauft. Dadurch kommt also (vgl. §§ 145 ff.) eine neue Vereinbarung zustande, dessen Inhalt nach Treu und Glauben (§ 242) auszulegen ist. Die A. mußte an der Rücksendung der 15 M. deutlich erkennen, wie B. den Vertrag meint, sie hat dies auch vermutlich erkannt. Die Absicht der Parteien ging zweifellos dahin, daß die 15 M. noch als Sicherheit für Erfüllung des neuen Vertrags bei B. blieben. Nur unter der Bedingung geht B. auf den neuen Vertrag ein. Somit kann die A. nicht auf Rückzahlung der übrigen 15 M. klagen.

Lösung 165.

Zwischen A. und B. liegt eine sog. Alternativobligation im Sinne des § 262 vor. Bei dieser steht im Zweifel dem Schuldner — das ist hier der A. — das Wahlrecht zu. Das ist hiernach noch besonders von den Parteien verabredet, obgleich es nach § 262 gar nicht nötig ist. A. hat sich nun für den Wein entschieden und dies dem B. erklärt, wie nach § 263 erforderlich ist. Diese Erklärung ist nach § 263 Abs. 2 unwiderruflich. A. hat also nach Erklärung der Wahl kein Variationsrecht mehr. Er kann daher nicht nach derselben den Spiritus liefern (vgl. Kom. von Rosenthal. Anm. 25 zu § 263). Damit ist die erste Frage erledigt.

A. übt das Wahlrecht nicht aus. Er wird daher auf die Klage des B. hin zur Lieferung von 200 Litern Apfelwein oder Spiritus gegen Empfangnahme des Kaufpreises verurteilt. Trotzdem wählt er nach Erlaß dieses Urteils nicht. Demgegenüber ist B. noch nicht berechtigt, selbst zu wählen, sondern nach § 264 ist er dies erst, wenn er aus dem vollstreckbaren Urteil die Zwangsvollstreckung gegen A. betreibt. Dann kann er diese nach seiner Wahl auf die eine oder andere Leistung richten.

Wenn Gegenstand der Leistung usw.? Dann findet § 265 Anwendung. Es ist dann eine der Leistungen später unmöglich geworden, nämlich die der Kuh. Die Leistung des A. beschränkt sich somit auf das Pferd. Es fragt sich nur, ob nicht § 325 vorliegt, ob also nicht B. den Tod der Kuh zu vertreten hat. Dies ist zu verneinen, denn die Kuh, die sich übrigens vor der Übergabe vermutlich noch bei A. befindet, geht dort durch casus (höhere Gewalt, vis major, eine Art casus) zugrunde. Anders läge der Fall, wenn Pferd und Kuh noch nicht von B. ausgewählt wären, was hier nicht zu vermuten ist (vgl. Lösung 166). Dann griffe § 265 nicht ein, sondern A. müßte an Stelle der krepierten Kuh auf Verlangen des B. eine andere liefern.

Lösung 166.

Nach § 265 beschränkt sich das Schuldverhältnis, wenn eine der Leistungen von Anfang an unmöglich ist oder später unmöglich wird, auf die übrigen Leistungen. Hier würde demnach A., nachdem das Pferd krepiert ist, die beiden Kühe zu leisten haben. (Der Ausnahmefall des § 265 Satz 2 liegt nicht vor.) Dem hält A. entgegen, er habe von Anfang an das Pferd leisten wollen. Nun hat zwar nach § 262 der A. das Wahlrecht. Nach § 263 erfolgt aber die Wahl durch Erklärung gegenüber dem anderen Teile. Darin liegt der Wille des Gesetzgebers, daß die Wahl mündlich zum Ausdruck kommt. Bloßes Stillschweigen genügt nicht. Somit hat A. sich nicht rechtzeitig erklärt und daher auf die Klage des B. hin die Kühe zu liefern.

Im vorliegenden wurde vorausgesetzt, daß der Brand durch Zufall eintrat. Läge ein Verschulden des Brands durch A. vor, so würden andere Grundsätze eingreifen.

Lösung 167.

Nach § 266 ist der Schuldner zu Teilleistungen nicht berechtigt. Danach kann B., wenn A. die Leistung nur unvollständig bewirkt, unter Ablehnung der Teilleistung auf vollständige Erfüllung klagen, da A. trotz des Angebots der 200 Sack in Verzug kommt (§ 284 Abs. 2).

Würde A. anerkennen, zur Lieferung von 200 Sack, aber nicht zu mehr, verpflichtet zu sein, so können nach dem Text verschiedene Möglichkeiten vorliegen. Gemeint ist doch zweifellos, daß einer von beiden Klage erhebt.

Es kann nun zunächst B. auf Lieferung von 500 Sack gegen A. klagen. B. muß beweisen, daß 500 Sack vereinbart sind, denn diese Behauptung gehört zu den klagbegründenden. Beweist B. das nicht, so ist nicht A. im Leistungsverzug, sondern B. im Annahme- und Abnahmeverzug (§§ 293, 284 Abs. 2, 433 Abs. 3); beweist B. dagegen die Vereinbarung, so ist A. im Leistungsverzug.

Lösung 168.

Nach § 266 ist der Schuldner zu Teilleistungen nicht berechtigt, der Gläubiger kann sie daher ablehnen. (Anders im Wechselrecht, vgl. WO. Art. 38.) B. hat am 1. Januar 1901 eine Teilzahlung von 7000 M. gemacht. Da A. die Teilzahlung angenommen hat, so ist nach § 266 (e contrario) damit diese Teilzahlung und somit auch die davon abhängige entsprechende Zinsenzahlung als von A. genehmigt anzusehen. Also kann A. nur von der Restforderung von 300 M. Zinsen seit dem 1. Januar 1901 fordern. Bezüglich der Zinsen von 700 M. wird er abgewiesen.

Anm. 1. Belaufen sich diese Zinsen, wie A. annimmt, auf 5%? Nach § 288 Abs. 1 Satz 1 ist eine Geldschuld während des Verzugs (dieser liegt hier trotz fehlender Mahnung vor, da eine Zeit nach dem Kalender im Sinne des § 284 Abs. 2 bestimmt ist) mit 4% zu verzinsen. Nach § 288 Abs. 1 Satz 2 können aber hier 5% Zinsen seitens des A. verlangt werden, denn der Zinsvertrag beim Darlehen — ein solcher liegt hier vor — ist ohne Zweifel ein „anderer Rechtsgrund“, aus dem höhere Zinsen gefordert werden können.

Anm. 2. Zur Erläuterung der Zinsenfrage diene noch folgendes: Die Verzugszinsen bilden eine Art der gesetzlichen Zinsen des § 246. Auch diese betragen 4%. Hierunter fallen auch die sogenannten Prozeßzinsen, das sind die während des Prozesses entstehenden Zinsen, die man ebenfalls als Verzugszinsen ansehen kann, da die Klagzustellung zugleich eine Mahnung enthält und daher jeder, der auf die Klage hin verurteilt wird, mindestens vom Tage der Klagzustellung an als im Verzuge befindlich zu betrachten ist. Gläubiger, die die Mahnung nicht oder nicht leicht beweisen können, oder den Schuldner schonen wollen, pflegen überhaupt nur Zinsen vom Tage der Klagzustellung ab zu verlangen.

Andere Fälle gesetzlicher Zinszahlung sind z. B. die in den §§ 256, 347 a. E., 452, 641 Abs. 2, 668, 698, 820, 849, 1133, 1834 enthaltenen Fälle, auch die im HGB. §§ 352ff. enthaltenen Zinsen gehören hierher. Im Handelsrecht betragen die gesetzlichen Zinsen 5%, dagegen sind Wechselschulden mit 6% zu verzinsen (Art. 50 und Art. 51 der WO.).

Lösung 169.

Es liegt ein Kaufvertrag zwischen A. in X. und B. in Y. vor. A., der Verkäufer und als solcher Schuldner bezüglich der Lieferung der Ware ist, hat seine Leistung bewirkt, nicht dagegen B., der als Käufer Schuldner bezüglich des Kaufpreises ist. B. hat dem A. die Waren zur Verfügung gestellt. Nun klagt der Verkäufer A., da er offenbar den Mangel bestreitet, gegen B. auf Zahlung des Kaufpreises. Diese Klage erhebt er am Amtsgericht in X. Nach § 29 der ZPO. ist für Klagen auf Erfüllung eines Vertrags — eine solche erhebt A. — das Gericht des Ortes zuständig, wo die streitige Verpflichtung zu erfüllen ist. Die streitige Verpflichtung ist nun hier die des B. zur Zahlung des Kaufpreises. Nach § 269 hat diese Zahlung an dem Orte zu erfolgen, an welchem der Schuldner — also B. — zur Zeit der Entstehung des Schuldverhältnisses seinen Wohnsitz hatte. Das ist Y. Nach § 269 hat also A. gegen B. nicht in X., sondern in Y. zu klagen. A. beruft sich demgegenüber darauf, daß nach § 270 Abs. 1 der Schuldner Geld im Zweifel auf seine Gefahr und Kosten dem Gläubiger an dessen Wohnsitz zu übermitteln hat, daß also Geldschulden im Gegensatz zur Regel nicht sogenannte Holschulden, sondern sogenannte Bringschulden sind. Nach § 270 Abs. 4 bleiben aber trotzdem die Vorschriften über den Leistungsort unberührt. Obgleich also zwar B. verpflichtet ist, dem A. den Kaufpreis auf seine — des B. — Gefahr hin und franko nach X. zu schicken, so bleibt doch Y. Leistungsort nach § 269, denn in Y. hatte B. zur Zeit der Entstehung des Schuldverhältnisses seinen Wohnsitz. B. kann daher verlangen, daß die Klage gegen ihn am Amtsgericht in Y. angebracht wird. B. macht also mit Recht die prozeßhindernde Einrede der Unzuständigkeit des Gerichts nach § 274 Ziffer 1 ZPO. gegen A. geltend.

Anm. Da es sich um einen Amtsgerichtsprozeß handelt, kann B. auf Grund dieser Einrede die Verhandlung zur Hauptsache nicht verweigern (§ 504 ZPO). Anders im Landgerichtsprozeß. Hier kann der Beklagte auf Grund der Einrede nach § 275 ZPO. die Verhandlung zur Hauptsache verweigern und das Gericht auf Antrag oder von Amts wegen die abgesonderte Verhandlung anordnen.

Lösung 170.

Das Verhältnis zwischen Rechtsanwalt und Auftraggeber bestimmt sich in der Regel nach § 675. Danach ist es ein Werkvertrag (unter Umständen Dienstvertrag), auf den gewisse Vorschriften über den Auftrag Anwendung finden. Dazu gehört auch § 667. Danach hat der Beauftragte alles, was er zur Ausführung des Auftrags erhält und was er aus der Geschäftsbesorgung erlangt, dem Auftraggeber herauszugeben. An einem Schuldschein hat nun nach § 952 der Gläubiger, also hier der A., das Eigentumsrecht. Hätte A. die Anwaltskosten gezahlt, so könnte er deshalb ohne Zweifel den Schuldschein herausverlangen. Da er sie aber nicht bezahlt hat, stützt sich sein Gegner auf § 273. Danach kann der Schuldner, wenn er aus demselben rechtlichen Verhältnis, auf welchem seine Verpflichtung beruht, einen fälligen Anspruch gegen den Gläubiger hat, die geschuldete Leistung verweigern, bis die ihm gebührende Leistung bewirkt wird (Zurückbehaltungsrecht). Ein solcher Anspruch liegt hier beim Rechtsanwalt B. zweifellos vor. Das rechtliche Verhältnis ist das Auftragsverhältnis. Demgegenüber macht aber A. Verjährung der Kostenforderung nach § 196 Z. 15 geltend. Diese liegt, wie ohne weiteres klar ist, vor. Demgegenüber kann B. nicht geltend machen, daß die Verjährung der Kostenforderung durch Stundung gehemmt sei, denn nach § 202 Abs. 2 wird durch die Stundung die Verjährung des Zurückbehaltungsrechts nicht gehemmt. Somit muß A. den Schuldschein herausgeben. Wäre keine Verjährung eingetreten, bestände also das Zurückbehaltungsrecht des A. noch, so wäre B. nach § 374 zur Herausgabe des Schuldscheins gegen Zahlung der Kosten zu verurteilen. (Vgl. Rosenthal, Anm. 36a zu § 274.)

Wie verhält sich hierzu § 32 der Reichsanwaltsordnung?

Suppes (Der Einredebegriff des BGB., Leipzig, 1902, S. 25, 26, 45) will das Zurückbehaltungsrecht auch nach der Verjährung des Anspruchs, worauf es beruht, zulassen.

Lösung 171.

Der hier geforderte Schadensersatz kann sich auf Vertrag (§§ 611 ff.) ebenso stützen wie auf Delikt (§§ 823 ff.). Es liegt kumulative Konkurrenz vor (v. Liszt, Deliktsobligationen, S. 11). Jedenfalls ist Fahrlässigkeit erforderlich. Nach § 276 handelt fahrlässig, wer die im Verkehr erforderliche Sorgfalt außer acht läßt. Es ist nun im Zweifel als fahrlässig anzusehen, wenn jemand mit einem Kaffeeservice ausgleitet, denn beim Tragen desselben muß man sich besonderer Sorgfalt befleißigen. Dagegen wird natürlich die Fahrlässigkeit dadurch ausgeschlossen, daß die A. über einen Kern gestolpert ist, den die Tochter des Dienstherrn hat fallen lassen. Fraglich ist nun, wer dafür beweispflichtig ist. Da ich präsumiere, daß in dem Ausgleiten Fahrlässigkeit liegt, so würde ich dem Mädchen die Beweispflicht für ihre Einrede auferlegen.

Die andere Ansicht, die hier wohl in Betracht gezogen werden soll, würde die sein. Das Verschulden gehört zu den klagbegründeten Tatsachen. Diese muß Kläger beweisen, solange nicht eine Vermutung für sie spricht. Das Behaupten des Ausgleitens enthält noch nicht, wie ich oben behaupte, eine Vermutung dafür, daß das Mädchen fahrlässig handelte. Es liegt also Leugnen des Klagegrundes vor. Folglich muß der Dienstherr, wenn das Mädchen im Prozesse einwendet, es liege keine Fahrlässigkeit vor, weil es über einen glatten Pflaumenkern gestolpert sei, den die zehnjährige Tochter des Dienstherrn habe fallen lassen, beweisen, daß dies nicht der Fall war.

Die Frage der Beweislast ist in derartigen Fällen sehr bestritten (s. Fitting, S. 243 ff., insbes. S. 245 unter 1).

Lösung 172.

Nach § 278 hat der Schuldner ein Verschulden seines gesetzlichen Vertreters und der Personen, deren er sich zur Erfüllung seiner Verbindlichkeit bedient, in gleichem Umfange zu vertreten wie eigens Verschulden. Zwischen A. und B. besteht nun ein Mäklervertrag (§§ 652 ff.), also eine Art des Werkvertrages. Zwischen B. und C. besteht wieder ein Werkvertrag. Dem A. gegenüber ist aber C. eine Person, deren sich B. zur Erfüllung einer Verbindlichkeit bedient. Für B. gilt also bezüglich des C. § 278. Hat daher C. schuldhaft gehandelt, was hier als nicht bestritten gelten soll, so hat B. dafür zu haften.

Zu Lösung 172.

1. Als Lösung zu diesem Fall ist versehentlich die zu Fall 176 gegeben worden. Die vorliegende Lösung paßt nicht zu Fall 172, sondern zu Fall 176. Sie gehört also dorthin.

Fall 172 will vielmehr zeigen, wie weit die nach § 276 anzuwendende Sorgfalt geht. B. ist Schreiber und sein Verhältnis zu A. ist daher nach den Vorschriften über den Dienstvertrag (§§ 611 ff.) zu beurteilen. Nach § 276 hat er bei Erfüllung dieses Vertrags die im Verkehr erforderliche Sorgfalt anzuwenden. Wann eine Verletzung dieser Sorgfalt vorliegt, bestimmt sich nach § 242. Treu und Glauben mit Rücksicht auf die Verkehrssitte entscheiden. Es liegt in der Natur der Schreiberdienste, daß ab und zu Versehen vorkommen. Undeutliche Urschriften können den Anlaß bilden, aber auch ein Versehen des Schreibers kann vorliegen, der seiner Bildung nach oft gar nicht in der Lage ist, den Sinn der Urschrift zu verstehen, weil er die zugrunde liegenden Rechtsverhältnisse noch nicht verstehen kann. Es wird auch von ihm nicht verlangt, sondern er soll nur mechanisch arbeiten. Es ist also sogar damit zu rechnen, daß ab und zu Fehler vorkommen. Der Geschäftsherr muß, wenn er Fehler ganz vermeiden will, die Abschriften korrigieren. Das ist allgemein üblich. Er unterschreibt sie ja auch.

Somit liegt es in der Natur des Vertrags mit dem Schreiber, daß Versehen in den Abschriften vorkommen und solange sie nicht ein gewisses Maß überschreiten, kann eine mangelnde Sorgfalt bei der Vertragserfüllung darin nicht erblickt werden. Somit hat der Schreiber dem Geschäftsherrn auch nicht für solche Versehen zu haften.

Somit ist dem B. beizustimmen, wenn er sagt, er habe keine Verantwortlichkeit für unbedingte Fehlerfreiheit übernommen. Dies wäre erforderlich, wenn er haften sollte. Aber selbst dann wäre fraglich, ob nicht dann eine Verletzung des § 138 Abs. 2 vorläge, also eine Ausbeutung der Notlage, des Leichtsinns oder der Unerfahrenheit. Die Vereinbarung wäre dann ungültig.

2. Für stärkere Versehen haftet B. Aber auch dann ist natürlich zu prüfen, ob nicht § 254 anwendbar ist, wenn A. nicht korrigiert, wie das von A. zu erwarten ist.

Lösung 173.

1. Der Fall behandelt die Schadenszufügung durch Angestellte, sog. Hilfspersonen, bei welcher besonders die wichtigen Vorschriften der §§ 278 und 831 in Frage kommen. Nach § 278 hat der Schuldner ein Verschulden seines gesetzlichen Vertreters und der Personen, deren er sich zur Erfüllung seiner Verbindlichkeit bedient, in gleichem Umfange zu vertreten, wie eigenes Verschulden. Der Vertrag des B. mit dem Dekorateur A. ist ein Werkvertrag (§§ 631 ff.). A. bedient sich des C. zur Erfüllung seiner Verbindlichkeit, die im Aufstecken von Gardinen besteht. C. begeht zweifellos eine Fahrlässigkeit, indem er raucht, (§ 276) denn bei einer derartigen Arbeit ist das Rauchen gefährlich. Das muß sich C. auch sagen. Nach § 278 haftet also A. dem B. für das Verschulden des Gehilfen C. Er muß ihm für die Gardine Schadensersatz zahlen, §§ 249 ff.

2. Das Ausgleiten mit der Leiter anders zu beurteilen, liegt kein Grund vor. Vermutlich liegt auch hier Verschulden vor, es geschieht also fahrlässig. Daher haftet A. auch für den Spiegel. Liegt kein Verschulden vor, so haftet weder C. noch A., denn Verschulden ist die erste Voraussetzung der §§ 276 ff.

3. Beim Diebstahl der goldenen Brille liegt die Sache anders. Hier ist die Frage, ob § 278 überhaupt einschlägt. § 278 setzt voraus, daß der Schaden bei Erfüllung der Verbindlichkeit zugefügt wird. Der Diebstahl geschieht aber nur bei Gelegenheit dieser Erfüllung der Verbindlichkeit. Der Diebstahl steht im übrigen völlig außerhalb des Schuldverhältnisses. Es ist bestritten, ob der Geschäftsherr auch für solche bei Gelegenheit der Erfüllung der Verbindlichkeit begangene zum Schadensersatz verpflichtende Handlungen seiner Angestellten nach § 278 haftet. Nach der herrschenden Ansicht, die meines Erachtens die richtige ist, ist es zu verneinen. Das ergibt sich besonders aus der Stellung des § 278 im BGB., insofern es sich um Schuldverhältnisse handelt. Auch sein Wortlaut sagt das. Der Kausalzusammenhang der Schadenszufügung mit dem Vertragsverhältnis ist unterbrochen und somit haftet A. nicht, wenigstens nicht aus § 278.

Wohl aber kommt § 831 in Betracht. C. begeht ein Delikt, nämlich Diebstahl (§ 246 StrGB.). Er schädigt damit das Eigentum des B. Er hat also dem B. widerrechtlich einen Schaden zugefügt. C. ist aber von A. zu einer Verrichtung bestellt. A. muß daher für den Schaden, den C. dem B. in Ausführung der Verrichtung widerrechtlich zufügte, haften. Für den Schaden, der nur bei Ausführung der Verrichtung entsteht oder gelegenlich derselben, haftet aber nach der herrschenden Ansicht (analog § 278) der Geschäftsherr nicht. Ein solcher Schaden liegt hier vor. Somit braucht A. auch nach § 831 nicht zu haften.

Wohl aber ist zu beachten, daß A. möglicherweise selbst nach §§ 276, 241, 631 ff. aus dem Vertrag haftet, falls er die Unzuverlässigkeit seines Gehilfen kannte.

§ 831 Abs. 1 Satz 2 kommt also nach der herrschenden Ansicht gar nicht in Betracht. Läßt man A. haften, so kann sich A. immer noch durch den Nachweis von der Haftung befreien, daß er bei Auswahl des C. die nötige Sorgfalt anwandte, § 831 Abs. 1 Satz 2.

4. Wurde C. in der Arbeit plötzlich geisteskrank, und richtete er in diesem Zustand den Schaden an, so liegt kein Verschulden vor. § 278 setzt aber ein Verschulden der Hilfsperson bei Ausführung einer Verrichtung voraus. Zum Verschulden gehört insbesondere Zurechnungsfähigkeit, die beim Geisteskranken fehlt. Nach § 276 könnte also C. überhaupt nicht haften. Aber § 276 Abs. 1 Satz 3 macht noch die Bemerkung, daß die Vorschriften der §§ 826, 827 Anwendung finden. Diese gelten, wie ihre Stellung unter Titel „Unerlaubte Handlungen“ anzeigt, an sich nur für das deliktische Verschulden; zufolge § 276 Abs. 1 Satz 3 sollen sie aber auch Anwendung finden auf die Erfüllung gesetzlicher und vertragsmäßiger Verbindlichkeiten. (Staudinger, Bem. 2c zu § 276.)

Nach § 827 ist also C., wenn er plötzlich geisteskrank wurde, für den Schaden überhaupt nicht verantwortlich. Hierbei können also die obigen unter eins bis drei erörterten Fragen dahingestellt bleiben, ob Haftung nach § 278 oder nach § 831 oder aus keiner dieser Vorschriften vorliegt. A. haftet in diesem Falle weder für die Gardine noch für den Spiegel noch für die Brille.

Lösung 174 (vgl. Lösung 176).

Wenn die Aufgabe sagt, daß A. „im Auftrag" des B. den Verkauf der Schiffsladung Mais besorgt, so kommt zunächst in Frage, ob zwischen B. und A. ein Auftragsverhältnis im Sinne der §§ 662 ff. anzunehmen ist. Es käme doch noch in Betracht, ob nicht ein Mäklervertrag (§§ 652 ff.) vorliegt. (Vgl. Lösung 176.) Nach § 652 besteht die Tätigkeit des Mäklers im Nachweis der Gelegenheit zum Abschluß eines Vertrags oder in der Vermittelung eines Vertrags und ist diesem Vertrag wesentlich, daß der Geschäftsherr einen Lohn verspricht. Wahrscheinlich handelt A. nicht unentgeltlich, sondern ist Mäkler, da er anscheinend Kaufmann ist (§ 354 HGB.) und die Dienste in Ausübung des Gewerbes leistet.

Handelt A. unentgeltlich, so wird man Auftrag (§§ 662 ff.) annehmen müssen, Dienstvertrag (§§ 611 ff.) kommt nicht in Betracht, da ihm ein Entgelt wesentlich ist. Nach § 276 hat A. die im Verkehr erforderliche Sorgfalt bei Erfüllung des Auftrags anzuwenden. Dazu gehört nach § 664, daß er die Ausführung des Auftrags im Zweifel nicht einem Dritten übertragen darf. Ist die Übertragung gestattet, sagt § 664 Abs. 1 Satz 2, so hat er nur ein ihm bei der Übertragung zur Last fallendes Verschulden zu vertreten. Für das Verschulden eines Gehilfen ist er nach § 278 verantwortlich.

Die Hauptfragen sind also die: Durfte A. sich bei Ausführung des Auftrags des C. als Vermittlers bedienen? und wenn dies zu bejahen ist, fragt sich weiter: Ist C. eine Hilfsperson im Sinne des § 278?

Wenn A. nicht in Kopenhagen wohnt, wird dies vielleicht dafür sprechen, daß er Substitutionsbefugnis hat. Es kommt auf die Umstände im einzelnen an.

Hatte A. Substitutionsbefugnis nicht, so haftet er einfach nach den allgemeinen Vorschriften. Er hat den Vertrag nicht ordnungsmäßig erfüllt und die nach § 276 erforderliche Sorgfalt nicht angewandt. Er handelte fahrlässig und muß nach §§ 249 ff. Ersatz leisten. (Vgl. Staudinger, Bem. 5 zu § 664, Bem. 2b zu § 278.)

Hatte A. dagegen Substitutionsbefugnis, so ist C. meines Erachtens Hilfsperson im Sinne des § 278. Der Begriff ist nach der Praxis sehr weitgehend. Insbesondere ist gleichgültig, in welchem Rechtsverhältnis diese Hilfspersonen zum Schuldner stehen, insbesondere ob sie entgeltlich oder unentgeltlich, z. B. aus Gefälligkeit oder kraft Auftrags handeln. (Vgl. Staudinger, Bem. 2b zu § 278.)

Somit ist § 664 Abs. 1 Satz 3 verb. mit § 278 anwendbar. B. kann von A. Ersatz der 1000 M. verlangen. (Vgl. Staudinger, Bem. 5 zu § 664.)

§ 664 Abs. 1 Satz 2 betrifft den Fall, daß ein Schaden ohne Verschulden des Gehilfen entstand. Diesen hat der Beauftragte nicht zu tragen, wenn ihm bei der Übertragung kein Verschulden zur Last fällt.

Lösung 175.

Die Haftung des Beamten ergibt sich aus § 839. Im vorliegenden Fall handelt es sich aber um eine Rechtssache, nicht um die freiwillige Gerichtsbarkeit. Daher käme nur § 839 Abs. 2 in Frage, der sagt, daß ein Beamter, wenn er bei dem Urteil in einer Rechtssache seine Amtspflicht verletzt, für den daraus entstehenden Schaden nur dann verantwortlich ist, wenn die Pflichtverletzung mit einer im Wege des gerichtlichen Strafverfahrens zu verhängenden öffentlichen Strafe bedroht ist. Die Haftung des sog. „Spruchrichters" ist also eine beschränkte, wenn ein „Urteil" erging. Weiter kommt nun in Frage, ob der Schiedsrichter zu den Beamten im Sinne des § 839 gehört, also derjenige, dessen Entscheidung die Parteien auf Grund eines Schiedsvertrags (§§ 1025 ff. ZPO.) angerufen haben.

Nach Staudinger (Bem. 6c zu § 839) ist dies zu verneinen. Der Schiedsrichter haftet also nach den gewöhnlichen Grundsätzen. Für ihn kommt somit noch § 823 verb. mit § 276 in Frage. Aber dabei ist noch zu beachten, daß der Schiedsvertrag ein Vertrag ist (§ 1025). Die Haftung beruht also hier in erster Linie auf Vertrag, nämlich Auftrag (§§ 662 ff.) oder Dienstvertrag (§§ 611 ff.).

Auch Gaupp, Bem. III zu § 1024 hebt hervor, daß die Haftung des Schiedsrichters für Schadensersatz bei Verschulden nicht den für Beamte geltenden Normen des § 839 BGB. untersteht, sondern den allgemeinen Grundsätzen des Vertragsrechts bzw. den §§ 823 ff. BGB. Er weist hin auf die Entscheidung des Reichsgerichts, Bd. 41 S. 251 ff., wonach es nach bisherigem Recht sich anders verhielt. C. wird also haften müssen.

Lösung 176.

1. Das Verhältnis von A. zu B. beruht auf Mäklervertrag. B. ist Handelsmäkler, §§ 93 ff. HGB. Die rechtliche Stellung des Handelsmäklers ist eine eigenartige. Nach § 99 hat er von jeder Partei die Hälfte des Mäklerlohns zu fordern, nach § 98 haftet er beiden Parteien gleichmäßig auf Schadensersatz, nach § 101 hat er beiden Teilen Auskunft zu geben. Er tritt also in der Regel zu beiden Teilen in ein Vertragsverhältnis.

Es kann nun zunächst in Frage kommen, ob der Mäkler B. bei Erfüllung des Vertrags nicht insofern fahrlässig handelt, als er sich der Vermittelung des C. in H. bedient. Liegt darin eine Verletzung der im Verkehr erforderlichen Sorgfalt, § 276? Wie Staudinger, Bem. 5c zu § 652 hervorhebt, muß der Mäkler den Vertrag nicht unbedingt in Person abschließen, die Verwendung von Hilfs- und Zwischenpersonen als Organen des Mäklers ist nicht ausgeschlossen. § 267 sagt, daß, wenn der Schuldner nicht in Person zu leisten hat, auch ein Dritter die Leistung bewirken kann. Es kommt also auf den vermuteten oder erklärten Vertragswillen an. Für den

Dienstvertrag (§ 613), den Auftrag (§ 664), die Verwahrung (§ 691) bestimmt das Gesetz, daß im Zweifel persönlich zu leisten ist. (Staudinger, Bem. 2 zu § 267.)

Beim Mäklervertrag wird man also unter Beachtung der §§ 242, 267 annehmen können, wie Staudinger sagt, daß der Mäkler Zwischenpersonen als Organe benutzen kann, er wird also immerhin im eignen Namen mit dem Dritten verhandeln müssen. Unter Umständen wird man aber auch das stillschweigende Einverständnis des Geschäftsherrn mit größerer Selbstständigkeit des Dritten annehmen können.

Nimmt man an, B. dürfe sich des C. als Vermittlers bedienen, so hat jedenfalls B. den Vertrag in dieser Hinsicht nicht verletzt, andernfalls würde B. dem A. schon auf Grund des § 276 verb. mit § 98 HGB. wegen mangelnder Sorgfalt bei Vertragserfüllung haften.

2. Da den B. kein eignes Verschulden trifft, so fragt sich, ob er für das Verschulden des C. haftet. Insbesondere fragt sich: Ist C. eine Hilfsperson im Sinne des § 278? Der Begriff der „Hilfsperson" wird in der Praxis als ein sehr weitgehender aufgefaßt. Es ist insbesondere gleichgültig, in welchem Rechtsverhältnis diese Hilfspersonen zum Schuldner stehen. Es ist sogar gleichgültig, ob sie zur Erfüllung durch Vertrag verpflichtet sind, oder z. B. nur aus Gefälligkeit handeln. (Vgl Staudinger, Bem. 2 zu § 278.)

Die Aufgabe bestimmt nun das Verhältnis zwischen B. und C. nicht näher, sondern sagt nur, daß sich B. des C. als Vermittlers bedient. Nach dem Obigen wird es auch nicht erheblich sein, welches Verhältnis vorliegt, ob C. nur Organ des B. ist, oder ob ein Vertrag (Mäklervertrag, Auftrag) vorliegt. Denn C. wird unbedenklich als Hilfsperson im Sinne des § 278 angesehen werden können, weil eben dieser Begriff ein sehr weitgehender ist.

Hiernach hat B. für das Verschulden des C. einzustehen. Der Anspruch des C. auf die 1000 M. ist gerechtfertigt.

3. Die Lösung zu Fall 176 ist versehentlich unter Lösung 172 bereits gegeben. Lösung 172 paßt nicht auf Fall 172, sondern auf Fall 176. Dort gebe ich die Lösung etwas kürzer.

Lösung 177.

Nach §§ 447, 446 endigt die Haftung des Verkäufers für Zufall bereits mit Übergabe der Ware an das Transportmittel, indem dieses als vom Käufer beauftragt gilt. Im vorliegenden Falle haben aber die Parteien ein bestimmtes Schiff als Transportmittel vereinbart, nämlich den Segler X. B. versendet dagegen die Ware ohne besonderen Grund auf dem Schnellsegler Y., der erst am 7. Januar 1907 abgeht. § 447 Abs. 2 dürfte daher anwendbar sein. Zwar liegt keine Anweisung des Käufers, wohl aber eine Vereinbarung vor. A. muß also Schadensersatz leisten. Diese Ersatzleistung kann man schon auf § 447 Abs. 1 gründen. B. handelt fahrlässig bei Erfüllung des Kaufvertrags, indem er die Ladung nicht dem vereinbarten Transportmittel übergibt.

Zu ersetzen ist der entstandene Schaden und der entgangene Gewinn (§ 252). Hätte B. nicht versichert, so hätte er durch die Fahrlässigkeit des A. sogar einen Vorteil erlangt. B. hat indessen die Ware versichern lassen, und zwar für das Schiff X und kann nunmehr die Versicherungssumme nicht erhalten, da sie auf Y. transportiert worden ist. Wenn nun B. die Ware noch nicht weiterverkauft hat, wie es hier den Anschein hat (da er nicht nachträgliche Erfüllung, sondern Ersatz fordert), so hat er einen positiven Schaden nicht erlitten. Es fragt sich aber, ob ihm ein Gewinn entgangen ist, indem er die Versicherungssumme für das Schiff X. nicht erhalten konnte. Als entgangen gilt nach § 252 der Gewinn, welcher nach dem gewöhnlichen Lauf der Dinge oder nach den besonderen Umständen, insbesondere nach den getroffenen Anstalten und Vorkehrungen, mit Wahrscheinlichkeit erwarten werden konnte. Dazu möchte ich die Versicherungssumme auch rechnen, denn nach den besonderen Umständen war deren Auszahlung zu erwarten, und B. hätte sodann auch im Falle eines Preisrückgangs einen genügenden Ersatz gehabt.

Lösung 178.

Zwischen der A. und B. besteht ein Frachtvertrag im Sinne des § 425 HGB., für welchen ergänzend die Vorschriften des BGB. über den Werkvertrag (§§ 631ff.) Anwendung finden. Hierbei ist für die Leistung des B. eine Zeit nach dem Kalender bestimmt, nämlich der 1. Juli, nachmittags 1 Uhr. Wenn daher B. nicht zur bestimmten Zeit leistet, kommt er ohne Mahnung in Verzug (§ 284 Abs. 2). Die A. kann also die für den Fall der Nichterfüllung und des Verzugs bei gegenseitigen Verträgen festgesetzten Rechte geltend machen. Da die Leistung für die A., nachdem sie sich an einen anderen Transportunternehmer gewendet hat, kein Interesse mehr hat, so kommt § 241 — also die Erfüllungsklage — und ebenso § 326 Abs. 1 nicht in Betracht. Auch der Rücktritt nach § 361 würde ihr nichts nützen (vorausgesetzt, daß überhaupt ein sog. Fixgeschäft vorliegt). Sie fordert daher auf Grund von § 286 Abs. 2 verbunden mit § 326 von A. unter Ablehnung der Leistung Schadensersatz wegen Nichterfüllung. Die Hauptfrage ist nun die, ob die Höhe des von der A. geltend gemachten Schadensersatzes den Vorschriften der §§ 249ff. entspricht.

Zunächst fordert die A. von B. 6 M. für eine Droschke. Da sie lahm ist, mußte sie ohne Zweifel fahren, was in Ermangelung anderer Verkehrsmittel am billigsten in der Droschke geschieht. Es ist auch richtig, daß eine solche von Berlin nach Schlachtensee 6 M. (mit Trinkgeld) kostet. Diese Forderung war also berechtigt. Weiter fordert die A. für die Reinmachefrau 2 M. Die Reinmachefrau war schon bestellt zu einer Zeit, in der die A. nicht voraussehen konnte, daß B. den Vertrag nicht erfüllen würde. 2 M. sind nun für einen ganzen Nachmittag nicht zuviel. Auch diese Forderung ist daher angemessen. Dagegen ist die Forderung von 6 M. für Nachtquartier für die A. und ganz besonders für ihre Begleiterin, die doch vermutlich eine untergeordnete Person ist, entschieden zu hoch. Dafür sind 3 M. für die Person angemessen, wenn auch für die Begleiterin bereits reichlich bemessen. Wenn ferner die A. mit ihrer Begleiterin zu 3 M. frühstückt, so ist auch dies nicht bei Leuten mittleren Standes — unter diese muß die Rentiere in Ermangelung besonderer Bestimmungen gerechnet werden — das Normale. Die A. muß dann schon ein Hotel ersten Ranges aufgesucht haben. In einem mittleren Hotel kostet das Frühstück für die Person 50 bis 75 Pf., höchstens 1. M. (der sog. Café complet). Die Forderung der A. ist also um mindestens 1 M. zu hoch. Zu der Zuvielforderung der A. kommt aber noch hinzu, was die beiden Frauen für das Frühstück zu Hause gebraucht hätten. Ein Kaffee mit Semmel kostet ihnen da etwa 25 Pf., also sind noch 50 Pf. von der Forderung abzuziehen. Das Trinkgeld von 1 M. für eine Nacht an den Kellner ist ebenfalls zu hoch, dafür dürften 50 Pf. genügen. Es sind somit 8 M. von der Forderung abzuziehen. Der Rest von 16 M. ist der A. zuzuerkennen.

Anm. B. kann nicht geltend machen, daß er den Umstand, daß die A. lahm ist, da dies etwas Unnormales sei und er davon auch nichts gewußt habe, nicht zu vertreten brauche und daher für die Fahrt mit der Droschke nicht Schadensersatz zu leisten brauche. Denn die §§ 249 ff. gehen von dem Grundsatze aus, daß jeder Vermögensschaden zu ersetzen ist. (Die einzige Milderung dieser strengen Haftpflicht ist in § 251 Abs. 2 enthalten) Der Anspruch der A. von 2 M. für die Waschfrau würde sich übrigens verringern oder ganz wegfallen, falls B. nachweist, daß diese auch anderswo in der fraglichen Zeit Anstellung gefunden hat. Denn dann hat die Waschfrau tatsächlich keinen Schaden in Höhe von 2 M. erlitten, sie kann also denselben der B. gegenüber auch nicht geltend machen. Bezahlt die A. ohne weiteres 2 M., so muß sie sich also trotzdem von B. den Abzug gefallen lassen, falls dieser den fraglichen Nachweis erbringt.

Lösung 191.

Die Frage läßt sich allein auf Grund des § 389 beantworten. Die Aufrechnung bewirkt nach § 389, daß die Forderungen, soweit sie sich decken, als in dem Zeitpunkt erloschen gelten, in welchem sie zur Aufrechnung geeignet einander gegenüber getreten sind. Daraus folgt, daß, wenn die sonstigen Voraussetzungen der Aufrechnung vorliegen, der Kläger, dem der Beklagte die Aufrechnung erklärt hat, nicht mit dem Einwand kommen kann, er wolle die Gegenforderung auf eine andere Forderung verrechnen (replica compensationis.) (Staudinger, Bem. 2b zu § 389.)

Daraus folgt weiter, daß auch der Gläubiger, der nur einen Teil seiner Forderung eingeklagt hat, den Beklagten, der hiergegen mit seiner Gegenforderung aufrechnet, nicht auf den nicht eingeklagten Teil der Forderung verweisen kann. Allein er kann nach Maßgabe des heutigen Prozeßrechts die Klage auf den nicht geforderten Betrag erweitern und den Antrag stellen, den Beklagten für den Fall der nachgewiesenen Tilgung des zunächst geltend gemachten Forderungsteils wegen des Restes der Forderung in den Grenzen des Klageantrags zu verurteilen. Vgl. ZPO. § 268 Nr. 2; Dernburg II, S. 322, Note 10; Rehbein, Bem. 29 zu §§ 387—396; Planck, Bem. 1 zu § 389; Staudinger, Bem. 2 zu § 389.

Dagegen kann der Gläubiger, der im Hinblick auf etwaige die Höhe seiner Forderung nicht erreichende Gegenforderungen nur den jedenfalls freibleibenden Teilbetrag einklagt, verlangen, daß der Schuldner mit der Aufrechnung auf den nicht eingeklagten Teil verwiesen wird. (RGE. vom 20. Februar 1903; Jur. Wochenschr. Bd. 33 S. 173; RGE. Bd. 57 S. 97.) (Vgl. Staudinger, die zit. Stelle.)

In der Aufgabe liegt der zuerst erwähnte Fall vor. B. kann also den A. nicht auf den nicht eingeklagten Teil verweisen, aber er kann die Klage um 8000 M. erweitern. Hätte dagegen B. von vornherein diese 8000 M. eingeklagt, so konnte A. nicht mit den 2000 M. aufrechnen, weil B. schon von vornherein im Hinblick auf die Möglichkeit der Aufrechnung auf nur 8000 M. klagte.

Hätte B. schon in der Klage erklärt, daß er die Gegenforderung des A. auf den nicht eingeklagten Rest verrechne, so kann A. um so weniger aufrechnen.

Die zitierte Literatur ist genau zu prüfen.

Lösung 192.

Die Lösung gibt § 390. Nach § 390 kann eine Forderung, der eine Einrede entgegensteht, nicht aufgerechnet werden. Die Verjährung schließt aber die Aufrechnung nicht aus, wenn die verjährte Forderung zu der Zeit, zu welcher sie gegen die andere Forderung aufgerechnet werden konnte, noch nicht verjährt war. Die Forderung des A. ist am 1. April 1900 entstanden, die Gegenforderung des B. im August 1901. Im August 1901 konnte also B. gegen die Darlehnsforderung des A. aufrechnen. (Vorausgesetzt, daß das Darlehn gekündigt war, § 609 Abs. 2.)

Nach § 196 Ziff. 1 verjährt nun die Forderung des B. aus Malerarbeiten in zwei Jahren, sie ist also mit Ablauf des Jahres 1904 (spätestens 1906) verjährt. Zur Aufrechnung geeignet war sie, aber schon im August 1901. Damals war sie noch nicht verjährt. Somit kann B. nach § 390 Satz 2 im Jahre 1908 noch aufrechnen.

Der Grundsatz des § 390 Abs. 1 Satz 2 wird also zugunsten der Verjährungseinrede unterbrochen. Diese Ausnahmebestimmung wurde von der II. Komm. aus Gründen der Billigkeit und Zweckmäßigkeit aufgenommen. Dem § 390, 2 entspricht übrigens § 222 Abs. 2, wonach das zur Befriedigung eines verjährten Anspruchs Geleistete nicht zurückgefordert werden kann, auch wenn die Leistung in Unkenntnis der Verjährung bewirkt worden ist.

Lösung 193.

Die Lösung ist aus § 390 zu finden. Danach kann eine Forderung, der eine Einrede entgegensteht nicht aufgerechnet werden. Die Verjährung schließt aber die Aufrechnung nicht aus, wenn die verjährte Forderung zu der Zeit, zu welcher sie gegen die andere Forderung aufgerechnet werden konnte, noch nicht verjährt war. Die Forderung des B. an Gebühren und Auslagen ist 1900 entstanden und somit im Zweifel auch fällig gewesen (§ 387). Am 1. Juli 1901 wird das Darlehn von 500 M. fällig, das A. von B. zu fordern hat. Nach § 196 Ziff. 15 ist die Forderung des Anwalts B. mit Ablauf des Jahres 1902 verjährt. Im Jahre 1903 klagt nun A. seine Darlehnsforderung ein und es wird gefragt, ob B. mit seiner verjährten Gebührenforderung aufrechnen kann. Dies ist nach § 390 zu bejahen. Am 1. Juli 1901 war, wie angeführt, das Darlehn des A. fällig. Zu dieser Zeit konnte also B. mit seiner Gebührenforderung aufrechnen. Damals war sie noch nicht verjährt. Somit kann der Anwalt B. auch jetzt noch, im Jahre 1903 mit seiner Gebührenforderung aufrechnen.

Lösung 194.

Es handelt sich um die Bestimmung des § 393. Danach ist gegen eine Forderung aus einer vorsätzlich begangenen unerlaubten Handlung die Aufrechnung nicht zulässig. Der Fall liegt bei A. vor. B. klagt aus §§ 823 ff. wegen Sachbeschädigung. A. beruft sich auf § 387 ff. Aber nach § 393 kann er nicht mit seiner Darlehnsforderung aufrechnen. Vgl. M. II, 112 und die verwandte Bestimmung des § 273 Abs. 2 bezüglich des Zurückbehaltungsrechts; vgl. ferner RGE. Bd. 3 Nr. 35 (Untreue), Bd. 19 S. 227; Seuff. Arch. Bd. 48 Nr. 19; RGE. v. 30. November 1899 in Bl. f. R. A. Bd. 65, S. 267. (Hat ein Beamter in amtlicher Eigenschaft Gelder empfangen und sich diese angeeignet, so kann er sich auf eine Kompensation mit Gehaltsansprüchen nicht berufen.) Vgl. ferner Kuhlenbeck, Rechtspr. d. RG. I S. 17, 18, Staudinger Bem. 3 zu § 393.

Lösung 199.

Die Anfechtung wegen arglistiger Täuschung beruht auf § 123. Dieser sagt, daß wer zur Abgabe einer Willenserklärung durch arglistige Täuschung oder widerrechtlich durch Drohung bestimmt worden ist, die Erklärung anfechten kann. Nach § 142 ist dann das anfechtbare Geschäft als von Anfang an nichtig anzusehen.

Die infolge der Anfechtung ex tunc eintretende Nichtigkeit wirkt gegenüber allen Beteiligten, nicht etwa bloß gegenüber dem Anfechtenden (Cosack, Bd. 1 § 53 unter II 1 c; Staudinger, Vorbem. 3 §§ 104 ff.).

Die Logik erfordert, daß jemand Rechte, die aus einem nichtigen oder wie hier rückwärts hin als nichtig anzusehenden Rechtsgeschäfte nur anscheinend erworben hat, nicht mit Rechtswirksamkeit übertragen kann, weil er sie eben in Wahrheit nicht erworben hat. Diese Regel wird aber vielfach durch die Grundsätze über den Schutz des guten Glaubens unterbrochen. Es können also unter Umständen Rechte von jemand erworben werden, dessen eigner Erwerb ein nichtiger ist. Diese Nichtigkeit kann in solchen Fällen dem gutgläubigen Erwerber nicht entgegengehalten werden. (Staudinger, Vorbem. 2 vor §§ 104 ff.)

Der Einfluß der Anfechtung auf Rechtsverhältnisse Dritter, d. h. am anfechtbaren Rechtsgeschäft nicht unmittelbar Beteiligte ist also hiernach ein verschiedener, je nachdem der Dritte die Anfechtbarkeit kannte bzw. kennen mußte oder nicht. Der Dritte, der die Anfechtbarkeit weder kannte noch kennen mußte, wird als Erwerber von Rechten zwar prinzipiell gleichfalls von der mit Wirkung ex tunc eintretenden Nichtigkeit des Geschäfts betroffen, findet aber Schutz auf Grund der weitgehenden Einzelvorschriften zugunsten desjenigen, der gutgläubig von einem Nichtberechtigten erwirbt. (§§ 932 ff., 1207, 892, 1138, 1155, 1244.) Hat also z. B. der Anfechtungsgegner eine bewegliche Sache, die er selbst in anfechtbarer Weise erwarb, an einen Dritten veräußert, so wird dieser Eigentümer und bleibt es auch, wenn die Anfechtung erfolgt. (Staudinger, Bem. 7 zu § 142.)

In der Aufgabe hat nun A. sein Grundstück dem B. verkauft und B. hat die Hypothek übernommen. Wenn nun die Aufgabe sagt, die Schuldübernahme sei dem C. vorschriftsmäßig mitgeteilt und von ihm genehmigt worden, so meint sie damit, daß der wichtigen Vorschrift des § 416 genügt worden ist, wonach der Veräußerer, also A., dem Gläubiger, also dem C., die Schuldübernahme mitteilen muß. C. kann dann entweder sofort genehmigen oder die Genehmigung gilt als erteilt, wenn nicht sechs Monate nach Empfang der Mitteilung C. dem A. gegenüber die Genehmigung verweigert hat. Der § 416 gibt also die Voraussetzungen an, unter denen nicht nur die dingliche sondern auch die *persönliche* Haftung aus der Hypothek auf den neuen Käufer B. übergeht.

Der Käufer B. ist also persönlicher und dinglicher Schuldner des C. geworden. Durch die Anfechtung wird aber nun wie oben ausgeführt, der Kauf nach § 142 rückgängig. A. wird wieder Eigentümer des Hauses, somit wieder Schuldner. Aber auch die Schuldübernahme wird danach rückgängig, denn sie hat doch den Kauf zur Voraussetzung. A. wird also wieder dinglicher und persönlicher Hypothekenschuldner. Nun fragt sich nur, ob, wie eben ausgeführt, zugunsten des C. vielleicht die persönliche Schuldübernahme als vorhanden weiterbesteht, ob also der gutgläubige C. insofern geschützt ist, als die Nichtigkeit des Kaufes insoweit keinen Einfluß auf die Schuldübernahme des B. ihm gegenüber hat. Kann man überhaupt sagen, daß C. ein Dritter ist, der gutgläubig Rechte erworben hat? Es ist hier auf das Wesen der Schuldübernahme einzugehen. Die Schuldübernahme ist nach § 414 ein Vertrag zwischen einem Dritten und dem Gläubiger, nach § 415 kann sie auch von einem Dritten mit dem Schuldner vereinbart werden. Einen besonderen Fall des § 415 bildet § 416, der im Grunde nur eine besondere Form der Mitteilung an den Gläubiger, und besondere Voraussetzungen für die Genehmigung vorschreibt. (Staudinger, Bem. 1 A zu § 416.)

Greifen nun vielleicht die besonderen Bestimmungen des § 417 ein? Wie verhalten sie sich zu den genannten? § 417 Abs. 1 hebt hervor, daß der Übernehmer dem Gläubiger die Einwendungen entgegensetzen kann, die sich aus dem Rechtsverhältnis zwischen dem Gläubiger und dem bisherigen Schuldner ergeben. Eine dem bisherigen Schuldner zustehende Forderung kann er nicht aufrechnen. Hier entsteht nun das Bedenken: Ist § 417 überhaupt anzuwenden und bezieht er sich nicht vielmehr auf den Fall, daß der abstrakte Schuldübernahmevertrag angefochten und wird nicht in der Aufgabe nur der Kauf angefochten? Es dürfte wohl beides angefochten werden. Denn durch die Täuschung des A. ist doch auch die Schuldübernahme durch B. veranlaßt.

Bei der Schuldübernahme sind nun folgende rechtlichen Beziehungen zu unterscheiden
der abstrakte Schuldübernahmevertrag.

Wie der Schuldübernehmer das Zustandekommen dieses Vertrags und somit seine Schuldübernahme bestreiten kann, so kann er sich natürlich auch aller Einwendungen bedienen, die das Zustandekommen der Schuldübernahme entweder aus besonderen Gründen ausschließen oder seine Wirksamkeit wieder aufheben (rechtshindernde oder rechtsvernichtende Tatsachen). Hierher gehört insbesondere der Einwand mangelnder Geschäftsfähigkeit eines der Vertragsschließenden, Anfechtung des Vertrags wegen Irrtums, arglistiger Täuschung, Zwang. Im Falle einer Anfechtung wird nun aber der Unterschied einer Schuldübernahme nach § 414, durch Vertrag mit dem Gläubiger und nach § 415, durch Vertrag mit dem Schuldner unter Beitritt des Gläubigers erheblich.

a) Im Falle der Schuldübernahme nach § 414 muß die Anfechtungserklärung dem Gläubiger gegenüber abgegeben werden.

b) Im Falle einer Schuldübernahme nach § 415 muß die Anfechtungserklärung dem Schuldner gegenüber abgegeben werden. Die Anfechtung der Mitteilung dagegen, auf Grund deren der Gläubiger seine Genehmigung erteilt hat, hat dem Gläubiger gegenüber zu erfolgen. Denn diese Mitteilung ist ja ein einseitiges Rechtsgeschäft im Sinne des § 143 Abs. 3. Danach ist also hier Anfechtungsgegner jeder, der auf Grund des Rechtsgeschäfts unmittelbar einen rechtlichen Vorteil erlangt hat.

c) Im Falle der Anfechtung wegen arglistiger Täuschung kann die Anfechtung nach § 123 Abs. 2 auch dem Schuldner gegenüber erfolgen, wenn er die Täuschung kannte oder kennen mußte; denn er hat mit seiner Befreiung aus der Schuldübernahme unmittelbar ein Recht erworben. (Vgl. Staudinger, Bem. I zu § 417.)

In der Aufgabe kommen hauptsächlich Fall Nr. b und Nr. c in Betracht. Der Schuldübernehmer muß aber die Anfechtung erst vornehmen, und erst auf Grund der erfolgreich durchgeführten Anfechtung kann der Schuldübernehmer die Einwendung erheben. Zu beachten ist, daß die Anfechtung in den Fällen des § 123 nur binnen Jahresfrist vom Zeitpunkt der Kenntnis ab erfolgen kann.

Wie ist nun die Lösung? Aus obigen Ausführungen dürfte folgen, daß es nicht genügt, wenn sich B. gegenüber C. auf das Urteil gegen A. bezieht, obwohl dadurch der Kauf nichtig wird. Die Schuldübernahme wird dem C. gegenüber erst vollständig hinfällig, wenn die Mitteilung an diesen angefochten und die Anfechtung erfolgreich durchgeführt wird. Dabei kann allerdings das Urteil gegen A. dem B. als Beweismittel dienen.

Der Fall ist nicht einfach. Der Leser möchte genau untersuchen, ob obige Grundsätze oder nicht vielleicht noch andere einschlagen. Wie steht es mit den am Eingang genannten Vorschriften, z. B. § 892?

Lösung 200.

§ 420 sagt, daß, wenn mehrere eine teilweise Leistung schulden oder mehrere eine teilweise Leistung zu fordern haben, im Zweifel jeder Schuldner nur zu einem gleichen Anteil verpflichtet, jeder Gläubiger nur zu einem gleichen Anteil berechtigt ist. Dieses Prinzip wird aber nach § 427 bei Verträgen durchbrochen. Verpflichten sich mehrere durch Vertrag gemeinschaftlich zu einer teilbaren Leistung, so haften sie im Zweifel als Gesamtschuldner.

Was ist nun eine teilbare Leistung? Die Bestimmung der Begriffe teilbare und unteilbare Leistung überläßt das BGB. der Rechtswissenschaft (M. II, 172, 173). Einem Anhalt für die Unterscheidung gewährt die Vorschrift des § 752 über die Zulässigkeit der Naturalteilung eines gemeinschaftlichen Gegenstands bei der Aufhebung der Gemeinschaft. In entsprechender Anwendung dieser Vorschrift wird eine Leistung als teilbar zu bezeichnen sein, wenn sie ohne Verminderung ihres Werts in gleichartige der Zahl der Beteiligten entsprechende Teilleistungen zerlegt werden kann. (Staudinger, Bem. 2 zu § 420.)

Bei Eingehung eines Mietvertrags liegt nun ohne Zweifel eine teilbare Leistung vor, denn die Hauptverpflichtung des Mieters besteht nach § 535 in der Entrichtung des vereinbarten Mietzinses, also in einer Geldleistung. § 427 ist also anwendbar.

A. und die B. haften also dem Vermieter als Gesamtschuldner.

§ 421 findet daher Anwendung. Jeder von beiden, sowohl A. als B. ist verpflichtet, die ganze Leistung zu bewirken, der Gläubiger aber ist die Leistung nur einmal zu fordern berechtigt. Der Gläubiger kann die Leistung nach seinem Belieben von jedem der Schuldner ganz oder zu einem Teile fordern. Bis zur Bewirkung der ganzen Leistung bleiben sämtliche Schuldner verpflichtet.

Nun erzeugt aber der Mietvertrag auch Rechte. A. und die B. können kündigen und A. hat das auch getan. Es fragt sich, ob dies überhaupt wirkt, d. h., ob A. dem Vermieter haftet und ferner fragt sich, ob es auch für und gegen die B. wirkt. Hierüber geben §§ 422ff. besondere Bestimmungen. Nach § 422 wirkt z. B. die Erfüllung durch einen Gesamtschuldner auch für die übrigen Schuldner. Das gleiche gilt von der Leistung an Erfüllungsstatt, der Hinterlegung und der Aufrechnung. Nach § 421 wirkt der Verzug des Gläubigers gegenüber einem Gesamtschuldner auch für die übrigen Schuldner. § 425 bestimmt aber nun, daß andere als die in den §§ 422—424 bezeichneten Tatsachen, soweit sich nicht aus dem Schuldverhältnis ein anderes ergibt, nur für und gegen den Gesamtschuldner wirken, in dessen Person sie vorliegen. Dies gilt nach Abs. 2 insbesondere von der Kündigung. Durch die Kündigung, die von einem Gesamtschuldner ausgeht, wird also nur dessen Verbindlichkeit hinfällig. Selbstverständlich wirkt ja die Kündigung auch für die übrigen Gesamtschuldner, falls der kündigende Gesamtschuldner in Vertretung der anderen Schuldner gehandelt hat (§ 164). Aber dieser Fall liegt in der Aufgabe nicht vor, im Gegenteil, die B. will, wie anzunehmen ist, nicht kündigen, denn sie bleibt hinterher in der Wohnung, obwohl die drei Jahre abgelaufen sind.

Der Vermieter kann also den A. nicht auf weitere Mietzinszahlung belangen. Er kann aber die B. belangen, weil für diese nach § 425 die Kündigung keine Wirkung hat.

Zu Frage 2: Wie steht es, wenn A. und B. verheiratet sind? Dann kommt in Betracht, daß § 427 eine bloße Auslegungsregel ist, also nur soweit gilt, als nicht ein anderer Wille der Parteien erkennbar ist. Nach den Vorschriften über das Familienrecht wird nun öfter anzunehmen sein, der Mann allein habe den Vertrag schließen wollen. Die Frau unterschreibt vielfach nur auf Wunsch des Gläubigers, um ihm größere Sicherheit zu geben. Aber eine Gesamtschuld bleibt trotzdem bestehen. So wurde in der Praxis angenommen, daß, wenn die Frau den von ihrem Manne als Pächter geschlossenen Pachtvertrag mitunterschreibt, sie zwar nicht Mitpächterin wird, aber als Gesamtschuldnerin für die von ihrem Manne eingegangenen Verpflichtungen haftet. (Seuff. Archiv, Bd. 57 S. 179; Staudinger, Bem. 4 zu § 427.)

Kündigt die Frau, so kann dies hiernach unter Umständen für sie selbst wirkungslos sein, weil sie nicht Vertragspartei ist.

Lösung 202.

Der Kaufvertrag erzeugt beiderseitige Verpflichtungen. Für die Lieferung ist der Verkäufer der Schuldner, für die Abnahme der Käufer (§§ 293 ff.). Nach § 269 ist Berlin für die Schuld des B., also für die Absendung der Ware der Erfüllungsort. Für die Leistungen des A., also insbesondere für die Abnahme der Ware, ist dagegen Frankfurt der Leistungsort. Daran ändert auch der etwaige Verzug des A. nichts. Wegen desselben kann B. nach §§ 300 ff. Schadensersatz fordern, wenn ihm ein Schaden entstanden ist. B. muß also den A. in Frankfurt auf Abnahme verklagen.

Lösung 203.

Die Prioritätsobligationen (also die Schuldtitel) können entweder Schuldverschreibungen auf den Inhaber oder kaufmännische Verpflichtungsscheine an Order sein. Sind sie das erste, so ist nach § 795 staatliche Genehmigung erforderlich, um sie in Verkehr zu bringen, sonst sind sie nichtig (§ 363 HGB.; eine Eisenbahngesellschaft ist nach § 1 Ziff. 5 HGB. Kaufmann). Sind sie staatlich genehmigte Schuldverschreibungen auf den Inhaber, so wird auch die Ausgabe der (auf den Inhaber nicht ausdrücklich gestellten) Zinsscheine als mitgenehmigt zu gelten haben. Sind die Schuldscheine kaufmännische Verpflichtungsscheine, so bestehen Zweifel, die im laufenden Jahrgange in Holdheims Zeitschrift lebhaft erörtert worden sind. Manche nehmen eine Urkunde im Sinne von § 807 an, manche wollen wohl auch § 808 anwenden. Sind die Titel Inhaberpapiere, während die Zinsscheine die Inhaberklausel nicht enthalten, so gilt das gleiche. § 793 verlangt die Inhaberklausel. Ein Zinsschein ist nur Inhaberschuldverschreibung, wenn er ausdrücklich an den Inhaber gestellt ist.

Hiernach überlasse ich dem Leser, das Weitere selbst zu entscheiden.

Lösung 204.

Nach §§ 241 ff. ist B. an den rechtsgültig abgeschlossenen Vertrag gebunden. B. hat also kein Rücktrittsrecht, vielmehr kann A. auf Erfüllung bestehen. Sein Klageantrag geht auf Abnahme des Geschäfts und Zahlung des Preises (§ 433 Abs. 2). Der Kaufpreis ist vom 1. April ab zu verzinsen (§§ 284 Abs. 2, 288). Auch den etwaigen durch den Verzug entstehenden Schaden (durch Weiterführung des Geschäfts vom 1. April ab) hat B. dem A. zu ersetzen (§ 286).

Lösung 209.

Zwischen A. und B. liegt ein Kaufvertrag nach §§ 433 ff. vor. A. ist nach demselben verpflichtet, den Tisch zu übergeben und zur Abholung bereit zu halten, B. ist verpflichtet, den Tisch innerhalb von acht Tagen bei A. abzuholen und den Kaufpreis von 100 M. zu zahlen. Diese Verpflichtung zur Abholung ist daher als eine Nebenverpflichtung aus dem Kaufvertrag anzusehen. Die Nichtabholung des Tisches seitens des B. ist also mindestens eine Nichterfüllung des Kaufvertrags, auf Grund welcher die Erfüllungsklage des § 241 auf Abnahme gegeben ist. Es fragt sich aber, ob es auch eine verschuldete Nichterfüllung ist, insbesondere, ob bei B. ein Verzug der Annahme vorliegt (§§ 293—304). Wenn im Vertrage verabredet worden ist, daß B. sich den Tisch innerhalb einer Frist von acht Tagen abholen solle, so liegt darin die Festsetzung einer Zeit nach dem Kalender. Nach § 284 Abs. 2 kommt also der Käufer B., der hier zugleich Gläubiger bezüglich der Lieferung und Schuldner bezüglich der Annahme ist, ohne Mahnung in Verzug. Daher ist, um den B. in Verzug zu setzen, die Aufforderung zur Abholung seitens des A., wie sie im Text erwähnt wird, gar nicht mehr nötig, dieselbe ist ohne jede rechtliche Bedeutung. Wenn nun nach Ablauf der Frist der Tisch verbrennt, so ist der Schuldner B. nach § 300 verbunden mit § 287 Satz 2 auch für die während des Verzugs durch Zufall eintretende Unmöglichkeit der Leistung verantwortlich. Hier liegt aber eine Art des Zufalls, nämlich höhere Gewalt, vor, also muß B. dafür haften und den Tisch bezahlen. Auch der Ausnahmefall des § 287 liegt nicht vor, denn der Schaden wäre bei rechtzeitiger Abholung nicht eingetreten. A. hat also alle auf Grund des Verzugs gegebenen Rechtsbehelfe, wie sie in den §§ 226 ff., 326 bezeichnet sind. Er benutzt diese aber nicht, sondern erhebt die ihm vorteilhaftere Erfüllungsklage nach § 241 auf Zahlung des Kaufpreises. Auf diese hin muß B. zur Zahlung der 100 M. verurteilt werden, ohne daß er die Nachlieferung seines Tisches verlangen kann. Die 100 M. können aber auch als Schadensersatz eingeklagt werden.

Lösung 210.

Nach § 313 ist zwar der Vertrag, durch den sich jemand verpflichtet, das Eigentum an einem Grundstück zu übertragen, gerichtlich oder notariell zu beurkunden, nach § 313 Satz 2 wird aber die Formvorschrift dadurch geheilt, daß Auflassung und Eintragung erfolgen. Demnach ist der zwischen A. und B. geschlossene Kaufvertrag ungültig. Denn dem B. wird überhaupt nicht aufgelassen. Auch der zwischen B. und C. geschlossene Kaufvertrag ist zunächst ungültig, er wird aber dadurch gültig, daß A. dem C. aufläßt. Ich möchte das wenigstens annehmen, obgleich ja der Auflassung des A. an C. gar kein zwischen A. und C. geschlossener Vertrag zugrunde liegt. A. handelt dann im Einverständnis mit C. gewissermaßen als Vertreter des B. Das wäre freilich genauer auszuführen. Die gegenteilige Entscheidung ist denkbar.

Aus dem mündlichen Vertrag mit B. über das Grundstück kann also C. keine Rechte herleiten. Wenn sich aber B. mündlich verpflichtet, dem C. für die Kosten betreffs des Vorgartens aufzukommen, so ist das ein Nebenvertrag, der der schriftlichen Form nicht bedarf, da er mit der Eigentumsübertragung nichts zu tun hat. Aus ihm ist B. verpflichtet. Seine Einwendungen sind völlig haltlos.

Sind beide Verträge formentsprechend, so wird man um so mehr zu dieser Entscheidung kommen.

Lösung 211.

Der Vertrag zwischen A. und B. bedarf nach § 313 insoweit der Schriftlichkeit, als die Überlassung eines Grundstücks von B. versprochen wird. Betreffs der übrigen Verabredungen liegt kein Grund vor, Schriftlichkeit zu verlangen, sie sind also gültig. Wenn nun die Auflassung nachträglich erfolgt, so hat nach § 313 Satz 2 der Vertrag über die Grundstücksüberlassung Gültigkeit erlangt. Wenn ferner auf Grund des vorherigen Vertrags die Abtretung der Hypothek seitens des A. an B. erfolgt, so hat A. seine Verpflichtung erfüllt. B. muß daher die 3000 M. zahlen und die Mobilien dem A. übergeben.

Vorausgesetzt wird, daß A. die Hypothek schriftlich abgetreten hat, da dies nach § 1154 erforderlich ist (so ist die Aufgabe wohl gemeint). Sonst könnte B. verlangen, daß die Form nachgeholt wird.

Lösung 212.

Der Vertrag ist von A. und B. nach § 315 abgeschlossen worden, da die Leistung, das ist hier der Kaufpreis, von einem der Vertragsschließenden, nämlich dem Käufer B., bestimmt werden soll. Nach § 315 Abs. 3 ist die getroffene Bestimmung für den anderen Teil nur verbindlich, wenn sie der Billigkeit entspricht. Wenn also 1 M. für den Scheffel Weizen nicht der Billigkeit entspricht, so wird nach § 315 Abs. 3 Satz 2 die Bestimmung durch Urteil getroffen (vorausgesetzt, daß sich die Parteien nicht außergerichtlich einigen).

Die Normierung des Preises konnte nach § 315 Abs. 1 auch in das billige Ermessen des Verkäufers (wie im Verkehr häufiger) oder nach § 317 auch in das billige Ermessen eines Dritten gestellt worden.

Lösung 216.

Es liegt ein Mietvertrag nach §§ 535 ff. vor.

Wenn die Parteien verabreden, daß A. die erforderliche polizeiliche Genehmigung für die Vorführung der Reklamebilder zu beschaffen habe, so setzen sie offenbar voraus, daß diese erteilt wird, daß also der Theaterraum des A. den Erfordernissen entspricht. Ist dies nicht der Fall und ist daher die Vorführung unmöglich, so fragt sich, ob das für A. eine Unmöglichkeit der Leistung, die in Gewährung der Mietsache besteht, bedeutet, die er verschuldet hat. Wenn der Raum für Theaterspiel den Erfordernissen entspricht, so braucht er es noch nicht für die Vorführungen des A., das können aber die Parteien im Zweifel vorher nicht wissen. Daher liegt § 323 vor. Keine der Parteien hat die Unmöglichkeit verschuldet. Demnach verliert B. den Anspruch auf die Gegenleistung. Die Entscheidung erfolgt aber nach dem Satze jura novit curia in obigem Sinne. Anders wenn B. den Raum nicht vertragsmäßig gewährt.

Man könnte übrigens auch daran denken, § 306 anzuwenden. Darin handelt es sich nicht um die nachträgliche, sondern ursprüngliche Unmöglichkeit der Leistung. Tatsächlich ist die vertragswidrige Beschaffenheit hier schon von Anfang an vorhanden, die Parteien wissen es aber nicht, wenigstens ist zunächst anzunehmen, daß B. nichts weiß. Vielleicht liegt aber auch eine nachträgliche Unmöglichkeit vor. Die Polizei hat ihre Abweisung nicht begründet, weshalb nichts Bestimmtes festgestellt werden kann.

Lösung 217.

Wenn es heißt, daß A. das Mehl am 1., 10. und 30. März gegen Barzahlung zu liefern hat, so ist der Vertrag ein solcher, bei dem sowohl für die Leistung als auch für die Gegenleistung ein Termin nach dem Kalender bestimmt ist. Erfüllt also B. am 1. März nicht durch Zahlung des Kaufpreises, so kommt er nach § 284 Abs. 2 meines Erachtens ohne Mahnung in Verzug. Dieser Verzug wegen der einen Rate wirkt meines Erachtens für die ganze Schuld(bestritten). Also hat A. die aus dem Verzug hervorgehenden Rechte der §§ 286, 326. Die Schwierigkeit ist nun die, daß er nicht ausdrücklich sagt, welches dieser Rechte er geltend macht. Wenn er mit den drei Sack Mehl wieder wegfährt, ohne etwas zu erklären, so ist zweifelhaft, welches Recht er damit geltend macht. Da sich A. am 10. bei B. nicht sehen läßt, so will er vielleicht vom Vertrag zurücktreten, vielleicht will er auch nur die Leistung zurückhalten, bis die erste Rate gezahlt ist (§ 273). Nach § 286 Abs. 2 kann er das erstere nur, wenn die Leistung infolge des Verzugs für ihn kein Interesse mehr hat. Dieser Fall wird hier aber schwerlich vorliegen, da eine Geldleistung sich im allgemeinen immer gleich bleibt. Stützt er sich auf § 326, so muß er die dort erforderte Frist setzen. Das hat A. nicht getan. Er kann deshalb nicht zurücktreten, vorausgesetzt, daß § 326 Abs. 2 nicht vorliegt. Es bleibt also nur noch das Recht des A. auf Schadensersatz nach § 286 Abs. 1 und auf Erfüllung. Da er diese Rechte aber nicht geltend macht, wird man annehmen müssen, daß er darauf verzichten will. Wenn nun B. den A. zur Leistung auffordert und A. auch hierauf nicht antwortet, so kann B. meines Erachtens die Leistung nicht verlangen, weil er ja in Verzug ist und auch die Zahlung der ersten Rate nicht anbietet. Seine Absicht, beim Vertrage zu bleiben, ist unwesentlich.

Das Ergebnis dürfte also wohl dahin gehen, daß keine der Parteien etwas verlangen kann, daß also der Vertrag als aufgehoben anzusehen ist.

Lösung 218.

Zwischen B. und A. besteht ein Sachmietvertrag (§§ 535 f.), also ein zweiseitiger Vertrag. Wenn sich A. und B. verfeinden und B. dem A. die weitere Benutzung der Anstalt untersagt, so liegt darin seitens des B. eine verschuldete Nichterfüllung des Vertrags. B. konnte trotz der Feindschaft den Vertrag bis zum Ablauf des Abonnements des A. einhalten, daher kann man keinesfalls sagen, daß einer der Fälle der §§ 323 ff. vorliegt, in denen dem Schuldner die Leistung unmöglich wird. Es liegt also Verzug vor (§§ 286, 326). A. ist daher im Recht, wenn er Schadensersatz wegen Nichterfüllung fordert, und B. hat das auch eingesehen. Es fragt sich aber, in welcher Höhe dieser Schadensersatz beansprucht werden kann. Nach §§ 249 ff. ist der positive Schaden und der entgangene Gewinn zu ersetzen. Nach § 251 wird Gelderſatz zu verlangen sein. Entschieden kann danach A. den Preis für das Abonnement abzüglich des Preises für die schon genommenen Bäder fordern. Dieser Abzug beträgt aber nicht den üblichen Preis von 20 Pf. für das Bad, denn dieser gilt nur für das Einzelbad. Der Abzug muß kleiner sein. Außerdem kann A. aber auch diejenigen 56 M. fordern, die er in der entfernter gelegenen Anstalt für das neue Abonement hat mehr zahlen müssen. Auch kann A. auf Grund der §§ 249 ff. Ersatz für den Zeitverlust ev. für das zur Ausgleichung des Zeitverlustes aufzuwendende Pferdebahngeld fordern.

Lösung 219.

Indem A. mit B. übereinkommt, daß er, nämlich der A., zugunsten seines Freundes C. von B. ein Reitpferd für 1000 M. kauft, schließt er einen Vertrag zugunsten eines Dritten. Inwieweit der Dritte dadurch berechtigt wird, ist nach § 328 gänzlich Auslegungsfrage. Die Worte: „zugunsten seines Freundes C." sind zu wenig bezeichnend, als daß man daraus gemäß § 328 Abs. 2 darauf schließen könnte, daß B. unmittelbar gegen C. auf Abnahme des Pferdes klagen könne. Das müssen hier die Nebenumstände ergeben, die die Absicht der Parteien klarer erkennen lassen. Ebensowenig wie diese Frage läßt sich natürlich auch diejenige beantworten, wem nach der Übergabe des Pferdes an C. der Anspruch auf Wandlung zusteht, falls das Pferd einen Hauptmangel hat.

Es heißt hier eben, wie vielfach bei der Lösung von juristischen Fällen nicht einfach ja oder nein, sondern: Es kommt darauf an.

Lösung 220.

Der Vertrag ist gültig. Es liegt kein Schenkungsversprechen im Sinne des § 518 vor, sondern die schenkungsweise Abtretung ist eine wirkliche

Schenkung im Sinne von § 516, bedarf also keiner Form. Der Klage der B. gegen ihren Vater ist also stattzugeben.

Lösung 221.

Die Konstruktion des sog. Sammelvermögens hat Schwierigkeiten. Die Annahme einer Gesellschaft der Beitragenden hat vieles für sich, aber auch manches wider sich. Insbesondere ist es mit der Gesellschaftskonstruktion nicht leicht zu vereinbaren, daß der Pfleger nach § 1904 bestellt werden kann. Aber trotzdem ist ruhig eine Gesellschaft der Beitragenden — nicht des Komitees, wie manche meinen — anzunehmen. Die Mitglieder des Komitees erscheinen als Geschäftsführer (§ 710). Die Verwendung der Sammelgelder zu einem andern Zwecke, als wozu sie gesteuert sind, bedarf nach § 709 BGB. der Zustimmung aller Beitragenden, sie ist also hier nicht ohne weiteres statthaft. Berechtigt das aber den Gemeindevorstand zur Klage? Ich verneine das. In wessen Namen will er klagen? Es sind drei Möglichkeiten denkbar: 1. In eignem Namen? Dafür spricht die Aufgabe, dagegen die Vernunft. 2. Im Namen der von ihm gesetzlich vertretenen Gemeinde? Dagegen spricht die Erwägung, daß die Gelder nicht für diese juristische Person, sondern für die einzelnen von der Überschwemmung geschädigten physischen Personen bestimmt sind. 3. Im Namen der Geschädigten? Dazu fehlt ihm die Aktivlegitimation. Das Geld gehörte nicht ihm, dem Gemeindevorstand, auch nicht der Gemeinde, oder den Geschädigten, auch nicht dem Komitee, sondern der Gesellschaft der Beitragenden. Es bildet ihr Gesellschaftsvermögen. Gegen wen soll sich die Klage richten? Hier sind zwei Möglichkeiten vorhanden: a) gegen das Komitee; b) gegen die Gesamtheit der Beitragenden. Letztere werden schwer festzustellen sein (ungenannte Geber, Sammelbüchsen, Tellersammlungen). Meines Erachtens ist der Gemeindevorstand von diesem Gesichtspunkte aus abzuweisen.

Es kommt aber hier in Frage, ob die Gemeinde vielleicht auf Grund von § 328 einen Anspruch auf Auszahlung der 10000 M. gegen die Kreisstadt, vertreten durch das Komitee, erlangt, insofern ein Gesellschaftsvertrag zugunsten Dritter abgeschlossen wird. Offenbar will Schück darauf hinaus.

Lösung 222.

Wenn A. bei dem Fuhrherrn B. zur Fahrt von X. nach Y. einen Wagen gegen einen Fuhrlohn von 18 M. und ein dem Kutscher C. zu zahlendes Trinkgeld von 2 M. mietet, so liegt hier bezüglich des Kutschers ein Vertrag zugunsten eines Dritten im Sinne der §§ 328 ff. vor. Gefragt wird, ob C. unmittelbar gegen A. klagen kann. Die Lösung ergibt sich aus § 328 Abs. 2, danach ist aus den Umständen des Falles, insbesondere aus dem Zweck des Vertrages zu entnehmen, ob der Dritte das Recht erwerben soll usw. Da C. auf diese Trinkgelder angewiesen ist, würde ich das letztere annehmen.

Außer C. kann natürlich auch B. gegen A. auf Zahlung des Trinkgeldes klagen. Die Klage des Fuhrherrn B. gegen A. kann auch auf Zahlung an den Kutscher C. gehen.

Lösung 223.

Die Parteien A. und B. haben bei Abschluß des Mietvertrages eine Konventionalstrafe im Sinne des § 339, insbesondere § 340 verabredet. Wenn B. am 1. April nicht einzieht, so kommt er damit ohne weiteres nicht in Verzug, sondern erst am 1. Juli, weil er nicht zum Einziehen, sondern nur zur Zahlung des Mietzinses verpflichtet ist und diese nach § 551 im Zweifel nachträglich erfolgt. B. scheint aber die Erfüllung ausdrücklich verweigert zu haben. Trotzdem kann er erst am 1. Juli in Verzug kommen. Er konnte ja seinen Beschluß bis dahin ändern, andererseits kann man dem A. nicht verdenken, daß er im Hinblick auf die zu erwartende Nichtzahlung weiter vermietet.

Indem A. die Wohnung unter gleichen Bedingungen an C. vermietet, erklärt er damit meines Erachtens nicht, daß er von der Erfüllung seitens des B. absehe. Er will sich nur decken, um die Klage gegen B. zu vermeiden. Es liegt also meines Erachtens kein Grund vor, weshalb A. infolge der Erfüllung durch C. die Strafe von B. nicht sollte fordern dürfen, allerdings erst Ende Juni. § 340 Abs. 1 Satz 2 sagt nun, daß, wenn der Gläubiger dem Schuldner erklärt, daß er die Strafe verlange, der Anspruch auf Erfüllung ausgeschlossen ist. Eine solche Erklärung hat A., wie ich auf Grund der gestellten Frage annehmen will, abgegeben, die Aufgabe sagt aber nicht wann. Die Erklärung würde also erst für den 1. Juli wirken. Daß der Gläubiger durch einen anderen die Vorteile der Erfüllung noch erlangt, ist aber gleichgültig.

Dadurch macht zwar der Gläubiger einen Gewinn. Indessen liegt es im Sinne der §§ 337 ff., daß das an dem Verfall der Konventionalstrafe nichts ändert. Sie soll eben davon völlig unabhängig sein, indem sie verfällt, sobald Schuldner schuldhaft nicht erfüllt, also sobald als er in Verzug kommt. Daran ändert auch die Bestimmung des § 552 Satz 2 nichts, wonach sich der Vermieter unter den bezeichneten Voraussetzungen den Wert der ersparten Aufwendungen und derjenigen Vorteile anrechnen lassen muß, die er aus einer anderweitigen Verwertung des Gebrauchs erlangt. Diese Vorschrift gilt eben nicht für die Konventionalstrafe, sondern nur für den Mietzins. Dieser wäre Ende Juni fällig. Diesen erlangt B. gar nicht von A., da er ihn ja von C. erhält.

Lösung 224.

1. Die Parteien haben einen Mietvertrag (§§ 535 ff.) geschlossen und daran den sog. Vorbehalt der Rechtsverwirkung (lex commissoria) geknüpft für den Fall, daß Mieter nicht pünktlich am ersten jedes Monats zahlen wird. Es ist also § 360 anwendbar. Die Parteien haben einen Vertrag mit dem Vorbehalt geschlossen, daß der Schuldner seiner Rechte aus dem Vertrag verlustig sein soll, wenn er seine Verpflichtung nicht erfüllt. Schuldner betreffs des Mietzinses ist A. Er geht also am 1. April seiner Rechte aus dem Mietvertrag verlustig. Der Gläubiger B. aber ist nach § 360 zum Rücktritt vom Vertrag berechtigt. Nach § 346 sind die Parteien, wenn sich

eine Partei den Rücktritt vorbehalten hat, verpflichtet, sich einander die empfangenen Leistungen zurückzugewähren. Nun kann zwar B. auch Erfüllung verlangen. Er sieht aber davon ab und macht vom Rücktrittsrecht Gebrauch, denn er erklärt dem A., daß er ihm die Wohnung nicht gewähre. Er erfüllt damit die Voraussetzung des § 349 (Erklärung). Nach § 346 ist nun A. nicht mehr zum Wohnen berechtigt. Er verliert das nach § 531 ihm bisher zustehende Gebrauchsrecht. Mit der Erklärung des Rücktritts ist das bisherige Schuldverhältnis aufgehoben. B. muß räumen. Vgl. Staudinger, Bem. II zu § 346.

Nun sind die Parteien im Vertrage noch etwas weiter gegangen, als nach § 360, 3 verb. mit § 346 möglich ist, sie haben außer der Rechtsverwirkung auch noch vereinbart, A. müsse während der Dauer des Vertrags die weiteren Mietraten zahlen, falls er unpünktlich ist. Dabei könnte man die Frage aufwerfen, ob das vielleicht den guten Sitten widerspricht oder gegen Treu und Glauben verstößt (§§ 138, 157, 242; Staudinger, Bem. 3 zu § 553) insofern der Vertrag für A. außergewöhnlich ungünstig und streng ist (vgl. Lösung 554). Man könnte an wucherische Ausbeutung denken. Das hängt ganz von den Verhältnissen ab, die man hier nicht kennt, Bildungsgrad des Mieters, Vermögensverhältnisse desselben. Auf dem gedruckten Formular der Hausbesitzer stehen meistens diese strengen Bestimmungen. Im allgemeinen muß der Mieter haften. Denn die Parteien können ja gegen die Bestimmung des § 554 nach Belieben Vereinbarungen treffen und der Mieter, der ein solches Formular unterschreibt, muß eben den Vertrag durchlesen. Er ist übrigens noch geschützt durch § 226 (exceptio doli generalis).

Schück will hier auf diese Frage keinen besonderen Wert legen, denn wäre sie zu verneinen, so wäre ja der Vertrag nichtig (§ 138). Die Einwände des A. sind ja auch andrer Art.

2. Es fragt sich nun: Kann B. auf die Miete klagen? Wie schon ausgeführt, kann er es. A. wendet nun ein, B. sei durch unerlaubte Selbsthilfe dieses Rechts verlustig gegangen. §§ 559, 560, 561 greifen hier entscheidend ein. Nach § 559 hat Vermieter B. für seine Forderungen aus dem Mietverhältnis ein Pfandrecht an den eingebrachten Sachen des Mieters. B. hat noch Mietzins zu fordern, so daß das Pfandrecht also besteht und zwar an sämtlichen Sachen. Nach § 560 erlischt das Pfandrecht mit der Entfernung der Sachen dann nicht, wenn die Entfernung ohne Wissen oder unter Widerspruch des Vermieters erfolgt. Diese Bestimmung schlägt ein, weil A. ja die Sachen heimlich wegschaffte. § 560 Satz 2 schlägt nicht ein. Das Pfandrecht des B. besteht also noch an sämtlichen Sachen des A., nicht nur an den noch in der Wohnung befindlichen, von denen B. gemäß § 561 Besitz ergriffen hat, sondern auch an den wertvollen Sachen, die A. in der Nacht vom 1. zum 2. Juli heimlich fortschaffte.

3. Ist die Besitzergreifung des B. berechtigt? Nach § 561 darf der Vermieter die Entfernung der Sachen ohne Anrufen des Gerichts verhindern und wenn der Mieter auszieht, sie in seinen Besitz nehmen, nach § 561

Abs. 2 darf er Herausgabe der schon weggeschafften Sachen verlangen. V. macht nur von dem ersteren Recht Gebrauch, also dem des § 560 Abs. 1. Er will die Wegschaffung der verbliebenen Sachen verhindern. Hierzu ist er nach alledem berechtigt, wobei allerdings zu beachten ist, daß V. nur so viel zurückhalten darf, als zur Deckung seiner Forderung erforderlich ist (§ 230). Er wählt auch das geeignete Mittel, indem er die Wohnung derartig verschließt, daß A. nicht hineingelangen kann. Er könnte nach § 560 sogar die Sachen an sich nehmen, denn Mieter zieht ja offenbar aus, oder gibt wenigstens Anlaß zu dieser Annahme. Das bloße Abschließen ist aber noch keine Besitzergreifung. (Staudinger, Bem. II zu § 560.)

Die Selbsthilfe des V. ist somit nicht unerlaubt. Sie wäre auch dann zulässig, wenn gerichtliche Hilfe rechtzeitig zu erlangen wäre oder wenn Gefahr im Verzug wäre. (Staudinger, Bem. I zu § 561).

4. A. wendet noch ein, V. habe vorzuleisten und dürfe nicht über die Wohnung verfügen. Dies ist nach alledem hinfällig. Wie unter 1 angeführt, besteht ja das Schuldverhältnis nicht mehr. A. hat seine Rechte aus § 531 verloren mit der Erklärung des Rücktritts seitens des V. Dem widerspricht nicht, daß V. „während der Dauer des Vertrags“ die weiteren Mieten fordern kann. Damit wollen die Parteien nicht sagen, daß der Vertrag fortdauert, sondern nur festsetzen, wieviel Miete A. bei Eintritt des Rücktrittsrechts noch zu zahlen hat.

5. Nach § 289 StrGB. ist übrigens A. auch strafbar (furtum possessionis). Insbesondere ist nicht erforderlich, daß der Vermieter das Pfandrecht ausdrücklich geltend macht. Es entsteht mit der Einbringung, vgl. Olshausen, Bem. 8 zu § 289. Danach ist schon strafbar die Fortschaffung gegen den ausdrücklichen oder (aus den Umständen) zu entnehmenden Willen des Vermieters.

Nach § 559 Satz 3 erstreckt sich übrigens das Pfandrecht nicht auf die der Pfändung nicht unterworfenen Sachen (§ 811 ZPO.). Aber ob solche vorliegen, wird V. hier den Umständen nach nicht ohne weiteres erkennen können. A. wendet auch nichts derartiges ein.

Lösung 225.

A. und das Ehepaar V. haben einen Mietvertrag (§§ 535ff.) geschlossen. A. behauptet vertragswidrigen Gebrauch. Dieser liegt zweifellos vor. Denn schon die Aftermiete ist nach § 542 nicht ohne Erlaubnis des Vermieters zulässig. Außerdem aber sind kinderlose Ehepaare besonders beliebt bei Vermietern und deshalb anzunehmen, daß dem A. gerade dies wesentlich war. §§ 242, 157 kommen also zur Anwendung. Vollends das Aftervermieten an die Angehörigen des Pensionats ist nicht vertragsmäßig. Denn die Villa liegt im Villenviertel. Auch ist die Abnutzung demzufolge natürlich eine viel größere als die nach dem Vertrag vorausgesetzte.

Nach § 553 kann nun Vermieter ohne Einhaltung einer Kündigungsfrist kündigen, wenn Mieter ungeachtet einer Abmachung des Vermieters einen vertragswidrigen Gebrauch der Sache fortsetzt, der die Rechte des

Vermieters in erheblichem Maße verletzt, insbesondere einem Dritten den ihm unbefugt überlassenen Gebrauch beläßt oder die Sache durch Vernachlässigung der dem Mieter obliegenden Sorgfalt erheblich gefährdet (vgl. § 552). Ein solcher vertragswidriger Gebrauch liegt hier zweifellos vor, denn die Abnutzung ist unter den Umständen eine außergewöhnliche. Auch die Mahnung ist erfolgt. Nach § 553 wird also A. nach Ablauf des ersten Jahres ohne Einhaltung einer Kündigungsfrist kündigen können.

2. A. verlangt ferner Ersatz für vertragswidrige Abnutzung. Nach § 548 hat Vermieter solche Veränderungen und Verschlechterungen der gemieteten Sache, die über den vertragsmäßigen Gebrauch hinausgehen, nicht zu vertreten. Gemeint sind mäßiges Abtreten der Fußböden, geringe Abnutzung der Tapeten usw. Dies ist, wie auch aus § 536 hervorgeht, vom Vermieter zu vertreten, insofern er danach die Sache im vertragsmäßigen Zustande erhalten muß. Geht die Abnutzung über das vertragsmäßige Maß hinaus, so hat sie hiernach der Mieter zu vertreten. Die Einrichtung des Pensionats wird bei der großen Zahl der Aftermieter, deren Tätigkeit usw. weit über das vorausgesetzte Maß hinausgehen. Auf Grund der genannten §§ 548, 536 (vgl. auch § 558) wird daher Vermieter A. den Ersatz für Abnutzung verlangen können.

3. A. verlangt auch Ersatz dafür, daß er die Wohnung jetzt leer stehen habe, also für das zweite bis fünfte Jahr. Dieser Anspruch ist ein solcher auf Schadensersatz nach §§ 249 ff. wegen vertragswidriger Handlungsweise. Daß A. kündigte, ist hierbei gleichgültig, er war dazu genötigt, § 254 (konkurrierendes Verschulden) erscheint daher nicht anwendbar.

Beweist A., daß er die Wohnung infolge der Kündigung leer stehen lassen mußte, so kann er zweifellos auch die Miete für die vier Jahre fordern. Denn wie sich aus §§ 249 ff. ergibt, hat A. die Vermögenslage herzustellen, die ohne den zum Ersatz verpflichtenden Umstand vorhanden wäre. (Vgl. auch Staudinger, Bem. 2 zu § 252.)

4. Fraglich könnte vielleicht sein, ob etwa der Anspruch wegen Verschlechterung der Wohnung deshalb ganz oder zum Teil abzuweisen wäre, weil C. eine kinderreiche Familie hat, und deshalb die Verschlechterung auch eingetreten wäre, falls anstatt der Eheleute B. der C. eingezogen wäre. Es wäre schon denkbar, daß ein kleiner Abzug in dieser Richtung zu machen wäre. Das hängt von den näheren Umständen ab. Im allgemeinen wird die Abnutzung durch das Pensionat eine ungleich größere sein.

Lösung 226.

1. Nach § 559 Satz 3 erstreckt sich das Pfandrecht des Vermieters nicht auf die der Pfändung nicht unterworfenen Sachen. Über diese handelt § 811 ZPO. Nach § 811 Nr. 11 ZPO. können Familienpapiere nicht gepfändet werden. Damit dürften Geburtsurkunden u. dgl. gemeint sein, dagegen werden Briefe nicht darunter fallen. Eine Ausdehnung des § 811 auf andere hier nicht geregelte Fälle erscheint nun nicht zulässig, soweit sie nicht unter die in Ziff. 1—13 geregelten Gegenstände fallen, oder soweit

die Veräußerung durch den Gerichtsvollzieher gesetzlich verboten ist. (Vgl. Gaupp, Bem. VI zu § 811.)

Briefe wären also hiernach pfändbar, indessen sind sie es nicht nach § 5 Satz 1 des Postgesetzes wegen der Unverletzlichkeit des Briefgeheimnisses. Die Andenken an die Künstlerlaufbahn der A. sind pfändbar, da § 811 ZPO. nichts Gegenteiliges bestimmt.

2. Sind nun die Pfandscheine pfändbar? Auch sie sind es in dieser Form nicht, es ist vielmehr nur nach § 829 ZPO. die Forderung zu pfänden, worauf nach § 836, 3 ZPO. die Pfandscheine herauszugeben sind. Die hier vorliegende Form der Pfändung ist die durch Besitzergreifung nach § 808 ZPO. wie bei körperlichen Sachen. Der Gerichtsvollzieher nahm die Papiere in seinen Gewahrsam. Dies ist nicht bei allen Urkunden zulässig. Die Pfandscheine fallen nicht unter § 831 ZPO. Danach geschieht die Pfändung von Wechseln und anderen Papieren, die durch Indossament übertragen werden können, dadurch, daß der Gerichtsvollzieher diese Papiere in Besitz nimmt. Gemeint sind in § 831 ZPO. z. B. kaufmännische Anweisungen, Verpflichtungsscheine, Konossemente, Lager- und Ladescheine, Bodmereibriefe usw. Diese sind zwar Träger einer Forderung und wäre daher die Forderung nach § 839 ZPO. zu pfänden, wenn nicht die Ausnahme des § 831 ZPO. bestände. Allerdings kann der Gerichtsvollzieher diese Papiere nicht selbst versteigern, er muß abwarten, bis der Gläubiger gemäß §§ 828, 835 unter Vorlegung des Schuldtitels die Pfändung und Überweisung beantragt. Vgl. Gaupp-Stein, Bem. II zu § 831.

Pfandscheine fallen auch nicht unter § 821 ZPO. Nach § 821 ZPO. sind gepfändete Wertpapiere, wenn sie einen Börsen- oder Marktpreis haben, vom Gerichtsvollzieher aus freier Hand zu verkaufen usw. Darunter fallen aber Pfandscheine nicht, weil sie keine Wertpapiere im Sinne des § 821 ZPO. und des § 808 BGB. sind, d. h. keine Träger der Forderung. (Vgl. Gaupp-Stein, Bem. I zu § 821; Staudinger, Bem. IV zu § 559.)

Die Pfändung der Pfandscheine hat hiernach überhaupt nicht wie die Pfändung körperlicher Sachen zu erfolgen, sondern nach § 829 ZPO. B. muß also die Forderung gegen den Verpfänder gemäß § 829 ZPO. pfänden und gemäß § 836 Abs. 3 kann er dann die Herausgabe der Pfandscheine verlangen. Diese kann er nach §§ 836, 3, 883 ZPO. erzwingen. Nach § 836, 3 muß Schuldner infolge der Pfändung die Urkunden über die Forderung herausgeben, also vor allem den Pfandschein. Er kann nun den Gerichtsvollzieher mit der Wegnahme beauftragen. Er braucht hier nicht etwa zu klagen. Denn der Überweisungsbeschluß bildet zugleich den vollstreckbaren Titel für den Gläubiger, indem das Recht auf den Besitz der Urkunde als mit der Forderung überwiesen gilt, auch ohne ausdrücklichen Anspruch. (Gaupp, Bem. III zu § 836.)

Hiernach war B. zur Geltendmachung des Zurückbehaltungsrechts an den Pfandscheinen nicht berechtigt. Wenigstens im Augenblick des Auszugs hatte er kein Recht auf sie. Er behielt sie aber, weil er nicht wußte, was sich im Korbe befand. S. indessen §§ 227 ff.

3. Der rechtliche Charakter der Pfandscheine ist also bei dem Vorliegenden von Bedeutung. Staudinger in der schon zitierten Bem. IV zu § 559 sagt:

„Als eingebracht können nur körperliche Sachen gelten im Sinne des § 94. Auf den Namen lautende Urkunden, die zur Verbriefung der Forderung dienen (z. B. Schuldurkunden), gehören nicht hierher, denn sie sind regelmäßig im Sinne des Verkehrs nur Anhängsel der Forderung (§ 952) oder der sonstigen Ansprüche, die selbst nicht eingebracht sind. Das nämliche gilt von den sog. Legitimationspapieren (vgl. § 808 mit Bemerkungen, z. B. Sparkassenbücher, Versicherungspolizen) soweit in ihnen ein bestimmter Gläubiger benannt ist (vgl. RGE. Bd. 10, 9, 40, Bd. 20 S. 135)."

4. Nach alledem werden also die Pfandscheine überhaupt nicht als körperliche Sachen im Sinne des § 94 bei der Pfändung angesehen. Die Heranziehung des § 811 ZPO. ist also bei ihnen nicht nötig.

Lösung 227.

Nach § 561 Abs. 2 kann der Vermieter, wenn der Mieter die seinem Pfandrecht unterliegenden Sachen ohne sein Wissen oder unter seinem Widerspruch entfernt, deren Herausgabe zum Zwecke der Zurückschaffung in das Grundstück verlangen. Nach § 561 Abs. 2 Satz 2 erlischt aber dieses Pfandrecht nach Ablauf eines Monats, nachdem der Vermieter von der Entfernung der Sachen Kenntnis erlangt hat, wenn nicht Vermieter diesen Anspruch vorher geltend gemacht hat.

A. ist am 30. März bereits unheilbar geisteskrank, er befindet sich in dem Zustande des § 104, 2, d. h. er ist geschäftsunfähig. Nun stellt der Vormund die Klage an und es ist fraglich, ob das etwa nach § 561 Abs. 2 Satz 2 verspätet ist, weil es erst einen Monat nach Kenntnis des Vermieters geschieht. Dies ist zu verneinen, weil A. am 30. März bereits unheilbar geisteskrank war, somit auch nichts von dem Auszug des Mieters gewußt hat. Die Frist beginnt daher erst nach dem 3. Mai, ist somit noch nicht abgelaufen. Allerdings muß nachgewiesen werden, daß A. gerade zu der Zeit des Auszugs geisteskrank im Sinne des § 104, 2 war, was unter Umständen sehr schwierig ist. Nicht einmal eine Vermutung dafür besteht, daß die einmal eingetretene Geisteskrankheit fortbestehe. (Vgl. Staudinger, Bem. 5 zu § 104.)

Ist dagegen die Entmündigung bewiesen, so ist sogar der Gegenbeweis unzulässig, daß die Entmündigung auf unrichtiger Annahme beruhe, oder jetzt des Grundes entbehre.

Lösung 237.

1. Es liegt ein vertragsmäßiges Rücktrittsrecht §§ 346 ff., insbesondere 360 vor. Während aber dessen Ausübung in der Regel die Folge hat, daß sich die Parteien nach § 346 die gemachten Leistungen zurückgewähren müssen, ist hier außerdem vereinbart, daß A., falls er den Fragebogen falsch

ausfüllt, die bereits gezahlte Prämie verliert. A. hat nun, da er erwiesenermaßen den Fragebogen falsch ausgefüllt hat, den Vertrag insoweit nicht erfüllt, und die Gesellschaft darf daher ihre Rechte geltend machen. Sie macht sie aber erst sechs Jahre nach der Kenntnis der falschen Ausfüllung geltend und läßt sich bis dahin die Versicherungsgelder von A. zahlen. Das verstößt zweifellos gegen Treu und Glauben. Es fragt sich, wie der Gesellschaft beizukommen ist. Da Verträge nach § 157 so auszulegen sind, wie Treu und Glauben es erfordern, so würde ich den nach § 360 abgeschlossenen Vertrag dahin auslegen, daß die Gesellschaft nur dann den Rücktritt und den Verlust der Ansprüche des A. geltend machen kann, wenn sie dies unverzüglich nach Kenntnis der falschen Ausfüllung des Fragebogens seitens des A. tut. Andernfalls und somit auch hier, ist sie an den Vertrag nach § 241 gebunden.

2. Bloßer Zweifel an der Richtigkeit der Angaben des A. verpflichtet die Gesellschaft meines Erachtens noch nicht zur Rücktrittserklärung, solange keine durchschlagenden Verdachtsgründe vorliegen. Sie mußte sich aber erkundigen, sonst trifft sie ein Verschulden. Erlangt sie dadurch noch keine Klarheit, so kann sie die Prämie behalten.

3. Hat die Gesellschaft die Unrichtigkeit der Angaben des A. gekannt, so war ihr wohl kaum zuzumuten, es auf den Prozeß ankommen zu lassen, wenn sie keine Beweismittel hatte.

Oder mußte sie dies deshalb, weil ihr das Mittel der Eideszuschiebung zur Verfügung steht?

Lösung 238.

Der Vertrag zwischen dem Fahrgast und dem Eisenbahnfiskus ist ein Transportvertrag (HGB. § 742). Der Inhalt desselben ist für gewöhnlich ein doppelter, nämlich Transport der Person und Transport des Gepäcks (Handgepäcks). Der Vertrag über Transport der Person ist ein Werkvertrag, der über Transport der Sachen ein Sachmietvertrag (genauer Raummietvertrag) verbunden mit einem Werkmietvertrag. Übrigens überwiegt dabei der Werkvertrag so sehr, daß meines Erachtens die Annahme eines solchen allein auch nicht von der Hand zu weisen ist. Doch dies hier nur nebenbei.

Wenn nun der Diener B. im Auftrage seines Herrn — des A. — das Gepäck in den Wagen schafft und der Zug, während er damit beschäftigt ist, abfährt, so fragt sich, ob dadurch ein Vertrag der obigen Art zwischen B. und dem Eisenbahnfiskus zustande kommt. Da B. keinen solchen abschließen will, sondern wider Willen mitfährt, möchte ich das verneinen. Auch möchte ich in dem nachherigen Lösen der Fahrkarte zu 20 Pf. seitens des B. noch keine nachträgliche Eingehung des Vertrages erblicken. B. will auch jetzt keinen Vertrag schließen. Sein Gedanke ist vermutlich der, daß er nicht umsonst gefahren sein will, die Zahlung der 20 Pf. kann von seinem Standpunkte aus als die Herausgabe einer ungerechtfertigten Bereicherung betrachtet werden, doch ist die Frage meines Erachtens nicht wesentlich. Denn obgleich ein Vertrag meines Erachtens nicht vorliegt, so kann B. doch nicht die

Zahlung der in der Verkehrsordnung vom 15. November 1892 für das Fahren ohne Fahrkarte festgesetzte Strafe von 6 M. an den Bahnfiskus mit der Begründung verweigern, daß die gedachte Bestimmung eine Vertragsstrafe enthalte, ein Vertrag zwischen ihm und dem Fiskus aber nicht bestanden habe. B. stützt sich damit auf die Vorschrift des § 339, wonach für Verwirkung einer Vertragsstrafe ein Verzug des Schuldners — also eine schuldhafte Nichterfüllung, somit auch schuldhaftes Zuwiderhandeln gegen den Vertrag — vorliegen muß. Ein Vertrag mag zwar nicht vorliegen, doch ist ein Verschulden außerhalb eines Vertrags denkbar. Die von der Verkehrsordnung festgesetzte Strafe ist nun meines Erachtens eine Ordnungsstrafe, die den Charakter einer Polizeistrafe hat, denn sie geht von der Verwaltung des Eisenbahnfiskus aus und dieser ist eine juristische Person des öffentlichen Rechts (insofern hat also diese juristische Person eine gewisse Polizeigewalt). Eine Ordnungsstrafe wird aber nur verwirkt durch schuldhaftes Zuwiderhandeln (bestritten, vgl. Olshausen, Vorbem. 2 vor § 360). Doch kann es dahingestellt bleiben, ob den B. ein Verschulden trifft oder nicht. Denn er hat unaufgefordert dem Stationsvorstand gemeldet, weshalb er ohne Fahrkarte gefahren ist. Ich würde also den Tatbestand des § 21 Abs. 2 Satz 3 der VerkO. als vorhanden annehmen, obwohl er dem Wortlaute nach eine kleine Differenz von dem vorliegenden aufweist. B. braucht also nur den gewöhnlichen Fahrpreis mit einem Zuschlag von 1 M. zu zahlen. Ob A. haftet, erscheint mir zweifelhaft (§ 831).

Anm. Nach dem inneren Verhältnis zwischen dem A. und dem Diener B. ist nicht gefragt. Es ist instruktiv, zu untersuchen, ob dem B. ein Regreßrecht gegen seinen Herrn A. zusteht. B. handelt, wie der Text angibt, als Beauftragter des A., es fragt sich daher, ob § 670 Anwendung findet. Dies ist zu bejahen. Denn das Verweilen des B ist zwar nicht im Auftrage des A. geschehen, wohl aber bei Gelegenheit der Ausführung des Auftrags. B. hat nun zwar die Aufwendung selbst verschuldet, es ist also keine Aufwendung, die er den Umständen nach für erforderlich halten darf, A. hat aber hier selbst an diesem Verschulden teilgenommen, denn unter seiner Aufsicht und mit seinem Willen ist B. solange im Wagen geblieben. B. durfte darin sogar einen Auftrag zum Dableiben erblicken. Somit kann der Diener B. von seinem Herrn A. die von ihm gezahlten 6 M. 20 Pf. auf Grund des Auftragverhältnisses nach § 679 ersetzt verlangen.

Zu Lösung 238.

Hierzu schreibt Herr stud. jur. Herz, Berlin W, Geisbergstr. 18:

„Das Verschulden des B. liegt darin, daß er (was bahnpolizeilich bei 6 M. Strafe verboten) ohne Fahrkarte den Wagen überhaupt betreten hat, aber A. befahl es ihm.“

Ich möchte noch empfehlen, zu untersuchen, ob neuere verkehrspolizeiliche Bestimmungen bestehen. In Fällen wie dem vorliegenden ist immer zu erörtern, ob und inwieweit neuere reichsgesetzliche und sonstige Vorschriften erlassen wurden.

Lösung 239.

1. Die Verletzung einer Vertragspflicht kann zugleich den Tatbestand einer unerlaubten Handlung bilden. Der Arzt, der durch seinen Kunstfehler

den Tod oder die Verletzung des Patienten herbeiführt, handelt nicht nur vertragswidrig, sondern verletzt auch fahrlässig und widerrechtlich den Körper oder die Gesundheit eines anderen. (§ 823 Abs. 1; vgl. Staudinger, Bem. III vor § 823.)

So begeht auch im vorliegenden Falle der B. eine unerlaubte Handlung im Sinne der §§ 823 ff., die zugleich als vertragswidrige Handlung erscheint. A. hat eine Geldrente verlangt, womit er sich auf § 843 verb. mit §§ 823 ff. stützen kann. Hierzu erscheint A. berechtigt, weil B. fahrlässig (§ 276) den Körper oder die Gesundheit des A. verletzt hat. A. verlangt nun die Geldrente als Schadensersatz. Dies will die Aufgabe als festgestellt annehmen. Gefragt wird nur, ob B. die Zahlung der Rente auf die Dauer verweigern kann mit der Begründung, daß sich A. eine zweite Operation gefallen lassen muß und um dies zu beurteilen, sollen zunächst nicht die Vorschriften über die Deliktshaftung der §§ 823 ff. sondern die über die Vertragshaftung betrachtet werden.

2. Es fragt sich also was für ein Vertrag vorliegt, wenn jemand mit dem Arzt eine Operation vereinbart. Staudinger, Vorbem. 4 zu § 611 S. 383 sagt, daß der Vertrag in der Regel kein Werkvertrag im Sinne des § 631 sei, weil durch ihn der Unternehmer zur Herstellung des *versprochenen* Werks verpflichtet wird. Der Arzt will und kann in der Regel nicht für einen besonderen Erfolg eintreten, z. B. für völliges Gelingen der Operation. Es kommt aber auch hier auf den besonderen Fall an, z. B. beruht das Einsetzen eines Gebisses in der Regel auf Werkvertrag, denn es muß gerade für die betreffende Person passen und stellt daher ein anzunehmendes Werk dar.

Auch Dienstvertrag (§§ 611 ff.) will Staudinger nicht annehmen, (Dienste höherer Art, § 627) weil der Arzt keineswegs den Weisungen des Patienten ergeben sein muß (§ 618) sondern gerade in seiner Sebständigkeit ein wesentliches Merkmal des Vertrags liegt und weil das sog. Ergebenheitsmoment fehlt, wie auch beim Anwalt. Staudinger will diese Verträge mit Arzt und Anwalt unter die besondere Rubrik eines besonderen Arbeitsvertrags einreihen, gibt aber zu, daß die Praxis auf dem Standpunkt des Dienstvertrags stehe. In der Regel werden Dienste höherer Art (§ 627) angenommen.

Über das Verhältnis von Arzt und Patient wurde viel in der Literatur geschrieben und besonders auch über die damit zusammenhängende und hier zu behandelnde Frage, ob jemand zur Duldung einer Operation verpflichtet ist. Die Frage ist besonders bei der Arbeiterversicherung wichtig geworden. (Vgl. Staudinger, Bem. IV zu § 611.)

Hiernach vertritt z. B. Endemann den Standpunkt, *daß in keinem Fall aus der Verweigerung der Operation ein Rechtsnachteil erwachsen dürfe*, während das Reichsgericht den Standpunkt vertritt, *daß eine Operation insbesondere dann nicht ohne Rechtsschaden abgelehnt werden kann, wenn sie als gefahrlos nach den Regeln der ärztlichen Wissenschaft zu erachten ist und bei regelmäßigem Verlauf der Dinge entsprechende Aussicht auf Erfolg bietet.*

3. Geht man von der Ansicht des Reichsgerichts aus, so wird man nach den Vorschriften über Schadensersatz (§§ 249 ff.) zu einem dem B. günstigen Resultat gelangen. Nach § 254 könnte man ein Mitverschulden des A. darin erblicken, daß er eine Operation ablehnt, die absolut sicher ist und den Schaden wieder gut macht. Es hat daher bei Entstehung des Schadens ein Verschulden des A. mitgewirkt und zwar ist der Schaden dann vorwiegend dadurch veranlaßt. Diese Möglichkeit erkennt auch Staudinger (Bem. 1 c zu § 254) an. Vgl. die dort zitierte zahlreiche Literatur.

Lösung 243.

Zwischen dem Clown und dem Zirkusdirektor besteht ein Dienst- bzw. Werkvertrag, bei dessen Abschluß für den Clown eine Vertragsstrafe im Sinne der §§ 339 ff. insbesondere des § 340 verabredet worden ist. Wenn daher der Clown nach zwei Monaten fortläuft, obwohl er auf sechs Monate gemietet ist, so kann der Gläubiger die Strafe verlangen. Der Einwand des Clowns, daß er der deutschen Sprache nicht mächtig sei und den Vertrag ohne Kenntnis von seinem Inhalt unterschrieben habe, ist möglicherweise als eine Anfechtung desselben wegen Irrtums nach § 119 aufzufassen. Dem Clown würde es aber wohl schwer fallen, nachzuweisen, daß er die verflichtende Erklärung bei Kenntnis der Sachlage und verständiger Würdigung des Falles nicht abgegeben hätte. Das hat er auch nicht versucht, die Frage ist nun die, ob, wenn ihm dieser Nachweis gelänge, die Verpflichtung zur Zahlung der Vertragsstrafe wegfiele. Nach § 142 wäre der Vertrag als von Anfang an nichtig anzusehen. Damit würde meines Erachtens auch die Vereinbarung der Vertragsstrafe hinfällig. Bei dem fraglichen Beweise würde die Sprachunkunde übrigens noch keinen allzugroßen Einfluß haben.

Was die Höhe der Strafe betrifft, so würde ich sie für nicht zu bedeutend halten, denn sie überschreitet noch nicht die Gesamtsumme der Gage. § 343 ist daher nicht anzuwenden.

Lösung 244.

Zwischen dem Referendar A. und dem Schneider B. ist ein Werkvertrag nach §§ 631 ff. abgeschlossen worden. B. liefert hierbei den Stoff, weshalb auf den Vertrag nach § 651 die Vorschriften über den Kauf Anwendung finden. Bei diesem Vertrage ist nun verabredet worden, daß die Leistung innerhalb einer fest bestimmten Frist, nämlich der Frist vom 25. Januar bis 1. Februar, erfolgen soll. Es liegt daher ein sog. Fixgeschäft im Sinne des § 361 vor. Demgemäß braucht nicht untersucht zu werden, ob ein Verzug — also eine schuldhafte Nichterfüllung — seitens des Schneiders B. vorliegt, sondern die bloße Tatsache, daß nicht zur bestimmten Zeit erfüllt worden ist, berechtigt den Käufer zum Rücktritt. Als eine Lieferung zu rechter Zeit ist es aber im äußersten Falle anzusehen, wenn der Frack in der Zeit vom 25. Januar bis zum 1. Februar, bis spätestens etwa eine Stunde vor Beginn des Balles geliefert wird. Das ist nicht geschehen, der Frack ist nicht einmal zu Beginn des Balles und überhaupt nicht mehr am 1. Februar geliefert worden, sondern erst am nächsten Morgen. A. ist daher berechtigt, gemäß § 361 sein Rücktrittsrecht geltend zu machen. Er tut dies, indem er dem B. schreibt, daß er vom Vertrage zurücktrete und den Frack nicht mehr annehmen werde. Wenn also B. den Frack trotzdem schickt, so ist A. berechtigt, den Frack zurückzuweisen. Wenn sich ferner A. in seiner Klage auf Zahlung darauf beruft, daß die Erkrankung seines besten Gesellen ihn an der rechtzeitigen Lieferung verhindert habe, so ist das unwesentlich, denn damit beruft er sich darauf, daß seinerseits kein Verzug, also kein Verschulden vorliege. Das ist aber, wie schon oben erwähnt, im Falle der § 361 gleichgültig. § 361 will gerade im Interesse der Sicherheit des Verkehrs einen Ausnahmefall von dem des § 326 schaffen, indem in § 361 bloße Nichterfüllung genügt, um die Gegenpartei zum Rücktritt zu berechtigen, während in den §§ 326, 286 stets Verzug, also schuldhafte Nichterfüllung trotz Fälligkeit und Mahnung vorausgesetzt wird.

Anm. Im Handelsrecht hat der auf die befristete Leistung Berechtigte im Falle des Fixgeschäfts noch weitergehende Rechte (vgl. HGB. § 376).

Lösung 247.

Zwischen dem Bankier B. und dem Rentier A. besteht ein Kaufvertrag (§§ 433ff.). Die Ware ist, wie nicht bestritten wird, mangelhaft und zwar ist anzunehmen, daß A. diesen Mangel nicht sofort erkennen konnte. Beklagter bestreitet diesen Mangel nicht. Um aber der Haftung nach den §§ 459 ff. zu entgehen, stützt er sich auf § 363 und behauptet, daß B. die Leistung trotz des Mangels an Zahlungsstatt angenommen habe. § 363 liegt indessen meines Erachtens gar nicht vor, denn die Annahme an Zahlungsstatt kann nur vorliegen, wenn die Leistung eine andere war, als die versprochene oder wenn sie unvollständig war, während man die Papiere eben, weil § 459 anwendbar ist, nicht anders als die verabredeten Sachen bezeichnen kann, denn sie behalten ja als solche ihren Wert, wenn sie auch im Falle des Verkaufs zunächst nicht zu brauchen sind. Die Nichtlieferbarkeit wegen eines äußeren Defekts ist dann auch nach Börsenusance ein Mangel im Sinne der §§ 459ff. Es fehlt den Papieren nur eine wesentliche Eigenschaft. Auf § 363 wird sich also A. nicht stützen können. Er haftet für den Mangel nach §§ 459ff. Da die Aktien als der Gattung nach bestimmte Sachen anzusehen sind, so kann A. nach § 480 Lieferung von mangelfreien Aktien verlangen. Eine weitere Frage ist die, ob A. außerdem noch Ersatz des durch die voraufgegangene Verweigerung des Umtausches entstandenen Schadens fordern kann. Nach § 480 Abs. 1 Satz 2 verbunden mit § 467 ist dies zu bejahen.

Die Verteidigung des A. gegen die Einwendungen des B. scheint hiernach abwegig. Erfüllung liegt schon vor, aber nur mangelhafte Erfüllung. Es ist doch immer noch etwas anderes, als wenn B. ganz andere Aktien geliefert hätte.

Nimmt man an, daß § 363 anwendbar ist, so muß A. beweisen, daß er die Aktien bei Kenntnis der Sachlage nicht als Erfüllung angenommen hätte.

Was endlich die Irrtumsfrage betrifft, so dürften §§ 119ff., 142 hier nicht in Frage kommen. Man könnte sagen, daß bei jedem wesentlichen Mangel ein Irrtum des Käufers vorliege, aber die Vorschriften über den Irrtum werden dann eben durch die Vorschriften über Mängel konsumiert.

Zu Lösung 247.

Der Beklagte wendet ein, er habe erfüllt. Ev. sei seine Verpflichtung aus dem Kaufvertrag durch Annahme der streitigen Papiere an Erfüllungsstatt aufgehoben worden. Der ersteren Bemerkung ist entgegenzuhalten, daß Beklagter zwar erfüllt hat, daß aber die gelieferte Ware mangelhaft ist. Der zweiten ist entgegenzuhalten, daß A. die Ware zwar angenommen hat, aber nicht als Erfüllung. Denn der Mangel der Aktien ist für A. ein nicht ohne weiteres erkennbarer, eher für den Bankier B., der die Aktien kennen muß. Aus der Annahme des A. ist noch nichts zu schließen. § 363 wird daher nicht einschlagen. Staudinger, Bem. 3 zu § 363 sagt hierüber:

> „Die Bestimmung des § 363 stellt lediglich eine Anwendung der Lehre dar, daß der Anschein die Beweislast verschiebe. Die Annahme ist nämlich nur dann von Bedeutung, wenn aus ihr nach Wahrscheinlichkeit oder Billigkeit die Erfüllung (s. Annahme der Erfüllung) geschlossen werden kann. Die bloß tatsächliche Empfangnahme genügt nicht. Denn der Käufer nimmt zunächst nur deshalb an, um den Besitz der Ware zu bekommen. Seine weiteren Absichten können sehr verschieden sein, vgl. Hanausseck, Die Haftung des Verkäufers, S. 116ff., 262. Daher muß zu der Übernahme des Besitzes noch irgendeine Erklärung hinzukommen. Vgl. Seuff. Arch., Bd. 9 Nr. 88, Bd. 27 Nr. 16; André, Die Einrede des nicht erfüllten Vertrags, 1891, S. 73, 175. Als Anerkennung wird man sie nicht bezeichnen können, denn sie wäre von der eigentlichen rechtsgeschäftlichen Anerkennung, die die Geltendmachung von Mängeln ganz ausschließt, kaum abzugrenzen. Vgl. André a. a. O. S. 73. Vielmehr liegt in ihr nicht mehr, als die rein tatsächliche Angabe des Empfängers, daß die Erfüllung ordnungsmäßig, ein bloßes Selbstzeugnis usw. Wie alle außergerichtlichen Zugeständnisse wirkt dies nach den Regeln der Beweisführung gegen den Erklärenden, er muß das in der Billigung liegende Zeugnis entkräften. RGE. usw. Regelmäßig begründet es eine Wahrscheinlichkeit und auch sonst spricht es meist nach Billigkeit gegen ihn. Wo diese Gesichtspunkte nicht eingreifen, ist die Annahme belanglos. Die Annahme der Regel des § 363 hängt also von ganz schwankenden Faktoren ab. So erklärt es sich, daß einzelne Einzelfragen im früheren und im heutigen Recht übergroße Schwierigkeiten bereitet haben. Sie

sind eben überhaupt nicht allgemein zu beantworten. Wie ist es, wenn der Empfänger die Mängel nicht erkennen konnte oder einen Vorbehalt hinzugefügt hat? Es wäre hier sehr bedenklich, ganz allgemeine Ausnahmen zu seinen Gunsten zuzulassen. Vielmehr muß lediglich die konkrete Wahrscheinlichkeit und Billigkeit darüber entscheiden, ob seine Annahme ohne Prüfung nach den Umständen gerechtfertigt ist."

„Das Recht des Gläubigers, die Annahme selbst anzufechten, bleibt durch § 363 unberührt. Vgl. Bem. 8 zu § 341. Selbstverständlich aber hat der Gläubiger in diesem Falle das Vorhandensein eines gesetzlichen Anfechtungsgrunds (Irrtum, Täuschung, Drohung) zu beweisen."

Der letzte Absatz dürfte hier nicht anwendbar sein, weil eben eine Annahme an Erfüllungsstatt gar nicht vorliegt. Ebenso wohl Staudinger, Abs. 1 zu § 363:

„§ 363 gibt lediglich eine Bestimmung über die Beweislast. Die Frage, ob in der Annahme einer mangelhaften Leistung als Erfüllung ein Verzicht auf die Geltendmachung der Mängel zu erblicken ist, wird durch § 363 nicht berührt."

Lösung 248.

Die Hauptfrage ist dahin zu fassen, ob B. bei den Zahlungen im vierten, achten und zwölften Monat verpflichtet war, selbst eine nähere Bestimmung darüber zu geben, als was er die Zahlung annehme. Würde man annehmen, daß ohne nähere Bestimmung beiderseits die zufällig im vierten Monat gezahlte Rate als für den ersten Monat gezahlt zu gelten habe, die im achten Monat gezahlte für den zweiten Monat, so käme man zu dem Resultat, daß A. schon im fünften Monat mit vier aufeinanderfolgenden Raten im Rückstande ist. Nimmt man es nicht an, so wäre er es nicht einmal nach Zahlung der zwölften Rate. Indessen hätte es dem B. meines Erachtens doch auffällig erscheinen müssen, daß A. gerade im vierten Monat bezahlt, noch mehr, daß er im achten bezahlt, er hätte ihn darauf hinweisen müssen, daß er die Zahlung vom vierten Monat als erste Rate annehme, nicht als vierte. Vermuten darf man meines Erachtens nicht, daß A. die vierte Rate als erste zahlen will, obgleich ich zugebe, daß sich auch die andere, dem B. günstigere Ansicht verteidigen läßt. Vorausgesetzt ist bei dieser Deduktion, daß A. bei der Zahlung nicht etwa ausdrücklich die Bemerkung hinzugefügt hat, daß er diese Zahlung als Zahlung auf die vierte Rate mache, denn in diesem Falle wäre es ja zweifellos, daß B. einen Vorbehalt machen mußte.

Die Frage ist nun, ob B. die übrigen 900 M. schon nach der Zahlung im zwölften Monat einklagen kann, oder ob A. einwenden kann, es sei die vierte, achte und zwölfte Rate gezahlt und er, der A., sei daher nicht mit vier aufeinanderfolgenden Raten im Rückstande, vielmehr trete dieser Fall erst im sechzehnten Monat wieder ein. Nach obiger Darstellung kann A. damit durchdringen.

Immerhin möchte vielleicht zu erwägen sein, daß die Zahlung auf diese Weise außerordentlich hinausgeschoben wird und daß man deshalb vielleicht doch einen Vorbehalt des B. für nicht erforderlich halten kann.

Ist § 366 BGB. vielleicht analog anwendbar?

Lösung 249.

1. Ich nehme zunächst an, daß B. den Wein bei der Annahme als Rheinwein erkennt und ihn trotzdem annimmt. Indem A. versehentlich den Rheinwein liefert, befindet er sich in einem Irrtum bei der Uebergabe. Daraus muß er nach § 119 sofort anfechten, wenn er die Lieferung rückgängig machen will. Offenbar soll hier sein nachträgliches Einverständnis mit der Lieferung angenommen werden, denn die Frage geht dahin, was B. zahlen muß. Auch B. will Erfüllung. Es wird sich also fragen, was darin zu erblicken ist, daß B. den Wein wissentlich vorbehaltlos annimmt. Darin liegt eine Annahme an Erfüllungsstatt im Sinne des § 364. Nach § 364 erlischt dadurch das Schuldverhältnis. Es liegt zwar eine andere Leistung vor, aber sie ist an Erfüllungsstatt angenommen worden. Dafür braucht B. nur den für die ursprüngliche Leistung festgesetzten Preis zu zahlen, also den Preis für den Moselwein, nicht den, wie anzunehmen ist, höheren Preis für den Rheinwein.

Erkennt B. den Wein nicht sofort als Rheinwein, so liegt § 363 vor. Er hat dann die Leistung *als Erfüllung*, nicht an Erfüllungsstatt angenommen. Er kann also später, nachdem er sie als eine andere erkannt hat, dies geltend machen und sie zurückweisen mit der Einrede des nicht erfüllten oder nicht gehörig erfüllten Vertrags (vgl. Rosenthal Anm. 1 a zu § 363). Genehmigt B. die Lieferung nachträglich, was bei dem durchschnittlich höheren Werte des Rheinweins vermutlich nur zu seinem Vorteil gereichen könnte, so liegt § 364, also Annahme an Erfüllungsstatt, vor.

2. Liefert A. arglistig den Rheinwein und nimmt B. den Wein, trotzdem er ihn als solchen erkennt, an, so liegt wieder der Tatbestand des § 364 vor. B. braucht nur den Preis des Moselweins zu zahlen. Erkennt B. den Wein erst später als Rheinwein und behält er ihn trotzdem, so bleibt die Lösung dieselbe.

Oder könnte man vielleicht sagen, in der Zusendung des Rheinweins liegt eine neue Offerte, die B., wenn er den Rheinwein erkannte, annahm?

Lösung 250.

Zwischen X. und A. liegt ein Dahrlehnsvertrag nach §§ 607—10 vor. Dieser ist abgeschlossen mit Hingabe der Dahrlehnssumme. Diese ist hier erfolgt. Für die Rückzahlung der Summe stellt hierauf der Schuldner X. dem Gläubiger A. einen Schuldschein aus. Dieser wird nach § 952 Eigentum des Gläubigers. Mithin kann A. über den Schuldschein nach Belieben verfügen. Wenn X. die Forderung nach Eintritt der Fälligkeit der Schuld tilgen will und daher den Schuldschein nebst Quittung von A. herausverlangt, so ist er hierzu nach § 371 vollkommen berechtigt. Da nun A. nicht imstande ist, den Schuldschein herauszugeben, so kann X. von A. nach § 371 das öffentlich beglaubigte Anerkenntnis verlangen, daß die Schuld erloschen sei. Dieses bietet A. dem X. an. Trotzdem klagt X. auf Herausgabe des Schuldscheines. Diese kann er auch gegen Bezahlung der Schuld nicht verlangen, da A. nach § 952 Eigentümer desselben war und seine Verfügung darüber auch dem Dritten B. Eigentum überträgt. Weiter klagt X. auf Zahlung von 9000 M., indem er mit seiner Darlehnsschuld von 1000 M. gegen den von A. durch den Schuldschein gemachten Gewinn von 10000 M. aufrechnet. Es sind daher folgende zwei Fragen zu beantworten: a) Kann X. auf 10000 M. klagen? b) Wenn ja, kann er mit seiner Forderung von 10000 M. gegen die des A. von 1000 M. kompensieren? Beides ist zu bejahen. Zwar konnte A. nach § 952 über den Schuldschein als dessen Eigentümer verfügen. Aus einem Vertrag oder Delikt haftet er also für dessen Verkauf nicht. Eine Schadensersatzklage kann daher die Klage des X. nicht sein. Wohl aber kann es eine Bereicherungsklage nach § 812 sein. Ein Rechtsgrund zur Übergabe des Schuldscheins an A. hat zwar früher bestanden, nämlich das mit der Hingabe des Darlehns verbundene Rückzahlungsversprechen. Der rechtliche Grund ist aber später durch das Angebot der Zahlung weggefallen. Es fragt sich nur, ob A. den Eigentumserwerb auf Kosten des X. gemacht hat. Das ist auch zu bejahen, denn X. hätte den Schein in derselben Weise verkaufen und dafür 10000 M. erhalten können. Daß er das getan hätte, ist sehr unwahrscheinlich, da ein Mann in der Stellung des X. sich selbst schädigen würde, wenn er mit seinem Autogramm Handel triebe. Aber eine Bereicherungsklage wird dadurch meines Erachtens nicht ausgeschlossen. Es dürften also die Voraussetzungen des § 812, insbesondere der § 812 Abs. 1 Satz 2 vorliegen. X. hat daher gegen A. einen Anspruch auf Herausgabe der Bereicherung. Diese beträgt, wie ohne weiteres klar ist, 10000 M. Kompensieren kann X. nach §§ 387, 388, denn die fraglichen Forderungen von 10000 M. und 1000 M. sind als Geldforderungen gleichartig, sie sind beide fällig, und die Aufrechnung ist dem andern Teile gegenüber erklärt. Auch ist kein Hindernis der Aufrechnung darin zu erblicken, daß X. — also nicht der Gläubiger, sondern der Schuldner der Summe von 1000 M. — die Aufrechnung erklärt, denn der Zweck der §§ 387 ff. ist Vereinfachung des Prozeßbetriebs. Wenn aber A., wie hier gar nicht unbedingt aus dem Text hervorgeht, das Aufrechnungsrecht ev. bestreitet, so tut er dies ohne jedes Interesse. Im Interesse der Vereinfachung des Prozeßbetriebs dürfte daher die Aufrechnung auch hier erlaubt sein. Somit kann X. mit der Forderung des A. von 1000 M. gegen seine eigene Forderung von 10000 M. gegen A. aufrechnen und demgemäß auf Zahlung von 9000 M. gegen A. klagen. Die Widerklage des A. auf 1000 M. wird dagegen abgewiesen. Damit sind die unter Nr. 1 zu beantwortenden Fragen erledigt.

Frage 2. Nach § 402 hat der neue Gläubiger C. nur einen persönlichen Anspruch gegen den Abtretenden — also den A. — auf Herausgabe der zum Beweise der Forderung dienenden Urkunden, aber nur, soweit sie sich in dessen Besitze befinden. Der A. hat aber den Schuldschein nicht mehr, denn er hat ihn an B. verkauft, also würde C. schon mit einer Klage gegen A., falls sie nur auf Herausgabe des Schuldscheins ginge, abgewiesen werden, um so mehr wird er es aber, wenn er gegen den rechtmäßigen Eigentümer B. klagt, da er zu diesem überhaupt in keinem Verhältnis steht. Auch eine Bereicherungsklage des C. gegen B. ist übrigens ausgeschlossen, da B. gar nicht bereichert ist, sondern einen sehr hohen Preis — vielleicht einen zu hohen — für den Schuldschein bezahlt hat. (Im Verkehr pflegen Autogramme von noch lebenden Personen im allgemeinen viel niedriger im Werte zu stehen als die von Verstorbenen.)

Lösung 251.

Zu Frage 1: Da das Darlehn am 1. März fällig ist, so kommt A. dadurch, daß er an diesem Termin ohne einen Vertreter bestellt zu haben, verreist und nicht in der Lage ist, dasselbe anzunehmen, nach § 293 in Verzug der Annahme. A. hat daher von dem nach § 372 ihm zustehenden Rechte, das Geld zu hinterlegen, Gebrauch gemacht. Wenn nun B., nachdem er am 7. Januar zurückgekehrt ist, auch die Zinsen zu 2% seit dem 1. März fordert, so ist das auf jeden Fall unberechtigt, aber nicht allein nach § 379 Abs. 3, sondern auch schon nach § 379 Abs. 2. Danach ist der Schuldner während der Hinterlegung nicht verpflichtet, Zinsen zu zahlen oder Ersatz für nicht gezogene Nutzungen, zu leisten. § 301 wird indessen als lex generalis mit Recht von A. zur Ergänzung angeführt. Die Einwendungen des B. sind dem klaren Wortlaut des Gesetzes gegenüber so bestimmt als haltlos zu erkennen, daß ein näheres Eingehen auf dieselben nicht nötig erscheint. Bemerkt sei nur, daß B. mit dem Hinweis auf § 379 Abs. 2 sich selbst widerlegt, denn da sind gerade Zinsen im Gegensatz zu den anderen Nutzungen gestellt.

Zu Frage 2: Die §§ 301, 379 greifen hier nicht ein. Doch laufen andererseits die vertragsmäßigen Zinsen von 4% weiter. Will sich A. von diesen befreien, so muß er das Geld bei der Hinterlegungsstelle belassen.

Auch in diesem Falle würde ich aber die Hinterlegungszinsen von 2% dem A. belassen. Man könnte so konstruieren: Die Unmöglichkeit der Zahlung ist hier zwar nicht durch die Schuld des Gläubigers B., wohl aber durch Zufall veranlaßt. Das hinterlegte Geld wird durch die Hinterlegung Eigentum des B. Nach dem allgemeinen Satze: casum sentit dominus muß B. daher die Folgen der Unmöglichkeit der Rückzahlung auf sich nehmen und dem A. die 2% Zinsen überlassen.

Zu Lösung 251.

Die Lösung erscheint bedenklich. Fall 236 ist zu vergleichen. Die Fälle dürften in den wesentlichsten Punkten übereinstimmen. Danach entscheidet nicht § 379 Abs. 3, sondern § 302. Die Bankzinsen sind Nutzungen, die zurückzugeben sind, selbst wenn der Gläubiger in Verzug der Annahme ist. Wichtig ist hierbei, daß diese Nutzungen vom Gläubiger gezogen worden sind, indem er sich den hinterlegten Betrag mit Zinsen zurückgeben ließ.

Lösung 252.

Es fragt sich, ob die Voraussetzungen des § 387 gegeben sind. Beide Leistungen sind zweifellos Geldleistungen, also gleichartig, der aufrechnende Teil, nämlich B., kann auch die ihm gebührende Leistung, nämlich die 100 M. als Kaufpreis fordern, denn dieser ist nach § 433 in Ermangelung besonderer Bestimmungen sofort fällig. Wenn also A. die verfallenen Zinsen in Höhe von 100 M. einklagt, so kann B. mit der Kaufpreisforderung in Höhe von 100 M. aufrechnen. Die Forderungen erlöschen also (§§ 388, 389).

Fraglich ist, ob dieses Erlöschen dadurch verhindert wird, daß B. die Kaufpreisforderung gegen seine Darlehnsforderung aufrechnet. Die Lösung ergibt sich aus § 396 verbunden mit § 367. Da A. der Aufrechnung widerspricht, so kommt nach § 396 Abs. 2 der § 367 zur Anwendung. Danach sind zuerst die Zinsen gegen die Kaufpreisforderung aufzurechnen. B. kann also nicht mit der Kaufpreisforderung aufrechnen.

Lösung 253.

Nach § 152 ZwVG. ist der Mietvertrag auch dem Verwalter C. gegenüber wirksam. C. darf daher gar nicht kündigen, da der Vertrag auf ein Jahr abgeschlossen ist. Er konnte den B. nicht zum Auszug zwingen. B. will aber sein Recht darauf, in dem Hause des A. wohnen zu bleiben, gar nicht geltend machen, sondern verlangt nur Schadensersatz für die vorzeitige Kündigung.

Wenn B. mit A. den Vertrag geschlossen hat und gegen C. kompensiert, so fällt zunächst die scheinbar mangelnde Identität der Personen auf. Indessen ist anzunehmen, daß C. in diesem Falle als Vertreter des Eigentümers A. handelt. Das weitere Erfordernis des § 387 — Gleichartigkeit der Forderungen — ist auch vorhanden, denn die von C. verlangte Miete besteht in einer Geldleistung, ebenso wie der von B. verlangte Schadensersatz. Ebenso ist sicher, daß beiderseits Fälligkeit vorliegt. Die Schadensersatzforderung des B. ist ohne Zweifel fällig, ebenso die Mietzinsforderung, denn der Mietzins ist im voraus zu zahlen. (Anders § 551.) Nun ist aber § 392 zu beachten. Durch die Anordnung der Zwangsverwaltung wird jedenfalls auch die Mietzinsforderung des A. beschlagnahmt. Dabei wird die Aufrechnung ausnahmsweise ausgeschlossen, wenn der Schuldner seine Forderung nach der Beschlagnahme erworben hat oder wenn seine Forderung erst nach der Beschlagnahme und später als die in Beschlag genommene Forderung fällig geworden ist. Das ist nun hier der Fall, denn der Schaden ist dem B. zwar vielleicht teilweise schon entstanden, zum größeren Teil aber erst nach Ablauf des Jahres, auf welches der Vertrag abgeschlossen ist. Daher wird B. seine Schadensersatzansprüche getrennt geltend machen müssen.

Anm. Die Art des vorliegenden Vertrages ist meines Erachtens nicht von Bedeutung. Es sind verschiedene Konstruktionen denkbar.

1. Man kann annehmen, daß zwei Verträge vorliegen. Ein Dienstvertrag (Vizewirt, in Sachsen Hausverwalter genannt) und ein Mietvertrag. Es ist bedungen, daß sich die gegenseitigen Ansprüche aus diesen Verträgen aufheben sollen.

2. Es liegt ein Vertrag vor. Der Vizewirt hat daraus Anspruch auf Benutzung der Wohnung, der Hauseigentümer auf Leistung von Diensten. Man kann vielleicht von einem Dienstvertrag sprechen, bei dem die Vergütung (§ 612) in der Überlassung einer Wohnung besteht.

Lösung 254.

a) Nach § 1357 hat die Ehefrau des A., indem sie Backwaren kaufte, im Bereiche ihrer Schlüsselgewalt gehandelt, denn sie handelte innerhalb ihres häuslichen Wirkungskreises. Das Geschäft gilt daher als im Namen des Mannes abgeschlossen. Die Voraussetzungen der §§ 387 ff. liegen im übrigen vor, denn beide Forderungen sind als Geldforderungen gleichartig, sie sind fällig und die Aufrechnung soll dem A. gegenüber noch erklärt werden. B. kann also mit seiner Kaufgeldforderung gegen die Mietsforderung des A. aufrechnen.

b) Hier kann nicht aufgerechnet werden, wenigstens nicht sofort, sondern erst am 1. März. Wenn B. sich schriftlich verpflichtet, dem A. am 1. März ein Darlehn von 1000 M. zu geben, so ist das ein Darlehnsvorvertrag im Sinne des § 610, also ein gewöhnlicher Vertrag, in welchem zugleich ein Schuldversprechen enthalten ist. Die Leistung des B. aus diesem Versprechen ist aber erst am 1. März 1901 fällig, die Klage wird dagegen, wie den Umständen zu entnehmen ist, vor dem 1. März angestellt. Die Klage ist also abzuweisen. Somit ist auch die Aufrechnung ausgeschlossen.

Lösung 255.

Der Fall betrifft die sog. Eventualaufrechnung. Stölzel will bei streitiger Klageforderung die Klage abweisen, ohne zuvor Beweis über das Bestehen der Klageforderung zu erheben. Er hat hiervon nicht nur in seiner Schulung, sondern des breiteren auch in dem Vortrage: Rechtslehre und Rechtsprechung (Berlin 1899) gehandelt. Er steht aber mit seiner Lehre ziemlich allein da. (Staub in seiner Einleitung zum Komm.) Die richtige Ansicht geht dahin, daß die Klageforderung selbst erst durch Beweiserhebung festzustellen und dann erst auf die Wirkung der Aufrechnung einzugehen ist. Dies ist schon aus praktischen Gründen vorzuziehen und in der Praxis auch allgemein üblich. Bezüglich des Näheren vergleiche die angeführte Literatur. Zu vergleichen auch Staubs vorzügliche Ausführungen im Komm. zum HGB. Hier sollen nur Gesichtspunkte gegeben werden.

Zu Lösung 255.

Betreffs des B. habe ich Bedenken. B. ist doch nicht nur Mieter, sondern auch Hausverwalter. Dieses Amt endet aber doch mit der Anordnung der Zwangsverwaltung. Daher kann B. nicht mehr die Gegenleistung für die Miete gewähren, die er umsonst hat. Die §§ 323 ff. müssen herangezogen werden. Ob man nun § 323 oder § 324 annimmt, dürfte zweifelhaft sein. Billig wäre das Resultat, daß B. wohnen bleiben kann, wenn er auch keine Dienste mehr als Verwalter leistet. Dann würde man also

§ 324 annehmen, d. h. A. hat die Unmöglichkeit zu vertreten. Näheres ist aus dem ZwVG. und BGB. noch zu ermitteln.

In der Praxis wird sich der Verwalter wohl in der Regel mit dem Vizewirt dahin einigen, daß dieser für ihn weiter verwaltet, sich aber nach seinen Anordnungen richtet.

Lösung 256.

Der Fall scheint mir nicht ganz klar, insofern nicht erkennbar ist, ob der Vergleich als ein Zwangsvergleich im Sinne der §§ 173 ff. KO. aufzufassen ist. Letzterer bewirkt Tilgung der 50 %, eine getilgte Forderung kann aber nicht aufgerechnet werden.

Oder ist eine Beendigung des Konkurses nach § 202 KO. (Zustimmung aller Gläubiger) gemeint? Dann bliebe die Restforderung bestehen. In diesem Falle dürften die §§ 53 ff. KO. über die Aufrechnung im Konkurse Anwendung finden. Wichtig scheint mir hierbei besonders § 53, wonach ein Gläubiger, der zur Aufrechnung befugt ist, seine Forderung nicht zur Konkurstabelle anzumelden braucht.

Lösung 257.

Im ersten Satz muß es heißen: B. schuldet dem A. 2000 M. anstatt: A. schuldet dem B. 2000 M., denn sonst wäre ja A. in beiden Fällen Schuldner. Nach § 396 kann der aufrechnende Teil, also hier der B., wenn einer oder der andere Teil mehrere zur Aufrechnung geeignete Forderungen hat, die Forderungen bestimmen, die gegeneinander aufgerechnet werden sollen. B. tut dies, indem er erklärt, daß er mit den beiden ersten Forderungen aufrechnen wolle, also mit Darlehns- und Kaufforderung, so daß die Mietzinsforderung noch ungetilgt und daher einklagbar ist. A. widerspricht und verlangt, daß die Kauf- und die Mietzinsforderung gegen die seinige aufgerechnet werden. Nach § 366 findet nun im Falle des sofortigen Widerspruchs § 366 Abs. 2 entsprechende Anwendung. Demnach entscheidet die dort bestimmte Reihenfolge, d. h. es wird zunächst diejenige Forderung aufgerechnet, welche dem aufrechnenden Teil geringere Sicherheit bietet usw. (Fälligkeit ist hier Voraussetzung). Hiernach ist also zu entscheiden, ob B. gegen die Forderung des A. von 2000 M. seine Kauf- und Dahrlehnsforderung oder ob er seine Kauf- und Mietsforderung aufrechnen muß. Genaueres ist ohne Kenntnis der näheren Umstände nicht festzustellen.

Lösung 258.

Aus dem zwischen A. und B. abgeschlossenen Kaufvertrage hat B. ein persönliches Recht auf Übereignung, d. h. auf Auflassung des Kaufgrundstücks am 1. April erlangt. Wenn nun B. im März diesen Anspruch an D. abtritt, tritt D. nach § 398 mit dem Abschluß des Vertrages an Stelle des bisherigen Gläubigers B. Eine Form ist für diese Abtretung nicht nötig. D. kann also gegen B. auf Auflassung klagen. Im Verhältnis zu A. hat also D. sämtliche Rechte, die bisher B. hatte. Im Verhältnis zu A. gilt er demgemäß als Käufer und hat ein Recht auf Abgabe der Auflassungserklärung gegen diesen.

A. hat also dem D. gegenüber am 1. April die Auflassungserklärung vor dem Grundbuchamt abzugeben (§ 925). Zu B. tritt D. in das Verhältnis des Zedenten zum Zessionar, seine Rechte gegen ihn bestimmen sich also nach den §§ 398 ff. B. hat aber an A. den Kaufpreis zu zahlen, denn er tritt nur seinen Anspruch an D. ab. Von einer Übernahme der Verpflichtungen aus dem Vertrage ist nicht die Rede. Zu C. tritt D. von der Auflassung an in das Verhältnis eines Pfandschuldners. Persönlicher Schuldner bleibt B.

Auf Auflassung kann D. vom 1. April ab gegen A. klagen.

A. muß übrigens nach § 416 dem Hypothekengläubiger C. von der Schuldübernahme seitens des B. Mitteilung machen. Von der Genehmigung des C. wird es abhängen, ob die Übernahme der Hypothekenschuld durch B. Wirksamkeit erlangt. C. braucht sich also keinen neuen Schuldner an die Stelle des alten setzen zu lassen. Gegen den Verkauf des Grundstücks kann er natürlich nichts einwenden. Die Mitteilung hat den Vorschriften des § 416 Abs. 2 zu entsprechen.

Die einzige Schwierigkeit liegt darin, daß die Aufgabe sagt, B. tritt seinen **Anspruch** aus dem Vertrag an D. ab. Da das wörtlich zu nehmen ist, so gehen nur seine Rechte, nicht aber seine Pflichten aus dem Kauf auf D. über. B. muß also den Kaufpreis an A. zahlen und D. kann die Auflassung verlangen. Wenn in diesen Fällen der Zedent seine Verpflichtung nicht erfüllt, so kommen §§ 320, 321, 322 in Betracht. Praktisch ist aber auch leicht denkbar, daß B. nicht nur seine Rechte, sondern auch seine Pflichten aus dem Kaufvertrag auf D. überträgt. Für die Hypothek muß D. als dinglicher Schuldner auch ohne Vereinbarung haften.

Lösung 259.

Der Fall erscheint sehr einfach. C. hat nach § 398 infolge der Abtretung gegen A. dieselben Rechte wie vorher B. Doch will Schück hier wohl auf etwas anderes hinweisen. Wenn B. nur seinen **Anspruch** und nicht vielmehr seine Rechte und Pflichten aus dem Vertrag an C. abtritt, so hat, wenn man dem Wortlaut des Vertrages folgt, B. den Kaufpreis zu zahlen und C. die Pferde zu verlangen. Wie steht es nun mit der Abnahmepflicht des § 433 Abs. 2? Diese Verpflichtung kann nicht ohne weiteres übertragen werden. Man wird deshalb wohl in diesen Fällen oft annehmen müssen, daß bei gegenseitigen Verträgen mit der Anspruchsabtretung im Zweifel eine Schuldübernahme verbunden ist (§ 415).

Lösung 260.

Wenn Rothschild außer der Forderung auch den Brillantschmuck dem Y. überläßt, so tut er das mit Rücksicht auf § 401, wonach mit der abgetretenen Forderung auch das Pfandrecht auf den neuen Gläubiger übergeht. (Das Pfandrecht würde nach §§ 401, 1250 auch übergehen, wenn Rothschild den Schmuck behielte.) Die Frage ist, ob X., der Schuldner, sich die Zession und Besitzübertragung des Schmucks gefallen lassen muß. Aus § 398, insbesondere aus dem Worte „kann“ geht hervor, daß der Schuldner eine Abtretung der

Forderung nicht zu verhindern imstande ist. Dasselbe folgt e contrario aus den §§ 399 ff., indem dort die Fälle aufgezählt sind, in denen eine Abtretung nicht möglich ist und unter diesen der Fall der mangelnden Zustimmung des Schuldners nicht genannt ist.

Fraglich ist, ob sich X. außer der Abtretung auch die Überlassung des Schmucks an Y. gefallen lassen muß. Da Y. sich in Zahlungsschwierigkeiten befindet, so ist zu befürchten, daß er bei Einziehung der Forderung strenger vorgehen oder sich sogar ohne Recht an dem Pfande vergreifen könnte. Nach den obigen Ausführungen über das Wesen der Abtretung wird X. aber auch gegen die Überlassung des Schmucks an Y. kaum etwas tun können.

Y. erlangt durch die Abtretung die Rechte, nicht aber die Pflichten eines Darlehnsgläubigers. Seine Rückgabepflicht beruht auf §§ 1223, 985.

Lösung 261.

Die Ausführung des C. ist richtig. Die Zession des Anspruchs des A. an die Lotteriedirektion auf Herausgabe der Kaution von 20000 M. ist nach § 599 ungültig. Jedoch ist die Pfändung der Forderung auf Herausgabe derselben durch C. nach § 851 Abs. 2 ZPO. gültig. Dieser bestimmt, daß eine Forderung zwar in Ermangelung besonderer Vorschriften der Pfändung nur insoweit unterworfen ist, als sie übertragbar ist, daß dagegen eine nach § 399 des BGB. nicht übertragbare Forderung insoweit gepfändet und zur Einziehung überwiesen werden kann (also übertragen werden kann), als der geschuldete Gegenstand der Pfändung unterworfen ist. Die letztere Frage regelt wiederum § 811 ZPO. Danach ist die Kaution zweifellos der Pfändung unterworfen. Demnach ist sie zwar nicht abtretbar, wohl aber pfändbar und zur Einziehung überweisbar. C. hat also den § 399 nicht mißverstanden. Diese Vorschrift ist vollständig klar und läßt durchaus keine verschiedene Auslegung zu. Auch ist in den Fällen, in denen das BGB. die Worte „kann nicht" usw. gebraucht, stets anzunehmen, daß, wenn der Vorschrift nicht genügt wird, Unwirksamkeit des Rechtsgeschäfts eintritt (absolutes Gesetz). Aber damit die Vorschrift des § 399 nicht von Schuldnern dazu benutzt wird, ihr in Forderungen bestehendes Vermögen durch die Vereinbarung, die Forderung solle nicht abtretbar sein, dem Zugriff der Gläubiger zu entziehen, gibt § 851 ZPO. die schon besprochene Ausnahmevorschrift (vgl. Rosenthal, Anm. 3 zu § 399). B. ist demnach mit der Klage abzuweisen.

Lösung 262.

Nach § 406 ist eine Aufrechnung des Schuldners mit einer ihm an den Zedenten zustehenden Forderung im allgemeinen gestattet, doch mit Ausnahme der Fälle, wo der Schuldner bei dem Erwerbe der Forderung von der Abtretung Kenntnis hatte, oder wo die Forderung erst nach Erlangung der Kenntnis oder später als die abgetretene Forderung fällig geworden ist. Ersteres Erfordernis liegt nicht vor, denn am 15. Januar war die Forderung noch gar nicht abgetreten, letzteres liegt auch nur teilweise vor, denn die Forderung war zwar am 1. April, also nach der am 1. Februar erlangten

Kenntnis, fällig, aber, wie man aus dem Text entnehmen muß, nicht später, als die abgetretene Forderung. Somit kann X. aufrechnen.

Lösung 263.

Da dem Schuldner A. die Abtretung der Forderung seitens des B. an C. und D. nicht mitgeteilt worden ist, so kann A. nach § 407, solange er von der Abtretung nicht auf andere Weise Kenntnis erhält, mit befreiender Wirkung an den B. zahlen. Durch die von D. auf Grund des Schuldscheins angestellte Klage erfährt nun A. von der Abtretung und muß nunmehr an D. zahlen. Das Urteil ist also zu Recht ergangen. A. ist nun durch die Leistung an D. nach § 408 befreit.

Wie steht es mit dem Regreß des C. gegen D.? C. war der wahre Gläubiger, denn ihm ist zuerst abgetreten worden. D. ist auf seine Kosten ohne Rechtsgrund bereichert (§§ 812, 816, 1). C. kann gegen D. kondizieren. D. muß sich dann wieder an B. halten. Die Grundlage seiner Ansprüche kann Betrug (§§ 823 ff.) bilden, oder auch ein Vertragsverhältnis z. B.: Der der Abtretung zugrunde liegende obligatorische Vertrag.

Lösung 264.

Wenn B. das Grundstück an C. verkauft, ohne daß etwas bezüglich der Hypotheken gesagt wird, so ist nach § 414 anzunehmen, daß C. die Hypothek von 10000 M. nicht mit als persönlicher Schuldner übernommen hat. Er haftet also nur dinglich, d. h. mit dem Grundstück, während B. als persönlicher Schuldner weiter haftet. Durch den Verkauf an D. wird C. gänzlich von der Haftung frei, weil D. die Hypothek übernimmt. Wenn D. die Hypothek in Anrechnung auf den Kaufpreis übernimmt, so will er damit nicht nur als dinglicher, sondern auch als persönlicher Schuldner haften. Persönlicher Schuldner war bisher, wie ich voraussetze, B. C. ist frei. Wenn es also heißt, D. übernimmt die Hypothek, so fragt sich, wie dies zu geschehen hat. Nach § 414 hat es normalerweise durch Vertrag mit dem Gläubiger zu geschehen. Das ist A. Nach § 415 kann es auch durch Vertrag mit dem bisherigen Schuldner geschehen. Dieser ist B. Wie dies hier erfolgt ist, sagt die Aufgabe nicht. Jedenfalls muß man nach der Aufgabe annehmen, daß C. frei ist. Er ist also meines Erachtens keinesfalls in Anspruch zu nehmen. Vielmehr haftet nur D. für den Ausfall.

Die Aufgabe scheint mir nicht ganz klar. Vielleicht geht Schück hier auf etwas anderes aus.

Lösung 265.

Wenn es heißt, B. habe die Hypothek von 10000 M. übernommen, so muß man annehmen, daß B. damit infolge des Verkaufs des Grundstücks an ihn als persönlicher und dinglicher Schuldner für deren Rückzahlung haftet, falls die Vorschriften des § 416 erfüllt sind. B. braucht sich nicht noch, wie es in der Aufgabe heißt, dem A. gegenüber zu verpflichten, diesen von der Haftung gegenüber X. zu befreien. Wenn nun B. das Haus an C. verkauft, und über die Hypothek dabei nichts verabredet wird, so hat C. dem X. nur als dinglicher Schuldner, d. h. nur mit dem Grundstück für die Hypothek zu haften, während B. als persönlicher Schuldner weiter haftet. A. hat nun seinen Liberationsanspruch an X. abgetreten. Das ist angängig. B. macht offenbar gegenüber der Klage des X. geltend, daß X. nicht den Anspruch des A. gegen ihn, den B. auf Erfüllung der Forderung des X. einklagen könne. Ich möchte das zulassen. B. bestreitet aber damit einen Teil des Klaggrundes und X. muß daher beweisen.

Die Klage erscheint mir somit begründet.

Lösung 266.

A. und B. haften dem C. als Gesamtschuldner nach § 421, ob aus einer teilbaren oder unteilbaren Leistung, ist nicht gesagt, soll also gleichgültig sein, auch nicht, ob die Haftung sich auf einen Vertrag gründet oder nicht. Der Gläubiger C. kann demgemäß die Leistung nach Belieben von jedem der Schuldner ganz oder nur zu einem Teile fordern, und bis zur Bewirkung der ganzen Leistung bleiben sämtliche Schuldner verpflichtet. C. tritt nun seine Forderung, soweit sie sich gegen A. richtet, an D. ab. Dadurch — das soll bewiesen werden — kann C. nicht bewirken, daß die Schuldner A. und B. nur noch die Hälfte schulden, also B. dem C. die Hälfte und A. dem Zessionar D. die Hälfte, sondern es schulden weiter B. dem C. das Ganze und A. dem D. das Ganze (§ 425). Das Gesamtschuldverhältnis ist also insofern modifiziert, aber nicht aufgehoben.

Lösung 267.

A. und B. haben sich durch Vertrag zu einer teilbaren Leistung verpflichtet. Nach § 427 haften sie für die Rückzahlung des Darlehns als Gesamtschuldner. Nach § 425 Abs. 2 wirkt das rechtskräftige Urteil gegen A., nicht gegen den B. C. kann also später gegen B. ebenfalls klagen. Mit der Gegenforderung des A. kann B. nach § 422 Abs. 2 nicht aufrechnen. Somit sind beide Einwendungen des B. hinfällig.

Lösung 268.

A., B., C. und D. haften dem Darlehnsgeber als Gesamtschuldner, denn sie haben sich durch Vertrag zu einer teilbaren Leistung verpflichtet. Nach § 426 Abs. 2 geht, soweit ein Gesamtschuldner den Gläubiger befriedigt und er von den übrigen Schuldnern Ausgleichung verlangen kann, die Forderung des Gläubigers gegen die übrigen Schuldner auf denjenigen, der geleistet hat, über. Nach § 426 Abs. 1 sind nun die Schuldner im Verhältnis zueinander zu gleichen Teilen verpflichtet, soweit nicht ein anderes bestimmt ist. Letzteres ist hier nicht der Fall. Wenn also A. die ganze Forderung bezahlt hätte, so hätte er gegen die anderen drei Schuldner einen Anspruch auf je ein Viertel der Schuldsumme, also auf je 300 M., denn das vierte Viertel schuldet er selbst, weshalb es durch Konfusion erlischt. Nachdem er nur 600 M., also die Hälfte der Schuldsumme gezahlt hat, kann er daher von den übrigen Schuldnern je ein Achtel des Ganzen fordern, also 150 M.

Wenn B. zahlungsunfähig ist, so ist der Ausfall von 150 M. nach § 426 Abs. 1 Satz 2 von den übrigen zur Ausgleichung verpflichteten Gesamtschuldnern zu tragen, also zahlt A. 200 M. kann sie aber auch von C. und D. verlangen.

Anm. Der Fall ist bei Matthiaß, Bd. I S. 426 behandelt.

Lösung 269.

A., B. und C. haften dem Verkäufer des Pferdes nach § 427 als Gesamtschuldner für die Bezahlung des Kaufpreises, denn sie haben sich durch Vertrag zu einer teilbaren Leistung verpflichtet. Wenn C. die erste Rate von 500 M. allein bezahlt, so kann er nach § 426 Abs. 1 und 2 von den übrigen Schuldnern Ausgleichung verlangen. Da B. zahlungsunfähig wird, so ist der Ausfall nach § 426 Abs. 1 Satz 2 von den übrigen zur Ausgleichung verpflichteten Schuldnern zu tragen. Während also die Schuldner mit B. je ein Drittel von 500 M. zu zahlen hätten, haben jetzt A. und C. aus ihrem Drittel noch die Hälfte von dem Drittel des zahlungsunfähigen B. zu tragen, also je 250 M. Somit dringt C. mit der Klage durch, da er 500 M. gezahlt hat, somit 250 M. über seinen Anteil.

Wenn die Klage am 3. Februar nach Fälligkeit der zweiten, aber unbezahlt gebliebenen Rate erhoben wird, so liegt kein Grund vor, weshalb dann nicht A. ebenfalls die 250 M. sollte einklagen können.

Lösung 271.

Indem A. behauptet, B. habe die 1000 Stück Zigarren bestellt und er, der A., habe sie ihm geliefert, stützt er sich mit seiner Klage in erster Linie auf einen Kaufvertrag. Über die Verteidigung des B. enthält der Text keine Angaben. Ich will daher annehmen, daß er alles bestreitet, also sowohl die Bestellung als auch die Lieferung, ebenso natürlich, daß er die Zigarren geraucht habe. Indem B. die Bestellung bestreitet, bestreitet er den Abschluß des Kaufvertrags, denn dieser kommt zustande durch Bestellung (Antrag) und Annahme. Somit muß A. beweisen, daß eine Bestellung und Annahme und daher auch ein Kaufvertrag vorliege.

1. Beweist A. die Bestellung und deren Annahme, so müßte also über die Lieferung Beweis erhoben werden. In bezug auf diese ist B. meines Erachtens beweispflichtig, weil die Behauptung der Lieferung, wie ich annehme, nicht zur Klagbegründung gehört und daher die Behauptung der Nichtlieferung eine Einrede darstellt (§ 320). B. muß also beweisen, daß nicht geliefert worden ist. Gelingt ihm dies, so wird die Klage zwar nicht abgewiesen, wohl aber wird B. zur Zahlung gegen Lieferung verurteilt. Die Frage, ob B. die Zigarren geraucht hat, kommt dann nicht in Betracht.

2. Beweist A. die Bestellung und deren Annahme nicht, so kommt wieder die Lieferungsfrage in Betracht. Die Lieferung hat jetzt A. zu beweisen. Gelingt ihm der Beweis der Lieferung nicht, so wird er ab-

gewiesen. Die Frage des Verbrauchs der Zigarren kommt auch in diesem Falle nicht in Betracht. Gelingt dem A. der Beweis der Lieferung — und damit komme ich zu dem Fall, den der Verfasser des Textes als den lehrreichsten wohl in erster Linie erörtert wissen will —, so bleibt dem B. immer noch der Einwand, daß er zwar die Zigarren, nicht aber die in der Lieferung liegende Offerte des A. angenommen habe. Er kann also behaupten, daß keine Annahme im juristischen Sinne vorliege. Dafür ist B. meines Erachtens jetzt beweispflichtig. Hier kommen wieder zwei Möglichkeiten in Betracht.

a) B. hat die Zigarren ruhig zu Haus stehen lassen. Dann braucht kein Vertrag zustande gekommen zu sein, und zwar aus folgenden Gründen: Wenn man jemandem eine Ware unbestellt — gleichgültig ob mit oder ohne Rechnung — zusendet, so liegt hierin ein Angebot zum Abschluß eines Kaufvertrags unter Abwesenden. Wer eine solche unbestellte Sache erhält, muß daher — vorausgesetzt, daß er nicht Kaufmann ist, oder mit dem Offerenten in Geschäftsverbindung oder zu ihm in sonstiger naher Beziehung steht — innerhalb der in § 147 Abs. 2 festgesetzten Frist antworten, wenn er die Offerte annimmt. Tut er es nicht, so gilt sein Stillschweigen als Ablehnung. B. hat nun nicht geantwortet. Da hier keiner der Ausnahmefälle des § 151 vorliegt, in denen nach der Verkehrssitte eine Annahmeerklärung nötig ist (s. o.), so war von B. zu erwarten, daß er im Falle der Annahme der Zigarren antworten würde. Sein Stillschweigen gilt daher noch nicht als Annahme (vgl. Lösung 216). Beweist B., daß die Zigarren noch bei ihm liegen, so ist die Klage abzuweisen. Sie wäre aber selbst dann abzuweisen, wenn sich die Zigarren bei ihm nicht mehr vorfänden, vorausgesetzt, daß dies nicht infolge Vorsatzes oder grober Fahrlässigkeit der Fall ist. Eine besondere Verwahrungspflicht für nicht bestellte Sachen besteht im Verkehr nicht (ähnlich z. B. bei Zusendung unbestellter Bücher).

b) B. hat die Zigarren geraucht. Dann bestehen wieder zwei Möglichkeiten. Erstens kann B. die Zigarren geraucht haben, weil er sie für die seinigen hielt, also irrtümlich, oder aus ähnlichen Gründen. Dann ist er bereichert, denn er hat Zigarren, die er sich andernfalls doch vermutlich angeschafft hätte, umsonst erhalten. Er haftet also nach § 812. Darauf gehen die Worte des A.: „Ev. habe B. die ihm mit einer über 100 M. lautenden Rechnung gelieferten 1000 Zigarren verbraucht“. Zweitens ist — worüber sich aber streiten läßt — auch folgendes möglich: In der Lieferung der unbestellten Zigarren liegt ein Vertragsantrag. B. hat die Annahme desselben nicht ausdrücklich erklärt, er hat sie aber nachträglich stillschweigend erklären wollen, indem er die Zigarren geraucht hat. Dabei liegt aber der Einwand nahe, daß ein Vertrag hier deshalb nicht zustande kommen kann, weil die Annahmeerklärung nicht, wie es § 147 verlangt, dem Gegner zugegangen ist. Ich glaube aber in solchen Fällen unbedenklich den § 151 anwenden zu dürfen, wonach im Falle des Verbrauchs in dem Wunsche, den Antrag dadurch nachträglich noch anzunehmen, eine ausdrückliche Annahmeerklärung nach der Verkehrssitte zum Zustandekommen des Vertrags nicht erforderlich ist. Sonach würde die Klage des A. hier unter Umständen auch den Charakter einer Vertragsklage (§§ 433 ff.) haben können, nämlich insbesondere dann, wenn er beweisen kann, daß B. durch den Verbrauch nachträglich noch den Vertrag schließen wollte. (Vgl. Rosenthal, Anm. 13 zu § 151.)

Anm. Man spricht in diesem Falle von einer kumulativen Konkurrenz von Kauf- und Bereicherungsklage. Wie sehr sich beide Klagen in bezug auf Klagbegründung, Verteidigung und Beweislast unterscheiden, ist kurz darzustellen versucht worden. Bemerken möchte ich noch zu Nr. 1 (oben), daß man für die Lieferung doch den Kläger wird für beweispflichtig halten müssen.

Lösung 272.

Wenn die Aufgabe das Wort Auftrag gebraucht, so kann man dieses hier nicht im juristischen Sinne (§§ 662 ff.) auffassen. Das Schreiben des A. an B. ist vielmehr als eine Kaufofferte aufzufassen, die B. dadurch stillschweigend annimmt, daß er an C. liefert (§§ 433, 151). Der Käufer ist aber nicht der Empfänger C., sondern der Auftraggeber A., denn er will den Kaufpreis zahlen. A. haftet also dem B. nach § 433.

Nun fragt sich, welches Rechtsverhältnis zwischen A. und B. entsteht. Man wird wohl annehmen können, daß in dem Kaufvertrag hier zugleich ein Vertrag zugunsten eines Dritten (§§ 328 ff.) enthalten ist. Ob dadurch C. sofort ein Recht erwirbt, entscheidet sich dann nach § 328 Abs. 2. Bejaht man die Frage, so hat C. ein unmittelbares Forderungsrecht aus dem Kauf an B., verneint man sie, so besteht kein solches. Auch im letzteren Falle kann aber B. gegen C. auf den Kaufpreis klagen, und zwar aus dem Gesichtspunkte der ungerechtfertigten Bereicherung (§§ 812 ff.). C. braucht ja die Waren nicht anzunehmen.

Wenn nichts über den Preis vereinbart ist, gilt § 316.

Lösung 273.

Zwischen B. und A. liegt ein Kaufvertrag nach § 433 vor, kein Werkvertrag, da der Gehrock beim Vertragsabschluß bereits fertig ist. Die Lieferung durch den Verkäufer B. ist erfolgt, die Annahme durch den Käufer A. aber noch nicht, da dieser die Abnahme verweigert. Wenn B., auf den Kaufpreis belangt, einwendet, der von ihm gekaufte Rock sei zweireihig gewesen, während der von B. angebotene Rock einreihig sei, so bestreitet er meines Erachtens, daß über den einreihigen Rock überhaupt ein Kaufvertrag zustande gekommen sei. Das ist aber ein Leugnen des Klaggrundes. (Ich nehme an, B. gibt zu, daß der angebotene Gehrock einreihig ist und bestreitet nur die Vereinbarung wegen des zweireihigen.) Der Kläger B. muß also nach den allgemeinen Grundsätzen der ZPO. das Zustandekommen des Vertrags, also insbesondere die Behauptung, daß die Lieferung eines einreihigen Gehrocks vereinbart sei, beweisen.

Unrichtig ist es somit meines Erachtens, wenn man die Verteidigung des A., was naheliegt, als bloße Geltendmachung einer Mängeleinrede im Sinne der §§ 459 ff. ansehen wollte. Denn in diesem Falle ist die Voraussetzung, daß die gelieferte Sache dieselbe ist, wie die vom Käufer ausgewählte und infolgedessen für ihn zur Absendung bereit gestellte. Ebensowenig ist die oben erwähnte Frage, ob A. in Annahmeverzug ist, zu erörtern, da A. gar nicht bestreitet, daß er den Rock nicht angenommen hat. Die Fragen kämen erst dann in Betracht, wenn B. seinen Klaggrund bewiesen hätte, wenn er also bewiesen hätte, daß der Vertrag über den gelieferten einreihigen Rock abgeschlossen worden sei.

Anm. Die Frage, ob eine speziell bestimmte Sache gekauft worden ist, kommt hier nicht in Betracht; sie ist mehr für die Gefahrhaftung im Falle des Untergangs der Sache von Bedeutung. Ein fertiger Gehrock kann zwar beim Kauf nur generell bestimmt werden, indem der Vertrag über „einen Gehrock" abgeschlossen wird, ohne daß dieser näher bestimmt wird. Es ist aber im Verkehr Sitte, daß man einen Rock vorher anprobiert und dieser dann für den Käufer zur Absendung bereit gestellt wird. Die Absicht der Parteien geht also dann auf Lieferung des bestimmten Gehrocks. Die erste Möglichkeit, daß der Kauf ohne spezielle Bestimmung geschlossen wird, wird meistens bei Kaufleuten vorliegen, die große Posten derselben Sorte auf einmal einkaufen.

Lösung 274.

Wenn A. dem B. ohne Angabe der Quantität Kartoffeln verkauft, so ist ein gültiger Kaufvertrag nach § 433 noch nicht zustande gekommen (§ 154), denn eine Voraussetzung des § 433 ist, daß die zu verkaufende Sache bestimmt bezeichnet wird und daß infolge dieser Bezeichnung auch eine Preisbestimmung möglich ist (certa res, certum pretium —). Solange dies nicht geschieht, können Vereinbarungen höchstens als Vorverträge angesehen werden. Nach dem Vorliegenden hat sich also A. im Mai nur verpflichtet, dem B. zu Weihnachten Kartoffeln zu verkaufen und dann den Sack zu 6 M. zu liefern. Bezüglich der Zahl der zu liefernden Säcke hat er sich aber zu nichts verpflichtet. Erst mit der Bestimmung dieser Zahl kommt meines Erachtens der Kauf zustande. B. ist nur verpflichtet, falls ein Kaufvertrag zustande kommt, 6 M. pro Sack zu zahlen. Es steht also dem A. noch frei, vom Kaufe abzugehen. Mit dem Anführen, A. habe gewußt usw. beruft sich B. auf § 157. Er meint, der Vertrag sei nach Treu und Glauben dahin auszulegen, daß stillschweigend 100 Sack vereinbart seien. Dann läge allerdings ein gültiger Kauf vor, denn es wären certa res und certum pretium vorhanden. Ob man daraufhin den B. zur Einforderung der 100 Sack für berechtigt zu halten hat, wird von den näheren Umständen abhängen. Ausgeschlossen ist es jedenfalls nicht, daß die Parteien offenbar im Hinblick auf die lange Zeit bestehende Geschäftsverbindung die Zahl der Säcke, die bisher immer dieselbe war, nicht genannt haben.

Nicht richtig ist es meines Erachtens auch, wenn B. sich, wie man annehmen könnte, auf § 155 stützt, wonach bei einem Vertrag, selbst wenn sich die Parteien über einen Punkt, über den eine Vereinbarung getroffen werden sollte, das ist hier die Quantität, nicht geeinigt haben, das Vereinbarte gilt, wenn anzunehmen ist, daß der Vertrag auch ohne eine Bestimmung über diesen Punkt geschlossen sein würde. Nach § 316 könnte dann B. die Gegenleistung bestimmen.

Lösung 275.

Für diesen Fall gelten ganz ähnliche Grundsätze wie für Fall 58. Dort handelt es sich um Darlegung der Irrtumsgrundsätze, hier um die Grundsätze über das Zustandekommen des Vertrags. Neu ist, daß unter Ziffer b nicht Verschulden des Wirtes usw., sondern eines Dritten vorliegt, während im Fall 58 nur gesagt wird, daß ein Schreibfehler vorliege. Die Frage scheint mir nicht wesentlich, da ein Verschulden beim Irrtum und daher auch beim Dissens für die Anfechtbarkeit des Geschäfts nicht in Betracht kommt.

Neu ist ferner die Verteidigung des Wirtes, A. habe wissen müssen, daß in einem so feinen Restaurant, wie das seine sei, ein Schnitzel nicht für 1 M. verabreicht werde. Wenn die Preisdifferenz wirklich so groß ist, daß sich A. im Hinblick auf die Vornehmheit des Restaurants denken konnte, daß ein Fehler vorlag, scheint mir das doch ohne Bedeutung. Die Entscheidung beruht vielmehr allein auf den Vorschriften der §§ 155, 316.

Ich überlasse dem Leser auf dieser Grundlage die genaue Erörterung. Leicht ist die Lösung nicht.

Lösung 276.

Die entscheidende Frage ist die, wem von den drei Käufern die Kuh auf Grund des § 433 zuerst zu Eigentum übergeben worden ist. Man kann annehmen, daß bereits B. am 1. April nach § 930 Eigentümer der Kuh wird, während A. zugleich Verwahrer ist (§§ 688 ff.). In der Vereinbarung, daß A. die Kuh bis zum 10. April in seinem Stalle aufbewahren soll, liegt also zugleich eine Eigentumsübergabe (formlose Uebergabe, constitutum possessorium), indem dem B. der mittelbare Besitz eingeräumt wird. Nimmt man an, daß B. bereits Eigentum an der Kuh erlangt habe, so ist diese beim Verkauf an C. eine fremde Sache. Das berührt nicht die Gültigkeit des Kaufvertrages zwischen A. und C., auch ist der Mietvertrag zwischen A. und C. gültig, denn vermieten kann auch der Nichteigentümer. Der Verkauf der Kuh an D. ist, obwohl Verkauf einer fremden Sache vorliegt, ebenfalls gültig.

Nach § 932 wird nun bei einer nach § 929 erfolgten Veräußerung der Erwerber auch dann Eigentümer, wenn die Sache nicht dem Veräußerer gehörte, es sei denn, daß er zu der Zeit, zu der er nach diesen Vorschriften das Eigentum erwerben würde, nicht in gutem Glauben war. Die Übergabe an C. ist aber nicht nach § 929 erfolgt, sondern wie schon die an B. nach § 930, denn es findet auch bei C. keine persönliche Übergabe statt, sondern nur eine solche nach § 930, indem C. auf Grund des verabredeten Mietverhältnisses den mittelbaren Besitz der Kuh erhält. C. kann daher nach § 933 trotz seines guten Glaubens kein Eigentum an der Kuh erlangen. In diesem Falle genügte die formlose Vereinbarung nicht zur Eigentumsübertragung. Anders steht es bei D. Dieser ist ebenfalls gutgläubig. Er führt aber die Kuh alsbald mit sich fort. In dieser Duldung der Fortführung seitens des A. liegt aber der Wille der Übergabe. D. wird also gemäß § 932 verbunden mit § 929 Eigentümer der Kuh.

B. hat somit das Eigentum an der Kuh verloren. Wenn er jetzt gegen D. auf Herausgabe der Kuh klagen würde, so würde die Klage abzuweisen sein.

Dagegen kann B. seine Rechte gegen A. aus § 823 (Unterschlagung) und aus dem Verwahrungsvertrag (§ 695) geltend machen. Es handelt sich in beiden Fällen um Schadensersatz, im letzteren infolge nachträglicher Unmöglichkeit der Leistung (§§ 323 ff.). Außerdem hat B. gegen A. einen Anspruch auf Grund des § 816. C. hat nicht dieselbe Stellung gegenüber A. Bei ihm ist der Kaufvertrag noch nicht erfüllt (§ 433). Er kann nur aus den §§ 440, 320 bis 327 klagen.

D. hat keinen Grund zur Klage, denn er hat seinen Zweck erreicht, indem er die Kuh erhielt. B. kann meines Erachtens von A. 120 M. verlangen, nicht nur 100 M. (§ 281).

Gesetzt, D. habe den A. gebeten usw. Wenn der Kaufpreis nicht bei der Übergabe gezahlt wird, so ist das kein Hindernis für den Eigentumsübergang. Ebensowenig liegt ein solches darin, daß D. die Kuh nicht selbst transportiert. Der Eigentumsübergang erfolgt schon im Augenblick des Weganges des Knechtes nach §§ 446, 447. Der Knecht ist nur Werkzeug. Demgemäß gebühren auch dem D. nach § 446 Abs. 1 Satz 2 bereits die auf dem Wege nach seiner Wohnung gezogenen Nutzungen und das Kalb gehört ihm.

Lösung 277.

Nach § 434 ist der Verkäufer verpflichtet, dem Käufer den gekauften Gegenstand frei von Rechten zu verschaffen, die von Dritten gegen den Käufer geltend gemacht werden können. Wenn also im März vor der Übergabe des Grundstücks (das ist die Auflassung) eine Zwangshypothek von 10000 M. auf demselben eingetragen wird und bestehen bleibt, so ist der Verkäufer seiner Verpflichtung am 1. April nicht nachgekommen (vgl. auch § 439). Somit kann der Käufer die nach § 440 ihm zustehenden Rechte geltend machen, insbesondere also auch nach Ablauf der nach § 326 zu setzenden Frist vom Vertrage zurücktreten (vgl. Rosenthal, Anm. 6 zu § 440). Die Auflassung muß er keinesfalls entgegennehmen, denn er kann schon nach § 320 die Leistung (das ist hier unter anderem die Annahme des Grundstücks) verweigern.

Die genauere Erörterung überlasse ich dem Leser. Ist der Kauf überhaupt gültig, § 313? Er ist doch nicht notariell.

Lösung 278.

Von dem Abhängigkeitspatent handelt § 3 Abs. 1 Satz 3 des Patentgesetzes vom 7. April 1891. A. will offenbar aus § 10 Ziff. 2 citati das Nichtigkeitsverfahren betrieben haben. Der Lizenzvertrag ist keine vom Gesetze geprägte Vertragsfigur, sondern hat sich im Verkehrsleben gebildet. Sein Begriff ist nicht ausgebildet worden (Gegensatz der Verlagsvertrag). Ein Kauf ist er nicht. Er geht nicht auf Übertragung des Patentrechts. Eine Übertragung ist nach § 6 citati möglich, folglich auch ein Verkauf gültig. Nach § 4 citati ist der Patentinhaber ausschließlich befugt, den Gegenstand seiner Erfindung gewerbsmäßig herzustellen, in Verkehr zu bringen oder zu gebrauchen. Die Erlaubnis hierzu kann er einem anderen gegen Entgelt erteilen, dabei aber selbst Inhaber des Patents bleiben. In einem solchen

Falle spricht man von einer Lizenz. Vielleicht kann man den Lizenzvertrag als eine Verpachtung des Patents betrachten (§ 581 „Gegenstand", „Genuß der Früchte" zu vgl. § 99 Abs. 2 BGB.). Doch ist das zweifelhaft.

Nach alledem können die allgemeinen Grundsätze über Vertragserfüllung Anwendung finden. B. hat nicht ordnungsmäßig erfüllt: Ein Regreß des C. gegen B. erscheint zulässig. Worauf sich der Regreß gründet, ist nicht zu erörtern. Die eingehende Erörterung ist auch hier dem Leser überlassen.

Lösung 279.

Nach § 446 geht mit der Übergabe der verkauften Sache die Gefahr des zufälligen Unterganges und einer zufälligen Verschlechterung auf den Käufer über. Zu fragen ist also zweierlei, nämlich erstens: Liegt hier die Übergabe bereits vor? und zweitens: Ist es ein zufälliger Untergang, wenn der Hund die Wurst frißt? Nach § 929 gehört zur Übergabe Besitzübertragung zum Zwecke der Eigentumsübertragung. Die Besitzübergabe ist nun nach einer allgemeinen Regel vollendet in dem Augenblick, in welchem der Annehmende die Verfügungsgewalt über die Sache erlangt. Die wichtige Frage, wann diese Verfügungsgewalt auf den Annehmenden übergeht, ist aber in vielen Fällen schwer zu beantworten (vgl. hierüber Lehrbücher, insbesondere sind hier die Beispiele des römischen Rechts lehrreich, weil jetzt noch genau so zu beurteilen). So kann man auch hier sehr zweifelhaft sein, ob der Käufer A. in dem Augenblick, in dem der Metzger die Wurst auf den Ladentisch gelegt hat, bereits die Verfügungsgewalt über dieselbe und somit Besitz und Eigentum daran erlangt hat. Man muß in diesen Fällen auch ganz besonders die Absicht der Parteien und die Auffassung des Verkehrs beachten. Danach würde ich nicht annehmen, daß A. bereits Eigentümer der Wurst ist. Das Hinlegen der Wurst auf den Ladentisch geschieht meines Erachtens noch nicht zu dem Zwecke, daß A. sie wegnehmen soll, denn es ist üblich, daß Fleischwaren eingepackt werden. Der Verkäufer hat also noch den Besitz. Die Übergabe ist noch nicht erfolgt.

Je nachdem man Übergabe annimmt, ist der Fall zu entscheiden.

a) Die Wurst ist noch nicht übergeben. Dann ist auch die Haftung für Zufall noch nicht auf den Käufer übergegangen. § 243 Abs. 2 wird in Frage kommen. Danach beschränkt sich das Schuldverhältnis, falls der Schuldner das zur Leistung einer Gattungssache seinerseits Erforderliche getan hat, auf diese Sache. Wann dies der Fall ist, war bestritten. Nach BGB. gilt die sog. Lieferungstheorie, die bloße Ausscheidung genügt nicht immer (vgl. Staudinger, Bem. 5 zu § 243). Die sog. Konzentration tritt erst ein, wenn Schuldner dem Gläubiger die Sache in einer Weise angeboten hat, daß der letztere durch die Nichtannahme in Verzug gerät (§§ 293, 294, 300 Abs. 2; vgl. Staudinger, Bem. 5a zu § 243). Dies dürfte nach dem Obigen betreffs der Wurst noch nicht der Fall sein, weil sie noch nicht eingepackt ist. Daher wird § 279 entscheidend sein. Danach hat Schuldner, wenn der geschuldete Gegenstand nur der Gattung nach bestimmt ist, solange die Leistung aus der Gattung möglich ist, sein Unvermögen zur Leistung auch dann zu vertreten, wenn ihm ein Verschulden nicht zur Last fällt. Das Unvermögen zur Leistung ist eben, solange die Leistung aus der Gattung möglich ist, stets ein vom Schuldner zu vertretender Umstand (vgl. Staudinger, Bem. 3 zu § 323).

§ 323 kann daher nicht Anwendung finden, auch § 280 (Schadensersatz wegen Nichterfüllung) kommt nicht zur Anwendung. Es entscheidet allein § 279. Der Verkäufer hat dem A. die Wurst nachzuliefern.

b) Die Wurst ist übergeben. Dann haftet nach § 446 der Käufer für den Zufall, er kann also keine Nachlieferung fordern, muß aber den Kaufpreis zahlen. § 324 verbunden mit § 275 schlagen ein.

Wie steht es nun, wenn der Hund dem Metzger gehört? Dafür haftet der Metzger in jedem Falle. Zwar trifft auch hier keinen der Vertragschließenden ein Verschulden, nach § 833 ist aber in diesem Falle derjenige, welcher das Tier hält, zum Schadensersatz verpflichtet. Hierbei erscheint es gleichgültig, ob die Wurst schon als übergeben zu gelten hat.

Lösung 280.

Nach § 446 geht die Gefahr des zufälligen Untergangs der Kaufsache mit der Übergabe auf den Käufer über. Da die Vorschriften der §§ 433 ff. auch für Grundstücke gelten, so kommt § 446 auch hier in Betracht. Ein zufälliger Untergang der Kaufsache liegt nun hier ohne Zweifel vor. Derselbe ereignet sich nach der Übergabe des Grundstücks (als welche im Zweifel die Auflassung anzusehen ist). Somit hat B. die Gefahr zu tragen. Ebenso gebühren aber andrerseits dem B. nunmehr die Nutzungen des Grundstücks (§ 446 Abs. 1 Satz 2). Wenn daher das Haus versichert ist, so kann B. die Versicherungssumme beanspruchen (§ 281).

Ob der Kaufpreis zur Zeit des Brandes schon gezahlt oder gestundet war, ist hier meines Erachtens gleichgültig, denn hier ist die Übergabe zweifellos erfolgt. Die Frage der Kaufpreiszahlung kommt nur in Betracht, wenn die Frage, ob die Übergabe erfolgt ist, zweifelhaft ist (vgl. Fall 160). Bei Grundstücken erfolgt in der Regel bei der Auflassung auch die Übergabe. Indessen kommt auch vor, daß vereinbart wird, daß das Grundstück zu einem andern Termin als übergeben gelten solle. Gewöhnlich heißt es: Die Übergabe erfolgt am Tage der Auflassung.

Lösung 281.

Der Kaufvertrag über die 100 Scheffel Getreide betrifft einen sog. Versendungskauf, d. h. einen solchen, bei dem der Verkäufer die verkaufte Sache nach einem anderen Orte als dem Erfüllungsorte — das ist nach § 269 im Zweifel der Wohnsitz des Verkäufers — senden muß. Bezüglich des Übergangs der Gefahr gilt hier in erster Linie der Grundsatz des § 447. Danach geht die Gefahr auf den Käufer über, sobald der Verkäufer die Sache dem Transportmittel übergeben hat. Das letztere gilt also als Organ des Käufers, nicht des Verkäufers. Eine solche Übergabe an das Transportmittel — hier ist es die Eisenbahn — hat nun in dem Augenblick, wo der

Zufall eintritt, noch nicht stattgefunden, denn die 100 Scheffel befinden sich noch im Speicher des A. Welche Grundsätze finden Anwendung? Was für eine Schuld liegt vor? Es verhält sich wie in Fall 279, oder wenigstens ähnlich. Der Schuldner A. hat die Gattungssachen zwar ausgeschieden, aber noch nicht das seinerseits Erforderliche getan, denn das ist erst nach der Übergabe der 100 Scheffel an die Eisenbahn der Fall. Nach § 243, 2 beschränkt sich das Schuldverhältnis nicht auf diese Sache (vgl. Staudinger, Bem. 5α zu § 243). Nach § 279 hat nun A. sein Unvermögen zur Leistung auch dann zu vertreten, wenn ihm ein Verschulden nicht zur Last fällt, falls der geschuldete Gegenstand nur der Gattung nach bestimmt ist und die Leistung aus der Gattung möglich ist. § 323 ist danach nicht anzuwenden (vgl. Staudinger, Bem. 3 zu § 323). Schuldner hat eben dann sein Unvermögen zur Leistung stets zu vertreten. Dies ist hier der Fall. Hiernach trägt A. den Schaden. Er hat die 100 Scheffel nachzuliefern, ohne Bezahlung der verbrannten verlangen zu können.

Zu Frage 2: Verbrennen die übrig gebliebenen 200 Scheffel, so ist die Lieferung der 100 Scheffel nicht unmöglich geworden. Die 200 Scheffel sind ja nicht verkauft. Den Schaden trägt hier meines Erachtens nach dem allgemeinen Grundsatz casum sentit dominus der Eigentümer A. Er muß die 100 Scheffel liefern.

Zu Frage 3: Verbrennen alle 300 Scheffel, so dürfte § 279 nicht anwendbar sein, weil die Leistung aus der Gattung nicht mehr möglich ist. § 323 käme in Frage (vgl. Staudinger, Bem. 3 zu § 323). Liegt nun ein Umstand vor, den weder A. noch der Käufer B. zu vertreten hat? Es liegt Zufall, sog. höhere Gewalt vor. Kann man sagen, A. hat diesen zu vertreten, solange die Übergabe an die Bahn nicht erfolgt ist?

Lösung 282.

Hier kommen dieselben Grundsätze wie in den Fällen 279, 281 in Verbindung mit den Verzugsvorschriften zur Anwendung. Das verkaufte Holz ist eine der Gattung nach bestimmte Sache. A. hat es ausgesondert, oder er soll es jedenfalls nach dem Willen der Parteien sofort aussondern und zur Verfügung stellen. B. soll es binnen drei Tagen abholen. A. hat damit meines Erachtens das Erforderliche getan, wenn er das Holz ausgesondert hat. Dann ist § 243 Abs. 2; anwendbar. Die Konzentration ist eingetreten. Sie tritt ein, sobald der Schuldner dem Gläubiger die Sachen in einer Weise angeboten hat, daß der letztere durch die Nichtannahme in Verzug gerät (§§ 293, 294, 300 Abs. 2, vgl. Staudinger, Bem. 5α zu § 243). Die Gattungsschuld verwandelt sich von da an in eine Speziesschuld. Daher kann § 279 jetzt keine Anwendung mehr finden (vgl. Staudinger, Bem. 5b zu § 243 und § 275). Hier kommt nun insbesondere § 302 Abs. 2 in Betracht. Die Gefahr bei Gattungssachen geht danach mit dem Zeitpunkt auf den Gläubiger über, in dem er dadurch in Verzug kommt, daß er die angebotene Sache nicht annimmt. Die Vorschrift ist dahin zu verstehen, daß eben die ursprüngliche Gattungsschuld durch das Angebot zur Speziesschuld wird und deshalb die Gefahr übergeht (vgl. Staudinger, Bem. 2 zu § 300). Hierzu kommt nun § 324 Abs. 2. Befindet sich also B im Annahmeverzug, so muß er den Schaden tragen. Zum Verzug gehört nun in der Regel die Mahnung. Diese ist nicht erforderlich, wenn eine Zeit nach dem Kalender bestimmt ist (§ 296). Ob das hier der Fall ist, kann zweifelhaft sein (Staudinger, Bem. I b zu § 284). Es wird wohl zu bejahen sein. A. trägt somit den Schaden.

Zu Frage b: Wenn das ganze Holzlager abbrennt, scheint mir dies an dem Resultat nichts zu ändern. § 300 Abs. 2 schlägt auch dann ein. Der Käufer B. ist auch hier in Annahmeverzug, falls A. ausgesondert hat. Er muß also das Holz bezahlen, ohne solches zu erhalten.

Darauf, daß A. ausgesondert hat, kommt nach alledem hier etwas an.

Lösung 283.

Zwischen B. und A. besteht ein Kaufvertrag (§§ 433ff.). Wenn A. für den Fall seiner Abwesenheit seiner Vermieterin die Summe von 10 M. zur Bezahlung der ersten Rate mit dem Auftrage übergibt, sie dem Überbringer der Maschine auszuhändigen und die Maschine anzunehmen, so ist das ein Auftrag im Sinne der §§ 662ff., der von der Wirtin angenommen wird. Nach außen hin dagegen hat die C. von A. Vertretungsmacht im Sinne der §§ 164ff., und zwar durch Rechtsgeschäft erteilte Vertretungsmacht, also Vollmacht im Sinne des § 166 Abs. 2. Wenn daher die C. die Maschine annimmt, so wirkt diese Annahme nach § 164 unmittelbar für und gegen den Vertretenen, also den A., mithin hat A. die Maschine in dem Augenblick angenommen, in welchem sie die Wirtin annimmt. Dieser Umstand ist entscheidend für die Frage der Haftpflicht des A. Nach § 446 geht mit der Übergabe der gekauften Sache die Gefahr des zufälligen Untergangs oder der zufälligen Verschlechterung der Sache auf den Käufer über. Wenn nun die Maschine von der C. in das Zimmer des A. auf den Tisch gestellt wird, von diesem herunterfällt und stark beschädigt wird, so ist dies alles erst nach der Übergabe geschehen. Das Herunterfallen der Maschine ist aber ein Zufall, den nach der Übergabe der Käufer zu tragen hat. Wenn daher A. die Maschine dem Boten zur Reparatur zurückgibt und B. sie annimmt, so entsteht damit ein neuer Vertrag, und zwar ein Werkvertrag, der von dem Kaufvertrag unabhängig ist. Nach § 632 ist für diesen eine Vergütung als vereinbart anzusehen. B. kann also die Reparaturkosten von 30 M. von A. beanspruchen. A. kann sich, wenn er die Bezahlung der Reparaturkosten verweigert, höchstens noch wie folgt verteidigen: Daß die Maschine übergeben war und A. daher nach § 446 die Gefahr des zufälligen Untergangs bzw. der zufälligen Verschlechterung derselben zu tragen habe, wird zugegeben. Die Beschädigung der Maschine ist aber gar nicht durch Zufall entstanden, sondern dadurch, daß dieselbe mangelhaft war. Daraus nämlich, daß sie durch den Fall vom Tisch herunter so stark beschädigt wurde, ergibt sich die Vermutung, daß Mängel im Sinne der §§ 456ff. vorlagen. Dagegen wird B. geltend machen, daß eine Schreibmaschine ein so zerbrechlicher Gegenstand ist, daß es als sehr leicht möglich — vielleicht sogar als selbstverständlich — zu bezeichnen ist, daß sie beim Herabfallen von einem Tische beschädigt wird. Der Richter, welcher keine genügende Fachkenntnis besitzt, wird hierüber einen genannten oder von ihm bestimmten Sachverständigen zu vernehmen haben. Die richtige Ansicht ist vermutlich die des B. Daher ist die Einrede des A. zurückzuweisen.

Ist es für die Entscheidung von Belang? usw. Wo die Maschine übergeben wurde, ob in der Wohnung des A. oder im Geschäft des B., ist ganz gleich, da es feststeht, daß im Augenblick des Ereignisses die Übergabe erfolgt war. Die Frage nach dem Erfüllungsort ist daher nicht zu erörtern.

Anm. Die Frage, ob die Wirtin dem A wegen der Beschädigung der Maschine aus dem Auftragsverhältnis haftet, hängt von der weiteren Frage ab, ob sie bei Ausführung des Auftrags fahrlässig gehandelt hat. Die C. hat vermutlich die Maschine auf den Tisch schlecht hingestellt, sonst hätte sie nicht herunterfallen können. Auch dies könnte durch Sachverständige noch besonders festgestellt werden. Die C. hat also die im Verkehr erforderliche Sorgfalt verletzt, somit fahrlässig gehandelt. Über die Folgen dieser Fahrlässigkeit, insbesondere über die eintretende Schadensersatzpflicht, geben die §§ 662 ff. keine Auskunft, es kommen daher die allgemeinen Schadensersatzvorschriften der §§ 249 ff., besonders § 276, in Betracht. Danach hat der Schuldner, sofern nicht ein anderes bestimmt ist, Vorsatz und Fahrlässigkeit zu vertreten. Die Wirtin ist nun Schuldnerin aus dem Auftrag, hat somit dem A. Schadensersatz zu leisten. Nach den §§ 249 ff., hat sie also den früheren Zustaud wiederherzustellen und demgemäß die 30 M. Reparaturkosten zu bezahlen.

Lösung 284.

Nach § 452 ist der Käufer verpflichtet, den Kaufpreis von dem Zeitpunkte an zu verzinsen, von welchem an die Nutzungen des gekauften Gegenstandes ihm gebühren, sofern nicht der Kaufpreis gestundet ist. Da die Kaufsache hier übergeben worden ist, der Käufer A. also Eigentum an ihr erlangt hat, so gebühren ihm auch die Nutzungen an derselben. Daher muß A. auch den Kaufpreis vom 3. Januar ab verzinsen, sofern nicht der Kaufpreis gestundet ist. Eine solche Stundung ist vielleicht darin zu erblicken, daß B. die Rechnung entgegen der Verkehrssitte erst nach sechs Monaten dem A. zusendet, zugleich aber darin, daß der Preis beim Kaufabschluß gar nicht bestimmt wird. A. braucht daher den Kaufpreis nicht zu verzinsen.

Anm. Anderes gilt bei Forderungen von Kaufleuten untereinander aus beiderseitigen Handelsgeschäften (vgl. § 353 HGB.). Die Übergabe braucht noch nicht erfolgt zu sein. Aber auch hier ist Fälligkeit der Forderung die Voraussetzung der Verzinsung.

Lösung 285.

Der Vertrag ist ein solcher im Sinne des § 455. B. hat innerhalb Jahresfrist anstatt der verabredeten zehn Raten nur sechs Raten bezahlt und ist daher mit der Zahlung in Verzug. Nach dem Vertrage (übrigens auch nach § 455) ist A. Eigentümer des Pferdes geblieben und zum Rücktritt vom Vertrage berechtigt.

Nach §§ 346 f. sind nun die Parteien, wenn der Rücktritt erfolgt, verpflichtet, einander die empfangenen Leistungen zurückzugewähren. Somit muß A. den Kaufpreis zurückzahlen. Indessen ist nach § 346 Satz 2 hiervon das abzuziehen, was B. durch die Benutzung des Pferdes erspart hat.

Gefragt wird nun, ob A. bei der Klage auf Herausgabe des Pferdes die gezahlten 300 M. anbieten muß. Dies ist nicht nötig. Denn zur Klageabweisung kommt es nicht, sondern nur zur Verurteilung des B. zur Herausgabe des Pferdes Zug um Zug gegen Rückgabe der 300 M. seitens des A. (§§ 348, 322). Nach den §§ 1, 2, 3, 5 des Ges. betr. die Abzahlungsgeschäfte vom 16. Mai 1894 kommt man zu demselben Resultat.

Lösung 286.

A. hat dem B. eine Eigenschaft des Pferdes zugesichert, die, wie sich später herausstellt, nicht vorhanden ist. Nach den §§ 462, 463 könnte daher der Käufer wandeln, mindern oder Schadensersatz verlangen. Nach § 481 gelten aber für den Verkauf von Pferden betreffs der Haftung die Vorschriften der §§ 459, 467, 469 bis 480 nur insoweit, als sich nicht aus den §§ 482 bis 492 ein anderes ergibt. Die Vorschriften der §§ 482 f. gelten nun zunächst nicht ohne weiteres bei Zusicherung einer bestimmten Eigenschaft. Nach § 492 finden indessen die §§ 487 bis 491 hierauf entsprechende Anwendung, somit gilt § 487, d. h. der Käufer B. kann nur Wandlung nicht Minderung verlangen.

Lösung 287.

Der zwischen B. als Verkäufer und A. als Käufer abgeschlossene Kaufvertrag ist mit einem Nebenvertrag dahingehend verbunden, daß die Haftung für Mängel ausgeschlossen sein soll. Aus § 476 (e contrario) ergibt sich, daß ein solcher Nebenvertrag nichtig ist, wenn der Verkäufer den Mangel arglistig verschweigt. Ein solches arglistiges Verschweigen macht der Käufer A. geltend, indem er von Betrug spricht (jedes arglistige Verschweigen enthält einen Betrug) und demgemäß auch das nach den §§ 462, 463 ihm zustehende Recht der Wandelung. Ev. macht er das Nichtvorliegen zugesicherter Eigenschaften geltend. (A. drückt sich unklar aus.) B., der Verkäufer, bestreitet, wie anzunehmen ist, den Betrug, ebenso die Zusicherung bestimmter Eigenschaften, gibt das Vorliegen eines Fehlers zu, behauptet aber — das ist der Sinn seiner Ausführungen —, daß dieser nur eine unerhebliche Minderung des Wertes der Sache im Sinne des § 459 Abs. 1 Satz 2 herbeiführe und daher nicht in Betracht komme. Dies ist der den Ausführungen der Parteien zu entnehmende, hier nicht ganz einfache Tatbestand unter juristischen Gesichtspunkten betrachtet.

Beim Vorliegen einer Täuschung durch arglistiges Verschweigen von Fehlern ist nun für jeden Mangel — auch für den kleinsten — zu haften, nämlich auf Grund von § 823. In diesem Falle ist es nach § 476 für die Haftung gleichgültig, daß die Haftung für Mängel ausgeschlossen ist. Ein arglistiges Verschweigen von Fehlern ist aber, wie jeder dolus, niemals zu vermuten. A. muß es daher beweisen. Zum Beweise führt er nur an, B. habe eine achtmalige Vergrößerung zugesichert, ohne sich vorher zu überzeugen, ob das auch wahr sei. Damit behauptet er aber nur das Nichtvorhandensein einer zugesicherten Eigenschaft. Dieses braucht nicht unbedingt auf dolus zu beruhen. Es bleibt immer noch die Möglichkeit, daß B. von der Mangelhaftigkeit des von ihm verkauften Fernrohres nichts wußte. Die genannte Vermutung gegen den dolus ist also nicht widerlegt. Somit ist auch nach § 476 (e contrario) der Vertrag betreffend Ausschließung von Mängeln gültig und eine Wandlung auf Grund des § 463 Satz 2 seitens des A. ausgeschlossen.

Es fragt sich weiter, ob A., nachdem sich sein erster Klaggrund als hinfällig erwiesen hat, die Rückgängigmachung darauf stützen kann, daß bei den Verhandlungen zwischen ihm und B. immerhin noch eine Zusicherung bestimmter Eigenschaften (dicta et promissa) seitens des B. erfolgt sei (§ 463 Satz 1). Auch in diesem Falle wäre nicht nur für wesentliche Mängel, sondern für jeden Mangel zu haften. Indessen erreicht A. auch damit nichts, denn die Vereinbarung betreffend Ausschließung von Mängeln führt zweifellos dazu, daß die Zusicherung bestimmter Eigenschaften bedeutungslos wird. Die Vereinbarung geht also der Zusicherung vor. Das ergibt sich aus § 476 e contrario.

Die vorliegende Frage ist damit gelöst. Instruktiv ist aber die Betrachtung des Falls, wenn man annimmt, die Mängelhaftung wäre von den Parteien nicht ausgeschlossen worden. Dann könnte sich A. auf das Fehlen zugesicherter Eigenschaften (§ 459 Abs. 2, § 463 Satz 2) stützen. A. hat ein Fernrohr zu Jagdzwecken gekauft, welches eine achtmalige Vergrößerung bewirken sollte. Aus dem „sollte" geht aber meines Erachtens noch nicht hervor, daß die Vergrößerung zugesichert worden ist. Wenn A. dies behauptet, muß er es, da es als bestritten anzusehen ist, beweisen. Beweist er es, so würde A. den Kauf allerdings rückgängig machen können, denn ein kleiner Fehler ist mindestens vorhanden und wird vom Beklagten sogar zugegeben. Der Umstand, daß man im Handel mit optischen Instrumenten die Angaben über Vergrößerung nur annähernd zu machen pflegt, kommt zugunsten des Beklagten gegenüber der Klage aus § 459 Abs. 2 nicht in Betracht, denn in diesem Falle ist für jeden Fehler zu haften, also auch für den unbedeutenden des § 459 Abs. 1 Satz 2.

Erreicht Kläger auch auf diesem Wege nichts, so bleibt ihm noch die Möglichkeit, sich auf die Behauptung zu stützen, es liege ein Fehler im Sinne des § 459 Abs. 1 Satz 1 vor, also ein solcher, der die Tauglichkeit des Fernrohrs zu dem gewöhnlichen oder im Vertrage vorausgesetzten Gebrauch aufhebt oder mindert. A. hat das Fernrohr zu Jagdzwecken gekauft. Da die Jagd, wenn auch vielfach, so doch nicht vorwiegend in der Dämmerung stattfindet, so ist es auch nicht unbedingt nötig, daß das Glas für den Gebrauch in derselben geeignet ist. Es ist also mindestens sehr fraglich, ob hier ein Fehler vorliegt, der die Tauglichkeit zu dem gewöhnlichen oder nach dem Vertrage vorausgesetzten Gebrauch mindert oder aufhebt. Ich möchte die Frage verneinen, besonders mit Rücksicht darauf, daß es, was Sachverständige festzustellen haben, richtig ist, daß man im Handel mit optischen

Instrumenten, wie B. behauptet, die Angaben über Vergrößerung nur annähernd zu machen pflegt. Auch unter dieser Voraussetzung ist also A. wahrscheinlich mit der Klage abzuweisen, denn der Fehler des Fernrohrs ist, wie sich damit herausgestellt hat, ein unwesentlicher Fehler im Sinne von § 459 Abs. 1 Satz 2, ein solcher kommt aber nicht in Betracht.

(Vgl. im allgemeinen Rosenthal, Komm. zu §§ 459, 460 Anm. 21.)

Lösung 289.

Die Wandlung erfolgt auf Grund der §§ 487, 467 f. Nach § 467 finden auf die Wandlung die für das vertragsmäßige Rücktrittsrecht geltenden Vorschriften der §§ 446 bis 348, 350 bis 354, 356 entsprechende Anwendung. Nach § 347 bestimmt sich nun der Anspruch auf Herausgabe oder Vergütung von Nutzungen im Falle des Rücktritts nach den Vorschriften, die für das Verhältnis zwischen Eigentümer und Besitzer vom Eintritt der Rechtshängigkeit des Eigentumsanspruchs an gelten. Diese Vorschriften finden sich im § 987. Zu den Nutzungen gehörten nun auf seiten des Käufers B. auch die Ferkel. Sie sind also dem A. herauszugeben. A. hat den Kaufpreis zurückzuzahlen. Für die auf die Sache gemachten Verwendungen, also auch für die Futterkosten, kann dagegen B. nach § 994 von A. Ersatz verlangen. Um soviel würde sich also der von A. zurückzuzahlende Kaufpreis noch erhöhen.

Lösung 290.

Nach § 494 sind beim Kauf nach Probe die Eigenschaften der Probe als zugesichert anzusehen. Entspricht also die Ware der Probe nicht, so bestimmen sich die Rechte des Käufers nach §§ 459 ff., insbesondere § 463. Nun entspricht hier zwar die obere Schicht der Probe, nicht aber das übrige. Daß sich dies erst am nächsten Tage herausstellt, ist gleichgültig, da eine sofortige Untersuchungspflicht des Käufers auch beim sog. Versendungskauf nach BGB. nicht besteht. (Anders nach H. 513, § 377.) Somit kann A. auch jetzt noch die aus den angezogenen Vorschriften hervorgehenden Rechte, also Wandlung, Minderung oder Schadensersatz wegen Nichterfüllung geltend machen (s. Rosenthal. Anm. 21 zu § 460). Da nicht alle Ziegel probewidrig sind, so kann B. nach § 469 nur wegen der probewidrigen wandeln. Zugleich ist aber § 480 anwendbar. Die Ziegel sind nur der Gattung nach bestimmte Sachen. Der Käufer derselben kann daher Lieferung mangelfreier Ziegel verlangen.

Die Beweislast hat in diesen Fällen der Käufer zu tragen, also hier B., denn seine Behauptung ist eine Einrede, kein Leugnen des Klaggrundes. Er hat ja auch die Vermutung gegen sich, daß er die Leistung als Erfüllung angenommen habe (§ 363).

Lösung 291.

Der Vertrag enthält meines Erachtens einen Kauf auf Probe im Sinne des § 495, denn die Billigung des ersten Pferdes steht im Belieben des

Käufers B. Zugleich liegt eine Alternativobligation im Sinne des § 262 vor, bei der aber das Wahlrecht nicht dem Schuldner A., sondern dem Käufer B. zusteht. Andere Konstruktionen sind denkbar.

Wenn B. ein anderes Pferd begehrt, braucht er nach § 495 verbunden mit § 262 gar nicht zu beweisen, weil die Billigung des ersten Pferdes in sein Belieben gestellt ist und das Wahlrecht zwischen beiden Pferden ihm zusteht. Will er auch das zweite Pferd wegen Unbrauchbarkeit nicht annehmen, so muß A., wenn er auf Kaufpreis klagt, dessen Brauchbarkeit als klagbegründende Tatsache, die bestritten ist, beweisen.

Lösung 292.

Es ist eine Auslegungsfrage, ob man dem A. ein Rückforderungsrecht bezüglich der für seinen Bruder gemachten Auslagen zuerkennen soll. B. behauptet, es liege eine Schenkung im Sinne des § 516 vor, oder wenigstens eine unentgeltliche Zuwendung, die ja noch nicht Schenkung zu sein braucht (vgl. Rosenthal, Anm. 2 zu § 516). Bei der Schenkung müssen nach § 516 beide Teile darüber einig sein, daß die Zuwendung unentgeltlich erfolgt. Hier hat sich keine Partei beim Vertragsschluß darüber ausgesprochen. Es fragt sich daher, was im Zweifel zu gelten hat. Ich würde annehmen, daß jemand, der seinen verarmten Bruder unterstützt, im Zweifel nicht die Absicht der Rückforderung hat, also reine Schenkungsabsicht. Er handelt als Geschäftsführer ohne die Absicht, Ersatz zu verlangen (§ 685). Ist seine Absicht eine andere, so muß er das zum Ausdruck bringen. A. hat das aber während eines ganzen Jahres nicht getan. Es kommt hinzu, daß B. in absehbarer Zeit nicht in der Lage ist, die Dienste zu vergüten und A. dies weiß. B. hat auch keinen Grund, die Absicht des A. anzuzweifeln, denn unter Verwandten ist eben diese Absicht die zu vermutende. Somit wird A. mit der Klage auf die 1200 M. abzuweisen sein.

Anm. Das Oberlandesgericht Karlsruhe hat sich in einer Entscheidung vom 17. Januar 1902 unter Zugrundelegung der §§ 1601, 685 Abs. 2 dahin ausgesprochen, daß keine Vermutung dafür bestehe, daß Dienste wie Pflege, Wartung und Beköstigung einer Schwester unentgeltlich gewährt worden (s. Zeitschrift „Das Recht", Nr. 14 vom 25. Juni 1902 unter Nr. 1783). Es ist aber immer noch etwas anderes, wenn von vornherein feststeht, daß der Unterstützte nichts hat und wenn er durch einen unerwarteten Zufall Vermögen erlangt, als wenn er in der Lage ist, das Geleistete zu vergüten oder wenigstens nicht ausgeschlossen erscheint, daß er in die Lage kommen wird.

Hier ist also ganz nach den Umständen des einzelnen Falls zu entscheiden.

Lösung 293.

A. hat dem C. gegenüber ein Schenkungsversprechen nach § 518 abgegeben. Zu dessen Gültigkeit ist gerichtliche oder notarielle Beurkundung erforderlich. Das Vorliegen dieser Formvorschrift ist offenbar anzunehmen, denn sonst wäre ja der Vertrag von vornherein ungültig. Es ist nun nichts darüber gesagt, wann A. das Schenkungsversprechen das erstemal erfüllt, ob vor oder nach der Heirat. Es ist dies aber unerheblich, es ist überhaupt gleichgültig, ob A. die B. heiratet. Denn das Versprechen ist nicht unter der Bedingung der Heirat abgegeben — in diesem Falle käme es darauf an, ob diese Bedingung, die eine Suspensivbedingung ist, eingetreten ist — sondern nur in der in keiner Weise zum Ausdruck kommenden Absicht, den C. zur Heirat mit der B. zu bewegen. Dieser Wunsch des A. hat rechtlich gar keine Bedeutung. Wenn nun A. im dritten Jahre dem C. erklärt, daß er ihm keine Unterstützung mehr zukommen lassen werde, da er mit seiner politischen Richtung nicht einverstanden sei, so ist das ein unzulässiger Widerruf der Schenkung, denn der Widerruf ist in den gesetzlich bestimmten Fällen der §§ 530ff. möglich. Ein solcher Fall liegt aber nicht vor. Die Ausführungen der Parteien sind gänzlich verfehlt. Wenn C. behauptet, es liege ein lästiger Vertrag vor, bei dem die Eheschließung die Gegenleistung darstelle, so ist das eben als unrichtig festgestellt worden. Von einer sittlichen Pflicht usw. kann noch viel weniger die Rede sein. Trotzdem muß aber A. auf Grund des Schenkungsversprechens seine Raten weiter zahlen und zwar nach § 520 bis zu seinem Tode.

Anm. Übrigens könnte man das Hinzufügen einer Bedingung, daß jemand heiratet, für den guten Sitten widersprechend halten (§ 138), durch deren Hinzufügung daher das Rechtsgeschäft ungültig werden würde.

Lösung 294.

A. hat dem B. gegenüber ein Schenkungsversprechen im Sinne des § 518 abgegeben, bei welchem, wie in früheren Fällen, angenommen werden soll, daß die Form, also hier die Form des § 518, gewahrt ist. B. hat dasselbe angenommen. Der Vertrag ist zugleich ein Vertrag zugunsten eines Dritten im Sinne der §§ 328ff. Etwas Merkwürdiges ist es, daß dieser Vertrag zugunsten einer noch gar nicht lebenden Person geschlossen wird. Indessen liegt kein Grund vor, den Vertrag deshalb als ungültig zu bezeichnen, wie dies die Erben tun. (Man denke an die Versicherungen vieler zugunsten ihrer Erben, ihrer Kinder usw.). Fraglich ist aber, wie das Schenkungsversprechen des A. auszulegen ist, welches also der vermutliche wahre Wille des Erblassers bei Abgabe desselben gewesen ist. In Ermangelung einer besonderen Angabe des Erblassers hat der Richter durch Auslegung seiner Bestimmung unter Zugrundelegung der §§ 133, 157 zu entscheiden. Danach dürfte wohl etwa so zu folgern sein: Wenn A. einfach bestimmt, er wolle dem erstgeborenen Sohn seines Prokuristen am Tage der Volljährigkeit 10000 M. schenken, ohne jetzt oder später nähere Bestimmungen für die verschiedenen denkbaren Möglichkeiten zu geben, so will er damit den Berechtigten meines Erachtens begünstigen und in den Stand setzen, das Versprechen so weitgehend wie möglich auszulegen. Hätte A. dies vermeiden wollen, so hätten ihm — insbesondere ihm als gebildetem Manne und Kaufmann, der wichtige Erklärungen genau abzuwägen pflegt — sein gesunder Verstand und sein Rechtsgefühl sagen müssen, daß er dann nähere Bestimmungen geben müsse. Die Erben des A. behaupten demgegenüber, dem A. habe bei seiner Erklärung als condicio tacita, also als selbstverständliche Voraussetzung für die Wirkung des Schenkungsversprechens die Tatsache vor

Augen geschwebt, daß sein Prokurist zur Zeit der Volljährigkeit von dessen Sohn noch lebe und dem A. solange gedient habe. Die §§ 133, 157 verlangen aber hier keine solche Auslegung. Denn selbst wenn der wahre Wille des Schenkers, was ja nicht ausgeschlossen ist, der von den Erben des A. behauptete gewesen wäre, so ist es doch meines Erachtens nicht dessen vermutlicher wahrer Wille gewesen. Für diese Ansicht, über die sich natürlich streiten läßt, dürfte auch der Umstand sprechen, daß der Eintritt der Bedingung, deren Vorliegen die Erben des A. behaupten, so wenig zu erwarten ist. Daß dem B. ein Sohn geboren und daß dieser volljährig, also 21 Jahre alt wird, ist noch etwas Normales, dem gewöhnlichen Lauf der Dinge Entsprechendes. Daß zu dieser Zeit beide Vertragsschließende noch leben, ist schon weniger wahrscheinlich, es wird dies indessen auch mit von dem Alter des A. abhängen. (Dabei ist zu bedenken, daß ein Prokurist für gewöhnlich ein Mann in gereiften Jahren ist.) Dagegen wäre es schon ein sehr seltenes Ereignis, wenn B. dem A. bis zur fraglichen Zeit gedient hätte. Für die obige Ansicht spricht ferner der Umstand, daß A., nachdem er zu seinen Lebzeiten die fragliche Bestimmung in keiner Weise zu erklären versucht hat, nicht wenigstens in einer letztwilligen Verfügung vor seinem Tode dieselbe erwähnt. Somit ist der mutmaßliche Wille des A. meines Erachtens als dahingehend anzusehen, daß das Schenkungsversprechen ohne die bezeichnete condicio tacita wirken soll, wenn nur die an ein normales und ein leicht mögliches Ereignis geknüpfte Bedingung, daß B. einen Sohn erhält und dieser die Volljährigkeit erreicht, erfüllt wird. Hiernach und auf Grund des § 328 kann somit B. die ihm zukommenden 10000 M. von den Erben des A. herausverlangen.

Natürlich wird es möglicherweise noch andere Beweismittel geben, wie es z. B. gelegentliche Äußerungen des A. sind. Der Text gibt aber hierfür keinen Anhalt.

Lösung 295.

Nach § 518 ist zur Gültigkeit eines Vertrages, durch den eine Leistung schenkweise versprochen wird, gerichtliche oder notarielle Beurkundung nötig. Diese Form ist aber im Sinne des § 518 noch gewahrt, wenn der Schenker das Versprechen in gerichtlicher oder notarieller Form erklärt hat. Die Annahme kann formlos, somit stillschweigend erfolgen (s. auch Rosenthal, Anm. 6 zu § 518).

Wenn daher in dem Vorgang vor dem Gericht eine Beurkundung erblickt werden kann, so ist das Schenkungsversprechen rechtsgültig. Die Schilderung desselben läßt keine bestimmte Annahme zu.

Die Vertretung bei gerichtlichen und notariellen Beurkundungen ist zulässig.

Lösung 296.

B. kann nicht durchdringen, denn zwar hat der Vermieter nach § 535 dem Mieter den Gebrauch der vermieteten Sache zu gewähren, während der Mieter zur Entrichtung des Mietzinses, nicht aber zum Einziehen, verpflichtet ist, wenn aber B. dem A. erklärt, daß er die Wohnung nicht beziehen werde, und A. damit einverstanden ist und die Wohnung anderweit vermietet, so wird man wohl darin seitens beider Parteien den Willen erblicken müssen, den Vertrag aufzulösen. Somit kann B. keinen Erfüllungsanspruch mehr geltend machen, wenn ihm in seiner neuen Wohnung das Wohnen unmöglich wird. A. muß die Aufhebung des Vertrages, wenn sie bestritten wird, als eine rechtsvernichtende Tatsache beweisen.

Lösung 297.

Anschläge, Preislisten u. dgl. sind im allgemeinen nicht Vertragsanträge, sondern Aufforderungen, solche zu stellen. Je nach Lage des einzelnen Falles kann man häufig annehmen, daß der Inhalt der Offerte sich nach dem Säulenanschlage der Preisliste usw. bestimmt, so daß derartige Angaben bereits für den Vertrag grundlegend sind. Dies kann man insbesondere dann annehmen, wenn in der Offerte auf jene Aufforderung Bezug genommen wird. Im vorliegenden Falle ist mir wahrscheinlich, daß der Mieter des Pferdes, indem er den Mietvertrag schließt, auch die Haftung für Zufall übernimmt, selbst wenn er nicht ausdrücklich auf diese Bedingung hingewiesen worden ist. Denn das Plakat hängt im Reitinstitut selbst, es wird also dadurch dem Mieter unmittelbar und dauernd zum Bewußtsein gebracht, anders als wenn die Ankündigung z. B. nur in einer Zeitung erfolgt wäre. Auch ist es im Verkehr allgemein üblich, zu vereinbaren, daß den Mieter des Pferdes die Gefahr des zufälligen Untergangs trifft.

Zur juristischen Konstruktion: Nach § 556 hat der Mieter nach Beendigung des Mietverhältnisses die Sache zurückzugeben, wie er sie empfangen hat (vorbehältlich § 548). A. hat ein unverletztes Pferd erhalten, muß es also unverletzt zurückgeben. Das kann er nicht; die Erfüllung, wozu neben der Zinszahlung die Rückgabe gehört, ist ihm unmöglich. Hat er diese Unmöglichkeit zu vertreten? Ja, denn er hat die Haftung für Zufall übernommen. Nach §§ 280, 325 haftet er daher auf Schadensersatz. Gleichgültig ist also, ob A. den Schlag hätte abwenden können. Auch wenn er es nicht konnte, mußte er haften.

Auch der Eigentümer des Pferdes, welches das Pferd des Inhabers des Reitinstituts geschlagen hat, haftet diesem auf Schadensersatz nach § 833. Eigenes Verschulden ist hierbei allerdings nicht ohne Einfluß (§ 254). A. kann, ehe er zahlt, vom Eigentümer des Reitinstituts nach § 255 Abtretung der Ansprüche gegen den Eigentümer des fremden Pferdes verlangen. Der Fall ist genau zu erörtern. Ich gebe nur Anregungen.

Lösung 298.

Die einzelnen Fälle sollen den Unterschied zwischen Miete und Pacht vor Augen führen. Die Hauptunterschiede zwischen beiden bestehen darin, daß die Miete nur das Gebrauchsrecht, die Pacht dagegen das Gebrauchs- und Fruchtziehungsrecht gewährt, ferner daß Gegenstand der Miete nur körperliche Sachen sein können, Gegenstand der Pacht dagegen auch Rechte,

z. B. die Ausnützung eines Nießbrauchsrechts usw. (vgl. hierüber Komm. von Rosenthal, Anm. 1 zu § 535). (Über den Fruchtbegriff, der hier als bekannt vorausgesetzt wird, vgl. §§ 99 ff.).

α) Hier liegt Miete vor, denn das Wohnhaus kommt in erster Linie als solches in Betracht. Die Überlassung des zugehörigen Obst- und Gemüsegartens gewährt dem A. allerdings einen Fruchtgenuß, aber dieser soll im Vergleich mit dem Gebrauchsrecht an dem Hause nur ein nebensächlicher sein, ebenso wie der Garten selbst im Verhältnis zum Hause nur Nebensache ist. (Zubehör im Sinne des § 97 ist er nicht, da das nur bewegliche Sachen sein können.)

β) Es liegt Pacht vor, da das Hotel mit Inventar dem A. überlassen worden ist und A. berechtigt ist, das Hotel auf eigene Rechnung zu betreiben. Dadurch wird dem A. die Möglichkeit gegeben, aus dem Hotelbetrieb einen Erwerb zu machen. Daraus ergibt sich, daß A. an dem Hotel nicht nur ein Gebrauchsrecht (Wohnungsrecht) haben soll, sondern vor allem auch ein Fruchtziehungsrecht im Sinne des § 581 (vgl. HGB. § 22 Abs. 2).

γ) Es liegt Pacht vor, da dem A. nicht nur die Benutzung der Räumlichkeiten der Restauration, sondern auch der Bierverschank in derselben überlassen worden ist. Durch Betrieb der Restauration wird A. in die Lage versetzt, einen Erwerb zu treiben. Daran hindert ihn voraussichtlich nicht die im Vertrage übernommene Verpflichtung, das Bier zum Betriebe der Restauration zu einem bestimmten Preise von der Brauerei — also der Verpächterin — zu beziehen, denn dieser Preis ist im Zweifel geringer als der von A. erzielte Verkaufspreis, so daß A. noch einen Gewinn macht. Also gilt das unter β Gesagte. (Zweifelhaft kann man in diesen Fällen sein. Ein Kaufmann z. B. „mietet" seine Geschäftsräume. Warum?)

δ) Es liegt Pacht vor, denn die Überlassung der Benutzung der Wasserkraft gewährt ein Recht, nämlich ein Nießbrauchsrecht. Gegenstand der Miete kann aber ein Recht nicht sein. Außerdem kann A. den Betrieb der Mühle als Gewerbe betreiben. (Man kann auch die Wasserkraft als eine Frucht des Grundstücks ansehen und sie zu der „sonstigen Ausbeute" des § 99 Abs. 1 rechnen.)

ε) Hier liegt weder Miete allein noch Pacht vor, sondern eine Kombination von Sachmietvertrag und Werkmietvertrag. Das Überlassen des dritten Stockwerks seitens des B. an A. ist natürlich Miete, die Lieferung von Elektrizität ist aber Lieferung einer Kraft, also eines Erfolges. Der Vertrag, durch den sich jemand zur Lieferung von Elektrizität gegen Entgelt verpflichtet, ist daher Werkmietvertrag im Sinne der §§ 631 ff. Hierbei ist wieder, wie in Fall α, zu fragen, ob nach Absicht der Parteien die Lieferung der Elektrizität nicht etwas Nebensächliches sein soll und daher der Werkvertrag überhaupt nicht in Betracht kommt. Das ist hier zu verneinen, denn offenbar sind beide Leistungen von den Parteien als gleichwertige anerkannt (wichtig z. B. für die Geltendmachung von Mängeln).

Anm. Die Elektrizität wurde früher als bewegliche Sache angesehen und daher deren Lieferung als Lieferung einer beweglichen Sache betrachtet. Das Reichsgericht hat indessen im Sinne der obigen Ansicht entschieden.

Andere wichtige Unterschiede zwischen Pacht und Miete bestehen in Ansehung
1. des Pfandrechts: § 585 BGB., § 49 Ziff. 2 KO.,
2. der Kündigungsfristen: §§ 595—565,
3. der Kündigungsgründe: § 596,
4. der Zulässigkeit der Afterpacht,
5. der Zinszahlung: §§ 584—551.

Lösung 299.

B. beruft sich auf § 542. Danach kann der Mieter, wenn ihm der vertragsmäßige Gebrauch der gemieteten Sache wieder entzogen wird, ohne Einhaltung einer Kündigungsfrist das Mietverhältnis kündigen. Dies tut B. hier, indem er auf den Vorschlag des A. nicht eingeht und eine teurere Wohnung mietet. Nach § 542 Abs. 1 Satz 3 ist die in Satz 2 cit. geforderte Fristsetzung hier nicht notwendig. Das Erbieten des A. braucht B. von seinem Standpunkt aus nicht anzunehmen, wenn auch die neue Wohnung der alten vollständig entspricht. Die Erlangung der gesundheitspolizeilichen Genehmigung ist allerdings ein von A. zu vertretender Umstand im Sinne des § 325. Demgemäß wäre B. berechtigt, Schadensersatz wegen Nichterfüllung zu fordern (vgl. auch § 280). Insoweit hat B. recht. Indessen hat bei Entstehung des Schadens insofern ein Verschulden des Beschuldigten mitgewirkt, als derselbe, nämlich B., die zweite Wohnung des A. nicht bezogen hat. Der Schaden ist nicht nur vorwiegend, sondern fast vollständig durch das Verhalten des B. entstanden. Nach § 254 ist daher eine Schadensersatzpflicht des A. zu verneinen. Dieser Anwendung des § 254 dürfte nichts entgegenstehen. Man könnte übrigens auch auf Grund des § 249 zu einem Resultat kommen. Danach hat, wer Schadensersatz leistet, den früheren Zustand wieder herzustellen. Es ist nun unbedenklich, die Überlassung der ganz gleichen Wohnung seitens des A. an B. als Wiederherstellung dieses Zustandes aufzufassen. Da A. dieselbe nicht annimmt, so kann er weitere Ansprüche nicht geltend machen.

Anm. Am Schluß liegt ein Druckfehler vor, indem es anstatt: „Er verlangt nunmehr von A. Schadensersatz“ heißt: „Er verlangt nunmehr von B. Schadensersatz“.

Lösung 300.

Es liegt zunächst eine Unmöglichkeit der Leistung beim Vertragsschluß vor (§ 308). Doch ist deren Aufhebung möglich. Wenn B. die von ihm an A. vermietete Wohnung nach dem Vertrage erst zum Gastwirtschaftsbetriebe einzurichten hat und dies am 1. April 1900 noch nicht geschehen ist, so wird dem A. dadurch der vertragsmäßige Gebrauch der gemieteten Sache nicht rechtzeitig gewährt. Nach § 542 hat daher A. ein sofortiges Kündigungsrecht. Gemäß § 542 Abs. 1 Satz 2 hat nun der Mieter A. dem Vermieter B. 14 Tage Frist — also eine angemessene Frist — gesetzt, um Abhilfe zu schaffen. Diese ist aber erfolglos verstrichen, da B. infolge

Ablehnung seines Gesuchs um Konzessionserteilung die Mietwohnung nicht in den vertragsmäßigen Zustand hat bringen können. Somit ist A. am 20. April zur Kündigung berechtigt. Nach § 543 Abs. 2 ist im Falle der Kündigung nach § 542 der bereits im voraus gezahlte Mietzins nach § 347 oder wenn die Kündigung infolge eines von B. nicht zu vertretenden Umstandes erfolgt ist, nach § 812 zurückzuzahlen. Die Rückzahlungspflicht des B. ist also zweifellos. Fraglich ist nur, welche Vorschrift anzuwenden ist. A. ist nicht schuld am Rücktritt, wohl aber B. Deshalb scheint mir § 812 anwendbar.

Die Behauptungen des B. sind schwerlich erfolgreich.

Wenn B. insbesondere behauptet, das Hindernis habe nur kurze Zeit bestanden usw., so ist das offenbar unrichtig; denn der Tatbestand zeigt zur Genüge, daß für A. kaum mehr daran zu denken ist, die Konzession zu erlangen. § 542 Abs. 2, auf den sich B. damit zu berufen scheint, ist also meines Erachtens nicht anwendbar, auch § 254 wohl kaum.

Lösung 301.

Es liegt der Tatbestand des § 542 vor. Einer Fristsetzung im Sinne des § 542 Abs. 2 Satz 2 bedarf es hier nach Satz 3 nicht, da die Bestimmung einer Frist für A. bei der Kürze der Zeit kein Interesse mehr hat. Nach § 542 ist also A. zur sofortigen Kündigung berechtigt. Nun fordert A. außerdem Abnahme der Pferde, d. h. Schadensersatz. Damit stützt er sich auf die ergänzend eingreifenden allgemeinen Vorschriften über die nachträgliche Unmöglichkeit der Leistung. Letztere gewährt ihm aber nach § 323 kein Recht auf Schadensersatz, wenn die Leistung dem B. infolge eines Umstandes, den er nicht zu vertreten hat, unmöglich geworden ist. Ein solcher liegt nun auch hier vor, denn die Besetzung des Stalles durch Militär konnte B. nicht verhindern. Diese Besetzung beruht auf dem Quartierleistungsgesetz vom 25. Juni 1868. Somit steht dem A. kein Recht auf Schadensersatz zu. Anzuerkennen ist aber meines Erachtens hier auch die gegenteilige Ansicht, daß B. die Unmöglichkeit der Erfüllung nach § 535 unbedingt zu vertreten hat. Man wird dies je nach Lage des Falles beurteilen müssen. Konnte z. B. B. die Einquartierung erwarten, so handelt er wider Treu und Glauben, wenn er den Mieter nicht darauf hinwies. Er muß dann nicht nur den Rücktritt des A. dulden, sondern auch Schadensersatz leisten. Der Fall bedarf genauer Erörterung (vgl. insbes. Fall 299).

Lösung 302.

Wenn B. dem A. seine Lokalitäten zur Betreibung einer Möbelfabrikation im allgemeinen vermietet, so ergibt sich aus der ausdrücklichen Hervorhebung der Worte „im allgemeinen" die Absicht der Parteien, daß die Wohnung sich in einem Zustande befinden muß, der jede Art von Möbelfabrikation gestattet. Diese Beschaffenheit der Wohnung ist also eine wesentliche Eigenschaft derselben, ohne deren Vorliegen A. vermutlich den Vertrag nicht abgeschlossen hätte. Die Herstellung von Polstermöbeln gehört nun zweifellos zur Möbelfabrikation „im allgemeinen" und ist sogar ein wichtiger Zweig derselben. Das Verbot der Zollbehörde bewirkt also, daß dem A. der vertragsmäßige Gebrauch der Wohnung, die sich ja zunächst in dem hierzu geeigneten Zustande befand, wieder entzogen wird. Es liegt somit eine teilweise Entziehung des vertragsmäßigen Gebrauchs im Sinne des § 542 vor. (§ 537 kommt nicht in Betracht, da A. vom Vertrage zurücktreten will.) Demnach kann der Mieter ohne Einhaltung einer Kündigungsfrist kündigen. Nach § 542 Abs. 1 Satz 2 ist aber die Kündigung erst zulässig, wenn der Vermieter eine ihm vom Mieter bestimmte angemessene Frist hat verstreichen lassen, ohne Abhilfe zu schaffen. A. hat diese Frist am 1. März gesetzt und zwar sind zwei Wochen meines Erachtens angemessen. Nachdem die Frist am 15. März erfolglos abgelaufen ist, kann A. ohne Einhaltung einer Kündigungsfrist ausziehen.

Der Einwand des B., daß es sich nur um eine unerhebliche Einschränkung des vertragsmäßigen Gebrauchs im Sinne des § 542 Abs. 2 handele, ist, wie das am Eingang Gesagte ergibt, zu verwerfen. Die Behauptung des A. dagegen, daß sein Rücktrittsrecht ev. um deswillen begründet sei, weil der Beklagte die ihm obliegende Leistung wegen eines von ihm zu vertretenden Umstandes nicht bewirken könne, ist richtig. A. nimmt damit Bezug auf § 325. Gewiß beruhte auf dieser ergänzend anzuwendenden Vorschrift das Recht des A. Nach alledem ist die Feststellungsklage (§§ 256 ff. ZPO.) begründet.

Lösung 303.

Es liegt zunächst eine Unmöglichkeit der Leistung bei Abschluß des Vertrags vor, diese kann aber möglicherweise gehoben werden (§ 308). Aus den Verhandlungen der Parteien vor Abschluß des Vertrags ergibt sich, daß sie die Beschaffung der polizeilichen Genehmigung zum Fabrikbetrieb als eine selbstverständliche Voraussetzung des Geschäfts betrachten. Wenn daher A. am 1. April 1900 einstweilen die Mieträume bezieht, ohne daß diese Genehmigung gegeben ist, ohne daß also der Vertrag erfüllt ist, so tut er dies nur in der Voraussetzung, daß die Genehmigung noch erfolgen wird (§§ 157, 133). Daß auch B. diese Auslegung des Vertrags anerkennt, zeigt er, indem er mit A. vereinbart, daß er die Genehmigung der Polizei bis 1. Januar 1901 zu beschaffen habe. Darin ist eine Fristsetzung im Sinne des § 542 Abs. 1 Satz 2 zu erblicken, die hier durch Vereinbarung erfolgt. Die Frist ist angemessen. Hierauf verlängert A. die Frist bis 1. März. War A. nach § 542 schon am 15. Januar zur Kündigung berechtigt, so ist er es um so mehr am 1. April. Nach dem Obigen ist der Mietvertrag dadurch als von Anfang an aufgehoben zu betrachten. Da A. die Fabrikräume zum Betrieb einer Eisengießerei gemietet hat, sie ihm aber nicht im vertragsmäßigen Zustande gewährt worden sind, so hat er auch keine Verpflichtung zur Zahlung von Mietzins. Wenigstens hat er auf Grund des Mietvertrags nichts zu zahlen, höchstens auf Grund einer ungerechtfertigen Bereicherung, die man vielleicht darin erblicken könnte, daß A. dadurch, daß er selbst in der Mietwohnung gewohnt hat, etwas erspart hat. Dieser Wert wird sich aber wahrscheinlich durch den ihm zugefügten Schaden mindestens ausgleichen. B. kann also kein Pfandrecht im Sinne des § 559 geltend machen. A. dringt dagegen mit seiner Klage durch und B. ist zu verurteilen, den Auszug des A. zu dulden und die Auflösung des Vertrags anzuerkennen. Seine Einwendungen sind zu verwerfen. A. hat den Mangel der Sache zwar gekannt, er hat sich aber für den Fall der Nichtbeseitigung des Mangels seine Rechte vorbehalten (§§ 539, 464 verb. mit § 543). Die Konzessionserteilung am 5. April hat für A. keine Bedeutung mehr, da das Mietverhältnis schon am 1. April geendet hat.

Die Klage ist teils Feststellungsklage (das Erlöschen des Mietverhältnisses wird festgestellt), teils Leistungsklage (Klaggrund: Eigentum an den Invekten und Illaten, oder Besitzstörung). Für die Feststellungsklage ist hier das erforderliche rechtliche Interesse des § 256 ZPO. vorhanden, da B. den Anspruch bestreitet und die Möbel zurückhält.

Lösung 304.

Der B. hat das obere Stockwerk dem A. in einem Zustande zu gewähren, der so beschaffen ist, daß von den Sachen des Mieters nichts beschädigt werden kann. Dafür ist in diesem Falle, da es sich um das obere Stockwerk handelt, vermutlich der Zustand des Daches von Bedeutung. Dieses muß die Sachen des Mieters vor Nässe schützen, da sonst der Betrieb eines Pianofortegeschäftes gestört wird. Wenn nun im Laufe der Mietzeit durch das Dach des Vermieters Regen eindringt, so ist das ein nach der Überlassung der Mietsache an den Mieter, also ein im Laufe der Miete entstehender Fehler, der den vertragsmäßigen Gebrauch derselben mindert. Es liegt daher der Fall des § 537 vor. A. stützt sich aber nicht auf § 537, denn er macht keine Minderung des Mietzinses geltend, sondern Schadensersatz. A. stützt sich somit auf § 538. Diese Gesetzesstelle setzt noch mehr voraus als § 537. Unter anderem enthält sie auch den Fall, daß der Mangel infolge eines Umstandes entstanden ist, den der Vermieter zu vertreten hat (vgl. §§ 276, 278). Ein solcher Mangel liegt hier vor, da B. als Hauseigentümer zur rechtzeitigen Instandhaltung des Daches verpflichtet war. In der Unterlassung derselben liegt eine Nichtanwendung der im Verkehr erforderlichen Sorgfalt, also eine Fahrlässigkeit im Sinne des § 276. Durch den Mangel der Mietsache erleidet A. einen Schaden, denn das Klavier wird durch die Nässe beschädigt und sein Wert dadurch vermindert. A. kann also auf Grund von § 538 Schadensersatz wegen Nichterfüllung von B. verlangen.

Sollte dem B. keine Fahrlässigkeit zur Last fallen, z. B. weil er den Eintritt des Schadens aus irgendeinem Grunde nicht erwarten konnte, so bleibt dem A. natürlich immer noch die Möglichkeit, sich auf § 537 zu stützen und Minderung bzw. Aufhebung des Mietzinses zu verlangen.

Lösung 305.

Aus §§ 536, 548 geht hervor, daß der Mieter für Beschädigungen der Mietsache haftet, die über die vertragsmäßige Abnutzung hinausgehen. Er haftet also für das, was durch sein oder seiner Leute Verschulden beschädigt wird. Wenn nun der Mieter den Inhaber des Transportgeschäfts mit dem Transport seiner Möbel beauftragt, so besteht zwischen ihm und dem ersteren ein Werkvertrag. Aus diesem haftet der Geschäftsinhaber dem Mieter für das Verschulden seiner Leute gemäß § 278 aus dem Vertrag und zugleich gemäß § 831 aus Delikt. Dagegen fragt sich, ob auch der Mieter dem Vermieter für das Verschulden dieser Leute haftet. Hier läßt sich § 831 verbunden mit § 278 ebenfalls anwenden. Der Mieter hat nach § 556 die Verpflichtung, die Wohnung zurückzugeben und zu räumen. Der Mieter hat, um dieser nachzukommen, den Geschäftsinhaber zu einer Verrichtung bestellt. Dieser hat wieder seine Leute hierzu bestellt. Der Mieter haftet also nach § 831. Allerdings kann sich der Mieter durch den Nachweis des § 831 Abs. 1 Satz 2 von der Deliktshaftung befreien. Dann haftet der Geschäftsinhaber dem Vermieter zugleich mit seinen Leuten. Befreit sich auch dieser durch den Nachweis des § 831 Abs. 1 Satz 2, so haften nur noch dessen Leute. Dagegen kann sich der Mieter meines Erachtens nicht von der Vertragshaftung nach § 278 befreien. Seine Haftung bleibt also in jedem Falle bestehen.

Anm. Liszt (Deliktsobligationen S. 105) setzt die §§ 278 und 831 in ein Verhältnis, wonach sie sich ausschließen. Hervorgehoben ist noch mehr, daß der Mieter, indem er die Möbel fortschaffen läßt, sich der Arbeiter „zur Erfüllung einer Verbindlichkeit" bedient (§ 278).

Lösung 306.

Nach § 547 Abs. 2 Satz 2 kann der Mieter eine Einrichtung, mit der er die Sache versehen hat, wegnehmen. Die neuen Tapeten und der Telegraphendraht gehören zu diesen Einrichtungen, weshalb A. zur Wegnahme berechtigt ist. A. hat nun diese Gegenstände zwar nicht weggenommen, wohl aber hat er sie zerschnitten. Dafür braucht er im allgemeinen keinen Ersatz zu leisten. Indessen muß er nach § 258 für die durch die Beseitigung der zerschnittenen Gegenstände entstehenden Kosten Ersatz leisten. Zur Beseitigung ist A. nach § 536 auch verpflichtet, da sich die Wohnung mit den zerschnittenen Tapeten nicht in einem zum vertragsmäßigen Gebrauch geeigneten Zustande befinden würde.

Lösung 307.

Wenn A. am 1. Oktober nicht in die Mietwohnung einzieht, weil ihm dieselbe nicht behagt, so entsteht deshalb noch kein Pfandrecht des Vermieters an den schon vorher darin gewesenen Sachen des Mieters. Zur Geltendmachung eines Pfandrechts im Sinne des § 559 gehört, daß der Mieter den fälligen Mietzins nicht gezahlt hat. Dieser ist nun nach § 551 im Zweifel am Ende der Mietzeit zu zahlen (wenn auch in der Praxis die gegenteilige Vereinbarung die Regel bildet). Hier steht aber noch nicht einmal fest, ob A. den Mietzins zahlen wird, wenn es auch unwahrscheinlich ist. Jedenfalls ist er zur Zeit der Einbringung und Fortschaffung der Sachen nicht fällig. Somit ist B. mit der Klage auf Einräumung des Besitzes der eingebrachten Sachen abzuweisen. Außerdem hat letzteres deshalb zu geschehen, weil nach § 559 Satz 3 ein solches Pfandrecht hier gar nicht entstehen könnte, denn die genannten Sachen sind der Pfändung nicht unterworfen (§ 811 ZPO.).

Lösung 308.

Die Hauptfrage ist die: Liegt in der Vereinbarung vom 30. Juni 1905 ein neuer Vertrag. — Dieser war nach § 566 schriftlich abzuschließen, da auf länger als ein Jahr — oder handelt es sich nur um eine Abänderung des bereits schriftlich abgeschlossenen Vertrags. Meines Erachtens ist letzteres der Fall. Es wird also die Vertragsklausel über die stillschweigende Verlängerung durch die Vereinbarung, daß B. bis zum 1. Oktober 1907 wohnen bleiben dürfe, dahin abgeändert, daß die stillschweigende Verlängerung nur für zwei Jahre Platz greifen soll. Es liegt also nur eine Herabsetzung der in dem alten Vertrag bestimmten Mietzeit vor. Diese vertragsmäßige Herabsetzung ist meines Erachtens auf Grund von § 566 auch mündlich für bindend zu erachten, denn danach bedarf nur die Schließung, nicht aber die Änderung des Vertrags, insbesondere die Herabsetzung der Mietzeit, der schriftlichen Form. Wenn B. ferner nicht ausziehen will, weil A. ihm nicht gekündigt habe, so ist darauf zu erwidern, daß in der mündlichen Abrede zugleich eine rechtzeitige Kündigung des Mietvertrags für 1. Oktober 1907 zu erblicken ist. Die Kündigung ist eben in der Vereinbarung vom 30. Juni 1905 enthalten.

Den § 226 (Schikaneverbot) zu Hilfe zu nehmen, scheint mir danach nicht notwendig.

Lösung 309

Die Universität ist in Deutschland eine öffentliche Unterrichtsanstalt. Der Professor ist ein Lehrer an derselben. Wenn dieser aber einen Ruf an eine andere Universität erhält, so ist das keine Versetzung im Sinne des § 570. Versetzung ist Anweisung der vorgesetzten Dienstbehörde an einen Beamten, seinen Wohnsitz an einem anderen Orte als dem bisherigen zu nehmen Eine solche liegt beim Professor nicht vor, weil er nur einen Ruf erhält. Darin liegt ein Angebot der anderen Universität, dessen Annahme dem Professor völlig freisteht. Auf ihn findet daher im vorliegenden Falle § 552 Anwendung. Er wird durch einen in seiner Person liegenden Grund — das ist die Annahme des Rufs an eine andere Universität — an der Ausübung des ihm zustehenden Gebrauchsrechts verhindert. Dadurch wird er aber nicht von der Zahlung des Mietzinses befreit. Wenn also A. nach Ablauf der drei Jahre das Mietverhältnis kündigt und Zahlung des weiteren Mietzinses für das dritte bis fünfte Jahr verweigert, so ist dies unberechtigt. Er darf nicht einmal unter Einhaltung der gesetzlichen Kündigungsfrist kündigen. Somit ist A., auf die Klage des B. hin, zur Zahlung der Restmiete zu verurteilen.

B. hat nun erst nach Ablauf der Mietzeit gegen A. geklagt, nicht gleich nach dem Auszuge des A. Es könnte daher fraglich erscheinen, ob die Klaganstellung nicht vielleicht verspätet war. Das ist aber zu verneinen. Denn der Vertrag ist auf fünf Jahre geschlossen; es genügt daher, wenn der Vermieter die Nichtannahme der Kündigung erklärt. B. konnte daraufhin zunächst eine Äußerung des A. darüber erwarten, ob er bei seiner Kündigung bleiben wolle. Ein Rücktritt seitens des B. liegt dagegen nicht vor, vielmehr bleibt der Vertrag bestehen. Das wäre z. B. auch für den Fall wichtig, daß A. vor Ablauf der Mietzeit wieder zurückkehrt und Einräumung der Wohnung verlangt. Dazu wäre er berechtigt, und B. hätte ihm dann die Wohnung im vertragsmäßigen Zustande zur Verfügung zu stellen. B. kann übrigens schon deshalb nicht sofort nach dem Auszug des A. auf den ganzen Mietzins klagen, weil die Leistung vor Ablauf der ganzen Mietzeit vermutlich noch nicht einmal fällig ist, wenigstens wenn man annimmt, daß der Mietzins, wie gewöhnlich bei größeren Wohnungen — auch im Falle des Mietens auf bestimmte längere Zeit — vierteljährlich bezahlt wird.

Aus allen diesen Gründen handelt B. ganz richtig, wenn er erst nach Ablauf der Frist von zwei Jahren — also nach Ablauf der verabredeten Mietzeit — gegen A. Klage auf die Restmiete erhebt. Er muß daher mit dieser Klage durchdringen.

Nach § 552 Satz 2 muß sich B. natürlich den Wert der in den zwei Jahren ersparten Aufwendungen sowie diejenigen Vorteile anrechnen lassen, die er aus einer anderweitigen Verwertung des Gebrauchs erlangt. B. ist aber nicht etwa gezwungen, die Wohnung zu vermieten, vielmehr muß er sie, während der zwei Jahre, wie oben gesagt, für A. bereit halten und macht sich, falls er es nicht tut, schadensersatzpflichtig. Vermietet also B. trotzdem und A. kommt nicht wieder, so kann A. gegenüber der später von B. angestellten Klage den Einwand nach § 552 Satz 2 erheben. Diesen muß er allerdings beweisen können. Vielfach vermietet der Vermieter in solchen Fällen und verläßt sich darauf, daß der Mieter den Einwand im Prozesse nicht geltend macht. Geschieht dies nicht, so erlangt er einen besonderen Vorteil. Macht der Mieter dagegen den Einwand geltend, so muß er sich den entsprechenden Abzug gefallen lassen, bzw. sich auf vollständige Abweisung der Klage gefaßt machen.

Anm. Wenn der Professor nach Ablauf der $3^1/_4$ Jahre auszieht, wird er vermutlich auch seine Möbel mitnehmen. Wie steht es in diesem Falle mit der Geltendmachung des gesetzlichen Pfandrechts des § 561?

Lösung 310.

Die vorliegende Vereinbarung ist an eine sog. Potestativbedingung geknüpft, d. h. an eine Bedingung, deren Eintritt in das Belieben des Berechtigten gestellt ist. Die Bedingung ist nun eingetreten. A. hat verkauft und der Mietvertrag mit B. ist damit am 1. April aufgelöst. B. ist daher zur Räumung nach dem Vertrage verpflichtet. Er beruft sich demgegenüber auf § 138, aber mit Unrecht, denn durch die Übernahme der Verpflichtung zum Ausziehen für den Fall, daß der Verkauf erfolgt, wird die Willensfreiheit des B. keineswegs in einer vom Gesetze nicht gewünschten Weise beschränkt. B. muß daher nach dem Verkaufe des Hauses räumen. Eine weitere Frage ist dabei die, ob C, der Käufer, diese Räumung selbst verlangen kann, oder ob nicht vielmehr nur A. auf dieselbe klagen kann. Das erstere ist anzunehmen, denn C. tritt nach § 571 in die Rechte und Verpflichtungen des A. ein. Er hat also ein Recht, die Räumung zu verlangen. Daß A. auf sein Recht nicht verzichtet hat, geht daraus hervor, daß er dem B. den Verkauf anzeigt.

Lösung 311.

Zwischen A. und B. besteht ein Leihvertrag im Sinne des § 598. Danach gestattet A. dem B. den Gebrauch des Ringes unentgeltlich auf drei Monate. A. bleibt aber Eigentümer des Ringes. Wenn nun B. den Ring versetzt, so schließt er damit mit einem Dritten — wahrscheinlich dem Leihhaus — einen Pfandvertrag im Sinne der §§ 1204 ff. ab. Hier finden, da die Sache nicht dem Verpfänder gehört, bezüglich der Wirksamkeit des Vertrags nach § 1207 die für den Erwerb des Eigentums geltenden Vorschriften der §§ 932, 934, 935 entsprechende Anwendung. Da der Dritte im Zweifel gutgläubig ist, erwirbt er also ein gültiges Pfandrecht. Dagegen bleibt A. Eigentümer des Ringes. Als solcher ist er aber im Konkurse des B. aussonderungsberechtigt (§ 43 KO.). Demgegenüber hat der Verwalter C. keinen Anspruch. Er erfüllt, ohne es zu wissen, eine Verbindlichkeit des Gemeinschuldners B., indem er den Ring einlöst (zu beachten § 687). C. muß also den Ring an A. herausgeben, ohne daß er Erstattung von 300 M. beanspruchen kann.

Lösung 312.

Der von A. ausgestellte Schuldschein enthält ein Schuldanerkenntnis dahingehend, daß A. bekennt, dem B. 100 M. zu schulden (§ 781). Wenn es nun heißt, B. erhält darauf von C. 50 M., so ist nicht ganz bestimmt aus der Aufgabe zu ersehen, was zwischen B. und C. für ein Rechtsgeschäft vorliegt. Da A. dem B. erlaubt hat, sich mit dem Schuldschein Geld zu verschaffen, wird wohl eine Abtretung unter Übergabe des Schuldscheins vorliegen. Ob sich diese nur auf 50 M. bezieht oder nicht, ist nicht zu ersehen. Aus dieser Abtretung erwirbt C. einen Anspruch gegen A. Ob dieser auf 50 M. oder 100 M. geht, hängt davon ab, wieviel B. von seiner Forderung gegen A. an C. abgetreten hat.

Lösung 313.

Nach § 607 Abs. 2 ist die vorliegende Vereinbarung, wonach A., der Schuldner aus dem Auftrage, die 100 M. als Darlehn behalten soll, gültig.

Es liegt daher kein Grund vor, weshalb B. nicht die Dahrlehnsklage sollte anstellen können. Zinsen kann B. nicht fordern, da solche nicht vereinbart sind. Aus § 608 ergibt sich, daß das Darlehn im Zweifel unverzinslich ist, während allerdings im Leben die Zinsvereinbarung die Regel bildet, da der Darlehnsgeber selbst das Darlehn meistens nicht aus Gefälligkeit, sondern gerade deshalb gibt, weil er sein Kapital gut verzinsen will.

Lösung 319.

In der Hingabe des Darlehns seitens des A. an C. liegt eine Geschäftsführung ohne Auftrag im Sinne der §§ 677 ff. Eine solche stellt sich dem Dritten gegenüber dar als Vertragsschluß eines Vertreters ohne Vertretungsmacht. Die §§ 677 ff. regeln nur das innere Verhältnis zwischen dem Vertretenen und Vertreter. Das Verhältnis zwischen den beiden Genannten einerseits und dem Dritten andrerseits regeln die §§ 177 ff. § 177 kommt hier in Betracht, da der Vertretene, der B., die Klage gegen den Dritten, den C., anstellt. Zunächst fragt sich, ob B. zum Abschluß des Vertrags seine Genehmigung erteilt hat. Das ist zu bejahen, und zwar liegt die Genehmigung darin, daß er die Klage aus Darlehn anstellt. Dieses ist im Zweifel jederzeit fällig. Der Vertrag ist also nach § 177 gültig. Ob B. daraus ohne weiteres klagen kann, wird davon abhängen, ob C. wußte, daß A. Geschäftsführer sei, also ob A. dem C. mitgeteilt hat, daß er für B. handle. Dann hat er als offener Stellvertreter gehandelt und C. muß daher den B. als seinen Gegner ansehen. Hat aber A. als stiller Stellvertreter gehandelt, dann ist die Frage, ob B. unmittelbar aus Darlehn klagen kann, bestritten (vgl. Kuhlenbeck, Anm. 3 zu § 164).

Eine Klage gegen C. hat B. meines Erachtens, wenn er nicht genehmigt, auf jeden Fall, nämlich die Bereicherungsklage nach § 812, weil dann C. „in sonstiger Weise" auf Kosten des B. ohne Grund bereichert ist.

Lösung 321.

Wenn B. dem A. die Uhr zum Verkaufe übergibt, damit A. den Erlös als Darlehn behalte, so liegt ein Vertrag im Sinne des § 607 Abs. 2 vor. Es fragt sich, ob B. dadurch bereits das Eigentum an der Uhr an A. überträgt, wie es bei Übergabe der Darlehnsvaluta erforderlich ist. Das kommt hier ganz auf den Willen der Parteien an. Meines Erachtens ist hier, wie vielfach in Zweifelsfällen dieser Art, aus den Umständen zu folgern, ob der Wille des B. bei Übergabe der Uhr an A. auf Besitzübergabe zum Zwecke der Eigentumsübertragung ging und A. die Uhr in der Absicht, Eigentum zu erwerben, annahm. Ich möchte es bejahen. Somit trägt A. von der Übergabe an die Gefahr (casum sentit dominus). Das Verhältnis der Parteien ist nun derart, daß A. dem B. in der Zeit bis zur Erlangung des Darlehns die Uhr schuldet und von dieser an das Geld. Wenn also dem A. die Uhr vor Erlangung des Darlehns gestohlen wird, so haftet A. dafür. A. hat daher dem B. Schadensersatz für die Uhr zu leisten. Dieser bestimmt sich nach den allgemeinen Vorschriften der §§ 249 ff. Er wird, da der frühere Zustand nicht wieder herzustellen ist, in Geldersatz bestehen und dieser in Ersatz des Wertes der Uhr. Da die Parteien sie auf 100 M. abgeschätzt haben, so hat A. diese zu ersetzen (vgl. Matthiaß, Bd. 1 S. 514).

Der Gefahrübergang ist bestritten. Staudinger, Bem. II, 3 zu § 607. Übrigens liegt hier nicht genau der Fall des § 607, 2, sondern der sog. contractus mohatrae vor.

Lösung 322.

Zwischen dem Vater des Knaben und der Wärterin besteht ein Dienstvertrag im Sinne der §§ 611 ff. Bei dessen Erfüllung haben die Parteien nach § 276 Fahrlässigkeit zu vertreten. Hier liegt aber nicht nur eine gewöhnliche, sondern eine sog. grobe Fahrlässigkeit vor. Demnach haftet die Wärterin dem Vater des Knaben um so mehr. Sie hat nach §§ 249 ff. Schadensersatz wegen mangelhafter Vertragserfüllung zu leisten.

Dagegen kann der Vorstand des Krankenhauses von der Wärterin nicht Erstattung der Verpflegungskosten verlangen, sondern nur von dem Vater, denn dieser hat nach §§ 1627 ff. die Unterhaltungspflicht, und die Verpflegung gehört zum Unterhalt.

Derjenige, welcher den Knaben ins Krankenhaus gebracht hat, erscheint als Geschäftsführer ohne Auftrag des Vaters. Der Vater muß diese Geschäftsführung genehmigen (§ 679). Die Wärterin steht zum Vorstand in keinem rechtlichen Verhältnis.

Lösung 323.

Es ist nicht ohne weiteres klar, unter welche Art von Verträgen der vorliegende zwischen A. und C. abgeschlossene zu rechnen ist. Ist es ein Mäklervertrag nach §§ 652 ff.? Das ist zu verneinen, weil es sich nicht um den Nachweis einer Gelegenheit zum Abschluß eines Vertrages handelt. Vielleicht könnte man Werkvertrag annehmen. Ich sage so: Es liegt überhaupt kein benannter Vertrag vor, sondern ein gewöhnlicher gegenseitiger. Die Frage ist nun die, wie derselbe auszulegen ist. A. kann sich vielleicht darauf berufen, daß C. nach § 157 einen Abzug von der Forderung nicht verlangen kann. Meines Erachtens widerspricht es indessen noch nicht dem, was Treu und Glauben mit Rücksicht auf die Verkehrssitte verlangen, wenn C. den Vertrag so auslegt, daß er auch selbst der Nachgewiesene sein kann. Vielleicht geht die Absicht der Parteien, insbesondere auch des C. in erster Linie dahin, daß A. befriedigt wird und zwar durch einen Schuldner des B. Daß C. zufällig dieser Schuldner ist, ist dem A. gleichgültig. Hätte er den Vertrag mit C. nicht abgeschlossen, so hätte A. voraussichtlich nichts erhalten. Eine Verpflichtung des C., sich dem Gläubiger A. als Schuldner des B. anzugeben, bestand nicht. Der Vertrag ist also meines Erachtens gültig. C. kann eine Vergütung verlangen. In welcher Weise wird nun die Sache geordnet? C. schlägt vor, A. solle die Forderung des B. gegen ihn, den C., pfänden und sich überweisen lassen. Darin liegt ein Übergang der Forderung auf A. C. muß an A. zahlen (§§ 829, 835 ZPO.). Infolge der Vereinbarung zwischen

A. und C. kann aber A. nicht die ganzen 600 M. einziehen, sondern eben nur einen Teil. Den anderen Teil muß er dem C. überlassen. Das kann z. B. im Wege der Abtretung geschehen. Die Höhe des Abzugs bestimmt sich nach § 157. Welche Stellung hat C, jetzt gegenüber B.?

Lösung 324.

Zwischen B. und der Köchin A. besteht ein Dienstvertrag nach §§ 611 ff. Nach § 630 kann der daraus Verpflichtete nach Beendigung eines dauernden Dienstverhältnisses ein schriftliches Zeugnis verlangen, welches auf Verlangen auf die Leistungen und die Führung im Dienste zu erstrecken ist. Da ein dauerndes Dienstverhältnis bei einer Köchin offenbar vorliegt, so hat die A. mit Recht ein Zeugnis der gedachten Art verlangt. Wofür verlangt nun die B. Schadensersatz? Sie kann behaupten, daß das Zeugnis unvollständig und daß es unwahr ist. Ersteres ist zweifellos richtig. Denn die A. ist vermutlich als Köchin schlechthin angestellt worden, nicht aber gerade als selbständige Köchin. Wenn also das von B. ausgestellte Zeugnis dahin lautet, daß die A. als selbständige Köchin zu wenig leiste, so gibt dasselbe nur über einen besonderen Fall der Tätigkeit einer Köchin Auskunft. Es ist möglich, daß die A. als Köchin im allgemeinen auch gute Eigenschaften hat. Solange dies aber nicht im Zeugnis ausgedrückt ist, ist das Zeugnis jedenfalls als unvollständig zu betrachten. Daß dasselbe auch unwahr sei, muß die A. natürlich beweisen, da B. es bestreitet und die Wahrheit immerhin zu vermuten ist. Angenommen, dieser Beweis gelänge ihr, dann müßte die A., da sie nicht Ausstellung eines neuen Zeugnisses, sondern Schadensersatz fordert, weiter beweisen, daß ihr infolge der Unvollständigkeit und Unwahrheit des Zeugnisses ein derartiger Schaden entstanden sei, daß sie drei Monate lang keine anderweite Stellung habe finden können, denn B. bestreitet seine Verpflichtung zur Leistung von Schadensersatz, er behauptet also, daß der A. ein Schaden nicht entstanden sei und leugnet damit für den Fall, daß die Unwahrheit und Unvollständigkeit des Zeugnisses festgestellt werden sollte, den Klaggrund (sog. Eventualdefension). Gelingt der A. auch dieser Beweis, so steht fest, daß B. das Recht der A. auf Ausstellung eines vollständigen und richtigen Zeugnisses vorsätzlich oder fahrlässig, auch widerrechtlich verletzt hat und damit auch ihr Vermögen, also ihr Eigentum geschädigt hat. Es liegt somit der Tatbestand des § 823 vor, und die A. dringt mit der Schadensersatzklage gegen B. durch.

Anm. Unbeachtet gelassen habe ich bei der Lösung die Frage, ob nicht die A. durch Annahme des Zeugnisses auf den Anspruch verzichtet hat. Das soll hier offenbar nicht von Wichtigkeit sein.

Über den Zeugnisanspruch bestehen übrigens manche Kontroversen, s. Staub bei § 73, § 80 HGB., wo auch die Ersatzansprüche behandelt werden.

Lösung 325.

Wenn es heißt, A. habe den Inseratenteil entgeltlich dem B. überlassen, so könnte man zunächst annehmen, daß darin ein gewöhnlicher Mietvertrag liegt. Das ist aber deshalb zu verneinen, weil nicht nur der bloße Gebrauch beabsichtigt ist. Denn an den Inseraten hat zwar in erster Linie B. ein Interesse, aber auch für A. sind sie von Wichtigkeit, weil sie zur Verbreitung der Zeitung beitragen. A. kann also verlangen, daß B. wirklich Inserate drucken läßt. B. kann nicht etwa den Pauschalbetrag zahlen und den Inseratenteil unbenutzt lassen. Es ist sonach nicht nur ein Gebrauch der Sache seitens des A., sondern noch eine besondere Tätigkeit, das Einrücken der Annoncen beabsichtigt. Deshalb dürfte Werkvertrag anzunehmen sein (vgl. Rosenthal, Anm. 1 zu § 631).

Lösung 326.

Der Vertrag zwischen dem Kläger und dem Bilderhändler ist ein Werkvertrag (§§ 631 ff.). Wenn die Beklagte geltend macht, es sei vereinbart worden, sie solle mindestens zweimal zu dem Porträt sitzen, so wäre das, wie Kläger ganz richtig hervorhebt, nur dann wesentlich, wenn durch das Sitzen das Bild noch besser geworden wäre. Das ist nicht unbedingt notwendig, aber wahrscheinlich. Deshalb dürfte Kläger beweispflichtig sein. Wenn also Kläger durch Sachverständige beweist, daß das Sitzen bei dem verabredeten Preise auf den Erfolg ohne Einfluß gewesen wäre, so muß Beklagte die vollen 250 M. zahlen. Beweist Kläger dies nicht, so kann die Beklagte die aus mangelhafter Erfüllung des Werkvertrages hervorgehenden Rechte geltend machen. Welches sie hier wählt, läßt die Aufgabe unbestimmt.

Wenn Kläger behauptet, die Beklagte könne für den bedungenen Preis ein besseres Porträt nicht verlangen, so ist das ganz unwesentlich, denn die Beklagte hat ja nicht behauptet, daß das Bild dem Preise nicht entspreche, sondern nur, daß es durch das zweimalige Sitzen, also durch die vertragsmäßige Ausführung besser werde oder wenigstens besser werden könne. Es kommt also nur auf diesen letzteren Punkt an.

Lösung 327.

Der sog. Theatervertrag, dessen Wesen in der Literatur mehrfach erörtert worden ist, ist meines Erachtens zusammengesetzt aus einem Sachmietvertrag (§§ 535 ff.) und einem Werkmietvertrag (§§ 631 ff.). Der Direktor gewährt die Benutzung des Platzes im Theater (also Raummiete) und zugleich einen Erfolg, der darin besteht, daß die einzelnen Personen des Publikums die betreffende Aufführung sehen können. Wegen des Näheren verweise ich auf Opet, Deutsches Theaterrecht. Hier versuche ich nur Gesichtspunkte zu geben.

Wenn nun B., nachdem er sich auf einem Parkettsitz an einem vorspringenden Nagel den Rock zerrissen hat, gegen den Theaterunternehmer auf Schadensersatz klagt, so stützt er sich auf mangelhafte Erfüllung des Sachmietvertrags. Eine solche liegt vor, weil der Vermieter die ihm nach § 535 obliegende Pflicht, die Sache im vertragsmäßigen Zustande zu gewähren, nicht erfüllt hat. Somit liegt meines Erachtens ein Mangel vor, der infolge eines Umstandes, den der Vermieter zu vertreten hat, entstanden ist, also ein Mangel im Sinne des § 538. Daraufhin macht A. den in § 538 gegebenen Schadensersatzanspruch geltend. Demgegenüber erhebt der Vermieter den Einwand, A. hätte sich vor dem Hinsetzen den Sitz ansehen sollen. Fraglich ist, ob dieser Einwand des Vermieters erheblich ist. Mit diesem Einwand stützt sich derselbe auf § 254 und behauptet, daß bei Entstehung des Schadens ein Verschulden des A. mitgewirkt habe und daß daher das Verschulden seinerseits — wenn ein solches überhaupt vorliege — mit dem Verschulden des A. aufzurechnen sei. Es hat daher richterliches Ermessen darüber zu entscheiden, ob das Publikum im Theater zur Wahrung von Schadensersatzansprüchen verpflichtet ist, bevor es Platz nimmt, sich den Sitz auf etwaige mangelhafte Beschaffenheit hin anzusehen. Diese Frage ist im allgemeinen zu verneinen. Allerdings ließe sich darüber reden, ob, falls gewisse sofort in die Augen fallende Mängel vom Besucher nicht beachtet werden, eine Kompensation im Sinne des § 254 mit Rücksicht auf die Billigkeit gemäß §§ 242, 157, 133 eintreten könne. Ein hervorstehender Nagel dürfte aber im allgemeinen nicht ohne weiteres erkennbar sein, besonderes bei dem im Zuschauerraum vielfach herrschenden gedämpften Licht. Dieser erste Einwand des Vermieters ist also ohne Erfolg.

Der Unternehmer wendet weiter ein, A. habe das Billet von einem Dritten — dem B. — geschenkt erhalten, stehe also mit ihm, dem Unternehmer, in gar keinem Vertragsverhältnis, könne daher auch von ihm keinen Schadensersatz fordern. A. gibt die Schenkung zu. Für die Entscheidung dieser sowie besonders der folgenden Frage ist die juristische Natur des Theaterbillets nicht ohne Bedeutung. Dasselbe ist ein sog. kleines Inhaberpapier im Sinne der §§ 793ff., 807. Der Aussteller — also der Unternehmer — gewährt dem Nehmer die Forderung aus dem bezeichneten Vertrag. In dem Verkauf desselben durch den Aussteller liegt also der Verkauf einer Forderung, d. h. eines Rechts (§ 433 Abs. 1 Satz 2, § 437). Die Übertragung dieses Rechts erfolgt gewöhnlich durch Übergabe (Begebung) des Papiers (nicht durch Abtretung, wie aus dem § 796 verbunden mit den §§ 398ff. zu schließen ist. Da § 796 bestimmte Einwendungen hervorhebt, so will er damit sagen, daß andere nicht in Frage kommen). Wenn also B. das Billet vom Aussteller gekauft hat — das muß man hier im Hinblick auf Frage 2 (die Schenkung betreffend) voraussetzen — so hat B. dem A. durch die Übergabe des Papiers sein Forderungsrecht gegen den Aussteller übertragen. Somit kann A. gegen den letzteren dieselben Rechte geltend machen wie B. In diesem Falle ist also die Verteidigung des Unternehmers erfolglos.

Wie ist der Fall zu beurteilen usw.? Hier steht die Sache, wie sich aus den obigen Ausführungen ergibt, anders. Wenn der Theaterunternehmer seinem Freunde B. das Billet schenkt, so will er damit keinen Vertrag schließen, sondern dem B. eine Leistung unentgeltlich zuwenden. Durch die Übergabe des Papiers an B. kommt also kein Mietvertrag der obigen Art zustande. B. erlangt daher nur ein Recht auf Grund der Schenkung. Dieses Recht aus der Schenkung geht auch durch die Schenkung des Billets seitens des B. an A. auf den A. über, dagegen kann B. kein Recht aus einem Werkmiet- oder Sachmietvertrag auf den A. übertragen, da er gar kein solches Recht hat. Somit haftet der Theaterunternehmer meines Erachtens dem A. gegenüber nur wie der Schenker, also für Vorsatz und grobe Fahrlässigkeit. Hier kommt nur die letztere in Betracht. Man kann aber darin, daß der fragliche Nagel an dem Parkettsitz hervorragt, meines Erachtens keine grobe Fahrlässigkeit des Theaterunternehmers erblicken, sondern nur eine geringe. Also ist er in diesem Falle mit seiner Einwendung erfolgreich und die Klage des A. daher abzuweisen.

Anm. Übrigens will ich nicht unerwähnt lassen, daß meine Konstruktion, wonach ich die Haftung des Theaterunternehmers auf Mietvertrag, insbesondere auf § 538 begründe, ihre Bedenken hat. § 538 betrifft nämlich primo loco den Schaden, der dadurch entsteht, daß der Mieter die Mietsache nicht oder nicht in vollem Umfange gebrauchen kann. Hier entsteht aber ein Schaden, während doch der Mieter die Sache gebraucht. Fällt die Vertragshaftung weg, so bleibt immer noch die Deliktshaftung. Es würde deshalb § 823 anwendbar sein (fahrlässige Sachbeschädigung, vgl. Fall 4 Abs. 1 am Schluß). — Über die bestrittene rechtliche Natur des Theaterbillets als Inhaberpapiers vgl. Staudinger, Bem. I, 4 zu § 807.

Zu Lösung 327.

Herr stud. jur. Herz, Berlin W Geisbergstr. 18, schreibt hierzu:

„Der Vermieter hat nicht nur die Pflicht aus § 535, sondern auch § 536 zu erfüllen; das Theaterbillet ist ein Inhaberpapier im Sinne von § 807. Kommt ein Mietvertrag nicht auch in der Variante zustande? Daß B. das Billet gratis erhielt, schließt nicht aus, daß er damit den Anspruch auf den im Billet bestimmten Platz erhält; um zu sehen, muß er sich doch im Theater befinden."

Lösung 328.

Da der Schneider B. den Frack aus einem von ihm zu beschaffenden Stoffe herstellt, so ist der vorliegende Werkvertrag ein solcher im Sinne des § 651. Auf ihn finden die Vorschriften des Kaufes Anwendung. Hier gilt aber § 651 Abs. 1 Satz 3, da der Frack, wie sich aus den Umständen ergibt, vermutlich nach Maß gearbeitet ist. Er ist deshalb eine nicht vertretbare Sache. Gerade für die Mängelhaftung gelten aber nach § 651 Abs. 1 Satz 3 die Grundsätze über den Werkvertrag. Nach § 634 muß also A. dem B. zur Reparatur eine angemessene Frist setzen. Erst nach deren erfolglosem Ablauf kann er die Wandelung geltend machen. Das Schreiben des A. an B., wonach A. den Frack nicht gebrauchen kann, enthält nun die Mitteilung, daß A. den Kauf rückgängig machen, also wandeln wolle. Dazu ist er nach § 634 nicht ohne weiteres berechtigt. Daher kann B. die Fristsetzung meines Erachtens auch nach Ablauf eines Jahres noch verlangen. A. hat sie eben vergessen, wie in der Praxis häufig. Der Laie kennt die Vorschrift wenig. Wenn also A. auf die Klage des B. hin Wandelung verlangt, so ist das auch jetzt noch verfrüht, denn es fehlt eben die Fristsetzung. Die Frist kann ja während des Prozesses noch gesetzt werden, wie es in der Praxis häufig geschieht. Vorauszusetzen ist natürlich, daß wirklich Mängel vorliegen.

Wie steht es nun mit dem Zurückbehalten des Fracks? Zugegeben mag werden, daß es für A. zum Beweise der Mängel wohl noch andere Mittel als das Zurückbehalten geben mag. Auch wäre A. infolge der Wandelung nach § 346 Satz 1, wenn B. damit einverstanden gewesen wäre, zur Rückgabe verpflichtet. Da aber B. den Frack nicht herausverlangt und damit in die Wandelung nicht gewilligt hat, kann ihn A. meines Erachtens ruhig in Verwahrung behalten. Darin, daß B. auf die Mitteilung von der fristlosen Wandelung ein Jahr lang nicht erwidert, ist andererseits kein Einverständnis mit derselben zu erblicken. Der Wille des B. bleibt eben unbestimmt. Er tritt erst nach Ablauf eines Jahres hervor. Denn wenn B. nach Ablauf eines Jahres auf Zahlung des Preises klagt, so sagt er damit, daß er die fristlose Wandelung nicht gelten läßt und daß er überhaupt keine Mängel zugibt. A. macht nun diese Mängel im Wege der Einrede geltend und verlangt Wandelung. Auch jetzt kann er das aber nicht ohne weiteres, sondern nur nach erfolgloser Fristsetzung. Auch für die Minderung gilt § 634 (vgl. hierzu Rosenthal, Anm. 28 zu § 651).

Lösung 329.

Zwischen A. und B. liegt ein Werkmietvertrag nach §§ 631 ff., genauer ein Transportvertrag vor, der verbunden ist mit einem Sachmietvertrage. Es fragt sich, ob dieser nur die Verpflichtung des B., den A. zu fahren, oder auch die zur Bewachung der Sachen des A. mit umfaßt. Im Vertrage pflegt darüber nichts bestimmt zu werden. Daher ist in Ermangelung anderer Bestimmungen nach Rücksichten der Billigkeit zu entscheiden, insbesondere nach dem, was Treu und Glauben mit Rücksicht auf die Verkehrssitte erfordern (§§ 242, 157, 133). Schon danach ist aber der Kutscher B. in erster Linie zur Bewachung des Pferdes verpflichtet. Von dieser soll er im Interesse des Verkehrs durch nichts abgehalten werden. Deshalb sind auch polizeiliche Vorschriften in dem Sinne gegeben worden, nach denen der Kutscher das Pferd überhaupt nicht verlassen darf (Straßenpolizeiregulative). Zur Bewachung der Sachen ist also der Kutscher mangels besonderer Vereinbarung, die hier nicht vorliegt, nicht verpflichtet. Somit haftet der Kutscher B. dem A. nicht auf Ersatz des Mantels.

Wäre es von Einfluß usw.? Hier liegt die Sache offenbar anders, denn es liegt hier ein Auftrag im Sinne der §§ 662 ff. vor. Der Auftrag muß, um vollendet zu sein, vom Beauftragten angenommen werden. Es fragt sich daher, ob dies hier geschehen ist. Das ist zu bejahen. Zwar hat der Kutscher B. die Annahme nicht ausdrücklich erklärt, aber das hat er nicht nötig. Nach § 151 hätte hier der Empfänger des Antrags B. für den Fall der Nichtannahme dies nach der Verkehrssitte dem A. erklären müssen. Durch sein Stillschweigen nimmt daher B. den Antrag an. Hier hat also der Kutscher B. durch Nichtbeobachtung des Mantels die im Verkehr erforderliche Sorgfalt verletzt, hat somit fahrlässig gehandelt. Er haftet daher aus dem Antrage auf Schadensersatz.

Lösung 330.

Der Vertrag zwischen B. und A. ist ein Werkvertrag. A. hat, wie nicht bestritten sein soll, den Schornstein im dritten Monat mangelhaft gekehrt, daher könnte B. nach §§ 634, 635 gegen ihn vorgehen, indem er ihm zunächst eine Frist zur Beseitigung des Mangels setzt und bei erfolglosem Ablauf der Frist Wandelung oder Minderung fordert, oder indem er außerdem Schadensersatz wegen Nichterfüllung verlangt. Darin, daß B. dies nicht sofort tut, sondern den zunächst vereinbarten Preis für das dritte Quartal zahlt und den C. beauftragt, liegt gegenüber A. ein Verzicht. B. ist daher keinesfalls berechtigt, nachdem A. im vierten Quartal wieder mangelfrei geleistet hat, nachträglich 4 M. von der dritten Rate in Abzug zu bringen. Auch von der Vergütung für das vierte Quartal kann B. nichts abziehen, weil die Fristsetzung des § 635 fehlt. Die Beauftragung des C. ist nach § 633 Abs. 3 zulässig.

Lösung 331.

Der Vertrag zwischen A. und dem Maler ist ein Werkvertrag im Sinne der §§ 631 ff. Nach § 644 trägt der Unternehmer — das ist hier B. — bis zur Abnahme des Werkes die Gefahr. Gleichgültig ist also, daß sich das Bild zufällig im Hause des Bestellers A. befindet. A. hat also das Recht auf Lieferung eines neuen Bildes.

§ 644 geht also den §§ 323 ff. vor. Man kann nicht sagen, es liegt eine unverschuldete Unmöglichkeit der Leistung vor, so daß der Gläubiger A. den Anspruch auf Anfertigung eines neuen Bildes verliert (anders in Lösung 245).

Lösung 332.

Nach § 656 wird dadurch, daß die A. dem B. für den Nachweis der Gelegenheit zur Eingehung einer Ehe einen Lohn von 1000 M. verspricht, eine Verbindlichkeit zur Zahlung dieser 1000 M. für die A., auch nachdem sie sich mit C. verlobt hat, nicht begründet. Doch kann die A. nach § 656 Abs. 1 Satz 2 die einmal gezahlten 1000 M. nicht zurückfordern (ähnlich bei Spiel und Wette, sog. unvollkommene Verträge, vgl. Rosenthal, Anm. 7 zu § 656). Auch die Auflösung der Verlobung berechtigt sie hierzu nicht, da sie auf ihre Veranlassung erfolgt ist. Es wäre gegen die guten Sitten, wenn sie jetzt die 1000 M. zurückfordern wollte.

Lösung 334.

Es handelt sich um eine Auslegungsfrage. A. hat ein ganzes Los Nr. 310 genommen. Für dieses kann er, wenn eine in Deutschland staatlich konzessionierte Lotterie vorliegt, den Beitrag entweder auf einmal im voraus oder in vier Raten zahlen, von denen jede ein Viertel des Ganzen beträgt. Wenn A. wünscht, an dem Lose gegen Zahlung des Beitrags zur Hälfte beteiligt zu werden und B. damit einverstanden ist, so schließen die Parteien damit einen Gesellschaftsvertrag im Sinne der §§ 705 f. Wenn nun B. den Beitrag für die zweite Klasse nicht bezahlt, so kommt er damit seinen Verpflichtungen aus dem Gesellschaftsvertrage nicht nach, denn er will ja die Hälfte des ganzen Loses mitspielen. Darauf mußte sich A. unbedingt äußern. Darin, daß er es nicht tut, ist eine Stundung zu erblicken (§§ 133, 157). A. ist also damit einverstanden, daß der Beitrag dem B. einstweilen gestundet wird und kann sich später nicht darauf berufen, daß B. durch Nichtzahlung des Anteils an den Einsätzen in den späteren Klassen seines Teilnehmerrechts verlustig gegangen sei. Damit behauptet A., daß durch die Nichtzahlung der späteren Raten stillschweigend eine Auflösung der Gesellschaft herbeigeführt worden sei. Eine solche liegt aber nicht vor, vielmehr kann das Stillschweigen des A. nur als Stundung im obigen Sinne angesehen werden. B. ist nur mit seinem Gesellschaftsbeitrag im Rückstande. A. hat also gegen B. zwar den Anspruch auf Nachzahlung der Beiträge für die zweite bis vierte Klasse nebst Zinsen, dagegen hat er die Hälfte des Gewinnes an B. herauszugeben. Bis zur Zahlung seitens des B. hat allerdings A. ein Zurückbehaltungsrecht im Sinne des § 273 an dem Gewinn. Einfacher ist es, wenn er die Gewinnhälfte unter Abzug der fehlenden Beiträge und Zinsen an B. auszahlt. Betreffs der Beiträge würde dann eine Aufrechnung vorliegen.

Auf Zeile 6 muß es A. statt B. heißen.

Lösung 335.

Die Frage der Haftung des Rechtsanwalts richtet sich nach dem zwischen ihm und A. bestehenden Rechtsverhältnis. Wenn A. vom Rechtsanwalt unentgeltlich einen juristischen Rat verlangt, so liegt in dem Wort „verlangen" meines Erachtens, daß er ihm einen Auftrag zur Erteilung des Rates gibt. Auf das Rechtsverhältnis finden, da der Rechtsanwalt den Auftrag angenommen hat, die Grundsätze der §§ 662 ff. Anwendung. (Der Rechtsanwalt hat den Auftrag durch konkludente Handlung angenommen, indem er den Rat erteilte.) Nach § 276 mußte er bei Ausführung des Auftrages die im Verkehr erforderliche Sorgfalt anwenden. (Vgl. Rechtsanwaltsordnung § 28.) Er hat dies aber nicht getan, sondern, wie feststeht, eine grobe Fahrlässigkeit begangen. Mithin hat er auf die Klage des A. den dem A. entstandenen Schaden zu ersetzen. Nach §§ 249 ff. hat er ihm also 1000 M. zu zahlen.

Es liegt sehr nahe, hier den § 676 zur Anwendung zu bringen. Dieser kommt aber nicht in Betracht, denn er ist nur für den Fall gegeben, daß ein Rat ohne Aufforderung erteilt wird. In diesem Falle liegt also gerade kein Auftrag, überhaupt kein Rechtsgeschäft, vor, sondern nur eine unverbindliche Äußerung, der allerdings eine Anfrage vorausgehen kann. (Vgl. Rosenthal, Anm. 11 zu § 676.) Wer einer solchen ohne weiteres Glauben schenkt, hat selbst den etwa entstehenden Schaden verschuldet, er soll daher durch das Gesetz nicht geschützt werden. Im obigen Falle dagegen liegt ein Auftragsverhältnis vor, aus dem zu haften ist. Anders, wenn man das Wort „verlangen" so versteht, daß es sich um eine bloße Anfrage handelt. Das ist aber gegenüber dem Anwalt in juristischen Dingen im Zweifel nicht der Fall. (Es kommt aber mit auf die Umstände an. Ist es im Bureau geschehen? usw.).

Die Unentgeltlichkeit kommt nur deshalb in Betracht, weil man im Fall der Entgeltlichkeit im vorliegenden Falle kein Auftragsverhältnis annehmen dürfte. Der Rechtsanwalt ist zwar eine Person, die sich zur Besorgung gewisser Geschäfte, nämlich insbesondere zur Erteilung juristischen

Rats, öffentlich erboten hat, er kann also, wie hier, unter die im § 663 genannten fallen. (Vgl. Rechtsanwaltsordnung § 30.) Da aber diese Personen — und so auch der Rechtsanwalt — ihre Dienste in der Regel entgeltlich leisten, so ist, falls ihnen ein Auftrag im nichtjuristischen Sinne erteilt wird, in der Regel ein Dienstvertrag oder Werkvertrag anzunehmen und zwar ein solcher, welcher eine Geschäftsbesorgung zum Gegenstande hat. Für diese Verträge gelten aber die in § 675 bezeichneten Vorschriften des Auftrages. Insbesondere ist die Schadensersatzpflicht dieselbe. Der Anwalt haftet also im Falle der Entgeltlichkeit ebenso wie im Falle der Unentgeltlichkeit.

Nur der Einwand läge vielleicht nahe, daß der Umstand, daß der Anwalt den Rat unentgeltlich erteilt, darauf hindeutet, daß er in diesem Falle die Haftung ablehnen will, oder daß das sogar zu vermuten ist. Doch halte ich diesen Einwand nicht für stichhaltig. Im Interesse des Verkehrs liegt es, daß eine so wichtige Vereinbarung ausdrücklich hervorgehoben wird.

Über den Vertrag mit dem Klienten vgl. Staudinger, Bem. IV, I [d] vor §§ 611 ff., Bem. 2 [c] zu § 662, 3 [b] zu § 675.

Lösung 336.

Nach § 552 wird B. durch einen in seiner Person liegenden Grund von der Mietzinszahlung nicht befreit. Er muß also, wenn A. vom 1. April 1900 ab die Wohnung zwei Jahre leer stehen läßt, trotzdem den Mietzins zahlen. A. antwortet nun dem B. nichts auf seine Rücktrittserklärung, sondern vermietet vom 1. Oktober ab weiter, während er vom 1. September ab dem C. erlaubt, unentgeltlich zu wohnen. Es fragt sich, ob er damit sein Einverständnis mit der Aufhebung des Vertrags erklärt. Meines Erachtens erklärt er sein Einverständnis hiermit vom 1. September an. Richtig ist, daß A. die Wohnung so lange, als er Mietzins verlangt, zur Verfügung halten muß, also bis 1. Oktober. Auch wenn B. erklärt hat, er wolle die Wohnung nicht beziehen, scheint mir dies erforderlich. Danach würde man den Mietvertrag wohl bereits am 1. September 1900 für aufgelöst ansehen können.

Die Frage wegen des Überschusses überlasse ich einstweilen dem Leser.

Lösung 337.

Zwischen A. und C. liegt ein Werkvertrag nach §§ 631 ff. vor, der zugleich einen Vertrag zugunsten eines Dritten im Sinne der §§ 328 ff. enthält. Der Dritte, zu dessen Gunsten der Vertrag geschlossen wird, ist der Studienfreund B. Aus den Umständen, insbesondere aus dem Zweck des Vertrags, ist zu entnehmen, daß die Absicht der Parteien dahin geht, daß der Dritte sofort mit Abschluß des Vertrags das Recht auf Erfüllung desselben gegen C. erwerben soll, da der A. offenbar die Bücher sofort bei B. unterbringen und ihm zuwenden will. (Vgl. im Gegensatz dazu die Fälle Komm. von Rosenthal, Anm. 1 a und 1 b zu § 328.) B. erwirbt also das Recht auf Übergabe der Bücher sofort mit Annahme des Auftrags durch den Dienstmann C., denn mit dessen Annahme ist auch der Vertrag zugunsten des B. abgeschlossen.

B. weiß bis jetzt noch nichts von dem Erwerb des Rechts aus dem Werkvertrag. Um ihn davon in Kenntnis zu setzen, schreibt ihm A. eine Karte. Wenn er in dieser seine Zuwendung als letztwillige Verfügung bezeichnet, so ist das offenbar ein Scherz, denn er meint damit nur seine letzte Verfügung in Europa. Zugleich macht A. dem B. Mitteilung von der Beauftragung des Dienstmanns C. Das spricht ebenfalls dafür, daß B. als sofort berechtigt gelten soll.

Worin besteht nun die Leistung, die B. von C. nach dem Gesagten sofort verlangen kann? Sie besteht in der Erfüllung des Werkvertrags, also in der Übergabe der Bücher. Das Recht hierauf erwirbt B. schon deshalb, weil in dem Vertrag zwischen A. und C. zugunsten des B. zugleich eine freiwillige Zuwendung des A., durch die B. bereichert werden soll, also eine Schenkung enthalten ist. Diese ist allerdings erst vollendet mit der Hingabe und Annahme. Es fragt sich daher, ob mit der Übergabe der Bücher an den C. zugleich eine Übergabe an B. im Sinne der §§ 929 ff. erfolgt ist. Dies ist zu verneinen, weil bei B., der noch nichts davon weiß, der Wille der Annahme noch nicht erklärt worden ist, somit die Einigung fehlt. Die Karte des A. enthält aber die Übertragung des Eigentums an den Büchern an B. In der Karte wird ihm der Anspruch des A. auf Herausgabe der Bücher nach §§ 931, 398 abgetreten. Der Dritte, welcher hier bereits im Besitz der Sache ist, ist der Dienstmann C. Diese Absicht des A. muß man zugunsten des B. annehmen. Somit ist auch im Augenblick der Annahme der Bücher die Schenkung vollendet.

Nimmt man einen solchen Eigentumsübergang hier an, so erwirbt B. das Eigentum an den Büchern auf Grund der mit der Schenkung erfolgten Eigentumsübertragung vermutlich schon, bevor sie C. seiner Bibliothek einverleibt hat. Denn B. erwirbt dieses Eigentum in dem Augenblick, in welchem er die Karte gelesen hat und zur Annahme der Schenkung bereit ist. Von da an hat also B. gegen den Dienstmann C. nicht nur die Vertragsklage auf Erfüllung, sondern auch die Eigentumsklage. Dies ist für ihn sehr wichtig, denn dadurch erlangt er die Herausgabe der Bücher nach den Grundsätzen der §§ 985 ff. oder des Geldwertes derselben.

Lösung 338.

Die öffentliche Aussetzung einer Belohnung durch die Eltern des Kindes ist eine Auslobung im Sinne des § 657. Zur Zahlung der Belohnung werden die Eltern auch dann verpflichtet, wenn der A. nicht mit Rücksicht auf die Auslobung gehandelt hat, weil diese eine sog. nicht empfangsbedürftige Willenserklärung ist (vgl. Rosenthal, Anm. 1 von § 116). Es ist daher auch gleichgültig, ob A. erst nachträglich Kenntnis von der Auslobung erlangt hat (vgl. Rosenthal, Anm. 1 zu § 657).

Ersatz der Reisekosten müssen die Eltern auf Verlangen ebenfalls zahlen, weil eine Geschäftsführung ohne Auftrag vorliegt, die die Eltern genehmigt haben (§ 683 verbunden mit 684 Satz 2).

Lösung 339.

Zwischen A. und C. besteht ein Verwahrungsvertrag nach §§ 688f. Auf Grund desselben ist C. dem A. zur Rückgabe der Uhr an und für sich verpflichtet, auch wenn A. die Uhr gestohlen hat. Dem B. kann C. aber die Uhr unbedenklich herausgeben, weil er der Eigentümer ist (§ 985, ZPO. §§ 72, 76). Oder hätte C. die Uhr nach § 372 Satz 2 hinterlegen sollen? Dazu liegt wohl kein genügender Grund vor. Denn eine Ungewißheit über die Person des Gläubigers liegt nicht vor, zumal C., wie ich annehme, vom Diebstahl Kenntnis hat.

Die Herausgabe an A. könnte sogar als Begünstigung angesehen werden (§ 257 StrGB.). Die Frage des rechtmäßigen Besitzes wird auch zu erörtern sein.

Lösung 340.

Zwischen A. und B. besteht ein Verwahrungsvertrag im Sinne der §§ 688f. B. haftet aus demselben nach § 690, wenn die Aufbewahrung unentgeltlich übernommen worden ist, nur für diejenige Sorgfalt, die er in eigenen Angelegenheiten anzuwenden pflegt. Die Aufgabe sagt nichts darüber, ob die Verwahrung hier unentgeltlich war. Auch die Umstände (§ 689) ergeben noch nichts. Liegt Entgeltlichkeit vor, so haftet B. für jede Sorgfalt (§ 276). Die Frage kann auch dahingestellt bleiben, denn B. hat, indem er den eisernen Kasten in den Keller stellte, nicht einmal die gewöhnliche Sorgfalt (quam suis) beobachtet. Denn da der Verwahrungsvertrag zur Aufbewahrung verpflichtet, so kommt es vor allem auf passende Auswahl des Aufbewahrungsortes an. Als vernünftiger und gebildeter Mensch mußte nun B. wissen, daß der eiserne Kasten im Keller leicht verrosten konnte. Er hat also eine grobe Fahrlässigkeit begangen, für die er in jedem Falle, also auch im Falle der Unentgeltlichkeit, haftet (vgl. § 276 und Rosenthal, Anm. 38 hierzu). Nun hat B., wie es in der Aufgabe heißt, den Kasten nicht anderweit unterbringen können. Dann erforderte aber die im Verkehr erforderliche Sorgfalt, daß B. dies dem A. anzeigte, damit dieser Gelegenheit hatte, den Kasten anderswo unterzubringen. A. braucht also, wenn es bestritten wird, nur zu beweisen, daß er dem B. den Kasten in unverrostetem Zustande übergeben hat. Denn daß er an einem solchen Orte nur durch diese Fahrlässigkeit des B. verrostet ist, ist zu vermuten.

Auch im zweiten Falle hat B. meines Erachtens schon fahrlässig gehandelt, indem er den Kasten in den Keller stellte. Hier hat er aber den Fehler gutgemacht, indem er den Kasten vom Rost befreien und an einen anderen Ort schaffen ließ. Er hat also gemäß § 692 gehandelt. Eine Anzeige nach § 692 Satz 2 war zwar erforderlich, doch brauchte die Entschließung des A. nicht abgewartet zu werden, da mit dem Aufschub Gefahr verbunden war. Die Aufwendungen, die B. hierbei gehabt hat, hat er von vornherein selbst verschuldet. Er kann sie also nicht nunmehr auf Grund des § 693 ersetzt verlangen.

Lösung 341.

Das Dienstmädchen des B. ist im Haushalte desselben tätig. Wenn es daher die an B. adressierten Zigarren in Empfang nimmt, so tut sie dies als sog. Besitzdienerin im Sinne des § 855. Obgleich sie also die tatsächliche Herrschaft über dieselben erlangt, gilt sie nicht als Besitzerin, sondern nur als Werkzeug des A. (Vgl. die Fälle des III. Teils.) A. wird daher durch das Dienstmädchen unmittelbar berechtigt und verpflichtet.

Die Hauptfrage ist nun die, ob die Annahme der Zigarren durch das Dienstmädchen — also durch B. — eine Annahme des Antrags des A. ist. Das ist zu verneinen. Denn wenn ein Nichtkaufmann Waren unbestellt zugeschickt erhält und diese annimmt, so muß er, falls er damit eine Annahme im juristischen Sinne beabsichtigt, dies innerhalb der im § 147 Abs. 2 bezeichneten Frist ausdrücklich erklären. Eine Antwort des Antragsempfängers ist also hier nach der Verkehrssitte zu erwarten und daher nach § 151 zum Zustandekommen des Vertrags notwendig. Stillschweigen gilt demgemäß nicht als Annahme. (Anders bei Kaufleuten, HGB. § 362.) Somit liegt hier zwar ein Antrag, aber noch kein Vertrag vor. (Vgl. die Erklärung in Lösung 271, die mit der hier gegebenen übereinstimmt. Dort ändert sich die Sache nur in dem Falle, daß A. später die Zigarren raucht und dadurch — vorausgesetzt, daß es bewiesen wird — die Annahme als stillschweigend erklärt zu gelten hat.)

A. klagt nun gegen B. auf Zahlung von 40 M. als „Kaufpreis oder Schadensersatz" (ein Fall der Eventualaggression). Auf Kaufpreis kann A. nach dem Obigen nicht klagen, da, wie festgestellt, ein Kauf noch nicht vorliegt. Schadensersatz kann A. demgemäß auf Grund eines Vertrags nicht fordern, sondern nur auf Grund eines Delikts (§ 823). Als solches kann nur fahrlässige Sachbeschädigung in Betracht kommen. Es käme also in Frage, ob eine solche darin liegt, daß B. die Zigarren auf dem Ofen hat stehen lassen, so daß sie durch die Hitze entwertet werden. Eine fahrlässige und widerrechtliche Verletzung fremden Eigentums hat aber B. aus folgenden Gründen nicht begangen: Wenn das Dienstmädchen des B. die Zigarren im Sommer auf den Kaminsims stellt, so ist das, da der Ofen im Sommer nicht geheizt wird, ein sehr passender Platz für dieselben, denn die Abholung war bald zu erwarten und es war daher erwünscht, wenn sie einen überall sichtbaren Platz hatten. Wenn nun die Abholung seitens des A. im Sommer nicht erfolgt und B. die Zigarren auf dem Ofen stehen läßt, so daß sie durch die Hitze des Feuers verderben, so ist auch darin keine Sachbeschädigung zu erblicken. Denn letztere kann nur durch positives Handeln begangen werden, nicht durch Unterlassungen, es sei denn, daß eine Verpflichtung zum Handeln vorliegt. Eine solche liegt hier nicht vor, denn A. ist Eigentümer der Zigarren geblieben und hat als solcher selbst für sein Eigentum zu sorgen. B. als Besitzer hat keine Verpflichtung hierzu (s. u.). Somit kann A. auch nicht auf Schadensersatz klagen.

Wenn sich B. damit verteidigt, er sei weder Besitzer noch Verwahrer, noch träfen ihn sonstige Pflichten, so ist diese Verteidigung nach dem Obigen überflüssig, da A. schon ohne dieselbe abzuweisen ist. Sie ist aber auch nicht ganz richtig. Besitzer ist B. meines Erachtens nach § 854 allerdings geworden, da er die tatsächliche Herrschaft über die Zigarren erlangt. Besitzwille ist eben zum Besitz nicht nötig. B. wird also auch ohne seinen Willen Besitzer. Nur Eigentümer ist B., wie gesagt, nicht geworden, da bei A. vor der Annahmeerklärung der Wille der Eigentumsübertragung fehlt. B. hat aber — so hätte er sich richtiger ausgedrückt — als Besitzer keine Verpflichtungen, denn sein Besitz beruht nicht auf Vertrag. Verwahrer ist B. auch nicht. Denn Verwahrer im Sinne der §§ 688 ff. kann A. nur werden auf Grund eines Vertrags oder anderer besonderer Bestimmungen. Daß Vertrag nicht vorliegt, ist ohne weiteres klar. Auch andere Bestimmungen, etwa die, daß B. auf Grund seines Besitzes zur Verwahrung verpflichtet ist, gibt es nach dem BGB. nicht. Trotz alledem darf B. die Zigarren nicht unpfleglich behandeln. Dies hat er aber, wie oben erörtert, auch nicht getan. Hierbei genügt es, daß er den Zigarren zuerst einen passenden Platz angewiesen hat. Die Besitzfrage, auf die hier, wie erörtert, nichts ankommt, ist übrigens hier wohl zweifelhaft, sicher ist wohl die richtige Ansicht, daß Besitzwille nicht erforderlich ist (so Matthiaß, Bd. II § 3 II A, anders Endemann, Bd. II § 37). Hier fehlt aber nicht nur der Besitzwille, sondern es ist sogar der Wille, nicht zu besitzen, deutlich zum Ausdruck gelangt. In diesem Falle könnte man wohl annehmen, daß B. gar nicht Besitzer ist. Anderseits könnte man vielleicht daran denken, daß B. zunächst doch einen sog. generellen Besitzwillen hatte (s. Endemann, Bd. II § 38). Die Frage ist strafrechtlich nicht bedeutungslos.

Anm. 1. Kaufleute untereinander müssen unbestellte Waren, falls sie dieselben nicht annehmen wollen, sofort zurückweisen. (Fehlerhafte müssen sie, wenn bestellt, zunächst annehmen und dann sofort die in HGB. Art. 77 bezeichneten Rechte geltend machen.) Bei Kaufleuten würde also Stillschweigen auf die in der Zusendung liegende Offerte Annahme derselben bedeuten, da nach der Verkehrssitte eine Erklärung der Annahme nicht zu erwarten ist (§ 151).

Anm. 2. Ein dem vorliegenden analog zu behandelnder, im Leben auch ungemein häufiger Fall ist der, daß der Nichtkaufmann vom Buchhändler Bücher oder vom Kollekteur ein Los zugeschickt erhält. Auch hier liegen für den Empfänger keine Vertragspflichten vor. Er hat nur einen für die Bücher oder das Los passenden Platz auszusuchen, soweit er einen solchen hat. Eine Antwort, die vielfach von dem Antragenden dringend erbeten wird, ist dabei nicht nötig, da der Antragende den Antrag nach Belieben als abgelehnt betrachten kann, sobald die für die Antwort angemessene Frist abgelaufen ist. In den Papierkorb darf man demnach solche Sendungen nicht werfen.

Lösung 342.

A. hat die 1000 M. bei B. vermutlich nicht deshalb hinterlegt, weil die Person des Gläubigers ungewiß ist (§ 372), denn in Ermangelung einer Bestimmung hierüber kann man nicht annehmen, daß A. den entstehenden Streit vorausgesehen und im Hinblick darauf hinterlegt hat. Vielmehr muß man annehmen, daß er nur zum Zwecke der Verwahrung (§ 688) hinterlegt hat und nicht daran gedacht hat, daß dies vielleicht auch einen andern Zweck haben könnte. Nun kann nach § 695 der Hinterleger die hinterlegte Sache jederzeit zurückfordern und nach § 696 der Verwahrer jederzeit die Rücknahme der hinterlegten Sache verlangen, wenn, wie hier, eine Zeit für die Aufbewahrung nicht bestimmt ist. Nun weiß aber hier der Verwahrer nicht, welcher von den beiden die Rückgabe Verlangenden wirklich berechtigt ist.

Wenn nun gefragt wird, ob B. zur Hinterlegung berechtigt ist, so ist hier eine Hinterlegung im Sinne der §§ 372 f. gemeint. Die Frage ist hierbei, ob B. Grund hatte, über die Person des Gläubigers im unklaren zu sein. Wenn der Vertragserbe einen Erbschein erhalten hat, kann B. befreiend an ihn leisten (§ 2367). Hat er noch keinen Erbschein erwirkt, so kommt es darauf an, ob für den übergangenen Pflichtteilsberechtigten, also den Sohn des A., die Jahresfrist zur Anfechtung (§§ 2279 Abs. 1, 2082) bereits zweifellos abgelaufen ist oder nicht. Ist es der Fall, so besteht keine Ungewißheit über den Gläubiger; ist es nicht der Fall, so besteht sie (§ 372 Satz 2). Die Anfechtung des Erbvertrags erfolgt auf Grund der §§ 2281, 2071. Vgl. hierzu Staudinger, Bem. 2 zu § 372.

Lösung 343.

Nach § 700 Abs. 1 Satz 2 finden in dem Falle, daß der Hinterleger dem Verwahrer nachträglich gestattet, sich hinterlegte vertretbare Sachen — unter diese gehört das Geld — anzueignen, die Vorschriften über das Darlehn Anwendung, aber erst von dem Augenblick der Aneignung an (depositum irregulare). Wenn also das Geld vor der Aneignung durch eine Feuersbrunst zugrunde geht, so steht dem A. die Darlehnsklage nicht zu. Er hat nur die aus den §§ 688 ff. hervorgehenden Rechte. Bezüglich der Haftung für Zufall ist dort aber nichts Besonderes bestimmt. Daher kommen die allgemeinen Grundsätze zur Anwendung. Nach diesen trägt der Eigentümer die Gefahr der Sache (casum sentit dominus).

Somit ist die Unmöglichkeit der Rückgabe von B. nicht zu vertreten. Meines Erachtens ist nun § 275 anwendbar. Danach wird B. von der Leistung frei. Die §§ 320 ff. sind hier nicht anwendbar, weil das Darlehn ein sog. unvollkommen zweiseitiger Vertrag ist, d. h. ein solcher, der nur unter bestimmten Voraussetzungen beide Parteien zu leisten verpflichtet.

Wenn die Erlaubnis gleich bei der Niederlegung erteilt ist, so könnte § 700 Abs. 1 Satz 1 vorliegen. Da aber nach dem Text die Aneignung nicht sofort stattfindet, so scheint doch dieser Fall sich von dem obigen nicht zu unterscheiden. Demnach würde auch hier, da der Schaden vor der Aneignung eintritt, A. als Eigentümer den Schaden tragen (vgl. Lösungen 279, 281, 282, 331).

Lösung 344.

Die wesentliche Frage ist die, was es juristisch zu bedeuten hat, wenn A. dem B. die für eine spätere Zeit als Darlehn versprochenen 100000 M. übergibt mit der Ermächtigung, sie zur Bezahlung des Kaufpreises zu verwenden. Zwei Möglichkeiten liegen nahe. Man kann den Vertrag als Verwahrungsvertrag im Sinne der §§ 688 ff. betrachten mit der Maßgabe, daß gemäß § 700 Abs. 1 Satz 1 vertretbare Sachen in der Art hinterlegt werden, daß das Eigentum auf den Verwahrer übergehen und dieser verpflichtet sein soll, Sachen von gleicher Art, Güte und Menge zurückzugewähren, so daß die Vorschriften über das Darlehn (§§ 607 ff.) Anwendung finden.

In diesem Falle trägt A. als Eigentümer die Gefahr (§ 323 kommt nicht in Betracht, da das Darlehn kein gegenseitiger Vertrag ist, vgl. Rosenthal, Anm. 1 vor § 320). Nimmt man dagegen an, daß § 700 Abs. 1 Satz 2 vorliegt, daß also bis zum Verbrauche des Geldes noch ein Verwahrungsvertrag besteht, so haftet A. zur Zeit des Diebstahls noch nicht, sondern erst von der Aneignung, also vom Verbrauche ab. Ich würde das erstere annehmen. Die Absicht des B., seine Rechte als Eigentümer auf A. sofort mit der Besitzübergabe zu übertragen, dürfte ziemlich bestimmt erkennbar sein, ebenso der Wille des A., das Geld als sein Eigentum anzunehmen. A. konnte ja die Haftung ablehnen. Der Zufall ist hiernach ein von A. zu vertretender Umstand. Nach § 280 muß er daher für die Unmöglichkeit der Rückzahlung des ganzen Darlehns einstehen.

Lösung 345.

B. ist ein Gastwirt, der gewerbsmäßig Fremde zur Beherbergung aufnimmt. Den A. hat er im Betriebe dieses Gewerbes aufgenommen. Der Überzieher gehört zu den eingebrachten Sachen im Sinne des § 701 Abs. 2 A. hat auch die in § 703 vorgeschriebene sofortige Anzeige gemacht. Da feststeht, daß A. den Überzieher in das Hotel eingebracht hat, muß B. für dessen Verlust haften. B. macht geltend, A. habe den Überzieher außerhalb des Hotels selbst verloren. Demnach scheint er sich auf § 701 Abs. 1 Satz 2 zu stützen. Die Frage ist die, ob das eine Einrede im juristischen Sinne ist (Verweigerung der Leistung) oder eine rechtsunwirksam machende Tatsache. Wenn der Wirt auch zugibt, daß der Überzieher zunächst als eingebrachte Sache zu betrachten war, so enthält doch seine Verteidigung meines Erachtens zugleich die Behauptung, daß der Überzieher im Augenblick des Verlustes nicht mehr eine eingebrachte Sache war, da er außerhalb des Hotels weggekommen ist. Nach § 701 Abs. 2 sind die Sachen des Mieters nur so lange eingebracht, als sie im Hotel sind. Somit gehört die Behauptung des A. zur Klagbegründung, weshalb ihm die Beweislast aufzuerlegen sein dürfte.

Lösung 346.

Beim Reisen in den Wagen der internationalen Schlafwagengesellschaft kommen folgende Vertragsverhältnisse in Betracht: Erstens liegt vor ein Werkvertrag — genauer Transportvertrag — der Personen des Publikums mit dem Eisenbahnfiskus, der darin besteht, daß erstere gegen Bezahlung mit dem Zuge befördert werden. Mit diesem ist ein Sachmietvertrag verbunden, der auf Benutzung der Wagen geht. Zweitens liegt vor ein Werkvertrag — genauer wiederum Transportvertrag — derselben Personen mit der internationalen Schlafwagengesellschaft, der dahin geht, daß diese gegen Bezahlung die Schlafwagen den im Zuge fahrenden Personen zur Verfüguug stellt. Hierzu kommt ein Werkvertrag des Eisenbahnfiskus mit der internationalen Schlafwagengesellschaft, wonach sich letztere verpflichtet, ihre Wagen in dem gewöhnlichen, dem Eisenbahnfiskus gehörigen Zuge mitgehen zu lassen. Nebenbei erhält das Publikum von der Schlafwagengesellschaft auch Beköstigung gegen Bezahlung. Darin liegt wiederum ein Werkvertrag (die Zubereitung), ev. ein Kaufvertrag. Dies nur nebenbei. Die vorliegenden Vertragsverhältnisse sind für die Entscheidung weniger wichtig, weshalb ich auf sie nicht näher eingehe. Nur verweise ich auf die zahlreichen Bearbeitungen dieser Materie, so besonders im „Recht“ (1902 und 1901).

Wenn nun dem A. im Schlafwagen seine Uhr gestohlen wird, so könnte eine Haftung der Gesellschaft hierfür zunächst auf Grund des Werkvertrags, nämlich wegen mangelhafter Erfüllung desselben infolge von Fahrlässigkeit, in Frage kommen. Eine Fahrlässigkeit liegt nicht vor, da Diebstahl als Zufall zu gelten hat. Dieser ist im Zweifel nicht zu vertreten (§ 276 e contrario). In Frage kommt aber weiter, ob die Gesellschaft auf Grund von § 701 haftet. Auch hierüber ist in der Literatur viel gestritten worden. Die Gesellschaft verabreicht in ihren Wagen Speisen und Getränke gegen Bezahlung. Die Gesellschaft beherbergt aber auch gewerbsmäßig Fremde. Es liegt daher kein Bedenken vor, die Gesellschaft unter die in § 701 bezeichneten Gastwirte zu rechnen. Sie hat deshalb dem Gaste den Schaden zu ersetzen, den er durch Verlust eingebrachter Sachen erleidet. Es fragt sich also noch, ob die Uhr des A. als eingebrachte Sache im Sinne des § 701 Abs. 2 anzusehen ist. Das ist zu bejahen. Zwar ist für die Uhr im Wagen voraussichtlich kein bestimmter Ort angewiesen, aber der Fahrgast wird sie vermutlich beim Ablegen der Sachen an den für sie passenden Platz (das Wort „bestimmt“ ist hier nicht angebracht) gelegt haben. Das ist aber auch der Fall, wenn er sie in der Tasche stecken läßt. Somit haftet die Gesellschaft dem A. für die Uhr nach § 701.

Die Frage, ob die Gesellschaft ein Verschulden trifft, ist also gleichgültig. § 701 will vielmehr gerade eine Haftung der Gastwirte über ein Verschulden hinaus anordnen.

Die Behauptung der Gesellschaft, sie sei nicht Gastwirt, ist also unrichtig, ebenso die Behauptung, sie habe keinen Mietvertrag mit B. geschlossen (allerdings nur stillschweigend), das übrige, was sie bemerkt, ist richtig.

Anm. Es ist in solchen Fällen leicht möglich, daß der Kläger die Gesellschaft zu täuschen sucht, indem er gar keine Uhr hatte und sich durch die Behauptung, seine Uhr sei verschwunden, Geld von der Gesellschaft zu verschaffen sucht. Der Besitz der Uhr ist aber eine anspruchbegründende Tatsache, die der Kläger beweisen muß, wenn sie bestritten wird. Dadurch ist also der Gastwirt jederzeit geschützt. Er ist ja auch berechtigt, sich die Haftung insoweit zu erleichtern, als er die Abgabe von Wertgegenständen verlangt und nur unter dieser Bedingung die Haftung für dieselben übernimmt. § 701 ist also nicht als absolutes Gesetz zu denken, sondern die strenge Haftung kann durch Vereinbarung vermindert oder erlassen werden. (Wenn auch ein Anschlag, der dann als vom Gaste stillschweigend angenommen, zu gelten hat, wegen der Wichtigkeit der Erklärung in diesem Falle nicht genügt, vgl. Komm. von Rosenthal, Abs. 3 zu § 701.)

Andere Gastwirte, z. B. Restaurateure, die nicht gewerbsmäßig Fremde zur Beherbergung aufnehmen, haften nach BGB. nicht mehr, wie früher, für die von den Gästen eingebrachten Sachen (Mäntel, Schirme, Stöcke usw.).

Lösung 347.

Nach § 704 hat der Gastwirt für seine Forderungen aus der Zechschuld des B. ein Pfandrecht an dessen eingebrachten Sachen und es finden auf dasselbe die für das Pfandrecht des Vermieters geltenden Vorschriften des § 559 Satz 3 und der §§ 560 bis 563 entsprechende Anwendung. Hier handelt es sich besonders darum, ob der Mieter die Geltendmachung des Pfandrechts abwenden kann, was B. offenbar beabsichtigt. Er kann dies nach § 562 durch Sicherheitsleistung. Eine solche liegt hier aber nicht vor, sondern ein bloßes Zahlungsversprechen. Das genügt dem A. nicht. Bezüglich des Koffers hat der Wirt keinesfalls ein Recht auf Zurückbehaltung, da er dem Prinzipal gehört. Bezüglich der Kleider und Schuhe könnte sich B. vielleicht auf § 559 Satz 3 berufen, wonach sich das Pfandrecht nicht auf die der Pfändung nicht unterworfenen Sachen des Mieters erstreckt. Diese ergeben sich aus § 811 ZPO. Demnach erscheint die Pfändung nicht berechtigt, denn A. braucht Kleider und Schuhe. A. kann also Schadensersatz wegen der Verzögerung verlangen. Fraglich scheint mir, ob nicht A. der Zurückhaltung hätte sofort widersprechen und auf § 811 Bezug nehmen müssen.

Anm. Fraglich scheint mir, ob man nicht bezüglich des Koffers § 231 analog anwenden kann. Man könnte folgern: Der Wirt glaubt zur Selbsthilfe, bestehend in Pfändung berechtigt zu sein. Das befreit ihn aber nicht von der Schadensersatzpflicht.

Lösung 348.

Zwischen A. und B. besteht ein Gesellschaftsvertrag. Nach § 719 kann ein Gesellschafter nicht über seinen Anteil an dem Gesellschaftsvermögen und den einzelnen dazu gehörigen Gegenständen verfügen. B. hat dies getan, nach der Absicht des Gesetzgebers ist also die Verfügung unwirksam (§ 134). C. erwirbt daher meines Erachtens keinen Anteil an dem Lose. Wenn nun C. vergessen hat, das Los zur vierten Klasse zu erneuern, so hat das dieselbe Bedeutung, wie wenn B. es vergessen hätte. Jedenfalls liegt in der Veräußerung ein Verschulden des B., wofür er dem A. Ersatz leisten muß, denn er haftet als Gesellschafter nach § 708 für die Sorgfalt, die er in eigenen Dingen anzuwenden pflegt. Zum Schadensersatz gehört nun auch der Ersatz des entgangenen Gewinnes (§ 252). Dazu wird man die 10000 M. zählen müssen.

Lösung 349.

Die Frage der Aufrechnung bei der Gesellschaft ist zum Teil sehr schwierig und bestritten.

Zu Frage 3: § 719 Abs. 2 sagt, daß der Schuldner gegen eine Forderung, die zum Gesellschaftsvermögen gehört, nicht eine ihm gegen einen einzelnen Gesellschafter zustehende Forderung aufrechnen kann. Die Vorschrift enthält eine Folgerung aus dem Gesamtschuldprinzip. Der Schuldner, der eine Forderung zum Gesellschaftsvermögen schuldet, kann hiernach gegen diese nicht eine Forderung aufrechnen, die ihm gegen einen einzelnen Gesellschafter zusteht, weil der einzelne Gesellschafter während des Bestehens der Gesellschaft keinen in Bruchteilen zu beziffernden Anteil am Gesellschaftsvermögen hat (§ 718) (vgl. Staudinger, Bem. III zu § 719).

Hiernach kann X. nicht mit seiner Gesellschaftsforderung gegen die private Forderung des A. aus den Darlehen aufrechnen. Er muß die Darlehnsschuld bezahlen und die Gesellschaftsforderung gesondert einklagen.

Zu Frage 1: Hier ist die Gesellschaft von X. verklagt, d. h. A., B. und C. sind verklagt und zwar wegen einer Gesellschaftsschuld. Sie rechnen mit der Privatforderung ihres Mitgesellschafters A. aus dem Darlehn auf. Dies ist nach Annahme des Reichsgerichts unbedingt unzulässig (vgl. Staudingers Komm. Bem. III zu § 719 am Schluß).

Zu Frage 2: Ebensowenig wie die Gesellschaft mit der privaten Forderung des A. gegen die Forderung des X. aufrechnen kann, scheint mir A. selbst hierzu berechtigt.

Lösung 350.

Zu Frage 1: Der wegen einer Privatschuld belangte Gesellschafter kann eine Forderung der Gesellschaft (auch mit Zustimmung der Mitgesellschafter) nicht aufrechnen. Dies ergibt sich aus Abs. 1 des § 719. Denn da kein Gesellschafter über seinen Anteil an den gemeinschaftlichen Gegenständen verfügen kann, so kann er seinen Anteil an einer gemeinschaftlichen Forderung auch nicht gegen eine Privatschuld aufrechnen (vgl. Staudinger, Bem. III zu § 719).

Hiernach kann A. mit der Gesellschaftsforderung nicht gegen X. aufrechnen.

Zu Frage 2: Auch hier scheint mir die Aufrechnung nicht unbedenklich, schon weil fraglich erscheinen dürfte, ob eine solche Abtretung des A. an sich selbst nach § 181 zulässig wäre.

Allerdings kann die Tatsache, daß A. geschäftsführender Gesellschafter ist, von Erheblichkeit bei der Aufrechnungsfrage werden. (Hierüber vgl. Staudinger, Bem. III zu § 719 am Schluß). Doch liegt dort anscheinend ein besonderer Fall vor, nämlich der, daß der Gesellschafter eine Gesellschaftsschuld, für die er mit seinem Privatvermögen gesamtschuldnerisch haftet, zur Aufrechnung bringt.

Ich will die weitere Lösung dieser Frage dem Leser einstweilen überlassen.

Zu Frage 3: Diese ist nach § 719, 2 ohne weiteres zu verneinen. X. kann also gegen die Gesellschaft nicht mit seiner privaten Darlehnsforderung an A. aufrechnen (vgl. Lösung 349 Frage 3).

Lösung 351.

Das Fell ist der Gesellschaft von A. nicht zu Eigentum übergeben, sondern nur zur Benutzung. Daher unterliegt es auch weiterhin dem Zugriff der Gläubiger des A. § 717 ist nicht anwendbar. Das Gebrauchsrecht der Gesellschaft ist rein obligatorischer Natur. Es beruht auf dem Gesellschaftsvertrage. Es ist kein die Veräußerung hinderndes Recht im Sinne des § 771 ZPO. Gleichwohl können die Gläubiger das Fell nicht pfänden, sondern es steht ihnen § 808 ZPO. entgegen. Danach unterliegen der Pfändung nur Sachen, die sich im Gewahrsam des Schuldners befinden. Das Fell ist im Gewahrsam oder wenigstens im Mitgewahrsam der Gesellschaft, daher ist es nur pfändbar, wenn die Gesellschaft zu seiner Herausgabe bereit ist (§ 809 ZPO.). Ist trotzdem gepfändet worden, so haben die Gesellschafter die Einwendung nach § 766 ZPO. Ein Vorzugsrecht nach § 805 ZPO. ist nicht anzunehmen.

X. kann aber so vorgehen. Er kann den Anspruch des A. an die Gesellschaft auf Rückgabe des Felles (§ 732 BGB.) gemäß § 846 ZPO. pfänden lassen. Doch kann er diesen Anspruch erst nach Beendigung des Gesellschaftsvertrags realisieren.

Dem Interesse des X. entspricht am meisten folgendes Vorgehen: Er pfändet nach § 725 BGB. den Anteil des A. am Gesellschaftsvermögen und kündigt die Gesellschaft. Darauf tritt die Auseinandersetzung nach § 732 BGB. ein. Die Gesellschaft kann weiter bestehen, A. kann aber auch nach § 737 ausgeschlossen werden Bleibt die Gesellschaft unter den übrigen Gesellschaftern bestehen, so ist das nur zum Gebrauche überlassene Fell nach § 738 BGB. ebenso zurückzugeben, wie im Falle der Auflösung.

Anm. Ähnliche Resultate würden sich ergeben, wenn die vorliegende Gesellschaft eine offene Handelsgesellschaft wäre.

Lösung 352.

Bemerkenswert ist, daß § 213 KO. kein besonderes Konkursverfahren über das Vermögen einer Gesellschaft des BGB. kennt. Nur über das Vermögen eines nicht rechtsfähigen Vereins kann selbständig ein Konkursverfahren stattfinden. Deshalb scheint mir der Fall nicht praktisch. Näheres überlasse ich dem Leser selbst zu finden.

Hiernach scheint mir das Weitere dahingestellt bleiben zu können. Insbesondere dürfte nicht zu erörtern sein, wann der Nießbrauch, der einer Gesellschaft des bürgerlichen Rechts bestellt ist, erlischt. Die offene Handelsgesellschaft stellt Kretzschmar (Grundbuchrecht II S. 262) der juristischen Person gleich (§ 1061). Wie es mit der Gesellschaft des BGB. steht, ist zweifelhaft. Nießbraucherin kann sie jedenfalls sein (GBO. § 48).

Lösung 355.

Indem sich C. unter Verzicht auf die Rechtswohltaten eines Bürgen verbürgt, verzichtet er vor allem auf die Einrede der Vorausklage (§ 771). A. ist also berechtigt, auf Grund der Bürgschaft den C. direkt zu verklagen. Fraglich ist nun, ob die Klage im übrigen begründet ist und auf welchen Betrag A. den C. verklagen kann. Indem A. dem B. die Unterschlagung verzeiht, und außerdem die unterschlagene Summe ein halbes Jahr lang nicht ersetzt verlangt, verzichtet er zweifellos auf dieselbe, wenigstens für diesen Fall. Die Schuld ist erloschen. Nach § 768 hat nun der Bürge dieselben Einreden, wie der Hauptschuldner. Also kann auch C. die dem B. zustehende Einrede des Verzichtes bezüglich der zuerst unterschlagenen Summe geltend machen. A. kann somit nur die zuletzt unterschlagenen 1000 M. gegen C. einklagen. Insoweit hat er noch nicht auf sein Recht aus der Bürgschaft verzichtet. §§ 133, 157, 242.

C. kann sich nicht deshalb weigern, irgend etwas zu zahlen, weil A. ihn von der ersten Unterschlagung nicht benachrichtigt hat. Eine Anzeigepflicht legt § 777 dem Gläubiger auf. Doch liegt hier eine Verbürgung auf bestimmte Zeit nicht vor. Man könnte höchstens das Bürgschaftsversprechen des C. interpretieren: Nach § 72 Ziff. 1 HGB. ist Untreue ein Grund zur sofortigen Entlassung. Also ist anzunehmen, daß C. nur bis zur erstmaligen Entdeckung einer Untreue haften will, nicht für spätere Veruntreuungen. Ob dem ohne weiteres beizustimmen ist, scheint mir zweifelhaft.

Anm. Das Vorliegen der für die Bürgschaft geforderten schriftlichen Form habe ich ohne weiteres angenommen. In der Aufgabe dürfte es versehentlich nicht erwähnt worden sein, da sonst der ganze Fall keinen Zweck haben würde.

Lösung 356.

Der Arbeitsausschuß ist juristisch dasselbe wie die bei den verschiedensten Unternehmungen eingesetzten Kommissionen. Seine Tätigkeit besteht in diesem Falle unter anderm in der Regelung der Kassenverhältnisse. Die Übernahme der Verpflichtung hierzu würde ich als Übernahme einer Gesamtschuld (§ 427) ansehen, durch die sich die Mitglieder den Unternehmern gegenüber haftbar machen. Welche juristische Form das Unternehmen selbst, also die Gewerbeausstellung, hat, sagt der Text nicht, es kann sich um eine gewöhnliche Gesellschaft, offene Handelsgesellschaft oder um eine sonstige Gesellschaftsform handeln.

Welche juristische Form hat nun das Zeichnen zum Garantiefonds? Damit verpflichtet sich der Zeichnende, falls das Unternehmen mit Verlust arbeiten sollte, diesen Verlust in Höhe einer bestimmten Summe zu decken. Damit tritt der Garantierende in ein Verhältnis zu den Gläubigern des Unternehmens. Wenn er nun auch diese Gläubiger im voraus nicht kennt, so hindert doch nichts, dieses Verhältnis als Bürgschaft im Sinne der §§ 765 f. anzusehen. In diesem wie in den meisten Fällen ist es natürlich nur eine beschränkte Bürgschaft, also in Höhe der versprochenen Summe. Diese Bürgschaft ist aber, da nur für den Fall eingegangen, daß sich Verlust ergibt, nur eine bedingte. Sie ist mit einer Suspensivbedingung verknüpft (§§ 158 f.). Diese Bedingung ist hier eingetreten und X. zur Zahlung in versprochener Höhe verpflichtet. Nun weigert sich X., zu zahlen, und zwar zunächst mit der Begründung, daß nur der Gesamtvorstand zur Klage berechtigt sei. Dem steht die Vertragsbestimmung entgegen, nach der X. die Kaufleute A., B. und C. in ihrer Eigenschaft als Arbeitsausschuß für berechtigt erklärt, ihn wegen des gezeichneten Betrags in Anspruch zu nehmen, sobald sich ein Fehlbetrag bei dem Unternehmen ergeben sollte. Damit erklärt X., daß er A., B. und C. als Arbeitsausschuß als Vertreter des Unternehmens bezüglich der Einforderung der versprochenen Summe ansehen will, gleichgültig, ob diese nach den internen Bestimmungen des Unternehmens wirklich zu dieser Vertretung berechtigt sind. Da sich X. verpflichtet hat, so ist kein Grund zu finden, weshalb er die Aktivlegitimation der Kläger bestreiten könnte. Denn der Gesamtvorstand ist doch vermutlich von dem Inhalte des Garantiescheins vorher unterrichtet worden. Wenn er ihn also genehmigt, so überträgt er die Rechte und Pflichten, die er allerdings als Vorstand in erster Linie hat — nämlich die Vertretung nach außen — insoweit, als es sich um die Einklagung der Garantiesumme handelt, auf A., B. und C. Darin liegt nichts Ungesetzliches. X. hat hiervon Kenntnis, denn er hat den Schein unterschrieben. Der erste Einwand ist also zurückzuweisen.

Daß hier keine unverbindliche Schenkung vorliegt, ist schon durch die obigen Erörterungen über die Natur der Garantieleistung widerlegt.

Auch der dritte Einwand ist zurückzuweisen. Denn wenn es im Vertrage heißt: „Nach Aufstellung der Schlußrechnung" usw., so liegt kein Grund vor, anzunehmen, daß die Garantiepflicht des Zeichners von Vorlegung der Schlußrechnung abhängig ist. Der Zeichner muß eben insoweit den Organen des Unternehmens vertrauen, wenn er sich keinen Vorbehalt macht. Selbst wenn aber die Vorlegung der Rechnung durch die im Verkehr erforderliche Sorgfalt gefordert würde, so wäre davon noch nicht die Verpflichtung zur Zahlung abhängig, sondern höchstens die zur Tragung etwaiger Prozeßkosten.

Anm. Den sog. Garantievertrag, der hier vorliegt, behandelt Matthiaß, Bd. I S. 413.

Lösung 357.

Das BGB. unterscheidet nicht mehr zwischen solchen Spielen, bei denen Gewinn und Verlust vollständig dem Zufall überlassen sind (sog. reine Glücksspiel) und solchen, zu denen eine gewisse Fähigkeit gehört, die Gewinn und Verlust mit beeinflußt (sog. Spiele virtutis causa), wie dies z. B. beim Skatspiel der Fall ist. Der Skat ist als Spiel im Sinne des § 762 aufzufassen. Somit ist zwischen A. und B. durch das Spiel keine Verbindlichkeit entstanden.

Offenbar im Hinblick darauf hat A. dem B. einen Schuldschein in Höhe von 100 M. ausgestellt. Es fragt sich, ob dadurch nunmehr eine Verbindlichkeit begründet worden ist. Der Schuldschein enthält hier ein Schuldanerkenntnis. Dieses begründet nach § 762 Abs. 2 ebensowenig wie das Spiel eine Verbindlichkeit.

Weiter hat C. schriftlich — also der Form des § 766 entsprechend — für die Spielschuld des A. Bürgschaft geleistet. Diese Bürgschaft ist wiederum wirkungslos, und zwar nach § 767, da die von den Parteien vorausgesetzte Hauptverbindlichkeit — das Spiel — nicht besteht und ebensowenig die Ausstellung des Schuldscheins eine Verbindlichkeit erzeugt hat. (Vgl. auch Rosenthal, Komm. zu § 765, Anm. 2, die besser unter Anm. 3a stehen würde.)

Der Verzicht seitens des A. auf den Einwand des Spiels hat keine Wirkung. Denn § 762 Abs. 1 soll ein sog. absolutes Gesetz sein. Dieses Motiv des Gesetzgebers geht aus § 762 Abs. 2 hervor, welche Vorschrift bezweckt, jede dem § 762 Abs. 1 widersprechende Vereinbarung der Parteien zu verhindern. Obgleich also das Gesetz für den Verzicht auf den Einwand des Spiels kein spezielles Verbot enthält, so ist ein solches aus dem Sinne des Gesetzes zu entnehmen.

Anm. Übrigens gibt es gar keinen eigentlichen Einwand des Spiels. Ein Kläger, der eine Spielschuld einklagt und als Klaggrund die causa aleatoria angibt, wird abgewiesen, ohne daß der Beklagte einen Einwand des Spiels zu erheben braucht, ja der Kläger erhält in diesem Falle kein Versäumnisurteil, weil sein Vorbringen den Antrag nicht rechtfertigt (sog. unschlüssige Klage). Anders liegt es beim Anerkenntnis der Spielschuld. Hier kann die Klage lediglich auf Anerkenntnis gestützt sein. Dann muß als rechtshindernde Tatsache vom Beklagten vorgebracht werden, daß Spiel vorgelegen habe. Diese rechtshindernde Tatsache hat hier der Beklagte zu beweisen. — Die gleichen Grundsätze gelten für die Bürgschaft für eine Spielschuld.

Lösung 358.

Die Einrede der Unzuständigkeit des Gerichts scheint mir begründet nach § 768. Zu den dem Hauptschuldner zustehenden Einreden gehört auch die vorliegende. Somit muß der Gläubiger C. in Z. klagen.

Gaupp-Stein sagt dagegen unter Anm. IV, 4 zu § 29 Bd. I S. 86 oben: „Dagegen ist aus der Abhängigkeit der Bürgschaft von der Hauptschuld ein Erfüllungsort für die erstere nicht zu folgern.“ Ähnlich Petersen Anger, Bem. 10 zu § 29. Der Ort, wo der Hauptschuldner zu erfüllen hat, ist regelmäßig nicht Erfüllungsort für den Bürgen. Ferner Nachtrag zu den §§ 38—40 (Bd. II S. XXII): „Ein zwischen dem Gläubiger und Hauptschuldner vereinbarter Gerichtsstand gilt nicht ohne weiteres für den Bürgen.“ Letzteres erscheint mir, wie gesagt, im Hinblick auf § 768 BGB. unhaltbar. Auch liegt hier insofern etwas besonderes vor, als ein Gerichtsstand vereinbart ist, während Gaupps Bemerkungen zum Teil wohl nur den Fall im Auge haben, daß nichts über den Gerichsstand vereinbart wird.

Lösung 359.

Wäre A. nicht selbstschuldnerischer Bürge, so hätte er zweifellos nur gegen B. einen Anspruch, was sich aus der akzessorischen Natur der Bürgschaft ergibt. Da aber die selbstschuldnerische Bürgschaft als eine Art der Gesamtschuld erscheint (§§ 420f.), so hat die Zahlung des A. an C. dieselbe Wirkung, wie wenn der Gläubiger von zwei Gesamtschuldnern zugleich das Ganze erhalten hat. Dann kann entweder A. oder B. gegen C. auf Herausgabe des zuviel Gezahlten auf Grund ungerechtfertigter Bereicherung (§§ 812f.) klagen.

Wenn die Zahlung des Bürgen A. bei C. erst später als die des B. eingetroffen ist, so kann man auf Grund der Bürgschaftsgrundsätze zu einem Resultate gelangen, denn dann ist durch die Zahlung des Hauptschuldners B. an C. die Schuld erloschen. Wenn nunmehr auch der Bürge A. zahlt, so kann die Forderung nicht mehr, wie es nach 774 im Falle der Zahlung des Bürgen der Fall ist, übergehen. Vielmehr ist der Gläubiger C. durch die Zahlung des Bürgen A. ohne Grund bereichert. A. kann daher nach §§ 812f. von C. Rückgabe des Gezahlten fordern. Dagegen hat A. an den Hauptschuldner B. keinen Anspruch.

Ist dem Gläubiger C. zuerst die Zahlung des Bürgen A. zugegangen, so geht die Forderung nach § 774 auf den Bürgen über (vgl. § 426 Abs. 2). Der Gläubiger ist also nicht mehr Inhaber derselben. Somit kann der später zahlende Hauptschuldner gegen C. kondizieren, weil der rechtliche Grund, auf dem seine Verpflichtung beruhte, weggefallen ist (§ 812 Abs. 1 Satz 2).

Lösung 360.

Man könnte zunächst daran denken, daß der vorliegende Vertrag den guten Sitten widerspricht. Das möchte ich nicht annehmen. Daß ein Delinquent vor strafrechtlicher Verfolgung bewahrt bleibt, widerspricht nicht unserem Sittlichkeitsgefühl. Das würde aber wohl auch auf die Art des Delikts ankommen.

Was die Art des Vertrags zwischen B. und der Ehefrau und dem Sohne des B. betrifft, so ist diese schwer zu bestimmen. Nach gemeinem Rechte würde man wohl einen Innominatrealkontrakt annehmen (do ut facias § 267). Der Vertrag ist ein gegenseitiger. Ehefrau und Sohn des B. geben die 2000 M. und B. verpflichtet sich, keine Anzeige zu machen. Zugleich setzen die Parteien die Bedingung, daß überhaupt — also auch von dritter Seite — keine Anzeige erfolgt. Das ergibt der Wortlaut der Vereinbarung. Fraglich ist, ob eine echte Bedingung vorliegt. Ausgeschlossen ist es nicht. Dann würde § 161 gelten. Ich nehme nur eine obligatorische Verpflichtung des B. zur Rückerstattung an, und zwar erfolgt die Rückforderung nach den §§ 812f., insbesondere §§ 815, 820 (condictio causa data causa non secuta). Im übrigen ist bezüglich der Frau § 1395 (§ 1401) zu beachten. Das Eventualpetitum beruht auf § 818 Abs. 2.

Wenn die Kläger ev. Schadensersatz verlangen, so ist ihnen dieser auch auf Grund des obigen Vertrags zuzubilligen. Es liegt ein Fall der nachträglichen Unmöglichkeit der Leistung vor. § 280 kommt zur Anwendung. Die Leistung wird infolge eines von dem Schuldner zu vertretenden Umstandes unmöglich. Der Schuldner hat daher den durch die Nichterfüllung entstehenden Schaden zu ersetzen. Der Schaden besteht in dem Verluste der Aktien im Werte von je 2000 M. Somit muß B. diese 4000 M. ersetzen.

Lösung 361.

Der Vertrag zwischen der B. und der C. ist ein Werkvertrag (§§ 631f.). Dieser ist bis zur Genehmigung durch den Vormund negotium claudicans (§ 108). Die Genehmigung kann aber auch der C. gegenüber erfolgen. Die Genehmigung ist nun zunächst nicht erfolgt, wohl aber später dadurch, daß der Vormund der C. sagt, sie könne sich wegen des Geldes an ihn halten. Darin liegt zugleich ein Schuldversprechen.

Die Hauptfrage ist nun die: Was ist juristisch in der Erklärung des Vormunds A. zu erblicken? „Sie können sich wegen des Geldes an mich halten." Zu einem abstrakten Schuldversprechen im Sinne des § 780 gehört, daß die Leistung in der Weise versprochen wird, daß das Versprechen die Verpflichtung selbständig begründen soll und daß die Erklärung schriftlich abgegeben wird. Das letztere setze ich voraus, weil sonst § 780 von vornherein ausgeschlossen wäre. Doch liegt ein abstraktes Schuldversprechen meines Erachtens nicht vor. Der Wille des Vormunds ist mit Rücksicht auf das vorausgegangene nicht auf eine abstrakte Verpflichtung gerichtet. Das geht schon daraus hervor, daß er in seiner Erklärung auf die Mitteilung der C. Bezug nimmt mit den Worten „wegen des Geldes". Auch fehlt die Angabe der Höhe der Geldsumme.

Weiter würde in Frage kommen, ob eine Bürgschaft vorliegt. Dem steht nach § 765 nichts entgegen, wenn man voraussetzt, daß Schriftlichkeit vorliegt. Die Einrede der Vorausklage ist nach § 773 Abs. 1 Ziff. 1 ausgeschlossen, wenn der Bürge sich als Selbstschuldner verbürgt hat. Eine solche Bürgschaft würde ich hier annehmen. Die Worte des A. deuten darauf hin, daß er ebenso streng wie die B. selbst haften will. Ich würde also die sofortige Klage der C. gegen den B. für berechtigt halten. Das Wort „bürgen" braucht bei der Bürgschaft nicht unbedingt gebraucht zu werden.

Lösung 362.

A. hat dem B. gegenüber ein Schuldanerkenntnis abgegeben, welches sich auf Darlehns- und Kaufgeschäfte bezieht, somit nicht abstrakt gefaßt ist, sondern den Schuldgrund angibt. Dasselbe ist verbunden mit einem Zahlungsversprechen (constitutum debiti), dieses wiederum ist an eine Befristung geknüpft, wenigstens nehme ich eine Befristung und nicht eine Bedingung aus folgenden Gründen an. B. will, indem er sich mit der Verpflichtung des A., beim Eintritt besserer Vermögensverhältnisse zu zahlen, einverstanden erklärt dem A. nichts schenken. A. schuldet also weiter wie vorher; seine Schuld wird aber erst fällig mit Eintritt besserer Vermögensverhältnisse. Es liegt also ein sog. dies incertus quando vor. Man könnte meinen, es liege auch dies incertus an vor. Ich bin aber der Ansicht, daß die Stundung etwas Höchstpersönliches ist und daher die Forderung spätestens mit dem Tode des A. fällig wird. (Ähnlich Sächs. BGB. § 715.) Doch dies nur zur Einleitung. Von entscheidender Bedeutung für den Fall ist es nicht.

B. behauptet nun nach Ablauf von zwei Jahren, die Befristung falle weg, da sich die Vermögensverhältnisse des A. gebessert hätten. A. gibt zu, daß sich seine Einnahmen in der von B. bezeichneten Weise erhöht haben, wenigstens ist das nach den Grundsätzen der ZPO. anzunehmen, da er das diesbezügliche Vorbringen des B. (bis zum Schlusse der Verhandlung, wie ich den Umständen nach annehme) nicht bestreitet. A. entgegnet, er sei trotzdem zur Nachzahlung nicht imstande, er bestreitet somit, daß seine Vermögensverhältnisse bessere geworden seien und daher die Befristung weggefallen sei, mit der Begründung, die Ausgaben seien größere geworden, weil seine Familie sich vergrößert habe und seine ehemaligen Gläubiger noch zu befriedigen seien. Er meint damit diejenigen, die nicht befristete Forderungen haben.

Die Klage des B. stützt sich auf das von A. abgegebene Schuldanerkenntnis und Zahlungsversprechen und zugleich auf die Behauptung des Wegfalls der Befristung. Er begründet den Anspruch zunächst mit dem Hinweis darauf, daß A. vor einigen Wochen 100000 M. in der Lotterie gewonnen habe. A. gibt das zu. Gefragt ist, ob B. daraufhin den Eintritt besserer Vermögensverhältnisse bei A. beweisen muß. Bei der Höhe des von A. gemachten Gewinns spricht die Vermutung unbedingt dafür, daß seine Vermögenslage nunmehr eine bessere geworden ist. Somit muß A. zweifellos das Gegenteil beweisen. Bezüglich des Gehalts könnte man schon zweifelhaft sein, wer zu beweisen hat. Aber auch hier hat dies meines Erachtens der A. zu tun, denn wenn sich auch die Familie des A. vergrößert hat, so könnte er doch wenigstens jetzt mit Abzahlungen beginnen.

Ist A. mit dem Eintritt besserer Vermögensverhältnisse in Verzug geraten? Diese Frage gilt natürlich nur für den Fall, daß A. diesen Eintritt besserer Vermögensverhältnisse **nicht** widerlegen kann. Sie ist zu verneinen. Denn nach den allgemeinen Grundsätzen des § 284 ist Voraussetzung des Verzugs die Mahnung. Eine solche liegt aber bei A. **nicht** vor. Man könnte höchstens einwenden, die Vertragsbestimmung „beim Eintritt besserer Vermögensverhältnisse“ enthalte eine Fristbestimmung nach dem Kalender, so daß nach § 284 Abs. 2 Verzug auch ohne Mahnung eingetreten sei. Diese Ansicht ist aber zu verwerfen, denn eine Frist nach dem Kalender muß immerhin genauer bestimmt sein. Daher ist eine Mahnung hier erforderlich, um den Schuldner in Verzug zu setzen. Sache des B. ist es, seinen Schuldner im Auge zu behalten und ihn im gegebenen Falle zur Zahlung aufzufordern.

Lösung 363.

Nach § 397 ist der Erlaß ein Vertrag (pactum de non petendo). Dieser kann nach den allgemeinen Regeln wegen Irrtums, Betrugs usw. angefochten werden. Hier war also so vorzugehen: A. mußte den Erlaß wegen Irrtums (§ 119) anfechten, und zugleich aus dem alten Schuldgrunde klagen. B. mußte die rechtsvernichtende Tatsache des Erlasses einwenden. Darauf hatte A. zu replizieren: Der Erlaß ist nichtig (§ 142), weil mit Erfolg angefochten, folglich gilt auch der alte Schuldgrund, den B. nicht bestreitet. Den Irrtum mußte A. beweisen. In Betracht kommt noch § 812 Abs. 2. Mit dieser Bereicherungsklage kann aber A. nicht Zahlung der ursprünglich geschuldeten Summe, sondern nur Wiederherstellung der durch den Erlaß zum Erlöschen gebrachten Forderung herbeiführen.

Lösung 364.

Der Vertrag zwischen A. und B. ist ein solcher im Sinne des § 700, ein sog. irreguläres Depositum. Der Bankier braucht nicht dieselben Geldstücke, die hinterlegt sind, zurückzugeben, sondern nur dieselbe Summe. Er darf ferner das hinterlegte Geld verbrauchen. Es finden daher nach § 700 Abs. 1 Satz 2 die Regeln über das Darlehn Anwendung (§§ 607 ff.). Das

Geld geht somit in das Eigentum des Bankiers über. Der Bankier ist als Schuldner zur Rückgabe der hinterlegten Summe verpflichtet. Doch ist dies nebensächlich. Die Hauptfrage betrifft das folgende:

Indem A. von seinem Guthaben bei B. 400 M. abhebt, macht er seine Forderung auf Rückzahluug der Darlehnssumme geltend. Wenn B. dem A. daraufhin eine Rolle mit 380 M. übergibt, die den Vermerk enthält: „400 M. in Gold, beim Empfange zu zählen", so weiß A. noch nicht, ob die Rolle wirklich die geschuldete Summe enthält. Er muß also, um sich zu sichern, die Rolle beim Empfang öffnen. Insbesondere muß er dies wegen der auf der Rolle befindlichen Aufforderung des B. Das tut aber A. nicht, sondern quittiert ohne zu zählen. Damit hat er die Leistung angenommen. Er hat sie aber nicht nur im untechnischen Sinne angenommen, sondern auch im juristischen, d. h. als Erfüllung angenommen, denn er hat über dieselbe vorbehaltlos Quittung geleistet, ohne die Geldstücke zu zählen. Wenn er daher zu Haus findet, daß die Rolle nur 380 M. und nicht 400 M. enthält und er jetzt die Leistung nicht als Erfüllung gelten lassen will, weil sie unvollständig gewesen sei, so trifft ihn nach § 363 die Beweislast. (Vgl. Rosenthal, Anm. 1a zu § 363.)

Anm. In derartigen Fällen empfiehlt es sich also, bei Annahme des Geldes Zeugen zuzuziehen, um sich die Beweispflicht zu erleichtern. Falls A. dies nicht getan hat, muß er dem B. den Eid über die Leistung von nur 380 M. zuschieben. Diesen wird B. vermutlich nicht annehmen, denn da er als Prinzipal wahrscheinlich nicht selbst die Verpackung der Rolle vorgenommen hat, so kann er über diese Frage gar nicht unterrichtet sein (§ 445 ZPO.). B. wird also dem A. den Eid wohl zurückschieben müssen und nunmehr kann A. die Wahrheit seiner Aussage beschwören. (Bedingtes Endurteil § 460 ZPO.).

Lösung 365.

Nach § 434 ist der Verkäufer verpflichtet, dem Käufer den verkauften Gegenstand frei von Rechten zu verschaffen, die von Dritten gegen den Käufer geltend gemacht werden können (Schutz gegen die sog. Entwehrung). Zu diesen Rechten gehört neben anderen dinglichen auch das Eigentumsrecht. Dieses gewährt A. dem C. nicht. Daher findet nach § 440 die Vorschrift des § 325 über nachträgliche Unmöglichkeit Anwendung. Wenn also D. in dem von ihm gegen C. angestellten Eigentumsprozesse siegt, und daher C. das Pferd an D. herausgeben muß, so kann er auf Grund des Vertrags von dem Verkäufer A. Schadensersatz fordern. Dieser besteht aber in dem gezahlten Kaufpreise. B., der Verpfänder, steht zu C. in keinem Verhältnis.

Der Umstand, daß das Pferd von B. dem A. verpfändet war, ist hier gänzlich ohne Einfluß, ebenso die Frage, warum C. kein Eigentum erlangt hat, obgleich er es doch nach dem Regelfall des § 932 als vermutlich Gutgläubiger erworben haben müßte. Jedenfalls gibt es Gründe, aus denen er das Eigentum nicht erlangt hat (§ 935), die aber hier nicht zu erörtern sind.

Lösung 366.

Die Frage, wer beim Eintritt einer unerwarteten Krankheit oder eines plötzlichen Todesfalles den von Fremden herbeigerufenen Arzt zu bezahlen hat, ist schon öfter praktisch geworden.

Wenn der Arzt von einem Bahnbeamten herbeigerufen wird, so kann er sich denken, daß dieser im Auftrage eines anderen, entweder des Kranken selbst oder eines höheren Beamten kommt. Hier wird er aber außerdem noch vom Unterbeamten aufgeklärt. Er ist daher darüber unterrichtet, daß es sich um einen durchreisenden Patienten handelt. Ich möchte aber nicht annehmen, daß ein Vertrag zwischen der Bahn und dem Arzt zustande kommt, zumal der Stationsvorsteher erst später von der Zuziehung des anderen Arztes Kenntnis erhält, denn die Bahnverwaltung hat keine Verpflichtung, für das Kind zu sorgen. Vielmehr liegt eine Geschäftsführung ohne Auftrag vor und zwar sind die Geschäftsherren die Eltern des Kindes, denn sie haben die Pflicht, für das Kind zu sorgen. Sollten sie sich weigern, dem Arzt seine Zeitversäumnisse zu vergüten, so entscheidet § 679. Danach kommt ein der Geschäftsführung entgegenstehender Wille des Geschäftsherrn nicht in Betracht, wenn ohne die Geschäftsführung eine gesetzliche Unterhaltspflicht des Geschäftsherrn nicht rechtzeitig erfüllt werden würde. Der Arzt kann also gegen die Eltern sein Honorar einklagen (§§ 1627 ff.). Die Bahnverwaltung haftet also meines Erachtens nicht. Würde man in Fällen, wie dem vorliegenden, auch den Fremden -- das ist hier die Bahnverwaltung — für das Honorar des Arztes haften lassen, so würde das nur nachteilige Folgen haben. Das Publikum würde mit der Herbeirufung des Arztes vorsichtig sein, was gerade in dringenden Fällen, in denen vom schnellen Eingreifen des Arztes alles abhängt, im Interesse der Allgemeinheit bedenklich wäre. Es entspricht daher meines Erachtens der Billigkeit, daß nur der Unterhaltspflichtige oder der zur Fürsorge irgendwie Verpflichtete in Anspruch genommen wird. Für den Arzt ist es aber in dringenden Fällen Ehrensache, auch dann zu helfen, wenn er noch nicht weiß, ob unterhaltspflichtige Personen, die zahlungsfähig sind, überhaupt vorhanden sind. Gezwungen kann er dazu natürlich nicht werden.

Ein Vertrag zwischen Bahnverwaltung und Arzt würde in Frage kommen, wenn die Bahn verpflichtet wäre, für kranke Reisende zu sorgen. Eine solche Verpflichtung wäre z. B. auf Grund einer Seuchengefahr denkbar.

Lösung 371.

C. hat an dem Teppich ein die Veräußerung hinderndes Recht im Sinne des § 771 ZPO. Da er dieses vor der Versteigerung nicht geltend gemacht hat, so ist der Teppich versteigert worden. Dadurch ist aber C. noch nicht jedes Rechts verlustig gegangen. Zwar wird der Ersteher des Teppichs nach § 935 Abs. 2 unbedingt Eigentümer desselben und von ihm kann daher C. nichts fordern. Dagegen ist A. dadurch, daß in seinem Auftrage eine Sache versteigert wurde, die der Gerichtsvollzieher, wenn sie mit Erfolg nach § 771 ZPO. reklamiert worden wäre, nicht hätte versteigern können, auf Kosten des C. bereichert (§ 812 „in sonstiger Weise auf dessen Kosten"). Er ist ohne Grund bereichert, denn er steht mit C. in keiner Verbindung, aus der er ein Recht herleiten könnte (vgl. auch Petersen Anger, Bem. 7 zu § 771 ZPO. und Anm. 10). A. scheint dies auch an sich nicht bestreiten zu wollen, weigert sich aber, die Bereicherung herauszugeben, weil die Kosten der Versteigerung höher sind als der Erlös. Ist er hierzu berechtigt? Die Zwangsvollstreckungskosten zerfallen in Pfändungskosten und Versteigerungskosten. Die Pfändungskosten kann A. meines Erachtens nicht vom Erlöse abziehen, ob die Versteigerungskosten, scheint mir zweifelhaft. Wie steht es mit § 1210? Dem Gerichtsvollzieher gegenüber ist A. der Schuldner der Gebühren und Auslagen (§ 19 der Gebührenordnung für Gerichtsvollzieher, zu vgl. § 788 ZPO.). Durch Verrechnung hat sich der Gerichtsvollzieher aus dem Erlöse gedeckt.

Lösung 372.

Die Hingabe des Darlehns seitens des A. an C. ist gegenüber B. eine Geschäftsführung ohne Auftrag nach §§ 677 ff. verbunden mit §§ 177 ff. Diese ist nach § 177 abhängig von der Genehmigung des Geschäftsherrn. Da diese seitens des B. nicht erfolgt ist, so ist also die Hingabe des Darlehns unwirksam.

Indem nun A. dem C. die 1000 M. gibt, will A. zugleich seine Verpflichtung gegenüber dem B. erfüllen. Da aber B. die Leistung an sich selbst verlangen kann, braucht er auch die Leistung des A. an C., nicht als Erfüllung der alten Schuld gelten zu lassen. Da das Darlehnsgeschäft zwischen A. und C. sowie die daraufhin erfolgte Zahlung an C. mangels der Genehmigung des B. unwirksam sind, so besitzt C. die von A. erhaltenen 1000 M. ohne Rechtsgrund. Es ist zwar zunächst ein Rechtsgrund vorhanden gewesen, dieser ist aber später weggefallen. (Vielleicht liegt auch § 820 vor, also Nichteintritt eines bezweckten Erfolges.) Durch die Leistung des A. ist C. jetzt ohne Grund bereichert. Es liegt somit der Tatbestand des § 812 Abs. 1 Satz 2 vor und A. kann die gezahlten 1000 M. von C. zurückfordern. Vielleicht könnte man dies auch auf Grund von § 816 für zulässig erachten (Verfügung eines Nichtberechtigten).

Zur Begründung der Klage gehört allerdings der Nachweis, daß B. nicht genehmigt habe. Wenn dies also C. auf die Klage des A. hin bestreitet, so muß es A. beweisen. Er wird zum Beweis der Genehmigung den B. als Zeugen benennen können.

Lösung 373.

1. Die Handlung des A. ist Diebstahl, also eine unerlaubte Handlung. A. wird daher nicht Eigentümer der gestohlenen 10 M. Wenn nun A. für das Geld ein Los kauft und das Geld dem Verkäufer desselben übergibt, so wird dieser, da er gutgläubig ist, nach § 935 Abs. 2 Eigentümer des Geldes (s. auch § 948). B. kann daher das Geldstück nicht mehr von diesem herausverlangen. B. kann aber nach § 823 für die gestohlenen 10 M.

Schadensersatz von A. verlangen, und es fragt sich dabei, in welcher Höhe. A. hat dadurch, daß er die 10 M. dem Verkäufer des Loses übergab, einen Gewinn von 5000 M. gemacht, und es fragt sich, insbesondere, ob er nur die gestohlenen 10 M. oder auch den Gewinn von 5000 M. herauszugeben hat. Die Höhe und Art des Schadensersatzes regeln die §§ 249 ff. Nach § 252 ist der vorhandene Schaden und der entgangene Gewinn zu ersetzen (damnum emergens und lucrum cessans). Der entstandene Schaden ist schon festgestellt. Er beträgt 10 M. Es fragt sich aber: Ist der von A. gemachte Gewinn von 5000 M. als dem B. entgangener Gewinn anzusehen? Das ist zu verneinen. Als entgangener Gewinn gilt nach § 252 Satz 3 der Gewinn, der nach dem gewöhnlichen Lauf der Dinge zu erwarten ist. Nach diesem ist aber nicht zu erwarten, daß jemand mit einem Zehnmarkstück einen Gewinn von 5000 M. macht, sondern es ist dies ein Ausnahmefall. Also kann B. nur Ersatz in Höhe von 10 M. von A. verlangen und nach § 849 Zinsen seit dem Tage der Wegnahme. Der Gewinn dagegen bleibt dem Dieb.

2. Hier liegt seitens des A. ebenfalls Diebstahl — also eine unerlaubte Handlung im Sinne des § 823 vor. Das gestohlene Objekt ist aber hier nach § 935 durch Übergabe nicht Eigentum des Dritten — also des Liebhabers — geworden. B. hat daher gegen diesen die Eigentumsklage (§§ 985 ff.). Außerdem besteht wieder die Schadensersatzpflicht des A. nach § 823 verb. mit § 281. Hier dringt B. mit der Klage auf das Doppelte des Werts durch, denn nach dem gewöhnlichen Lauf der Dinge ist es nicht unwahrscheinlich, daß man für einen Papagei das Doppelte des Werts erhält, da es Liebhaber von Papageien in großer Zahl gibt. Also kann B. den von A. für den Papagei erhaltenen Preis in Höhe des doppelten Werts desselben ersetzt verlangen.

Lösung 374.

Der Dieb haftet zweifellos nach §§ 823 ff. auf Schadensersatz. Fraglich ist nur die Höhe desselben. Zu ersetzen ist nach den §§ 249 ff. der entstandene Schaden und der entgangene Gewinn. Demnach ist zunächst die Violine herauszugeben. Wenn ferner A. auf Erlangung des Diebes eine Belohnung aussetzt, — es liegt eine Auslobung vor, § 657 — so hat er zweifellos dadurch Auslagen, er hat also einen Schaden und wird dessen Ersatz nach § 657 unter allen Umständen verlangen können, selbst wenn der Entdeckte von der Auslobung nichts weiß. Vorausgesetzt wird dabei, daß der Dieb überhaupt durch fremde Tätigkeit entdeckt wurde.

Hat der Dieb auch den durch die Konzerte erlangten Gewinn herauszugeben? Nach § 252 Satz 2 ist außer dem entstandenen Schaden auch der entgangene Gewinn zu ersetzen. Als entgangen gilt aber der Gewinn, der nach dem gewöhnlichen Laufe der Dinge oder nach den besonderen Umständen mit Wahrscheinlichkeit erwartet werden konnte. Da der Bestohlene Sammler ist, ist nach den besonderen Umständen nicht zu erwarten, daß er durch Konzerte Gewinn erzielen wird. Die Einnahme aus den Konzerten braucht daher der Dieb nicht herauszugeben.

Lösung 375.

Nach § 762 ist durch das Spiel zwischen A. und B. eine Verbindlichkeit — wenigstens eine solche im Sinne des Gesetzes — nicht entstanden. Eine solche wird nach § 762 Abs. 2 ebensowenig begründet, wenn A., wie der Text andeutet, ein Schuldanerkenntnis verbunden mit einem Zahlungsversprechen für 1. Juli wegen dieser Schuld abgegeben hat. (Vgl. Lösung 230.)

Wenn nun A. nach seiner Heilung die schon gezahlte Spielschuld von B. zurückfordert, indem er sich darauf stützt, daß sein Bruder keinen Auftrag gehabt habe, ihn zu vertreten und daß er die Zahlung nicht genehmige, so ist zur Beurteilung seiner Berechtigung hierzu das Rechtsverhältnis zwischen A. und B. zu untersuchen. Indem der Bruder des A. dessen Spielschuld bezahlt, handelt er als dessen Geschäftsführer ohne Auftrag (§§ 677 ff.). Die §§ 677 ff. regeln nur das innere Rechtsverhältnis zwischen dem Vertreter ohne Vertretungsmacht und dem Vertretenen, hier aber kommt das äußere Verhältnis zwischen dem Vertreter ohne Vertretungsmacht und dem Dritten in Betracht, welches die in das allgemeine Vertretungsrecht gehörigen §§ 177—80 regeln. Diese geben auch Auskunft über den Fall der Nichtgenehmigung des vom Geschäftsführer abgeschlossenen Vertrags durch den Geschäftsherrn. Indem A. die Zahlung nicht genehmigt und deshalb den Betrag von B. kondiziert, stützt er sich auf § 177 verb. mit § 812 und behauptet Nichtigkeit des Rechtsgeschäfts, nämlich der Zahlung. Damit hat A. recht. Denn nach § 177 ist ein Vertrag, der ohne Genehmigung des Vertretenen vom Vertreter abgeschlossen wird, ungültig. Die Eigentumsübertragung — also hier die Zahlung der 1000 M. seitens des Bruders an B. — enthält nun nach der herrschenden Meinung einen Vertrag (bestehend in der Einigung darüber, daß Eigentum übergehen soll). Dessen Abschluß ist hier von A. nicht genehmigt worden. Also ist derselbe nichtig. Somit ist B. um die gezahlten 1000 M. durch die Zahlung ohne Grund bereichert und muß sie an den A. auf dessen Klage hin herausgeben.

Es liegt nahe, daß sich B. bei seiner Verteidigung auf § 762 Abs. 1 Satz 2 stützt, wonach das auf Grund des Spiels Geleistete nicht deshalb zurückgefordert werden kann, weil eine Verbindlichkeit nicht bestanden hat. Diese Vorschrift gilt aber nur für den Fall, daß sich der Zurückfordernde bloß auf Spiel beruft. Andere Rückforderungsgründe (z. B. Minderjährigkeit) werden dadurch nicht ausgeschlossen. (Vgl. Rosenthal, Anm. 2 zu § 762.) Einer derselben — nämlich Nichtigkeit der Eigentumsübertragung infolge der Nichtgenehmigung durch den Geschäftsherrn — liegt hier vor, und B. wäre daher mit diesem Einwand abzuweisen.

Lösung 376.

Zwischen A. und B. besteht ein Auftragsverhältnis nach den §§ 662 ff. Als Beauftragter erlangt B. an dem erhaltenen Gelde Besitz, nicht aber

Eigentum (§ 868). Letzteres kann er in Ermangelung einer Eigentumsübergabe nicht erlangen. Selbst wenn er das erhaltene Geld mit dem seinigen vermischen würde, würde nur Miteigentum entstehen (§ 948), weil man nicht sagen kann, daß eine der Sachen als Hauptsache anzusehen ist (§§ 947 Abs. 2). B. hat aber das Geld — wenigstens die 800 M. — in einem besonderen Teile seines Portemonnaies verwahrt. Darin lagen auch noch 8 M., die nicht zu den von A. erhaltenen gehören. Das Geld des A. ist also bei B. zur Zeit der Pfändung noch vollständig unterscheidbar vorhanden und A. daher Alleineigentümer geblieben. Wenn C. das Geld bei B. pfändet, so fragt sich, ob hiergegen die von A. erhobene Widerspruchsklage des § 771 ebenso zulässig ist, wie bei anderen Sachen. Dies ist zu bejahen. Doch ist im vorliegenden Falle das Geld bereits an den Gläubiger abgeführt worden. Nunmehr ist die Zwangsvollstreckung beendigt. Von einer Klage aus § 771 ZPO. kann daher nicht mehr die Rede sein. Vielmehr greifen die §§ 812ff. ein. C. ist dadurch, daß er eine Sache pfänden ließ, über die sein Schuldner B. gar nicht verfügen durfte, ohne Grund bereichert. Er hat dadurch, daß er den Gerichtsvollzieher mit der Pfändung beauftragte, über einen Gegenstand eine Verfügung getroffen, die dem Berechtigten — dem A. — gegenüber wirksam ist. Nach § 816 ist er ihm daher zur Herausgabe des Erlangten verpflichtet (vgl. Lösung 371).

Ist es von Belang usw., diese Frage wird zu verneinen sein. Das Nähere überlasse ich dem Leser.

Lösung 377.

Über die Steuerkondiktion im allgemeinen und die Zulässigkeit des Rechtswegs im besonderen entscheidet die Landesgesetzgebung (vgl. z. B. für Sachsen Nippold im Anhang zum Sächs. Archiv, Bd. 2). A. hätte die Steuereinforderung anfechten müssen (so das Sächs. Oberverwaltungsgericht). Jetzt, nachdem die Rekursfrist längst abgelaufen ist, hat er der Steuerbehörde gegenüber keinen Anspruch mehr. Eine Geschäftsführung ohne Auftrag (zu beachten § 679) liegt nicht vor, weil A. glaubte, sein eigenes Geschäft zu führen (§ 687).

Dem A. bleibt also nur noch die Bereicherungsklage gegen B. § 812 schlägt ein. B. hat dadurch, daß A. zahlte, die Befreiung von einer Verbindlichkeit erlangt, er hat also „in sonstiger Weise auf dessen Kosten" etwas erlangt.

War die Steuerforderung zu der Zeit, zu welcher A. zahlte, schon verjährt, so würde A., wie mir scheint, allerdings den Schaden zu tragen haben. Dann würde ich ihm also keine Bereicherungsklage geben. Hier liegt die Sache aber so, daß zu der Zeit, zu der A. zahlte, die Verjährung gegen B. noch nicht eingetreten war, sondern erst, als A. die Bereicherungsklage anstellte. Daher würde ich gegenüber B. Verjährung nicht annehmen. § 813 schlägt nicht ein.

Lösung 378.

Es muß sich hier um nicht im Grundbuche eingetragene Rechte (§§ 45, 114 ZwVG.) oder um rückständige wiederkehrende Leistungen handeln.

Nach § 37 Abs. 4 ZwVG. sind Rechte, die zur Zeit des Eintragungsvermerks aus dem Grundbuche nicht ersichtlich waren, spätestens im Versteigerungstermin vor der Aufforderung zur Abgabe von Geboten anzumelden und wenn der Gläubiger widerspricht, glaubhaft zu machen, widrigenfalls die Rechte bei der Feststellung des geringsten Gebots nicht berücksichtigt und bei der Verteilung des Versteigerungserlöses dem Anspruche des Gläubigers (d. h. des betreibenden Gläubigers) und den übrigen Rechten nachgesetzt werden würden. In der Aufgabe würde man daher vielleicht besser sagen, daß A. bei der Verteilung ausgefallen ist, denn sein Nachteil ist nach dem Obigen nur die Nichtberücksichtigung bei der Verteilung des Erlöses, sowie der Umstand, daß er unter allen Gläubigern den letzten Rang erhält; solange aber dann noch etwas übrig bleibt, ist er trotz der Unterlassung der Anmeldung zu berücksichtigen. Die Frage ist aber bestritten (vgl. Petersen Anger, Bem. 3 zu § 878 ZPO.).

Dieser Anspruch richtet sich meines Erachtens nur gegen den Gemeinschuldner, nicht gegen die anderen Gläubiger. Diese haben rechtzeitig angemeldet und kann ihnen daher nichts entzogen werden.

Lösung 379.

Es liegt der Fall des § 407 vor. Der Schuldner A. hat an den bisherigen Gläubiger B. am 20. April gezahlt, ohne zu wissen, daß die Forderung bereits am 18. April an C. abgetreten worden ist. Die Benachrichtigung seitens des C. erfolgt erst nach der Zahlung im Mai. Daher muß C. die Leistung an B. gegen sich gelten lassen, wenn er nicht beweist, daß der A. die Abtretung kannte. Da C. dies nicht beweist, so ist das Gegenteil anzunehmen. C. muß also mit einer Klage gegen A., wenn der Prozeß normal verläuft, abgewiesen werden. Der Prozeß verläuft aber nicht normal, denn A. erscheint in dem Termin zur mündlichen Verhandlung nicht. Gemäß § 331 ZPO. werden daher die Behauptungen des Klägers als zugestanden angesehen, und es ergeht ein Versäumnisurteil. (Ob das ergehen durfte, ist fraglich, denn das Vorbringen des Klägers muß den Klagantrag rechtfertigen, § 331 Abs. 2 ZPO.) Dieses Urteil ist der Rechtskraft fähig, falls nicht innerhalb einer Notfrist von einer Woche Einspruch gegen dasselbe eingelegt wird (§ 338 ZPO.). Das geschieht hier seitens des A. nicht. A. muß also die 20 M. an den C. noch einmal zahlen, obgleich er sie ihm nicht schuldet, aber nicht auf Grund der Zessionsvorschriften des BGB., sondern auf Grund des § 331 der ZPO.

A. belangt nun nach seiner Verurteilung den B. auf Herausgabe der am 20. April gezahlten 20 M. Wird er mit der Klage durchdringen? Das ist zu bejahen. A. durfte nach § 407 den B. noch als seinen Gläubiger ansehen. Er hat an ihn gezahlt in der Absicht, die Schuld aus dem Darlehn zu erfüllen. Dieser Rechtsgrund ist aber später ohne sein Wissen infolge der Abtretung weggefallen. Also ist B. auf Kosten des A., der nichts von der Abtretung wußte, bereichert. A. hat also gegen B. ohne Zweifel eine Bereicherungsklage nach § 812 Abs. 1 Satz 2. (Vgl. Komm. von Rosenthal, Anm. 1a zu § 812.) B. muß daher auf die Klage des A. hin nach § 812 zur Zahlung der 20 M. an A. verurteilt werden. Auch die Kosten des Prozesses hat B. zu tragen, da er dadurch, daß er dem A. nicht sofort Anzeige von der Abtretung gemacht hat, die Klage veranlaßt hat und weil er die Zahlung von A. angenommen hat, ohne mehr berechtigt zu sein.

Anm. 1. Nimmt man an, der obige Prozeß zwischen C. und A. wäre normal verlaufen und C. wäre mit der Klage abgewiesen worden, so hätte C. natürlich noch gegen B. klagen können, und zwar auf Grund des Abtretungsgeschäfts. C. ist nach § 398 Satz 2 mit der Abtretung an Stelle des B. getreten. B. durfte deshalb die Zahlung seitens des A. nicht annehmen, sondern nur C. B. haftet daher dem C. auf Gewährung dessen, was er nach dem Zessionsgeschäft verlangen kann. Zugleich ist natürlich B. auf Kosten des C. bereichert und haftet daher auch auf Grund des § 812.

Anm. 2. Wenn es übrigens im Text heißt, daß C., der neue Gläubiger, dem A. im Mai die Abtretung vorschriftsmäßig bekannt macht, so ist das Wort „vorschriftsmäßig", wie sich gezeigt hat, nicht ganz korrekt. Das BGB. schreibt in den §§ 406ff. überhaupt keine Anzeigen vor, sondern regelt nur die Verhältnisse für die Fälle, daß die Anzeige erfolgt ist oder daß sie nicht erfolgt ist. Zweckmäßig ist jedenfalls, daß sie gleich nach der Abtretung erfolgt, nicht erst, wie hier, bedeutend später. Das BGB. verlangt auch nicht, daß der Zessionar unbedingt die Anzeige erstatten muß, damit sie wirksam wird. Beide, sowohl Zedent wie Zessionar, können anzeigen. (Das ergibt sich aus dem Gebrauch des bloßen Wortes „Gläubiger" in § 409.)

Lösung 380.

Die Vorschriften über den Zwangsvergleich im Konkurse geben die §§ 173ff. KO. Hier ist vor allem wesentlich, daß der Zwangsvergleich, wie jeder andere Vergleich, ein Vertrag ist (§ 182), also hier ein Vertrag zwischen Gemeinschuldner und Gläubigern. Durch diesen Vertrag soll der Konkurs beendigt werden. Die Gläubiger erklären also durch Abschluß dieses Vertrags, daß sie auf ihre Mehransprüche insoweit verzichten, als sie durch diesen Vergleich nicht befriedigt werden können. Insbesondere verzichten sie auf dasjenige, was sie bei Beendigung des Konkurses im gewöhnlichen Wege — also durch Schlußverteilung — möglicherweise mehr erhalten würden. Diese Grundsätze finden auch für C. Anwendung.

Wenn nun A. dem C. statt der 20 M., die er vertragsmäßig nur zu erhalten hat, aus Versehen, 100 M. zahlt, so hat A. damit eine Nichtschuld gezahlt. Dadurch hat C. ohne Grund einen rechtlichen Vorteil erhalten. Somit haftet C. auf Grund des § 812 auf Herauszahlung der 80 M. (die frühere condictio indebiti, vgl. Rosenthal, Anm. 3 Ic zu § 812).

Wenn der Irrtum des A. darin bestanden hat, daß er annahm, C. habe nach dem Vertrage wirklich 100 M. zu fordern und B. nur 20, so bleibt die Lösung genau dieselbe und zwar aus demselben Rechtsgrunde.

In beiden Fällen scheinen mir übrigens auch die Irrtumsgrundsätze (§§ 119, 142) anwendbar. Hierzu ist aber eine ausdrückliche Anfechtung erforderlich. Die Anfechtung führt zu anderen Resultaten.

Lösung 381.

A. begeht eine strafrechtlich zu verfolgende Handlung (Unterschlagung, Urkundenfälschung) und schädigt dadurch den Postfiskus in seinem Vermögen. A. haftet ihm also nach § 823 auf Schadensersatz. Der Postfiskus wendet sich aber mit der Klage nicht gegen seinen Beamten (wahrscheinlich weil von diesem nichts zu haben ist), sondern an B. Für diese Klage kann nicht § 823, sondern nur § 812 in Betracht kommen. B. hat nun zwar nicht durch die Leistung des Postfiskus etwas ohne rechtlichen Grund erlangt, man kann aber sagen, daß er es „in sonstiger Weise auf dessen Kosten" erlangt hat. Wenn dabei auch zuzugeben ist, daß A. die 500 M. dem B. schuldig war, so liegt doch darin für B. ein Vorteil, daß er die Summe, die von A. zurzeit nicht einzutreiben ist, durch dessen verbrecherische Handlung sofort erhält. Die schwer oder vielleicht gar nicht einziehbare Forderung ist dadurch zu einer sofort realisierbaren geworden. X. hat also die von A. erhaltenen 500 M. an den Postfiskus zurückzuzahlen.

Was die Pflicht des B. zur Verzinsung des Geldes anlangt, so ist diese, wenn er keine Zinsen gezogen hat, zu verneinen, denn eine der wesentlichen Eigenschaften der Bereicherungsklage ist gerade die, daß der Bereicherte nur dasjenige herauszugeben hat, was er zur Zeit der Klage noch hat (§ 818 Abs. 2). Dabei muß B. aber beweisen, daß er die 500 M. nicht zinstragend angelegt hat (vgl. Rosenthal, Anm. 20 zu § 818), da die verzinsliche Anlegung zu vermuten ist.

Die rechtliche Natur der Postanweisung scheint mir hier nicht unwichtig. Sie ist meines Erachtens eine Anweisung im Sinne der §§ 783ff. BGB. und zwar in der Regel eine Anweisung auf Schuld. Man zahlt bei der Post ein. Dadurch wird der Postfiskus Schuldner. Auf diese Schuld weist man seinen Gläubiger ab (§ 787). Der Postfiskus akzeptiert durch seine Beamten die Anweisung (§ 784). Man muß nun den Postbeamten für befugt halten, seine eigenen Postanweisungen namens des Postfiskus anzunehmen (§ 181). Das ist hier geschehen, es ist aber keine Einzahlung erfolgt. Deshalb hat der Postfiskus bei der Auszahlung an B. einen Verlust und B. erlangt zugleich eine ungerechtfertigte Bereicherung.

Lösung 383.

Es liegt ein Schenkungsversprechen (§ 518) vor, welches mit einer Bedingung verbunden ist. Wenn nun A. zahlt in der Meinung, die Bedingung sei eingetreten, so leistet er etwas zum Zwecke der Erfüllung einer Verbindlichkeit; diese besteht aber gar nicht (§§ 813, 814, condictio indebiti). Somit kann A. ohne Bedenken die gezahlten 1000 M. von B. zurückfordern. A. kann aber nur fordern, was B. noch besitzt (§ 818).

Lösung 384.

A. hat eine zum Schadensersatze verpflichtende Handlung im Sinne des § 823 begangen (Betrug). Die Eintragung des A. als Eigentümer ist zu Unrecht erfolgt und sein Vater kann daher gemäß § 894 die Berichtigung des Grundbuchs herbeiführen, wenn er das Vorliegen des Betrugs beweist. Die Schenkung des Grundstücks seitens des A. an seine Ehefrau ist aber, trotzdem A. nicht Eigentümer wird, wirksam (§ 892). Sie ist gutgläubig und wird daher Eigentümerin (insofern gelten hier die Grundsätze der §§ 932 f. bei beweglichen Sachen). A. hat also als Nichtberechtigter über einen Gegenstand eine Verfügung getroffen, die dem Berechtigten gegenüber wirksam ist. Nach § 816 Abs. 1 kann der Vater des A. von A. die Herausgabe des durch die Verfügung Erlangten verlangen. A. hat dies aber nicht mehr, denn er hat das Grundstück seiner Ehefrau geschenkt. Daher kommt § 816 Abs. 1 Satz 2 zur Anwendung. Danach kann der Vater des A. die Schwiegertochter unmittelbar belangen.

Für den Konkurs gilt § 43 KO. Das Grundstück kann nach dieser Vorschrift verbunden mit § 892 nicht ausgesondert werden. Nach § 69 KO. ist aber der Schätzungswert des Grundstücks als Forderung in die Tabelle einzutragen.

Lösung 385.

Die Formulierung des Falls (zu beachten besonders die Worte: „Der wahre Eigentümer") deutet darauf hin, daß die Kuh dem Eigentümer wider Willen abhanden gekommen ist, daß sie also ihm gestohlen, von ihm verloren worden oder ihm sonst abhanden gekommen ist. (Also jedenfalls ohne oder wider seinen Willen und nicht durch Übergabe.) A. hat nunmehr, sei es durch Übergabe seitens eines Dritten, sei es auf sonstige Weise, Besitz an derselben erlangt, auf Grund dessen er sich für den Eigentümer hält. Nach § 935 kann A. unter diesen Umständen kein Eigentum an der Kuh erworben haben, sondern er ist nur gutgläubiger Erwerber, also sogenannter Eigenbesitzer im Sinne des § 872. Es fragt sich nun, ob C., der wahre Eigentümer der Kuh, irgendeinen Anspruch gegen A. hat. Die Eigentumsklage auf Grund der §§ 985 ff. ist gegenüber dem A. ausgeschlossen, da A. die Kuh gar nicht mehr hat, sondern sie für 300 M. an den Dritten verkauft und übergeben hat. A. hat aber durch die Kuh einen Erwerb gemacht, indem er als Nichtberechtigter über dieselbe eine Verfügung traf. Diesen Erwerb hat A. zwar nicht durch die Leistung des C., wohl aber „in sonstiger Weise auf dessen Kosten" gemacht, und zwar ohne rechtlichen Grund. A. ist also auf Grund der §§ 812 ff. — insbesondere des § 816 — als bereichert anzusehen. Er ist daher dem C. zur Herausgabe der Bereicherung verpflichtet. (Die frühere condictio sine causa, vgl. Komm. von Rosenthal, Anm. 3 vor § 812 unter e.) Wieviel beträgt nun diese Bereicherung? A. hat durch Verkauf der Kuh 300 M. erlangt. Muß er diese ganze Summe herausgeben? Nach § 818 könnte man es annehmen. Die Billigkeit verlangt meines Erachtens, daß A., wenn der Normalwert der Kuh 200 M. beträgt und er sie für 300 M. verkauft, nur den Normalwert der Kuh, also 200 M., herauszugeben braucht. Bereichert ist er zwar um 300 M., aber nicht ohne Grund auf Kosten des C. Denn wenn A. eine höhere als die zu erwartende Einnahme erzielt, so hat er das voraussichtlich durch seine eigene Tätigkeit, vielleicht durch ganz besondere Geschicklichkeit oder Erfahrung erreicht. Auch ist zu beachten, daß A. gutgläubig ist. Somit wird er nur 200 M. an C. herauszugeben brauchen.

Kann A. Abzüge machen wegen Verwendungen? Das kann er ev. auf Grund von § 994. (Bezüglich der Verwendungen kommen diese Vorschriften analog zur Anwendung, trotzdem nicht die Eigentumsklage vorliegt.) Wenn die Kuh Milch gegeben hat, so kann A. nach § 994 Satz 2 keine Abzüge machen, da die gewöhnlichen Unterhaltungskosten — also z. B. die Futterkosten — mit den Nutzungen aufzurechnen sind. Hat A. dagegen außerordentliche Aufwendungen zur Erhaltung der Kuh machen müssen, so sind ihm diese nach § 995 Satz 2, trotzdem er die Nutzungen der Sache gezogen hat, zu ersetzen, falls sie für solche außerordentliche Lasten erfolgt sind, die als auf den Stammwert der Sache gelegt anzusehen sind. (Gemeint sind z. B. Kosten einer Krankheit.)

Lösung 387.

Wenn B. durch seine Fahrlässigkeit die Veranlassung dazu gibt, daß A. den bereits mit dem Eigentümer des Schiffes X. geschlossenen Frachtvertrag lösen muß, so hat er zwar keines der in § 823 ausdrücklich bezeichneten Rechte (Leben, Körper usw.) verletzt, es wird sich aber fragen, ob er nicht „ein sonstiges Recht" des A. verletzt hat. Was unter diese sonstigen Rechte zu rechnen ist, ist nicht zweifelfrei. In erster Linie sind darunter dingliche Rechte zu verstehen, sodann der Besitz, Familienrechte, das Namenrecht usw. Fraglich aber ist gerade, ob darunter auch die Forderungsrechte fallen. Im allgemeinen wird es verneint und nur dann die Klage zugelassen, wenn der Verletzte nicht in der Lage ist, auf andere Weise Ersatz zu erlangen (vgl. Rosenthal, Anm. 6 zu § 823). A. verliert nun seine Forderung gegen den Eigentümer des Schiffes X. nach § 323. Daher möchte ich die Schadensersatzklage gegen B. hier zulassen, vorausgesetzt, daß A. einen Schaden hat, d. h. daß er nicht imstande ist, einen ebenso vorteilhaften Vertrag mit einem anderen zu schließen.

Literatur: v. Gierke, Entwurf S. 262; Meischeider, Die alten Streitfragen S. 37; Biegner im Sächs. Archiv, Bd. 3, 6, 754; von Liszt, Grenzgebiete S. 28.

Lösung 388.

Wer Schadensersatz beansprucht, muß beweisen, daß der Schaden entstanden ist und daß er durch Verschulden des Beklagten entstanden ist. Davon ist auch hier beim Fiskus auszugehen. Ersteres ist hier als bewiesen anzusehen, denn es steht fest, daß die Schonung in Brand geraten ist. Für das letztere könnte es sich nur darum handeln, ob sich nicht die Beweislast, da es feststeht, daß A. die Schonung kurz vorher mit brennender Zigarre durchstreift hat, umkehrt, weil darin schon ein Gefährdungsdelikt (§ 368 Ziff. 6 StGB.), also ein Verschulden liegt. Das wird ganz von den Umständen, insbesondere der Größe der Schonung abhängen. Ist sie z. B. nicht groß, so wird man vielleicht eine Vermutung dafür aufstellen können, daß A. den

Brand veranlaßt hat. Zu beachten ist aber anderseits auch, daß eine Schonung junge Bäume enthält, die nicht leicht brennen. Das spricht wieder dafür, dem Fiskus die Beweislast aufzuerlegen. Doch würde ein Verschulden des A. auch hier erklärlich sein, wenn große Trockenheit herrschte usw. Im allgemeinen muß der Kläger beweisen.

Lösung 389.

Einen ähnlichen Fall, der einige der hier einschlagenden interessanten Fragen behandelt, habe ich in meinem ersten Heft „Examensfälle mit Lösungen" (Kötzschenbroda, Selbstverlag) behandelt. Es ist Fall 1. Ich verweise einstweilen darauf. Der Fall ist schwieriger, als er vielleicht aussieht.

Lösung 390.

Die B. begeht, indem sie dem A. die 400 M. stiehlt, eine unerlaubte Handlung im Sinne des § 823. Sie haftet also dem geschädigten A. auf Schadensersatz. Die B. hat das gestohlene Geld auf der Sparkasse eingezahlt. An diesem wird nach § 935 Abs. 2 verb. mit §§ 607 ff. die Sparkasse als gutgläubige Erwerberin Eigentümerin, da die Hundertmarkscheine Inhaberpapiere im Sinne des § 793 sind und für diese § 935 Abs. 1 nicht gilt. Die Sparkasse wird durch Einzahlung des Geldes Schuldnerin aus einem Darlehnsvertrag und gibt ihrer Gläubigerin zum Beweise, daß ihr die Forderung zusteht, ein Sparkassenbuch. Dieses ist ein Schuldschein im Sinne des § 952, an welchem der Gläubigerin das Eigentum zusteht. Die B. hat nun das Sparkassenbuch auf den Namen ihrer Mutter ausgestellt erhalten, und es fragt sich daher, ob nicht die Mutter Gläubigerin wird. Das ist zu verneinen, denn die Mutter wird vor der Einzahlung nicht Eigentümerin des Geldes, somit auch nach derselben nicht Forderungsberechtigte. Vielmehr gehört dazu der Wille der B., ihrer Mutter dieses Eigentum zu übertragen, um sie zu bereichern. Diese Absicht hat aber die B. nicht. Der Umstand, daß die Einzahlung des Geldes auf den Namen der Mutter geschieht, hat also gar keine Bedeutung. Die B. ist meines Erachtens trotzdem durch die Einzahlung alleinige Berechtigte geworden. Wenn daher die Mutter der B. stirbt, so kann sich die Klage des A. keinesfalls gegen die C. und D. richten, gegen die B. wenigstens nicht in ihrer Eigenschaft als Erbin der Mutter.

Die Klage des A. gegen die B. kann sein:

1. die Klage aus § 823 auf Schadensersatz wegen unerlaubter Handlung;
2. die Klage aus § 812 wegen Bereicherung.

Durch beide Klagen wird in diesem Falle dasselbe erreicht, nämlich Herausgabe von 400 M. nebst den normalerweise zu erwartenden Zinsen.

Ist es auf die Entscheidung von Einfluß usw.? Es ist gleichgültig, ob die B. die Scheine vor der Einzahlung in Gold umwechselt, denn dann wird der Wechselnde Eigentümer der Papiere, falls er gutgläubig ist, und die B. Eigentümerin des Geldes. Die B. haftet aber wie vorher nach § 823 und § 812. Wenn die B. die Scheine zunächst ausgeliehen und dann das Geld nebst Zinsen eingezahlt hat, so bleibt die Entscheidung ebenfalls dieselbe. Die Zinsen der 400 M. in Höhe von 10 M. muß die B. herausgeben.

Lösung 391.

Das Verbot des Verkaufs von Feuerwerkskörpern fällt unter § 823 Abs. 2 (Schutzgesetz). Somit ist für die Handlung des B. nicht nur dieser selbst, sondern auch der Kaufmann A. verantwortlich, denn er hat gegen das Gesetz verstoßen. Wenn A. einwendet, daß er nicht für die Handlung des B. haftbar sei, so bestreitet er den Kausalzusammenhang. Dagegen ist zu sagen, daß zwar B. und die andern Knaben den Schaden unmittelbar veranlaßt haben, daß aber auch A. ihn mittelbar veranlaßt hat. Wenn A. weiter einwendet, daß die Knaben X. und Y. gleichfalls Raketen hätten steigen lassen und zwar teilweise solche, die sie von D. gekauft hätten, und daß es daher gar nicht feststehe, daß C. von einer aus seinem, des A., Geschäfte herrührenden Rakete getroffen worden sei, so liegt darin wieder ein Bestreiten des Kausalzusammenhangs. Dies ist auch hier wesentlich. Beweisen muß C., weil es sich um ein Leugnen des Klaggrundes handelt.

Lösung 405.

Wenn der Text sagt, daß das Dienstmädchen A. den Kehricht nur „aus Bequemlichkeit" in das Klosett wirft, so soll damit angedeutet werden, daß sie sich dessen wohl bewußt ist, daß aus dieser Handlung ein Schaden entstehen kann. Sie hat also damit die im Verkehr erforderliche Sorgfalt verletzt und handelt daher fahrlässig (§ 276). Sie handelt auch widerrechtlich, denn sie ist verpflichtet, den Kehricht an die dazu bestimmte Stelle zu schaffen. Durch ihre Handlung ist das Klosett verstopft worden. Somit hat sie das Eigentum eines anderen — nämlich des Vermieters — durch Fahrlässigkeit widerrechtlich verletzt (fahrlässige Sachbeschädigung), sie haftet ihm daher auf Schadensersatz nach § 823. Der Vermieter wendet sich aber gar nicht gegen die A., sondern gegen ihren Dienstherrn. Es fragt sich also, ob dieser neben der A. haftet.

Der Vermieter kann sich mit seiner Schadensersatzforderung auf zweierlei stützen, auf § 823 verb. mit § 831 und auf den Mietvertrag, also auf die §§ 535ff. verb. mit § 278. Die A. ist von ihrem Dienstherrn zweifellos zu einer Verrichtung bestellt, also muß der Dienstherr für den Schaden haften, den sie dem Dritten — also dem Hauseigentümer — widerrechtlich zufügt. Daß das letztere geschehen ist, ist oben festgestellt worden. Somit haftet der Dienstherr auf Schadensersatz. Nach § 831 Satz 2 kann er sich aber von der Haftung durch den Nachweis befreien, daß er bei Auswahl der A. die im Verkehr erforderliche Sorgfalt angewendet habe. Insbesondere kann es hier an der erforderlichen Leitung und Aufsicht gefehlt haben. Art und Umfang des Schadensersatzes richten sich nach den §§ 249ff. Danach ist zunächst Wiederherstellung des früheren Zustandes, also Reparatur, zu verlangen.

Mehr zu empfehlen ist daher dem Hauseigentümer, daß er gegen den Dienstherrn der A. auf Grund des mit diesem abgeschlossenen Mietvertrags wegen mangelhafter Vertragserfüllung vorgeht. Es kann dies also auf Grund der §§ 535ff. verb. mit § 278 geschehen. Der Mietvertrag ist ein komplizierter Vertrag, der nach § 535 zunächst auf Gewährung des Gebrauchs an einer Sache gegen Zahlung des Mietzinses geht, der aber daneben eine Anzahl von Nebenverpflichtungen auf beiden Seiten umfaßt, für den Mieter insbesondere die Verpflichtung, die Wohnung während der Mietzeit pfleglich zu benutzen und jede Verschlechterung derselben (abgesehen von der gewöhnlichen Abnutzung) zu vertreten (vgl. §§ 548, 558) (ähnlich beim Kaufvertrag, vgl. Lösung 113). Zur pfleglichen Benutzung gehört auch die Vornahme der nötigen Reinigung. Zur Erfüllung dieser Verbindlichkeit hat der Mieter die A. bestellt. Er haftet somit aus deren Verschulden nach § 278 (verb. mit § 276) dem Vermieter wegen der Verschlechterung auf Schadensersatz. Von dieser Haftung kann er sich nicht befreien. Art und Umfang desselben regeln wiederum die §§ 249ff.

Anm. Über die Konkurrenz von Kontrakts- und Deliktsklage s. v. Liszt, Deliktsobligationen, S. 11 S. 105.

Lösung 406.

Die Treppenbeleuchtung ist durch Polizeiverordnungen vorgeschrieben. Wer nach diesen zur Beleuchtung verpflichtet ist, handelt, wenn er sie trotzdem nicht vornimmt, widerrechtlich, er handelt auch fahrlässig, denn er verletzt die im Verkehr erforderliche Sorgfalt. Entsteht dadurch ein Schaden, so haftet der Verpflichtete also nach § 823, insbesondere § 823 Abs. 2. (Ich gehe hier nicht auf die recht unfruchtbare Kontroverse darüber ein, was man unter die den Schutz eines anderen bezweckenden Gesetze im Sinne des § 823 Abs. 2 zu zählen hat, sondern nehme dessen Vorliegen unbedenklich an, vgl. v. Liszt, Deliktsobligationen, S. 33, Rosenthal, Vorbem. zu den §§ 823—53 S. 669.) Der Umstand, daß der Schaden durch ein Unterlassen entsteht, während § 823 nur von positiven Handlungen spricht, kommt zugunsten desjenigen, welcher nicht beleuchtet, nicht in Betracht, weil unter § 823 auch alle Unterlassungen fallen, bei denen eine Verpflichtung zum Handeln vorlag (vgl. frühere Fälle).

Nach der Polizeiverordnung liegt nun die Verpflichtung zur Beleuchtung in erster Linie dem Hausherrn ob. Dieser hat aber seine Verpflichtung im vorliegenden Falle durch Vertrag auf den Mieter übertragen. Im Falle der Nichtbeleuchtung haften also die Mieter. Für den Hausherrn ist ihr Verschulden ein fremdes Verschulden. Für dieses kann aber der Hausherr nach § 831 haftbar gemacht werden. Denn man kann wohl unbedenklich behaupten, daß er die Mieter „zu einer Verrichtung bestellt" hat. (Vgl. auch § 831 Abs. 2.) Von dieser Haftpflicht kann sich aber der Hausherr nach § 831 Abs. 1 Satz 2 durch den Nachweis befreien, daß er bei Bestellung des Mieters zur Treppenbeleuchtung die im Verkehr erforderliche Sorgfalt beobachtet habe. Wenn also das Stockwerk, für dessen Beleuchtung

B. Sorge zu tragen hat, vorschriftswidrig nicht beleuchtet ist, so kann sich A. seiner Haftpflicht gegenüber der Ehefrau des E. nicht unter Berufung auf den mit B. geschlossenen Vertrag entziehen, sondern kann dies nur in der obigen Weise tun.

A. macht außerdem geltend, daß die Lampe am Abend des 3. Januar angezündet, aber entweder durch einen Unbefugten oder durch einen Windstoß ausgelöscht worden sei. Da die Haftung des A. nach § 831 nur eine solche für fremdes Verschulden ist, so kommt also in Frage, ob dieser Fremde, der Mieter B., zu haften hat. Eine Polizeiverordnung wird meines Erachtens dann nicht übertreten, wenn ihr, wie hier infolge eines Zufalls und somit ohne Verschulden des Verpflichteten nicht genügt ist (so Olshausen, Vorbem. 2 vor § 360, wonach Fahrlässigkeit genügt, Vorsatz aber nicht nötig ist). Doch das gilt nur vom Standpunkte des öffentlichen Rechts aus. Privatrechtlich kommt hier § 823 Abs. 2 Satz 2 zur Anwendung. Dieser führt zu demselben Resultat. Danach tritt die Ersatzpflicht nur im Falle des Verschuldens ein, wenn nach dem Inhalte des Gesetzes ein Verstoß gegen dieses auch ohne Verschulden möglich ist. Da hier vermutlich Zufall vorliegt, so wird ein Verschulden des B. nicht anzunehmen sein. (Denkbar wäre ein solches schon, z. B. weil B. die durch Zufall ausgelöschte Lampe trotz Kenntnis hiervon nicht wieder anbrannte.) Wenn aber B. nicht haftet, so haftet A. nach § 831 um so weniger. Natürlich muß A. seinen Einwand beweisen.

Würde der Fall usw.? Die Waschfrau kann ebenfalls Ersatz von A. fordern, vorausgesetzt, daß Verschulden des B. vorliegt. Denn es ist selbstverständlich, daß jeder Dritte das Recht auf Schadensersatz geltend machen kann, nicht nur einer der Mieter. Der Zweck der Polizeiverordnung ist der Schutz aller in dem Hause verkehrenden Menschen. Der Umstand, daß E., dessen Ehefrau verletzt ist, selbst zur Beleuchtung verpflichtet war, spielt keine Rolle, da der Unfall sich nicht auf seiner Treppe abgespielt und er auch der Verpflichtung nicht zuwidergehandelt hat.

Zu erörtern wäre endlich noch Umfang und Art der Schadensersatzpflicht des A. A. hat nach den allgemeinen Grundsätzen über Schadensersatzleistung (§§ 249 ff.) den entstandenen Schaden und den entgangenen Gewinn zu ersetzen. Zu ersterem gehören zweifellos die Kur- und Heilungskosten und zu letzterem die Entschädigung wegen des während der Krankheit entgangenen Arbeitsverdienstes. Für die Zukunft hat A. der E. nach § 843 eine Rente zu zahlen, die nach den Regeln über die Leibrente (§§ 759—61) zu beurteilen ist.

Anm. Bemerkt sei noch, daß zunächst kein Grund dafür vorliegt, daß auch der Ehemann der E. mit als Kläger auftritt. Die Leistungen, welche der A. hier an die Ehefrau des E. zu machen hat, fallen ohne Zweifel in das Vorbehaltsgut derselben, soweit es sich um Entschädigung wegen des entgangenen Verdienstes und um die Rente handelt (§§ 1365 ff.). Die Klage des Ehemanns wird aber insofern berechtigt sein, als dieser vermutlich die Kur- und Heilungskosten aus eignen Mitteln bestritten hat. Dies hätte er auf Grund seiner Unterhaltspflicht unter Umständen sogar tun müssen (§ 1360). Insofern kann man also sagen, daß sein Vermögen geschädigt ist und er deshalb ebenfalls aus § 823 klagen kann (vgl. auch §§ 1380, 845, 844 verb. mit § 1360 Abs. 2, 1360 Abs. 1).

Lösung 407.

Die Entscheidung hängt ab von der Auslegung des § 833. Danach haftet derjenige, welcher ein Tier hält, für den Schaden, den das Tier durch Beschädigung einer Sache herbeiführt. Wird aber hier eine Sache beschädigt? Das ist zu verneinen. Meines Erachtens ist aber § 833 ebenso extensiv auszulegen wie § 303 StrGB. (wonach derjenige, welcher einen Kanarienvogel in Freiheit setzt oder eine fremde Sache in das Meer wirft, bei enger Auslegung nicht bestraft werden kann). Sonach würde ich dem B. eine Schadensersatzforderung gegen A. zuerkennen.

Anm. Über die Frage ist in letzter Zeit viel diskutiert worden. In den ergangenen Entscheidungen sind beide Ansichten vertreten.

Lösung 410.

Die Bestellung des B. zum Pfleger ist nach § 1913 erfolgt. Die Sicherheitsleistung ist gemäß §§ 1844, 1915 und § 54 FGG. angeordnet worden. Der Pfleger hat demgemäß in der in den §§ 232 ff. geregelten Weise Sicherheit zu leisten. In § 1844 heißt es nun: „Das Vormundschaftsgericht kann aus besonderen Gründen den Vormund anhalten, für das seiner Verwaltung unterliegende Vermögen Sicherheit zu leisten.“ Solche besondere Gründe liegen nun hier vor und es ist demgemäß die Anordnung erfolgt. B. hat gegen die Verfügung anscheinend Beschwerde erhoben und es fragt sich, ob sie begründet ist. Ebenso wie die Anordnung der Sicherheitsleistung im Ermessen des Gerichts steht, so auch die Zurücknahme der Anordnung. Die Frage ist nun die, ob sich B. durch die letztere einer Fahrlässigkeit schuldig gemacht hat, für die er nach § 839 haftet. Ich bejahe die Frage, denn der Einwand des A. ist nicht stichhaltig, da in der Anordnung der Sicherheitsleistung eine Ehrverletzung nicht zu erblicken ist. A. durfte sich also durch die Ablehnung des B., mit der Begründung, die Sicherheitsleistung sei für ihn ehrverletzend, meines Erachtens nicht zur Zurücknahme seiner Verfügung bestimmen lassen, denn ein anderer Pfleger war gewiß zu finden und infolge der Mitteilung des Gemeindewaisenrats war der Verdacht begründet, daß B. ein Spekulant und Spieler sei. Das Vermögen der zukünftigen Deszendenz des X. war somit gefährdet. Daß es sich nur, wie A. einwendet, um eine Ansichtssache handle, scheint mir nicht richtig. Unterläßt der Richter etwas, was nach den Umständen bei vernünftiger Überlegung nicht unterlassen werden darf, so kann er nicht auf sein pflichtgemäßes Ermessen Bezug nehmen. A. hat also die ihm obliegende Amtspflicht einem Dritten — der zukünftigen Deszendenz des X. — gegenüber fahrlässig verletzt. Hierfür haftet A. nach § 839 Abs. 1 Satz 2 aber nur, wenn der Verletzte nicht auf andere Weise Ersatz zu erlangen vermag (Schutz des Beamten). Hier ist eine solche Ersatzleistung auf andere Weise nicht anzunehmen. Somit haftet A. der zukünftigen Deszendenz des X. für den Ausfall von 90% (vgl. hierzu Rosenthal, Anm. 33 zu § 839).

Nach § 89 können sich die Geschädigten übrigens unter Umständen auch an den Fiskus halten. Nicht unbeachtet darf hierbei Art. 77 EG. bleiben.

§ 89 gilt nur für die Haftung des Fiskus im privatrechtlichen Verkehr. Es kann zweifelhaft sein, ob nicht danach hier die Landesgesetze Anwendung finden. Das wird davon abhängen, ob A. in Ausübung der ihm anvertrauten öffentlichen Gewalt dem X. einen Schaden zufügt. In diesem Falle würden die Landesgesetze Anwendung finden (s. Sächs. Archiv Bd. 9 S. 25, Bd. 11 S. 248).

Der Fall hat einiges Auffällige. Praktisch ist es nämlich schwer denkbar, daß eine so geringe Dividende herauskommt. Das Geld mußte doch mündelsicher angelegt werden (§§ 1806 ff). § 1809 ist zu beachten. Hatte der Vormund zu seinen Verfügungen die Genehmigung des Gerichts (§ 1829)? Wohl nicht. Zu bedenken ist auch, daß die Forderung nach § 61 Ziff. 5 KO. bevorrechtigt ist.

Lösung 411.

Für die Richtigkeit des Sitzungsprotokolls sind der Richter und Gerichtsschreiber verantwortlich. Sie dürfen in demselben die Vorgänge nur so darstellen, wie sie sich ihrer vollen Überzeugung nach zugetragen haben. Dabei können zwar Irrtümer vorkommen, aber die verantwortlichen Personen müssen dann von der Richtigkeit des irrtümlich Protokollierten überzeugt sein. Keinesfalls aber dürfen die genannten Personen, wie es hier der Fall ist, einen Vorgang zu Protokoll nehmen, wenn sie nicht bestimmt wissen, daß er sich wirklich abgespielt hat, und ihn nur deshalb protokollieren, weil er vielleicht die Regel bildet. In diesem Sinne lautet auch der Eid, den der Gerichtsschreiber bei seiner Anstellung zu leisten hat. Die verantwortlichen Beamten geben nun hier selbst ganz offen zu, daß das Protokoll hinsichtlich des Beeidigungsvermerks sehr wohl auf einem Irrtum beruhen könne. Damit geben sie zu, daß sie nicht von der Richtigkeit desselben überzeugt sind. Dann durften sie aber nicht eher etwas über die Beeidigung zu Protokoll nehmen, als bis sie über den wirklichen Vorgang klar geworden waren. Sie haben also die ihnen Dritten gegenüber obliegende Amtspflicht fahrlässig verletzt und haben daher nach § 839 dem Dritten den daraus entstandenen Schaden zu ersetzen.

Der Untersuchungsrichter dagegen hat nicht fahrlässig gehandelt. Da das Terminsprotokoll den vollen Beweis für die Richtigkeit der darin bezeichneten Vorgänge enthält, so konnte er sich darauf verlassen, ohne weiteren Beweis anzuordnen. Zugunsten des Beklagten sprechen auch die von ihm angeführten §§ 188 und 274 der StPO.

Lösung 412.

Die Ansteckung im Geschlechtsverkehr führt eine Beschädigung der Gesundheit herbei. Sie erfolgt im vorliegenden Fall auch fahrlässig. Es kommt also § 823, insbesondere § 823 Abs. 2 in Frage. Fraglich ist nur, ob die *Widerrechtlichkeit* der Handlung deshalb ausgeschlossen ist, weil der Verletzte einwilligte. Dies ist zu verneinen, denn die Verletzte hat nur in die Handlung eingewilligt, *gelegentlich* deren die Verletzung erfolgte, nicht aber in diese selbst. Sie hätte es nie getan, wenn sie die Gefahr der Verletzung gekannt hätte. Dies ist allgemein anerkannt (vgl. Staudinger, 2. Aufl. Bd. IIb S. 863). Beklagter kommt also insoweit nicht durch.

Auch ein konkurrierendes Verschulden (§ 254) liegt aus diesen Gründen nicht vor.

Beweist B., daß er nicht gewußt habe, daß Syphilis durch Küssen übertragbar ist, so ist nicht ganz ausgeschlossen, daß er durchkommt, denn dann könnte man vielleicht annehmen, er habe das Bewußtsein der Rechtswidrigkeit seiner Handlungsweise nicht gehabt, und dann fehlt es im Zivilrecht wie im Strafrecht am Verschulden, und es fällt die Fahrlässigkeit weg. Freilich wird das praktisch selten sein, denn daß Syphilis durch Küssen übertragen wird, ist ziemlich bekannt. Auch kann man wohl sagen, daß B., wenn er geschlechtskrank war, schon insofern fahrlässig handelte, als er überhaupt den Beischlaf ausübte. Die Ansteckung konnte ja noch viel leichter durch die Geschlechtsorgane erfolgen. So viel wußte er unbedingt. Er durfte sich daher gar nicht mit der A. einlassen. Das verlangte die im Verkehr erforderliche Sorgfalt. Oder wenn er es tat, mußte er sich über die Folgen erkundigen und mußte der B. mitteilen, daß er krank sei (vgl. auch Staudinger, 2. Aufl. Bem. 2b zu § 276).

Die Höhe des Schadens ist nach §§ 823, 842, 843, 847 zu beurteilen. Heilungs- und Kurkosten sind nach § 843 zu zahlen. Daß die A. nicht heiraten kann, wird man als Nachteil für ihr „Fortkommen“ im Sinne des § 842 wohl ansehen können (vgl. Staudinger, 2. Aufl. Bem. 2 zu § 842). Sie kann daher das Kapital, wenn § 843 Abs. 3 vorliegt, sonst nur eine Rente beanspruchen. Schmerzensgeld nach § 847 ist ihr ohne weiteres zuzubilligen.

Lösung 413.

In Frage kommen, wie im Fall 412, die §§ 823, 842, 843, 847.

Welche Einwände könnte nun B. machen? Vielleicht, daß der Erwerb ein unsittlicher ist und deshalb die §§ 842, 843 nicht anwendbar sind? Dies verneine ich, weil diese Erwerbsart immerhin geduldet ist. Auch fehlt der Zusammenhang in dieser Hinsicht. Oder weil konkurrierendes Verschulden (§ 254) vorliegt? Dies ist ausgeschlossen, weil die A. nur in den Beischlaf, aber nicht in die Verletzung willigte, selbst wenn sie Geld nahm (vgl. Lösung 412). Oder daß keine Widerrechtlichkeit vorliegt, weil die A. Luftdirne ist? Auch das ist nicht haltbar, denn dadurch kann die Haftung für Gesundheitsbeschädigung nicht ausgeschlossen werden. Oder daß es sich beim Beischlaf gegen Entgelt um einen unmoralischen Vertrag (§ 138) handelt? Auch das ändert nichts an der Ersatzpflicht, denn die Ansteckung steht mit dieser Tatsache in gar keinem Zusammenhang.

Über den sog. „unmoralischen Vertrag“ gibt es zahlreiche Literatur, auf die ich hier verweise. Hier sind aber diese Fragen meines Erachtens nicht entscheidend.

Drittes Buch. Sachenrecht.

Lösung 415.

Der Kolibri pflegt dadurch, daß man ihn im Bauer hält, nicht gezähmt zu werden, wie z. B. Papageien, Raben usw. (vgl. Lösung 407), daher ist meines Erachtens der im Bauer befindliche Kolibri mangels einer besonderen Bestimmung ein gefangenes wildes Tier im Sinne des § 960. Dieses ist durch das Davonfliegen nach § 960 Abs. 2 herrenlos geworden, denn es erlangt seine natürliche Freiheit, und offenbar hat der Eigentümer es entweder nicht verfolgt oder die Verfolgung aufgegeben.

A. sucht nun den Vogel zu fangen, er erlangt aber an ihm keinen Eigenbesitz im Sinne des § 872, denn dazu ist außer dem bei A. vorhandenen Willen, die Sache als ihm gehörig zu besitzen, auch die tatsächliche Herrschaft im Sinne des § 854 erforderlich, und diese erlangt er nicht, da B. den Vogel verscheucht. Ebensowenig erlangt also A. das Eigentum an dem Vogel nach § 958. Seine Handlung ist nur eine versuchte Aneignung. Der Vogel bleibt also unbesessen und herrenlos. A. hat also gegen B. keine Klage wegen Besitzstörung nach § 862. Das Verscheuchen des Vogels durch B. ist daher auch keine Besitzstörung gegenüber A. (A. könnte höchstens dadurch im Besitze seines Gartens gestört werden, was hier nebensächlich ist.) Wenn nun weiter der B. den Vogel, nachdem er auf sein Grundstück geflogen war, in Besitz nimmt, so ist dies, da der Vogel, wie bewiesen, noch in niemands Besitz und Eigentum ist, ein Besitzerwerb nach § 872 (Erwerb des Eigenbesitzes) und demnach auch ein Eigentumserwerb nach § 958. Wenn daher A. auf Wiedereinräumung des Besitzes gegen B. klagt, so wird er mit der Klage abgewiesen, da er überhaupt keinen Besitz erworben hat, während hingegen der B. Besitz und Eigentum erlangt hat. (Vgl. hierzu Lehrb. von Matthiaß, Bd. 2 II §§ 3 und 4.)

Lösung 416.

Die Hauptfrage ist die, ob A., trotzdem ihm das Bild erst am Weihnachtsabend tatsächlich übergeben werden soll, das Eigentum an demselben durch Übergabe im juristischen Sinne schon bei Abschluß des Kaufvertrags erlangt. Die Entscheidung der Frage, wer in diesen im Verkehr so häufigen Fällen, daß der Käufer die gekaufte Sache, nachdem er sie ausgewählt hat, nicht sofort mitnimmt, sondern später abholt bzw. zugesendet erhält, das Eigentum an der Sache hat (und damit die Gefahr trägt, weshalb die Frage so wichtig ist), hängt ganz von der Absicht der Parteien ab. Diese wieder ist aus den Nebenumständen zu ermitteln und, wenn solche nicht vorhanden sind, aus der Verkehrssitte zu schließen. Im allgemeinen liegt nach unserer Verkehrssitte darin, daß der Verkäufer die Sache für den Käufer ausscheidet und beiseitelegt — so daß sie zu einer speziell bestimmten wird — und daß der Käufer sich zur Abholung bereit erklärt — bzw. Verkäufer die Zusendung verspricht —, die Vereinbarung einer Übertragung der tatsächlichen

Gewalt und damit des Besitzes und des Eigentums an der Sache (§ 854 Abs. 2, § 930). Der Umstand, daß der Käufer die Sache nicht sofort mitnimmt, soll nach der Absicht der Parteien bedeutungslos sein. Für den Verkäufer gilt die Sache nun als eine fremde Sache, bezüglich deren er stillschweigend eine Verwahrungspflicht übernommen hat. Wie er aber das Eigentum an der Sache verloren hat, will er nun auch die Gefahr des Untergangs nicht mehr tragen. Ein weiteres Argument für diese Absicht der Parteien wäre darin zu erblicken, daß Käufer den Kaufpreis sofort nach Kaufabschluß bar bezahlt. Dieses kommt aber im vorliegenden Falle nicht in Frage, da über die Bezahlung nichts gesagt wird.

Im vorliegenden Falle spricht nun der Umstand, daß der Käufer um Zusendung am Weihnachtsabende — also zu einer bedeutend späteren Zeit — bittet, vielleicht dafür, daß nach Absicht der Parteien der Verkäufer Besitz, Eigentum und Gefahrhaftung behalten soll. Unbedingt zwingend dürfte aber dieser Schluß nicht sein. Es bleibt hier meines Erachtens nichts weiter übrig, als beide Möglichkeiten zu erörtern.

1. Angenommen, der Kaufpreis für das Bild wäre noch nicht bezahlt (was mir wahrscheinlicher ist) und man könnte daher unbedenklich annehmen, B. sei noch als Eigentümer des Bildes zu betrachten, so hat A. an demselben kein Recht. Er hat nur ein persönliches Recht gegen B. auf Übergabe desselben (§ 433). B. kann daher das Bild an C. vermieten. A. kann dann nicht gegen C. wegen Besitzstörung klagen. Der Mietvertrag zwischen B. und C. ist also gültig, weil B. noch zur Übertragung des unmittelbaren Besitzes an C. imstande ist. B. haftet aber dem A. wegen verschuldeter Unmöglichkeit der Leistung. Die Frage, ob C. von dem Verkaufe wußte, ist hier ohne Bedeutung.

2. Angenommen, die Übergabe wäre erfolgt, so hat B. an dem Bilde kein Recht mehr. Er tritt zu A. nach dem Obigen in das Verhältnis eines Verwahrers (§§ 688ff.), vielleicht auch eines Beauftragten (§§ 662ff.). Wenn er daher das Gemälde dem C. vermietet und ihm — wie zu ergänzen ist — den Besitz daran überträgt, so sind Mietvertrag und Besitzübergabe unwirksam. Die Verfügung des B. ist als eine verbotene Eigenmacht anzusehen und A. gegenüber C., der fehlerhaft besitzt, nach § 861 zur Klage auf Wiedereinräumung des Besitzes berechtigt.

Ob C. von dem Verkaufe des Bildes Kenntnis hat, ist hier deshalb gleichgültig, weil der gute Glaube des fehlerhaft Besitzenden gegenüber dem zum Besitz Berechtigten keine Rolle spielt (bei der Ersitzung kommt er z. B. in Betracht).

Lösung 417.

Der Fall veranschaulicht die beiden Formen des Besitzschutzes. A., der sich in seinem Besitze gestört fühlt, erhebt die Klage wegen Besitzstörung aus § 862 BGB. auf Unterlassung der Störung; er macht also den ihm als Besitzer zukommenden Schutz gerichtlich geltend. Ist seine Klage berechtigt? B. wendet ein, es liege keine Besitzstörung vor, entweder keine „Besitz“-störung oder keine Besitz„störung“. A. ist aber als unmittelbarer Besitzer anzusehen, denn als Mieter ist ihm die tatsächliche Gewalt über die Wohnung eingeräumt; er kann darin nach dem Inhalt des Mietvertrages und unter Rücksichtnahme auf die übrigen Mieter nach Belieben schalten und walten. Das Gesetz erwähnt sogar noch in § 865 BGB. ausdrücklich, daß dem Teilbesitzer, insbesondere dem Besitzer von Wohnräumen, derselbe Besitz zusteht wie dem Besitzer.

Das Verhalten des B. ist aber auch eine „Störung" des Besitzes des A. Unter „Störung" im Sinne des Bürgerlichen Gesetzbuches ist jede Beeinträchtigung des Besitzes zu verstehen; A. kann an sich beanspruchen, daß in seiner Wohnung die normale Ruhe nicht gestört wird; daß er nicht durch Immission von Geräusch beunruhigt wird. (Vgl. Planck, 3. Aufl. zu § 861, 2a.) Der erste Einwand des B. ist also hinfällig. Er würde, falls nicht sein zweiter Einwand durchgreifen würde, widerrechtlich (mit verbotener Eigenmacht) handeln, da er den Besitzer A. ohne dessen Willen im Besitze stört. Er handelt aber dann nicht widerrechtlich, wenn das Gesetz ihm sein Handeln gestattet (§ 858 BGB.). Dies behauptet er, denn er macht geltend, A. habe ihn im Besitze gestört und er habe den ihm als Besitzer zukommenden Besitzschutz im Wege der Selbsthilfe sich verschafft (§ 859 BGB.). B. ist ebenso Besitzer seiner Wohnung wie A. der seinen (§ 865). Auch B. kann verlangen, daß sein Besitz nicht durch unerlaubte Immission (die Töne des Klavierspiels) gestört wird. Das Klavierspiel überhaupt hat er selbstverständlich zu dulden, auch den ganzen Tag über, wenn im Mietvertrag nichts anderes bestimmt ist, selbst um die Zeit, in der er vielleicht seinen Mittagsschlaf hält. Dagegen ist es allgemein üblich und muß anerkannt werden, daß kein Mieter über 10 Uhr abends hinaus, über die Polizeistunde, Klavier spielen darf; jedes Spielen über diese Zeit hinaus ist verbotene Eigenmacht, weil es die anderen Mieter in ihrem Besitze wider ihren Willen stört; und dieser verbotenen Eigenmacht kann man sich und konnte B. sich mit Gewalt erwehren (§ 859). Allerdings muß das Mittel der Abwehr im konkreten Fall geeignet sein; (Planck zu § 859,2). Die Form, die B. wählte, ist zwar nicht besonders fein, aber sie ist die gegen Klavierspielen nach 10 Uhr übliche und gab den Willen des B., nicht in seinem Besitz gestört zu werden, deutlich kund. Die Klage des A. ist daher abzuweisen.

Anm. B. bemängelt nicht, daß A. auf „Unterlassung" klagt; er ist dazu auch nach § 862 Satz 2 berechtigt, weil zu besorgen ist, daß B. auch in Zukunft beim Klavierspielen an die Decke pochen wird; über den Antrag des A., dem B. für jede Zuwiderhandlung eine Strafe aufzuerlegen, vgl. § 890 CPO.

Lösung 418.

Als Mieter wird A. Besitzer des Pferdes im Sinne des § 854 (unmittelbarer Besitzer, vgl. auch § 868, während B. mittelbarer Besitzer bleibt). Wenn er es unterwegs dem C. verkauft, so ist anzunehmen, daß er mit diesem auf dem Pferde reitend zusammengetroffen ist. Es fragt sich nun, ob er bei dieser Gelegenheit den Besitz (und damit auch das Eigentum § 433) an dem Pferde bereits auf den C. überträgt, oder ob dies erst erfolgt, nachdem er das Pferd in den Stall des C. gebracht hat. Davon wird die Entscheidung abhängen. Ich nehme an, daß die Absicht der Parteien auf sofortige Besitzübertragung geht. Nun genügt nach § 854 Abs. 2 die Einigung des bisherigen Besitzers und des Erwerbers zum Erwerbe des Besitzes nur dann, wenn der Erwerber in der Lage ist, die Gewalt über die Sache auszuüben. Das ist hier anscheinend nicht der Fall, denn C. übernimmt das Pferd nicht, sondern A. reitet es auf die Bitte des C. nach dessen Stall. Indessen ist in diesen Fällen, also in den Fällen, wo der Wille der Übergabe und Annahme vorliegt, der Übergebende aber die Sache aus irgendwelchem Grunde noch behält, ein neuer Vertrag anzunehmen, den man wohl am besten als Verwahrungsvertrag (vielleicht auch Auftrag) bezeichnen kann, auf Grund dessen der zukünftige Erwerber den mittelbaren Besitz erhält, während der Veräußerer vorläufig noch unmittelbarer Besitzer bleibt (vgl. Lösung 416).

Wenn nun B. das Pferd dem A. mit Gewalt abnimmt, so fragt sich, ob darin eine verbotene Eigenmacht im Sinne des § 858 liegt. Da B., wie festgestellt, sowohl sein Besitz- wie sein Eigentumsrecht an dem Pferde verloren hat, hat er an demselben nicht das geringste Recht mehr. (Selbst wenn er mittelbarer Besitzer und Eigentümer geblieben wäre, hätte er auf Grund des allerdings sofort aufkündbaren Mietvertrages nur das Recht, seinen Anspruch im Klagwege geltend zu machen, da erlaubte Selbsthilfe nach § 229 vermutlich nicht vorliegt.) Somit ist die Handlung des B. verbotene Eigenmacht im Sinne des § 858. Gegen diese kann sich A. ebenso wie B. schützen, denn beide sind Besitzer. Nach § 859 konnte sich also A. der Besitzentsetzung durch B. mit Gewalt erwehren. Das hat er nicht getan, und es bleibt daher den Genannten die Möglichkeit, die Wiedereinräumung des Besitzes nach § 861 von B. als dem fehlerhaft Besitzenden zu erlangen.

Natürlich kann B. von A. dafür Ersatz verlangen, daß dem letzteren die Leistung (bestehend in Rückgabe der Mietsache) infolge eines von ihm zu vertretenden Umstandes unmöglich wird.

Außer der Besitzfrage sind noch die §§ 929 ff. von Bedeutung (§ 932).

Lösung 419.

B. behauptet, A. habe ihn im Besitze seines Grundstücks gestört und damit eine verbotene Eigenmacht im Sinne des § 858 begangen (vgl. § 1004). Letztere sieht er darin, daß A. mit seinem Ballon bei jedem Aufstieg über sein Grundstück fliegt. Er stützt sich somit zugleich auf § 905 Satz 1. Hier kommt aber § 905 Satz 2 zur Anwendung; denn, da ein Luftballon im allgemeinen nicht unmittelbar über den Häusern fliegt, so ist die Einwirkung seitens des A. offenbar in solcher Höhe vorgenommen worden, daß B. an ihrer Ausschließung kein Interesse hat (vgl. Lösung 441). Die Verteidigung des A., die Luft sei frei usw., ist daher überflüssig, sie ist auch unrichtig. A. verwechselt offenbar die Begriffe Luft und Luftraum. Die Luft ist allerdings eine res extra commercium, ein Gemeingut aller, nicht aber der Luftraum. Wenn B. sich darauf stützt, daß er in einem

Prozeß gegen den Postfiskus wegen Beseitigung eines über sein Grundstück gezogenen Telephondrahts ein siegreiches Urteil erstritten habe, so ist diese Verteidigung unwirksam. Denn der von B. angeführte Fall ist offenbar der des § 905 Abs. 1. Telephondrähte laufen eben nicht in derartiger Höhe über den Häusern, daß der Eigentümer an der Ausschließung dieser Einwirkung kein Interesse hat.

Lösung 420.

B. hat als Mieter zweifellos ein Besitzrecht an der gemieteten Sache (§§ 535 ff.). Dieses wird sich wahrscheinlich auch auf den Platz vor dem Fenster und den durch die Schlinggewächse bedeckten Platz erstrecken. Dies um so mehr, als A. dem B. die Aufstellung von Blumentöpfen vertraglich gestattet hat. Eine Besitzstörung liegt also vermutlich nicht vor. Trotzdem dringt A. durch, denn die Ausübung eines Rechts ist nach § 226 unzulässig, wenn sie nur den Zweck haben kann, einem anderen Schaden zuzufügen. Das ist hier der Fall. Die Schlinggewächse kann B. vermutlich ebensogut an einer anderen Stelle derartig aufstellen, daß sie niemandem nachteilig werden. In dem Aufstellen der Schlinggewächse trotz Kenntnis von der dadurch verursachten Störung würde ich also eine Schikane erblicken. (Vgl. auch § 906 e contrario.)

Lösung 421.

Wenn A. sein Pferd bei B. einstellt, hat B. die Pflicht, das Pferd in gutem Zustande zu erhalten, insbesondere es zu füttern usw. Dies tut B. vermutlich gegen Entgelt. Es besteht dann also zwischen A. und B. ein Werkvertrag nach §§ 631 ff. (Man könnte auch Verwahrungsvertrag nach §§ 688 ff. annehmen.) Wenn ferner A. das Pferd von B. zum Ausreiten mietet, so liegt darin ein Sachmietvertrag nach §§ 535 ff., bei welchem B. der Vermieter ist, A. der Mieter. Die von A. ermietete Sache ist nun zufällig seine eigene. Der Mietvertrag über die eigene Sache ist aber ungültig. Das folgt aus allgemeinen Grundsätzen über die Eigentumslehre, insbesondere aus dem Satze, daß das Eigentum die freie unbeschränkte Herrschaft über die Sache verleiht (vgl. § 903). Darin sind auch diejenigen Rechte, die der Sachmietvertrag, also ein nur persönliches Rechtsgeschäft, verleiht, selbstverständlich mit enthalten.

Bei dem vorliegenden gültigen Werkvertrag ist nun B., wie er das als Unternehmer verlangen kann, im Besitz des Pferdes gewesen. B. hat diesen Besitz dem A. in der Meinung, einen Sachmietvertrag zu erfüllen, übertragen, wozu er auch nach § 535 verpflichtet gewesen wäre. A. hat nach Ablauf der Mietzeit das Pferd an B. zurückzugeben. Das tut er aber nicht, da er inzwischen gemerkt hat, daß das Pferd sein eignes ist. B. klagt gegen A. als den seiner Ansicht nach fehlerhaft Besitzenden auf Grund von § 861 wegen Besitzentziehung durch verbotene Eigenmacht im Sinne des § 858, und zwar auf Wiedereinräumung des Besitzes. A. dagegen verteidigt sich, indem er sein Eigentumsrecht vorschützt, mit der Einrede des § 863, nämlich der, daß er ein Recht zum Besitz habe und daher die Entziehung desselben nicht verbotene Eigenmacht gewesen sei. Dringt A. hiermit durch?

A. führt sein Recht nicht weiter aus. Er muß behaupten, daß der Sachmietvertrag ungültig sei, da er über seine eigene Sache abgeschlossen sei, so daß also nur noch der Werkvertrag übrig bleibe. Dieser sei aber mangels einer besonderen Vereinbarung sofort kündbar, so daß er auf Grund desselben das Pferd zurückbehalten könne. Diese Deduktion ist, wie schon die obigen Erörterungen ergeben, richtig. Man kann wohl sagen, daß in dem Zurückbehalten des Pferdes durch A. zugleich eine Kündigung (durch konkludente Handlung) enthalten ist. Diese Kündigung wird dem B. allerdings erst während des Prozesses verständlich, da er erst bei diesem erfährt, daß A. Eigentümer des Pferdes ist. A. hat also den Fehler begangen, daß er bei Zurückhaltung des Pferdes dem B. den Grund derselben nicht mitteilte. Das verlangte allerdings die im Verkehr erforderliche Sorgfalt. B. wußte also gar nichts von der Berechtigung des A. Er konnte dieselbe auch in keiner Weise erkennen, denn er wußte nur von einem zwischen ihm und A. abgeschlossenen Sachmietvertrag. Er konnte also annehmen, daß er mit Recht auf Grund des Sachmietvertrages das Pferd nach Ablauf der Mietzeit von A. im Klagewege zurückforderte. A. hat also die Prozeßkosten veranlaßt. Diese hat er somit zu tragen (§ 93 ZPO.). Dagegen wird B. gemäß §§ 862, 863 auf die Klage des A. hin zur Herausgabe des Pferdes an A. verurteilt.

Lösung 422.

A. hat, indem er den Grenzpfahl in das Grundstück des B. hineinsetzt, den B. im Besitz gestört und somit eine verbotene Eigenmacht begangen. B. erhebt daher mit Recht die Besitzstörungsklage nach § 862 gegen A. Er tut dies aber erst nach Ablauf eines Jahres nach der Störung. A. erhebt daher den Einwand der Verjährung. Damit will sich A. offenbar auf § 864 stützen. Dort ist allerdings nicht von Verjährung, sondern nur von Erlöschen des Anspruchs die Rede. A. hat also einen unkorrekten Ausdruck gebraucht, da Rechte überhaupt nicht verjähren. Doch gilt der Satz: Jura novit curia. Da § 864 anwendbar ist, so dringt also A. mit seinem Einwand durch.

B. verteidigt sich gegen den Einwand der Verjährung (des Erlöschens des Anspruchs) mit der Behauptung, daß sich die Besitzstörung in jedem Augenblicke wiederholt habe. Das mag zwar richtig sein, es ist aber gleichgültig, denn aus § 864 geht meines Erachtens deutlich hervor, daß die Frist für das Erlöschen des Anspruchs von der Zeit nach der ersten Besitzstörungshandlung an läuft (besonders zu beachten die Worte „nach der Verübung der verbotenen Eigenmacht").

B. hätte eine ganz andere Klage anstellen sollen, nämlich die auf Wiederherstellung eines festen Grenzzeichens gemäß § 919. Dies ist ein Anspruch des B. aus dem Eigentum am Grundstück. Dieser Anspruch unterliegt nach § 924 nicht der Verjährung.

Anm. Wenn B. jetzt noch die Klage auf Grund von § 919 anstellen wollte, so würde die Frage entstehen, ob das eine unzulässige Klagänderung (§ 264 ZPO.) oder nur Klagbesserung (§§ 268, 269 ZPO.) ist. Da der Klaggrund nach dem Gesagten ein vollständig anderer ist, so ist es Klagänderung. Diese ist in erster Instanz erlaubt, falls der Gegner nicht widerspricht, sonst nur auf Grund richterlicher Entschließung, falls die Verteidigung des Gegners nicht erheblich erschwert wird.

Lösung 423.

Nach § 266 ist der Schuldner zu Teilleistungen nicht berechtigt. Die Voraussetzung hierfür ist aber, daß eine einheitliche Schuld vorliegt (Kuhlenbeck, Anm. 2 zu § 266). Da dies hier bezüglich der 88000 Steine anzunehmen ist, so würde B. im normalen Falle vom Vertrage zurücktreten können (§ 325).

Hier liegt aber, wie sich ergeben wird, die Sache etwas anders. Nach § 433 hat der Käufer B. das Recht, die Übergabe der 88000 Steine von A. zu verlangen. Diese Übergabe ist hier bereits erfolgt. X., ein Dritter, ist im Besitz der Sache, und der Eigentümer A. hat dem Erwerber B. schriftlich den Anspruch auf Herausgabe der Steine abgetreten. Darin liegt eine Besitzübertragung im Sinne des § 870, also eine Übertragung des mittelbaren Besitzes, zugleich aber eine Eigentumsübertragung im Sinne des § 931. X. bleibt unmittelbarer Besitzer der 13000 Steine bis zu dem Augenblick, wo C. sie abfährt. Daraus folgt, daß A., wenn er von den 88000 Steinen am nächsten Tage 13000 Stück an C. verkauft, über diese als Nichteigentümer eine Verfügung trifft, denn die Steine gehören bereits dem B. C. erlangt also an den 13000 Steinen nur den unmittelbaren Besitz, nicht aber Eigentum. Er kann daher nur nach Maßgabe der Vorschriften der §§ 932 ff. über den gutgläubigen Erwerb vom Nichteigentümer Eigentum erwerben. C. ist gutgläubig. Es fragt sich aber, ob nicht die 13000 Steine als „sonst abhanden gekommen" im Sinne des § 935 zu betrachten sind. Was hierunter zu rechnen ist, ist manchmal zweifelhaft, man ist sich aber darüber einig, daß darunter im allgemeinen dasjenige gehört, was dem Eigentümer gegen oder ohne seinen Willen abhanden gekommen ist. Die Steine sind aber dem B. sogar wider seinen Willen abhanden gekommen, nämlich durch Besitzübergabe seitens des A. an C. B. ist somit Eigentümer sämtlicher 88000 Steine geblieben. Der Umstand, daß dem X. von der Zession keine Mitteilung gemacht worden ist, hat keinen Einfluß auf die Gültigkeit der Besitzübertragung. Denn X. besitzt nur für den Eigentümer A.: er ist also sog. unselbständiger Inhaber im Sinne des § 855. Selbst wenn er Besitzer wäre (was z. B. auf Grund eines Verwahrungsvertrags der Fall sein könnte), so konnte er diesen Besitz ohne sein Wissen verlieren, um so mehr kann er es als bloßer Inhaber.

B. will nun vom Vertrage zurücktreten und stützt sich damit auf § 266 verb. mit § 325. Da B., wie bewiesen, Eigentümer und mittelbarer Besitzer sämtlicher Steine geworden ist, so erscheint es fraglich, ob überhaupt eine Teilleistung vorliegt. Zur Leistung des A. gehört schließlich auch noch die Übertragung des unmittelbaren Besitzes. Diese ist dem A. bezüglich der

13000 Steine allerdings unmöglich, denn er hat ihn bereits an C. übertragen, hat also selbst überhaupt kein Recht an ihnen. Nun könnte aber B. als Eigentümer der Steine diese dem C. evinzieren. A. kann dies aber nicht, und auf ihn allein kommt es meines Erachtens an.

Es ist also zweifellos, daß eine teilweise Unmöglichkeit der Leistung vorliegt. Diese tritt aber erst nach Entstehung des Schuldverhältnisses ein. Für diesen Fall gilt aber § 266 nicht. (Vgl. Kuhlenbeck, Anm. 4 zu § 266 und Anm. 2 zu § 275.) Somit kommt § 325 Abs. 1 Satz 2 zur Anwendung, welcher vorschreibt: „Bei teilweiser Unmöglichkeit der Leistung ist er (der Schuldner), wenn die teilweise Erfüllung des Vertrags für ihn kein Interesse hat, berechtigt, Schadensersatz wegen Nichterfüllung der ganzen Verbindlichkeit nach Maßgabe des § 280 Abs. 2 zu verlangen oder von dem ganzen Vertrage zurückzutreten." Die Entscheidung wird also problematisch zu lauten haben, je nachdem ein solches Interesse des B. vorliegt oder nicht. Im ersteren Falle muß er sich mit dem in § 280 Abs. 1 bezeichneten Schadensersatz begnügen, im letzteren Falle kann er vom Vertrage zurücktreten. Die Klage des B. ist dann abzuweisen.

Anm. Übrigens ist es fraglich, ob die Klage des B. als Feststellungsklage (§ 256 ZPO.) überhaupt begründet ist. Da er einfach die Zahlung verweigern kann, so braucht er nicht zu klagen. Es fehlt also eventuell das Interesse.

Lösung 424.

B. hält den Vertrag für ungültig. Es handelt sich vorliegend um einen Vertrag über die Übertragung des Eigentums an einem Grundstück, bei dem die vorgeschriebene notarielle Form gemäß § 313 BGB. gewahrt ist. Der Vertrag hat jedoch einen Mangel. Die darin über den Preis abgegebene Willenserklärung der Parteien ist im Einverständnis derselben nur zum Schein abgegeben, um die Ehefrau B. zu täuschen; in Wirklichkeit soll etwas ganz anderes gelten. Die Willenserklärung ist daher gemäß § 117 BGB. als nichtig anzusehen.

Die Parteien haben also somit einen Vertrag geschlossen, bei dem ein Teil nichtig ist, jedoch nicht so, daß bei einem Gesamttatbestande, der zahlreiche einzelne Willenserklärungen enthält, eine von diesen nichtig ist und daher gemäß § 139 BGB. die Frage zu prüfen wäre, ob das ganze Rechtsgeschäft nichtig ist, sondern so, daß eine wesentliche notwendige Vertragsbestimmung, bei einem Kaufe der Preis, nichtig ist und somit der ganze Vertrag in sich zusammenfällt.

Die Abrede, daß in Wirklichkeit 20000 M. gezahlt werden sollen, ist auch nicht als eine gültige Nebenabrede anzusehen. Die Vereinbarung des Kaufpreises in Höhe von 20000 M. ist gar keine Nebenabrede im gewöhnlichen Sinne, denn eine solche hat meist nebensächliche Dinge zum Inhalt, gewisse Ergänzungen zu gültigen im Vertrag getroffenen Abreden, aber nicht Bestimmungen, die an Stelle bewußt unrichtiger Abmachungen des Vertrages treten sollen. Aber selbst wenn man die Preisvereinbarung als Nebenabrede ansehen wollte, so wäre sie doch nicht gültig, denn die für gewisse Verträge (die sog. Formalverträge) gegebene Formvorschrift ergreift auch die Nebenabreden. (Staudinger, 5./6. Aufl. zu § 125 Nr. 5a, vgl. auch Planck zu § 125.) Entbehren sie der Form, so sind sie ungültig, sonst wäre es ja leicht, die Formvorschriften zu umgehen.

Die Preisvereinbarung ist also völlig ungültig und somit ein gültiger Vertrag zwischen A. und B. nicht zustande gekommen. B. ist im Recht.

Anders wenn die Auflassung und Eintragung schon stattgefunden hat. Dann wird gemäß § 313 Satz 2 ein Vertrag über Eigentumsübertragung an einem Grundstück seinem ganzen Inhalt nach gültig, auch wenn die Form der notariellen Beurkundung nicht gewahrt ist. Somit tritt also die mündliche Vereinbarung über den Preis in Wirkung und sie kann es, weil sie ja nunmehr keiner Form mehr bedarf. Da nun die Vereinbarung im Vertrage (Preis 15000 M.) ungültig ist (§ 117) gilt die an Stelle dieser Vereinbarung getroffene Abrede. B. muß also 20000 M. zahlen.

Anm. Im Text des Falles ist ein Druckfehler. Es muß heißen: erklärt B. sich an den Vertrag nicht gebunden; dies ergibt sich aus der folgenden Frage.

In den Entscheidungen des Reichsgerichts Bd. 60 S. 21 ist die über der Entscheidung stehende allgemeine Frage: „Ist das beurkundete Geschäft als Scheingeschäft anzusehen, wenn die über ein Rechtsgeschäft ausgestellte Urkunde mit dem Willen der Beteiligten tatsächlich unrichtige Angaben über die Abgabe von Willenserklärungen enthält?“ mit „Nein“ beantwortet. Der dort behandelte Fall unterscheidet sich jedoch sehr wesentlich von dem vorliegenden. Über den Fall, daß der Preis höher angegeben ist als der Vereinbarte vgl. Deutsche Juristenzeitung Bd. XVII S. 458 und Reichsgericht in Zivilsachen Bd. 78 S. 115.

Lösung 425.

Indem B. die zehn Flaschen Wein aus Versehen bei C. abgibt, überträgt er dem C. daran sowohl Besitz — denn C. erlangt die tatsächliche Gewalt, § 854 — als auch das Eigentum, denn B. will zu Eigentum übergeben und C. will als Eigentum annehmen (§ 929). B. wird daher mit einer possessorischen Klage gegen C. nicht durchdringen, sondern wird die Eigentumsübertragung nach § 119 wegen Irrtums anfechten müssen. Ebensowenig hat der Käufer A. eine Klage gegen C., denn er ist weder Besitzer, noch Eigentümer. Er hat nur eine Klage gegen B. auf Erfüllung des Kaufvertrags.

Außer dem Anfechtungsanspruch hat B. gegen C. einen solchen wegen Bereicherung nach § 812, denn C. ist durch eine Leistung des B. ohne Grund bereichert.

Anm. Der Fall stimmt, abgesehen von einer kleinen Differenz bezüglich der gestellten Fragen, fast vollständig mit Fall 52 überein. Während dort in erster Linie die Irrtumsgrundsätze erörtert werden sollten, so hier die Grundsätze der Besitz- und Eigentumslehre.

Zu Lösung 425.

Hierzu schreibt Herr cand. jur. Herz, Berlin W, Geisbergstr. 18:

„1007, I! Ist B. vielleicht fahrlässig bösgläubig? Wenn ja, dann verletzt er auch rechtswidrig das Recht des A., den Wein in Besitz zu nehmen. (§ 823.)

Auf jeden Fall paßt § 816, II genau.

Zu 52: Fiel das Eigentum nach § 142 an A., so einfacher § 931. Auch hier § 816, II und vielleicht arglistiges Verschweigen des Mangels der Passivlegitimation seitens C., also § 263 StrGB. und § 823, II."

Lösung 426.

Der Fall behandelt die Frage nach dem Besitzerwerb des Abwesenden. Hat der Eigentümer eine Sache vermietet, so sind im Rechtssinne zwei Besitzer vorhanden, der unmittelbare Besitzer, nämlich der Mieter, und der mittelbare Besitzer, nämlich der Vermieter. (Vgl. Rosenthal, Anm. 1 zu § 854 und § 868.) Beide sind berechtigt, die nach §§ 561, 562 dem Besitzer zustehenden Rechte geltend zu machen. So ist also hier der B. Besitzer an den in der ihm vermieteten Wohnung befindlichen Sachen und insbesondere auch am Garten. Die Bäume gelangen nun in Abwesenheit des Mieters B. in dessen Garten. Dadurch erlangt nach dem Obigen jedenfalls der Vermieter A. den mittelbaren Besitz (und zugleich das Eigentum) an den Bäumen. A. kann also zweifellos gegen C. wegen Besitzentziehung nach § 861 klagen. Fraglich ist dagegen, ob B. es ebenfalls kann.

Der Text sagt nichts Genaues darüber, ob A. eigentlich dem B. Besitz an den Bäumen übertragen will. Es kann sein, daß er sie zunächst nur in dessen Garten stellen läßt, ohne diesem ein Verfügungsrecht daran einräumen zu wollen. Wahrscheinlich ist dies aber nicht. Jedenfalls wäre dann an eine Klage des B. gegen C. nicht zu denken. Wahrscheinlich ist es vielmehr, daß A. dem B. an den Bäumen dadurch, daß er sie in seinen Garten stellen läßt, den (unmittelbaren) Besitz (vielleicht auch das Eigentum, in welchem Falle er als Geschäftsführer ohne Auftrag zu gelten hätte) einräumen will. Nun entsteht aber die Frage, ob er diesen Zweck erreicht, trotzdem B. abwesend ist. Nach § 854 wird der Besitz eine Sache durch Erlangung der *tatsächlichen* Gewalt über die Sache erworben. Die Frage, wann diese tatsächliche Gewalt vorliegt, ist vielfach schwierig. Aus §§ 855, 860 folgt insbesondere, daß Besitz selbst dann vorhanden sein kann, wenn der Besitzer nicht zugegen ist und daß sogar jemand Besitz erlangen kann, ohne davon zu wissen. Es sind dies aber Ausnahmefälle. Im vorliegenden Fall erscheint es meines Erachtens wahrscheinlich, daß B. keinen Besitz erwirbt und daher auch keinen Anspruch aus § 861 gegen C. hat.

Lösung 427.

Nach § 873 BGB. ist Auflassung nur Einigung über den Eigentumsübergang von einem Grundstück und die Erklärung desselben vor Gericht oder dem Notar. Zum Zustandekommen des Eigentumsübergangs muß die Eintragung des Käufers hinzukommen. Im preußischen Recht, unter dessen Herrschaft der Fall vorgekommen sein mag, umfaßte der Begriff Auflassung die heutige Auflassung und Eintragung zusammen. In diesem Sinne ist sie daher auch hier aufzufassen und der Begriff der Eintragung somit zu ergänzen. Die Eintragung des C. im Grundbuch ist demnach als erfolgt anzusehen.

Zur Vereinfachung des Falles soll nun zunächst angenommen werden, daß B. seine Klage nicht gegen C., sondern gegen A. richtet und dabei dieselben Angriffsmittel verwendet wie hier gegen C. Es fragt sich, ob dann A., trotzdem er dem B. betrüglich vorspiegelt, daß er zahlungsfähig sei, Eigentümer des Grundstücks geworden ist. B. stützt sich, indem er dies in Abrede stellt, offenbar auf das Vorliegen eines Betrugs, also auf § 123. Er ficht den Kaufvertrag, zwischen A. und ihm, an und stützt sich darauf, daß er infolge der Anfechtung nach § 142 als von Anfang an als nichtig anzusehen sei. Dies ist der Inhalt der Klage des B. Zugleich macht er mit der Klage den Berichtigungsanspruch des § 894 geltend. Allerdings hat B. seine Klage schlecht formuliert, indem er (in Wahrheit also nicht gegen A., sondern gegen C.) auf Anerkennung der Nichtigkeit der Auflassung geklagt hat. Er mußte die Anfechtung ausdrücklich erklären. Die juristische Formulierung der Klage ist aber kein Grund zur Abweisung derselben, der Richter hat vielmehr die richtige Form zu ergänzen, wenn es offenbar ist, daß die Partei dem Sinne nach das Richtige meint (wieder eine Anwendung des Satzes jura novit curia, vgl. z. B. Lösung 279, vgl. auch § 139 ZPO.). Meines Erachtens kann man in dem Vorbringen des B. eine Anfechtung erblicken.

Daß in dem Verhalten des A. tatsächlich eine arglistige Täuschung im Sinne des § 123 liegt, ist ohne weiteres zu bejahen, denn B. hätte dem A. sein Grundstück nicht verkauft oder ihm wenigstens nicht den Preis kreditiert, wenn A. ihm nicht vorgespiegelt hätte, daß er zahlungsfähig sei. Ebenso ist es klar, daß A. dadurch das Vermögen des B. geschädigt hat, denn er hat einem Zahlungsunfähigen Kredit gegeben und die Einziehung der Forderung wird dadurch schwierig oder ganz in Frage gestellt. Somit kann B. gegenüber A. die Anfechtung im Sinne des § 123 erklären und auf Grund derselben gemäß § 142 die Nichtigkeit des abgeschlossenen Kaufvertrags und der erfolgten Auflassungserklärung herbeiführen.

Wäre B. gegen A. in dieser Weise vorgegangen, so hätte er sein Ziel in jeder Beziehung erreicht. Mit der Berichtigungsklage des § 894 hätte B. die Löschung des A. als Eigentümer im Grundbuch erreicht. Infolgedessen hätte dann dem C. der Erwerbstitel gefehlt und B. hätte nun eine zweite Klage gegen C. auf weitere Berichtigung des Grundbuchs nach § 894 verb. mit § 925 anstellen und damit auch die Löschung des C. als Eigentümer herbeiführen können.

B. begeht aber den Fehler, sofort gegen C. statt gegen A. zu klagen. Es fragt sich, wie er diese Klage begründen kann. A. ist ein Dritter, der die Täuschung verübt hat. Trotzdem liegt § 123, Abs. 2 Satz 1 nicht vor, da die Erklärung des B. nicht einem anderen, sondern dem A. gegenüber erfolgt ist. § 123 Abs. 2 Satz 2 kommt auch nicht in Betracht, denn zwar hat C. infolge der Kaufs- und Auflassungserklärung des B. ein Recht erworben, aber er hat dieses Recht nicht unmittelbar aus der Erklärung des B. erworben, sondern aus der des A. (Vgl. die Betrugsfälle im I. Buch.) Die Anfechtung des B. gegenüber C. ist somit ausgeschlossen. Da C., wie bewiesen, Eigentümer des Grundstücks geworden ist, so ist auch die von B.

mit der Anfechtung gegen C. verbundene Berichtigungsklage des § 894 abzuweisen.

Die Verteidigung des C., daß dem B. nur ein persönlicher Anspruch auf Rückauflassung gegen A. zustehe und von einer dinglichen Wirkung der Anfechtung nicht die Rede sein könne, trifft somit das Richtige.

Die Tatsache, daß C. bösgläubig ist, hat hier gar keinen Einfluß. Denn die Grundsätze über gutgläubigen Erwerb kommen bei Grundstücken nicht in Betracht. Hier entscheidet vielmehr nur die Eintragung im Grundbuch.

Zu Lösung 427.

Herr cand. jur. Herz, Berlin W, Geisbergstr. 18 schreibt hierzu:

„Die Auflassung ist nicht § 873, sondern § 925 definiert. B. ficht außer dem Kaufvertrag seine Eintragsbewilligung an; aber ist nicht auch diese seine Einigung, Eigentum dem A. zu übertragen, nach § 138 nichtig, weil die seitens A. gegen die guten Sitten verstößt? Wenn C. weiß, daß A. nicht der Berechtigte ist (und nach § 142, II gilt dies so) so I: (816, I) ist A. dem B. zur Herausgabe des Kaufspreises verpflichtet, und II: 817, I.

Lösung 428.

Der Fall soll eine Erläuterung zu § 879 geben. A. verspricht dem B. ein Darlehn unter einer Bedingung. Da das Darlehn, wie im gemeinen Recht, ein Realvertrag ist und daher der Darlehnsvertrag erst mit der Hingabe der Darlehnssumme zustande kommt, so ist das vorliegende Versprechen nur ein Darlehnsvorvertrag (§ 610), also ein gewöhnlicher zweiseitiger Vertrag im Sinne der §§ 320 ff. B. verpfändet dem A. hierfür das Grundstück X. Das „hierfür“ bedeutet also für die künftige Rückgabe der vorläufig noch gar nicht übergebenen Darlehnssumme, also für eine noch gar nicht entstandene, sondern zukünftige Forderung (wie dies nach § 1113 Abs. 2 zulässig ist). Die mit dem Vertrag verbundene Bedingung, daß der Sohn des A. zurückkehrt, ist eine Suspensivbedingung (§ 158 Abs. 1).

Die Bedingung, daß der Sohn des A. zurückkehrt, tritt nun ein, und zwar am 1. Juni. Infolgedessen ist das Darlehn an diesem Tage zur Auszahlung gelangt. Daher gilt auch die Hypothek des B., die sich nach der Forderung richten muß, als am 1. April entstanden.

Die zweite Forderung, also die des C., ist am 1. Mai fällig, und die Hypothek ist am 2. April eingetragen worden. Hier bestehen Forderung wie Hypothek bereits am 2. April. Im Grundbuch ist nun zuerst die Hypothek des C., dann die des A. eingetragen. Es hat nun nach § 879 — das soll allein bewiesen werden — die Hypothek des C. den Rang vor der des A., trotzdem die Verpfändung des Grundstücks an A. tatsächlich früher vorgenommen worden ist, nämlich am 1. April. Denn nach § 879 bestimmt sich das Rangverhältnis der Rechte, die in derselben Abteilung eingetragen werden, nach der Reihenfolge der Eintragungen, nicht nach der Entstehung der betreffenden Rechte.

Lösung 429.

Die Bestellung der Hypothek von 100000 M. für B. an dem Grundstück des A. ist in einer notariellen, also beglaubigten Schuldurkunde, demnach in der durch § 27 der GrO. verbunden mit § 129 BGB. vorgeschriebenen Form erfolgt. B. teilt diese ihm zustehende Hypothek in zwei Teile, wozu er nach § 1151 ohne Zustimmung des Eigentümers berechtigt ist. Er zahlt aber nur 77000 M. und tritt die Teilhypothek von 23000 M. am 2. Juli an D. ab (wahrscheinlich einer seiner Schuldner, der die Valuta für die Teilhypothek zahlen soll). Den hierfür nach § 1152 bestellte Teilhypothekenbrief händigt er dem D. aus. Für seine Hypothek von 77000 M. wahrt er sich das Vorzugsrecht. Im Grundbuch ist also in Abt. III eingetragen die Hypothek von 77000 M. für B. unter Nr. 3a, die für D. unter Nr. 3b und erst dann unter Nr. 4 die Grundschuld des C. von 50000 M. D. zahlt nun 8000 M. von der Valuta vor dem Zuschlagsbeschluß, 15000 M. nach demselben. Beim Verteilungsverfahren bleiben 26000 M. D. beansprucht diese, soweit sie zur Deckung seiner Forderung unter 3b von 23000 M. nebst Zinsen erforderlich sind. Die Zinsen sind nach §§ 1158, 1115 hinzuzurechnen. C. widerspricht. Nachdem die streitige Summe von 23067 M. hinterlegt worden ist, muß der Richter den Verteilungstermin schließen, wie überhaupt das Verfahren durch den Widerspruch beendigt ist. D. klagt nun gegen C. mit dem Antrage, ihn zur Herausgabe der hinterlegten Summe nebst den davon aufgelaufenen Zinsen an ihn zu verurteilen. Er beruft sich offenbar darauf daß nach § 1113 Abs. 2 auch für bedingte Forderungen eine Hypothek bestellt werden kann, und daß durch die nachträgliche auch durch die nach dem Zuschlagsbeschlusse erfolgte Auszahlung der Valuta die Konvaleszenz der Hypothek von 23000 M. eingetreten sei. C. begehrt Abweisung der Klage. Er beruft sich darauf, daß A. durch die Zustellung des Beschlusses über Einleitung der Zwangsversteigerung (dieser ist nach § 22 ZwVG. dem Schuldner zuzustellen) die Verfügung über das Grundstück verloren habe. Letzteres ist richtig. In Ermangelung einer Bestimmung im Text ist anzunehmen, daß bei ordnungsmäßigem Geschäftsgang die Zustellung erfolgt ist, auch daß sie noch vor dem Versteigerungstermin erfolgt ist. Denn wenn am 1. April der Beschluß ergangen ist, so ist zu erwarten, daß am 2. Juni die Zustellung erfolgt ist. Die Hypothek von 23000 M. war nun, da die Forderung vor Auszahlung derselben noch eine bedingte war, von Anfang an, also vom 8. Januar an, eine bedingte, bedingt durch die Auszahlung. Die Verfügung des A. ist nun zwar zu einer Zeit erfolgt, in der er noch verfügungsberechtigt war, der Eintritt der Bedingung aber zu einer Zeit, in der er es nicht mehr war. Mithin wird die Verfügung über die 23000 M. rückwärtshin ungültig.

Die Abtretung des B. an D. ist also auch ungültig, ebenso die Auszahlung der 23000 M. an A. Es ist gar keine Hypothek entstanden.

Die Sache stellt sich so dar, als wenn an dritter Stelle die Hypothek des B. von 77000 M. stände und dieser sogleich an vierter Stelle die Grundschuld des A. mit 50000 M. folgte. Somit hat C. Anspruch auf Auszahlung der hinterlegten 23067 M., zumal D. die Sachlage kannte.

Ob C. dem Versteigerungsverfahren beigetreten ist, ist gleichgültig nach § 114 ZwVG. Da sein Anspruch eingetragen ist, wird er ohne weiteres in den Teilungsplan aufgenommen.

Der Fall ist instruktiv, wird aber in der Praxis selten genau so vorkommen. Denn nach Erlaß des Zwangsversteigerungsbeschlusses wird das Gericht meistens darauf hinwirken, daß solche bedingte Forderungen aus der Welt geschafft werden.

Lösung 430.

Der Fall wird entschieden durch § 881 Abs. 3. Die Hypothek von 10000 M. für A. an erster Stelle ist das mit dem Vorrang eingetragene Recht (d. h. mit dem Vermerk, daß die später einzutragende Hypothek den Vorrang haben soll), die Hypothek des B. von 100 M. ist das ohne einen entsprechenden Vorbehalt eingetragene Recht, die des C. von 10000 M. ist das Recht, dem der Vorrang beigelegt wird. Vor dessen Eintragung ist das Grundstück mit der Hypothek von 100 M. belastet worden. Der Vorrang der Hypothek des C. hat nun nach § 881 Abs. 3 bei der Zwangsversteigerung insoweit keine Wirkung, als das mit dem Vorbehalte eingetragene Recht, also die Hypothek des A. von 10000 M., die jetzt an zweiter Stelle zu stehen kommt, infolge der inzwischen eingetretenen Belastung mit der Hypothek von 100 M. des B. eine über den Vorbehalt hinausgehende Beeinträchtigung erleiden würde. 1. Beträgt der Erlös 20000 M., so würde die Hypothek des B., da sie an dritter Stelle steht, nach den allgemeinen Grundsätzen des ZVG. ausfallen müssen. Nach § 881 Abs. 3 erhält aber A., der an zweiter Stelle steht, unter allen Umständen 10000 M. Der Vorrang des C. hat also insoweit keine Wirkung, als dadurch das Recht des A. an zweiter Stelle beeinträchtigt wird. Dieses wird aber infolge der Versteigerung durch den Vorbehalt um 100 M. verringert. Daher muß sich C. gefallen lassen, daß er, obwohl an erster Stelle stehend, nur 9900 M. erhält, während B. 100 M. erhält (vgl. Komm. von Rosenthal, Anm. 15 zu § 881).

Die Fragen unter Nr. 2 und 3 überlasse ich dem Leser auf dieser Grundlage selbst zu lösen.

Lösung 431.

Zwischen B. als Verkäufer und A. als Käufer ist ein den Formvorschriften der GrO. entsprechender Kaufvertrag abgeschlossen worden. Nach § 433 hat B. das Grundstück dem A. aufzulassen, A. hat dagegen dem B. gegen die Auflassung des Grundstücks 1500 M. abschläglich zu zahlen. B. verweigert, wie zu ergänzen ist, die Auflassung. Daher könnte A. nach § 433 auf diese klagen. A. will aber zunächst, offenbar weil er während des Prozesses andere Eintragungen im Grundbuch befürchten muß und daher

Beschleunigung nötig ist, zur Sicherung seines Anspruchs eine Vormerkung in das Grundbuch eintragen lassen. Nach § 883 wird diese u. a. auch zur Sicherung eines Anspruchs auf Einräumung eines Rechts eingetragen. Ein solches Recht ist hier das Recht auf Auflassung. Ein solches Recht besitzt A. schon jetzt, nur es ist bedingt durch die Zahlung der Summe von 1500 M. seitens des A. an den B. Nach § 883 Abs. 1 Satz 2 kann auch zur Sicherung eines künftigen Anspruchs die Eintragung einer Vormerkung erfolgen. Nach § 885 kann ferner die Eintragung einer Vormerkung auf Grund einer einstweiligen Verfügung erfolgen, und zur Erlassung derselben ist nicht erforderlich, daß eine Gefährdung des zu sichernden Anspruchs glaubhaft gemacht wird. (Die Gefährdung liegt hier schon in der Natur der Sache, daher diese scheinbare Ausnahme von dem Grundsatze des § 935 ZPO.) Das Vorgehen des A. ist also berechtigt, und es ist seinem Antrage gemäß die einstweilige Verfügung in das Grundbuch einzutragen. Hierauf kann A. die gewöhnliche Kaufklage gegen B. anstellen, deren Antrag auf Abgabe der Auflassungserklärung gemäß § 873 gegen Zahlung der Summe von 1500 M. geht.

Lösung 432.

Zwischen A. und B. ist ein den Formen der GrO. entsprechender Kaufvertrag über die Parzelle des B. abgeschlossen worden. Nach § 433 ist demgemäß der Verkäufer, also A. verpflichtet, dem Käufer B. das Eigentum an der Feldparzelle zu übertragen. Dies erfolgt nach § 873 durch Einigung des Veräußerers und Erwerbers über den Eigentumsübergang (Auflassung) — die nach § 925 bei gleichzeitiger Anwesenheit beider Teile vor dem Grundbuchamte zu erklären ist — und Eintragung des Käufers als Eigentümer im Grundbuch. Wenn nun A. vom Vertrage zurücktritt und die bereits am 9. April an B. verkaufte Parzelle am 14. April dem C. aufläßt, so weigert er sich offenbar, die Auflassungserklärung gegenüber B. abzugeben. Wenn weiter B. den Erlaß einer einstweiligen Verfügung herbeiführt, durch die die Eintragung einer Vormerkung zur Sicherung seines Rechts auf Auflassung angeordnet wird, so ist hiergegen nach § 883 Abs. 1 Satz 2 nichts einzuwenden, denn danach kann die Vormerkung auch zur Sicherung eines künftigen Anspruchs, somit auch hier, eingetragen werden (im übrigen vgl. Lösung 431). Dies haben die Gegner des A. auch nicht bestritten. Angenommen, A. hätte das Grundstück nicht weiter verkauft, so könnte also B. nach Eintragung der Vormerkung gegen A. auf Erfüllung klagen.

A. hat nun die am 9. April bereits an den B. verkaufte Feldparzelle am 14. April dem C. aufgelassen (also liegen, wie zu vermuten ist, die Voraussetzungen der GrO. für die Auflassung auch hier vor). Diese Auflassung ist gültig. Darauf hat der Grundbuchrichter die Eintragung der Vormerkung und des Eigentumsübergangs angeordnet. Der Grundbuchführer hat diese Eintragungen in der Reihenfolge vorgenommen, in der die Anträge gestellt sind. Demgemäß ist zuerst die Vormerkung (13. April) und sodann der Eigentumswechsel (14. April) eingetragen worden. Nach § 879 bestimmt sich nun das Rangverhältnis unter mehreren Rechten, mit denen ein Grundstück belastet ist, wenn die Rechte in derselben Abteilung des Grundbuchs eingetragen sind, nach der Reihenfolge der Eintragungen. Demnach geht die Vormerkung dem Eigentumswechsel vor.

In welcher Weise kommt nun B. zu seinem Recht? Auf Grund des mit A. abgeschlossenen Kaufvertrags hat er gegen A. ein Recht auf Auflassung des Grundstücks. Diese muß er zunächst erzwingen. Auf Grund der Auflassung beantragt er sodann seine Eintragung als Eigentümer. Erfolgt diese, so stehen zwei Eigentümer im Grundbuch. Der Inhalt des Grundbuchs steht dann mit der wirklichen Rechtslage im Widerspruch. Auf Grund der Vormerkung kann dann B. auch gegenüber C. die Berichtigung des Grundbuchs herbeiführen (§ 894).

Anm. Der Fall ist instruktiv, indessen in der Praxis würde wohl der Grundbuchrichter Bedenken tragen, im vorliegenden Fall mit der Eintragung der Vormerkung zugleich die des Eigentumswechsels anzuordnen, denn es ist zu erwarten, daß der letztere angefochten wird.

Lösung 434.

Der Vormund verlangt Rückauflassung, Wiederübertragung des Eigentums an A. Er erhebt also die rei vindicatio aus § 985 BGB., die Klage des nichtbesitzenden Eigentümers gegen den besitzenden Nichteigentümer; die rei vindicatio geht auch auf Herausgabe unbeweglicher Sachen (Staudinger zu § 985; Planck § 985 1 a α). Er stützt die Klage darauf, daß A. schon bei Abschluß des notariellen Vertrages geisteskrank gewesen sei. Als Geisteskranker ist A. gemäß § 104 Abs. 2 (es ist anzunehmen, daß bei A. diese Art der Geisteskrankheit vorgelegen hat) geschäftsunfähig; jede Willenserklärung, die er abgibt, ist nichtig (§ 105). Somit ist der zwischen A. und B. geschlossene obligatorische Vertrag hinfällig (er wird auch nicht etwa dadurch wirksam, daß er vor einem Notar geschlossen ist). Ebenso wirkungslos ist der dingliche Vertrag der Einigung in Form der Auflassung (§§ 873; 925 BGB.). A. ist also Eigentümer des Grundstücks geblieben und sein Vormund, der ihn in allen Rechten und Pflichten zu vertreten hat (§§ 1896, 1897, 1793 BGB.), kann die Wiederübertragung des Eigentums in Form der Rückauflassung verlangen. Denn die Einwände des B. sind nicht stichhaltig. B. beruft sich auf den im § 892 BGB. statuierten öffentlichen Glauben des Grundbuchs für Gutgläubige, das sog. Publizitätsprinzip. Dies besagt, daß zugunsten des gutgläubigen Erwerbers d. h. desjenigen, der nicht weiß, daß die Eintragungen im Grundbuch falsch sind, die Eintragungen des Grundbuches formelle Wahrheit enthalten, selbst wenn sie materiell unrichtig sind (Staudinger, Planck zu 892 I). Die Angabe des Grundbuchs über den Eigentümer bezieht sich jedoch nur auf das Eigentum als solches, nicht auf irgendeine Verfügungsbeschränkung des Eigentümers (siehe jedoch 892 Satz 2) auf persönliche Verhältnisse usw. (vgl. Staudinger zu 892 II 7). Daher erwirbt wohl Eigentum derjenige, der vom eingetragenen Nichteigentümer erwirbt, aber nicht derjenige, der vom minderjährigen oder geschäftsunfähigen erwirbt. Dabei nützt ihm sein „guter Glaube" d. h. sein Nichtkennen der Verfügungsbeschränkung nichts. Der Vormund wird also mit seiner Klage durchdringen.

Ist die Geisteskrankheit für den 1. März 1907 festgestellt, so war A. bei Abschluß des notariellen Vertrages noch voll geschäftsfähig, jedoch bei der Einigung in Form der Auflassung wieder geschäftsunfähig. Somit ist auch hier wieder die Auflassung hinfällig und da sie zur Übertragung des Eigentums erforderlich ist (§§ 813, 925), ist auch hier A. noch Eigentümer geblieben. Sein Vormund kann also auch hier die rei vindicatio mit Erfolg anstrengen. Allerdings wird ihm dies wenig nützen. Denn auf Grund des gültigen notariellen Vertrages, der die Verpflichtung des A. zur Übertragung des Eigentums enthält, kann B. eine gültige Auflassung von A., d. h. seinem Vormund verlangen; dieser ist verpflichtet, die Auflassung zu geben.

Anm. In Abs. 3 muß es wohl heißen: „Dringt der Kläger gegen B. durch, wenn A. . . . usw." Die einfache Übergabe des Grundstücks bewirkt noch nicht, daß Eigentum übergeht, denn dazu ist nach §§ 873, 925 Einigung und Auflassung erforderlich. Auch dann kann der Vormund die Herausgabe des Grundstücks verlangen.

Lösung 435.

Wenn der Erbe des A. von B. Herausgabe des Grundstücks verlangt, so kann er sich nur darauf stützen, daß zwischen ihm, bzw. dem A. und dem B. die Voraussetzungen des § 873 oder die der dreißigjährigen Ersitzung (sog. Tabularersitzung) des § 900 vorliegen. Die Voraussetzungen des § 873 liegen bezüglich des A. nicht vor, denn es fehlt zwischen B., dem bisherigen Eigentümer des Grundstücks, und A. die Einigung über den Eigentumsübergang und die Erklärung dieser Einigung vor Gericht, es fehlt somit die Auflassung.

Auch auf Grund des § 900 hat A. kein Eigentum an dem Grundstück des B. erworben. Denn dazu ist vor allem nötig, daß A. oder sein Erbe C. oder beide zusammen das Grundstück 30 Jahre lang im Eigenbesitze gehabt haben. Dazu gehört nach § 872 wiederum, daß der Besitzer die Sache „als ihm gehörend" besitzt. Der Text sagt aber ausdrücklich, daß A. gar nichts von seiner irrtümlichen Eintragung erfährt und daß B. außerdem weiter im Besitze des Grundstücks bleibt. (B. behält also sowohl mittelbaren wie unmittelbaren Besitz.) Es nützt somit dem A. nichts, daß er länger als 30 Jahre als Eigentümer im Grundbuch eingetragen war.

A. ist also der sog. Buchberechtigte oder Bucheigentümer, d. h. derjenige, der, ohne daß die Voraussetzungen für den Eigentumsübergang am Grundstück vorliegen, im Grundbuche als Eigentümer eingetragen ist. C., der Erbe des A., ist demnach ebensowenig Eigentümer geworden.

Die Klage des C. ist also unbegründet. Die Widerklage des B., der Berichtigung des Grundbuchs und Umschreibung des Grundstücks auf seinen Namen verlangt, ist auf Grund von § 894 erhoben (vgl. z. B. Lösung 432). Nach § 891 spricht die Vermutung für den Bucheigentümer. B. muß daher sein Eigentum nachweisen. Das tut er durch Hinweis auf die betreffenden

Grundakten. In diesen müßte, falls A. berechtigt wäre, ein Erwerbstitel desselben, also z. B. ein Kaufvertrag enthalten sein. Ist ein solcher bezüglich des A. nicht vorhanden, wohl aber bezüglich des B., so ist zu vermuten, daß ein Fehler vorliegt.

Die Klage des C. ist also abzuweisen und B. dringt mit seiner Widerklage durch.

Lösung 436.

Es liegt der Talbestand des § 904 vor. Die Einwirkung des B. auf das Eigentum des A. ist notwendig zur Abwendung einer gegenwärtigen Gefahr — dieselbe kann auch einen anderen betreffen —, denn B. nimmt an oder muß wenigstens annehmen, daß A. möglicherweise noch am Leben und schleunige Hilfe nötig ist. Der Umstand, daß diese Gefahr einen anderen — den A. — betrifft, hindert nicht die Anwendbarkeit des § 904. Auch ist der drohende Schaden — es handelt sich um das Leben des A., also eines der höchsten Rechtsgüter — gegenüber dem aus der Einwirkung dem Eigentümer entstehenden Schaden — die Zerstörung der Fensterscheiben — unverhältnismäßig groß. C. kann also den B. nicht an dem Einschlagen der Fenster verhindern (sog. Notstandsrecht § 228). Das tut er auch nicht, er verklagt ihn aber auf Ersatz der angerichteten Beschädigung. Hierzu ist er nach § 904 Satz 2 berechtigt (vgl. Lösung 149).

Anm. Die Klage des C. gegen den geretteten A. ist nicht so leicht zu begründen. Ich würde die Handlung des B. gegenüber dem A. als Geschäftsführung ohne Auftrag bezeichnen, die A. ev. dadurch genehmigt, daß er sich zum Weiterleben entschließt. Die Behauptungen der Parteien sind, soweit sie nicht mit dem Vorstehenden übereinstimmen gänzlich haltlos.

Ist A. bereits erstickt, so kommt es darauf an, ob B. das von draußen erkennen konnte. Ist dies der Fall, so liegt keine gegenwärtige Gefahr mehr vor und C. kann nicht nur Schadensersatz verlangen, sondern sogar die Einwirkung nach § 904 ohne weiteres verbieten.

Lösung 437.

Als feststehend hat zu gelten, daß aus dem Grundstück des B. übermäßig viel Tuberkelbazillen in dasjenige des C. gelangen und die Mieter des C. infolgedessen die Wohnungen kündigen. Diese vom Grundstück des B. ausgehende Einwirkung auf das des C. ist eine solche, welche die Benutzung des Grundstücks des C., wie nicht bestritten wird, wesentlich beeinträchtigt. Nach § 906 kann sie daher C. verbieten, wenn nicht die Einwirkung „durch eine Benutzung des Grundstücks herbeigeführt wird, die nach den örtlichen Verhältnissen bei Grundstücken dieser Lage gewöhnlich ist". Nach dieser Vorschrift muß z. B. jemand, der in einem Industrieviertel wohnt, sich den Rauch der Essen in seinem Grundstück gefallen laßen. Demgemäß wäre sie hier anwendbar, wenn das Haus des Arztes z. B. in einer Gegend läge, in der sich eine Anzahl medizinische Kliniken befinden. Da aber hiervon nicht die Rede ist, ist C. zur Klage auf Einstellung des Betriebs berechtigt. Die allgemeine Wohlfahrt und die öffentlichen Interessen kommen also gegenüber § 906 in diesem Falle nicht in Betracht.

Lösung 438.

Nach § 906 kann B. die Einstellung des Betriebs dann nicht verlangen, wenn die Einwirkung die Benutzung seines Grundstücks nicht oder nur unwesentlich beeinträchtigt, oder durch eine Benutzung des anderen Grundstücks herbeigeführt wird, die nach den örtlichen Verhältnissen bei Grundstücken dieser Lage gewöhnlich ist. Von einer unwesentlichen Beeinträchtigung kann hier keine Rede sein, denn die Wohnung ist gesundheitsgefährlich geworden. Auch der zweite Ausnahmefall des § 906 liegt nicht vor. Die Berechtigung des B. zur Klage auf Einstellung des Betriebs, ev. auf Herstellung solcher Einrichtungen, welche die benachteiligende Einwirkung ausschließen, ist daher ohne weiteres anzuerkennen, wenn auch die Beweisaufnahme das Resultat ergibt, daß andere Einrichtungen als die bereits vorhandenen untunlich, auch mit einem gehörigen Betrieb der Fabrik nicht vereinbar sind. Fraglich erscheint nur, wie es mit der Schadensersatzforderung steht. Hierüber sagt § 906 nichts. Es hindert aber nichts daran, hier, da eine Schädigung bereits vorliegt, eine Schadensersatzpflicht nach § 823 anzunehmen. Daß die Voraussetzungen dieser Vorschrift vorliegen, geht aus dem Obigen hervor. Diese Verpflichtung ist nach den Vorschriften der §§ 249 ff. zu beurteilen.

Lösung 439.

Die Lokomotive ist ebenso wie der Oderkahn eine bewegliche Sache. Zweifellos ist es daher richtig, wenn der Beklagte sagt, § 906 komme nicht zur Anwendung, weil der Schutz gegen Immissionen sich nur auf Grundstücke im Verhältnis zu anderen Grundstücken beschränke. An eine extensive Interpretation des § 906 ist hier nicht zu denken. Beklagter übersieht aber, daß sich Kläger gar nicht unbedingt auf § 906 zu stützen braucht. Denn Kläger verlangt Schadensersatz, § 906 dagegen regelt nur die Frage, ob der Eigentümer eines Grundstücks die von einem anderen Grundstücke ausgehende Einwirkung auf dasselbe verbieten kann. Die Schadensersatzfrage steht hiermit in gar keiner Verbindung. Worauf stützt sich nun der Kläger? Da ein Vertrag nicht in Frage kommt, so kann er sich nur auf Delikt stützen, also auf § 823. Danach wäre zunächst zu fragen, ob Beklagter fahrlässig gehandelt hat. (Vorsatz wird nicht vermutet.) Das kann höchstens dann der Fall sein, wenn der Oderkahn desselben bereits zu der Zeit, als Beklagter die Lokomotive am Uferrand aufstellte, in der Nähe gewesen ist. Dann ließe sich darüber sprechen, ob nicht die im Verkehr erforderliche Sorgfalt (§ 276) verlangt, daß Beklagter die Lokomotive im Hinblick auf die nicht ausgeschlossene Feuersgefahr an einer etwas entfernteren Stelle aufstellte. Zugunsten des Beklagten spricht auch der Umstand, daß die Lokomobile mit obrigkeitlicher Genehmigung aufgestellt worden ist und daß dies auf fremdem Grund und Boden geschehen ist. Danach steht nicht einmal fest, ob Beklagter selbst überhaupt an der Aufstellung beteiligt war. In Ermangelung einer ganz bestimmten auf Fahrlässigkeit hindeutenden Angabe würde ich also eine solche nicht annehmen, sondern als Ursache des Brands Zufall (hier in der Form der sog. höheren Gewalt) betrachten. Den Zufall trägt der Eigentümer (casum sentit dominus). Kläger ist also abzuweisen.

Lösung 440.

Es stehen sich hier zwei Gesetzesstellen gegenüber, nämlich § 953 einerseits und § 954 verb. mit § 911 andrerseits.

Auf § 953 kann sich A. stützen, indem er behauptet, daß die Früchte als Erzeugnisse des Baumes auch nach der Trennung ihm als dem Eigentümer der Hauptsache gehören. § 953 weist aber in dem Satze, „soweit sich nicht aus den §§ 954—957 ein anderes ergibt", auf Ausnahmen hin. Auf das Vorliegen eines Ausnahmefalls beruft sich B. Er stützt sich auf § 954 und behauptet ein Recht, sich die Früchte des Baumes anzueignen. Dieses Recht wieder leitet er aus § 911 her. Danach gehören Früchte, die von dem Baume des A. auf sein Grundstück als Nachbargrundstück hinüberfallen, ihm, dem B., als Eigentümer des Nachbargrundstücks (vgl. Komm. von Rosenthal, Anm. 48 zu § 954).

Wem von beiden sind die Früchte zuzusprechen? A. hat das Entscheidende richtig erkannt, indem er einwendet, daß sich § 911 nur auf Fallobst bezieht. Das in § 911 gebrauchte Wort „hinüberfallen" ist dahin zu interpretieren, daß ein Fallen durch ein Naturereignis, Wind, Regen usw., jedenfalls ein Fallen ohne Wissen und Willen des Eigentümers, gemeint ist. Hier hat nun der Eigentümer A. die Früchte selbst von seinem Baume herabgeschüttelt. § 911 ist somit nicht anwendbar. Also ist auch § 954 nicht anwendbar, sondern es liegt der normale Fall des § 953 vor. Demnach hat B. kein Eigentum an den Früchten erlangt, sondern dieses hat der A. als Eigentümer der Hauptsache erlangt.

Lösung 441 (vgl. Lösung 419).

Der Fall ist im allgemeinen analog dem Fall 419 zu behandeln. B. behauptet, daß er gemäß § 905 als Eigentümer ein Recht auf den Luftraum über seinem Grundstück habe und A. ihn entweder im Besitz oder im Eigentum (das ist hier nicht hervorgehoben) gestört habe. B. stützt sich also auf § 905 verb. mit § 858 oder auf § 905 verb. mit § 1004. Auch hier ist aber die Klage auf Grund von § 905 Satz 2 abzuweisen, da die Einwirkung seitens des A. 300 m hoch über dem Grundstück des B., also offenbar in solcher Höhe vorgenommen worden ist, daß B. an ihrer Ausschließung kein Interesse mehr hat (vgl. auch § 226).

§ 912 ist nicht anwendbar, denn für diesen ist die Voraussetzung meines Erachtens dieselbe wie die des § 905 Abs. 2. Außerdem ist wohl in § 912 in erster Linie an einen Überbau bei benachbarten Grundstücken in derselben Lage zu denken.

Lösung 443.

Es fragt sich, in welchem Verhältnis der Diener B. zu seinem Herrn, dem A., steht. Die Erklärung des B. erfolgt zwar nicht ausdrücklich im

Namen des A., aber C. weiß es und die Umstände ergeben es, daß sie in dessen Namen erfolgen soll, da ein Diener vermutlich in seinem Äußeren als solcher kenntlich ist und da, solange er nicht hervorhebt, daß er für sich handle, die Vermutung gilt, daß er für den Herrn handelt (anders wenn er Sachen, kauft, von denen man von vornherein annehmen kann, daß sie zu seinem eigenen Gebrauch bestimmt sind). Es liegt also hier die direkte Stellvertretung des § 164 vor, insbesondere die nach § 164 Abs. 1 Satz 2. Die Erklärung des B. gegenüber dem Bankier C., also die Kaufserklärung und die Übergabehandlung, wirken daher unmittelbar für und gegen den Vertretenen, den A. Also ist A. Eigentümer des von C. an B. gezahlten Geldes im Augenblick der Übergabe geworden (vgl. Lösung 122 u. a.). Der Diener B. ist nur sog. unselbständiger Inhaber im Sinne des § 855.

Wie, wenn B. von vornherein die Absicht hat, das Geld für sich zu behalten? Auch hier entscheidet § 164 Abs. 1 Satz 1 in Verbindung mit § 164 Abs. 1 Satz 2 (e contrario). Hätte B. das Geld selbst erwerben wollen, so hätte er dies dem C. ausdrücklich erklären müssen. Er hätte ihm erklären müssen, daß er in eignem Namen handle. Da er es nicht tut, so bleibt seine eigene Absicht völlig unerheblich. Die obige Vermutung, die dort mit Willen des B. Wirkung hat, hat eine solche hier auch gegen seinen Willen, da er diesen Willen nicht erklärt. Also erwirbt A. auch hier das Eigentum an dem von C. für das Staatspapier an B. gezahlten Gelde, und zwar wieder im Augenblick der Übergabe desselben seitens des C. an B.

Wie, wenn er diese Absicht hat, C. aber ihm erklärt hat, er solle das Geld ja dem A. abliefern? Hier erlangt A. ebenfalls Eigentum an dem Gelde, wieder nach § 164, denn wenn C. den B. noch ausdrücklich auffordert, das Geld dem A. abzuliefern, so mußte B., falls er das Geld selbst behalten wollte, dies um so mehr dem C. mitteilen.

Wie steht es in den ersten beiden Fällen, wenn C. nicht weiß, daß B. der Diener des A. ist?

Im ersten Fall, also in dem normalen Fall direkter Stellvertretung, muß C. nach § 164 Abs. 1 Satz 2 vermuten, daß B. der Diener des A. ist. Tut er dies nicht, so ist das ein Fehler von ihm, den er zu vertreten hat. Es wirkt daher die Erklärung des B. trotzdem für und gegen den A.

Im zweiten Fall — also nur in diesem — wird B. Eigentümer des Geldes, denn A. will nur dem B. Eigentum übertragen und B. will das Eigentum nur für sich annehmen. Es liegt also Willensübereinstimmung zwischen B. und C. vor. B. hat in diesem Falle seine Vollmacht überschritten und gegen seinen Auftrag gehandelt. Daraus haftet er allerdings dem A. Das betrifft aber nur das innere Verhältnis. Der Dritte, C., kann dagegen nur den B. als seinen Kontrahenten ansehen.

Anm. Das innere Verhältnis zwischen A. und B. ist ein Dienstvertrag, der in diesem Falle eine Geschäftsbesorgung zum Gegenstande hat. Das BGB. behandelt diesen nach § 675 teilweise nach den Regeln des Auftrags. Daher haftet B. dem A., soweit er seinen Auftrag überschritten hat, wie schon erwähnt, auf Schadensersatz wegen mangelhafter Erfüllung. Außerdem haftet B. für Schadensersatz aus unerlaubter Handlung auf Grund des § 823, weil er seine Vollmacht überschritten hat und damit, da das Staatspapier ihm nicht gehört, eine Unterschlagung begangen hat.

Lösung 444.

Die Maschine ist nach § 98 zweifellos Zubehör des Fabrikgrundstücks. Das würde aber nur zur Folge haben, daß sich im Zweifel Rechtsgeschäfte über das Grundstück auch auf die Maschine beziehen. Es würde nicht verhindern, daß die Maschine getrennt verkauft werden kann. Hier ist aber die Frage die, ob die Maschine wesentlicher Bestandteil des Grundstücks im Sinne des § 93 ist. Danach sind wesentliche Bestandteile einer Sache solche, die voneinander nicht getrennt werden können, ohne daß der eine oder der andere zerstört oder in seinem Wesen verändert wird. Diese können nicht Gegenstand besonderer Rechte sein. Nach § 94 gehören insbesondere zu den wesentlichen Bestandteilen des Grundstücks die mit dem Grund und Boden fest verbundenen Sachen, insbesondere Gebäude, nach § 94 Abs. 2 die zur Herstellung des Gebäudes eingefügten Sachen. Zu letzteren gehört die Maschine zweifellos nicht, da sie nicht zur Herstellung des Grundstücks eingefügt ist. Wenn man den § 94 Abs. 2 als eine weitere Auslegung des § 94 Abs. 1 bezüglich der Grundstücke betrachtet, so wird man zu dem Schluß kommen, daß die Maschine kein *wesentlicher* Bestandteil ist. Kuhlenbeck (Anm. 4 zu § 94 S. 56) hält z. B. einen vermauerten Geldschrank nicht für einen wesentlichen Bestandteil. So wird man auch die Maschine nicht dafür halten können. Zweifelhaft ist die Frage natürlich.

Was die Eigentumsübergabe anlangt, so ist diese nach § 930 gültig erfolgt. B. ist also Eigentümer geworden und dringt mit der Klage durch.

Lösung 445.

C. erhebt die Interventionsklage aus § 771 ZPO., indem er behauptet, daß ihm an den Gegenständen der Zwangsvollstreckung ein die Veräußerung hinderndes Recht zustehe, da er Eigentümer der bei A. gepfändeten Sachen geworden sei, sei es durch das mit A. verabredete constitutum possessorium, sei es durch die spätere Freigabe der Sachen durch B. Er begründet sein Eigentum vorliegend jedoch wohl nur mit dem constitutum, wie sich aus den Einwendungen des B. ergibt.

Für die Übertragung des Eigentums an C. durch constitutum possessorium sind dessen äußere Formen erfüllt (§ 930 BGB.). Die im Prinzip zur Eigentumsübertragung notwendige Übergabe (§ 929 BGB.) ist durch die Abrede eines Rechtsverhältnisses ersetzt, eines Mietvertrages, durch den der Käufer C. den A. im Besitze der Sachen beläßt. Vermöge dieses Mietvertrages erlangt der Erwerber aber den mittelbaren Besitz, wie sich aus § 868 BGB. ergibt. Zur Gültigkeit des constituts verlangt das Gesetz aber weiter, daß der Eigentümer, der die Sache übertragen will, im Besitze der Sachen ist. Ist A. im Besitze der Sachen gewesen? B. bestreitet es.

Gemäß § 559 BGB. hatte B. als Vermieter ein gesetzliches Pfandrecht an den eingebrachten Sachen seines Mieters A., das durch die Fortschaffung allerdings nicht erlosch, weil diese ohne sein Wissen geschah (§ 560 BGB.). B. hätte nun, um zu seinem Gelde zu gelangen, den ihm gemäß § 561 BGB. zustehenden Weg einschlagen können; also die Überlassung des Besitzes an ihn seitens seines ausgezogenen Mieters A. fordern können und hätte dann, da die Vorschriften des Vertragspfandrechtes auf ein kraft Gesetzes entstandenes Pfandrecht entsprechende Anwendung finden (§ 1257 BGB.), sich gemäß § 1228 durch Verkauf befriedigen können. Der von ihm eingeschlagene Weg führte ihn jedoch ebensogut zu seinem Ziel: auf Grund seines vollstreckbaren Titels läßt er durch den Gerichtsvollzieher pfänden und erwirbt somit gemäß § 804 ZPO. ein Pfändungspfandrecht, das gemeinrechtliche pignus in causa judicati captum, an den gepfändeten Gegenständen. Durch diese Pfändung verwandelt sich sein gesetzliches Pfandrecht an den gepfändeten Sachen in ein Pfändungspfandrecht und die Vorschriften der §§ 560 und 561 sind nun nicht mehr anwendbar. (Staudinger, 5./6. Aufl. zu § 560, 6.)

Die Pfändung durch den Gerichtsvollzieher hat nun, wenn die zu pfändenden Sachen im Gewahrsam des Schuldners sind, auf die Weise zu erfolgen, daß der Gerichtsvollzieher sie in Besitz nimmt, sie aber, wenn es sich nicht um Geld, Kostbarkeiten oder Wertpapiere handelt und die Befriedigung des Gläubigers nicht gefährdet wird, im Gewahrsam des Schuldners beläßt. Dann muß er jedoch die Pfändung durch Anlegung von Siegeln oder in sonstiger Weise ersichtlich machen (§ 808 ZPO.). So geschieht es im vorliegenden Fall. Das Gesetz stellt nun ausdrücklich den Besitz des Gerichtsvollziehers, den dieser durch die Pfändung erlangt und durch ihn auch der Gläubiger, in Gegensatz zu dem Gewahrsam, der dem Schuldner verbleibt. „Gewahrsam" ist ein dem Bürgerlichen Gesetzbuche fremder Begriff. Man versteht darunter die selbständige Ausübung der tatsächlichen Gewalt, also den Besitz, des Bürgerlichen Gesetzbuches mit Ausnahme des mittelbaren Besitzes, weil hier eben die tatsächliche Gewalt fehlt, aber nur die selbständige Ausübung. Daraus ergibt sich, daß der Besitzdiener keinen Gewahrsam hat, woraus für unseren Fall umgekehrt zu schließen ist: wenn der gepfändete Schuldner den Gewahrsam behält, so ist er nicht als Besitzdiener anzusehen, sondern als unmittelbarer Besitzer und wenn der Gerichtsvollzieher durch die Pfändung den Besitz erlangt, so wird er, wenn die Sachen in des Schuldners Gewahrsam bleiben, mittelbarer Besitzer und durch ihn der Gläubiger (vgl. § 871 BGB.). (Gaupp-Stein, 6./7. Aufl. zu § 808 IV.)

Daraus ergibt sich für unseren Fall weiter: A. war, als er die Sachen durch constitut an C. veräußerte, Besitzer und da er auch Eigentümer war und die sonstigen Erfordernisse des § 930 erfüllt sind, so ist C. Eigentümer geworden. Aber er hat nicht völlig freies Eigentum erlangt. Da er wußte, daß infolge der Pfändung dem B. ein Pfandrecht zustand, — denn er sah die Siegel an den Pfandstücken —, so bleibt trotz des Eigentumserwerbes das Pfandrecht des B. an den Sachen bestehen. Auch hat B. unrecht, wenn er meint, daß C. nicht Eigentümer geworden sei, weil sein Vermieterpfandrecht wegen der heimlichen Fortschaffung der Sachen noch fortbestanden habe; der Fortbestand eines beschränkten dinglichen Rechts hindert nicht den Übergang des Eigentums. Das einschränkende Recht bleibt dann eben fortbestehen;

zudem aber wandelt sich durch die Pfändung, wie bereits oben gesagt, das gesetzliche Pfandrecht in das Pfändungspfandrecht um und kommt vom Zeitpunkt der Pfändung an nicht mehr in Betracht.

Nun aber erklärt B., nachdem er wegen der Hauptforderung befriedigt ist, die Freigabe der Pfandstücke. Diese „Freigabe“ von gepfändeten Gegenständen entspricht dem Verzicht des Gläubigers beim vertragsmäßigen Pfandrecht (§ 1255 BGB.). Hierdurch also erlischt sein Pfandrecht und C. hat nunmehr die gepfändeten Sachen zu freiem uneingeschränktem Eigentum erworben. Wenn jetzt B. dieselben Sachen pfänden läßt, so erhebt C. mit Recht als Eigentümer die Interventionsklage, mit der er durchdringen wird.

Nimmt man dagegen mit einigen Kommentatoren der Zivilprozeßordnung an (vgl. die Literatur bei Gaupp-Stein), daß der Schuldner infolge der Pfändung durch den Gläubiger nur Besitzdiener bleibe, so kann er Eigentum durch constitut nicht übertragen, weil dabei der Eigentümer im „Besitz“ der Sache sein muß: bei dieser Annahme hat also C. überhaupt kein Eigentum erworben. Er würde es auch dadurch nicht erwerben, daß B. später die gepfändeten Sachen freigibt, denn dadurch würde das ungültige constitut nicht gültig werden; es müßte noch einmal vorgenommen werden, selbst eine Bestätigung würde nicht genügen (§ 141 BGB.).

Anm. Interessant ist die Beurteilung des Falles unter der Annahme, daß die Siegel abgefallen sind oder von A. entfernt sind und die Sachen durch constitutum dem C. übertragen werden. Mit dem Abfallen der Siegel oder dem vorsätzlichen Entfernen erlischt zwar das einmal entstandene Pfändungspfandrecht nicht, (Gaupp-Stein zu § 808 Abs. 2) aber C. könnte dann infolge seines guten Glaubens, d. h. weil er nicht weiß, daß dem B. ein Pfändungspfandrecht zusteht, das Eigentum frei von Rechten erwerben (§ 936) dies wäre der Fall, wenn ihm A. die Sachen durch Tradition, durch tatsächliche Übergabe, zu Eigentum übertragen würde. Bei der Übertragung durch constitutum possessorium ist aber für den Erwerb frei von Rechten Dritter noch eine weitere Voraussetzung erforderlich. Das Recht des Dritten erlischt erst dann, wenn der Erwerber auf Grund der Veräußerung den Besitz der Sache erlangt; hier würde also C., selbst wenn er gutgläubig wäre, auch kein pfandfreies Eigentum erwerben. (Zudem muß er, wenn B. [was der Text nicht ausdrücklich hervorhebt] in eine andere Wohnung eingezogen ist, damit rechnen, daß an den Sachen wieder ein neues Vermieterpfandrecht besteht.) Vgl. zu dem vorliegenden Fall auch die §§ 289, 136 Reichsstrafgesetzbuch.

Lösung 446.

Die Abtretung des Anspruchs auf Herausgabe nach § 931 unterliegt den gewöhnlichen Regeln, wie sie in §§ 398ff. aufgestellt sind. Nach § 404 kann der Schuldner dem neuen Gläubiger dieselben Einreden entgegensetzen, die zur Zeit der Abtretung der Forderung gegen den bisherigen Gläubiger begründet waren. Dazu gehört aber auch die, daß eine bestimmte Dauer der Miete verabredet ist und der Mieter daher zum Besitz berechtigt ist. Somit hat C. ein Recht zum Besitz des Klaviers. Darin würde ihn B. beeinträchtigen, wenn er sofortige Herausgabe des Klaviers verlangen würde (§§ 861, 862). B. kann daher dem C. gegenüber den Einwand des § 986 geltend machen. Er kann also die sofortige Herausgabe des Klaviers mit der Begründung verweigern, daß er ein Recht zum Besitz habe.

Anm. Dasselbe gilt bei Grundstücken (vgl. § 571 und Rosenthals Bem. hierzu).

Lösung 447.

Zwischen A. und B. besteht ein Verwahrungsvertrag (§§ 688 ff.). Auf Grund desselben wird B. unmittelbarer Besitzer der Blumen und somit auch der Palme (§ 868).

Der Gehilfe des B. ist direkter Stellvertreter (§ 164). Er schließt also den Kauf mit Wirkung für B. ab. Er erscheint nur als Besitzdiener.

Nach § 932 ist nun die Palme durch Verkauf und rechtsgültige Übergabe des Nichteigentümers an den gutgläubigen C. in das Eigentum des letzteren übergegangen. Dadurch ist auch der mittelbare Besitz, den A. als Eigentümer nach § 868 noch an der Palme hatte, diesem verloren gegangen. A. wäre nur dann Eigentümer der Palme geblieben, wenn einer der Ausnahmefälle des § 935 vorläge. Dies ist aber nicht der Fall, denn die Palme ist weder gestohlen, noch verloren, noch sonst abhanden gekommen. Denn der Gehilfe des B. hat ja den Willen, die Palme regelrecht zu veräußern. Der Wille der Veräußerung ist also vorhanden. Trotzdem liegt nahe, § 932 nicht anzuwenden. Denn der Gehilfe des B. hatte zwar den Willen zu veräußern, nicht aber den, eine fremde Sache zu veräußern. Er irrt also in einem wesentlichen Punkt. Kann daher B. den Kauf nach § 119 BGB. wegen Irrtums anfechten? Das ist nicht der Fall, weil C. gutgläubig ist (vgl. Lösung 450). § 935 (sonst abhanden gekommen) ist hiernach nicht anzuwenden.

Der Irrtum des Gehilfen ist nur ein Irrtum im Beweggrunde (Motiv). Die früheren Theoretiker nahmen an, daß dieser keine Anfechtbarkeit erzeugt. Das BGB. steht meines Erachtens nicht mehr auf diesem Standpunkt, sondern läßt die Anfechtung zu. Dieser Irrtum fällt also unter Umständen auch unter § 119 (vgl. Matthiaß, Bd. I § 53 S. 195; vgl. die Irrtumsfälle Buch I).

Somit kann weder A. noch B. gegen C. vorgehen.

Für Frage 2 gelten dieselben Grundsätze.

Lösung 448.

Der gutgläubige Eigentumserwerb nach § 932 setzt voraus, daß eine nach § 929 erfolgte Veräußerung vorliegt. Hierzu genügt nach § 929 Satz 2, wenn der Erwerber, wie hier der A., im Besitz der Sache ist, die Einigung über den Übergang des Eigentums. Diese Voraussetzungen liegen nun hier zwar vor. Die weitere Voraussetzung hierzu bleibt aber, daß der Veräußerer, wenn auch nicht unmittelbarer, so doch wenigstens mittelbarer Besitzer der Sache ist (§ 868). Das ist C. nicht, er hat nicht das geringste Recht an dem Klavier. Er kann also auch nicht Besitz übertragen. Somit erlangt A. — so muß es im Text statt B. heißen — kein Eigentum an dem Klavier.

Wenn B. (A. hätte keinen Sinn) das Klavier mittels schriftlichen Vertrags an D. verkauft und C. sich unter Aneignung des Vertrags für D. ausgegeben hat, so bleibt die Lösung dieselbe, denn dann wäre C. ebensowenig imstande, den mittelbaren Besitz auf A. zu übertragen, weil er eben keinen solchen am Klavier hat. Diesen hat entweder noch B. oder er hat ihn bereits nach § 931 auf D. übertragen. Somit kann C. auch kein Eigentum auf A. übertragen.

Wie, wenn B. (A. ist ein Druckfehler, denn es gäbe keinen Sinn) überdies dem D. den Anspruch auf Herausgabe des Klaviers abgetreten und C. auch diese Urkunde dem A. (nicht dem B.) vorgelegt hätte? Dann hätte C. ebensowenig ein Recht erworben, denn dann wäre eben der Käufer D. nach § 931 bereits Eigentümer geworden.

Lösung 449.

Die Obligationen, die hier in Betracht kommen, können nur Inhaberpapiere sein, denn der Anspruch aus ihnen wird durch bloße Übergabe des Besitzes übertragen. Wenn sie daher dem Briefträger geraubt werden, so kann ein Dritter, der gutgläubig in ihren Besitz gelangt, nach der Regel des § 935 Abs. 2 an ihnen Eigentum erwerben. C. ist dieser Dritte. Er ist gutgläubig — wenigstens wird das vermutet — in den Besitz der Obligationen gelangt. C. erlangt also Eigentum an ihnen und A. kann sie nicht mehr vindizieren.

Die Bekanntmachung des Raubs in verschiedenen Zeitungen und im Deutschen Reichsanzeiger hat hier keine Bedeutung. Diese kommt nur im Falle des § 367 HGB. in Betracht, also in dem Falle, daß der Erwerber ein Kaufmann ist, der Bankier- und Geldwechslergeschäfte betreibt. Letzteres ist C. vermutlich nicht. Der Text sagt nur, daß er Kaufmann ist. Somit gilt die allgemeine Vorschrift des BGB. (Vgl. Näheres Staub, Anm. zu § 367 HGB.)

Lösung 450.

Zwischen A. und B. ist ein Kaufvertrag abgeschlossen worden, der darin besteht, daß A. seine vergoldete Uhr dem B. für 25 M. verkauft. Dieser obligatorische Vertrag ist gültig, denn es besteht Einigung der Parteien über Ware und Preis. Anders steht es mit der Übergabe. Nach der herrschenden Meinung kann man die in der Übergabe nach § 929 liegende Einigung der Parteien über den Eigentumsübergang als Vertrag ansehen. Diese zur Einigung führende Erklärung ist aber, soweit sie von A. abgegeben worden ist, wegen Irrtums nach § 119 anfechtbar, denn A. hat dem B. aus Versehen nicht die im Kaufvertrag bestimmte Uhr, sondern eine andere wertvollere Uhr im Werte von 200 M. übergeben. Das hätte A. aber bei Kenntnis der Sachlage vermutlich nicht getan. A. behauptet nun, er selbst habe das Eigentum an der Uhr behalten, dasselbe sei also nicht auf B. übergegangen. A. beruft sich dabei auf § 935 und behauptet, die Uhr sei ihm wider Willen abhanden gekommen, sie sei also eine der in § 935 als „sonst abhanden gekommen“ bezeichneten Sachen. Demgemäß erhebt A. gegen C. unter Anfechtung der Eigentumsübertragung nach § 119 die Eigentumsklage nach § 985. Er behauptet, die Übergabe an B. sei nichtig, daher auch die an C., er sei daher Eigentümer geblieben. C. bestreitet, daß die Uhr als „sonst abhanden gekommen“ zu bezeichnen sei, da A. sie selbst dem B. übergeben habe. Er verlangt daher Abweisung der Eigentumsklage. Damit dringt C. durch, denn C. ist redlicher Erwerber der Uhr nach § 932, er erwirbt daher das Eigentum an derselben. Die Eigentumsklage ist also gegen C. erfolglos. Ebenso ist aber die Anfechtung gegen ihn erfolglos, da die Anfechtung nach § 142 nur erfolgen kann, soweit nicht der Schutz gutgläubiger Dritter eingreift. (Vgl. Komm. von Kuhlenbeck, Anm. 2 zu § 142; ebenso Komm. von Rosenthal, Anm. 60 zu § 142.)

Wie, wenn A. sich zu ihrer Einlösung für 150 M. erbietet? Auf die Einlösung braucht sich C. nicht einzulassen, denn A. hat kein Einlösungsrecht. Das Einlösungsrecht stellt sich dar als ein Rückkaufsrecht bezüglich einer verkauften Sache, welches sich der Verkäufer beim Verkauf vorbehält oder welches gesetzlich besteht. Davon ist hier keine Rede.

Welchen Anspruch hat A. gegen B.? A. kommt, indem er gegen C. vorgeht, nicht zum Ziel. Er hätte sich von vornherein mit der Anfechtung gegen B. wenden sollen. Er hätte also gegen B. die Anfechtung vornehmen und sich auf sein Eigentum berufen sollen. Durch die Anfechtung hätte er, falls B. noch im Besitze der Uhr gewesen wäre, nach § 942 die Nichtigkeit der Übergabe und Herausgabe der Uhr an sich erreicht. B. hat nun jetzt die Uhr nicht mehr, sondern hat sie an B. weiter veräußert. Die Herausgabe der Uhr kann also A. von B. nicht mehr erlangen. B. hat aber, trotzdem er nur 25 M. an A. gezahlt hat, den Wert der goldenen Uhr und nicht nur den der vergoldeten dafür erhalten. Es fragt sich daher, ob B. wegen ungerechtfertigter Bereicherung haftet. B. hat zwar nicht ohne rechtlichen Grund durch die Leistung des A. etwas erlangt, aber er hat es in der Weise erlangt, daß der rechtliche Grund später weggefallen ist. Denn nach dem gültigen Kaufvertrage sollte die vergoldete Uhr übergeben werden, A. hat aber aus Versehen die goldene übergeben. Da die Übergabe der goldenen Uhr durch die Anfechtung seitens des A. nichtig wird, so fällt der Rechtsgrund für den Eigentumsübergang weg. Somit ist § 812, insbesondere § 812 Abs. 1 Satz 2, anwendbar und B. ist ohne Grund bereichert. Der Umfang der Bereicherung regelt sich nach § 818 Abs. 2. Danach hat B., da er zur Herausgabe der Sache außerstande ist, den Wert der Uhr zu ersetzen. Die Uhr ist, wie der Text sagt, 200 M. wert. B. hat sie für 150 M. weiter veräußert. Nach den Grundsätzen der §§ 812 ff. braucht B. nur 150 M. an A. herauszuzahlen, denn um diese ist er nur bereichert, wenn er auch nicht den Normalwert der Uhr beim Verkaufe erhalten hat. B. kann aber von der Summe von 150 M. diejenigen 25 M. abziehen, die er für die nach dem Kaufvertrag zu liefernde vergoldete Uhr bereits gezahlt hat. B. kann aber auch von A. Erfüllung beanspruchen. Denn der Kaufvertrag ist, wie bewiesen, gültig und nur die Übergabe anfechtbar. A. hat also dem B. auf Verlangen die richtige Uhr — also die zu 25 M. — zu liefern. Diese Lösung wäre von vornherein im Interesse aller Beteiligten gewesen.

Lösung 451.

Die Übergabe ist beim Eigentumserwerb der entscheidende Umstand. Der Umstand, daß der Kaufpreis für die Kaufsache noch nicht bezahlt ist, hat für den Eigentumserwerb an ihr nur dann Bedeutung, wenn es zweifelhaft ist, ob trotz des Nichtvorhandenseins einer körperlichen Übergabe eine solche als stillschweigend erfolgt anzunehmen ist. Er spricht dann für die gegenteilige Absicht der Parteien. Nach der Übergabe ist er dagegen gleichgültig. B. ist also mit der Übergabe Eigentümer des Klaviers geworden. Er kann es somit auch rechtsgültig an C. vermieten. Als Mieter ist C. zum unmittelbaren Besitz berechtigt (§ 535). A. dagegen hat gegen C. keine Rechte, sondern nur eine Forderung gegen B. auf Zahlung des Kaufpreises.

Die Frage, ob B. das Klavier ersessen hat, hat sich damit erledigt.

Lösung 452.

Die Klage stützt sich auf § 771 ZPO. Es fragt sich, ob A. im Jahre 1903 dem Kaufmann X. in Harburg die von den Beklagten gepfändeten Sachen verkauft und mittels formloser Besitz- und Eigentumsübergabe (§ 930) übergeben und ob Kläger dies weder gewußt, noch nachher erfahren hat. Kläger bestreitet es nicht, ich nehme es an.

Wenn nun A. im Jahre 1904 die dem X. gehörigen Sachen an den Kläger verkauft und ihm wiederum gemäß § 930 übergibt, so fragt sich, ob Kläger Eigentümer wird. A. ist nicht mehr Eigentümer. Eine Veräußerung des Nichteigentümers kann aber nach § 932 dem gutgläubigen Erwerber nur dann Eigentum verschaffen, wenn sie nach § 929 vorgenommen worden ist, also entweder durch die körperliche Übergabe des § 929 Satz 1 oder die sog. Übergabe kurzerhand des § 929 Satz 2. Die Übergabe des § 930 kann nicht in Frage kommen. Somit hat Kläger kein Eigentum an den gepfändeten Sachen erlangt und demnach auch keinen mittelbaren Besitz. Diese Rechte hat vielmehr der Kaufmann X. behalten. Kläger kann daher nach Pfändung der Sachen durch die Beklagten kein „die Veräußerung hinderndes Recht" im Sinne des § 771 ZPO. geltend machen, sondern es kann dies nur der X. als wahrer Eigentümer.

Ein Eigentumserwerb an den gepfändeten Sachen durch Ersitzung im Sinne der §§ 937 ff. seitens des Klägers ist deshalb ausgeschlossen, weil hierzu Besitz erforderlich ist. Diesen hat aber in der Zeit von 1903 bis 1908 nicht der Kläger, sondern, wie erörtert, der Kaufmann X. gehabt.

Lösung 453.

Die Entscheidung der Frage, ob B. die Weinbergspfähle, die A. aus seinem Weinberg ausgegraben hat, vindizieren kann, hängt ab von der Entscheidung der weiteren Frage, ob die Pfähle wesentliche Bestandteile des Grundstücks des A. im Sinne des § 93 geworden sind. Dies ist zu bejahen. A. hat die Pfähle des B. ausgegraben und in sein Grundstück verwendet. Die Pfähle dienen ihm also ebenso wie vorher dem B. dazu, die Pflanzen und das Erdreich festzuhalten. Sie können daher nicht vom Boden getrennt werden, ohne daß dabei die Weinbergspflanzen des A. zerstört werden. Damit sind die Voraussetzungen des § 93 erfüllt. Insbesondere sind die Pfähle auch mit dem Grund und Boden fest verbundene Sachen im Sinne des

§ 94. Also sind die Pfähle wesentliche Bestandteile des Grundstücks des A. geworden. A. hat daher nach § 946 das Eigentum an denselben erlangt. B. kann somit die Pfähle nicht mit der Eigentumsklage des § 985 von A. herausverlangen.

Hat er einen Anspruch usw.? B. hat gegen A. einen Schadensersatzanspruch im Sinne von § 951 Abs. 2. Mit dem Herausnehmen der Pfähle aus dem Grundstück des B. und dem Verwenden in das seinige handelt B. wie ohne weiteres klar ist, unerlaubt, denn er begeht einen Diebstahl und zugleich eine Sachbeschädigung (§§ 242, 303 StrGB., Idealkonkurrenz), daher hat B. nach § 823 einen Schadensersatzanspruch gegen A. Dessen Art und Umfang bestimmt sich nach §§ 249 ff. Nach § 249 hat A. den früheren Zustand wiederherzustellen, wenn er hierzu imstande ist. Es ergibt sich somit auf diesem Wege das Resultat, daß A., obgleich er Eigentümer der Pfähle nach § 946 geworden ist, trotzdem die Pfähle, falls er sie noch hat, trotzdem sie wesentliche Bestandteile seines Grundstücks sind, auf die Schadensersatzklage des § 823 hin an B. herausgeben muß. Erst in dem Falle, daß A. die Pfähle oder einige davon nicht mehr hat, der aber ziemlich unwahrscheinlich ist, hat A. an B. Schadensersatz in Geld zu leisten. Nach § 252 hat A. dem B. nicht nur die Pfähle bzw. deren Wert, sondern auch den dem B. durch das Herausnehmen entgangenen Gewinn zu ersetzen. Billigerweise kann dabei nur der Ersatz des Gewinns von B. verlangt werden, der nach dem gewöhnlichen Verlauf der Dinge mit Wahrscheinlichkeit zu erwarten war. Wenn also z. B. die Weinstöcke des B. durch das Herausnehmen derartig beschädigt worden sind, daß sie keinen Ertrag gebracht haben, so hat A. nicht den Ertrag eines besonders guten Weinjahres, sondern den eines normalen Jahres zu ersetzen usw. Ebensowenig braucht A. den Schaden zu ersetzen, der an den Weinstöcken durch die Witterung auch in Verbindung mit den Pfählen entstanden wäre.

Lösung 454.

Meines Erachtens ist dem B. nicht zu helfen. A. wird zwar als Dieb zunächst nur Besitzer des gestohlenen Geldes, erwirbt aber durch die Vermischung mit seinem Gelde das Eigentum daran nach § 948. Ein Miteigentum des A. an den vorgefundenen 10050 M. läßt sich nicht mehr konstruieren. Die Vorschrift des § 951 ändert daran nichts. B. kann daher im Konkurse kein Aussonderungsrecht (§ 43 KO.) in Anspruch nehmen, sondern ist gewöhnlicher Konkursgläubiger (§ 61 Ziff. 6 KO.).

Lösung 455.

Es ist zu untersuchen, ob B. durch die Verarbeitung bzw. Umbildung der dem A. gehörigen Stoffe, also des Papiers und Zeichenmaterials, das Eigentum an der so entstandenen Zeichnung erlangt. Ohne Zweifel ist die von B. hergestellte Zeichnung eine neue Sache. Da sie, wie der Text angibt, eine künstlerische Zeichnung ist, so ist auch zu vermuten, daß der Wert derselben größer, jedenfalls aber nicht erheblich geringer ist, als der

Wert des zu ihrer Herstellung verwendeten Stoffs. Nach § 950, insbesondere § 950 Abs. 1 Satz 2 erlangt also B. das Eigentum an dem von ihm gestohlenen Papier und Zeichenmaterial durch Verarbeitung bzw. Umbildung.

A. kann somit an der Zeichnung kein Eigentum beanspruchen. Dagegen kann A. nach § 951 Abs. 2 von B. Schadensersatz auf Grund der §§ 823 ff. beanspruchen. Denn ohne Zweifel hat B., indem er dem A. Papier und Zeichenmaterial wegnahm, eine unerlaubte Handlung, nämlich einen Diebstahl (vielleicht auch Unterschlagung) begangen und damit das Vermögen des A. geschädigt. Somit haftet er ihm nach § 823. Art und Umfang des Schadensersatzes richten sich wieder nach §§ 249 ff. Die Klage geht daher auf das volle Interesse, also hier auf den Wert des entwendeten Papiers und Zeichenmaterials.

A. könnte natürlich auch die Bereicherungsklage im Sinne der §§ 812, 818 Abs. 2 verb. mit § 951 Abs. 1 gegen B. anstellen. Mit dieser erlangt A. nach § 818 Abs. 3 Herausgabe desjenigen, was B. von dem Entwendeten noch hat oder schuldhafterweise nicht mehr hat. B. hat aber von dem Entwendeten, da er es verarbeitet hat, nichts mehr. Man kann auch nicht sagen, daß er schuldhafterweise davon nichts mehr hat, denn die Schenkung des B. (nicht A., wie der Text sagt) an C. kann nicht als schuldhaftes Handeln betrachtet werden. Von der Bereicherungsklage ist also, da sie dem A. vermutlich nichts nützen würde, abzusehen.

Steht dem A. ein Anspruch gegen C. zu, dem B. die Zeichnung geschenkt hat? Dies ist zu verneinen. Denn da B. Eigentümer der Zeichnung ist, so hat C. durch die den Erfordernissen des § 929 entsprechende Übergabe der Zeichnung Eigentum daran erlangt (es ist das also der normale Fall der Eigentumsübergabe). Die §§ 932—935 über den gutgläubigen Erwerb vom Nichteigentümer kommen, da A. Eigentümer wird, nicht in Betracht. Selbst wenn C. böswillig wäre, wenn er also wüßte, daß die Zeichnung durch Verwendung fremden Materials zustande gekommen ist, würde er Eigentum an ihr erworben haben.

Lösung 456.

Der Fall behandelt das jetzt viel besprochene sog. Recht am eigenen Bild. Der Photograph A. ist ohne Zweifel bereits vor der Aufnahme Eigentümer der Platte. Durch die Aufnahme und das Entwickeln entsteht auf Grund dieser Umbildung eine neue Sache. Das Eigentum an dieser steht natürlich ebenfalls dem A. zu, das folgt hier ebenso aus § 950 wie aus den allgemeinen Eigentumsvorschriften, nach denen der Eigentümer das freie unbeschränkte Recht über die Sache hat und sie daher auch verändern und zu einer andern Sache machen kann (§§ 903 ff.).

B. hat nun abgelehnt, sich photographieren zu lassen, A. hat ihn aber trotzdem photographiert. Gefragt wird, ob B. etwas dagegen tun kann. Ein Recht auf Verbieten des Photographierens gibt es für den wider seinen Willen Photographierten nach BGB. nicht, ebensowenig ein Recht auf Verbieten des Entwickelns, daher auch kein Recht auf Herausgabe der Platte. Es fragt sich aber, ob es nicht ein Recht auf Verbieten der Vervielfältigung des Bildes gibt. Ein solches läßt sich nach BGB. nur nach Analogie des § 1004 konstruieren. Man kann sagen: Durch die Vervielfältigung des Bildes wird das Recht des Menschen, über seine Persönlichkeit zu verfügen, gestört. Ersteres ist aber ein dem Recht auf Beseitigung der Eigentumsstörung analoges, welches geschützt werden muß, da dies im Sinne des Gesetzgebers liegt, obgleich er für diesen speziellen Fall keine besondere Vorschrift gegeben hat (ein sog. Individualrecht des Menschen, vgl. das im Fall 2 Anm. Gesagte).

B. kann demgemäß verlangen:

1. Beseitigung der vorhandenen Photographien;
2. Unterlassung der Vervielfältigung der Photographie für die Zukunft.

Vernichtung der Platte kann nicht verlangt werden, da B., wenn obige Forderungen erfüllt werden, an dieser Vernichtung kein Interesse hat (§ 226).

Dem B. ist außerdem zu empfehlen, den Erlaß einer einstweiligen Verfügung nach §§ 935 ff. der ZPO. herbeizuführen, durch die dem A. die Weiterverbreitung von Photographien untersagt wird. Denn dieses ist dem A. sehr leicht möglich, und es ist daher wahrscheinlich, daß A. seinen Zweck erreicht, bevor B. mit seiner Klage durchgedrungen ist. Die Gefährdung der dereinstigen Vollstreckung ist dadurch glaubhaft gemacht.

Damit erreicht aber B. noch nicht genug. Es ist nicht ausgeschlossen, daß A. nach seiner Verurteilung wiederum der Verpflichtung zur Unterlassung der Vervielfältigung zuwiderhandelt. Daher ist dem B. zu empfehlen, mit dem Klagantrag den Antrag zu verbinden, den Beklagten gemäß § 390 der ZPO. für jeden Fall der Zuwiderhandlung zu einer Geldstrafe in bestimmter Höhe zu verurteilen. (Vgl. das in Fall 2 Gesagte.)

Lösung 458.

Der Bernstein ist eine herrenlose Sache im Sinne des § 959. Es erwirbt daran also derjenige Eigentum, der ihn in Eigenbesitz nimmt. A. hat nun zwar an dem Bernstein unmittelbaren Besitz erlangt, denn er hat die tatsächliche Gewalt über denselben, er hat aber nicht die Absicht, ihn „als ihm gehörend", wie es § 872 für den Eigenbesitz vorschreibt, zu besitzen. Vielmehr hat A. angenommen, die Aneignung sei gesetzlich verboten, oder die Besitzergreifung verletze das Aneignungsrecht eines anderen, nämlich des Staats (§ 958 Abs. 2). Die Absicht des A. geht also zunächst nur auf vorübergehenden Besitzerwerb. Der Aneignungswille, den A. zunächst nicht hat, zeigt sich aber später bei ihm, auch hat ihn sein Erbe, der B. Dieser ist nach § 857 sofort mit dem Tode des A. unmittelbarer Besitzer des Bernsteins geworden. In dem Augenblick, in welchem A. nun die Aneignungsabsicht faßt, erwirbt er das Eigentum an dem Bernstein, denn es kommt nicht darauf an, ob er den Erwerb selbst für rechtmäßig hält, sondern ob er, objektiv betrachtet, rechtmäßig ist. (Anders z. B. bei unerlaubten Handlungen, Diebstahl, Unterschlagung. Der Dieb erlangt nur gewöhnlichen Besitz, nicht aber Eigenbesitz.) Somit erlangt auch der Erbe B. das schon von A. erworbene Eigentum an dem Bernstein.

Lösung 459.

Da der Pavillon von den Unternehmern der Ausstellung derelinquiert wird, wird er nach § 959 zu einer herrenlosen Sache. Nach § 958 erlangt daher der Bäcker A., der ihn in Eigenbesitz nimmt, das Eigentum daran. Wenn demgegenüber die Stadtgemeinde ein Eigentumsrecht an dem Pavillon geltend macht und dabei auf ihr Eigentumsrecht am Grund und Boden hinweist, so stützt sie sich möglicherweise auf § 94, wonach zu den wesentlichen Bestandteilen eines Grundstücks die mit dem Grund und Boden fest verbundenen Sachen gehören. Sie folgert weiter, daß der Pavillon daher nach § 93 nicht Gegenstand besonderer Rechte sein kann. Demgegenüber beruft sich A. auf § 95. Danach gehören solche Sachen nicht zu den Bestandteilen eines Grundstücks, die nur zu einem vorübergehenden Zweck mit dem Grund und Boden verbunden sind. Dazu gehören aber, wie allgemein anerkannt, auch die aus Anlaß einer Ausstellung errichteten Gebäude (vgl. Rosenthal, Anm. 7 zu § 95). Auch § 95 Abs. 1 Satz 2 ist hier anwendbar, wonach das gleiche von einem Gebäude oder anderen Werke gilt, das in Ausübung eines Rechtes an einem fremden Grundstücke von dem Berechtigten mit dem Grundstück verbunden worden ist. Hier kann also auch eine Einrichtung zu einem dauernden Zweck vorliegen.

Die Stadtgemeinde kann also, trotzdem sie Eigentümerin des Grund und Bodens ist, das Eigentum an dem Pavillon nicht beanspruchen.

Lösung 460.

Nach Art. 69 EG. z. BGB. ist die Regelung der Jagd den Landesgesetzen vorbehalten, jedoch unbeschadet der Vorschrift des § 958 Abs. 2 BGB. Danach wird an einer herrenlosen Sache dann kein Eigentum erworben, wenn die Aneignung gesetzlich verboten ist oder wenn durch die Besitzergreifung das Aneignungsrecht eines anderen verletzt wird. Hier liegt zweifellos der erste dieser Fälle vor, denn die Jagd ist an dem Tage, an welchem A. den Hirsch erlegt, durch Polizeiverordnung verboten. Zugleich liegt aber auch der zweite Fall vor. Denn ein Hirsch, welcher sich auf dem Jagdgrunde des B. befindet, ist eine herrenlose Sache, an der aber nach den Landesgesetzen nur der Jagdberechtigte B., wie an allen anderen auf seinem Revier befindlichen jagdbaren Tieren, ein Aneignungsrecht hat, und dieses verletzt A. zwar noch nicht dadurch, daß er den Hirsch erlegt, wohl aber dadurch, daß er an ihm Besitz ergreift. Nach § 958 Abs. 2 erlangt also A. kein Eigentum an dem Hirsch, sondern nur Besitz, und zwar ist dieser ein fehlerhafter Besitz. B. kann also den Hirsch von A. mit der Eigentumsklage herausverlangen.

Der Einwand, daß er keinen Schaden erlitten habe, weil das Jagen am Sonntag verboten war und er deshalb den Hirsch nicht hätte behalten dürfen, wenn er ihn selbst geschossen hätte, steht dem Anspruche des B.

meines Erachtens nicht entgegen. Denn es war ja nicht ausgeschlossen, daß der Hirsch ein anderes Mal auf das Terrain des B. gelangte, so daß er von diesem geschossen werden konnte.

C. erlangt nach § 935 kein Eigentum an dem Hirsch, denn dieser ist zwar nicht als gestohlen oder verloren zu betrachten, wohl aber als „sonst abhanden gekommen", also dem Eigentümer ohne oder wider seinen Willen abhanden gekommen.

Auf das Geweih hat B. aus denselben Gründen einen Anspruch. Er kann also von D. dessen Herausgabe verlangen.

Ein Bär unterliegt nach den Landesgesetzen dem ausschließlichen Okkupationsrecht des Jagdberechtigten nicht. Diesen kann also jedermann schießen und sich aneignen, somit fällt er dem A. zu.

Zu Lösung 460.

Herr stud. jur. Voltz, Berlin, Bauhofstr. 2, III führt hierzu aus:

„1. Die Polizeiverordnung, die die Sonntagsjagd verbietet, ist eine reine Ordnungsstrafe ohne zivilrechtliche Folgen. (Vgl. Wolff, Sachenrecht, § 78, III, 1.)

2. B. hat keine Eigentumsklage, da er nicht Eigentümer ist.

3. C. und D. sind, falls sie gutgläubig waren, Eigentümer geworden.

4. D. hat Anspruch gegen A. auf Herausgabe des Erlöses nach §§ 687, II, 681 667 auf ev. darüber hinausgehenden Schadensersatz aus § 823, I."

Lösung 461.

Das Ledertäschchen erscheint bei oberflächlicher Betrachtung als eine verlorene, also unbesessene Sache im Sinne der §§ 965 ff., auf welche demgemäß die Grundsätze der Fundlehre (§§ 965 ff.) Anwendung finden würden. Dem widersprechen aber die auf dem Zettel vom Eigentümer desselben aufgeschriebenen Worte: „Elendes Geld" usw. Diese Worte zeigen, daß der Eigentümer der Sache nicht nur den Besitz, sondern auch das Eigentum an dem Täschchen absichtlich aufgegeben (derelinquiert) hat, daß es also eine herrenlose Sache ist, Eine solche darf sich nach § 858 jeder Beliebige aneignen, indem er dieselbe in Eigenbesitz nimmt. Zunächst gelingt es dem A. und B. nicht, an das Täschchen heranzukommen, weshalb A. an das Land geht, um eine Stange zum Heranholen desselben herbeischaffen. Beide haben also bisher die tatsächliche Gewalt über das Täschchen nicht erlangt. B. dagegen erlangt diese, und somit Besitz und Eigentum in Abwesenheit des A., denn er begibt sich in das Wasser und holt das Täschchen heraus. A. kehrt zurück, und es fragt sich nun, ob er gegen B., da dieser sich weigert, ihm einen Anteil an dem Inhalte des Täschchens zu geben, vorgehen kann. A. hat recht, wenn er sich sagt, daß er keinen Eigentumsanspruch gegenüber dem B. hat, denn A. hat kein Eigentum erlangt. Auf Schadensersatz hat aber A. ebensowenig Anspruch, denn ein Schadensersatzanspruch kann sich nur gründen auf Vertrag und Delikt. Ein Vertrag ist nun hier nicht vorhanden, also bleibt nur noch Delikt, also unerlaubte Handlung nach § 823

Eine solche liegt aber bei B. ebensowenig vor, denn B. handelt nicht unrechtmäßig (im juristischen Sinne), wenn er sich eine herrenlose Sache aneignet. Vom moralischen Standpunkte aus handelt B. allerdings sehr verwerflich, denn er hätte mit A. teilen sollen, trotzdem dieser zur Zeit seines Eigentumserwerbs nicht zugegen war, da er wußte, daß die Absicht des A. ebenfalls auf den Eigentumserwerb am Täschchen, oder wenigstens auf den Besitzerwerb als Finder ging.

Ich möchte hier aber eine gegenteilige Ansicht vertreten. Es ist meines Erachtens durchaus unbedenklich, anzunehmen, daß zwischen A. und B. im Augenblick, in welchem sie beschließen, das Täschchen gemeinsam in ihre Gewalt zu bekommen, und diesen Willen kundgeben, stillschweigend ein Gesellschaftsvertrag nach §§ 705 ff. zustande gekommen sei, der dahin geht, das Täschchen gemeinsam in Besitz zu bekommen und den Inhalt desselben, bzw. den Finderlohn, zu teilen. B. hat demnach keine Ermächtigung, das Täschchen allein an sich zu nehmen, sondern muß auf die Rückkehr des A. warten, da nach § 709 nur die Gesellschafter gemeinsam die Geschäfte führen können. Wenn er sodann den Inhalt des Täschchens allein behalten will, so widerspricht dies der Vorschrift des § 722, wonach jeder Gesellschafter in Ermangelung einer besonderen Bestimmung gleichen Anteil am Gewinn und Verlust zu tragen hat. B. handelt also unerlaubt. Er schädigt dadurch widerrechtlich das Vermögen des A. und muß gemäß § 823 Schadensersatz leisten.

Lösung 462.

Die Klage des B. ist, gemeinrechtlich ausgedrückt, die actio depositi directa des Hinterlegers auf Rückgabe der hinterlegten Sache (§ 695 BGB.) oder vielmehr die Klage auf Ersatz ihres Wertes, denn da die dem A. obliegende Leistung, nämlich die Rückgabe der Sache, ihm unmöglich geworden ist, wie B. behauptet durch Verschulden des A., so ist er zum Schadensersatz verpflichtet (§ 280 BGB.). A. ist, da er die Pflanzenpresse, eine verlorene Sache, gefunden und an sich genommen hat (§ 965), Finder im Sinne des Gesetzes geworden und somit verpflichtet, die ihm gesetzlich obliegenden Pflichten zu erfüllen genau so wie er die ihm gesetzlich zustehenden Rechte geltend machen kann. Als Finder hat er nun vor allem zwei Pflichten: Die Anzeigepflicht (§ 965) und die Verwahrungspflicht (§ 966). Seine hier in Betracht kommende Verwahrungspflicht ist analog der vertragsmäßigen Verwahrung (§ 688 BGB.) zu behandeln, (daher ist oben die Klage des B. als actio depositi directa bezeichnet) mit der Einschränkung, daß auch hierbei wie bei seinem ganzen Verhalten der Finder nicht für jedes Verschulden, sondern nur wie bei der unentgeltlichen Verwahrung (§ 690 BGB.) für Vorsatz und grobe Fahrlässigkeit einzustehen hat (§ 968 BGB.). Wenn er aber einmal dadurch, daß er die Pflanzenpresse an sich genommen hat d. h. tatsächlich von ihr Besitz ergriffen hat, in der Absicht, sie eine geraume Weile zu behalten (Staudinger, §§ 965, 3c, 966, 1a; Planck § 965, 1b), wie er es deutlich durch sein Handeln dokumentiert, Finder wird und so die Verwahrungspflicht übernimmt, so kann sich das Vertreten von Vorsatz und grober Fahrlässigkeit mit Bezug auf seine Verwahrungspflicht nur auf die Art und Weise der Verwahrung beziehen. Er muß also stets die gefundene Sache aufbewahren; einfach wieder den Besitz der Sache aufgeben, wenn sie ihm unbequem geworden ist, ist unzulässig. Er darf sie nicht einmal an den Ort zurücklegen, wo er sie gefunden hat, aber noch viel weniger an den Rand der Landstraße, denn er muß sich sagen, daß dort die Pflanzenpresse sehr leicht von einem anderen gefunden und mitgenommen werden kann. Ist somit die „Aufgabe des Besitzes" schon überhaupt ein Verstoß gegen seine Pflichten, weil er „vorsätzlich" seiner Verwahrungspflicht nicht genügt, so ist dies sein Verhalten noch außerdem als grob fahrlässig zu bezeichnen. Seine Verwahrungspflicht durfte er vorsätzlich aber auch dann nicht überschreiten, wenn er die Pflanzenpresse noch eine Stunde weit zu tragen hatte, auf den Wert der Pflanzen kommt es dabei auch nicht an, er durfte sie eben nicht wieder weglegen (Planck, § 966, 1).

Daher ist die Klage des B. sicherlich dem Grunde nach gerechtfertigt (§ 304 ZPO.). Ob sie auch dem Betrage nach gerechtfertigt ist, d. h. ob B. den ganzen Wert der Pflanzenpresse verlangen kann oder ob er sich eine Summe abziehen lassen muß, die er für Finderlohn hätte aufwenden müssen, ist davon abhängig, wie man sich zu der sog. compensatio lucri cum damno und den einzelnen Streitfragen derselben stellt. (Die reichhaltige Literatur und Rechtsprechung vgl. bei Staudinger, § 249, 7 und Planck, § 252, 3.) Compensatio lucri cum damno bedeutet, daß von dem Schaden, den eine Handlung hervorruft, der Vorteil abzuziehen ist, den sie bringt. Der Schaden ist dann ein Nettoergebnis. Ergebnis des schädigenden Einflusses abzüglich des Gewinns. Einige Schriftsteller lehnen die compensatio, auch Vorteilsausgleichung genannt, völlig ab. Die Anhänger verlangen, daß Schaden und Vorteil durch die eine zum Ersatz verpflichtende Handlung entstanden sind (Identität der Handlung). Dann ist die Frage für unseren Fall die: Hat B. dadurch, daß A. die Pflanzenpresse fortwarf, einen Finderlohn gespart? Mann kann dies annehmen, denn hätte A. ihm die Pflanzenpresse überbracht, so hätte er ihm — es handelt sich ja um eine mit „kostbaren" Pflanzen gefüllte Presse — Finderlohn zahlen müssen (§ 921 BGB.). Man kann sagen, daß die Pflanzenpresse in dem Augenblick, in dem sie gefunden wurde, eine Einbuße an ihrem materiellen Wert erlitt. Allerdings ist dies nicht ganz zweifelsfrei, denn es steht ja noch nicht fest, ob B. nicht noch an einen anderen Finder den Finderlohn wird zahlen müssen.

Anm. Die Klage des B. ist, weil zwischen Finder und Verlierer ein quasi Verwahrungsvertrag vorliegt, juristisch als actio depositi konstruiert. Läßt sie sich noch anders konstruieren? Eine Schadensersatzklage auf Grund der §§ 985 ff. ist nicht möglich, denn auf den hier vorliegenden Fall des qui dolo desiit possidere sind diese Paragraphen nicht anwendbar. § 990 deshalb nicht, weil A. bei Erwerb der Presse in gutem Glauben war, denn er wußte, daß er als Finder dem B. gegenüber zum Besitze berechtigt sei, § 992 deshalb nicht, weil er den Besitz nicht durch unerlaubte Handlung erlangt hat Dagegen könnten § 823 (Verletzung des Eigentums) und § 826 in Betracht kommen. Es liegt eine sog. Klagenkonkurrenz vor.

Lösung 463.

Der Fall handelt von der Fundlehre (§§ 965—984).

1. Die Dame hat die Uhr offenbar wider ihren Willen in der Droschke liegen gelassen, diese ist also eine verlorene Sache im Sinne des § 965. Der Finder, der Droschkenkutscher A., kennt nun den Empfangsberechtigten nicht oder wenigstens weiß er ihn nicht zu erreichen. Nach § 965 Abs. 2 hat er daher unverzüglich der Polizeibehörde die dort bezeichneten Mitteilungen zu machen. Dies tut A., indem er die Uhr abliefert, wozu er nicht einmal verpflichtet gewesen wäre. A. hat also seine Pflichten als Finder erfüllt und nach § 971 nunmehr Anspruch auf den dort bezeichneten Finderlohn.

2. Dagegen, daß A. die Uhr der größeren Sicherheit wegen einstweilen bei sich behält, ist nach § 965 Abs. 2, wie schon angedeutet, nichts einzuwenden. Es fragt sich aber, ob sich dadurch, daß A. die Uhr selbst wieder verliert, an der Entscheidung etwas ändert. Nach § 968 haftet der Finder nur für Vorsatz und grobe Fahrlässigkeit. Eine grobe Fahrlässigkeit kann man aber in dem Verlieren der Uhr vermutlich nicht erblicken, höchstens eine geringe, wenn nicht casus. Der Finderlohn bleibt also dem A. trotz des Verlusts der Uhr. Es fragt sich nur, ob nicht der Sohn des A. nunmehr als der wahre Finder zu betrachten ist. Nach § 965 ist der Finder derjenige, welcher eine verlorene Sache findet und an sich nimmt. Der Sohn des A. kann nun, obgleich er geschäftsunfähig ist, Besitz erwerben wie jeder Geschäftsfähige, wenn auch nicht Eigenbesitz, da hierzu die väterliche Genehmigung nötig ist (§ 105). Der Sohn des A. bringt aber die Uhr dem Vater zurück. Er zeigt damit, daß er die tatsächliche Gewalt über die Sache gar nicht für sich erwerben will, sondern nur für seinen Vater, den A. Er handelt also als Werkzeug des A. (§ 855). Somit behält A. selbst den Anspruch auf den Finderlohn.

Anm. Vielleicht könnte auch § 1617 herangezogen werden. Dann wäre die Hingabe der Uhr durch den Sohn an den Vater ein Dienst im Haushalte, zu dem der Sohn verpflichtet ist. In diesem Falle bliebe also die Entscheidung dieselbe.

Lösung 464.

A. hat den Fund den Vorschriften des § 965 entsprechend angezeigt. Der Finderlohn wird nun berechnet nach § 971. Dieser beträgt bis zum Betrage von 300 M. fünf Prozent, also hier zunächst 15 M., vom übrigen, also von 55 700 M., ein Prozent, also 577 M., zusammen somit 572 M. An eine Frist ist dieser Anspruch nicht geknüpft (§ 271).

Wenn A. das Eigentum an den 50 000 M. erlangt hat, so kann dies auf rechtmäßige Weise nur nach § 973 geschehen sein, also dadurch, daß sich innerhalb eines Jahres nach Erstattung der Anzeige der Verlierer nicht gemeldet hat. Dann geht also das Eigentum ohne weiteres auf A. über. Indessen hat A. nach § 977 den Fund nach den Grundsätzen über ungerechtfertigte Bereicherung (§§ 812 ff.) dem Verlierer herauszugeben, wenn dieser innerhalb von drei Jahren nach dem Übergang des Eigentums auf ihn seinen Anspruch gerichtlich geltend gemacht hat. Dies ist hier offenbar nicht der Fall und A. wird daher definitiv Eigentümer des Buches, sowie des Loses. Wäre dagegen die Voraussetzung des § 977 vorhanden, so hätte A. sowohl die Hypothekensumme als auch den mit dem Lose gemachten Gewinn von 6000 M. an den bzw. die Eigentümer zu zahlen.

Lösung 465.

Wer von den in Betracht kommenden Personen einen rechtlichen Anspruch auf die 100 alten Taler hat, ist von der Frage abhängig, ob hier ein Schatzfund oder ein einfacher Fund vorliegt. „Schatz, sagt das Gesetz, ist eine Sache, die so lange verborgen gelegen hat, daß der Eigentümer nicht mehr zu ermitteln ist“ (§ 984 BGB.). Das erste trifft auf die Talerstücke zu, denn sie waren in einem nicht sichtbaren Fache verborgen; daß sie in einer beweglichen Sache, nicht in einer unbeweglichen Sache lagen, ist dabei gleichgültig (Planck zu § 984 1 b). Aber auch das zweite Erfordernis trifft zu: infolge der langen Verborgenheit ist der Eigentümer nicht mehr zu ermitteln; nämlich der Eigentümer, dem die Taler unabhängig von dem Eigentum am Spind gehören. Das Gesetz macht ja ausdrücklich einen Unterschied zwischen dem Eigentümer der bergenden Sache und dem Eigentümer der verborgenen Sache des Schatzes. Auch die Erben des Junggesellen sind nicht Eigentümer in dem Sinne wie es das Gesetz verlangt, gewesen. Sie wußten ja nichts davon, daß in dem Schranke Talerstücke verborgen waren. Auch der Junggeselle wird kaum etwas davon gewußt haben, da die Taler ja über 100 Jahre alt sind. Ebensowenig ist A. Eigentümer, auch er wußte nichts davon; weder ihm, noch den Erben wird es gelingen, den Eigentümer nachzuweisen, und sobald die objektive Unmöglichkeit dieses Nachweises besteht (Staudinger, Planck zu § 984), liegt ein Schatzfund vor. Somit scheidet A. und die Erben des Junggesellen für den Anspruch an dem Gelde aus.

Nach dem Gesetz gebührt der Schatz zur Hälfte dem Entdecker, zur Hälfte dem Eigentümer der bergenden Sache. Dem B. kommt also jedenfalls eine Hälfte zu; fraglich kann sein, ob auch dem C. ein Teil zukommt, weil er den Schatz „entdeckt“ hat. Entdecker des Schatzes ist, wer ihn durch seine Tätigkeit bloßlegt. Dies hat aber B. getan; er selbst hat erst das Fach gefunden und die übrigen 90 Taler entdeckt; es kann sogar noch fraglich erscheinen, ob ihn C. durch seine Bemerkung auf den Schatz hingewiesen hat. B. hat sich gleich, nachdem er das Klingen hörte, umgesehen und würde so höchstwahrscheinlich auch ohne die Worte des C. die Taler haben rollen sehen. Man könnte höchstens den C. als Mitentdecker ansehen und ihm ein Viertel zubilligen; dies wäre aber schon sehr weitgehend. Für das Aufheben der Taler kann er nichts verlangen, es ist eine bloße Gefälligkeit.

Anm. Man könnte vielleicht meinen, B. sei ungerechtfertigt bereichert, weil er nur einen alten Schrank mit wenigem Geld bezahlt hat und nun in dem Schranke eine große Summe Geldes ist; dies ist jedoch infolge der Vorschrift des § 984 unzutreffend, weil ja eine justa causa, ein rechtlicher Grund, nämlich Schatzerwerb auf Grund des Gesetzes vorliegt.

Lösung 466.

A. hat gegenüber C. eine Auflassungserklärung nach §§ 925, 873 bezüglich seines Grundstücks abgegeben. A. hat aber dabei das brachliegende Ackerstück nicht besonders benannt, sondern nur „sein Gut mit allem Zubehör" verkauft. C. läßt dieses dem D. und D. dem E. auf. Zu ergänzen ist hierbei natürlich, daß außer der Auflassung auch jedesmal die Eintragung der Käufer als Eigentümer im Grundbuch gemäß § 873 erfolgt ist und daß C. und D. ebenfalls das Gut mit allem Zubehör haben übertragen wollen. E. klagt nunmehr gegen B., der vor dem ersten Verkäufer das brachliegende Ackerstück abzubauen begonnen hat, auf Herausgabe desselben. Er stützt sich auf sein Eigentumsrecht, also auf § 985.

Zweifellos ist es die Absicht des A., mit den Worten „mit allem Zubehör" auch das brachliegende Ackerstück mit an B. zu verkaufen und aufzulassen, wie auch B., C., D. und E. sämtlich den Übergang des brachliegenden Ackerstücks gewollt haben. Demgemäß ist dasselbe auch auf C., D. und E. eigentümlich übergegangen. Trotzdem dringt E. mit der Eigentumsklage nicht durch, wenn B. derselben die Einrede des § 986 entgegensetzt, daß er als zum Schürfen Berechtigter auch zum Besitz des streitigen Grundstücks berechtigt sei. Denn allen Bergrechten Deutschlands, so verschieden sie auch sein mögen, ist doch der Grundsatz gemeinsam, daß der zum Schürfen Berechtigte und der Eigentümer des Grund und Bodens Mitbesitz an der Oberfläche des Grundstücks haben, und zwar der Ausbeutende, soweit es der ordnungsmäßige Betrieb erfordert.

Somit wird E. mit der Klage auf Herausgabe des Ackerstücks abgewiesen.

Anm. Auch ohne die Erklärung des A., daß er das Grundstück mit allem Zubehör verkaufe, wäre das streitige Grundstück auf C., D. und E. eigentümlich übergegangen, denn dieses ist zwar nicht Zubehör, wohl aber wesentlicher Bestandteil des Hauptgrundstücks, kann also nach §§ 93, 946 nicht Gegenstand besonderer Rechte sein, sondern teilt das Schicksal der Hauptsache.

Lösung 467.

Nachdem die streitige Parzelle dem Grundstück des B. zugeschrieben worden ist, gilt B. zwar als Eigentümer (§ 891), sobald aber der wahre Eigentümer C. es verlangt, kann er, da der Inhalt des Grundstücks mit der wirklichen Rechtslage nicht in Einklang steht, nach § 894 die Zustimmung zur Berichtigung des Grundbuchs von B. als desjenigen verlangen, dessen Recht durch die Berichtigung getroffen wird. Dies geschieht aber nicht, und B. veräußert das Grundstück an A. Damit veräußert B. auch die ihm nicht gehörige Parzelle. Da aber für den Eigentumserwerb an Grundstücken die Grundsätze der §§ 932 ff. über gutgläubigen Erwerb nicht gelten, so erwirbt auch A. kein Eigentum an der Parzelle. Auch ihm gegenüber kann daher C. nach § 894 vorgehen. Nach der Berichtigung des Grundbuchs hat C. wieder als Eigentümer zu gelten.

Lösung 468.

Nach § 873 ist zum Erwerb an einem Grundstück Auflassung und Eintragung erforderlich. Zwischen B. und A. liegt nun weiter nichts vor, als ein Kaufvertrag. A. ist also nicht Eigentümer des Grundstücks geworden. Er hat vielmehr nur ein persönliches Recht auf Auflassung gegen B. Hieran ändert weder die Barzahlung etwas, noch die Übergabe.

Wenn nun B. das Grundstück vor der Auflassung an A. an C. verkauft und die Auflassung und Eintragung erfolgen, so erwirbt C. hierdurch Eigentum, weil das dingliche Recht des C. dem nur persönlichen des A. auf Auflassung vorgeht. Er kann daher gegen A. mit Erfolg auf Herausgabe des Grundstücks klagen (nicht gegen B., wie versehentlich gesagt). Der Umstand, daß ihm B. auf Grund des Vertrages den Besitz des Grundstücks bereits übergeben hat, ist also bedeutungslos, weil A. kein Recht zum Besitz hat. Sein Besitz ist also dem wahren Eigentümer gegenüber fehlerhaft. Sein Einwand, daß der Kauf des Grundstücks durch C. unmoralisch sei (§ 138), ist nicht stichhaltig. Denn der Umstand, daß B. von C. einen höheren Preis erhält als von A., widerspricht nicht den guten Sitten. Auf das Motiv des C. kommt aber nichts an.

Lösung 469.

Die Pfändung seitens des A. und des B. bei C. ist erfolgt nach §§ 803 bis 806 ZPO. Die Ehefrau des C. erhebt hiergegen die Widerspruchsklage nach § 771 ZPO. (die sog. Vollstreckungsinterventionsklage). Sie stützt sich also auf ihr Eigentumsrecht und dieses gründet sich darauf, daß die gepfändeten Sachen ihrem eingebrachten Gut angehören (§ 1363).

Gegen den ersten Gläubiger A. hat nun die Klägerin, wie aus dem Urteil zu schließen ist, nur auf Herausgabe der Pfandstücke geklagt, gegen den zweiten B. dagegen darauf, das Eigentum der Klägerin an den Pfandstücken anzuerkennen und diese herauszugeben. Es fragt sich — das will der Fall feststellen — welcher der beiden Klaganträge mit Rücksicht auf den Fall einer nochmaligen Pfändung derselben Sache vorzuziehen ist. Durch den ersten Antrag erreicht die Ehefrau des C. nur die Verurteilung des A. zur Herausgabe der Pfandstücke. Im Falle erneuter Pfändung würde ihr dieses Urteil nichts nützen. Es wird dadurch nicht festgestellt, daß auch zur Zeit der zweiten Pfändung eine Verpflichtung zur Herausgabe vorliegt. Der Gerichtsvollzieher würde also, wenn die Klägerin ihm im Falle erneuter Pfändung das Urteil vorzeigte, die Pfändung nicht einstellen dürfen, da er gar keinen Beweis dafür hat, daß die Ehefrau des C. zum Besitze der Sachen berechtigt ist. Der zweite Antrag ist dagegen vorteilhafter. Denn dadurch wird die Klägerin in die Lage versetzt, daß sie im Falle der Wiederholung der Pfändung dem Gerichtsvollzieher gegenüber sich als Eigentümerin legitimieren kann, so daß dieser, trotzdem die Vermutung gilt, daß sie dem C. gehören, Bedenken tragen müßte, die Pfändung vorzunehmen. Die Klägerin verbindet im zweiten Falle mit der Widerspruchsklage des § 771 die Feststellungsklage des § 256 ZPO. Diese geht auf Herausgabe und auf Anerkennung des Eigentums der Klägerin an den Pfandstücken. (In jedem Verlangen einer Anerkennung liegt zugleich ein Verlangen der Feststellung.) Im zweiten Falle bleibt also die erneute Pfändung bezüglich der

Sachen der Ehefrau des C. erfolglos und diese bleibt im Besitze derselben (vgl. hierzu ZPO. §§ 704 ff., insbesondere § 775).

Lösung 470.

Nach § 929 ist zur Übertragung des Eigentums an einer beweglichen Sache erforderlich, daß der Eigentümer die Sache dem Erwerber übergibt und beide darüber einig sind, daß das Eigentum übergehen soll. Die Eigentumsübergabe hat demnach zwei Bestandteile, Einigung über den Eigentumsübergang und Besitzübertragung. Die Frage, ob eine Besitzübergabe vorliegt, ist im vorliegenden Falle wohl kaum mehr bestritten. Nach § 854 Abs. 2 genügt es zum Erwerbe des Eigentums, wenn der Erwerber in der Lage ist, die Gewalt über die Sache auszuüben. A. will nun diese zweifellos an B. übertragen, es geschieht dies aber nur symbolisch, nämlich durch das Zeichnen der Bäume. Diese symbolische Handlung genügt meines Erachtens zur Besitzübertragung (vgl. auch § 930). Danach ist auch das Eigentum an den Bäumen an B. übergegangen.

Ich würde also unbedenklich die Zeichnung der Bäume durch B. mit seiner Namensschiffer als eine Besitzübergabe ansehen. Nach § 854 Abs. 2 genügt zwar die Einigung der Parteien nur dann zum Erwerb des Besitzes, wenn der Erwerber in der Lage ist, die Gewalt über die Sache auszuüben. Es ist aber zu beachten, daß hier eben keine bloße Einigung vorliegt, sondern eine besondere Besitzübertragungshandlung, die darin besteht, daß der A. dem B. erlaubt, die Bäume zu zeichnen. Damit will A. die tatsächliche Gewalt aufgeben und B. sie erlangen. B. ist also als Besitzer anzusehen. Demnach ist B. auch Eigentümer an den Bäumen geworden.

Hat B. sämtliche Bäume mit dem Forsthammer gezeichnet, so bleibt die Entscheidung dieselbe.

Ob der Kaufpreis gezahlt oder gestundet ist, ist in diesem Falle gleichgültig. Das kommt nur in Betracht, wenn eine sonstige Besitzübertragungshandlung nicht vorliegt.

Lösung 471.

Die Klage der Ehefrau ist die Exekutionsinterventionsklage des § 771 ZPO. Frau B. behauptet, daß ihr an den vom Gerichtsvollzieher gepfändeten Gegenständen ein die Veräußerung hinderndes Recht zustehe.

Bei der Untersuchung dieser Frage soll davon ausgegangen werden, daß die Eheleute in dem gesetzlichen Güterstand der Verwaltungsgemeinschaft leben (§§ 1363 ff. BGB.).

Die Wanduhr ist eingebrachtes Gut. Als Vorbehaltsgut ist sie wohl kaum anzusehen, weil eine Wanduhr nicht ausschließlich zum persönlichen Gebrauche der Frau bestimmt ist; allerdings wird die Ehefrau nach § 1362, der für alle Güterrechte, das gesetzliche wie die vertraglichen gilt (Staudinger zu § 1362, 1; Planck § 1362, 3), den Beweis zu führen haben, daß die Wanduhr als Vorbehaltsgut ihr Eigentum ist. Gelingt ihr dieser Beweis, dann ist die Exekutionsinterventionsklage mit Bezug auf die Wanduhr zu

Recht erhoben. Der § 1410 BGB. bestimmt noch ausdrücklich, daß die Gläubiger des Ehemannes sich nicht an das eingebrachte Gut halten können.

Zweifelhaft ist die güterrechtliche Natur des „Spiegels". Es ist in der Aufgabe nicht gesagt, ob es ein großer Wandspiegel, ein kleiner Tischspiegel oder ein Taschenspiegel ist. Ist das letztere der Fall und somit der Spiegel ausschließlich zum persönlichen Gebrauch der Frau bestimmt, so ist er Vorbehaltsgut, völlig freies Eigentum der Frau, das A. nicht für eine Forderung gegen den Ehemann pfänden kann. Ist der Spiegel aber nicht zum ausschließlichen Gebrauche für die Frau bestimmt, dann ist er als eingebrachtes Gut anzusehen, denn eingebrachtes Gut ist auch das Vermögen, das die Frau während der Ehe — auch vom Ehemann — erwirbt; aber auch in diesem Falle kann nach dem oben Gesagten der Gläubiger A. den Spiegel nicht pfänden.

Der Kleiderschrank ist für das ersparte „Wirtschaftsgeld" gekauft. Welche güterrechtliche Natur hat das Wirtschaftsgeld? Entweder: Die Frau wirtschaftet mit ihrem eingebrachten Vermögen; dann bleiben auch die Ersparnisse eingebrachtes Vermögen und was mit dem eingebrachten Vermögen erworben wird, wird wieder eingebrachtes Vermögen (§ 1363 Abs. 2). Oder: Die Ehefrau wirtschaftet mit dem Gelde ihres Mannes, das dieser ihr aus seinem Erwerbe zur Verfügung stellt; sie wirtschaftet also mit dem Vorbehaltsgut ihres Mannes; dann bleiben die Ersparnisse auch Vorbehaltsgut des Mannes, wenn nicht anzunehmen ist, daß der Ehemann die Ersparnisse aus dem Wirtschaftsgeld seiner Ehefrau schenken will; dann würden sie wieder eingebrachtes Gut werden (§ 1363 Abs. 2). Im ersten Falle (das ersparte Wirtschaftsgeld bleibt Eigentum des Mannes) würde der Kleiderschrank ebenfalls Vorbehaltsgut des Mannes werden (Staudinger zu § 1381 2 a), es sei denn, daß die weiteren Voraussetzungen des § 1382 BGB. vorliegen, der Kleiderschrank also an Stelle eines von der Frau eingebrachten, nicht mehr vorhandenen oder wertlos gewordenen Kleiderschrankes angeschafft worden wäre. Im zweiten Falle (das ersparte Wirtschaftsgeld ist eingebrachtes Gut) würde der Kleiderschrank Eigentum der Frau geworden sein, auch dann, wenn ihn der Ehemann allein gekauft hätte (§ 1381) um so mehr im vorliegenden Falle, wo die Ehefrau am Kaufe beteiligt war. Ihr würde auch hier wieder gemäß § 1362 der Beweis für ihr Eigentum obliegen. Gelingt ihr dieser, besteht ihre Intervention zu Recht; im ersten Falle könnte sie nicht intervenieren.

Die güterrechtliche Stellung des „Hochzeitsgeschenkes" ist ebenfalls nicht einfach zu bestimmen. Für gewöhnlich wird man annehmen, daß das Hochzeitsgeschenk beiden Ehegatten zugewendet werden sollte, (wenn nicht die Beschaffenheit des Geschenkes dagegen spricht). Für unseren Fall ist es ausdrücklich gesagt. Dann würden die Ehegatten Miteigentümer nach §§ 1008 ff.; der Teil des Ehemanns wird ehemännliches Vorbehaltsgut, der Teil der Ehefrau wird eingebrachtes Gut, an dem dem Ehemann Verwaltung und Nutznießung zusteht (Staudinger zu § 1365, 3; 1363, 3 d). Der Anteil des Ehemanns ist der Pfändung unterworfen; diese ist nach § 857 ZPO. zu bewirken; hat der Gläubiger die Pfändung des ehemännlichen Anteils erwirkt, so kann er gemäß § 741 BGB. Aufteilung erlangen.

Der Pfändung des Teppichs im ganzen kann die Ehefrau also mit Erfolg widersprechen.

Lösung 472.

Wenn A. seiner Geliebten den Ring schenkt und wie zu vermuten ist — übergibt, so erwirbt die B. durch diese Übergabe, obgleich sie gutgläubig ist, nach § 935 deshalb kein Eigentum, weil der Ring vom Eigentümer verloren worden ist.

Wenn die B. den Ring bei dem Pfandleiher C. versetzt, so finden auf diese Verpfändung nach § 1207 die für den Erwerb des Eigentums geltenden Vorschriften der §§ 932, 934, 935 entsprechende Anwendung, d. h. der gutgläubige Erwerber erlangt ein Pfandrecht unter den daselbst bezeichneten Voraussetzungen. Diese liegen aber hier wiederum nicht vor, da die Sache eine verlorene ist. Nach § 935 erlangt also C. kein Pfandrecht.

Dagegen erlangt D. durch die Versteigerung des Ringes nach § 935 Abs. 2 Eigentum an demselben. Gegen ihn hat also die frühere Eigentümerin keine Ansprüche.

A. haftet nach den Grundsätzen der Fundlehre in Verbindung mit den §§ 823 ff. Nach § 968 hat er Vorsatz und grobe Fahrlässigkeit zu vertreten. Durch Verschenken des Rings hat er aber zweifellos vorsätzlich und widerrechtlich gehandelt. Er hat sogar eine Unterschlagung, also eine strafbare Handlung begangen. Er haftet daher der Eigentümerin gemäß §§ 823 ff. auf Schadensersatz. Die B. ist meines Erachtens als bereichert anzusehen (§ 812). Zwar ist sie dies nicht durch die Leistung eines anderen (der Eigentümerin), wohl aber in sonstiger Weise auf dessen Kosten. Sie hat also die durch das Versetzen des Ringes erlangte Bereicherung herauszugeben. Diese besteht darin, daß sie ihre Schuld infolge der Versteigerung nicht zu bezahlen brauchte. Sie hat also den Versteigerungserlös zu zahlen.

C. haftet nicht. Bei ihm könnte ebenfalls nur Bereicherung in Frage kommen. Eine solche liegt aber nicht vor, weil er, wie erörtert, gutgläubig ist.

D. haftet nicht, da er nach dem Obigen Eigentümer des versteigerten Rings geworden ist.

Lösung 473.

Die Rechtsstellung des Finders ist keine ganz unbestrittene. Zwar erlangt derselbe die tatsäche Gewalt an der Sache (§ 854), doch besitzt er nicht für sich, sondern nur für den Eigentümer. Es kommt daher in Frage, ob er nicht unter die in § 855 Genannten, sog. unselbständigen Inhaber fällt. (Vgl. Matthiaß, B. II § 2 IIb unter Nr. 3 S. 6.) Aber auch wenn man den Finder als Besitzer im Sinne des § 854 ansehen wollte, so kann er doch nicht ersitzen, weil zur Ersitzung nach § 937 sog. Eigenbesitz (§ 872) notwendig ist. Diesen kann der Finder nie haben, weil er weiß, daß die Fundsache eines anderen Eigentum ist. Der Einwand der Ersitzung ist also von vornherein zurückzuweisen.

Somit bleibt für C. nur die Möglichkeit eines Eigentumerwerbs auf Grund der Vorschriften der Fundlehre. (Vgl. Lösung 464.) Da es sich um eine Taschenuhr handelt, also um einen Gegenstand, der vermutlich mehr als 3 M. wert ist, so ist nach § 965 Abs. 2 Satz 2 die Anzeige des Funds bei der Polizeibehörde erforderlich. Angenommen, diese Formalität wäre hier erfüllt, so würde der Finder C. nach § 973 mit Ablauf eines Jahres nach der Anzeige des Fundes bei der Polizeibehörde das Eigentum an der Uhr erwerben. Doch ist dieser Eigentumserwerb kein definitiver. Er ist vielmehr nur festgesetzt, um aus Gründen des praktischen Lebensbedürfnisses Verkehrs- und Rechtssicherheit zu schaffen. (Vgl. Rosenthal, Anm. 70 zu § 977.) Nach § 977 kann vielmehr derjenige, welcher infolge der Vorschriften der §§ 973, 974, 976 einen Rechtsverlust erleidet — das ist in erster Linie der Eigentümer — von dem Finder die Herausgabe des durch die Rechtsänderung Erlangten nach den Vorschriften über die Herausgabe einer ungerechtfertigten Bereicherung (§§ 812 ff.) fordern. Dieser Anspruch erlischt aber mit Ablauf von drei Jahren nach dem Übergang des Eigentums auf den Finder, wenn nicht die gerichtliche Geltendmachung vorher erfolgt (§ 977 Satz 2). Das ist hier nicht der Fall gewesen. Würde also A. selbst die Uhr beim Finder C. entdecken, so könnte er kein Recht mehr gegen diesen geltend machen. Ebensowenig kann es demnach C., der Erbe des A.

Lösung 474.

Die Klage ist die des § 985. Nach § 987 hat der Besitzer dem Eigentümer nur die Nutzungen — dazu gehören auch die Früchte — herauszugeben, die er nach dem Eintritt der Rechtshängigkeit zieht. Der Verwalter hat also die Früchte von der Klagzustellung an herauszugeben. Die Konkurseröffnung ändert an der Verpflichtung des Verwalters nichts. Dieser ist in bezug auf die Pflicht zur Herausgabe der Früchte Rechtsnachfolger des Gemeinschuldners.

Für die Verpflichtung zum Ersatze nicht gezogener Früchte ist nach § 987 Abs. 2 ebensowenig die Konkurseröffnung der maßgebende Zeitpunkt, sondern vielmehr die Rechtshängigkeit der Sache.

Lösung 475.

Nach § 433 hat der Verkäufer dem Käufer das Eigentum an der Kaufsache zu verschaffen. Nach § 434 insbesondere ist er verpflichtet, dem Käufer den verkauften Gegenstand frei von Rechten zu verschaffen, die von Dritten gegen den Käufer geltend gemacht werden können. Dazu gehört auch das Eigentumsrecht. Siegt also der Dritte, wie hier im Eigentumsprozesse (sog. Entwehrung, Eviktion), so daß der Käufer die ihm bereits übergebene Sache wieder herausgeben muß, so bestimmen sich nach § 440 die Rechte des Käufers nach den Vorschriften der §§ 320—327. Es liegt ein Fall der sog. subjektiven nachträglichen Unmöglichkeit der Leistung vor. (Vgl. die Fälle des I. und II. Buchs.) Nach § 325 kann daher C. von A. Schadensersatz wegen Nichterfüllung verlangen oder von dem Vertrage zurücktreten (§ 325 Abs. 1 Satz 3 kommt nicht in Betracht, da die Gegenleistung bereits erfolgt ist). Zu ersetzen ist nach §§ 241 ff. der entstandene Schaden und der entgangene Gewinn. Zum Schadensersatz gehörten zweifellos die Kosten des Eviktionsprozesses. Diese kann C. also von A. ersetzt verlangen. Dazu gehört aber auch der Kaufpreis. Denn diesen hat er ja infolge der Entwehrung umsonst gezahlt. (A. ist daher auch um den Kaufpreis bereichert.)

Das Rechtsverhältnis zwischen C. und B. regelt sich nach den §§ 985 ff., denn B., der nichtbesitzende Eigentümer klagt gegen den besitzenden Nichteigentümer und zwar mit Erfolg, da dieser fehlerhaft besitzt (§ 863). Den Kaufpreis kann daher C. keinesfalls von B. verlangen. Die Futterkosten sind notwendige Verwendungen im Sinne des § 994. Sie sind aber zugleich zu den gewöhnlichen Erhaltungskosten im Sinne des § 894 Abs. 1 Satz 2 zu rechnen. Diese sind dem Besitzer für die Zeit, für welche ihm die Nutzungen verbleiben, nicht zu ersetzen. Da es sich um ein Arbeitspferd handelt, so hat C. vermutlich solche Nutzungen gezogen und kann daher keinen Ersatz der Futterkosten verlangen.

Lösung 476.

Der Veräußerungsvertrag muß bei Grundstücken nach § 313 schriftlich abgeschlossen und gerichtlich oder notariell beurkundet werden. § 313 Satz 2 sagt zwar, daß auch ein ohne diese Form geschlossener Vertrag gültig wird, wenn Auflassung und Eintragung später erfolgen, wodurch also der Formmangel geheilt wird. Im vorliegenden Fall sind aber Auflassung und Eintragung nicht erfolgt, denn der Vertrag hat sich infolge von Differenzen zerschlagen. Also ist der mündlich abgeschlossene Kaufvertrag nicht gültig geworden, sondern er ist nichtig nach § 125. Diese Nichtigkeit beruht darauf, daß § 313 ein absolutes Gesetz ist. Die Beobachtung der Form des § 313 soll deshalb unbedingt wesentlich für das Zustandekommen des Kaufvertrags sein. Die vorliegenden mündlichen Erklärungen können also nicht als Kaufvertrag aufgefaßt werden (höchstens als Vorverhandlung, Traktat im Sinne des § 154, wobei die Sache so aufzufassen ist, als ob, solange die Form fehlt, einer der in § 154 bezeichneten Punkte fehlt, über die Einigkeit bestehen muß. Ein Traktat ist aber unverbindlich).

Wenn nun A. dem B. erlaubt hat, auf seinem Grundstücke inzwischen einen Brunnen anzulegen, so ist unter dem „inzwischen" zu verstehen, unter der aufschiebenden Bedingung (§ 158 Abs. 1), daß der Kaufvertrag über das Grundstück des A. zustande kommen sollte. Unter dieser Bedingung hat A. dem B. erlaubt, sein Eigentum bis zu einem gewissen Grade zu benutzen, indem B. einen Brunnen auf dem Grundstücke des A. anlegen darf. Da nun feststeht, daß der Kaufvertrag nicht zustande kommen kann, so ist die aufschiebende Bedingung ausgefallen und das Benutzungsrecht des B. hat mit Ausfall der Suspensivbedingung aufgehört.

Von dem Augenblicke an, in dem das Benutzungsrecht des B. aufgehört hat, erscheint seine Handlung als Besitz- bzw. Eigentumsstörung. Daher ist

B. verpflichtet, den Brunnen auf eigene Kosten zu beseitigen, oder dem A. als Eigentümer zu erlauben, dies auf seine Kosten zu tun. Falls letzteres dem A. 100 M. kosten sollte, so hat also B. diese 100 M. dem A. zu ersetzen. Dieser letztere Anspruch des A. würde sich als ein Schadensersatzanspruch im Sinne des § 992 darstellen. Denn dadurch, daß B. den Brunnen nicht selbst beseitigt, handelt er widerrechtlich und schädigt dadurch das Vermögen des A. vorsätzlich bzw. fahrlässig. Er begeht also eine unerlaubte Handlung im Sinne des § 823.

Lösung 477.

Zum besseren Verständnis des Falles mag folgendes vorausgeschickt werden:

Zu unterscheiden ist der öffentliche Fluß, das ist die Wasserfläche, die eine res nullius ist (res extra commercium), und das Flußbett, welches Eigentum des Fiskus ist. Flußbett ist der bei Normalwasserstand vom Wasser bedeckte Teil des Erdbodens. Die über dem Flußbett befindliche Wasserfläche und das Flußbett werden begrenzt durch das Ufer. Das Ufer ist die Grenzlinie zwischen Normalwasserstand und Land. Hochwasser dagegen ist ein annormaler Wasserstand, bei welchem das Ufer vom Wasser überschritten wird. Ein solcher Zustand liegt hier vor.

B. ist nun im Flusse fischereiberechtigt, d. h. er darf sich die Fische aneignen, die die Wasserfläche des Flusses mit sich führt. Dieses Fischereirecht steht nach § 905 zunächst dem Fiskus als Eigentümer des Flußbetts zu, er kann es aber verleihen und so hat er es hier an den B. verliehen. Der Fiskus kann aber nicht das Fischereirecht auf dem überschwemmten Gebiet verleihen, denn er ist, wie bemerkt, nicht Eigentümer des darunter befindlichen Erdbodens, sondern nur des Flußbetts, somit auch nicht verfügungsberechtigt. Dies ist vielmehr der A. als Eigentümer der überschwemmten Wiese. Von einer Suspension des Eigentums, die B. behauptet, ist also keine Rede, auch ist die erweiterte Wasserfläche kein Teil des Flusses (juristisch), sondern es entscheidet hier allein § 900. Daraus folgt also, daß dem B. kein Fischereirecht auf der Wiese zusteht.

A. klagt gegen B. mit dem Antrage zu erkennen, daß ihm ein Fischereirecht auf der Wiese nicht zustehe. Diese Klage ist eine negative Feststellungsklage nach § 255 ZPO. (Eine Eigentumsstörungsklage nach § 1004 kann nicht angenommen werden, da es sich nicht um Beseitigung der Beeinträchtigung und Unterlassung handelt, sondern nur um Feststellung eines dauernden Zustandes.) Bei Geltendmachung der Feststellungsklage ist ein rechtliches Interesse an alsbaldiger Feststellung nachzuweisen. Dieses ist bei A. ohne weiteres gegeben, es liegt schon darin, daß B. die Behauptung aufstellt, er habe das Recht, im Flusse zu fischen. Die Feststellungsklage ist also begründet und A. dringt mit derselben durch. Nun ist aber das auf die Feststellungsklage hin ergehende Urteil nicht vollstreckbar. A. erreicht also mit demselben zu wenig für den Fall, daß sich die Störung wiederholen sollte, denn dann müßte er von neuem klagen. Es ist daher mit der Feststellungsklage die Klage auf Unterlassung der Eigentumsstörung nach § 1004 zu verbinden. Dabei ist (wie schon in Fällen 2, 150 und anderen) ein Antrag nach § 899 ZPO. zu stellen.

Lösung 479.

Das Staatspapier ist ein Schuldschein, worin der Staat dem Inhaber desselben die darin bezeichnete Summe auf sein Verlangen bar auszuzahlen verspricht. Es ist somit ein Inhaberpapier im Sinne der §§ 793 ff.

Da die zehn Hundertmarkscheine beim Bankier noch unterscheidbar vorhanden sind, so steht zunächst fest, daß dieser durch eine Vermischung im Sinne des § 948 keinesfalls Eigentum an denselben erlangt hat. Aber auch auf Grund der §§ 932 ff. hat er es nicht erlangt, denn auch § 935 Abs. 2 gilt nur für den Fall, daß der Dritte gutgläubig erwirbt, während C. bösgläubig ist. A. kann also gegenüber C. mit der Eigentumsklage der §§ 985 ff. die Herausgabe der Papiere verlangen. Nach § 990 hat C. auch die Nutzungen, die er seit dem Erwerb der Papiere gezogen hat, herauszugeben.

Lösung 482.

Der Eigentümer hat im normalen Falle das unbeschränkte Herrschaftsrecht über die Sache (§ 903). So besteht auch hier kein Recht eines Dritten, die Quelle des Klägers in eine Brunnenkammer zu fassen. Wenn dies der Kläger seitens des Beklagten duldete, so verpflichtet ihn das nicht, dem Beklagten im Jahre 1910 eine nochmalige Fassung der Quelle zu gestatten. Die Handlung des Beklagten ist dann eine Störung des Klägers im Eigentum, und zwar ist es eine solche im Sinne des § 1004, also eine solche, die „in anderer Weise, als durch Entziehung oder Vorenthaltung des Besitzes" geschieht (vgl. Rosenthal, Anm. 34 zu § 1004). Somit kann der Eigentümer auf Unterlassung klagen. Die Entscheidung könnte sich nur ändern, wenn man annähme, daß § 1004 Abs. 2 vorliege, wonach der Anspruch ausgeschlossen ist, wenn der Eigentümer zur Duldung verpflichtet ist. Eine solche Verpflichtung kann aber auf die bloße Tatsache hin, daß Beklagter bereits früher einmal die Quelle eingefaßt hat, nicht behauptet werden.

Lösung 483.

Das Eigentum gewährt im normalen Falle das Recht unbeschränkter Herrschaft über die Sache. Dieses Recht kann — wie z. B. im vorliegenden Falle — durch eine einem anderen zustehende Dienstbarkeit beschränkt sein. Nach § 1019 kann diese aber nur in einer Belastung bestehen, die für die Benutzung des Grundstücks des Berechtigten — also des A. — Vorteil bietet, während der Inhalt der Dienstbarkeit über das sich hieraus ergebende Maß hinaus nicht erstreckt werden kann. Da A. durch die Anlage des B. in keiner Weise bei Ausübung der Wasserschöpfgerechtigkeit gestört wird, so kann er auch gegen dieselbe nichts einwenden (vgl. § 226).

Im zweiten Falle hat A. gegen die Anlage nichts eingewendet, er hat aber zweifellos die Vorschrift des § 1020 verletzt, indem er die Tür, die im Interesse des B. geschlossen werden muß, offen läßt, er hat daher das Interesse des A. nicht geschont. B. kann daher auf Grund seines Eigentumsrechts analog § 1004 Beseitigung der Beeinträchtigung verlangen (vgl. § 226).

Lösung 484.

A. ist Nießbraucher im Sinne der §§ 1030 ff. Nach § 1036 hat A. als solcher die bisherige wirtschaftliche Bestimmung der Hauptsache aufrecht zu erhalten. Der Verkauf der ihm nur zum Nießbrauch überlassenen Bäume ist daher unberechtigt (s. auch § 1055). Dem A. wird also durch seine Schuld die Erfüllung des Vertrags unmöglich (§ 325). Er hat also nach § 276 Schadensersatz zu leisten. A. haftet außerdem nach § 823, denn er hat vorsätzlich widerrechtlich (Unterschlagung) das Vermögen des B. durch den zu billigen Verkauf der Bäume geschädigt. B. kann aber von ihm, da er verarmt ist, keinen Ersatz erlangen und will sich deshalb gegen C. wenden. C. ist bösgläubiger Erwerber einer fremden Sache, er erlangt also nach § 932 Abs. 2 kein Eigentum an dem Holz, auch der Dritte, dem es C. weiter verkauft, erlangt es nach § 935 nicht, da das Holz als „sonst abhanden gekommen" anzusehen ist. Gegen den Dritten kann also B. auf Grund der §§ 985 ff. vorgehen. Gegen C. kann er dies nicht, da er das Holz nicht mehr hat. C. ist aber durch den beim Verkauf des Holzes gemachten Verdienst ohne Grund bereichert. Dies ist er zwar nicht durch die Leistung des B., aber „in sonstiger Weise auf dessen Kosten". C. haftet daher dem B. nach § 812. Die Bereicherung besteht in der Differenz zwischen dem von C. gezahlten Einkaufspreis und dem von ihm erlangten Verkaufspreis.

Lösung 485.

Weder B. noch C. sind völlig im Rechte.

Die Bestellung des Nießbrauchs an einer Erbschaft ist den Erben gegenüber ein Vermächtnis (§ 2147 BGB.); den Erben erwächst somit die obligatorische Verpflichtung, den Nießbrauch an der Erbschaft, im vorliegenden Falle an dem Handelsgeschäft, dem Nießbraucher zu übertragen (§ 2174 BGB.). Das Bürgerliche Gesetzbuch will auf den Nießbrauch an einer Erbschaft die Vorschriften über den Nießbrauch an einem Vermögen angewendet wissen (§ 1089 BGB.); der Nießbrauch an einem Vermögen wird nun in der Weise bestellt, daß der Nießbraucher den Nießbrauch an den einzelnen zu dem Vermögen gehörenden Gegenständen erlangt. Um den Nießbrauch an einem Handelsgeschäft (der in § 22 Abs. 2 HGB erwähnt ist) zu erlangen, muß man also den Nießbrauch an allen zu den Handelsgeschäft gehörenden Gegenständen erlangen.

Unter „Handelsgeschäft" versteht man den Inbegriff alles dessen, was zum Betriebe des bestimmten Handelsgewerbes gehört oder was den in einem Geschäfte steckenden Vermögenswert ausmacht; d. h. bewegliche und unbewegliche Gegenstände, Sachen und Rechte, aber auch die Chancen des Geschäfts: die Geschäftsgeheimnisse, die Bezugsquellen, die Kunden usw.;

auf der anderen Seite die Verpflichtungen und Verbindlichkeiten. (Staub, 9 Aufl. Anm. 4 zu § 22.) Die Erben sind daher verpflichtet, das Geschäft, wie es ist, dem Nießbraucher zu überlassen; die Sachen haben sie ihm zu übergeben und den dinglichen Einigungsvertrag mit ihm zu schließen (§ 1032 BGB., vgl. §§ 1034, 1035); die Rechte haben sie ihm zu übertragen (§§ 1069 ff.), über die Geschäftsgeheimnisse, die Bezugsquellen, die Kunden usw. haben sie ihm jede erforderliche Auskunft zu geben.

Der Nießbrauch besteht nun darin, daß der Nießbraucher das Geschäft fortführt — auch mit der alten Firma, wenn die Erben einwilligen (§§ 22 ff. HGB.) — und die Erträge, den Gewinn für sich verwendet.

Nach der Beendigung des Nießbrauchs ist der Nießbraucher zur Rückgabe des Geschäftes verpflichtet (§§ 1055, 1068, 1085). Er hat die nicht verbrauchbaren Sachen zurückzugeben, die Rechte zurückzuübertragen, alle erforderlichen Auskünfte zu geben. Nur an den verbrauchbaren Sachen hat er mit der Übertragung zum Nießbrauch das Eigentum erworben (§ 1067 BGB). An Stelle dieser hat er den Wert zu ersetzen, den sie zur Zeit der Bestellung des Nießbrauchs hatten. Da nun diejenigen beweglichen Sachen, die zu einem Warenlager gehören, als verbrauchbare Sachen gelten (§ 92 Abs. 2 BGB.), so ergibt sich, was B. und C. verlangen können.

Zu 1: B. kann zwar Wertersatz für die zum Handelsgeschäft gehörigen verbrauchbaren Sachen (für die zum Verkauf bestimmten Waren) verlangen, muß jedoch sonst das Handelsgeschäft (Ladeneinrichtung usw., Verbindlichkeiten) zurücknehmen.

Zu 2: C. kann zwar das Recht für sich in Anspruch nehmen, die verbrauchbaren Sachen nach ihrem Wert zu ersetzen, muß jedoch das Handelsgeschäft im ganzen herausgeben. Dies ist gesetzliche Vorschrift. Die Einwendungen B.s zu 2 sind daneben völlig unerheblich.

Lösung 486.

Nach § 1068 kann Gegenstand des Nießbrauchs auch ein Recht sein. Nach § 1068 Abs. 2 finden auf den Nießbrauch an Rechten die Vorschriften über Nießbrauch an Sachen entsprechende Anwendung, soweit sich nicht aus den §§ 1069—1084 ein anderes ergibt. Im vorliegenden Fall handelt es sich um den Nießbrauch an einer Hypothekenforderung. Hierüber bestimmt § 1076, daß, wenn eine auf Zinsen ausstehende Forderung Gegenstand des Nießbrauchs ist, die Vorschriften der §§ 1077—1079 gelten. Nach § 1077 Abs. 2 können der Nießbraucher und der Gläubiger nur gemeinschaftlich kündigen. Im vorliegenden Falle ist A. Nießbraucher, B. Gläubiger. (Als Eigentümer wird er im Text bezeichnet, weil er Inhaber der Forderung auf die Hauptsumme ist, deren Zinsen A. zu beanspruchen hat.) Gegen die Abtretung der Forderung seitens des B. an C. ist nichts einzuwenden (§ 1071 e contrario). C. ist also jetzt Gläubiger. C. kann aber nach § 1077 Abs. 2 nicht allein kündigen. Wenn daher der Nießbraucher A. mit der Kündigung nicht einverstanden ist, so hat diese keine Wirkung. Eine Verpflichtung des A. zur Zustimmung liegt nur in dem in § 1078 bezeichneten Ausnahmefalle vor. Der Text ist hier aber nicht ganz klar. Nach dem Text scheint es, als ob A. seine Genehmigung zur Kündigung zwar nachträglich gegeben habe, aber seiner nach § 1079 bestehenden Verpflichtung nicht nachgekommen sei. Danach sind der Nießbraucher und der Gläubiger einander verpflichtet, dazu mitzuwirken, daß das eingezogene Kapital nach den für die Anlegung von Mündelgeld geltenden Vorschriften verzinslich angelegt und gleichzeitig dem Nießbraucher der Nießbrauch bestellt werde. Hat also A. einmal seine Genehmigung zur Kündigung gegeben, so muß er auch seiner Verpflichtung aus § 1079 nachkommen. Hat er es nicht getan, so kann er auch seine Genehmigung zur Anlegung usw. verweigern.

Lösung 487.

Zwischen B. als Besteller und A. als Unternehmer besteht ein Werkvertrag nach §§ 631 ff. Gegenstand desselben ist die Einsetzung von Türen und Fenstern in den Neubau des B. Da A. zugleich das Werk aus einem von ihm zu beschaffenden Stoffe herzustellen hat, so finden auf den vorliegenden Vertrag nach § 651 die Grundsätze des Kaufs Anwendung. Mit diesem Vertrage ist ein pactum reservati dominii, also ein Eigentumsvorbehalt nach § 455 verbunden, durch den sich der Verkäufer das Eigentum bis zur völligen Bezahlung des Kaufpreises vorbehält. (Ein Abzahlungsgeschäft im Sinne des Gesetzes vom 16. Mai 1894 liegt schon deshalb nicht vor, weil keine Ratenzahlung vereinbart ist, sondern der ganze Preis auf einmal bezahlt werden soll.) Die Übergabe ist also hier nur eine Besitz- aber keine Eigentumsübergabe. Da A. auch bereits die Türen und Fenster eingesetzt hat, so ist von seiner Seite der Vertrag erfüllt und da der Kaufpreis mangels besonderer Vereinbarung nach § 433 Abs. 2 Zug um Zug zu bezahlen ist, so kann A. die Gegenleistung fordern. B. hat auch 3000 M. von derselben auf den Kaufpreis bezahlt, den Rest von 1000 M. aber noch nicht. A. erfährt, daß die Verhältnisse des B. sich verschlechtert haben und nimmt daher Türen und Fenster im Werte von 1000 M. wieder heraus. Es fragt sich, wie diese Handlung juristisch anzusehen ist. Man könnte sie als einen teilweisen Rücktritt vom Vertrage ansehen. Einen solchen hat aber A. gar nicht nötig, denn er ist nach dem Bisherigen noch Eigentümer der Türen und Fenster und kann daher die Zurücknahme auf § 455 stützen. Demgegenüber kommt aber in Frage, ob nicht A. sein Eigentumsrecht an den Türen und Fenstern inzwischen durch das Einfügen nach §§ 946, 93—95 verloren hat und sie nicht Eigentum des Grundstückseigentümers B. geworden sind. Die Türen und Fenster sind ohne Zweifel mit dem Grundstücke fest verbunden worden, daher wesentliche Bestandteile des Grundstücks im Sinne der §§ 93—95 geworden. Nach § 946 wird also B. Eigentümer derselben. Es fragt sich nun, was vorgeht, der Eigentumsvorbehalt des A., also § 455 oder § 946. § 946 geht vor, weil diese Vorschrift offenbar absoluten Charakters ist und gegenüber § 455 zugleich eine lex specialis, die die lex generalis abändern kann. Trotz dieses Ergebnisses ist A. aber nach § 956 zur Wegnahme der Sachen berechtigt, weil der Eigentümer B.

sie ihm gestattet. Somit wird A. wieder Eigentümer der Türen und Fenster.

Nun hat B. dem C. für ein zum Zweck des Anbaues gegebenes Darlehn also schon vor der Einfügung der Türen und Fenster eine Hypothek an dem Grundstück bestellt. Nach § 1120 erstreckt sich diese auch auf die wesentlichen Bestandteile des Grundstücks, nach § 1121 aber nur soweit sie nicht vom A. weggeschafft worden sind. Die Sachen werden also danach von der Hypothek nicht mit ergriffen. Nun könnte man vielleicht einwenden, daß die Sachen durch das Einfügen als wesentliche Bestandteile auch wider den Willen des B. von selbst mit von der Hypothek ergriffen werden. Die Absicht des B. ist das nicht. Die Sache ist jedenfalls zweifelhaft. Es wird doch meines Erachtens eine besondere Vereinbarung vorausgesetzt werden müssen. Die richtige Meinung würde also meines Erachtens die sein, daß die Sachen von dem Grundstücke wieder entfernt werden, bevor sie zugunsten des Gläubigers C. in Beschlag genommen worden sind. Demnach kann C. nicht gegen A. vorgehen, sondern kann sich nur gegen B. wenden. Gegen diesen kann er die Zwangsvollstreckung betreiben, d. h. also, er kann nach § 1147 die Zwangsverwaltung und Zwangsversteigerung des Grundstückes herbeiführen, um sich wegen seiner Darlehnsforderung Befriedigung zu verschaffen. Eine Pfandklage gibt es nach § 1147 nicht mehr.

Lösung 488.

Bei der Abtretung einer Forderung hat man den der Abtretung zu Grunde liegenden obligatorischen Vertrag, die causa, von dem abstrakten Vertrag der Abtretung selbst scharf zu scheiden. Der obligatorische Vertrag ist im vorliegenden Falle ein Kauf. (Vgl. §§ 433 Satz 2, 437). Auf Grund dieses obligatorischen Vertrages ist A. verpflichtet, dem B. die Forderung, nämlich die Briefgrundschuld abzutreten. Dadurch, daß er die Abtretung vornimmt, d. h. seinen Einigungswillen über die Abtretung erklärt oder durch konkludente Handlungen zu erkennen gibt, erfüllt er den obligatorischen Vertrag, das sog. pactum de cedendo.

Die Abtretung einer Briefgrundschuld erfolgt in derselben Weise wie die Abtretung einer Briefhypothek, denn auf die Grundschuld finden die Vorschriften über die Hypothek entsprechende Anwendung (§ 1192 BGB.). Demgemäß ist, während sonst die Abtretung einer Forderung formlos vor sich geht, nach § 1154 BGB. Erteilung der Abtretungserklärung in schriftlicher Form und Übergabe des Grundschuldbriefes erforderlich. Beide Voraussetzungen sind in unserem Falle erfüllt, jedoch ist in der schriftlichen Abtretungserklärung der Name des Zessionars offen gelassen, also eine sog. Blankoabtretung vorgenommen. Der Konkursverwalter hält eine solche Blankoabtretung für unwirksam. Die Frage der Blankozession ist überaus bestritten. (Vgl. die Literatur bei Staudinger zu § 398, 1 α β). Das Reichsgericht steht auf dem Standpunkt, daß sie unwirksam sei und zwar insbesondere bei einer Abtretung, die einer Form bedarf, hauptsächlich deshalb, weil die Zulässigkeit von Inhaberpapieren eine Ausnahme ist und weil in § 1154 BGB. das Gesetz von einem bisherigen und einem neuen

Gläubiger spreche und so zu erkennen gebe, daß eine bestimmte Person als Inhaber bezeichnet werden solle. (Reichsgerichtsentscheidungen Bd. 63 S. 230).

Schließt man sich dieser Ansicht des Reichsgerichts an, so sind noch die Einwendungen des Beklagten zu prüfen.

Der Beklagte hat recht, wenn er behauptet, daß das pactum de cedendo auch dann formlos gültig sei, wenn die Abtretung selbst einer Form bedarf. § 1154 BGB. spricht nur von der Abtretung selbst, nicht vom Vorvertrag. Er ist weiter im Recht, wenn er behauptet, daß er aus dem obligatorischen Vorvertrag, in Erfüllung dessen ihm der Grundschuldbrief übergeben sei, auf Erfüllung d. h. auf Vollziehung der Abtretung klagen könne (Reichsgericht Bd. 54 S. 147). Er könnte demgemäß in einem gewöhnlichen Falle auf Grund des § 986 die Herausgabe des Briefes verweigern, denn er ist zum Besitze berechtigt. Im vorliegenden Falle befindet sich der Schuldner jedoch im Konkurs. Gegen die Konkursmasse hat der Beklagte aber seinen Anspruch auf Erfüllung, die er infolge des gültigen Vorvertrages ja in der Form verlangen könnte, daß die Zession auf seinen Namen geht. Gemäß § 26 der Konkursordnung steht ihm nur eine Konkursforderung zu.

Er ist daher verpflichtet auf jeden Fall, auch wenn die Blankozession nicht schon an sich unwirksam wäre, den Grundschuldbrief zurückzugeben.

Zu untersuchen wäre noch die Frage, ob der Beklagte die Blankoabtretung dadurch wirksam machen könnte, daß er nunmehr in die Abtretungsurkunde seinen oder einen anderen Namen einsetzt. Dies ist zu verneinen. Man kann nicht annehmen, daß die nachträgliche Erfüllung einer Formvorschrift rückwirkende Kraft hat, insbesondere nicht in dem Falle, in dem die Beobachtung der Formvorschrift allein oder in Verbindung mit anderen Tatsachen unmittelbar einen dinglichen Rechtsübergang zur Folge hat. (Reichsgericht Bd. 63 S. 234).

Lösung 489.

Die Hypothek entsteht durch Einigung der Parteien und Eintragung in das Grundbuch (§ 873 BGB.). Die Einigung muß gemäß § 29 Grundbuchordnung dem Grundbuchrichter, wenn sie nicht vor ihm selbst erfolgt, wie hier, durch öffentlich beglaubigte Urkunde nachgewiesen werden. Ist nun die Willenserklärung des A., durch die er den dinglichen Vertrag der Einigung vollzieht, durch einen Zwang zustande gekommen (vor dem Grundbuchrichter wie hier oder vor dem Notar), so kann er sie gemäß § 123 BGB. anfechten. (Vgl. auch § 124). Die rechtswirksam erfolgte Anfechtung hat die Wirkung, daß das Geschäft als von Anfang an nichtig angesehen wird (§ 142 Abs. 1). Es ist somit eine Einigung nicht erfolgt und es fehlt eine der wesentlichen Voraussetzungen für die Gültigkeit der Hypothekenbestellung. Da nun C., als er die Hypothek erwirbt (§ 1154 BGB.), die Ungültigkeit der Hypothek nicht kennt, weil er von dem auf A. bei der Bestellung rechtswidrig ausgeübten Zwange nichts weiß, so findet der § 142 Abs. 2 keine Anwendung. Gemäß § 1157 BGB. können aber auch die Einreden, die dem Eigentümer auf Grund eines zwischen ihm und den bisherigen Gläubigern bestehenden Rechtsverhältnisses gegen die Hypothek zustanden, dem neuen Gläubiger entgegengesetzt werden, soweit dieser nicht durch den öffentlichen Glauben des Grundbuchs geschützt ist. Dies besagt der Satz 2 des § 1157. Würde z. B. A. dem C. seine Hypothek an dem Grundstücke des B. abtreten, so könnte B. auf die Klage des C. diesem nicht entgegenhalten, daß ihm die Zahlung der Hypothek noch bis auf weitere zwei Monate nach dem Fälligkeitstermin, der im Grundbuch verzeichnet ist, gestundet ist, denn C. erwirbt die Hypothek infolge des öffentlichen Glaubens des Grundbuchs so, wie sie im Grundbuch verzeichnet ist, es sei denn, daß ihm selbst die Abmachung zwischen A. und B. bekannt ist. (Vgl. § 892). Kann nun aber doch B. dem Erwerber der Hypothek entgegenhalten, daß er zur Hypothekenbestellung gezwungen sei, auch wenn der Erwerber C. nichts davon weiß? Dies ist zu bejahen. Denn der § 1157 spricht ja nur von „Einreden". Eine Einrede ist aber nur das Recht, die Erfüllung eines bestehenden Anspruchs zu verweigern. Im gewählten Beispiele besteht die Hypothek wirklich — der Anspruch auf Auszahlung kann aber verweigert werden, weil sie gestundet ist. Im Falle des Textes besteht aber die Hypothek gar nicht und die Behauptung des B., daß sie wegen des auf ihn ausgeübten Zwanges nicht besteht, ist eine Einwendung, eine rechtshindernde Einwendung (im Gegensatz zu den rechtsvernichtenden Einwendungen, die aber Einreden im Sinne des Bürgerlichen Gesetzbuches sind). (Vgl. Staudinger zu § 1157, 3; Planck zu § 1157, 2.) B. kann also somit auch dem gutgläubigen C. die „Einrede" des Zwanges entgegenhalten. (Einrede hier im Sinne der Zivilprozeßordnung gebraucht, nicht im Sinne des Bürgerlichen Gesetzbuches.)

Die Entscheidung fällt nicht anders aus, wenn es sich um Bestellung einer Grundschuld handelt. Es handelt sich ja hier nicht um einen Streitpunkt, der das obligatorische Grundgeschäft, die zugrunde liegende Forderung betrifft. Soweit es sich aber nicht um die Forderung handelt, finden auch auf die Grundschuld die Vorschriften über die Hypothek Anwendung (§ 1192).

Lösung 490.

Nach § 1117 erwirbt der Gläubiger, sofern nicht die Erteilung des Hypothekenbriefs ausgeschlossen ist, die Hypothek erst, wenn ihm der Brief von dem Eigentümer des Grundstücks übergeben wird. Auf die Übergabe finden die Vorschriften des § 929 Satz 2 und der §§ 930, 931 Anwendung. Daraus folgt für die Weiterveräußerung der Hypothek, daß auch diese durch formlose Übergabe gültig erfolgt. Nun enthält die Übergabe des Hypothekenbriefs im vorliegenden Falle zugleich eine Schenkung. Zur Wirksamkeit derselben ist natürlich die Form der §§ 516ff. erforderlich. Die Schenkung kann aber (anders als das Schenkungsversprechen, § 518) ebenfalls formlos erfolgen. Somit ist C. Inhaber der Hypothek geworden. B. ist mit seiner Klage abzuweisen.

Lösung 491.

Die Rechtsverhältnisse der Sicherheitshypothek regeln die §§ 1184 ff. Hier insbesondere liegt eine sog. Kautionshypothek vor, d. h. eine solche, bei welcher nur der Höchstbetrag, bis zu dem das Grundstück haften soll, bestimmt, im übrigen die Feststellung der Forderung vorbehalten wird (§ 1190). Nach § 1186 kann nun eine Sicherungshypothek in eine gewöhnliche Hypothek umgewandelt werden, und es ist die Zustimmung der im Range gleich- oder nachstehenden Berechtigten hierzu nicht erforderlich. Aus diesem Zusatz ergibt sich, daß die Zustimmung des persönlichen Schuldners nicht nötig ist. Dieser ist hier aber nicht derselbe wie der dingliche. Persönlicher Schuldner ist vielmehr der B., dinglicher der A. Dieser muß daher der Umwandlung zustimmen.

Lösung 493.

Der Eigentumsklage des B. (§ 985 BGB.) gegenüber wendet C. ein, daß er auf Grund seines Pfandrechts und seines vertragsmäßigen Zurückbehaltungsrechtes zum Besitze der Lebensversicherungspolice berechtigt sei (§ 986 BGB.).

Der Kernpunkt der Aufgabe ist die Untersuchung der Frage, was die „Verpfändung" der Lebensversicherungspolice bedeutet. Dazu ist zu prüfen, was für ein Papier die Lebensversicherungspolice ist. Die Lebensversicherungspolice ist ein Legitimationspapier, d. h. sie legitimiert den berechtigten Inhaber (nicht jeden Inhaber) die ihr zugrunde liegende Forderung auf Auszahlung der Lebensversicherungssumme von der Versicherungsgesellschaft zu verlangen (§ 808 BGB.). Die Police verkörpert die Forderung selbst nicht (wie dies bei einem Inhaberpapier der Fall ist), sie ist vielmehr nur ein Beweismittel für den zwischen Versicherungsnehmer und Versicherung abgeschlossenen Vertrag. Ein Inhaberpapier wird sie auch nicht dadurch, daß die Versicherungsgesellschaft nach ihren Bestimmungen berechtigt ist, an den Inhaber ohne Prüfung der Legitimation zu zahlen, ja nicht einmal dadurch, daß die Gesellschaft verpflichtet ist, an jeden Inhaber zu zahlen. (Vgl. Rechtsprechung der Oberlandesgerichte, Bd. 8 S. 86; Staudinger, § 1293, 3; Planck § 1280, 36). Eine Verpfändung der Police kann daher nicht nach § 1293 stattfinden. Die bloße Übergabe der Police aber ist auch nicht als eine Verpfändung der Police selbst, des Papiers (ohne das Recht, die zugrunde liegende Forderung geltend zu machen), gemäß §§ 1204 ff. anzusehen. Denn der Zweck der Verpfändung einer Sache ist der, die Substanz der Sache zu verwerten, sich zu befriedigen durch „Versilberung" des Materialwertes der Sache, beispielsweise eines goldenen Ringes. Die Police als solche hat aber keinen Materialwert, denn der geringe Wert des Papieres ist nicht zu rechnen.

Die Übergabe der Police ist aber auch keine Verpfändung der zugrunde liegenden Forderung (die allerdings bei Inhaberpapieren durch die bloße Übergabe als mitverpfändet anzusehen ist; wegen der Realisierung vgl. §§ 1279 ff.). Abgesehen davon, daß die Parteien im vorliegenden Falle eine Verpfändung der Forderung offenbar gar nicht beabsichtigen, ist zur

Verpfändung einer Forderung unbedingt erforderlich, daß der Gläubiger die Verpfändung seinem Schuldner anzeigt, also im vorliegenden Falle A. der Versicherungsgesellschaft (§ 1280 BGB.). Diese Anzeige ist ein wesentliches Moment der rechtsgültigen Verpfändung, ohne die Anzeige kommt die Verpfändung nicht rechtswirksam zustande (Staudinger zu § 1280, 26 δ; Planck, § 1280, 1, 3). Die Übergabe des etwa für die Forderung bestehenden Legitimationspapieres, wie hier der Police, ist weder erforderlich noch ausreichend.

Eine Verpfändung ist also keinesfalls zustande gekommen.

C. behauptet weiter, daß er ein „vertragsmäßiges" Zurückbehaltungsrecht habe. Man könnte nämlich auch die Frage untersuchen, ob C. nicht auch ein gesetzliches Zurückbehaltungsrecht nach § 273 BGB. hätte, wenn A. ihm in Unkenntnis darüber, wie man eine Forderung verpfändet, die Police übergeben hätte ohne die besondere im vorliegenden Falle getroffene Abrede, daß C. sie bloß gegen Zahlung herauszugeben brauche und er selbst oder C. später sie zurückforderte weil ein Pfandrecht nicht entstanden sei. Diese Frage ist deshalb streitig, weil streitig ist, ob in diesem Falle die nach § 273 BGB. erforderliche Konnexität vorliegt, d. h. ob C. dann aus „demselben rechtlichen Verhältnis", auf dem seine Verpflichtung beruht, einen Anspruch gegen A. hat. Er hat nun einen Anspruch gegen A. aus dem Darlehnsvertrag; A. gegen ihn wegen des Eigentums an der Police. Es kann zweifelhaft sein, ob dies „dasselbe rechtliche Verhältnis" ist; nach dem strikten Wortlaut des Gesetzes sicherlich nicht. Jedoch ist die Judikatur des Reichsgerichts in der Auslegung dieser Worte ziemlich weitgegangen; es soll genügen, wenn eine Einheitlichkeit des faktischen Lebensverhältnisses vorliegt (Planck, § 273, 2 β). Danach könnte man vielleicht auch hier Konnexität annehmen. (Vgl. RG. 51, 87.) Jedoch kann diese Frage hier dahingestellt bleiben, weil ja die Parteien ein besonderes Zurückbehaltungsrecht an der Police vereinbart haben. Und an der Gültigkeit solcher Vereinbarung ist nicht zu zweifeln. (Staudinger zu § 1204 I, 1 e.) C. kann daher auf Grund dieses Zurückbehaltungsrechtes die Herausgabe der Police bis zur Zahlung der 1000 M. verweigern.

Der Vertrag zwischen A. und der Versicherungsgesellschaft ist ein Vertrag zugunsten Dritter. B. erwirbt das Recht auf die Leistung erst mit dem Tode des A. (§ 331 BGB.); A. ist also, solange er noch lebt, berechtigt, jede Verfügung über die Forderung zu treffen. (Staudinger zu § 330 II c; Planck, § 328, 2).

Lösung 494.

Dem A. ist von einer Klage abzuraten.

Er macht gemäß §§ 49 Nr. 2, 48 der Konkursordnung an den Ladeneinrichtungsstücken seines Schuldners ein Absonderungsrecht geltend, weil er an ihnen durch ordnungsmäßige Pfändung ein Pfandrecht erworben habe.

Das Absonderungsrecht kann er jedoch nur dann geltend machen, wenn sein Pfandrecht noch besteht.

Gemäß § 808 Abs. 2 ZPO. ist die Wirksamkeit der Pfändung von Sachen, die im Gewahrsam des Schuldners bleiben, dadurch bedingt, daß die Pfändung durch Anlegung von Siegeln oder auf sonstige Weise ersichtlich gemacht ist. Es ist nun allgemein anerkannt, daß das Pfandrecht nicht dadurch hinfällig wird, daß die Siegel nachträglich beseitigt werden, verschwinden oder unkenntlich werden (es sei denn, daß etwa ein Dritter ein das Pfandrecht ausschließendes dingliches Recht infolge guten Glaubens an der Sache erwirbt, §§ 932, 936, 1208 BGB.). Anders ist es aber, wenn der Gläubiger selbst seine Zustimmung zur Beseitigung der Pfandzeichen gibt, auch dann, wenn er sich sein Pfandrecht vorbehält. Dies ergibt deutlich der Vergleich zweier Bestimmungen aus dem vertragsmäßigen Pfandrecht. Nach § 1253 erlischt das Pfandrecht, wenn der Pfandgläubiger das Pfand dem Verpfänder oder Eigentümer zurückgibt; ein Vorbehalt der Fortdauer des Pfandrechts ist unwirksam. Daneben gibt es nach § 1255 BGB. noch einen Verzicht auf das Pfandrecht. Damit ist zum Ausdruck gebracht, daß zwar ein rechtmäßiger Verzicht und ein bloßes Aufgeben nicht identisch ist, daß aber auch das Aufgeben das Pfandrecht zum Erlöschen bringen soll. Diese Konsequenz ergibt sich aus dem Grundsatz der Publizität, der Offenkundigkeit des Pfandrechts. Und da die Offenkundigkeit des vertragsmäßigen Pfandrechts, bestehend in der Übergabe des Pfandes an den Pfandgläubiger, beim Pfändungspfandrecht durch das Anlegen von Siegeln gewahrt wird, so bedeutet die Erlaubnis des Gläubigers, die Siegel abzunehmen dasselbe wie die Rückgabe beim vertragsmäßigen Pfandrecht, nämlich ein Erlöschen der Publizität. Da für das letztere der Vorbehalt der Fortdauer des Pfandrechts unwirksam sein soll, so muß das gleiche bei der entsprechenden Handlung des Pfändungspfandrechts gelten. (Sydow-Busch zu § 808 Anm. 4; Reichsgericht Bd. 57 S. 323.)

Lösung 495.

Die Vorschriften des Pfandrechts enthalten keine Bestimmungen für die Gefahrhaftung. Daraus ist zu schließen, daß die allgemeinen Bestimmungen gelten. Insbesondere kommt der Satz: casum sentit dominus zur Anwendung. Der Pfandgläubiger ist nach § 868 unmittelbarer Besitzer (vgl. § 1205). Der Besitz allein erzeugt aber keine Verpflichtung zur Gefahrhaftung. A. hat also als Eigentümer des Pferdes die Gefahr des Untergangs desselben zu tragen. B. kann daher von A., nachdem das Pferd von einem Blitzstrahl getötet worden ist, ein anderes Pferd verlangen.

Die Lösung der übrigen Fragen wird dem Leser überlassen.

Lösung 496.

Nach § 1205 ist zur Bestellung eines Pfandrechts an einer beweglichen Sache die Besitzübergabe des Pfandes an den Gläubiger erforderlich. Diese Besitzübergabe ist, wie aus der ganzen Formulierung des § 1205 hervorgeht, zur Entstehung des Pfandrechts unbedingt erforderlich. § 1205 ist also ein absolutes Gesetz und duldet keine entgegenstehende Abrede der Parteien. A. hat nun das Pfand, nämlich die Uhr, dem B. nicht übergeben, sondern B. hat sie ihm unter Vorbehalt seines Pfandrechts belassen. Somit ist ein

Pfandrecht des B. an der Uhr nicht entstanden, sondern nur ein persönlicher Vertrag zwischen A. und B., der dahin geht, daß A. verpflichtet ist, dem B. den Pfandgegenstand, die Uhr, sobald sie B. fordert, als Pfand herauszugeben. Es ist also nur ein Pfandvertrag entstanden, der nur ein persönliches Recht des B. erzeugt. C. pfändet nun die Uhr im Wege der Zwangsvollstreckung nach §§ 803 ff. ZPO. Dadurch erlangt C. ein Pfändungspfandrecht, also ein wirkliches Pfandrecht, an der Uhr, denn sie wird durch den von C. beauftragten Gerichtsvollzieher in Beschlag genommen. B. will dagegen mit der Vollstreckungsinterventionsklage nach § 771 vorgehen, denn er beruft sich auf sein ihm angeblich zustehendes Pfandrecht, also ein dingliches Recht. Da B., wie bewiesen, gar kein Pfandrecht erlangt hat, sondern nur einen persönlichen Anspruch auf Übertragung der Uhr, während C. dagegen ein dingliches Recht im Sinne des § 771 an der Uhr erlangt hat, so ist die Klage unbegründet (vgl. Komm. zur ZPO. von Sydow und Busch, Anm. 3 zu § 771). C. ist also dem B. durch die Pfändung zuvorgekommen. A. hat durch seine Nachsicht jeden Anspruch auf die Uhr verloren.

Der Vertrag zwischen A. und B. ist aber doch nicht ganz ohne Bedeutung. B. kann sich vielmehr bei der nun vermutlich folgenden Versteigerung der Uhr auf § 805 stützen. Er ist ohne Zweifel ein Dritter, der sich nicht im Besitze der Sache befindet, der aber ein Vorzugsrecht hat und daher seinen Anspruch auf vorzugsweise Befriedigung aus dem Erlöse im Wege der Klage geltend machen kann.

Anm. Der Pfandvorvertrag zwischen A. und B. ist genauer ein Bittbesitzvertrag (das frühere precarium). Aus § 604 Abs. 3 geht hervor, daß dieser nicht mehr als ein besonderer Realvertrag anzusehen ist, sondern als eine Abart des Leihvertrags (Kommodat).

Lösung 497.

Nach § 1205 ist zur Bestellung des Pfandrechts erforderlich, daß der Eigentümer die Sache dem Gläubiger übergibt und beide darüber einig sind, daß dem Gläubiger das Pfandrecht zustehen soll. Danach ist also in erster Linie die körperliche Übergabe nach § 929 erforderlich. Ausnahmen hiervon enthalten § 1205 Abs. 1 Satz 2 und § 1206. Diese Fälle liegen aber hier nicht vor. Vielmehr sind zwei Fälle zu unterscheiden.

1. Die Kuh ist nach § 930 übergeben und nicht zurückgegeben worden. Dann ist nach § 1205 ein Pfandrecht des B. an ihr ebensowenig wie unter 1 entstanden, ein Vermieten derselben durch den Nichteigentümer ist dann ebensowenig möglich wie vorher. Somit hat B. ein Pfandrecht an der Kuh nicht erlangt. B. wird daher mit seiner Interventionsklage (nach § 805 ZPO.) abgewiesen.

2. Die Kuh ist nach § 930 übergeben, dann aber zurückgegeben worden. Dann bleibt die Lösung dieselbe. Ein Pfandrecht des B. ist dann um so weniger entstanden.

Lösung 498.

B. erhebt die Interventionsklage des § 771 ZPO.

Ein die Veräußerung hinderndes Recht steht ihm dann zu, wenn er an dem Weinlager ein Pfandrecht erworben hat. Es ist daher zu prüfen, ob dies im vorliegenden Falle entstanden ist, ob also die Übergabe eines Schlüssels zum Lager und die Aufstellung eines schriftlichen Verzeichnisses genügt, insbesondere dann, wenn dem Schuldner die Möglichkeit bleibt, unabhängig vom Gläubiger über die verpfändete Sachgesamtheit zu verfügen. B. beruft sich für die Gültigkeit des Pfandrechtes auf § 1206 BGB. Dieser Paragraph gestattet allerdings die Verpfändung einer Sache durch Einräumung des Mitbesitzes, versteht darunter aber nicht einen Fall wie den vorliegenden, in dem auch dem Pfandgläubiger der Zutritt zu dem Warenlager mit Hilfe eines Schlüssels möglich ist und bei dem der Pfandschuldner unabhängig vom Pfandgläubiger den Zutritt zu dem verpfändeten Lager erlangen kann, sondern nur eine solche Verpfändung, bei der der Zutritt zu dem Warenlager durch Zusammenwirken beider, des Pfandgläubigers und des Pfandschuldners möglich ist. Das Lager wäre also nur dann verpfändet, wenn ein Öffnen des Lagerraums allein durch das Zusammenwirken von A. und B. möglich gewesen wäre. Wenn aber A., der Eigentümer und Pfandschuldner, auch unabhängig vom Gläubiger B. zu dem Lager gelangen und über dasselbe verfügen kann, liegt eine rechtsgültige Verpfändung im Sinne des § 1206 nicht vor. (Staudinger zu § 1206, 1a α, β; Planck, § 1206, 1a α.) Die Einwendungen des B. sind also unbeachtlich, die Einwendungen des C. sind richtig.

Die Verpfändung eines ganzen Lagers, einer Sachgesamtheit ist übrigens im Prinzip möglich. Das Pfandrecht wird nach § 1204 durch Übergabe der Sache im einzelnen oder durch Einräumung des Mitbesitzes nach § 1206 im oben erwähnten Sinne erlangt (Staudinger zu 1204, 1a; Planck, § 1204, 2a). Die Verpfändung des Warenlagers zu Sicherungszwecken gemäß § 1204 oder § 1206 ist jedoch in der Praxis selten; es findet zu Sicherungszwecken meist die Sicherungsübereignung statt; die jedoch nach ihrer rechtlichen Geltung, insbesondere bei Warenlagern, sehr bestritten ist (Staudinger zu § 929, 8; Planck, § 1204, 2a).

Lösung 499.

Der Eigentumsklage des A. (§ 985 BGB.) gegenüber behauptet C., daß er zum Besitze berechtigt sei (§ 986), da er ein Pfandrecht an dem Sparkassenbuch erworben habe. Ob dies wirklich der Fall ist, ist zu untersuchen. B. hat dem C. ein Sparkassenbuch verpfändet. Es ist bereits in Lösung 493 auseinandergesetzt, daß nur die Verpfändung eines Inhaberpapieres denselben gesetzlichen Regeln unterliegt wie die Verpfändung einer beweglichen Sache, daß also Einigung über die Entstehung des Pfandrechts und Übergabe des Inhaberpapiers genügt. Das Sparkassenbuch ist aber wie die Lebensversicherungspolice kein Inhaberpapier, sondern ein Legitimationspapier. Es dient ebenfalls hauptsächlich zum Beweise der Forderung des berechtigten Inhabers an die Sparkasse. Es wird auch nicht dadurch zum Inhaberpapier, daß es — wie meist die Sparkassenbücher — in den vorgedruckten Statuten der Sparkasse den Vermerk trägt: Die Sparkasse wird durch Zahlung an jeden Inhaber befreit. Diese Bestimmung ist lediglich eine Erleichterung der Legitimationsprüfung des Inhabers durch die Sparkasse, gibt aber dem Inhaber kein Recht (§ 808 BGB.). Die Verpfändung eines Sparkassenbuches kann also nicht gemäß § 1293 BGB. erfolgen. Die Verpfändung kann aber auch nicht nach §§ 1204 ff. erfolgen. Auch hier gilt dasselbe wie für die Lebensversicherungspolice. Eine Verpfändung nach §§ 1204 ff. hat den Zweck, die Sache ihrem Substanzwert nach zu verwerten; der Substanzwert des Sparkassenbuches ist aber so gering, daß er gar nicht in Betracht kommt. Die Parteien haben im vorliegenden Fall eine solche Verpfändung auch gar nicht gewollt. Sie haben vielmehr die zugrundeliegende Forderung verpfänden wollen. (Im Gegensatz zu Fall 494.) Die Verpfändung einer Forderung ist aber nur dann rechtswirksam, wenn die Anzeige von der Verpfändung an den Drittschuldner erfolgt (§ 1280 BGB.). Ob diese Anzeige an die Sparkasse hier erfolgt ist, sagt der Text nicht.

Prüfen wir beide Möglichkeiten: Ist eine Anzeige an die Sparkasse nicht erfolgt, so hat C. sicherlich kein Pfandrecht erworben. Er muß dann auf jeden Fall das Sparkassenbuch herausgeben. Ist die Anzeige an die Sparkasse erfolgt, so sind wenigstens die Voraussetzungen für die rechtsgültige Verpfändung selbst erfüllt, jedoch ist noch zu bedenken, daß B., der das Sparkassenbuch gestohlen hat, gar nicht berechtigt war, dasselbe zu verpfänden. Nun kennt zwar das Gesetz auch einen rechtsgültigen Erwerb des Pfandrechts auch vom nichtberechtigten Verpfänder, jedoch nur dann, wenn es sich um Verpfändung einer Sache handelt (§ 1207 BGB.) oder eines Inhaberpapiers (§§ 1293, 1207, 935 Abs. 2 zu beachten: Das Sparkassenbuch ist gestohlen). Diese Vorschriften finden jedoch auf die Verpfändung einer Forderung, um die es sich nach dem oben Gesagten handelt, keine Anwendung. Daher kommt es für den vorliegenden Fall auch gar nicht darauf an, ob C. gutgläubig oder schlechtgläubig ist (das letztere mußte A. übrigens beweisen). Somit ist selbst dann, wenn die Sparkasse nach § 1280 benachrichtigt ist, C. zur Herausgabe des Sparkassenbuches verpflichtet, auch wenn er gutgläubig ist.

Der zweite Fall ist ebenso zu entscheiden; auch dann ist ja B. nicht zur Verpfändung berechtigt.

Der Diebstahl resp. die Unterschlagung ist eine Verletzung des Eigentums; A. kann daher den B. für allen, ihm etwa entstehenden Schaden verantwortlich machen (§ 823 Abs. 1 BGB.).

Lösung 500.

Im Gegensatz zu Fall 499 handelt es sich hier um die Verpfändung von Inhaberpapieren. Diese werden gemäß § 1293 wie bewegliche Sachen durch bloße Übergabe und durch Einigung über die Entstehung des Pfandrechts verpfändet. Da aber dem Verpfänder B. die von ihm verpfändeten Inhaberpapiere nicht gehören, erwirbt C. das Pfandrecht nur unter den Voraussetzungen der §§ 1207, 932, 934, 935 BGB. Die Inhaberpapiere sind hier wohl vom Bürgermeister, der sie in Verwahrung hatte, unterschlagen, also der Gemeinde A. abhanden gekommen (Staudinger zu § 935, 2, 6;

Planck, § 935, 2). Da es sich aber um Inhaberpapiere handelt, so tritt der Erwerb eines gültigen Pfandrechts abweichend von der allgemeinen Regel auch dann ein, wenn sie verloren gegangen, gestohlen worden oder sonst abhanden gekommen sind. Daher ist die Entstehung des Pfandrechts einzig und allein vom guten Glauben des C. abhängig (§ 932). Ob er im guten Glauben gewesen ist, hängt durchaus von der ganzen Sachlage ab, die aus den wenigen Worten des Textes nicht mit absoluter Sicherheit zu erkennen ist. Immerhin wird man sagen können, daß ein Kaufmann, dem von einem Bürgermeister Prioritäten verpfändet werden, in erster Linie annehmen kann, daß der Bürgermeister zur Verpfändung berechtigt ist. Im Prozesse hat die Gemeinde den schlechten Glauben des A. zu beweisen, da dieser ein Klagefundament ist.

Lösung 503.

Zwischen A. als Verpfänder und B. als Pfandgläubiger ist ein Pfandvertrag nach § 1205 abgeschlossen worden. Wenn nun C., ein Dritter, das verpfändete Klavier dermaßen beschädigt, daß sich dessen Wert um 200 M. verringert, so fragt sich, wer gegen C. klagen kann. A. kann zweifellos als Eigentümer gegen C. wegen widerrechtlicher Verletzung seines Eigentums vorgehen, somit von ihm 200 M. Schadensersatz wegen Sachbeschädigung fordern (§ 823). B. kann aber als Pfandgläubiger ebenfalls gegen C. klagen. Denn als solcher hat er nach § 868 den unmittelbaren Besitz des Pfandes. Als solcher wird er im Besitze gestört. Nach § 862 kann er daher Beseitigung der Störung verlangen. Das nützt aber dem B. hier nichts mehr, denn der Wert des Pfandes hat sich bereits verringert. Er muß daher seine Klage anders begründen. Er kann sich nämlich auf § 1227 stützen. Dieser gibt dem Pfandgläubiger bei Beeinträchtigung seines Rechts, also des Besitzrechts, eine der Eigentumsklage der §§ 985 ff. analoge Klage. Diese wird hier nur auf Ersatz des dem B. entstandenen Schadens gehen. Da das Pfand dem B. für eine Forderung von 100 M. haftet, so kann er auch meines Erachtens nur bis zu dieser Höhe einen Schadensersatzanspruch gegen C. geltend machen, nicht aber bis zur Höhe von 200 M. A. kann dagegen, wenn B. nicht vorher geklagt hat, 200 M. von C. verlangen, denn um soviel hat sich sein Eigentum an Wert vermindert. A. wird also durch eine vorherige Klage des B. nur teilweise ausgeschlossen, nämlich bezüglich der 100 M. A. kann sich in diesem Falle die von C. an B. gezahlten 100 M. von seiner Schuld an B. abrechnen, kann also das Pfand ohne weiteres zurückfordern, da B. indirekt befriedigt worden ist.

Anm. Nach § 849 muß C. ev. Zinsen des zu ersetzenden Betrags bezahlen, die nach § 246 vier Prozent betragen.

Lösung 505.

Nach § 1253 erlischt das Pfandrecht des B. durch Rückgabe des Pfandes. Die Vorschrift des § 1253 ist eine absolute, ebenso wie diejenige, welche bestimmt, daß das Pfandrecht durch Übergabe der Pfandsache entsteht.

Diese Annahme wird noch durch den Zusatz bestätigt: der Vorbehalt der Fortdauer des Pfandrechts ist unwirksam.

A. hat nun das Pfand aus Irrtum zurückgegeben, in der Annahme, daß die Forderung, wegen welcher das Pfand bestellt war, erloschen sei. Es fragt sich, ob dieser Irrtum das obige Resultat, daß das Pfandrecht erloschen ist, abändern kann. Das ist zweifelhaft, denn der Irrtum des B. ist nur ein Irrtum im Motiv, nicht über den Inhalt seiner Erklärung. Bei diesem findet nach der früheren romanistischen Theorie keine Anfechtung statt, da er nicht als wesentlicher Irrtum betrachtet wird. Eine Anfechtung und damit verbundene Klage auf Wiedererlangung des Pfandes ist danach für A. nicht gegeben. Die jetzt herrschende Ansicht geht dahin, daß es nach BGB. für die Frage, ob der Irrtum Anfechtbarkeit begründen soll, gleichgültig, ob er ein Irrtum im Beweggrunde ist oder nicht, sondern es gibt eben nur noch die Unterscheidung zwischen wesentlichem und unwesentlichem Irrtum (vgl. Matthiaß, Bd. I § 53 S. 195). Nach BGB. dürfte also eine Rückforderung des Pfandes möglich sein.

Hat A. vielleicht einen Bereicherungsanspruch? Das ist zu bejahen. B. hat den Besitz der Uhr widerrechtlich erlangt, denn er ist als Pfandschuldner nicht zum Besitz des Pfandes berechtigt. Er hat ihn auf Kosten des A. erlangt, denn A. hat infolgedessen keine Sicherheit mehr, seine Forderung ist also im Verkehr weniger wert, als vorher. Es liegt also der Tatbestand des § 812 vor. A. hat etwas zum Zwecke der Erfüllung einer Verbindlichkeit geleistet, die dabei vorausgesetzte Verbindlichkeit (nämlich die zur Rückgabe des Pfands) besteht aber noch gar nicht. (Die frühere condictio indebiti, vgl. Komm. von Rosenthal, Anm. 3c vor § 812.) B. ist somit zur Herausgabe des Pfandes verpflichtet. Das praktische Resultat ist somit dasselbe, wie wenn man wesentlichen Irrtum nach § 119 annehmen und die Anfechtung auf Grund desselben als wirksam erachten würde, denn dann würde A. auf Grund des nichtigen Rückgabevertrags das Pfand ebenfalls zurückerhalten. Juristisch ist aber das Resultat ein anderes, denn im letzteren Falle würde, da die Rückgabe an B. als nichtig anzusehen ist, durch die Anfechtung und Rückgabe des Pfandes der Pfandvertrag wieder aufleben. Im Falle der Annahme des § 812 dagegen ist das Pfandrecht durch die Rückgabe, die gültig ist, nach der absoluten Vorschrift des § 1253 erloschen und A. kann dessen Wiederherstellung von B. auf Grund der früheren Hingabe nicht verlangen. A. ist aber zum Besitze billigerweise nur so lange berechtigt, als B. durch denselben bereichert wäre. Das ist der Fall bis zur Bezahlung der Forderung. Erfolgt diese, so ist nunmehr das Verhältnis umgekehrt und A. ist durch den Besitz der Sache bereichert (nach § 812 Abs. 1 Satz 2). Er ist also nunmehr zur Rückgabe der Sache an B. verpflichtet, aber nicht auf Grund des § 1253, sondern auf Grund des § 812.

Zu Lösung 505.

Im Teile 1 ist anstatt Pfandrecht des B. Pfandrecht des A. zu sagen und in Zeile 6 anstatt B. ebenfalls A. zu setzen.

Herr cand. jur. Herz, Berlin W., Geisbergstraße 18, schreibt noch: „A. irrt nicht über den Inhalt seiner ‚Erklärung‘. Gab A. überhaupt eine ab? Besitzverschaffung ist doch nur ein Realakt; wenn er nun seinen Besitz dem nicht berechtigten B. übertrug, so ist fraglich, ob § 813 anwendbar. Ist der Anspruch des B. auf Rückgabe schon entstanden und bloß nicht fällig oder noch nicht existent?“

Viertes Buch. Familienrecht.

Lösung 507.

Das Verlöbnis ist ein familienrechtlicher Vertrag, in dem sich die Vertragschließenden gegenseitig die Heirat versprechen. Auf Eingehung der Ehe kann aber daraus nach § 1297 nicht geklagt werden. Nach § 1290 Abs. 2 ist auch das Versprechen einer Strafe für den Fall, daß die Eingehung der Ehe unterbleibt, nichtig. Mithin ist auch im vorliegenden Fall das Versprechen einer Konventionalstrafe seitens des B. an die A. nichtig. Die A. kann also, obgleich B. die Schuld an der Auflösung des Verlöbnisses trägt, die versprochenen 1000 M. keinesfalls von B. verlangen. Wohl aber kann sich die A. auf § 1299 stützen. Sie kann also nach Maßgabe des § 1298 verbunden mit §§ 249 ff. von B. Schadensersatz fordern. Die Voraussetzung hierzu ist natürlich, daß der A. überhaupt ein Schaden entstanden ist. Die Aufgabe sagt nichts hierüber, weshalb eine Erörterung der Frage nicht in Betracht kommt.

Lösung 508.

Der Deflorationsanspruch bestimmt sich nach § 1300. Hier ist die Hauptfrage die, ob die A. noch eine „unbescholtene Verlobte“ ist, insofern sie dem B. den Beischlaf schon mehrere Wochen vor der Verlobung gestattet hat. Die Frage ist bestritten. Sie kann nur nach den Umständen des einzelnen Falls beurteilt werden und ist nach der Rechtsprechung in der Regel zu verneinen (vgl. Staudinger, Bem. 1 d zu § 1300).

Nach Annahme des Reichsgerichts liegt keine Bescholtenheit vor, wenn die Braut lediglich in Erwartung der nachfolgenden Eheschließung dem Bräutigam die Beiwohnung gestattet.

Lösung 509.

Die Frage: Ist die Heirat gültig? ist der ganzen Sachlage nach dahin zu ergänzen: Ist die Heirat nach deutschen Gesetzen gültig? Dies ist zu verneinen, denn es steht fest, daß in China betreffs der Form über Eingehung der Ehe andere Vorschriften gelten als bei uns nach dem Personenstandsgesetz und den §§ 1303 ff. (s. auch Art. 40). Nach Art. 11, 13, 3 EG. kommt also eine nach deutschen Gesetzen gültige Ehe nicht zustande.

Wie, wenn die Trauung im Gesandtschaftshotel vorgenommen ist? Ist dies der Fall, so ist die Ehe nach Art. 11 Abs. 1 Satz 2 auch nach deutschen Gesetzen gültig, denn das Gebiet der auswärtigen Gesandtschaften gehört nach den mit China wie mit anderen Staaten abgeschlossenen Staatsverträgen nicht zum Reichsgebiet, sondern ist zu betrachten als exterritoriales Gebiet, wenigstens solange es dem Gesandtschaftszwecke dient. Auch sind die Personen, unter denen die Eheschließung erfolgt, wie erforderlich, exterritoriale Personen. Die Formen des chinesischen Ritus sind aber, wie die Aufgabe hervorhebt, gewahrt. Die Ehe ist also als von Ausländern im Ausland geschlossen anzusehen. Da sie im Ausland gültig ist, ist sie dies auch im Inland. Der Fall könnte besser unter den Fällen über das Einführungsgesetz gelöst werden, da das internationale Privatrecht von entscheidender Bedeutung ist.

Über die im allgemeinen schwierige Materie vgl. Staudinger, Bd. VI Art. 13, Bem. 1 und bes. Bem. 2B Abs. 3, C, D, F, S. 47.

Lösung 510.

Nach § 1303 verbunden mit § 2 darf der Student, da er noch nicht volljährig ist, eine Ehe nicht eingehen, ebensowenig darf es das Mädchen, da es das 16. Lebensjahr nicht vollendet hat. Von diesem Erfordernis kann auch der Student nach § 1303 Abs. 2 im Gegensatz zu dem Mädchen nicht befreit werden. Trotz dieser Hindernisse wünschen die Konkumbenten und ihre Eltern die unverzügliche Verbindung. Ist diese zu erreichen? Diese Frage ist also im allgemeinen zu verneinen. Denkbar wäre nur, daß der Student nach Vollendung des 18. Lebensjahres für volljährig erklärt wird (§ 3).

Gesetzt der usw. Eine Anfechtung ist nicht möglich. Aus den §§ 1323 bis 1328 folgt zunächst, daß die trotz obiger Ehehindernisse abgeschlossene Ehe nicht nichtig ist, denn die Fälle der §§ 1324—1328 liegen nicht vor. Aus § 1331 folgt weiter, daß die Ehe auch nicht anfechtbar ist, denn sie ist nicht nur mit Einwilligung, sondern sogar auf Wunsch der gesetzlichen Vertreter abgeschlossen worden. Es liegen also hier sog. aufschiebende Ehehindernisse vor, d. h. solche, welche der Standesbeamte beachten und bei deren Vorliegen er die Eheschließung nicht zulassen soll, welche aber, wenn der Standesbeamte sie aus Unkenntnis oder Versehen nicht beachtet und trotz ihres Vorhandenseins die Eheschließung zuläßt, das rechtliche Zustandekommen der Ehe nicht verhindern, sondern höchstens den Standesbeamten strafbar machen (vgl. Komm. von Rosenthal, Anm. 15 vor § 1323).

Welche Rechtsstellung erlangt das vor der Ehe erzeugte Kind? Das Kind wird nach § 1719 sofort mit Abschluß der Ehe ein eheliches.

Anm. Der Vater muß, wenn er gegenüber Dritten einen Beweis der Ehelichkeit des Kindes haben will, sein Kind noch vor dem Standesamt als von ihm erzeugt anerkennen. Sodann hat der Standesbeamte auf der Geburtsurkunde auf Antrag den Randvermerk zu machen, daß der Vater das Kind, welches bisher nach der Geburtsurkunde, die nur den Namen der Mutter angibt, als außerehelich galt, als von ihm erzeugt anerkannt habe. Auf Verlangen erhält sodann der Vater des Kindes eine

Geburtsurkunde desselben ausgestellt, die diesen Randvermerk mit enthält, wodurch er sein Kind in der Schule oder, wo er sonst will, als eheliches legitimieren kann. Für die Frage, wann das Kind ein eheliches wird, hat diese Anerkennung, wie gesagt, keine Bedeutung, denn für sie gilt allein § 1718.

Lösung 511.

Die Ehe ist vollkommen gültig. § 1323 sagt: „Eine Ehe ist nur in den Fällen der §§ 1323—30 nichtig." Damit sind nach der fast unstreitig herrschenden Auffassung (a. M. im wesentlichen nur Neumann) die allgemeinen Nichtigkeitsgründe §§ 116 ff. ausgeschlossen.

Da hier die Form des § 1317 gewahrt ist, ist die Ehe gültig.

Zu helfen ist nur durch Anfechtung seitens der beiden Ehegatten aus § 1332; denn sie haben offenbar eine tatsächliche Eheschließungserklärung nicht abgeben wollen. Bis zur Anfechtungsklage und der nachfolgenden Nichtigkeitserklärung sind sie aber rechtmäßige Ehegatten.

Eine andere Ansicht ist die folgende:

Der Fall hat mehrere Lösungen, je nachdem man annimmt, daß ein Dritter oder einer der Beteiligten selbst sich auf die Gültigkeit der Ehe beruft (worüber die Aufgabe keine Auskunft gibt, da der Leser selbst es finden soll).

Es soll zunächst angenommen werden, ein Dritter, z. B. ein Zuschauer, der irgendwelches Interesse an der Sache hat, beruft sich gegenüber einem anderen oder gegenüber einem Beteiligten auf die Gültigkeit der zwischen A. und B. abgeschlossenen Ehe. Das kann er nach § 118 nicht. Zwar sind die Vorschriften der §§ 1317 ff. über Eingehung der Ehe hier erfüllt. Die Beteiligten geben aber die Willenserklärungen vermutlich nur zum Scherz ab, denn es geschieht in einer Theatervorstellung, ferner geben sie dieselben in der Erwartung ab, der Mangel der Ernstlichkeit werde nicht verkannt werden. Den Umständen nach ist also zu vermuten, daß der Tatbestand des § 118 vorliegt. Die Ehe ist also von Amts wegen für nichtig zu erachten (vgl. über Nichtigkeit, Rosenthal, Anm. 55 zu § 139). Der Dritte, der eine nach §§ 1317 ff. gültige Ehe behauptet, muß also die Vermutung widerlegen. Der Gegenbeweis wird ihm nur dann gelingen, wenn die Aussagen der Beteiligten dahin gehen, daß sie ihre Erklärungen nicht im Sinne des § 118 abgegeben haben. Die Beteiligten würden hier entweder alle oder teilweise als Zeugen auftreten. Der Ort der Handlung kommt für die Frage der Gültigkeit nicht in Betracht.

Sodann soll angenommen werden, daß die Beteiligten sich selbst auf die Gültigkeit der Ehe berufen. Das könnten also der A., die B. und der Standesbeamte sein. Diese könnten sich aber wiederum unter sich und gegenüber einem Dritten darauf berufen. Hier ist wieder die Ungültigkeit aus obigen Gründen zu vermuten. Der das Gegenteil Behauptende müßte also wieder beweisen, daß die Erfordernisse des § 118 nicht vorliegen, die Erklärungen der Beteiligten also nicht als nichtig anzusehen seien. Es liegt sodann kein Grund vor, die Ehe als nichtig anzusehen, da der Ort der

Handlung für die Gültigkeit nicht in Betracht kommt. Die Frage des Ehehindernisses ist nach §§ 1303ff. zu beurteilen. In den letzten beiden Fällen, wenn also ein Dritter einem der Beteiligten gegenüber, oder einer der Beteiligten dem anderen gegenüber die Nichtigkeit geltend macht, könnte der Beteiligte sich für den Fall, daß jenem der Beweis der Ernstlichkeit gelingt, unter Umständen immer noch auf § 116 Satz 2 stützen und behaupten, er habe sich insgeheim vorbehalten, das Erklärte nicht zu wollen und der andere habe den Vorbehalt gekannt, die Erklärung sei daher nichtig. Dies wird er aber durch Zeugenaussagen, die allein in Betracht kommen, schwer beweisen können, da es sich um innere Vorgänge handelt. Gelingt ihm aber der Beweis, so ist die Ehe, auch wenn kein Scherz vorliegt, auf Grund des § 116 Satz 2 als nichtig anzusehen.

Lösung 512.

Fraglich ist, ob die A. berechtigt ist, die Herstellung des ehelichen Lebens zu verweigern (§ 1353). Dies ist sie nach § 1353 unter anderem dann, wenn sie berechtigt ist, auf Scheidung zu klagen. Dies wiederum ist der Fall, wenn die Erfordernisse des § 1568 vorhanden sind (Zerrüttung des ehelichen Verhältnisses).

Ob Geschlechtskrankheit eine solche Zerrüttung herbeiführen kann, ist bestritten. Heymann (D. Jur. Z. 1912 S. 113) behauptet, im Abschluß der Ehe seit.ns eines Geschlechtskranken könne ein Scheidungsgrund nach § 1568 erblickt werden. Staudinger (Bem. 6 zu § 1568) gibt nur zu, daß die Betätigung des ehelichen Geschlechtsverkehrs trotz Kenntnis der eigenen Infektion als Scheidungsgrund in Betracht kommt. Zu beachten ist aber, daß hier die Ansteckung erst nach Eheschluß eingetreten zu sein scheint. Dann muß also Ehebruch vorliegen.

Die einstweilige Verfügung auf Herausgabe der Tochter scheint mir nicht so ohne weiteres durchführbar. Dazu wäre nachzuweisen, daß Gefahr vorliegt oder es sich um Regelung eines einstweiligen Zustandes handelt, (§§ 917, 936, 940 ZPO.). Solange die Scheidung nicht erfolgt ist, steht grundsätzlich die Sorge für die Person des Kindes dem Vater zu (§§ 1631, 1632). Ausnahmefälle enthalten z. B. §§ 1666, 1667. Erst für den Fall der Scheidung gibt § 1635 eine Bestimmung, nach der unter Umständen auch die Ehefrau Ansprüche auf die Kinder hat.

Vor der Ehescheidung behält also der Vater die Sorge für die Person des Kindes. Diese umfaßt aber nach § 1631 auch das Recht, seinen Aufenthalt zu bestimmen und nach § 1632 auch das Recht, seine Herausgabe von jedem zu verlangen, der es dem Berechtigten widerrechtlich vorenthält.

Ohne weiteres wird also die Mutter nicht auf Herausgabe des Kindes klagen können. Sie kann aber das Vormundschaftsgericht zu veranlassen suchen, einen Beschluß nach § 1666 zu erlassen, wodurch dem Vater die Sorge für die Person entzogen werden könnte. Damit wird sie aber nicht ohne weiteres durchkommen. Denn das Verhalten des Vaters war noch kein derartiges, daß für das Kind unbedingt etwas zu befürchten ist, selbst wenn es zur Ehescheidung berechtigt. Deshalb scheint die Unterbringung an anderer Stelle nicht erforderlich. Hervorzuheben ist, daß durch den Beschluß nach § 1666 nicht etwa die Mutter die elterliche Gewalt an Stelle des Vaters erhält, weil die Verbindung auf einem rechtlichen Grunde beruht, nicht auf einem tatsächlichen. Das hindert aber nicht, daß das Kind bei der Mutter untergebracht wird. Die Klage müßte dann ein Pfleger anstellen (vgl. Staudinger, Bem. VII zu § 1666).

Lösung 513.

Zunächst ist, wie in allen derartigen Fällen, zu fragen, in welchem Güterrechtssystem die Ehegatten leben. In Ermangelung einer besonderen Bestimmung ist das gesetzliche anzunehmen, also die Verwaltungsgemeinschaft nach §§ 1363 ff. Zwischen der Ehefrau und dem Photographen ist nun ein Werkvertrag nach §§ 631 ff. abgeschlossen worden, der aber nach § 651 nach den Regeln des Kaufes zu beurteilen ist, da der Unternehmer den Stoff liefert. Der Photograph hat die Leistung angeboten, die Ehefrau hat sie aber nicht angenommen, und jener klagt nun gegen den Ehemann den Kaufpreis ein, verlangt also Erfüllung. Worauf stützt sich der Photograph, wenn er gegen den Ehemann klagt? Nach § 1399 ist die Frau völlig selbständig, wenn sie sich zu einer Leistung verpflichtet (im Gegensatz zu Verfügungen über eingebrachtes Gut §§ 1395—98). Hier hat sich nun die Frau zur Bezahlung des Kaufpreises verpflichtet. Sie haftet prinzipiell für die Zahlung des Kaufpreises allein. Es fragt sich aber, ob nicht nach § 1399 Abs. 2 Satz 2 der Ehemann aus diesem Geschäft belangt werden kann. Danach muß der Mann, wenn er, wie hier, dem Rechtsgeschäft nicht zustimmt, dieses, soweit das eingebrachte Gut bereichert ist, nach den Vorschriften über die Herausgabe einer ungerechtfertigten Bereicherung (§§ 812, 818, 819) gegen sich gelten lassen. Es fragt sich also: Ist durch den Vertrag der Ehefrau mit dem Photographen das eingebrachte Gut bereichert? Das ist zu verneinen. Denn die Frau will mit dem Geschenk, wie der Text ausdrücklich hervorhebt, ihren Ehemann überraschen, ihre Absicht ist also — wenigstens muß das vermutet werden — den Preis aus ihrem Vorbehaltsgut zu zahlen und das Eigentum an dem Bilde dem Mann allein zu überlassen. Das eingebrachte Gut, also das der Verwaltung des Mannes unterliegende Gut der Ehefrau, ist also nicht bereichert. Somit kommen hier allein die Regeln über das Vorbehaltsgut (§§ 1365 ff.) zur Anwendung. Nach § 1371 finden auf dieses die bei Gütertrennung für das Vermögen der Frau geltenden Vorschriften Anwendung. Diese sind in den §§ 1427—31 enthalten. Daraus, insbesondere aus § 1430 (e contrario) folgt, daß der Mann mit dem Vorbehaltsgut der Frau nichts zu tun hat, sondern die Frau selbständig darüber verfügen kann, somit auch nur die Frau auf eine Leistung, die sich auf das Vorbehaltsgut bezieht, belangt werden kann. Vorausgesetzt wird natürlich, daß der Photograph die erwähnten näheren Umstände kennt.

Anm. Ähnlich würde der Fall liegen, wenn die Frau z. B. Schmuckgegenstände bestellt und der Verkäufer gegen den Ehemann auf die Gegenleistung klagt, dieser aber die Leistung verweigert und damit seine Nichtgenehmigung ausdrückt. Schmuckgegenstände fallen nach § 1366 in das Vorbehaltsgut der Frau, wenn sie geliefert werden, so liegt also keine ungerechtfertigte Bereicherung des eingebrachten Gutes im Sinne des § 1399 vor. Somit braucht der Mann das Rechtsgeschäft nicht gegen sich gelten zu lassen. In diesem Falle ist dies ohne weiteres erkennbar.

Praktisch wird es für den Kläger in solchen Fällen, wo die Frau bestellt, der Mann aber nicht zugestimmt hat, sein, den Mann auf Grund von § 1399 mit zu verklagen, soweit das eingebrachte Gut bereichert ist. Die Klage gegen den Mann würde außerdem darauf gehen müssen, die Zwangsvollstreckung, soweit das eingebrachte Gut bereichert ist, zu dulden.

Lösung 514.

Die Vorschriften über den gesetzlichen Güterstand enthalten die §§ 1363 ff. Nach § 1363 wird das Vermögen der Frau von der Eheschließung ab der Verwaltung und Nutznießung des Mannes unterworfen. Nach § 1367 ist indessen das, was die Frau durch ihre Arbeit oder durch den selbständigen Betrieb eines Erwerbsgeschäfts erwirbt, Vorbehaltsgut, auf das sich nach § 1365 die Verwaltung und Nutznießung des Mannes nicht erstreckt. Auf dieses finden nach § 1371 die bei Gütertrennung für das Vermögen der Frau geltenden Vorschriften Anwendung (§§ 1426 ff.). Da die A. das Geschäft im eigenen Namen betrieben hat, ist anzunehmen, daß sie es selbständig betrieben hat und daß sie auch in der Ehe die Absicht hat, dies weiter zu tun. Daher hat sie in dieser Hinsicht freie Verfügung. Der Mann ist mit seiner Klage abzuweisen.

Staudinger (Bem. 3 zu § 1367) meint, daß ein selbständiger Betrieb der Frau nicht vorliege, wenn das Geschäft nicht von ihr, sondern vom Manne auf Grund seines gesetzlichen Verwaltungsrechts geführt wird, wie eine Vergleichung mit § 112 ergebe. Er belegt das mit zahlreicher Literatur. Hiernach wird es immer auf den einzelnen Fall ankommen.

Von Bedeutung sind diese Fragen in der Praxis für Dritte, die klagen und vollstrecken wollen. Ins Geschäft der Frau können sie ohne weiteres vollstrecken, in ihr übriges Vermögen aber nur, wenn sie behauptet haben, daß der Mann das abgeschlossene Rechtsgeschäft genehmigt hat oder daß die Frau ihr Geschäft mit Genehmigung des Mannes betreibt. Deshalb ist es vorteilhaft, den Ehemann mit zu verklagen, seine Genehmigung zu behaupten und im Klagantrag die Verurteilung desselben zur Duldung der Zwangsvollstreckung ins eingebrachte Gut der Frau zu beantragen.

Lösung 515.

Die C. erhebt die actio hypothecaria, die Klage auf Zahlung derjenigen Summe, für die die Hypothek am Grundstück bestellt ist (§ 1113 BGB).

D. bestreitet in erster Linie die Aktivlegitimation der C. Nehmen wir an, die C. habe die Hypothek der B. durch Abtretung erworben, sei es durch eine Schenkung der B., zu deren Annahme die Zustimmung des Ehemannes der C. nicht erforderlich wäre (Staudinger zu § 1395 und 1406 Nr. 2; Planck; § 1406, 8), oder durch einen onerosen Vertrag mit Zustimmung ihres Ehemanns. In jedem Falle wäre die Hypothek, da von der B. nichts über

Vorbehaltsgutseigenschaft bestimmt ist (§ 1369 BGB.) oder sie durch Ehevertrag zwischen C. und ihrem Ehemann auch nicht für Vorbehaltsgut erklärt ist (§ 1368 BGB.) eingebrachtes Gut geworden (§ 1363 Abs. 2). Ein zum eingebrachten Gut gehörendes Recht kann jedoch die Ehefrau, wenn auch sonst ihre Prozeßfähigkeit unberührt bleibt, im Wege der Klage nur mit Zustimmung des Mannes geltend machen (§ 1400 Abs. 2). Solange sie diese nicht beibringt, ist sie infolgedessen nicht aktiv legitimiert; die Klage wäre also schon deswegen abzuweisen. (Eine von den Ausnahmen, in denen die Zustimmung des Mannes nicht erforderlich ist §§ 1401, 1405, 1407, liegt nicht vor.)

D. bestreitet ferner die Gültigkeit der Abtretung. Da die B. ebenfalls in gesetzlichem Güterrecht lebt, so ist die Hypothek auch für sie eingebrachtes Gut geworden, wenn A., worüber der Tatbestand nichts sagt, nicht ausdrücklich bestimmt hat, daß sie Vorbehaltsgut werden soll (§ 1369). Die Abtretung der Hypothek durch die B. an die C., ist eine Verfügung (gleichviel welche causa die Abtretung hat, ob Kauf oder Schenkung) denn es handelt sich dabei um ein Rechtsgeschäft, dessen Rechtswirkung auf das Recht unmittelbar gerichtet ist (Staudinger zu § 1375, 3). Zu Verfügungen über eingebrachtes Gut bedarf aber die Ehefrau der Einwilligung des Mannes (§ 1395). Ist diese der B. nicht erteilt, so liegt eine gültige Abtretung der Hypothek an die C. nicht vor (§§ 1396, 1397 BGB.).

Die Abtretung der Hypothek ist aber auch aus einem anderen Grunde nicht gültig erfolgt. Denn zur Abtretung einer durch Buchhypothek gesicherten Forderung (und um eine Buchhypothek handelt es sich hier) ist Einigung und Eintragung der Abtretung erforderlich (§ 1154 Abs. 3, 873 BGB.). Die Eintragung ist hier aber nicht erfolgt; und ohne Eintragung ist die Abtretung rechtlich gar nicht vorhanden (Staudinger zu § 1154, II 1c, VIII) Planck § 1154, 4. Auch aus diesem Grunde ist die Klage der C. abzuweisen.

Schließlich bestreitet D. die Ordnungsmäßigkeit der Kündigung; damit kann er zweierlei meinen. Die Kündigung ist ein einseitiges Rechtsgeschäft, durch das die C. über eingebrachtes Gut verfügt. Diese ist aber unwirksam, wenn die Einwilligung des Mannes fehlt (§ 1398 BGB.). Legt die C. die Einwilligung nicht vor, so ist eine rechtswirksame Kündigung gar nicht erfolgt und D. deswegen ebenfalls nicht zur Zahlung verpflichtet.

Zur Zeit der Kündigung war die Abtretungsurkunde noch nicht gebildet. An sich bedarf der Abtretungsvertrag das pactum de cedendo, die Eingehung der Verpflichtung zur Abtretung der Hypothek gar keiner Form; diese ist nur mit Rücksicht auf § 29 GBO. erforderlich. Daher brauchte auch bei der Kündigung eine Abtretungsurkunde nicht vorgelegt zu werden. Der Inhaber der Buchhypothek beruft sich auf die Eintragung im Grundbuch. (Anders bei der Briefhypothek § 1160 BGB. Staudinger zu 1154, V 1; 1160, I 4, 1141, I 3γ; Planck, § 1154, 3b α.)

Anm. Ist zur Zeit der Kündigung der Abtretungsvertrag schon geschlossen, so kann darin die Einwilligung der B. zur Kündigung der C. vorliegen; die Kündigung würde aber dann von der B. ausgehen, die ebenfalls nach § 1395 der Zustimmung ihres Mannes bedarf.

Lösung 516.

Es ist wieder zu fragen: In welchem Güterrechtssystem leben die Ehegatten? Wieder muß in Ermangelung einer besonderen Bestimmung in der Aufgabe angenommen werden, daß Verwaltungsgemeinschaft (§ 1363, §§ 1373 ff.) vorliegt. Hierauf folgt die weitere Frage: Ist das Klavier als eingebrachtes oder als Vorbehaltsgut anzusehen? Die Antwort gibt anscheinend die Aufgabe, denn sie sagt, das Klavier sei eingebracht. Ist der Ausdruck im juristischen Sinne gebraucht, dann würden auf das Klavier die §§ 1363, 1373 ff. Anwendung finden müssen. Nun scheint mir fraglich, ob nicht § 1366 in Frage kommt. Danach sind Vorbehaltsgut die ausschließlich zum persönlichen Gebrauch der Frau bestimmten Sachen. Das Resultat ist also: Benutzt der Ehemann der A. das Klavier ebenfalls, so ist es eingebrachtes Gut, benutzt er es nicht, so ist es Vorbehaltsgut. Es kommt also stets auf die Umstände des einzelnen Falles an. Ich will zunächst annehmen, das Klavier sei eingebrachtes Gut.

Frage 1 und 2: Nach § 1375 darf der Mann über eingebrachtes Gut nicht ohne Zustimmung der Frau verfügen. Er darf nur, wie § 1373 sagt, die zum eingebrachten Gut gehörigen Sachen in Besitz nehmen. Welche Folgen hat nun die Verfügung des Mannes der A.? Dieser ist nach § 1373 Besitzer des Klaviers, denn er hat die tatsächliche Gewalt an dem Klavier zur Zeit des Verkaufs. Er kann daher auch Besitz und Eigentum an B. übertragen. Mangelt aber die nach § 1375 erforderliche Zustimmung der Frau, so bemißt sich vorbehaltlich der Bestimmungen über den Schutz des guten Glaubens (s. insbes. §§ 932 ff.) und die Herausgabe einer ungerechtfertigten Bereicherung (§§ 812 ff.) die Wirksamkeit der Verfügung des Mannes, wenn er im eignen Namen handelte, nach § 185 (vgl. Staudingers Komm. Bem. 3 zu § 1375 am Schluß). Hiernach hängt die Wirksamkeit des Verkaufs von der Genehmigung der A. ab. Diese verweigert sie aber. Der Käufer erlangt daher kein Eigentum an dem Klavier, falls ihn nicht die §§ 932 ff. schützen. Ob letzteres der Fall ist, das zu erörtern, ist hier nicht die Aufgabe. Gefragt wird in der Aufgabe, ob die A. das Klavier vor und nach Auflösung der Ehe vindizieren kann, womit gemeint ist, ob sie aktiv legitimiert zur Klage ist. Vor Auflösung der Ehe kann die A. nach § 1400 Abs. 2 nicht klagen, denn danach kann sie ein zum eingebrachten Gute gehöriges Recht, das ist hier das Eigentumsrecht, an dem Klavier im Wege der Klage nicht ohne Zustimmung des Mannes geltend machen. Diese Zustimmung hat nun der Mann der A. nicht gegeben, es ist auch nicht zu vermuten, daß er sie geben wird, denn dadurch würde er ja seine eigene Verfügung, den Verkauf, rückgängig machen. Danach wird die A. ruhig bis zur Auflösung der Ehe mit ihrer Klage warten müssen. Die Zustimmung kann nicht durch das Vormundschaftsgericht ersetzt werden, wie es in § 1379 bei der fehlenden Zustimmung der Frau als zulässig erklärt wird. Auch § 1402 ist nicht anwendbar, wonach die Zustimmung des Mannes ersetzt werden kann. Denn es handelt sich nicht um Besorgung von persönlichen Angelegenheiten der Frau.

Nach Auflösung der Ehe ist dagegen die Ehefrau A. berechtigt, die Klage gegen den Käufer des Klaviers anzustellen. Dies dürfte sich aus dem Vorherigen ergeben.

Frage 3: Ist der Mann dazu befugt?

Nach § 1380 kann der Mann ein zum eingebrachten Gut gehöriges Recht im eigenen Namen gerichtlich geltend machen. Die Frage ist also zu bejahen. Der Umstand, daß der Ehemann der A. seine eigne unrechtmäßige Verfügung dadurch rückgängig macht, steht nicht im Wege. Er kann also auf Herausgabe des von ihm selbst eben erst verkauften Klaviers klagen, indem er sich auf § 188 verbunden mit § 1375 stützt.

Frage 4: Hat der Ehemann das Klavier im Namen seiner Frau aber ohne Vertretungsmacht verkauft, so ist nicht § 185, sondern es sind §§ 177 ff. anzuwenden. Die Wirksamkeit des Vertrags hängt von der Genehmigung der A. ab, doch kann wiederum nach §§ 932 ff. Eigentum auf den Käufer übergehen (vgl. Staudinger, Bem. 3 zu § 1375 am Schluß). Da die Genehmigung nicht erteilt wurde, ist die Verfügung unwirksam. Aber zur Klage ist auch hier nach § 1400 Abs. 2 nur der Mann berechtigt. Nur mit Zustimmung des Mannes kann die A. vor Auflösung der Ehe klagen.

Nach Auflösung der Ehe kann die Frau ohne weiteres klagen.

Der Mann kann im vorliegenden Falle nach § 1380 die Klage im eignen Namen oder auch im Namen der Frau anstellen (vgl. Staudinger, Bem. 3 zu § 1380).

Anm. 1. Den Fall, daß das Klavier Vorbehaltsgut ist, habe ich gar nicht erörtert, obwohl das anzunehmen ist, sobald der Mann es nicht mitbenutzt. Denn es ist offenbar nicht der Zweck der Aufgabe, dies zu erörtern, die Sache läge dann zu einfach. Nach § 1371 finden bezüglich des Vorbehaltsguts die bei der Gütertrennung für das Vermögen der Frau geltenden Vorschriften entsprechende Anwendung, also die §§ 1427—32. Aus diesen, insbesondere aus § 1430 e contrario, sowie aus § 1365 folgt, daß die Frau frei über ihr Vorbehaltsgut verfügen kann. Der Ehemann der A. durfte also das Klavier nicht ohne Zustimmung seiner Frau an B. verkaufen.

Hiernach kann die A. das Klavier, wenn es Vorbehaltsgut ist, schon während der Ehe im eigenen Namen vindizieren, um so mehr natürlich nach Auflösung der Ehe.

Anm. 2. Wie schon angedeutet, will die Aufgabe nur die Frage erörtert haben, inwieweit die Ehegatten zur Klage aktiv legitimiert sind. Eine ganz andere Frage ist die, ob der Käufer B. auf die Klage nicht vielleicht einwenden kann, daß er nach § 932 gutgläubig Eigentum am Klavier erlangt habe. Wenn auch die A. den Verkauf und die Übergabe nicht genehmigt hat, so war doch B. im guten Glauben oder dies muß wenigstens vermutet werden. Es scheint mir aber § 935 anwendbar. Das Klavier kann als „sonst abhanden gekommen" angesehen werden, weil es wider Willen der Frau abhanden kam (vgl. Staudinger, Bem. 1 zu § 935). Ist das Klavier eingebrachtes Gut, so widerspricht allerdings § 1373, wonach der Mann den Besitz am eingebrachten Gut erlangt. Diesen überträgt er auf den Käufer. Hier wird also § 935 nicht einschlagen. Der Dritte erlangt Eigentum. Nicht dagegen erlangt er es, wenn das Klavier Vorbehaltsgut ist.

Anm. 3. Was für Maßregeln könnte man der Frau empfehlen, um die durch die Verzögerung der Klage drohenden Nachteile zu vermeiden? B. kann z. B. inzwischen das Klavier weiter verkaufen usw.

Lösung 517.

Der Klage des B. gegen den Ehemann ist der Erfolg zu versagen.

Die Abtretung der Hypothek an B. durch die Ehefrau ist eine Verfügung, zu der die Ehefrau der Zustimmung des Mannes bedarf (§ 1395 BGB.); denn die Hypothek ist eingebrachtes Gut geworden (§ 1363 Abs. 2). Es liegt hier nicht etwa die Ausnahme des § 1405 vor, denn wenn auch der Ehemann seiner Frau den Betrieb der Schankwirtschaft gestattet hat, so ist doch der Verkauf der Schankwirtschaft kein Rechtsgeschäft, das der Geschäftsbetrieb mit sich bringt, um so mehr, da mit der Schankwirtschaft zugleich das zum eingebrachten Gut gehörige Grundstück verkauft ist. Die Kaufsumme und die Restkaufgeldhypothek ist auch nicht etwa Vorbehaltsgut im Sinne von § 1367 BGB., denn das Geld ist nicht durch den „Betrieb" des Rechtsgeschäfts erworben. Der Grundbuchrichter verlangt also mit Recht die Zustimmung des Ehemanns (die ihm übrigens in der Form des § 29 GBO. nachzuweisen ist). Solange nun die Zustimmung des Ehemanns nicht erteilt ist, ist der Abtretungsvertrag in der Schwebe. B. hat nur die ihm in den §§ 1396 und 1397 gegebenen Rechte, andere nicht. Wer mit einer Ehefrau kontrahiert, muß sich stets über das Güterrecht, in dem sie lebt, vergewissern; und wer überhaupt mit einer Frau kontrahiert, muß sich vergewissern, ob es eine Ehefrau ist. Die Beschränkungen, denen sie mit Bezug auf ihre Verfügungsfähigkeit unterworfen ist, muß er aber auch dann gegen sich gelten lassen, wenn er nicht gewußt hat, daß die Frau eine Ehefrau ist (§ 1404).

Lösung 518.

1. Die Vorschriften über die allgemeine Gütergemeinschaft geben die §§ 1438 ff. Nach § 1443 unterliegt das Gesamtgut der Verwaltung des Mannes und ist der Mann berechtigt, die zum Gesamtgut gehörenden Sachen in Besitz zu nehmen und über das Gesamtgut zu verfügen. Die Ausnahmen hierzu enthalten die §§ 1444 bis 1454, § 1357 (vgl. Staudinger, Bem. 4b zu § 1443). Zur Verwaltung gehört gerade in erster Linie der Abschluß von Verträgen und die Geltendmachung der Ansprüche im Prozesse im eigenen Namen.

Ein Ausnahmefall liegt hier nicht vor, denn es handelt sich um einen Kauf, also ein gewöhnliches zweiseitiges Rechtsgeschäft, das die Frau ohne Einwilligung des Mannes vorgenommen hat. Nach § 1443 war hierzu die Einwilligung des Mannes nötig, weil der Schrank zum Gesamtgut gehörte. Ob und wieweit der Vertrag gültig ist, ist eine materiellrechtliche Frage (s. unter 4). Der Käufer wendet in erster Linie ein, der Ehemann A. sei nicht aktiv legitimiert, weil die Ehefrau dem Prozesse nicht beigetreten sei. Dem steht § 1443 entgegen. Zur Verwaltung des Gesamtgutes gehört auch die Klage auf Herausgabe eines Gegenstandes. Hinsichtlich des Gesamtguts ist also in der Regel die Frau nicht aktiv legitimiert, die Rechte betreffs des Gesamtguts sind vielmehr vom Manne im eigenen Namen geltend zu machen, gleichgültig, ob es sich um Aktiv- oder Passivprozesse handelt (vgl. Staudinger, Bem. 5c zu § 1443; Gaupp, Bem. 4A, 2 zu § 52).

Hiernach braucht die Frau also nicht beizutreten, welcher Ausdruck übrigens unklar und nicht empfehlenswert ist, denn unter Beitritt im juristischen Sinne ist etwas anderes zu verstehen. Ist damit ihre Zustimmung zur Prozeßführung gemeint, so ist diese nicht nötig.

2. Eine Klage der Frau mit Einwilligung des Mannes ist hiernach im Falle des Abs. 1 nicht zulässig, damit ist auch Abs. 3 des Falls zum Teil erledigt.

3. Bei der Errungenschaftsgemeinschaft (vgl. §§ 1519, 1549) ist ebenfalls nur der Mann aktiv legitimiert, falls der Schrank während der Ehe vom Mann oder von der Frau erworben wurde, denn dann gehört er zum Gesamtgut (vgl. Gaupp, Bem. 4 A, 2 zu § 52) und auf dieses finden die Vorschriften über die allgemeine Gütergemeinschaft Anwendung. Gleichgültig ist dabei, ob der Schrank vom Manne oder von der Frau erworben wurde.

Wurde der Schrank vor der Eheschließung vom Manne oder von der Frau erworben, so ist er eingebrachtes Gut im Sinne des § 1520. Danach gelten im allgemeinen die Vorschriften des gesetzlichen Güterstandes für die Verwaltung. § 1380 ist hierfür von entscheidender Bedeutung. Nach § 1380 kann der Mann ein zum eingebrachten Gut der Frau gehörendes Recht im eigenen Namen gerichtlich geltend machen. Dazu gehört sicherlich das Recht auf Herausgabe des Schrankes. Somit kann der Mann allein klagen. Gehörte ihm der Schrank selbst, so ist er hierzu um so mehr berechtigt.

Gehörte der Schrank der Frau, so kann nach § 1400 Abs. 2 auch die Frau den Prozeß im eigenen Namen führen, aber nur mit Zustimmung des Mannes. Ohne diese Zustimmung kann sie nach § 1400 Abs. 2 während der Ehe niemals Prozesse über eingebrachtes Gut führen (vgl. Staudinger, Bem. 3 zu § 1400). Keinesfalls ist also hier der Beitritt der Frau erforderlich.

4. Die Aufgabe enthält noch mehr. Denn es heißt, daß der Käufer bestreitet, daß der Anspruch begründet ist. Das betrifft also die materiellrechtliche Seite. Diese Verfügung ist nicht zu verwechseln mit der Befugnis, Prozesse zu führen. Es fragt sich, ob solche Verfügungen der Frau, die sie ohne Genehmigung des Mannes vornimmt, wirksam sind. Beim gesetzlichen Güterstand gelten §§ 1395 ff. Nach § 1396 ist, wenn die Frau durch Vertrag über eingebrachtes Gut ohne Einwilligung des Mannes verfügt, dieser Vertrag unwirksam. Eine solche Verfügung durch Vertrag liegt hier vor. Hiernach würde der Mann im Falle der Errungenschaftsgemeinschaft den Schrank, den die Frau mit in die Ehe brachte, für das Gesamtgut beanspruchen können, er könnte auf Rückgängigmachung des Vertrags klagen oder vielleicht, falls der Kaufpreis noch nicht bezahlt ist, auf Grund von §§ 812 ff.

Im Falle der Gütergemeinschaft gelten besonders für die Wirksamkeit eines solchen Vertrages die allgemeinen Vorschriften über die Wirksamkeit der von nichtberechtigten Personen vorgenommenen Rechtsgeschäfte. Hiernach wären Verfügungen (auch der Frau gegenüber) unwirksam, während obligatorische Rechtsgeschäfte ihr gegenüber wirksam, dem Manne gegenüber in Ansehung des Gesamtguts unwirksam sind. Staudinger, Bem. 4c zu § 1443 zieht hier zum Vergleiche die §§ 182 bis 185 heran und fährt fort:

„Soweit dagegen für den Mann die Einwilligung der Frau für erforderlich erklärt ist, gilt dies gemäß §§ 1444 bis 1446 nicht nur für Verfügungen, sondern auch für die entsprechenden obligatorischen Rechtsgeschäfte."

Hiernach wäre zwar der Schrankverkauf wirksam, aber dem Manne gegenüber in Ansehung des Gesamtguts unwirksam. Danach scheint mir, daß der Mann in diesem Falle nicht auf Herausgabe des Schrankes klagen kann.

Lösung 519.

Der Ehemann A. klagt auf Herausgabe von 1000 M. Ob seiner Klage Erfolg zu geben ist, hängt davon ab, ob die Hingabe der 1000 M. durch seine Ehefrau an deren Schwester eine Schenkung ist oder die Erfüllung eines vor der Ehe geschlossenen Vertrages. Ist die Hingabe der 1000 M. eine Schenkung, so bedarf die Ehefrau A. dazu, weil es sich um eine Verfügung handelt, der Zustimmung ihres Mannes (§ 1395); ohne dessen Zustimmung ist die Schenkung also ungültig. Ist die Hingabe der 1000 M. dagegen die Erfüllung des zwischen der Ehefrau A. und der B. vor der Ehe der A. geschlossenen Vertrages, so ist die Zustimmung des Ehemanns A. nicht erforderlich. Denn aus den §§ 1411 und 1412 ergibt sich, daß die Gläubiger der Frau ohne Rücksicht auf die Verwaltung und Nutznießung des Mannes Befriedigung aus dem eingebrachten Gut für voreheliche Schulden der Frau verlangen können (Staudinger, Planck zu § 1411). Die Abmachung zwischen der Ehefrau A. und der B. ist aber ein vorehelicher Vertrag, der die A. in der angegebenen Weise zur Erfüllung verpflichtet.

Anm. Der Antrag des A. ist in der Form richtig vgl. § 739 ZPO. Gemäß § 1380 ist er auch berechtigt, das zum eingebrachten Gut gehörende Recht im eigenen Namen gerichtlich geltend zu machen.

Lösung 520.

B. stützt seine Klage auf § 340 BGB.; er verlangt die Vertragsstrafe an Stelle der nicht erfüllten Verbindlichkeit.

Liegt in unserem Falle überhaupt die Verabredung einer Vertragsstrafe im Sinne des Gesetzes § 339ff. vor? Eine Vertragsstrafe ist dann vereinbart, wenn der Schuldner dem Gläubiger eine Strafe für den Fall verspricht, daß er, der Schuldner, seine Verbindlichkeit nicht oder nicht gehörig erfüllt; in unserem Falle jedoch verspricht der Schuldner eine Strafe für den Fall, daß seine Ehefrau etwas unterläßt. Eine Vereinbarung dieser Art, die das Bürgerliche Gesetzbuch nicht erwähnt, kann man als „strafähnliches Versprechen" (Dernburg) bezeichnen; auf dieses werden die Vorschriften von der Vertragsstrafe, soweit möglich, analoge Anwendung zu finden haben; das „strafähnliche Versprechen" ist ein resolutiv bedingtes Rechtsgeschäft; die Bedingung ist eine Potestativbedingung. Während nun die gewöhnliche, akzessorische Konventionalstrafe stets dann ungültig ist, wenn das Hauptversprechen überhaupt unwirksam ist, ist das strafähnliche Versprechen nur dann unwirksam, wenn die Hauptverbindlichkeit oder das Versprechen selbst gegen das Gesetz oder die guten Sitten verstößt. (Staudinger, Vorbem. zu § 339 II; Planck, § 339, 3.) Ist dies in unserem Falle so?

A. lebt mit seiner Ehefrau im Stande der Gütergemeinschaft, die nach Bürgerlichem Gesetzbuche nur noch durch Ehevertrag vereinbart werden kann (§ 1432, 1434 BGB.). Durch die allgemeine Gütergemeinschaft werden das Vermögen des Mannes und das Vermögen der Frau Gesamtgut (§ 1438), das der Verwaltung des Mannes unterliegt (§ 1443). In gewissen Fällen ist jedoch der Mann bei seinen Verfügungen über Gesamtgut von der Zustimmung der Frau abhängig, so bedarf er auch in unserem Fall, da es sich um die Eingehung der Verpflichtung zur Verfügung über ein zum Gesamtgute gehörendes Grundstück handelt, der Einwilligung der Frau (§ 1445 BGB.). Diese Vorschrift ist deshalb getroffen, weil gerade das unbewegliche Vermögen wegen seiner wirtschaftlichen und sozialen Bedeutung besonders geschützt werden muß. Darum soll auch die Frau ihren Willen bei Verfügungen über unbewegliches Vermögen zur Geltung bringen. Aber es wäre leicht, diese Vorschrift durch eine Vereinbarung, wie sie in unserem Falle getroffen ist, illusorisch zu machen. Die Entschließung der Frau ist schon von vornherein stark beeinflußt, wenn sie weiß, daß für den Fall ihrer Nichteinwilligung der Ehemann eine Vertragsstrafe zu zahlen hat, die dazu noch aus dem Gesamtgute verlangt werden kann (§ 1459) daraus ergibt sich, daß ein strafähnliches Versprechen wie das vorliegende ungültig ist, weil es gegen die guten Sitten verstößt. Die Einwendungen des A. sind berechtigt. Wenn aber diese Bestimmung an sich ungültig ist, so ist es gleichgültig, ob die Frau aus Laune oder aus wirtschaftlichen Bedenken ihre Zustimmung versagt; wenn sie ihre Einwilligung aber nur aus Laune nicht erteilt, so werden vielleicht die Voraussetzungen vorliegen, auf Grund derer der Ehemann A. die Zustimmung seiner Frau durch das Vormundschaftsgericht ersetzen lassen kann (§ 1447 BGB.).

Würde die Frau A. ihre Zustimmung zum obligatorischen Veräußerungsvertrag gegeben haben, aber zur Auflassung versagen, so könnte B. auch gegen die Ehefrau auf Erteilung der Zustimmung klagen.

Lösung 521.

Die Beklagten sind im Recht.

Die fortgesetzte Gütergemeinschaft, die eintritt, wenn von zwei Eheleuten, die in Gütergemeinschaft gelebt haben, der eine stirbt, ist in den §§ 1483 ff. BGB. geregelt. Die Anteilsrechte der einzelnen Mitglieder der fortgesetzten Gütergemeinschaft bilden während des Bestandes derselben keine selbständigen Vermögensrechte. Kein Mitglied kann nach §§ 1487, 1442 über sein Recht verfügen, sein Anteil ist nach § 1490 unvererblich, und kann nach § 860 ZPO. nicht gepfändet werden; die fortgesetzte Gütergemeinschaft ist also eine Gemeinschaft zur gesamten Hand (Staudinger zu § 1487, 2; Planck, § 1487). B. hat nun aber, wie es im Text heißt, trotz der Vorschrift des § 860 das Anteilsrecht des A. gepfändet. Was bedeutet das? Die hier vorgenommene

Pfändung ist die Pfändung eines künftigen Rechts, die im voraus für den Fall erfolgt, daß das selbständige Vermögensrecht des Abkömmlings zur Entstehung gelangt. Eine solche Pfändung wird für zulässig erachtet (RG. 51, 116; 56, 14. A. M. Gaupp Stein zu § 860). Aber da diese Pfändung nur eine Sicherheitsmaßregel ist und nicht dieselbe Wirkung hat wie die nach Beendigung der Gütergemeinschaft gemäß § 860 Abs. 2 ZPO. zulässige Pfändung, so läßt sie die familienrechtlichen Verhältnisse unberührt, A. kann daher auch auf sein Anteilsrecht verzichten.

Dieser Verzicht kann nach § 1491 BGB. durch eine in öffentlich beglaubigter Form vor dem für den Nachlaß des verstorbenen Ehegatten zuständigen Gericht abgegebene einseitige Erklärung erfolgen oder durch Vertrag mit dem überlebenden Ehegatten und den übrigen anteilsberechtigten Abkömmlingen; der Vertrag muß gerichtlich oder notariell beurkundet werden.

Dieser Verzicht hat dingliche Wirkung; der Anteil des verzichtenden wächst den übrigen Mitgliedern der fortgesetzten Gütergemeinschaft an (Staudinger zu § 1491, 6; Planck, § 1491, I, 3). Da infolge des Verzichts der Gegenstand der Pfändung nicht mehr besteht, so wird auch diese hinfällig. (Gaupp-Stein hält wie die Pfändung so auch den Verzicht gemäß § 829 ZPO. für unzulässig.)

Der Gläubiger kann also auf diese Weise von A. nichts erreichen. Möglich ist aber, daß A. seinen Verzicht gegen eine Abfindungssumme erklärt hat (Staudinger zu § 1491, 7); dann muß sich der Gläubiger sofort an diese halten, um zu seinem Gelde zu kommen. Überaus schwierig ist die (meist verneinte) Frage, ob dem Gläubiger nicht auf Grund des Gesetzes betr. die Anfechtung von Rechtshandlungen des Schuldners außerhalb des Konkurses vom 17. Mai 1898 zu helfen ist oder ob er nicht auf Grund von § 826 BGB. gegen A. klagen kann. Es mag genügen, hier auf die Literatur zu verweisen: Falkmann, Anfechtung, Berlin 1908 S. 9. Rechtsprechung der Oberlandesgerichte Bd. 14, S. 232. Wegen des vorliegenden Falles vgl. Rechtsprechung der Oberlandesgerichte Bd. 15, S. 409; wegen der formellen Voraussetzungen der Pfändung im Vermögensrechte, also hier des Anteils an der Gütergemeinschaft die §§ 860, 857, 829, 835, 836 ZPO.

Lösung 522.

Die alte Streitfrage, ob zum Ehebruch immissio seminis erforderlich ist, hat die neuere Rechtsprechung verneinend beantwortet. Es genügt Vereinigung der Geschlechtsteile (vgl. Staudinger, Bem. 1a zu § 1565). Die Klage des A. ist also nach § 1565 begründet.

Die Widerklage könnte vielleicht nach § 1568 Erfolg haben, falls die B. beweist, daß A. seiner Verpflichtung nach § 1353 nicht nachgekommen ist, was natürlich nicht der Fall wäre, falls die Gesundheit des A. den Geschlechtsverkehr nicht dulden würde.

Lösung 523.

Der Fall ist instruktiv für die Frage der Ehelichkeit. Nach §§ 1602, 1627 ff. hat der Vater die A. zu unterhalten, wenn sie sein eheliches Kind ist. Da die A. am 27. Dezember 1900 geboren ist, die Ehe aber am 10. Juli 1900 geschieden worden ist, so hat die A. nach §§ 1593, 1592, 1591 zunächst als ehelich zu gelten, denn sie ist noch innerhalb 302 Tagen nach Auflösung der Ehe geboren. Die Ehelichkeit der A. ist also zu vermuten. Wenn daher der Vater der A. von der A., gesetzlich vertreten durch ihren nach § 1909 bestellten Pfleger, auf Zahlung des Unterhalts verklagt wird, so hat er, wenn er sich mit der Behauptung der Unehelichkeit des Kindes verteidigt, diese Behauptung zu beweisen. In der Aufgabe wird nicht näher festgestellt, worauf sich dies stützt, da es vermutlich die Absicht des Verfassers ist, die verschiedenen Möglichkeiten zu erörtern. Zunächst könnte sich der Vater der A. darauf stützen, daß seine Frau das Kind nicht vor oder während der Ehe empfangen habe, und daß es deshalb nach § 1591 nicht ehelich sei. Das ist ausgeschlossen, da es feststeht, daß die A. am 27. Dezember 1900 geboren ist, die Ehe ihrer Eltern aber am 10. Juni 1900 geschieden worden ist. Die Empfängniszeit, also nach § 1592 die Zeit vom 181. bis zum 302. Tage vor dem Tage der Geburt des Kindes, fällt daher ohne Zweifel noch in die Zeit des Bestehens der Ehe. Weiter kann der Vater der A. behaupten — und hierauf stützt er sich wahrscheinlich, wie man aus der Beweisaufnahme entnehmen kann — daß nach § 1591 die A. deshalb nicht ehelich sei, weil es den Umständen nach offenbar unmöglich sei, daß seine Ehefrau das Kind von ihm empfangen habe. Der Umstand, auf den sich der Vater der A. in diesem Falle beruft, besteht darin, daß er von seiner Frau, wie die Beweisaufnahme ergibt, offenbar schon längere Zeit vor Scheidung der Ehe in derselben Stadt getrennt und sie mit einem anderen Mann im Konkubinat gelebt hat. Daraus folgert er, daß der Beischlaf zwischen ihm und seiner Ehefrau ausgeschlossen gewesen sei und er sonach den Gegenbeweis zu § 1591 Abs. 1 Satz 2 geführt habe. Dieser Gegenbeweis ist aber nicht als erbracht anzusehen. Denn es ist den Umständen nach, besonders da die Eheleute zur fraglichen Zeit in derselben Stadt wohnen, nicht ausgeschlossen, daß der Vater der A. seiner Frau, trotzdem diese mit einem anderen Manne im Konkubinat lebt, noch bis zur Ehescheidung beigewohnt hat. Daß die Frau ihren Ehemann überhaupt schon vor Beginn der Empfängniszeit verlassen hat — es wäre dies also in der Zeit vom 181. bis 302. Tage vor dem 27. Dezember 1900 — ist noch nicht einmal festgestellt. Die Vermutung der Ehelichkeit ist also nicht widerlegt. Die A. ist also mangels eines Gegenbeweises als ehelich zu betrachten, und ihr Vater ist auf ihre Klage hin zur Bestreitung ihres Unterhalts zu verurteilen. Die von A. formell richtig erhobene Widerklage, die zugleich eine Anfechtungsklage nach § 1598 ist, ist daher abzuweisen.

Anm. § 1591 Abs. 1 Satz 2 umfaßt abgesehen von dem häufigsten Fall, daß die Frau dem Mann nicht beigewohnt haben kann, z. B. auch den Fall der Impotenz des Mannes, die allerdings wohl nicht zu leicht feststellbar ist. Auch die Möglichkeit der Sterilität der Frau gehört hierher.

Wie steht es, wenn der Mann im Gefängnis war und darauf die Behauptung nach § 1591 Abs. 1 Satz 2 stützt? Auch hier liegt wohl nicht unbedingt Unmöglichkeit vor, es wird auf die näheren Umstände ankommen.

Lösung 524.

Die Bestellung des Abwesenheitspflegers — nicht Vormunds, wie die Aufgabe sagt — für den A. ist gemäß § 1911 erfolgt. A. hat nach §§ 1601 ff., 1627 ff. die Pflicht, seine ehelichen Kinder zu unterhalten und so auch das während seiner Abwesenheit bei Bestehen der Ehe von seiner Ehefrau geborene Kind. Der Pfleger will aber hier das Bestehen dieser Pflicht bestreiten, indem er die Ehelichkeit des Kindes bestreitet und behauptet, daß das Kind von einem anderen herrühre. Er erhebt daher gemäß §§ 1593 ff. die Anfechtungsklage. Insbesondere stützt er sich auf § 1591 Abs. 1 Satz 2 und behauptet, daß es den Umständen nach unmöglich ist, daß die Ehefrau des A. das fragliche Kind von A. empfangen hat. Die Abwesenheit des A. ist zu vermuten, denn sonst wäre die Pflegschaft nicht eingeleitet worden, somit auch das Vorliegen von § 1591 Satz 2. Der Pfleger ist aber trotzdem mit der Klage abzuweisen nach § 1595. Danach kann die Anfechtung der Ehelichkeit nicht durch einen Vertreter erfolgen, der Pfleger ist aber ein solcher ohne Zweifel. Er ist zwar ein gesetzlicher Vertreter, aber § 1595 Abs. 2 schlägt nicht ein, denn A. ist nicht geschäftsunfähig, sondern abwesend. Somit muß der Pfleger des A. das Kind bis zu dessen Rückkehr aus dem von ihm verwalteten Vermögen des A. unterhalten. Nur A. selbst kann nach seiner Rückkehr, insbesondere unter Beobachtung des § 1594, die Anfechtungsklage erheben.

Zuständig ist die Zivilkammer des Landgerichts (§§ 640 f. ZPO.).

Lösung 525.

Wenn nach dem Tatbestande des Falles anzunehmen ist, daß A. sich nach dem Tode seiner Tochter wieder in den Besitz der Wiese gesetzt hat, so ist die Klage des B. auf Herausgabe als die Besitzeinräumungsklage des § 861 BGB. anzusehen. Mit dieser dringt er ohne weiteres durch, denn dem Besitzanspruche des B. gegenüber kann A. auch keine petitorischen Einreden geltend machen (§ 863 BGB.). Doch würde ihm das Obsiegen mit der Besitzklage nicht viel nützen, wenn A. in einem petitorischen Prozeß wieder die Herausgabe der Wiese erreichen würde.

B. klagt weiter auf Auflassung, d. h. auf Erfüllung des Versprechens des A., ihm eine Wiese zu Eigentum zu übertragen, wenn er die Tochter heirate. Dieses Versprechen ist, wenn man die Verwandtschaftsverhältnisse der Beteiligten außer Acht läßt, ein Schenkungsversprechen unter einer Potestativbedingung; man könnte allerdings auch die unentgeltliche Zuwendung der Wiese durch den A. als Gegenleistung für die Heirat des B. ansehen; dann würde ein gegenseitiger Vertrag vorliegen, während die Schenkung ein einseitiger Vertrag ist. Nimmt man aber an, daß es sich um ein Schenkungsversprechen des A. handelt, so wäre allerdings gemäß §§ 518, 318 gerichtliche oder notarielle Beurkundung erforderlich; durch die bloße „Übergabe" der Wiese ist nicht etwa der Mangel der Form geheilt, denn die Schenkung eines Grundstücks ist erst dann bewirkt (§ 518 BGB.), wenn es zu Eigentum übertragen ist, d. h. durch Auflassung.

Nun aber liegt zwischen A., seiner Tochter und seinem künftigen Schwiegersohn ein Verwandtschaftsverhältnis vor, wegen dessen auf die besonderen unter dem Titel: „Rechtliche Stellung der ehelichen Kinder, Rechtsverhältnis zwischen den Eltern und dem Kinde im allgemeinen“ (§§ 1616 ff. BGB.) gegebenen Vorschriften einzugehen ist. Im vorliegenden Falle ist insbesondere die Frage zu erörtern, ob die Hingabe der Wiese als Aussteuer oder als Ausstattung anzusehen ist (§ 1620, § 1624).

Der Begriff der Aussteuer ist im Gesetz nicht definiert. Man versteht darunter den Inbegriff der zur Einrichtung eines Haushalts einer heiratenden Tochter erforderlichen beweglichen Gegenstände (Haushaltungsgegenstände, Wäsche, Kleider usw.). Die Aussteuer ist eine Unterart des Begriffs der „Ausstattung“ (§ 1624). Diese ist nicht nur ein Inbegriff beweglicher Gegenstände, sondern alles, was einem Kinde vom Vater oder der Mutter mit Rücksicht auf die Verheiratung zugewendet wird; es ist im großen und ganzen das, was der Sprachgebrauch mit „Mitgift“ bezeichnet. Weitere Unterschiede ergeben sich aus dem Text des Gesetzes, insbesondere ist zu beachten, daß die Eltern „verpflichtet“ sind, der Tochter (nicht dem Sohne) eine Aussteuer zu gewähren. Aus der Definition der Begriffe „Aussteuer“ und „Ausstattung“ ergibt sich, daß es sich im vorliegenden Falle um eine „Ausstattung“ handelt; A. ist also mit seiner ersten Einwendung im Recht; B. ist im Unrecht, wenn er die Wiese als Aussteuer betrachtet; dagegen ist seine zweite Bemerkung, die Aussteuer sei den Verhältnissen des A. angemessen von B.s Standpunkt aus wesentlich, weil demjenigen, der eine Aussteuer verlangt, die Beweislast dafür obliegt, daß sie angemessen ist (Staudinger zu § 1620, 8; Planck, I, 1620, 5).

A. ist aber im Unrecht, wenn er meint, daß das Versprechen an seinen Schwiegersohn eine Schenkung und daher wegen Formmangels ungültig sei.

Würde er die Wiese seiner Tochter selbst versprochen haben, so würde man ohne weiteres ein Ausstattungsversprechen darin sehen; die Ausstattung gilt aber im Prinzip gemäß § 1624 nicht als Schenkung, bedarf also keiner Form. A. müßte, wenn er sein Versprechen zur Schenkung stempeln wollte, behaupten und beweisen, daß die Zuwendung einer Wiese das seinen Vermögensverhältnissen entsprechende Maß übersteigt (Staudinger zu § 1624, 4; Planck 1624, 3). Nun wird aber auch das Mitgiftversprechen an den Schwiegersohn allgemein als Ausstattungsversprechen an die Tochter angesehen (Staudinger zu § 1624, 2c); also schon deswegen kommt Schenkung in erster Linie nicht in Betracht. Mithin bedurfte das Mitgiftversprechen einer Form nicht, und B. kann die Erfüllung des Versprechens, die Auflassung verlangen.

Lösung 526.

Der Kläger stützt sich auf § 1627, wonach er das Recht und die Pflicht hat, für die Person und das Vermögen des Kindes zu sorgen. Hierunter fällt nach § 1631 auch die Erziehung und somit, wie man die Vorschrift erweiternd auslegen muß, auch die religiöse Erziehung des Kindes, welche durch das BGB. nicht näher geregelt wird, sondern nach Art. 134 EG. durch die Landesgesetze.

Die Frage, ob das Recht des Vaters dadurch, daß sein Kind wider seinen Willen in einem anderen Glauben getauft wird, beeinträchtigt wird, kann nicht nach dem BGB. beantwortet werden. Es ist ein Prinzip des katholischen wie des protestantischen Kirchenrechts, daß jede Taufe, die rituell formrichtig ist, als gültig anzusehen ist. Erst durch die Konfirmation bzw. Firmelung erfolgt die wahre Aufnahme des Kindes in die Kirche. Die Taufe gibt dem Kinde nur den Charakter als Christ. Da der Vater demnach jederzeit sein Kind trotz der katholischen Taufe nach seinem Belieben erziehen kann, so hat er an der alsbaldigen Feststellung, die er wünscht, jetzt wohl noch kein Interesse. Ein solches tritt erst ein, wenn das Kind schulpflichtig wird, also mit dem sechsten Lebensjahre. Denn dann würde von der Schule aus möglicherweise, da das Kind katholisch getauft ist, die Einwilligung des Vaters zur Teilnahme am katholischen Religionsunterricht vorausgesetzt werden. Auch dann könnte aber der Vater noch Einspruch erheben und die Teilnahme des Kindes verhindern. Die Taufe ist dann auch ohne die Klage des Vaters wirkungsvoll. Hiernach ist es leicht möglich, daß das Gericht die auf Grund von § 256 ZPO. erhobene Feststellungsklage abweist, weil vorläufig noch kein Interesse an alsbaldiger Feststellung vorliegt.

Lösung 527.

Nach § 1649 hat der Vater kraft der elterlichen Gewalt die Nutznießung am Vermögen des Kindes mit Ausnahme des sog. freien Kindesvermögens (§§ 1650, 1651). Es ist also zu untersuchen, welcher Art das Vermögen ist, welches das Kind im vorliegenden Falle erwirbt.

Die Einnahmen des Kindes durch eigene Arbeit gehören nach § 1651 Abs. 1 zum freien Kindesvermögen. Ebenso ist das bei den Geschenken der Fall, und zwar nach § 1650, denn sie sind hier offenbar zum persönlichen Gebrauche des Kindes des A. bestimmt. Da der Vater das ganze Vermögen für die Tochter und für sich verwendet, so verwaltet er es tatsächlich auch, obgleich er kein Verwaltungsrecht hat. Für die Verwaltung mußte er vielmehr wegen voraussichtlich widerstreitender Interessen unter allen Umständen die Bestellung eines Pflegers nach § 1909 bei dem zuständigen Amtsgericht beantragen. Wenn dieses das Vorliegen widerstreitender Interessen nicht annahm oder ihm in Anbetracht der Verhältnisse einstweilen die Verwaltung überließ, so hatte er jedenfalls insofern seine Pflicht getan, während er dadurch, daß er von den Einnahmen seinen Unterhalt bestreitet — selbst wenn er ein Recht auf Ersatz hatte — pflichtwidrig handelt. Eine ganz andere Frage ist die, ob er überhaupt ein Recht hatte, diese Einnahmen in der geschilderten Weise zu verwenden. Diese soll nun besprochen werden.

Der A. verteidigt sich mit der Behauptung, die Kosten der Ausbildung und des Unterhalts des Kindes hätten den Erwerb überstiegen. Diese Kosten seien aber Aufwendungen, die er den Umständen nach für erforderlich halten dürfe. Entscheidend ist hier § 1648. Danach kann A. Ersatz verlangen, falls er die Aufwendungen für erforderlich halten durfte. Das bestreiten die Kläger, aber vielleicht mit Unrecht. Daß A. außergewöhnliche Aufwendungen gemacht hat, insbesondere bei der Ausbildung seiner Tochter, und daß er sie zum großen Teil für erforderlich halten durfte, ist wahrscheinlich. Er wird es allerdings beweisen müssen. Keinesfalls werden daher die Kläger den gesamten durch die Konzerte erzielten Erwerb nebst Zinsen und die Geschenke von A. erlangen können. Zu untersuchen ist natürlich, inwieweit die Aufwendungen wirklich erforderlich waren. Bleibt dann zwischen den wirklichen Ausgaben und den als erforderlich vom Richter festzustellenden eine Differenz, so hat A. diese zu ersetzen. Sind die Aufwendungen größer als die Einnahmen, so hat A. nach § 1648 keinen Ersatz zu leisten.

Bei Feststellung der Ersatzfrage ist zu berücksichtigen, ob und inwieweit die von A. gemachten Aufwendungen dem A. nach § 1648 selbst zur Last fallen. Hinsichtlich der Sorge für die Person kommen hier die Vorschriften über die Unterhaltspflicht (§§ 1601 ff.), hinsichtlich der Sorge für das Vermögen die Bestimmungen des § 1654 über die Verpflichtung des Gewalthabers zur Tragung der Lasten des seiner Nutznießung unterliegenden Vermögens in Betracht. Nach § 1602 z. B. hat der Vater das Kind, selbst wenn es Vermögen hat, insoweit zu unterstützen, als die Einkünfte von dessen Vermögen und der Ertrag von dessen Arbeit zum Unterhalte nicht ausreichen. Die Entscheidung dieser Frage hängt ganz von den Vermögensverhältnissen des Vaters selbst ab. Es kann sein, daß der Vater mittellos war und das zur Ausbildung seiner Tochter erforderliche Geld erst geborgt hat, es kann auch sein, daß seine Mittel durch die Ausbildung seiner Tochter erschöpft sind, es kann endlich auch sein, daß der Vater ein vermögender Mann ist. Der Text läßt diese Frage offen, vermutlich, da die Lösung für alle denkbaren Fälle gefunden werden soll. Nimmt man an, der Vater sei gänzlich mittellos, so fallen ihm nach § 1602 e contrario überhaupt keine Aufwendungen zur Last, ebenso wenn seine Mittel erschöpft sind. Ist er aber vermögend, so hat er mindestens die in § 1654 erwähnten Lasten der Einnahmen zu tragen, obwohl sie rechtlich nicht seiner Verwaltung und Nutznießung unterliegen, er sich diese aber in Voraussetzung der Genehmigung des Vormundschaftsgerichts angemaßt hat. Außerdem hätte A. dann nach § 1602 zu haften. Diese Vorschrift ist aber hier auch, falls der Vater Vermögen hat, kaum anwendbar, denn der Erwerb des Kindes reicht vermutlich zum Unterhalte desselben aus (vgl. Staudinger, Bem. 5 zu § 1648).

Weiter ist zu berücksichtigen, daß A. einen Teil des Erwerbs sogar für sich selbst benutzt. Hierzu ist er nach § 1601, falls die Voraussetzungen von § 1602 Abs. 1 bei ihm vorliegen, also wenn er außerstande ist, sich selbst zu unterhalten, berechtigt, denn er ist mit seiner Tochter in gerader Linie verwandt. Auch diesen Erwerb braucht er also nicht herauszugeben. Lägen dagegen diese Voraussetzungen nicht vor und hätte der Vater genug zum Leben, so hätte allerdings der Vater pflichtwidrig gehandelt, denn seinen eigenen Unterhalt müßte er jedenfalls von seinem Vermögen bestreiten. Diese

Summe wäre daher von A. zweifellos zu ersetzen. Seiner Verteidigung ist insoweit nicht beizustimmen.

Es würden also bei der Berechnung der Schadensersatzsumme voraussichtlich zwei Posten in Betracht kommen, nämlich die ev. nach § 1648 nicht erforderlichen, daher unnötigerweise gemachten Auslagen und die soeben gefundenen, falls A. Vermögen hat, von A. für sich selbst gemachten und pflichtwidrig dem Kindesvermögen entzogenen Einnahmen.

Auf die Berechnung, insbesondere inwieweit die Auslagen erforderlich waren, kann hier, da der Tatbestand zu wenig einzelne Angaben macht, nicht eingegangen werden. Möglich ist allerdings, daß A. bei Anwendung der im Verkehr erforderlichen Sorgfalt bei Abrechnung der Aufwendungen und des Unterhalts für sich und sein Kind immer noch einen bedeutenden Gewinn erzielen mußte, da die Tochter offenbar besonders begabt ist und mit großem Erfolge auftritt. Die Aufrechnungseinrede des A. — eine solche enthält seine Verteidigung — würde also nur zum Teil wirksam sein. Keinesfalls können die Kläger, wie sich gezeigt hat, den gesamten durch die Konzerte erzielten Erwerb nebst Zinsen usw. fordern.

Lösung 528.

Im Jahre 1896 galt in Hamburg noch Pandektenrecht. Danach erzeugt die Arrogation wie jetzt die Adoption die väterliche Gewalt. Das Kind der A., welches seit seiner Geburt im Jahre 1899 in der elterlichen Gewalt seiner außerehelichen Mutter, der A., sich befand, kommt also durch die Arrogation seitens des Großvaters im Jahre 1899 in die väterliche Gewalt desselben. Mit der Verheiratung seiner Eltern im Jahre 1900 müßte es aber nach § 1719, da es die rechtliche Stellung eines ehelichen Kindes erlangt, in die elterliche Gewalt des B. und dessen Ehefrau kommen. Es fragt sich nun: Geht das durch die elterliche Gewalt erzeugte Recht der durch die Arrogation erzeugten väterlichen Gewalt vor? Nach § 1797 kann ein uneheliches minderjähriges Kind nur mit Einwilligung der Mutter adoptiert werden. Nach § 1765 verliert die Mutter durch die Adoption die elterliche Gewalt. Die A. hat nun vermutlich ihre Einwilligung zur Adoption gegeben, wenigstens ist von einem Widerspruch derselben nichts gesagt. Es fragt sich also noch, ob nach dem Eheschluß nachträglich noch die Einwilligung des Vaters hierzu nötig ist. Das wäre meines Erachtens unbillig, auch scheint mir das Gegenteil aus § 1719 zu folgen. Denn da das Kind erst mit der Eheschließung die rechtliche Stellung eines ehelichen erlangt, so hat es dieselbe vorher noch nicht. Zur gültigen Adoption ist also nur die Genehmigung der damals außerehelichen Mutter nötig. Die Annahme an Kindes Statt bleibt somit gültig. B. dürfte also mit seiner Klage auf Herausgabe des Kindes abzuweisen sein.

Lösung 529.

Die Frage ist, ob B. die gerichtliche Vormundbestellung auf Grund der letztwilligen Verfügung des A. rückgängig machen kann. Wenn man § 1778 extensiv interpretiert, kommt man dazu, die Frage zu bejahen. Es heißt hier, daß, wer nach § 1876 als Vormund berufen ist, ohne seine Zustimmung nur übergangen werden darf, wenn er nach den §§ 1780—84 nicht zum Vormund bestellt werden kann oder soll usw. Die §§ 1780—84 kommen aber bezüglich des B. nach der Aufgabe nicht in Frage, ebensowenig die weiteren dort bezeichneten Ausnahmefälle. Also hat das Gericht den B. ohne seine Zustimmung mit Unrecht übergangen. § 1878 ist aber, wie aus den Motiven zum BGB. zu ersehen ist, ein zwingendes Gesetz (lex absolata), also ist ein Zuwiderhandeln gegen dasselbe unwirksam. Das Gericht ist also verpflichtet, die Vormundbestellung des X. aufzuheben und auf Grund des § 1777 Abs. 3 den B. als Vormund zu bestellen.

B. erlangt seine Bestellung durch Einlegung der sofortigen Beschwerde nach § 22 des FGG. (zwei Wochen nach erlangter Kenntnis vom Beschwerdegrund).

Lösung 530.

Nach § 1822 Ziff. 5 bedarf der Vormund die Genehmigung des Vormundschaftsgerichts zu einem Mietvertrag, wenn das Vertragsverhältnis länger als ein Jahr nach der Vollendung des 21. Lebensjahres des Mündels fortdauern soll. Das Mündel ist nun hier bereits 15 Jahre alt und der Vertrag auf zehn Jahre geschlossen. Demnach bedurfte der Vormund der Genehmigung des Vormundschaftsgerichts. Die Frage des Vertragsschlusses ohne Genehmigung des Gerichts regelt § 1829. Danach hängt die Wirksamkeit des Vertrages von der nachträglichen Genehmigung des Vormundschaftsgerichts ab. Diese ist aber nicht erteilt worden, vielmehr ist das Gericht in Unkenntnis über den Vertragsschluß geblieben. Acht Jahre nach dem Vertragsschlusse ist nun der Mündel bereits 23 Jahre alt. Nach § 1829 Abs. 2 tritt daher seine Genehmigung an Stelle derjenigen des Gerichts, dieses hat also nichts mehr mit der Sache zu tun. A. gibt aber seine Genehmigung nicht, wie er durch Anstellung der Räumungsklage beweist. Daher ist der ganze Vertrag unwirksam. A. dringt also mit der Räumungsklage durch.

Anm. Die Kosten des Prozesses muß übrigens A. tragen. Denn A. hat der Aufgabe nach nicht versucht, den B. zur Räumung ohne Klage zu veranlassen, sondern ohne weiteres geklagt. Nach den für A. und den Vormund ergänzend eingreifenden Bestimmungen der §§ 177ff. über Geschäftsführung ohne Auftrag, sowie des § 182 hätte A. die Verweigerung der Zustimmung sowohl dem Vormund wie dem B. gegenüber erklären sollen. Darin hätte zugleich eine Mahnung gelegen. Da er dies nicht getan hat, können dem B. billigerweise die Kosten des Prozesses, die er ja nicht veranlaßt hat, auch nicht auferlegt werden.

Lösung 531.

Die Klage des C. ist die Klage aus der Bürgschaftsverpflichtung des B. (§ 765 BGB.). B. erhebt einen formellen und einen materiellen Einwand. Der Einwand zu a bezieht sich lediglich auf die äußere Form der Bürgschaft, die nach § 766 BGB. schriftlich sein muß. B. hat die Bürgschaftserklärung nicht selbst vollständig in schriftlicher Form abgegeben, sondern nur seine Unterschrift gegeben; C. hat dann das Blankett der Verabredung gemäß ausgefüllt. Ob dies zur Wahrung der schriftlichen Form genügt, ist bestritten. Da jedoch der § 126 BGB., der die Erfordernisse der vom Gesetz verlangten Schriftlichkeit festlegt, den Hauptwert auf die „Unterschrift" legt und es allgemein anerkannt ist, daß der Text der Urkunde nicht vom Aussteller geschrieben zu sein braucht, so wird man auch die Blankettform als ausreichend zur Wahrung der Schriftlichkeit erachten müssen. (Entscheidungen des Reichsgerichts Bd. 57 S. 263.) Mit diesem Einwand wird B. also nicht durchdringen. Er erhebt nun zu b den Einwand, daß das Hauptgeschäft nichtig sei. Gemäß § 1822 Nr. 3 bedarf der Vormund zum Erwerbe eines Erwerbsgeschäftes für sein Mündel der Genehmigung des Vormundschaftsgerichtes, wird diese nicht erteilt (vgl. §§ 1829, 1830) so ist der Vertrag unwirksam (Staudinger zu § 1829, 5; Planck, § 182, 9, 3). Die Bürgschaft ist aber ein akzessorisches Rechtsgeschäft, das in seinem Bestande von der Gültigkeit der Hauptschuld bedingt ist. Da nun der Vertrag zwischen A. und C. unwirksam ist, mithin auch A. nicht verpflichtet ist, die Restschuld von 1000 M. zu begleichen, so ist auch die Bürgschaft des B. ungültig, er kann also nicht von C. in Anspruch genommen werden.

Ebenso ist es, wenn er sich als „Selbstschuldner" verbürgt hat. Auch die sog. selbstschuldnerische Bürgschaft ist akzessorisch. Sie unterscheidet sich von der einfachen Bürgschaft nur soweit, als es im Gesetze bestimmt ist. Wer sich als Selbstschuldner verbürgt hat (der Ausdruck kommt zuerst im § 773 Nr. 1 vor), verliert vor allem die Einrede der Vorausklage, die dem einfachen Bürgen zusteht (vgl. § 771ff.); B. hat diese Einrede vorliegend auch als einfacher Bürge nicht erhoben, weil A. ins Ausland geflohen ist und dadurch seine Rechtsverfolgung erschwert wird (§ 773 Nr. 2).

Lösung 532.

Die Klage der Erben ist eine Feststellungsklage in Verbindung mit einer Leistungsklage. Diesen gegenüber erhebt B. nur eine formelle Einrede, die prozeßhindernde Einrede, daß die Entscheidung des Rechtsstreits durch Schiedsrichter zu erfolgen habe (ZPO. § 274, 5, vgl. § 275, 177). Ist diese Einrede berechtigt?

Nach § 1684 BGB. steht der Mutter die elterliche Gewalt über die Kinder zu, wenn der Vater gestorben ist, daher kann sie im Prinzip Verträge für ihre Kinder abschließen. Auf die elterliche Gewalt der Mutter finden nach § 1686 die Vorschriften über die elterliche Gewalt des Vaters Anwendung. Der Vater kann aber gewisse Rechtsgeschäfte, die im § 1643 durch Verweisung auf die §§ 1821 und 1822 bezeichnet sind, nur mit Genehmigung des Vormundschaftsgerichtes für das Kind vornehmen.

Dazu gehören: a) Verfügungen über Grundstücke § 1821 Nr. 1
b) Veräußerung eines Erwerbsgeschäftes § 1822 Nr. 3.

Dagegen nicht Abschluß eines Schiedsvertrages § 1822, 12.

Da eben Nr. 12 des § 1822 in § 1643 nicht erwähnt ist, so könnte man annehmen, daß der gesetzliche Vertreter des Kindes zum Abschluß eines

Schiedsvertrages für dasselbe, der Genehmigung nicht bedürfe. Wenn jedoch der Schiedsvertrag solche Rechtsgeschäfte enthält, zu denen nach den Vorschriften des § 1643 die Genehmigung des Vormundschaftsgerichtes erforderlich ist, so bedarf auch er der Genehmigung (Staudinger zu § 1822, 12p; Planck, § 1822, 20). So ist es in unserem Falle. Wenn jeder Streit über die Liquidation, d. h. über die Auseinandersetzung mit Bezug auf das Grundstück und das Erwerbsgeschäft durch Schiedsrichter entschieden werden soll, so liegt darin eine allgemeine Verfügung der Mutter über das Grundstück und das Erwerbsgeschäft; zu dieser aber bedarf sie der Genehmigung des Vormundschaftsgerichtes; der Einwand der Erben ist also berechtigt. Ob auch ihre Klageanträge materiell gerechtfertigt sind, ist aus dem Tatbestand nicht zu ersehen.

Lösung 533.

Der Vormund dürfte in dem Versteigerungstermin am 1. April als Vertreter ohne Vertretungsmacht (§ 177) anzusehen sein. Wenn er also in dem Termin für seinen früheren Mündel auftritt, so hängt die Wirksamkeit seiner Erklärungen nach §§ 177, 180 von der nachträglichen Genehmigung des Mündels ab. Insoweit kann er also mit rechtlicher Wirkung für den Mündel auftreten.

Der Vormund kann nicht einwenden, daß sein Auftreten nach § 1682, der analog auf die Vormundschaft anzuwenden ist, rechtlich wirksam sei. Denn der Vormund muß das Alter seines Mündels kennen. Der Dritte dagegen, also das Gericht, der Ersteher des Grundstücks usw., müssen das Alter des Mündels und somit die Beendigung der Vormundschaft nicht kennen (vielfach wird das Gericht durch Herbeiziehung der zugehörigen Vormundschaftsakten von dergleichen schon vor dem Termin Kenntnis erlangt haben).

Das von seinem früheren Vormund Ausgeführte kann der Mündel nicht rückgängig machen.

Lösung 534.

Nach § 1821, insbesondere § 1821 Abs. 2, bedarf der Vormund zur Ausleihung von Mündelgeld auf Grundstücke nicht der Genehmigung des Vormundschaftsgerichts. Insoweit ist also sein Vorgehen nicht pflichtwidrig. Nach § 1807 Abs. 1 Ziff. 1 soll aber die Anlegung von Mündelgeld nur in Forderungen erfolgen, für die eine sichere Hypothek an einem inländischen Grundstücke besteht. Das hat der Vormund A. nicht befolgt, denn das fragliche Grundstück ist nur bis zu 40000 M. sicher. Die Differenz von 20000 M. hat der Vormund also pflichtwidrig angelegt. Die Folge der Pflichtwidrigkeit des Vormundes ist zwar nicht Nichtigkeit des Rechtsgeschäfts, denn § 1807 ist keine zwingende Vorschrift (wie das Wort „soll" andeutet). Wohl aber kann das Gericht nach § 1887 den Vormund in diesem Falle absetzen, was hier also mit Recht geschehen ist. Die Frage ist nun die, ob und wieweit der Vormund A. nach § 1831 dem Mündel schadensersatzpflichtig ist. Der neue Vormund B. hat das Grundstück für 44000 M. in der Zwangsversteigerung gekauft, so daß die Hypothek des Mündels mit

15000 M. ausfällt. Diese mit den auflaufenden Zinsen hätte also der Vormund A. zu ersetzen. A. wendet ein, der Mündel habe gar keinen Schaden erlitten, denn der B. habe das Grundstück noch vor der Klagezustellung um 80000 M. weiter verkauft. Das ist natürlicherweise erheblich. Denn ein Schaden muß nach § 1833 unbedingt entstanden sein. Der A. braucht also infolge des günstigen Verkaufs nicht auf Schadensersatz zu haften.

Lösung 535.

Die Ehefrau des A. beruft sich offenbar darauf, daß sie durch ihre Auswanderung nach Amerika die deutsche Staatsangehörigkeit verloren und nach Art. 7 des EG. Geschäftsfähigkeit erlangt hat. Das ist aber nicht der Fall. Sie hat vielmehr die deutsche Staatsangehörigkeit behalten, wenigstens ist es anzunehmen, solange nichts darüber gesagt ist, daß sie dieselbe irgendwie verloren hat. Nach § 104 Abs. 3 ist aber völlig geschäftsunfähig, wer wegen Geisteskrankheit entmündigt ist, daher ist auch die Vollmachtserteilung der A. an B. nichtig. Der Vormund C. würde also pflichtwidrig handeln, wenn er dem Verlangen der A. entsprechend ihr Vermögen dem Rechtsanwalt B. herausgeben würde.

Ich will damit die Lösung nur andeuten. Der Fall bedarf natürlich wie viele noch genauerer Erörterung. Genau zu beachten ist das Reichsgesetz vom 1. Juni 1870 (§§ 13, 3, 21) über den Erwerb und Verlust der Staatsangehörigkeit (zehnjähriger Aufenthalt führt zum Verlust der Staatsangehörigkeit).

Lösung 536.

Nach § 1902 Abs. 2 bedurfte der Vormund der Genehmigung des Gerichts zum Abschluß des Mietvertrags, da derselbe auf über vier Jahre abgeschlossen wird. Daher ist der Vertrag nach §§ 177 ff. unwirksam. Es fragt sich aber, ob der ganze Vertrag unwirksam ist, oder ob er für die ersten vier Jahre seine Gültigkeit hat, wie B. behauptet. B. stützt sich auf § 134. Dieser ist hier anwendbar, denn aus der Vorschrift des § 1902 Abs. 2 ergibt sich zweifellos, daß ein auf längere Zeit als vier Jahre abgeschlossener Vertrag nicht nichtig sein soll. Der Vormund kann also nach einem Jahr noch nicht die Räumungsklage gegen B. anstellen. B. kann sogar noch mehr erreichen. Er kann, da nach § 177 die nachträgliche Genehmigung möglich ist, das Gericht zur Genehmigung auffordern. Wird diese erteilt, so kann er die Wohnung sogar bis zum Ablauf des fünften Jahres benutzen.

Lösung 537.

Dem A. ist gemäß § 1910 Abs. 2 für die sein Haus betreffenden Angelegenheiten ein Pfleger bestellt worden.

Die Anordnung einer Pflegschaft unterscheidet sich wesentlich von der Anordnung einer Vormundschaft. Während diese grundsätzlich eine allgemeine Fürsorge bezweckt sowohl für die Person wie für das Vermögen des Mündels, erstreckt sich die Pflegschaft im Prinzip nur auf einzelne Angelegenheiten (Ausnahme § 1909 Abs. 3, § 1910 Abs. 1). Die Pflegschaft wird im

Gegensatz zur Vormundschaft für geschäftsfähige Personen angeordnet. Soweit sich aus dem Gesetze selbst nicht ein anderes ergibt, sollen die Vorschriften über die Vormundschaft entsprechende Anwendung finden; (§ 1915 BGB.) beispielsweise wird der Pfleger zu einem Rechtsgeschäft für den Pflegebefohlenen dann der Zustimmung des Vormundschaftsgerichts bedürfen, wenn der Vormund zu diesem Geschäft für sein Mündel der Genehmigung des Vormundschaftsgerichts bedarf. (Staudinger zu § 1915, 3f γ, Planck, § 1915, 3f.) Während jedoch bei der Vormundschaft, die über Geschäftsunfähige und beschränkt Geschäftsfähige angeordnet ist, der Vormund allein für sein Mündel handelt resp. seine Zustimmung zu dessen Rechtsgeschäften zu geben hat, kann das Mündel des Pflegers, soweit es voll geschäftsfähig ist, allein und ohne an die Zustimmung des Pflegers gebunden zu sein, Rechtsgeschäfte mit Wirksamkeit abschließen, selbst mit Bezug auf die Angelegenheiten, für die ihm ein Pfleger bestellt ist. Der Pfleger kann daneben nach dem Inhalt seiner Bestallung (§§ 1915, 1791 BGB.) selbständig Rechtsgeschäfte für das Mündel abschließen. In unserem Falle kann also der blinde A. alle Rechtsgeschäfte, auch diejenigen, die sich auf die Verwaltung des Hauses beziehen, vornehmen, der Pfleger für A. nur diejenigen, die sich auf die Verwaltung des Hauses beziehen. (Staudinger, Vorbem. zur Pflegschaft 4; zu § 1910, 6; zu § 1915 f γ; Planck, § 1910, 5 a.) A. konnte also die Hausflurlaterne, den Hund und den Kanarienvogel mit rechtlicher Wirkung bei B. kaufen. Der Pfleger hätte in Vertretung des B. nur die Hausflurlaterne, ev. den Hund, wenn dieser zur Bewachung des Hauses dienen sollte, mit rechtlicher Wirkung kaufen können. Der Einwand des A. ist nach dem Gesagten also unbeachtlich.

B. muß den A verklagen. Er kann die Klage gegen ihn richten, ohne hinzuzusetzen „vertreten durch den Pfleger"; denn auch die Prozeßfähigkeit wird durch die Anordnung der Pflegschaft nicht beschränkt (Staudinger, Vorbem. 4 b). Wird aber A. in dem Rechtsstreit durch den Pfleger vertreten, so hat er nach § 53 ZPO. die Stellung einer nicht rechtsfähigen Person. Hätte der Pfleger die Gegenstände gekauft, so wäre die Klage ebenfalls gegen A. zu richten, dann müßte aber hinzugesetzt werden „vertreten durch seinen Pfleger" oder gegen den X. als Pfleger des A.

Lösung 538.

Die uneheliche Mutter des A. klagt auf Erfüllung des notariellen Vertrages. Sie kann aber aus diesem Vertrag von B. nur dann eine Leistung fordern (§ 241 BGB.), wenn der Vertrag wirksam war oder geworden ist.

A. steht als unehelich geborenes Kind unter Vormundschaft, denn ein minderjähriges Kind erhält einen Vormund, wenn es nicht unter elterlicher Gewalt steht (§ 1773 BGB.) und über das uneheliche Kind steht weder dem Vater noch der Mutter die elterliche Gewalt zu (§§ 1705, 1707). Der Vater des unehelichen Kindes ist verpflichtet, diesem bis zur Vollendung seines 16. Lebensjahres Unterhalt zu gewähren (§ 1708), der gewöhnlich durch Entrichtung einer Geldrente geleistet wird (§ 1710); diese kann jedoch durch Vereinbarung zwischen dem Vater und dem Vormund durch eine Gesamtsumme als Abfindung ersetzt werden. Die Vereinbarung bedarf der Genehmigung des Vormundschaftsgerichts (§ 1714). Die Genehmigung kann vor oder nach Abschluß des Vertrages erteilt werden, sie ist ein notwendiges Erfordernis für die Gültigkeit des Vertrages. (Planck, § 1829, 3). Wenn A. stirbt, so endigt die Vormundschaft, weil die Voraussetzung für ihre Anordnung weggefallen ist (§ 1882, vgl. § 1884 Abs. 2). Das Vormundschaftsgericht hält sich also mit Recht zur Genehmigung nicht mehr für befugt. A.s Erbin ist seine Mutter (§ 1925 Abs. 1). Als solche „genehmigt" sie den Vertrag, doch ihre Genehmigung ist wirkungslos.

Mit dem Tode einer Person (Erbfall) geht deren Vermögen als ganzes auf die Erben über. Aber nur das kommt dem Erben zu, was Vermögen ist, d. h. die Gesamtheit der vermögensrechtlichen Beziehungen des Erblassers soweit sie nicht mit seinem Tode, wenn das Gesetz es bestimmt, erlöschen. (Planck, § 1922, 2a). Zum Vermögen gehören auch der Anspruch auf Erfüllung der Verträge, die mit dem Erblasser rechtswirksam abgeschlossen sind. Der Vertrag über die Abfindung ist aber nicht rechtswirksam, weil die Genehmigung des Vormundschaftsgerichts fehlt, daher kann auch die Mutter A.s als Erbin nicht Erfüllung verlangen. Wäre der Vertrag vor dem Tode des A. genehmigt worden, würde der Anspruch auf Erfüllung zu A.s Vermögen gehören und A.s Mutter könnte ihn geltend machen. (Planck, § 1714, 2, 3.)

Jetzt kann sie nun, da der Unterhaltungsanspruch des unehelichen Kindes mit dessen Tode erlischt, als Erbin nur die Rente von der Zeit der Geburt des Kindes bis zum Ablauf des Vierteljahres verlangen, in dem das Kind gestorben ist. (§§ 1713, 1710 Abs. 3.) Der Vertrag wird durch die Genehmigung der Mutter A.s nicht wirksam; denn durch nachträgliche Genehmigung kann ein Vertrag nur dann wirksam werden, wenn die Genehmigung durch den Berechtigten erfolgt (§§ 182 ff.). A.s Mutter ist aber zur Genehmigung so wenig berechtigt wie zum Abschluß des Vertrages (§ 1714). Die Klage ist daher abzuweisen.

Fünftes Buch. Erbrecht.

Lösung 539.

a) Der Großvater C. ist Erbe der dritten Ordnung nach § 1926, ebenso der Onkel D., denn er ist Abkömmling des andern Großelternteils des A. Nach § 1931 Abs. 1 Satz 1 erbt somit der Ehegatte zunächst die Hälfte. In die andere Hälfte hätten sich normalerweise C. als Vertreter des einen Großelternteils und D. als Vertreter des anderen zu teilen. Nach § 1931 Abs. 1 Satz 2 erbt aber der Ehegatte außer der nach § 1931 Abs. 1 ihm gebührenden Hälfte noch das nach § 1926 dem Onkel D. als Abkömmling der Großeltern väterlicherseits zufallende Viertel. Somit erhält die Ehefrau B. $^3/_4$, C. $^1/_4$ und D. nichts.

β) § 1931 schlägt ein. Die Ehefrau B. erhält nach § 1931 Abs. 1 Satz 1 zunächst eine Hälfte der Erbschaft, weil sie mit Großeltern zusammentrifft. Nun treffen hier aber mit Großeltern Abkömmlinge von Großeltern zusammen. Daher ist § 1931 Abs. 1 Satz 2 anzuwenden. Die B. erhält daher noch den Teil, der nach § 1926 den Abkömmlingen zufallen würde. Nach der Aufgabe lebt der Abkömmling der väterlichen Großmutter und ein solcher des mütterlichen Großvaters. Nach § 1626 Abs. 3 würden diese, wenn nicht die B. leben würde, an Stelle der Großeltern treten und nach Stämmen erben. Das wären zwei Stämme. Dazu kommt noch der väterliche Großvater und die mütterliche Großmutter. Die zweite Hälfte ginge also in vier Teile. Jeder hätte $^1/_8$ zu erhalten. Aber nach § 1631 Abs. 1 Satz 2 erhält die B. noch die $^2/_8$, die auf die beiden Abkömmlinge von Großeltern fallen würden. Sie erhält also $^6/_8$ des Ganzen.

γ) Geschwisterkinder sind Erben der zweiten Ordnung, sie erben also nach § 1925. Die Frage ist, ob Geschwisterkinder, wenn sie allein vorhanden sind, nach Stämmen oder nach Köpfen erben. Da nach § 1924 Abs. 3 beim Vorversterben von Abkömmlingen die durch sie mit dem Erblasser verwandten Abkömmlinge an die Stelle der ersteren treten, somit also für Abkömmlinge die Erbfolge nach Stämmen festgesetzt ist, so gilt sie analog auch für Geschwisterkinder. Somit erhalten die zwei Kinder der Schwester zusammen $^1/_2$, also je $^1/_4$. Die andere Hälfte, also je $^1/_6$, erhalten die Kinder des C.

δ) Vorausgeschickt muß hier werden, daß unter der Bezeichnung halbbürtig schlechthin ein Bruder gemeint ist, der mit seinen Geschwistern nur die Mutter gemeinsam hat. Die Mutter und der vollbürtige Bruder sind Erben zweiter Ordnung, also Erben nach § 1925. Nach § 1925 Abs. 3 erbt die Mutter die auf die eine Aszendentenlinie fallende Hälfte, der vollbürtige Bruder tritt an Stelle seines Vaters, der, wenn er noch lebte, miterben würde, und erhält dessen Hälfte, also die ganze andere Hälfte.

Der halbbürtige Bruder erbt nichts, weil er nur mit der Mutter verwandt ist und daher nur diese beerbt. Würde jetzt noch die Mutter sterben, so würden beide Brüder nach § 1924 Abs. 4 zu beiden Teilen erben.

Lösung 540.

A. ist nach § 1924 Erbe erster Ordnung, die Tochter des Sohnes des Erblassers, seine Enkelin, die X., ist ebenfalls Erbin der ersten Ordnung, sie tritt nach § 1924 Abs. 3 an Stelle ihres Vaters B. Würde jetzt ohne Rücksicht auf den Vorempfang geteilt, so hätten also A. $^1/_2$ und die X. $^1/_2$ zu erhalten, mithin, wenn Y., der Bruder der X., noch lebte, erhielte A. $^1/_2$, die X. $^1/_4$ und Y. $^1/_4$. Nun lebt Y. nicht mehr, er hat aber einen Vorempfang von 10000 M. erhalten. Die Frage ist, ob dieser Vorempfang bei Verteilung des Nachlasses in Betracht kommt. Die Bezeichnung Vorempfang ist kein juristischer. Darunter ist vielmehr zu verstehen das, was im Falle der Ausgleichung in Betracht kommen kann. Nach §§ 2050 ff. sind Abkömmlinge des Erblassers unter gewissen Umständen zur Ausgleichung verpflichtet. Dazu ist aber vor allem nötig, daß die Abkömmlinge als gesetzliche Erben zur Erbfolge gelangen, daß sie also Erben geworden sind. Das scheint mir nun hier gar nicht der Fall. Y. ist gar nicht Erbe geworden, also kann auch bei ihm keine Ausgleichungspflicht in Betracht kommen, sondern A. und die X. erben je zur Hälfte. Oder ist vielleicht § 2051 anzuwenden, wonach ein Ausgleich auch bei Wegfall vor dem Tode des Erblassers stattfindet? Dann wird die Lösung schwieriger (vgl. Staudinger, Bd. V S. 305, besonders unter F).

Lösung 541.

Das Testament des A. soll offenbar deshalb anfechtbar sein, weil am 180. Tage nach dessen Tode seine Ehefrau ein Kind bekommen hat. Nach § 2303 können Abkömmlinge des Erblassers, wenn sie durch Verfügung von Todes wegen von der Erbfolge ausgeschlossen worden sind, den Pflichtteil verlangen. Nach § 2303 Abs. 2 kann dies auch der Ehegatte. Dieser hat ihn hier auch richtig erhalten, es fragt sich nur, ob für das totgeborene Kind ebenfalls ein Pflichtteil von X. ausgesetzt werden mußte, so daß dessen Mutter, die es beerben würde, so auch dessen Pflichtteil erhalten würde. Dies ist zu verneinen. Denn in § 2050 sind offenbar nur lebende Abkömmlinge gemeint. Solche sind aber nach § 1 erst mit Vollendung der Geburt vorhanden. Das Kind des A. war nun zur Zeit des Erbfalles nach den Grundsätzen der §§ 1591 ff. nur empfangen, aber noch nicht geboren, es war also nur Fötus, nicht Abkömmling im Sinne des Gesetzes. Da das Kind totgeboren ist, wird es auch nachträglich nicht Abkömmling und kommt als Pflichtteilsberechtigter nicht in Betracht. Mithin ist das Testament des A. nicht anfechtbar.

Anders natürlich, wenn das Kind lebend geboren worden wäre. Dann wäre allerdings nach § 2078 Abs. 2 das Testament anfechtbar, denn man kann dann sagen, der Erblasser sei, indem er auf den nasciturus keine Rücksicht nahm, durch die irrige Annahme oder Erwartung des Nichteintritts eines Umstandes zu seiner Verfügung bestimmt worden.

Lösung 542.

Das Miteigentum als dingliches Recht ist in den §§ 1004 ff., als persönliches Verhältnis in den §§ 741 ff. geregelt.

Gemäß § 747 kann jeder Teilhaber über seinen Anteil verfügen; da nach dem Gesetz den Teilhabern ein Vorkaufsrecht nicht ohne weiteres zusteht, so haben die Miteigentümer dies hier vereinbart und zwar als persönliches Vorkaufsrecht. (§§ 504 ff. Über das dingliche Vorkaufsrecht vgl. §§ 1094 ff.)

Die Begründung des Vorkaufsrechts hat die Wirkung, daß der Vorkaufsberechtigte sein Recht ausüben kann, wenn der Verpflichtete mit einem Dritten den Kauf abgeschlossen hat (§ 504); die Ausübung erfolgt durch

Erklärung gegenüber dem Verpflichteten mit der Wirkung, daß der Kauf nunmehr zwischen dem Berechtigten und Verpflichteten zustande kommt (§ 505).

Wenn nun ein Miteigentümer seinen Anteil verkauft, so haben die übrigen das Vorkaufsrecht nach der Abrede, stirbt der Verkäufer noch vor der Ausübung ihres Rechtes, so werden sie Erben des Verkäufers und sind als solche verpflichtet, die Verbindlichkeiten ihres Erblassers zu erfüllen (§ 1967; Planck § 1967, 2a); die Vorschriften über die Nachlaßverbindlichkeiten gelten auch für den Anteil des Miterben (§ 1922, 2).

Es tritt damit der eigentliche Fall ein, daß der Erbe einerseits kraft Erbrechts verpflichtet, andererseits aus eigenem Recht berechtigt ist und es fragt sich, ob durch die Vereinigung von Verbindlichkeit und Berechtigung in der Person des Erben die Berechtigung erlischt. Der allgemein bekannte Fall der Konfusion von Rechten ist folgender: Der Erbe schuldet dem Erblasser etwas, dann beerbt er ihn und damit erlischt das Schuldverhältnis. Dieser Fall liegt aber gerade umgekehrt wie der unserige. Hier ist das primäre die Verpflichtung des Erben, in unserem Falle seine Berechtigung. Und diese muß ihm auch erhalten bleiben, wenn er Erbe wird; der Gläubiger wird dadurch ja nicht schlechter gestellt; er hätte sich ja gerade, wenn der Erbfall nicht eingetreten wäre, die Ausübung des Vorkaufsrechts gefallen lassen müssen.

Lösung 543.

Das Bürgerliche Gesetzbuch macht von dem Grundsatz, daß der Erbe für die Nachlaßverbindlichkeiten unbeschränkt haftet (§ 1967) gewisse Ausnahmen. Von den fünf in Betracht kommenden Fällen, in denen der Erbe nur beschränkt haftet (Aufgebot der Nachlaßgläubiger § 1973; Anordnung der Nachlaßverwaltung § 1975, des Nachlaßkonkurses § 1975, Geringfügigkeit der Masse §§ 1990, 1991; fünfjährige Säumnis des Gläubigers § 1974), kommt für unseren Fall: Anordnung des Nachlaßkonkurses in Betracht. Die Eröffnung des Konkurses setzt voraus, daß der Nachlaß überschuldet ist. KO. § 215 (vgl. KO. §§ 214 ff.). Die Eröffnung hat die Wirkung, daß der Erbe dem Nachlaßgläubiger nur beschränkt haftet (§ 1975).

In dem Text der Aufgabe heißt es nun, der Konkurs ist „aufgehoben". Diesen Ausdruck kennt das Bürgerliche Gesetzbuch nicht. Vielmehr kann der Nachlaßkonkurs nach dem Bürgerlichen Gesetzbuch nur dadurch sein Ende erreichen, daß er entweder durch Verteilung der Masse oder durch Zwangsvergleich beendigt wird (§ 1989 BGB.) oder dadurch, daß das Konkursverfahren wegen Mangels einer den Kosten entsprechenden Masse „eingestellt" wird (§ 1990 BGB.). Eine Aufhebung des Konkurses kennt nur die Konkursordnung. Hiernach kann der Konkurs infolge sofortiger Beschwerde „aufgehoben" werden (KO. §§ 109, 116). Dann gilt der Konkurs als nicht eingetreten und damit würde auch die beschränkte Erbenhaftung fortfallen. Dieser Fall liegt jedoch hier anscheinend nicht vor, denn der Erbe des V. sagt: wie aus dem „durchgeführten" Konkursverfahren erhelle. Hieraus ist wohl zu schließen, daß im vorliegenden Fall der Nachlaßkonkurs beendigt ist und zwar durch Verteilung der Erbmasse.

Dann finden gemäß § 1989 auf die Haftung des Erben die Vorschriften des § 1973 entsprechende Anwendung d. h. der Erbe haftet im Prinzip den Nachlaßgläubigern insoweit nicht mehr, als der Nachlaß durch die Befriedigung erschöpft ist. (Er haftet, wenn ein Überschuß herauskommt, vielmehr nur denjenigen Gläubigern noch, die sich im Konkurse nicht gemeldet haben — A. hat aber angemeldet — oder deren Forderung bei der Schlußverteilung nicht berücksichtigt wurde, weil sie unter einer Bedingung stand, deren Eintreten als zu entfernt angesehen wurde. Vgl. § 1973 BGB. und § 134 Abs. 2 KO.). Daraus ergibt sich, daß A. keinen Anspruch mehr gegen den Erben des B. hat und somit auch nicht mehr beim Erben pfänden kann.

Er hat die Pfändung, obwohl das Urteil gegen B. lautet, bei dem Erben vornehmen lassen können, weil er die Umschreibung der Vollstreckungsklausel (§§ 724, 725 ZPO.) auf den Rechtsnachfolger des Schuldners herbeigeführt hat. Dies ist gemäß § 727 ZPO. zulässig. Gegen diese Umschreibung gibt es verschiedene Rechtsmittel, man kann Einwendungen gegen die Zulässigkeit der Vollstreckungsklausel erheben, über die ohne mündliche Verhandlung entschieden werden kann (§ 732 ZPO.). Dies ist hier nicht geschehen. Ferner kann man materielle Einwendungen (z. B. daß ein anderer die Schuld übernommen habe) im Wege der Klage nach § 768 ZPO. geltend machen; auch dies kommt hier nicht in Betracht. Der Erbe will ja nicht leugnen, daß die Voraussetzung für die Erteilung der Vollstreckungsklausel gegen ihn vorliegt, vielmehr will er nur die Freigabe seiner Sachen deshalb, weil er mit seinem eigenen Vermögen nicht mehr für die Nachlaßschulden haftet. Da dies, wie oben ausgeführt, der Fall ist, kann er gemäß § 784 ZPO. Freigabe verlangen (vgl. § 785 ZPO.); dazu muß er behaupten, daß die gepfändeten Sachen ihm gehören. Würde der Gläubiger behaupten, daß die Sachen zum Nachlaß gehören, würde ihn die Beweislast treffen (§ 1006 BGB.). Neben der Leistungsklage auf Freigabe (besser nach dem Wortlaut des § 784 „daß die Zwangsvollstreckung in die eigenen Sachen aufgehoben werde") erhebt der Erbe noch die Feststellungsklage, daß dem A. keinerlei Rechte mehr aus dem Schuldtitel gegen ihn zustehen. Die Feststellungsklage ist nur dann begründet, wenn der Erbe ein rechtliches Interesse an der alsbaldigen Feststellung hat (§ 256 ZPO.). Dies wird in der Regel nicht anerkannt, wenn zugleich auf Leistung geklagt werden kann (Sydow-Busch § 256, 5). Dies ist hier der Fall. Dringt der Erbe mit der Klage durch, wird A. keine weiteren Sachen mehr pfänden. Die Feststellungsklage ist daher unzulässig.

Ebenso ist es, wenn der Konkurs gemäß § 1990 „eingestellt" ist, auch dann kann der Erbe Befriedigung der Nachlaßgläubiger mit seinem eigenen Vermögen verweigern.

(Vgl. noch die §§ 780, 781 ZPO. die hier nicht zur Anwendung kommen, weil nicht der Erbe, sondern der Erblasser verurteilt ist.)

Lösung 544.

Da die Klage des A. auf Zahlung von 1000 M. geht, so ist sie wohl beim Landgericht anhängig, wenn nicht anzunehmen ist, daß das Amtsgericht als zuständiges Gericht vereinbart ist (§§ 23, 170 GVG., 38ff. ZPO.). Ist der Prozeß beim Landgericht anhängig, dann ist der Beklagte B. durch einen Anwalt vertreten (§ 78 ZPO.). Es tritt dann im Falle des Todes und der Anordnung einer Nachlaßverwaltung eine Unterbrechung des Verfahrens nicht ein, jedoch ist auf Antrag des Bevollmächtigten Aussetzung des Verfahrens anzuordnen (§ 246 ZPO.); schwebt der Prozeß beim Amtsgericht, so wird das Verfahren im Falle der Anordnung einer Nachlaßverwaltung unterbrochen (§ 241 ZPO. Abs. 1 und 2).

Die Anordnung der Nachlaßverwaltung ist gemäß § 1981 Abs. 1 erfolgt.

Nun hat der Nachlaßverwalter das Aufgebot der Nachlaßgläubiger betrieben, um eine Beschränkung der Erbenhaftung herbeizuführen. Die formellen Vorschriften finden sich in der ZPO. §§ 989ff., die materiellen im BGB. §§ 1970ff. Der Nachlaßverwalter ist zum Antrag auf Einleitung des Aufgebotsverfahrens berechtigt (§ 991 Abs. 2 ZPO.) und zwar deshalb, weil er nicht alle Nachlaßgläubiger kennt (vgl. § 1985 Abs. 2 Satz 2; § 1980 Abs. 2 Satz 2). Dem Antrag ist ein Verzeichnis der bekannten Gläubiger beizufügen (§ 992 ZPO.), darin wird also auch A. genannt worden sein. In dem Aufgebot wird den Nachlaßgläubigern angedroht, daß sie von dem Erben nur noch insoweit Befriedigung erlangen können als sich nach Befriedigung der nicht ausgeschlossenen Gläubiger noch ein Überschuß ergibt, wenn sie sich nicht binnen der Ausschlußfrist von sechs Monaten melden (§§ 995, 994 ZPO.). Dieser Nachteil trifft auch diejenigen Gläubiger, die in dem eingereichten Verzeichnis enthalten sind (Sydow-Busch, § 995, 1); sie werden durch das Ausschlußurteil ausgeschlossen (§ 952 ZPO.).

Dies bedeutet: wenn ein Gläubiger in dem Ausschlußverfahren ausgeschlossen ist, so erlischt damit nicht sein Recht auf Befriedigung als solches, vielmehr hat der Erbe nur, wenn der Nachlaßgläubiger Befriedigung verlangt, eine Einrede, nämlich die, daß durch die Befriedigung der nicht ausgeschlossenen Gläubiger der Nachlaß erschöpft sei. Ist dies bei Einreichung der Klage schon eingetreten, ist also der Nachlaß schon erschöpft, was der Erbe beweisen muß, so ist die Klage ohne weiteres abzuweisen (Planck, § 1973, 2, 5 c φ). Dieser Fall liegt hier vor. Ist dagegen zur Zeit der Klage der Nachlaß noch nicht erschöpft, sondern nur die Möglichkeit vorhanden, daß er durch Befriedigung der nicht ausgeschlossenen Gläubiger erschöpft wird, so kann der Gläubiger noch die Verurteilung „nach Kräften des Nachlasses" verlangen (Planck, § 1973, 2, 4).

Lösung 545.

Die Klage des A. ist die Klage des Erben gegen den Erbschaftsbesitzer aus § 2027. Der Erbschaftsbesitzer (vgl. § 2018) ist verpflichtet, dem

Erben über den Bestand der Erbschaft und über den Verbleib der Erbschaftsgegenstände Auskunft zu erteilen und zwar auch dann, wenn er Miterbe ist, wie hier, wo A. und B. als Erben ihrer Mutter Miterben geworden sind (§ 2032). Die Verpflichtung des B. erstreckt sich auch darauf, daß er ein Verzeichnis des Nachlaßbestandes vorlegt und dieses Verzeichnis eidlich erhärtet, wenn Grund zu der Annahme besteht, daß er es nicht mit der erforderlichen Sorgfalt aufgestellt habe (§ 260 BGB.). Daher ist die Klage des A. berechtigt. (Planck, § 2027, I, 2028,2.) (Der Anspruch aus § 2027 ist weitergehend als der Anspruch aus § 2028. Der Anspruch aus § 2028 geht nur gegen denjenigen, der sich zur Zeit des Erbfalls mit dem Erben in häuslicher Gemeinschaft befunden hat, ohne sich Sachen anzueignen, auch wenn er Miterbe ist. Dieser hat nur über den Bestand der Erbschaft und den Verbleib der Nachlaßgegenstände Auskunft zu erteilen, nicht auch ein Verzeichnis vorzulegen. Für unseren Fall kann § 2028 auch deshalb nicht zur Anwendung kommen, weil sich die Mutter des B. nicht in dessen häuslicher Gemeinschaft befindet. Diese ist ein Verhältnis von Dauer, vorübergehender Aufenthalt genügt nicht. Vgl. Staudinger, § 2028, 2.)

A. wünscht auch über den Verbleib des Sparkassenbuches etwas zu wissen mit der Behauptung, daß auch dies zum Nachlasse gehöre, denn nur dann ist A. ja verpflichtet, über den Verbleib desselben Auskunft zu geben. B. behauptet, wie anzunehmen ist, das Sparkassenbuch gehöre nicht zum Nachlasse, er brauche deshalb keine Auskunft darüber zu geben.

Es ist über diese Frage Beweis erhoben worden (§ 359 ZPO., §§ 355 ff.). Wie ist das Ergebnis derselben rechtlich zu würdigen?

Wenn die Mutter für ihren Sohn A. bei einer Sparkasse auf dessen Namen Einzahlungen macht, so ist dies ein Vertrag zugunsten Dritter, nämlich ein Vertrag zwischen der Mutter und der Sparkasse zugunsten des A. Die Verträge zugunsten Dritter können verschiedenen Inhalt haben. Entweder soll der Dritte durch den Vertrag unmittelbar ein Recht erwerben (allein, mit dem Versprechensempfänger zusammen; sofort, später; widerruflich, unwiderruflich) oder es soll dem Dritten selbst kein Recht aus dem Vertrage erwachsen und dieser nur gehalten sein, an den Dritten zu leisten. Ob dieser oder jener Fall vorliegt, ergibt sich im einzelnen Fall aus den Umständen oder dem Zweck des Vertrages (§ 328 BGB.) oder wird für gewisse Fälle vermutet (§ 330 BGB.). Würde die Mutter das Sparkassenbuch stets für sich behalten haben, so würde anzunehmen sein, daß B. nicht unmittelbar ein Forderungsrecht gegen die Sparkasse zustehen soll, daß vielmehr die Mutter nach Belieben mit der eingezahlten Summe verfahren konnte. Wenn jedoch die Mutter das Buch dem B. übergibt, bringt sie damit deutlich zum Ausdruck, daß B. unmittelbar das Recht zustehen soll, die Auszahlung von der Sparkasse zu verlangen und zwar sofort. Dies ändert sich auch nicht dadurch, daß B. das Buch seiner Mutter zur Aufbewahrung zurückgibt; denn damit leistet er auf sein unmittelbares Recht nicht Verzicht, vielmehr will er nur aus irgendwelchen Gründen nicht selbst mit der Verwahrung etwas zu tun haben. Wenn nun die Mutter weitere Einzahlungen macht, dann macht sie diese Einzahlungen nicht für ihre Person, sondern sie zahlt auf ein dem B. eigentümlich gehörendes Buch etwas ein und dokumentiert dadurch, daß diese Einzahlung dieselbe rechtliche Stellung haben solle wie das Buch und die in ihm verkörperte Forderung von 100 M. Damit ist das Buch schon vor dem Tode Eigentum des B. geworden, es gehört also nicht zum Nachlaß. (Würde die Mutter das Buch dem B. nicht übergeben haben, würde es zum Nachlaß gehören, auch wenn es auf den Namen des B. lautete, weil dann noch nicht dargetan ist, daß B. ein unmittelbares Recht erworben hat.)

Somit ist die Widerklage des B. materiell begründet. Nach § 33 ZPO. kann eine Widerklage erhoben werden, wenn die in Klage und Widerklage geltend gemachten Ansprüche in rechtlichem Zusammenhang stehen (Sydow-Busch, § 33 ZPO.).

Dieser ist hier gegeben, weil beide Ansprüche sich aus dem Rechtsverhältnis zwischen A. und B. als Miterben resultieren. Die Widerklage ist also auch formell begründet und auch in der Form der Feststellungsklage nach § 256 ZPO. zulässig, weil B. ein alsbaldiges rechtliches Interesse an der Feststellung hat.

Wenn die Mutter dem B. das Sparkassenbuch bei dem letzten Weihnachtsfest wiederum übergeben hat, so würde dies noch sicherer dokumentieren, daß B. unmittelbar berechtigt sein soll; dann würde das Buch ebenfalls dem B. und nicht zum Nachlasse gehören.

Dagegen ist B. nicht berechtigt, den ganzen Nachlaß an sich zu nehmen und zu versilbern. Vielmehr ist er zusammen mit A. Miterbe geworden und kann als solcher nur über seinen Gesamtanteil am Nachlasse, nicht über einzelne Nachlaßgegenstände verfügen (§§ 2033, 2040). Tut er es doch, so ist seine Verfügung als Verfügung eines Nichtberechtigten anzusehen, die an sich unwirksam ist (§ 185 BGB.), jedoch nicht dem Gutgläubigen gegenüber (§§ 929 ff.). Er muß dann das Erlangte gemäß § 816 zum Nachlasse oder an A. herausgeben, soweit es auf dessen Anteil fällt (§ 2047), abzüglich des auf A. entfallenden Teils der Beerdigungskosten, die beide gemeinsam zu tragen haben (§ 1968).

Lösung 546.

A. kann redlicher Besitzer der Sache aus verschiedenen Gründen sein. Hier scheint mir aber, da ein Fall aus dem Erbrecht vorliegt, nur der Fall des § 2018 in Betracht zu kommen, daß also A. sich deshalb für den Eigentümer der Sache hält, weil er behauptet, Erbe des B. zu sein (sog. Erbschaftsbesitzer).

Wenn A. die zur Erbschaft des B. gehörige Sache dem C. schenkt und, wie zu ergänzen ist, übergibt, so fragt es sich, ob C. Eigentümer der Sache wird. C. weiß nicht, daß A. Nichteigentümer, also zur Verfügung nicht Berechtigter ist, sondern ist gutgläubig. Er erwirbt daher nach § 932 Eigentum an der Sache. Wenn nun ferner C. dem A. ein Pferd zum Gegengeschenk macht und, wie zu ergänzen ist, ebenfalls übergibt, so wird A. nach § 929 Eigentümer an diesem. Die Klage des wahren Erben D. stützt sich nun auf § 2018. D. ist Erbe des B. A. hat etwas aus der Erbschaft auf Grund eines ihm in Wirklichkeit nicht zustehenden Erbrechts erlangt. Da aber A. zur Herausgabe der Sache außerstande ist, so ist die Klage des D. gemäß § 2021 auf Herausgabe der ungerechtfertigten Bereicherung, also des für die Sache erhaltenen Pferdes oder des Wertes desselben gerichtet. A. ist also anzusehen als ein Nichtberechtigter, der über einen Gegenstand eine Verfügung getroffen hat, die dem Berechtigten — dem D. — gegenüber wirksam ist (§ 816 Abs. 1 Satz 1). Es fragt sich hierbei, ob A. als bereichert anzusehen ist.

Da A. die Nachlaßsache dem C. geschenkt hat, so ist er zunächst nicht bereichert. Er wäre dies aber, wenn C. ihm das Pferd nur deshalb geschenkt hat, weil er von A. die Nachlaßsache erhalten hat. Da die Aufgabe ausdrücklich das Wort Gegengeschenk gebraucht und da die Schenkung des Pferdes acht Tage nach der ersten Schenkung erfolgt, so muß allerdings angenommen werden, daß C. nur mit Rücksicht auf die Zuwendung des A. die seinige gemacht hat. Somit liegt vermutlich eine sog. remuneratorische Schenkung vor (nach BGB. als einfache Schenkung anzusehen). Nötigenfalls — d. h. falls der Richter im Prozesse nicht ohne weiteres zu dieser Ansicht gelangt — müßte natürlich Kläger seine Behauptung beweisen. Gelingt dem Kläger der Beweis, daß eine remuneratorische Schenkung vorliegt, so ist der A. um den Wert des Pferdes bereichert. Er muß daher dem D. dieses oder seinen Wert herausgeben.

Anm. Wäre das Gegengeschenk des C. an A. überhaupt nicht erfolgt, sondern nur die Schenkung des A. an C., so könnte sich demnach D. nicht an A. halten, da dieser nicht bereichert wäre. Könnte D. vielleicht auf Grund von § 816 Abs. 1 Satz 2 gegen C. auf Herausgabe der Bereicherung klagen? (Vgl. Staudinger, Bem. 2γ zu § 816.)

Lösung 547.

Hinterläßt der Erblasser mehrere Erben, so wird der Nachlaß gemeinschaftliches Vermögen § 2032 BGB. Die Gemeinschaft der Erben ist eine Gemeinschaft zur gesamten Hand; die einzelnen Rechte und Pflichten der Miterben sind in den §§ 2033 ff. geregelt. Hierbei ist insbesondere von Wichtigkeit, daß zwar jeder Miterbe über seinen Anteil am Nachlaß verfügen kann, jedoch nicht über seinen Anteil an den einzelnen Nachlaßgegenständen, über einen solchen Nachlaßgegenstand können die Erben vielmehr nur gemeinschaftlich verfügen (§§ 2033, 2040). Jeder Miterbe kann jederzeit die Auseinandersetzung verlangen (§ 2042). Dies bedeutet: Die Auseinandersetzung wegen der Gemeinschaft im ganzen. Das Verlangen eines Miterben, eine einzelne Sache zu teilen, ist im allgemeinen unzulässig, wie sich aus § 2032 Abs. 2 ergibt. Wenn jedoch die Miterben kein Interesse daran haben, die Teilung eines einzelnen Nachlaßgegenstandes zu widersprechen, so kann nach dem Klageantrag erkannt werden. (Entscheidungen des Oberlandesgerichts, Bd. 8 S. 389).

Lösung 549.

B. muß die 1000 M., die er als Ausstattung erhalten hat, nach § 2050 Abs. 1 zur Ausgleichung bringen. Ob C. die 1000 M., die er als Beihilfe zum Studium erhalten hat, nach § 2050 Abs. 2 zur Ausgleichung zu bringen hat, scheint mir zweifelhaft. Man kann wohl sagen, daß es den Verhältnissen des Erblassers A. entspreche, wenn er in der Lage ist, einem Sohne 1000 M. als Ausstattung zu geben, einem anderem Sohne 1000 M. als Beihilfe zum Studium zuzuwenden. Man kann also nicht sagen, daß eine Aufwendung vorliegt, welche das den Vermögensverhältnissen des Erblassers entsprechende Maß überschreitet.

D. hat nichts zur Ausgleichung zu bringen. Vielmehr ist D. Schuldner sämtlicher Erben wie jeder andere Schuldner, weshalb § 2050 auf ihn überhaupt keine Anwendung findet. D. ist aber zugleich Erbe zu $^{3}/_{16}$, seine Schuld von 1000 M. geht daher zu $^{3}/_{16}$ durch Vereinigung von Berechtigung und Verpflichtung in einer Person unter. Den Rest hat D. auf Grund des Darlehns an die Erbschaftsmasse zu zahlen.

E. braucht nicht auszugleichen nach § 2050 Abs. 3, da der Erblasser die Ausgleichung bei der Zuwendung nicht angeordnet hat.

Lösung 550.

Nach § 2032 sind die Erben des B. Gesamtschuldner im Sinne des § 421. Die Erben des B. haben geteilt, sie haben sich über die Aktiva des Nachlasses auseinandergesetzt, nicht aber über die Forderung des A. von 1200 M. Bezüglich dieser ist also der Zustand derselbe wie vor der Teilung, d. h. die Erben sind Gesamtschuldner im Sinne des § 421.

Der Gläubiger, der Sohn des A., kann somit von jeder der Erbinnen die Leistung ganz oder zu einem Teile fordern.

Lösung 552.

D. ist als Ersatzerbe im Sinne der §§ 2097 ff. eingesetzt. Da B. nicht Erbe sein kann, sondern vor dem Erbfall gestorben ist, tritt also D. an die Stelle des B. Nach der allgemeinen Bestimmung des § 2094 über die Anwachsung müßte beim Tode des B. dessen Anteil dem C. zufallen, oder, wie das Gesetz sagt, anwachsen. Es fragt sich, ob sich daran im Falle der Ersatzerbeneinsetzung etwas ändert. Dies ist nach § 2099 zu bejahen. Denn danach geht das Recht des Ersatzerben dem Anwachsungsrechte vor, d. h. falls mehreren Miterben ein Ersatzerbe bestimmt ist, sollen die Miterben durch den vorzeitigen Wegfall eines derselben keinen Vorteil haben. A. brauchte also die Bestimmungen, „wenn einer von ihnen" usw. nicht unbedingt in dieser Weise zu treffen, sondern erreichte auf Grund des § 2099 dasselbe, wenn er nur bestimmte, D. solle Ersatzerbe für B. und C. sein. D. erhält also den Anteil des B. Gleichgültig ist hierbei nach § 2094, daß B. vor dem Erbanfall verstorben ist.

Wer, wenn B. nach dem Eintritt usw.? Nach § 1922 haben B. und C. sofort mit dem Erbfall die Hälfte der Erbschaft erworben. Dieser Übergang der Erbschaft ist allerdings dadurch resolutiv bedingt, daß in der sechswöchigen Ausschlagungsfrist der § 1942 bis 1944 keine Ausschlagung erfolgt. Der Miterbe B. ist nun vor Ablauf dieser Frist gestorben, daher läuft seinem Erben nach § 1952 eine neue Ausschlagungsfrist, indem die schon abgelaufene um sechs Wochen seit Kenntnisnahme des Erben von dem Anfall und dem Grunde der Berufung sich verlängert. Dieser Erbe des B. ist aber nach § 2099 auch hier wieder der D. Er ist also auch derjenige, für den die obige Frist laufen würde. Schlägt D. nicht aus, so erhält er also auch die dem B. zugedachte Hälfte der Erbschaft. Schlägt D. aus, so würde das Anwachsungsrecht des A. gemäß § 2094 Platz greifen.

Lösung 554.

Die Eheleute A. haben ein gemeinschaftliches Testament, und zwar ein gegenseitiges nach § 2270 errichtet. Die beiderseitigen Intestaterben derselben sind Nacherben im Sinne der § 2100 ff., wenn auch kein normaler Fall der Nacherbeneinsetzung vorliegt, da hier der Nacherbe nach dem Tode des Vorerben nicht nur den Nachlaß des Erblassers, sondern auch den des Vorerben erhält. Nach § 2112 kann der Vorerbe, das ist hier die überlebende Ehefrau über den Nachlaß des Erblassers frei verfügen, soweit sich nicht aus den Vorschriften der §§ 2113 bis 2115 ein anderes ergibt. Nach § 2113 ist aber die Verfügung des Vorerben über ein zur Erbschaft gehöriges Grundstück im Falle des Eintritts der Nacherbfolge insoweit unwirksam, als sie das Recht des Nacherben vereiteln oder beeinträchtigen würde. Eine Beeinträchtigung des Rechts der Nacherben, also der beiderseitigen Intestaterben, liegt nun hier vermutlich vor, denn der Bestand der Nachlaßmasse ist für sie leichter festzustellen, wenn diese in Grundstücken besteht als in barem Gelde, das der Vorerbe schneller für sich verbrauchen kann. Trotzdem ist aber die Verfügung der Ehefrau nach § 2113 wirksam, da der Fall der Nacherbfolge noch nicht eingetreten ist (daher wäre z. B. B., wenn er nicht bösgläubig wäre, Eigentümer des Grundstücks geworden). Die Intestaterben können also zunächst gegen B. keine Leistungsklage erheben. (Vielleicht eine Feststellungsklage, die dahin geht, anzuerkennen, daß im Fall des Eintritts der Nacherbfolge der Verkauf unwirksam wird, dabei würde sich fragen, ob ein rechtliches Interesse an alsbaldiger Feststellung vorliegt, was vielleicht deshalb verneint wird, weil die Intestaterben das nacherwähnte einfachere Mittel zu ihrer Sicherung haben.) Wohl aber können sie nach § 883 die Eintragung einer Vormerkung im Grundbuche herbeiführen. Die Nacherben haben ein bedingtes Recht auf Übertragung des Eigentums, also ein Recht, das bedingt ist durch den Eintritt der Nacherbfolge. Es ist daher § 883 Abs. 1 Satz 2 anwendbar. Insbesondere ist den Nacherben zu empfehlen, eine einstweilige Verfügung nach § 885 zu erwirken, durch die die Eintragung der fraglichen Vormerkung angeordnet wird. Nach § 885 Abs. 1 Satz 2 braucht hierzu eine Gefährdung des zu sichernden Anspruchs nicht glaubhaft gemacht zu werden (anders nach der ZPO.). Nach § 883 Abs. 2 ist nunmehr jede Weiterveräußerung ausgeschlossen und die Intestaterben können, sobald die

Ehefrau A. gestorben ist, auf Grund der Vormerkung die Rückübertragung des Grundstücks nach § 2113 von B. verlangen (vgl. Staudinger, Bem. 1 B nach § 2115).

Lösung 556.

Der Streit der Erben des A. ist zu entscheiden auf Grund von § 2148. Danach haben sie zu dem Vermächtnis nach Verhältnis ihrer Erbteile beizutragen, also hat B. 4000 M. zu zahlen, C. 8000 M. und D. 12000 M. Der Erblasser brauchte somit überhaupt nichts über die Höhe der Anteile zu bestimmen, sondern es entscheidet das Gesetz darüber, in welchem Verhältnis die Erben zum Vermächtnis beizutragen haben.

Lösung 557.

Es handelt sich um das sog. Forderungsvermächtnis. Der Erblasser ist bei Errichtung des Testaments der Ansicht gewesen, daß sein Erbe B. ihm, dem A., 6000 M. schulde. Er hat daher gemäß § 2175 den Betrag von 3000 M. dieser Forderung dem C. vermacht. Der Erbe B. bestreitet das Bestehen der Forderung. Über den Fall sagt Staudinger, Bem. 1 und 3 zu § 2175:

„Da durch das Vermächtnis nach § 2174 ein obligatorischer Anspruch des Bedachten entsteht, so mußte für den Fall Vorsorge getroffen werden, daß der Erblasser eine ihm gegen den Erben zustehende Forderung vermacht.

In dem Falle, daß eine dem Erlasser gegen den Erben zustehende Forderung den Gegenstand des Vermächtnisses bildet, taucht die Frage auf, ob der Bedachte, wenn der Erbe den Rechtsbestand der Forderung bestreitet, diesen zuerst auf Abtretung der Forderung verklagen und erst nach rechtskräftiger Erledigung dieses Prozesses die Zahlung vom Erben durch neue Klage verlangen oder ob er diese beiden Klagen verbinden kann. Letzteres wird mit Wilke (Anm. 1 d zu § 2174) zu bejahen sein, jedoch erscheint auch die Bem. 4 zu § 2175 von Planck gerechtfertigt, daß im Hinblick auf § 894 ZPO. die Zwangsvollstreckung gegen den Erben in solchem Falle den Eintritt der Rechtskraft des ihm zur Abtretung verurteilenden Erkenntnisses voraussetzt."

Hiernach kann C. nicht ohne weiteres auf Leistung gegen B. klagen. Ich empfehle, die zitierten Stellen nachzulesen.

Nach der Fassung der Aufgabe (auferlegt) liegt es nahe, kein einfaches Vermächtnis, sondern eine Auflage (§§ 2192 ff.) anzunehmen. Dies dürfte aber nicht richtig sein. Denn durch die Auflage wird dem Erben eine Verpflichtung auferlegt, ohne daß der Berechtigte die Vollziehung der Auflage verlangen kann. Der Erblasser wünscht hier aber offenbar, daß C. Gläubiger der Forderung wird, und einen Anspruch auf die 3000 M. im Sinne des § 2174 erlangt.

Die materiellrechtliche Seite soll hier offenbar nicht die Aufgabe bilden. C. ist Gläubiger des Erben wie jeder andere Erbschaftsgläubiger. C. muß beweisen, daß die Forderung besteht. B. kann beweisen, daß A. sich im Irrtum befunden habe usw.

Lösung 558.

Der Fall betrifft die Frage über den Anfall des Vermächtnisses. Ebenso wie nach § 1942 die Erbschaft als mit dem Erbfall auf den Erben übergegangen gilt, unbeschadet des Ausschlagungsrechts, ebenso gilt die Forderung aus dem Vermächtnis gegen den Erben mit dem Erbfall als übergegangen. Der Vermächtnisnehmer wird zwar nicht Eigentümer der Erbschaftssache (kein Vindikationslegat), aber Inhaber der Forderung, und gilt als solcher vom Erbfall an. Dies bestätigt für das Vermächtnis § 2176, wonach die Forderung des Vermächtnisnehmers unbeschadet des Rechts, das Vermächtnis auszuschlagen, mit dem Erbfall zur Entstehung kommt (vgl. auch § 2184). Hieraus folgt, daß auch die Befugnis, das Vermächtnis auszuschlagen, auf die Erben übergeht, ebenso wie es in § 1952 betreffs der Erbschaft bestimmt ist (vgl. Kuhlenbeck, Anm. 1 zu § 2176). B. hat also im Augenblick des Todes des A. den zunächst durch die Annahme bedingten Anspruch auf das Haus gegen den Erben des A. erlangt und dieser Anspruch ist, da er ohne Erklärung starb, auf seine Erben übergegangen. Da diese das Vermächtnis annehmen, gilt die Forderung nach § 2176 (vgl. § 2184) als mit dem Tode des A. auf die Erben des B. übergegangen. Nach § 2174 können diese Erben nun gegen den Erben des A. auf Auflassung des Hauses und Umschreibung im Grundbuch Klage erheben. Das Nichtwissen des B. vom Vermächtnis hat also keine Folgen.

Wie wenn das Vermächtnis an die Bedingung usw.? Hier liegt der Fall des § 2177 vor, ein Vermächtnis ist unter einer aufschiebenden Bedingung angeordnet. Die Bedingung besteht darin, daß B. bis zu seinem Tode in seiner Vaterstadt leben soll. Diese Bedingung ist erst nach dem Erbfall eingetreten und gemäß § 2177 erfolgt der Anfall des Vermächtnisses mit dem Eintritt der Bedingung (vgl. übrigens auch § 2075).

Lösung 559.

Es liegt ein Vermächtnis mit einer Zeitbestimmung im Sinne des § 2177 vor. Zur Zeit des Erbanfalls, also des Todes des A., ist der Termin noch nicht eingetreten, denn B. war noch nicht volljährig. Ob der Termin durch die Volljährigkeitserklärung eintritt, ist Auslegungsfrage. Bei Testamenten ist nach dem Willen des Erblassers zu fragen (§ 733). Dieser hat doch wohl gemeint, daß B. die 1000 M. erhalten sollte, sobald er selbständig werden und sich ein Geschäft gründen würde. Ob er also gerade die gesetzliche Volljährigkeit erlangte, ist ihm wohl kaum so wesentlich erschienen. Auch ist wohl nicht anzunehmen, daß A. wünschte, B. solle gerade ein Strumpfwarengeschäft übernehmen.

Man kann also vielleicht annehmen, dem B. sei das Vermächtnis mit der Volljährigkeitserklärung angefallen (§ 2176). Gegenbeweis ist natürlich möglich.

Ist dem B. das Vermächtnis angefallen, so werden auch seine Erben die 10000 M. beanspruchen können. Nach welcher Vorschrift?

Lösung 561.

Der Fall betrifft das Verhältnis des Testamentsvollstreckers zu den Erben.

Der Testamentsvollstrecker hat nach § 2205 den Nachlaß zu verwalten. Nach §§ 2203 f. ist er dabei in gewissem Grade beschränkt, z. B. darf er nach § 2206 Verbindlichkeiten für den Nachlaß nur eingehen, soweit die Eingehung zur ordnungsmäßigen Verwaltung notwendig ist.

Im vorliegenden Fall liegt nun der Tatbestand des § 2207 vor, denn der Erblasser A. hat den D. zum Testamentsvollstrecker im weitesten Umfang eingesetzt, er wünscht also, daß er in der Eingehung von Verbindlichkeiten für den Nachlaß nicht beschränkt sein soll. Nach § 2211 kann nun der Erbe über einen zur Verwaltung des Testamentsvollstreckers gehörigen Gegenstand nicht verfügen. Diese Verwaltung bezieht sich nun bei D. nach § 2207 verbunden mit § 2205 auf die ganze Erbschaft. Also durfte nicht einmal der Erbe B. über die fragliche Violine verfügen. Noch weniger darf es dann die C. Denn dieser ist nur der lebenslängliche Nießbrauch an der Erbschaft vermacht (§§ 1030 ff. verbunden mit §§ 2147 ff.), also ein Nießbrauch, dessen Gegenstand nicht eine Sache, sondern ein Recht ist. Die Veräußerung der Violine durch die C. ist also rechtswidrig.

Der Erbe B. klagt nun gegen seine Mutter C., die Nießbraucherin und Vermächtnisnehmerin, auf Wiederherbeischaffung der Violine. Dazu ist A. nach § 2212 nicht berechtigt, sondern nur der Testamentsvollstrecker. Der Erbe B. ist also zur Klage nicht aktiv legitimiert.

Die naheliegende Frage, ob die Violine in das Eigentum des Dritten übergegangen ist, ist hier nicht gestellt worden, ich möchte sie nur kurz berühren. Ist der Erwerber der Violine, wie doch zu vermuten, gutgläubig, so erlangt er das Eigentum daran nach § 932 als gutgläubiger Erwerber vom Nichteigentümer. Denn nach § 2211 kommen die Vorschriften über den gutgläubigen Erwerb zur Anwendung. Hier ist nun vorauszusetzen, daß nach § 2205 den Besitz an den Erbschaftsgegenständen der Testamentsvollstrecker D. hat. Daher kann man nicht sagen, daß die Sache dem Eigentümer, also hier dem Erben B. abhanden gekommen sei und deshalb der Ausnahmefall des § 935 Abs. 1 Satz 2 vorliege. Auch § 935 Abs. 1 Satz 2 ist nicht anwendbar, da der Erbe B. nicht unmittelbarer Besitzer der Erbschaftssachen ist.

Lösung 562.

Über die Stellung des Testamentsvollstreckers vgl. das in der Lösung zu Fall 561 Ausgeführte, doch liegt ein Unterschied insofern vor, als der Testamentsvollstrecker hier nicht unbeschränkt im Sinne des § 2207 ist.

Nach § 2203 hat der Testamentsvollstrecker die letztwilligen Verfügungen des Erblassers zur Ausführung zu bringen. Der Wille des Erblassers geht nun dahin, daß B. keinen Pflichtteil erhalten soll. Wenn daher die Erben

C. und D. hinter seinem Rücken und ohne sein Einverständnis ihrem Bruder ein Pflichtteilsrecht zuerkennen, so muß E. dasselbe bestreiten. Dabei ist die Anwendbarkeit von § 2208 ausgeschlossen, denn dem Erblasser war bei Einsetzung des Testamentsvollstreckers gerade wesentlich, daß B. nichts erhalten sollte und daß seine Erben daher nicht beliebig zu seinen Gunsten verfügen könnten. Insoweit ist also E. passiv legitimiert.

Die Klage des B. gegen E. ist eine Feststellungsklage. Diese kann nach der ZPO. gegen jeden erhoben werden, der den Anspruch bestreitet, wenn zurzeit die Leistungsklage nicht oder noch nicht möglich ist. E. muß nun, wie erörtert, den Anspruch bestreiten, weil das der Wille des Erblassers ist. Auch ist eine Leistungsklage noch nicht möglich, weil die Höhe des Pflichtteils nicht feststeht, diese hat ja gerade der E. als Testamentsvollstrecker zu ermitteln. Auch das Interesse an alsbaldiger Feststellung ist gegeben, denn E. erkennt das Pflichtteilsrecht nicht an.

Lösung 563.

Zu Frage 1: Nach § 2231 Ziff. 2 kann ein Testament in ordentlicher Form errichtet werden durch eine von dem Erblasser unter Angabe des Ortes und Tages eigenhändig geschriebene und unterschriebene Erklärung. Dieser Tag braucht zwar nicht bestimmt nach dem Kalender bezeichnet zu sein, es würde z. B. genügen, wenn A. geschrieben hätte: Berlin, Ostersonntag 1907. Immer aber muß der Tag erkennbar sein, der gemeint ist, er muß also nicht bestimmt, aber bestimmbar sein. Das ist bei A. nicht der Fall. Er hat offenbar vergessen, den Namen des Monats dazuzuschreiben, in dem er das Testament errichtete. Das Testament ist daher ungültig (vgl. Staudinger, Bem. C, 2 und 4 zu § 2231).

Zu Frage 2: Die Frage, ob das Datum mit der Ortsangabe unter der Unterschrift stehen kann, ist viel erörtert worden. Nach der herrschenden Ansicht kann es ebenso darüber wie darunter stehen. Das Datum muß nur in solche Beziehung zur Erklärung des Erblassers gesetzt werden, daß kein Zweifel darüber bestehen kann, daß die Beifügung Ort und Tag der Testamentserrichtung bezeichnet (vgl. Staudinger, Bem. C, 2 zu § 2231).

Insoweit würde also das Testament des A. wohl als gültig anzusehen sein. Dagegen die Ortsangabe „Bln." scheint mir doch auch die Ungültigkeit dieses Testaments herbeizuführen. § 2231 verlangt zwar nicht die bestimmte Angabe eines Ortes. Die Ortsangabe kann z. B. lauten: „Auf der Reise zwischen X. und Y." Aber immerhin muß die Örtlichkeit eine bestimmbare, unzweifelhafte sein. Der Ausdruck „Bln." deutet zwar auf Berlin hin, zumal wenn der Erblasser am 20. September 1907 dort gewohnt hat. Aber es kann ja auch ein anderer Ort gemeint sein. Ganz ausgeschlossen ist es nicht, und deshalb ist der Ort nicht bestimmbar.

Wegen der Ortsangabe möchte ich also Bedenken tragen, das zweite Testament als gültig anzusehen.

Lösung 567.

1. Die Mutter ist Erbin zweiter Ordnung, der väterliche Großvater ist Erbe dritter Ordnung. Nach § 1930 ist also der väterliche Großvater nicht zur Erbfolge berufen, da ein Verwandter der vorgehenden Ordnung vorhanden ist. Käme daher gesetzliche Erbfolge in Betracht, so würde der überlebende Ehegatte nach § 1931 neben der Mutter als Verwandter zweiter Ordnung die Hälfte der Erbschaft erhalten. A. will aber seiner Ehefrau, ohne natürlich das Recht seiner Mutter zu verletzen, möglichst viel zuwenden und daher eine letztwillige Verfügung treffen. Zu diesem Zwecke kann er seine Mutter auf den Pflichtteil setzen. Dieser beträgt nach § 2303 die Hälfte des gesetzlichen Erbteils derselben, also ein Viertel der ganzen Erbschaft. Also kann A. seiner Ehefrau höchstens drei Viertel der Erbschaft zuwenden, das übrige Viertel muß er seiner Mutter zuwenden und zwar nach § 2306 unbeschränkt. Natürlich wird vorausgesetzt, daß der Ausnahmefall des § 2333 nicht vorliegt, wonach völlige Enterbung möglich ist.

2. Die Eltern sind Erben zweiter Ordnung. Sie schließen die Brüder, wenn sie beide leben, nach § 1925 Abs. 2 aus. Nach § 1931 erhält daher die Ehefrau gesetzlich die Hälfte der Erbschaft, die Eltern erhalten die andere Hälfte, also je ein Viertel. Also kann der Erblasser wiederum durch letztwillige Verfügung seine Eltern auf den Pflichtteil setzen und seiner Ehefrau drei Viertel der Erbschaft hinterlassen.

Lösung 568.

a) Wenn der Erbe A. für erbunwürdig erklärt worden ist, so geschieht dies auf Grund von §§ 2339 ff. (infolge Anfechtung). Der Anfall an den eingesetzten Erben gilt dann nach § 2344 als nicht erfolgt. Die Erbschaft fällt daher nach § 2344 Abs. 2 dem zu, der berufen sein würde, wenn der Erbunwürdige zur Zeit des Erbfalls nicht gelebt hätte (vgl. auch Rosenthal, Anm. 4 zu § 2344). Die Rechtslage stellt sich also jetzt, da A. wegfällt, so dar, als wenn A. vor dem Erbfall verstorben wäre, oder als wenn der Erblasser seine Abkömmlinge übergangen hätte. Diese haben aber nach § 2303 ein Pflichtteilsrecht. Dieses können sie also gegenüber dem Ersatzerben B. geltend machen. Die Eltern des A. dagegen haben nach § 2309 kein Pflichtteilsrecht, da Abkömmlinge, die sie im Fall der gesetzlichen Erbfolge ausschließen würden, die den Pflichtteil verlangen können, vorhanden sind. Hier braucht also B. keinen Pflichtteil auszuzahlen.

bα) Nach § 2344 erstreckt sich der Verzicht des Erben A. auf sein Erbrecht auch auf seine Abkömmlinge, soweit nicht ein anderes bestimmt ist. Letzteres ist hier nicht der Fall. Also haben die Abkömmlinge des A. kein Pflichtteilsrecht gegenüber B.

bβ) Für diesen Fall ist ebenfalls § 2349 entscheidend. Demnach bleibt die Lösung dieselbe wie unter α, und A. hatte gar nicht nötig, für sich und seine Abkömmlinge auf sein Erbrecht zu verzichten, sondern die Wirkung des Verzichts tritt für die Abkömmlinge von selbst ein.

Lösung 569.

α) Es handelt sich um den vielumstrittenen § 2309. Ich will keine erschöpfende Besprechung geben, sondern nur die hierher gehörigen Ausführungen Staudingers zitieren, die lauten:

Band V Bem. II zu § 2309 am Schluß S. 649:

„Demnach ist es ganz unhaltbar, aus dem § 2309, wie es Strohal § 50 Nr. V und Dek. Pr. S. 40 und Schiffner S. 23, sowie Frommhold, Bem. 2b zu § 2309, Ubbelohe S. 127, 129 f., Matthiaß, 4. Aufl. Bd. II § 157 (vgl. auch Cosack II § 413) tun, per argum. e contrario herauslesen zu wollen, daß die entfernteren Abkömmlinge und Erben des Erblassers unter Umständen auch, wenn sie nicht als gesetzliche Erben in concreto mangels des Ausschlusses durch Verfügung von Todes wegen berufen sein würden, also nach dem Grundsatze des § 2303 grundsätzlich gar kein Pflichtteilsrecht hätten, dennoch insoweit pflichtteilsberechtigt seien, als „ein Abkömmling, der sie im Falle der gesetzlichen Erbfolge ausschließen würde", den Pflichtteil nicht verlangen kann, z. B. wenn er nur auf das Pflichtteilsrecht, nicht aber auch auf das gesetzliche Erbrecht verzichtet habe. § 2309 will, wie schon betont, zweifellos (vgl. auch Langheineken a. a. O. S. 343 ff. und Reier a. a. O. § 8) den § 2303 nur einschränken, damit einem und demselben Stamme kein zweimaliges Pflichtteilsrecht gewährt werde, er will aber sicherlich kein Pflichtteilsrecht in einem Falle gewähren, in welchem nach dem Prinzip des § 2303 ein solches gar nicht bestünde: wenn nämlich ein gesetzliches Erbrecht der betreffenden Personen auch mangels der Verfügung von Todes wegen nicht gegeben wäre. (Gegen Strohal; 1. Aufl. S. 72 s. auch Küntzel a. a. O. S. 450.) Wenn Schiffner a. a. O. in den § 2309 vor dem Worte „insoweit" das Wörtchen „nur" einschiebt, so ist dies willkürlich und durch nichts gerechtfertigt. Andrerseits sind aber auch alle Ausführungen der genannten Schriftsteller über das Pflichtteilsrecht der entfernteren Abkömmlinge bzw. Eltern des Erblassers im Falle des bloßen Verzichts auf das Pflichtteilsrecht seitens des vorgehenden Abkömmlings vollkommen gegenstandslos, da ja dieser Verzicht die Eigenschaft des letzteren als gesetzlichen Erben nicht berührt und somit jene entfernteren Abkömmlinge bezw. Eltern des Erblassers von der gesetzlichen Erbfolge durch den vorgehenden Abkömmling und nicht durch Verfügung von Todes wegen ausgeschlossen, somit in keinem Falle pflichtteilsberechtigt sind" usw.

Weiter führt Staudinger unter Bem. III, 3, 4 aus:

„Hat der nächste Abkömmling des Erblassers auf sein gesetzliches Erbrecht verzichtet, so hat er nach § 2346 auch kein Pflichtteilsrecht und nach § 2349 erstreckt sich die Wirkung des Verzichts auch auf seine Abkömmlinge, soweit nicht ein anderes bestimmt ist. Wenn ein solcher Verzicht gegeben ist, so haben, falls § 2349 nicht anwendbar ist, die entfernteren Abkömmlinge und andernfalls die Eltern des Erblassers im Hinblick auf § 2346 Abs. 1 Satz 2 Pflichtteilsrecht nach § 2309 (vgl. Strohal, § 50 Nr. III), vorausgesetzt, daß sie durch Verfügung von Todes wegen von der Erbfolge ausgeschlossen und die sonstigen allgemeinen Voraussetzungen des Pflichtteilsrechts für sie gegeben sind, jedoch wenn dem (nächsten) Abkömmling etwas hinterlassen ist und er dies annimmt, nur insoweit, als das Pflichtteil den Wert der letzteren Zuwendung übersteigt."

Der Fall, daß der nächste Abkömmling nur auf sein Pflichtteilsrecht, nicht aber auf sein gesetzliches Erbrecht verzichtet hat, was nach § 2346 Abs. 2 möglich ist, ist am Schlusse der obigen Bem. II schon erörtert worden. In diesem Falle sind die entfernteren Abkömmlinge bzw. Eltern des Erblassers überhaupt nicht pflichtteilsberechtigt, weil sie durch den vorgehenden Abkömmling und nicht durch Verfügung von Todes wegen von der gesetzlichen Erbfolge ausgeschlossen sind. (And. Ans. in irriger Auslegung des § 2309 Matthiaß, S. 501; Strohal, § 50 Nr. V, sowie Dek. Pr. S. 40. Frommhold, Bem. 2b und Wilke, Bem. 2 zu § 2309; Böhm, S. 436; Ubbelohe a. a. O. S. 127. Vgl. dagegen auch Langheineken a. a. O. S. 424ff. sowie Jacubezky a. a. O. S. 282 und Reier a. a. O. S. 42. Was dieser ebenda und S. 47 über den Fall ausführt, daß der Sohn, der auf sein Pflichtteilsrecht verzichtet hat, durch letztwillige Verfügung seines Vaters auch von der gesetzlichen Erbfolge ausgeschlossen ist und das gleiche bei den entfernteren Abkömmlingen und Eltern der Fall ist, ist richtig, aber eben nur deshalb, weil hier nicht nur der in dieser Bem. vorausgesetzte Verzicht vorliegt, sondern Analoges gilt, wie in dem in folgender Bem. 5 erwähnten Falle.)"

Hiernach wird sich der Leser sein Urteil für die Lösung von Fall *α* bilden können. Das Pflichtteilsrecht wird zu verneinen sein.

β) Fall *β* scheint mir schon deshalb schwierig, weil darin nicht zu ersehen ist, ob der Erblasser in seiner letztwilligen Verfügung dem A. überhaupt formrichtig den Pflichtteil entzogen hat. Denn nach § 2336 muß er darin die Entziehung ausdrücklich erwähnen und den Grund angeben. Sonst kann A. die Ergänzung des Pflichtteils verlangen (§§ 2303, 2307). Daß hierauf viel ankommt, und die Lösung im übrigen ergibt sich aus der Ausführung Staudingers cit. S. 651 unter 5.

„Hat der Erblasser seinen Abkömmling von der Erbfolge nach § 1938 oder durch Einsetzung anderer Erben von der gesetzlichen Erbfolge ausgeschlossen, ohne ihm auch den Pflichtteil zu entziehen, so hat dieser Abkömmling selbst das Pflichtteilsrecht gemäß § 2309. Das gleiche gilt, wenn der Erblasser ihm zwar auch den Pflichtteil entzogen, aber dies nicht in der vorgeschriebenen Form oder ohne genügenden gesetzlichen Grund getan hat (vgl. §§ 2333, 2336, 2337). Hat der Erblasser dem Abkömmling den gewöhnlichen vollen Pflichtteil verkürzt, so besteht das Recht des letzteren nach § 2305.

In allen diesen Fällen kommt also ein Pflichtteilsrecht der entfernteren Abkömmlinge oder Eltern des Erblassers nicht in Frage. Hat aber der Erblasser seinen Abkömmling nicht nur von der gesetzlichen Erbfolge ausgeschlossen, sondern ihm auch den Pflichtteil entzogen und ist diese Entziehung gesetzlich begründet und in der richtigen Form erfolgt, so können die entfernteren Abkömmlinge bzw. Eltern des Erblassers nach § 2309, wenn auch sie durch Verfügung von Todes wegen von der Erbfolge ausgeschlossen sind und die sonstigen Voraussetzungen ihres Pflichtteilsrechts gegeben sind, den Pflichtteil beanspruchen, soweit nicht trotz der Entziehung dem vorgehenden Abkömmling etwas hinterlassen ist und er dies annimmt. Diese Einschränkung (vgl. M. V 402 und P. V 513) des Pflichtteilsrechts der entfernteren Abkömmlinge und Eltern gilt auch, sofern der Pflichtteil dem vorgehenden Abkömmling nicht ganz, sondern nur teilweise entzogen worden ist" usw.

Hiernach wird man das Pflichtteilsrecht der Eltern, wenn die letzten Voraussetzungen vorliegen, verneinen können. Alles dies ist allerdings aus dem Tatbestand nicht erkennbar.

Lösung 570.

Auch hier möchte ich für die Lösung nur einige Winke geben.

1. Wenn A., weil er schon vor dem Erblasser gestorben ist, nach § 2097 nicht Erbe sein kann, so hat er den Erbanfall gar nicht erlebt. Nach § 1924 Abs. 3 treten an Stelle des A. seine Abkömmlinge. Die Sache stellt sich dann so dar, als wenn in der letztwilligen Verfügung des Erblassers die Kinder des A. übergangen oder ohne Grund enterbt worden wären. Demnach können die Kinder des A. den Pflichtteil von dem Ersatzerben B. verlangen.

2. Wenn A. den Erblasser überlebt, so steht fest, daß er Erbe geworden ist. Würde also A. jetzt sterben, so könnten seine Kinder den Pflichtteil nicht beanspruchen. A. schlägt aber die Erbschaft aus. Es liegt also der Fall vor, daß der zunächst eingesetzte Erbe nach § 2097 nicht Erbe sein will. Nach § 1953 gilt jetzt der Anfall an A. als nicht erfolgt. Die Rechtslage ist also dieselbe, wie wenn A. zur Zeit des Todes des Erblassers nicht mehr gelebt hätte. Daß er den Erbfall erlebt hat, hat somit keinen Einfluß. Seine Kinder können trotzdem den Pflichtteil beanspruchen. § 2309 scheint also hier nicht anwendbar.

Lösung 572.

1. Der Erbe C. hat den Söhnen A. und B. des Erblassers trotz des Vorempfangs von 8000 M. und 2000 M. den ganzen Pflichtteil ohne Anrechnung von Vorempfängen auszuzahlen, weil nach § 2050 Abkömmlinge nur untereinander ausgleichungspflichtig sind, also nicht, wenn, wie hier, ein Fremder, der C. als Erbe eingesetzt ist.

2. Zu ergänzen ist vermutlich, daß auch hier die Vorausempfänge als Ausstattung gegeben sind. Nach §§ 2050, 2055, 2316 Abs. 1 berechnet sich der gesetzliche Erbteil der drei Söhne so: Teilungsmasse = 20000 + 8000 + 2000 + 12000 = 42000 M. Gesetzliche Erbteile = 42000 : 3 = 14000 M. Gesetzliche Erbteile unter Anrechnung des Vorempfangs = 24000 — 8000, 14000 — 2000 und 14000 — 12000. Also betragen sie für A. = 6000 M., für B. = 12000 M., für C. = 2000 M.

Die Pflichtteile betragen die Hälfte der gesetzlichen Erbteile, also für A. = 3000 M., für B. = 6000 M., für C. = 1000 M. 1000 M. erhält C. als Erbe, sie gehen also durch Zusammentreffen von Berechtigung und Verpflichtung in einer Person unter. Also hat der Erbe C. noch als Pflichtteil an A. 3000 M. und an B. 6000 M. zu zahlen (vgl. Komm. von Rosenthal, Anm. 21 c, welcher genau dasselbe Beispiel enthält).

Die Lösung von Nr. 3 will ich dem Leser selbst überlassen.

Wie steht es in den Fällen usw.? Im Falle 1 hat die Bestimmung des Erblassers, daß B. sich die 2000 M. anrechnen zu lassen habe, gar keine Wirkung, denn § 2050 ist ein zwingendes Gesetz, also sind auch andererseits Abkömmlinge gegenüber dem Dritten unter keinen Umständen ausgleichungspflichtig, auch wenn der Erblasser die Ausgleichung anordnet.

Im Fall 2 liegt die Sache anders, denn ein Abkömmling, der C. ist Erbe. Die 2000 M. sind ihm also anzurechnen. Das sind sie ihm aber nach § 2050, da sie als Ausstattung gegeben sind, auch schon ohne die Bestimmung des Erblassers also von Gesetzes wegen. Die Lösung bleibt also dieselbe, wie unter Nr. 2 angegeben ist.

Lösung 575.

Da der Erblasser das Testament in Berlin errichtet hat, so finden nach Art. 11 Einf.G. für dessen Form auch die deutschen Gesetze Anwendung, obwohl er in Florenz seinen Wohnsitz gehabt hat und in Wien gestorben ist. Gleichgültig ist hierbei, in welchem Staat sich sein Vermögen befindet.

Ganz anders zu beurteilen ist die Frage, ob die eingesetzte Erbin, die Frau erster Ehe, einen Erbschein verlangen kann. Hier handelt es sich um die materiellrechtlichen Erfordernisse des Erbrechts. In dieser Hinsicht entscheidet Art. 24 Einf.Ges. Danach wird ein Deutscher, wenn er seinen Wohnsitz im Ausland hatte, nach den deutschen Gesetzen beerbt. Die Frau des Erblassers hat daher Anspruch auf Erteilung eines Erbscheines. Die Ausstellung des Erbscheins geschieht gemäß §§ 2353 ff. Danach wird der deutsche Richter prüfen müssen, ob gewisse materiellrechtliche Voraussetzungen der Ausstellung des Erbscheins vorhanden sind.

Den Erbschein hat das Gericht auszustellen, welches Nachlaßgericht ist. Als solches ist nach § 73 FGG. örtlich zuständig das Gericht des Ortes, an welchem der Erblasser zur Zeit des Erbfalls, also zur Zeit seines Todes, seinen Wohnsitz hatte. Ist nun der Erblasser ein Deutscher und hat er zur Zeit des Erbfalls im Inlande weder Wohnsitz noch Aufenthalt, so ist das Gericht zuständig, in dessen Bezirk der Erblasser seinen letzten inländischen

Wohnsitz hatte. Dieser Fall liegt hier vor. Mithin hat nach § 73 Abs. 2 FGG. verbunden mit § 72 desselben das Amtsgericht Berlin den Erbschein auszustellen.

Lösung 576.

Nach § 2365 ist das Erbrecht desjenigen, der in einem Erbschein als Erbe bezeichnet ist, zu vermuten. Der Erbe braucht daher sein Erbrecht nicht nachzuweisen, sondern es ist Sache des Beklagten, die Vermutung zu widerlegen. Wenn also der Beklagte das Erbrecht des Klägers bestreitet, so ist das zwar ein Leugnen des Klaggrundes. Da aber die erwähnte Vermutung zugunsten des Klägers spricht, so hat trotzdem in diesem Ausnahmefall nicht er, sondern der Beklagte die Beweispflicht.

Einführungsgesetz. Lösungen.

Lösung 580.

1. Nach Art. 11 Abs. 1 Satz 1 Einf.Ges. bestimmt sich die Form eines Rechtsgeschäfts nach den Gesetzen, die für das den Gegenstand des Rechtsgeschäfts bildende Rechtsverhältnis maßgebend sind.

Die Frage, welches Gesetz nach dieser kurzen Ausdrucksweise des Gesetzes maßgebend ist, ist für einzelne Rechtsgeschäfte in Art. 13 f. geregelt, nicht aber bezüglich aller Rechtsgeschäfte. Betreffs der obligatorischen Rechtsgeschäfte ist man zu dem Resultat gelangt, daß in Ermangelung besonderer Vereinbarung im allgemeinen das Recht des Erfüllungsorts maßgebend sein muß (vgl. Staudinger, Bem. II C a zu Art. 11).

Bei dinglichen Rechtsgeschäften wird dagegen nach Art. 11 Abs. 2 die Form des Ortes für maßgebend angesehen, wo sich die Sache befindet (vgl. Staudinger, Bem. 2 F 2 zu Art. 11, Art. 28). Das wäre im ersten Fall das Inland. Für die Bestellung des Pfandrechts an dem Pferde kämen daher die §§ 1205 ff. zur Anwendung. Da hiernach Besitzübertragung erforderlich ist, hat der Engländer kein Pfandrecht am Pferde Numa erlangt. Der Vertrag ist ungültig.

2. Befindet sich das Pferd im Ausland, so würde daran, wenn A. sich dauernd im Besitz des Pferdes befindet, nach deutschem Recht (§ 1205) kein Pfandrecht für den Engländer entstehen, weil die Besitzübergabe fehlt. Nur fragt sich, ob vielleicht die Form des Ortes genügt, wo sich die Sache befindet. Nach Art. 11 sind, wie oben ausgeführt, für die Form der Pfandbestellung die Gesetze des Ortes maßgebend, wo sich die Sache befindet. Diese befindet sich nun jetzt im Ausland. Auch der Vertrag wird im Ausland geschlossen. Letzteres ist zwar nach Art. 11 Abs. 1 Satz 2 unerheblich, denn die lex contractus genügt nicht bei dinglichen Rechtsgeschäften. Aber

ersterrs ist wesentlich. Das Recht des Ortes, wo sich die Sache befindet, ist für die Form maßgebend (vgl. Staudinger, Bem. 2 F 2 zu Art. 11, Art. 28).

Hiernach käme man zu dem Ergebnis, daß das Pfandrecht entstanden sei, weil die Formen des Ortes, wo sich die Sache befindet, gewahrt sind. Trotzdem wird der Engländer kein Pfandrecht erlangen nach Art. 30. Denn das deutsche Gesetz ist hier eine lex absoluta. Gegen dessen Sinn würde es verstoßen, wenn der Inländer die Vorschrift des § 1205 auf diese Weise umgehen könnte. Der deutsche Richter würde einen solchen Anspruch nicht anerkennen dürfen (vgl. Staudinger, Bem. III, 2 zu Art. 30).

Lösung 581.

Hier handelt es sich um die Form eines obligatorischen Rechtsgeschäfts. Nach Art. 11 ist für die Form des Vertrags im Zweifel das Recht des Erfüllungsortes maßgebend, der sich nach §§ 269, 270 bestimmt (vgl. Staudinger, Bem. III C a zu Art. 11). Dieser ist im Zweifel der Wohnort des Schuldners also hier im Inland.

Nach § 313 bedarf nun der Vertrag über die Eigentumsübertragung an Grundstücken der gerichtlichen oder notariellen Beurkundung. Ohne diese ist er nichtig. Soweit Art. 11 Abs. 1 Satz 1 in Frage kommt, erlangt daher B. keinen klagbaren Anspruch gegen A.

In Frage kommt nun, ob Art. 11 Abs. 1 Satz 2 etwas an dieser Entscheidung ändert. Danach genügt es, wenn der Vertrag nach dem auswärtigen Recht gültig ist. Dies ist hier der Fall. Trotzdem wird B. nicht durchdringen. Dem dürfte Art. 30 widersprechen. Denn da die Vorschrift des § 313 ein zwingendes Gesetz enthält, so liegt es auch nicht im Sinne desselben, wenn es durch einen Vertragsschluß im Ausland auf bequeme Weise umgangen werden kann. Der inländische Grundstückserwerb soll vielmehr durch die strengen Formvorschriften geschützt werden.

Demgemäß ist der Vertrag ungültig. B. erlangt keinen klagbaren Anspruch.

Lösung 582.

Hier könnte man sagen, Art. 30 sei nicht anwendbar. Für deutsche Grundstücke ist allerdings der § 313 ein zwingendes Gesetz. Wenn aber ausländische Grundstücke formlos übertragen werden, dürfte dies vielleicht doch nicht gegen den Zweck des § 313 verstoßen.

Vielleicht würde daher der deutsche Richter hier die Form des ausländischen Rechtes für genügend erachten können. Der Vertrag wäre hiernach gültig und B. zur Erfüllung, d. h. zur Abgabe der Auflassungserklärung zu verurteilen.

Lösung 583.

1. Art. 13 Abs. 3 sagt nur: „Die Form einer Ehe, die im Inland geschlossen wird, bestimmt sich ausschließlich nach den deutschen Gesetzen." Wie steht es aber mit einer Ehe von Deutschen im Ausland? Hier ist auf Art. 11 Abs. 1 zurückzugreifen. Danach ist für die Gültigkeit der Ehe

genügend, wenn die Form des Ortes der Eheschließung eingehalten wird. Die Ehe ist also gültig (vgl. Staudinger, Bem. II F 3 a zu Art. 13).

2. Trotzdem hält Staudinger (Bem. II F 3 b zu Art. 13) unter Umständen eine Ehe für anfechtbar oder nichtig, die von Deutschen in England abgeschlossen wird, und das ist so zu erklären:

Zu unterscheiden von den formellen Erfordernissen der Eheschließung (Abschluß vor dem Standesbeamten u. dgl.) sind jedesmal die materiellrechtlichen Erfordernisse (§§ 1303 ff.) Das Nähere hierüber betreffs im Auslande geschlossener Ehen von Inländern und umgekehrt bestimmt Art. 13 Abs. 1. Indessen soll im vorliegenden Falle das Fehlen eines solchen Erfordernisses offenbar nicht in Frage gestellt werden. Der Richter freilich, der in der Praxis über den Fall zu entscheiden hat, wird sich jedesmal darüber vergewissern müssen, daß nicht nur die formellen Voraussetzungen beim Eheschluß vorhanden waren, sondern auch die materiellrechtlichen und die letzteren sind nach deutschem Recht dann zu beurteilen, wenn zwei Deutsche im Ausland eine Ehe abschließen. So erklärt sich das angeführte Zitat.

Lösung 584.

1. Dieser Fall handelt im Gegensatz zu Fall 583 nicht von den formellen, sondern materiellrechtlichen Erfordernissen der Eheschließung. Wenn A. die türkische Staatsangehörigkeit erwirbt, so verliert er nicht ohne weiteres zugleich die deutsche Staatsangehörigkeit, sondern nach §§ 13 ff. des Gesetzes vom 1. Juni 1870 erst durch Entlassung. Ich nehme jetzt an, diese sei erfolgt, A. wird also Ausländer. Nach dem türkischen Gesetz ist seine Ehe mit den drei Frauen, falls die Voraussetzungen vorhanden sind, gültig, nach dem deutschen Gesetz ist sie, da dieses andere Erfordernisse aufstellt und hiernach Polygamie unzulässig ist, nicht gültig. Läßt sich nun A. in Deutschland nieder, so ist es fraglich, ob seine Ehe, die in der Türkei gültig ist, auch hier als gültig anzusehen ist.

2. Art. 13 gilt nur für den Fall, daß wenigstens einer der Verlobten ein Deutscher ist. In diesem Falle wird die Eingehung der Ehe — es sind also die materiellrechtlichen Erfordernisse gemeint — in Ansehung eines jeden Verlobten nach den Gesetzen des Staates beurteilt, dem er angehört. Nach Punkt 1 wird die Deutsche keinesfalls eine gültige Ehe mit A. in der Türkei eingehen können, denn es steht fest, daß die materiellrechtlichen Erfordernisse des türkischen Rechts nicht mit denen des deutschen Rechts (vgl. §§ 1303 ff.) übereinstimmen (vgl. Staudinger, Bem. II B zu Art. 13), weil nach deutschem Rechte Vielweiberei unzulässig ist. Art. 11 Abs. 1 Satz 2 ist hier nicht anzuwenden, weil er nur die Form der Rechtsgeschäfte betrifft, also gerade im Gegensatz zu Art. 13 Abs. 1 steht.

3. Die Französin und Engländerin fallen dagegen nicht unter Art. 13 Abs. 1, weil dieser nur gilt, falls einer der Verlobten ein Deutscher ist. Hier liegt also eine Ehe zwischen Ausländern im Auslande vor, die sich später im Inlande niederlassen. Darüber, wann eine solche Ehe materiellrechtlich gültig ist, gibt Art. 13 keine ausdrückliche Bestimmung. Man muß

hier auf die Entstehung der Vorschrift zurückgehen. Die II. Kommission des Bürgerlichen Gesetzbuches hatte hierüber die Bestimmung gegeben, daß die Ehe hinsichtlich eines jeden Verlobten nach den Gesetzen des Staates zu beurteilen ist, dem der Verlobte angehört (vgl. Staudinger, Bem. I zu Art. 13). Hiernach ist eine Ehe nur gültig, wenn sie sowohl den Gesetzen des Staates, dem der Mann angehört, als den Gesetzen des Staates, dem die Frau angehört, entspricht. Verweisen die Gesetze der beiden Heimatstaaten (Türkei, Frankreich, England) oder eines derselben auf die Gesetze des Wohnsitzes oder Ortes der Eheschließung, so werden die Gesetze der betreffenden Staaten insoweit für maßgebend zu erachten sein, als das nationale Recht es gebietet oder zuläßt (vgl. Staudinger, Bem. II B, Schlußabs. zu Art. 13). Die vorliegende Ehe müßte hiernach sowohl den türkischen als auch den englischen und französischen Gesetzen entsprechen. Den türkischen entspricht sie, wenigstens kann man das voraussetzen, weil dort Vielweiberei zulässig ist, dagegen den englischen und französischen Gesetzen nicht. Daher ist nach Art. 27 — dieser führt wohl Staudinger zum obigen Resultat — zu ermitteln, ob diese Gesetze vielleicht auf die deutschen Gesetze über die Eheschließung verweisen.

4. Wäre ausländisches Recht anzuwenden und die Ehe danach gültig, so brauchte die Ehe noch nicht als gültig angesehen zu werden. Denn dann ist noch Art. 30 zu beachten. Es kommt auf den einzelnen Fall an, ob z. B. die Ehelichkeit eines Kindes aus der Ehe im Prozeßwege geltend gemacht wird oder einer der Ehegatten gegen den andern auf Unterhalt klagt, kurz, wenn der Fall praktisch wird. Die Aufgabe deutet nun nicht an, inwiefern der vorliegende Fall praktisch wird, weil sie nur instruktiv sein soll. Man wird vielleicht nach den Ausführungen unter 2 am Schluß die Ehe in gewisser Hinsicht für gültig, in gewisser für ungültig ansehen können. Um ein endgültigs Resultat zu finden, scheint mir freilich erforderlich, daß man den Tatbestand ergänzt. Nach Art. 30 ist die Anwendung eines ausländischen Gesetzes ausgeschlossen, wenn die Anwendung gegen die guten Sitten oder den Zweck eines deutschen Gesetzes verstößt. Die Vielweiberei kann man dahin rechnen. Hiernach könnte die vorliegende Ehe als ungültig angesehen werden, selbst wenn die türkischen Gesetze eine Rückverweisung nach Art. 27 enthalten (vgl. Punkt 3). Doch tritt diese Ausschließung, wie Staudinger hervorhebt, nicht immer ein, sondern nur, wenn die Anwendung des fremden Rechts im konkreten Falle einen solchen Verstoß begründen würde (vgl. Staudinger, Bem. III B 3 zu Art. 30 am Anfang und vorletzten Absatz, wo von den Kindern einer Türkin die Rede ist). Deshalb also würde ich Wert darauf legen, den konkreten Fall hier genauer zu kennen.

5. Sehr wichtig sind im vorliegenden Falle die internationalen Verträge, insbesondere hat man, um den Fall erschöpfend zu behandeln, das Haager Übereinkommen in Betracht zu ziehen.

6. Was die formellen Erfordernisse der Eheschließung betrifft, so habe ich, wie eingangs erwähnt, angenommen, daß deren Vorliegen nicht in Frage steht. In dieser Hinsicht gilt Art. 11 Abs. 1 (vgl. Staudinger, Bem. F 3b zu Art. 13).

Lösung 585.

Nach Art. 13 wird die Eingehung einer Ehe, sofern nur einer der Verlobten ein Deutscher ist, in Ansehung eines jeden der Verlobten nach den Gesetzen des Staates beurteilt, dem er angehört. Das gleiche gilt für Ausländer, die im Inland eine Ehe eingehen. Somit ist die Einwilligung der Eltern nicht erforderlich.

Im vorliegenden Falle ist nicht gesagt, ob sich der 20jährige Ausländer mit einer Deutschen oder mit einer Ausländerin verheiratet. Dies ist auch unerheblich. Denn in beiden Fällen ist nach Art. 13 die Einwilligung der Eltern nicht erforderlich. Vorausgesetzt wird natürlich, daß bei der Frau die Erfordernisse der Eheschließung vorhanden sind.

Lösung 586.

Nach Art. 21 wird die Unterhaltspflicht des Vaters gegenüber dem unehelichen Kinde und seine Verpflichtung, der Mutter die Kosten der Schwangerschaft zu ersetzen, nach den Gesetzen des Staates beurteilt, dem die Mutter zur Zeit der Geburt des Kindes angehört. Hiernach kommt französisches Recht zu Anwendung. Danach gibt es bekanntlich noch keine Alimente. Die außereheliche Mutter geht leer aus.

Lösung 587.

Art. 25 bestimmt, daß ein Ausländer, der zur Zeit seines Todes seinen Wohnsitz im Inland hatte, nach den Gesetzen des Staates beerbt wird, dem er zur Zeit seines Todes angehört. Danach würde der Ausländer X. nach ausländischem Recht beerbt werden. Indessen gibt Art. 27 die Ausnahmebestimmung, daß die deutschen Gesetze Anwendung finden, falls nach dem Rechte eines fremden Staats dessen Gesetze nach den Artikeln 7 Abs. 1, 13 Abs. 1, 15 Abs. 2, 17 Abs. 1 und 25 für maßgebend erklärt sind (sog. Rückverweisung). Da dies hier der Fall ist, so wird X., trotzdem er Ausländer ist, nach deutschem Rechte beerbt.

Der Fall des Art. 27 liegt z. B. vor bei den in Deutschland wohnenden und daselbst versterbenden Engländern, Nordamerikanern, Argentiniern, Dänen, weil deren nationales Recht das sog. Domizilprinzip hat (vgl. Staudinger, Bem. II B zu Art. 27).

Druck von C. Schulze & Co., G. m. b. H., Gräfenhainichen.

FSC
www.fsc.org
MIX
Papier | Fördert
gute Waldnutzung
FSC® C083411

Kolibri 360 GmbH
Ferdinand-Jühlke-Straße 7
99095 Erfurt, Deutschland
produktsicherheit@kolibri360.de